***ACCESO GRATIS** a la Lectura en la Nube*

Para visualizar el libro electrónico en la nube de lectura envíe junto a su nombre y apellidos una fotografía del código de barras situado en la contraportada del libro y otra del ticket de compra a la dirección:

ebooktirant@tirant.com

En un máximo de 72 horas laborales le enviaremos el código de acceso con sus instrucciones.

La visualización del libro en **NUBE DE LECTURA** excluye los usos bibliotecarios y públicos que puedan poner el archivo electrónico a disposición de una comunidad de lectores. Se permite tan solo un uso individual y privado

LA TUTELA DE LOS SOCIOS EN CONTEXTOS DE REESTRUCTURACIÓN DE SOCIEDADES DE CAPITAL

Procedimiento de selección de originales, ver página web:
www.tirant.net/index.php/editorial/procedimiento-de-seleccion-de-originales

LA TUTELA DE LOS SOCIOS EN CONTEXTOS DE REESTRUCTURACIÓN DE SOCIEDADES DE CAPITAL

MARINA VÁZQUEZ ESTEBAN

tirant lo blanch
Valencia, 2024

En caso de erratas y actualizaciones, la Editorial Tirant lo Blanch publicará la pertinente corrección en la página web www.tirant.com.

EDITA: TIRANT LO BLANCH
C/ Artes Gráficas, 14 - 46010 - Valencia
TELFS.: 96/361 00 48 - 50
FAX: 96/369 41 51
Email: tlb@tirant.com
www.tirant.com
Librería virtual: www.tirant.es
DEPÓSITO LEGAL: V-2704-2024
ISBN: 978-84-1056-258-5

Si tiene alguna queja o sugerencia, envíenos un mail a: *atencioncliente@tirant.com*. En caso de no ser atendida su sugerencia, por favor, lea en *www.tirant.net/index.php/empresa/politicas-de-empresa* nuestro procedimiento de quejas.

Responsabilidad Social Corporativa: http://www.tirant.net/Docs/RSCTirant.pdf

A Uque, a Elpidio y a Pedro

Índice

PARTE PRIMERA
LA REFORMA DEL DERECHO DE LA INSOLVENCIA Y LA PREINSOLVENCIA COMO PUNTO DE PARTIDA

Capítulo Primero
DELIMITACIÓN Y JUSTIFICACIÓN DEL OBJETO DE ESTUDIO

Capítulo Segundo
EL PRESUPUESTO SUBJETIVO DE LA REESTRUCTURACIÓN

PARTE SEGUNDA
EL PRESUPUESTO OBJETIVO DE ACCESO A LOS MARCOS DE REESTRUCTURACIÓN

Capítulo Primero
DELIMITACIÓN DEL PRESUPUESTO OBJETIVO

Capítulo Segundo
LA TUTELA INDIRECTA DEL SOCIO A TRAVÉS DE LA VERIFICACIÓN Y CONTROL DEL PRESUPUESTO OBJETIVO

PARTE TERCERA
LA TUTELA DEL SOCIO EN LA NEGOCIACIÓN Y APROBACIÓN DEL PLAN DE REESTRUCTURACIÓN

Capítulo Primero
EL PAPEL DEL SOCIO EN LA FASE TEMPRANA

Capítulo Segundo

LA TUTELA DEL SOCIO EN LA FASE DE APROBACIÓN DE UN PLAN DE REESTRUCTURACIÓN

PARTE CUARTA
TUTELA DEL SOCIO TRAS LA APROBACIÓN DEL PLAN DE REESTRUCTURACIÓN. INSTRUMENTOS CONCURSALES Y PRECONCURSALES

Capítulo Primero
LA HOMOLOGACIÓN DEL PLAN DE REESTRUCTURACIÓN

Capítulo Segundo
INSTRUMENTOS DE TUTELA EX POST E INCENTIVOS NEGATIVOS

ABREVIATURAS

AEAT:	Agencia Estatal de la Administración Tributaria
AIR:	Asociación Internacional de Reguladores de la Insolvencia
AktG:	Aktiengesetz (Ley de Sociedades Anónimas)
ATA:	Asociación de Trabajadores Autónomos
BGH:	Bundesgerichtshof (Tribunal Federal de Justicia alemán o Tribunal Supremo)
BOE:	Boletín Oficial del Estado
BORME:	Boletín Oficial del Registro Mercantil
BVerfGE:	Bundesverfassungsgericht (Tribunal Constitucional Federal Alemán)
CC:	Código Civil
Ccom:	Código de Comercio
CDFUE:	Convenio Europeo de los Derechos Humanos
CE:	Constitución Española
CEDH:	Convenio Europeo de Derechos Humanos
CERIL:	Conferencia sobre la Ley Europea de Reestructuración e Insolvencia
CGE:	Consejo General de Economistas
CGPJ:	Consejo General del Poder Judicial
CNMV:	Comisión Nacional del Mercado de Valores
CUBG:	Código Unificado de Buen Gobierno Corporativo
DGFP:	Dirección General de Finanzas Públicas
D. Lgs.:	Decreto Legislativo
DOCE:	Diario Oficial de las Comunidades Europeas
ESUG:	Gesetz zur weiteren Erleichterung der Sanierung von Unternehmen
ICAC:	Instituto de Contabilidad y Auditoría de Cuentas
INSOL Europe:	Federación Internacional de Profesionales de la Insolvencia de Europa
IVA:	Individual Voluntary Agreements

LAC:	Ley de Auditoría de Cuentas
LAE:	Ley de Apoyo a los Emprendedores y su Internacionalización.
LC:	Ley Concursal
LJV:	Ley 15/2015, de 2 de julio, de la Jurisdicción Voluntaria.
LSA:	Ley de Sociedades Anónimas
LSC:	Ley de Sociedades de Capital
LSRL:	Ley de Sociedades de Responsabilidad limitada
MIPYMES:	Microempresas y pequeñas y medianas empresas
OHADA:	Ley para la Armonización de la Insolvencia de África
OLG:	Oberlandsgericht (Tribunal de Apelación).
PGC:	Plan General de Contabilidad
PGCpymes:	Plan General de Contabilidad de Pequeñas y Medianas Empresas
Pyme:	Pequeña y mediana empresa
RRM:	Reglamento del Registro Mercantil
SanInsFoG:	Sanierungs und Insolvenzrechtsfortentwicklungsgesetz
SAP:	Sentencia de la Audiencia Provincial
STS:	Sentencia del Tribunal Supremo
SBRA:	Small Business Reorganization Act
SMEs:	Small and medium-sized enterprises
StarUG:	Gesetz über den Stabilisierungs-und Restrukturierungsrahmen für Unternehmen
TRLC:	Texto Refundido de la Ley Concursal
UNCITRAL:	Comisión de las Naciones Unidas para el Derecho Mercantil Internacional
WHOA:	Wet homologatie onderhands akkoord.

PRÓLOGO

No voy a ocultar la gran satisfacción que tengo al escribir estas palabras sobre la obra que el lector tiene entre sus manos. Un trabajo de excelente calidad, que mereció en su día la máxima calificación en la colación del grado de doctor en Derecho, que ahora ostenta la autora, Marina Vázquez Esteban, profesora del Departamento de Derecho Mercantil de la Universidad de Alicante, y que tuve el honor de dirigir en su día. Ha sido merecedor también del accésit de la Cátedra de Derecho Notarial de la Universidad de Alicante y el Colegio Notarial de Valencia.

La monografía versa, en efecto, sobre las complejas y, normalmente, no pacíficas relaciones entre el novedoso Derecho Preconcursal y el Derecho de Sociedades y, dentro de ellos, en concreto, acerca de la tutela de los socios en el marco de la reestructuración. Sin duda, un estudio de las características enunciadas no habría podido culminarse sin que la autora hubiera dedicado largos años a su formación en Derecho Mercantil y sin que hubiera adquirido una extensa experiencia investigadora previa. En este contexto, el libro que presenta no hace más que ratificar su ejemplar vocación y trayectoria académica; así como las aptitudes científicas y la notable capacidad de trabajo, demostradas ya en su obra anterior.

La doctora Vázquez Esteban hizo en su momento una apuesta valiente al no restringir los ámbitos en que quería desarrollar sus trabajos de investigación y al elegir cumulativamente sectores tradicionalmente centrales en el contexto del Derecho Mercantil, junto a otros complejos y comprometidos, académica y prácticamente, y a otros más novedosos y, por ello, desprovistos de pautas seguras de disciplina. Destacan a esos respectos sus sucesivos estudios sobre propiedad intelectual con aportaciones como la "La percepción gustativa en la protección de las creaciones gastronómicas a través de los derechos de autor y alternativas legales", en Retos del Sector agroalimentario: regulación, competencia y Propiedad Industrial, Tirant lo Blanch, 2022, o acerca del "Derecho a la propia imagen y Derecho de marcas", en La dimensión Constitucional del Derecho de Propiedad Intelectual, Tirant lo Blanch, 2023.

O, en el estricto contexto del Derecho de Sociedades y del Derecho Preconcursal, contribuciones acerca de "El derecho de separación por la obligación de realizar prestaciones accesorias: alcance y justificación", en Derecho de Sociedades. Los derechos del socio, Tirant lo Blanch, 2020, "El acceso a la financiación de sociedades en el Derecho preconcursal y la tutela de la nueva financiación", en Actas del I Congreso Internacional de la revista de Derecho del Sistema Financiero, 2021 o "El derecho de separación tras la propuesta de Directiva de transformaciones, fusiones y escisiones transfronterizas", en El derecho de separación y la exclusión de socios, Tirant lo Blanch, 2021. Temas todos ellos tratados con planteamientos de innegable oportunidad y sólidos fundamentos e incluidos en publicaciones de reconocido prestigio.

El notable esfuerzo exegético y constructivo llevado a cabo en estos trabajos ha permitido a Marina Vázquez acometer en esta oportunidad una tarea más ambiciosa, con un interés teórico y práctico y una actualidad indiscutibles, como es la de desentrañar el régimen jurídico que gobierna la tutela de los socios en procesos de reestructuración preconcursal, analizando su estructura y ofreciendo soluciones a las cuestiones de régimen que más preocupan en la actualidad a los operadores económicos, todo ello precedido de una singular labor de selección, que le ha permitido encontrar un amparo conceptual y, por tanto, una disciplina normativa dentro de las categorías típicas, cuestión especialmente dificultosa considerando no solo la novedad de esta regulación en el contexto interno y, por ello, la ausencia de pautas jurisprudenciales seguras, sino también la inclinación a interpretar la legislación conforme al marco legal norteamericano, del que, como es sabido, procede, la Directiva (UE) 2019/1023 del Parlamento Europeo y del Consejo, de 20 de junio de 2019, sobre marcos de reestructuración preventiva, exoneración de deudas e inhabilitaciones, y sobre medidas para aumentar la eficiencia de los procedimientos de reestructuración, insolvencia y exoneración de deudas, y por la que se modifica la Directiva (UE) 2017/1132 del Parlamento Europeo y del Consejo, sobre determinados aspectos del Derecho de sociedades (Directiva sobre reestructuración e insolvencia), incorporada al Derecho español mediante la Ley 16/2022, de 5 de septiembre, de reforma del texto refundido de la Ley Concursal, aprobado por el Real Decreto Legislativo 1/2020, de 5 de mayo.

Se trata de una obra seriamente construida que suministra la información relevante sobre un instituto especialmente complejo, inserto en un sector normativo particularmente difuso, tratado en nuestra doctrina y jurisprudencia de manera muy escueta por los motivos expuestos. Sus páginas traslucen el gran esfuerzo material e intelectual que me consta ha hecho la autora para acometer una tarea de tal envergadura, a la vez que demuestran el dominio que ha conseguido de las técnicas de investigación jurídica tras sus años de formación científica en la Universidad de Alicante.

I

La gran trascendencia económica de las operaciones de reestructuración empresarial tuvo una respuesta relativa en el ordenamiento interno hasta la aprobación de la Ley 16/2022, de 5 de septiembre, de reforma del texto refundido de la Ley Concursal, aprobado por el Real Decreto Legislativo 1/2020, de 5 de mayo, que, según lo dicho, incorpora la Directiva (UE) 2019/1023 del Parlamento Europeo y del Consejo, de 20 de junio de 2019, sobre marcos de reestructuración preventiva, exoneración de deudas e inhabilitaciones, y sobre medidas para aumentar la eficiencia de los procedimientos de reestructuración, insolvencia y exoneración de deudas, y por la que se modifica la Directiva (UE) 2017/1132 del Parlamento Europeo y del Consejo, sobre determinados aspectos del Derecho de sociedades (Directiva sobre reestructuración e insolvencia).

La Ley 16/2022, de 5 de septiembre, de reforma del texto refundido de la Ley Concursal, aprobado por el Real Decreto Legislativo 1/2020, de 5 de mayo no solo eliminó los acuerdos de refinanciación y los acuerdos extrajudiciales de pago, sino que instauró un nuevo sector dentro del Derecho de la Insolvencia, el llamado Derecho Preconcursal, concebido como una ordenación destinada a procurar la reestructuración de empresas viables evitando o superando la insolvencia a fin de conseguir mantener la actividad empresarial, lo que, además de aportar otros beneficios a la economía, a menudo contribuye a mantener los puestos de trabajo o a reducir las pérdidas de puestos de trabajo.

Con ese objetivo efectuó modificaciones de calado que han supuesto una transformación del sistema anterior. De forma similar a lo que sucedió tras la aprobación de la Ley 22/2003, de 9 de julio, Concursal, esta reforma ha provocado una revolución en el Derecho de la Insolvencia con ruptura de importantes y tradicionales paradigmas. Lo que traduce esta normativa es, en efecto, un cambio de política legislativa. Ya no se confía en el concurso de acreedores como primer mecanismo de resolución de la crisis. Ni es el cauce adecuado para conservar la empresa.

Como de todas formas había constatado la práctica anterior, el sistema actual concibe el concurso, de modo preferente, como un mecanismo de liquidación. La reforma introducida por la Ley 16/2022 abandona la idea de la pervivencia de la empresa a través de la aprobación judicial del convenio y de su posterior cumplimiento, inclinándose hacia la liquidación concursal como primera solución legislativa, según se desprende, entre otros, de los artículos 296 bis, 339 y 340 del Texto Refundido reformado, que ordenan la terminación de la fase común con la liquidación y no con el convenio. De otro modo, la idea es que se acuda al concurso para liquidar cuando la reestructuración no es técnicamente posible.

De forma que las soluciones conservativas se centran en el nuevo instituto de los planes de reestructuración cuyo objeto es resolver la crisis en un momento temprano, con la menor intervención judicial, sobre la base de la viabilidad empresarial en el caso de grandes, medianas y pequeñas empresas que no sean micropymes.

Hasta ese momento, el tratamiento de la insolvencia de las sociedades mercantiles, anclada en el concurso, había constituido un temario no exento de dificultades por la necesidad de coordinar dos sectores legales, el Derecho de sociedades y el Derecho Concursal, que, tradicionalmente, han venido siendo tratados como compartimentos estancos y que, como es evidente, responden a finalidades y técnicas jurídicas muy distintas. La Ley Concursal no sentaba un criterio de carácter general a partir del cual debiera efectuarse la coordinación. Mientras que las Leyes societarias, en particular la Ley de Sociedades de Capital, no suministraban pautas normativas claras sobre aspectos trascendentales de la cuestión.

La instauración del Derecho Preconcursal pretende efectuar esa coordinación tal y como puso de manifiesto la Resolución del Parlamento Europeo de 15 de noviembre de 2011, sobre los procedimientos de insolvencia, en la que recomendaba a la Comisión que se armonizasen aspectos específicos de las legislaciones nacionales en materia de insolvencia y de Derecho de sociedades. El Parlamento llegó a la conclusión de que "*existen algunos ámbitos de la legislación en materia de insolvencia en los que la armonización es deseable y factible*". En particular, las condiciones de establecimiento, los efectos y el contenido de los planes de reestructuración. Pero observó, al tiempo, que cualquier consideración en torno a la reforma de la legislación en materia de insolvencia debería tener en cuenta sus repercusiones sobre otros ámbitos legislativos importantes, como, sustancialmente, el societario.

La necesidad de contar con los socios para el éxito de la reestructuración fue, desde ese momento, una prioridad, consistiendo el plan, como consiste, preferentemente, en medidas reorganizativas de la estructura del capital sobre las que los socios gozan de las competencias que les atribuye el Derecho de Sociedades; y, por otro, por la necesidad de resolver los naturales conflictos de interés que se producen entre ellos —entre socios mayoritarios y minoritarios y entre socios y administradores— y con los acreedores en contextos de crisis.

Los acreedores persiguen la satisfacción de sus créditos con el patrimonio social; los socios procuran maximizar su posición, lo que puede inducirles a incrementar de manera desenfrenada el endeudamiento, sobre todo bancario, y/o a renunciar a una inversión que saben no podrán recuperar y, ya incursos en la reestructuración, a bloquear los acuerdos sociales precisos para llevarla a efecto, como la capitalización de créditos (*debt to equity swap*), en la medida en que diluye su posición en la compañía.

Sin embargo, en el sistema tradicional, los socios se regían de manera exclusiva por el Derecho de Sociedades; mientras que los acreedores estaban sujetos al Derecho Concursal y, luego, a un incipiente Derecho preconcursal, lo que generaba importantes tensiones y disfunciones. A fin de neutralizarlas, sobre la base de un planteamiento tradicionalmente anglosajón, la Directiva rompe con este paradigma concediendo a los Estados miembros dos opciones para su trasposición. Parte de que, si bien deben estar protegidos los intereses legítimos de los socios, los Estados deben garantizar que no puedan impedir injustificadamente la adopción y ejecución de planes de reestructuración que permitirían al deudor recuperar la viabilidad de su empresa.

La primera alternativa hace descansar la centralidad del sistema en el Derecho preconcursal. Se trata de atribuir a los socios la condición de parte afectada por el plan, susceptibles por eso de sufrir un arrastre vertical (*"cross-class-cramdown"*) en una reestructuración forzosa de la deuda tras la adopción del mismo con las mayorías legalmente exigidas y la posterior confirmación judicial o administrativa, como los demás acreedores, no obstante, la oposición de la clase o clases en que se integren aquellos (cdo 57).

Con o sin derecho de voto en el plan (art. 9.3 y cdo 57). En el último caso se verán arrastrados siempre porque la adopción del plan de reestructuración no se supedita al acuerdo de la clase de socios. Se parte de que cuando los accionistas están *out of the money,* esto es, cuando su crédito no estaría cubierto ni total ni parcialmente por el valor de la compañía y no recibirían en una liquidación de la sociedad cuota de liquidación alguna, no pueden obstaculizar la reestructuración, ni siquiera mínimamente, otorgándoles derecho de voto. Pudiendo, en consecuencia, imponérseles la reestructuración en un modo forzoso, sin efecto expropiatorio, dado que su posición carecería de respaldo económico. Ello resulta coherente con la cuota residual de liquidación societaria de los accionistas en el Derecho de Sociedades.

En este contexto, se impone, pues, la reestructuración forzosa no sólo frente a los acreedores, como acontecía en versiones anteriores de la Directiva, sino también frente a los socios del deudor, lo que constituye uno de los grandes avances de la Directiva, pero también uno de los aspectos más complejos de su transposición.

Si bien, se instauran ciertas peculiaridades. En primer término, se concede a los Estados miembros la posibilidad de excluir la regla de la prioridad absoluta en relación con la clase o clases de las que formen parte. El motivo reside en que esta regla podría desincentivar a los socios a participar en la reestructuración, dado que prohíbe que una clase de acreedores de menor rango cobre si no han sido satisfechas las que tienen preferencia, lo que, en la mayoría de los casos, les privaría de toda participación (cdos 56 y 57).

La "*regla de prioridad*" ("*priority rule*") puede ser la "*regla de prioridad absoluta*" ("*absolute priority rule*", "APR"), prevista en el artículo 11.2 de la Directiva. Conforme al mismo los créditos de los acreedores afectados en una categoría de voto disidente han de ser plenamente satisfechos por medios idénticos o equivalentes cuando una categoría de rango inferior haya de recibir cualquier pago o conservar cualquier interés en el marco del plan de reestructuración. En consecuencia, una clase de menor rango no recibirá nada antes de que los acreedores de mayor rango hayan sido satisfechos en su totalidad. Esto es, los acreedores garantizados deben recibir el valor de su garantía antes de que los acreedores no garantizados reciban algo. Y todos los acreedores ordinarios deben cobrar su crédito antes de que los acreedores subordinados o los accionistas reciban algo.

Pero también puede ser la "regla de prioridad relativa" ("*relative priority rule* ", RPR"), prevista en el artículo 11.1 c) *in fine,* a tenor del cual las categorías de voto disidentes de los acreedores afectados han de recibir un trato más favorable que el de cualquier categoría de rango inferior. Por tanto, la "*relative priority rule*" sustituye la necesaria satisfacción íntegra de una clase de acreedores de rango crediticio superior para que una clase de rango inferior perciba algo en la reestructuración, propia de la "*absolute priority rule*", por "*el trato más favorable*" de la clase preferente que el de cualquier categoría de rango inferior.

Sin embargo, la Directiva no propone la regla de la prioridad absoluta como preferente. Se pretende con ello que los accionistas sean recompensados por permanecer involucrados en la reestructuración permitiéndoles mantener determinados intereses en la misma aunque sea a costa de que una categoría de mayor prelación se vea obligada a aceptar una reducción de sus créditos, si bien se aducen otras motivaciones, en nombre de la *justicia* como el caso de los proveedores de suministros básicos afectados por la disposición relativa a la suspensión de ejecuciones singulares.

No obstante, esta regla no ha sido bien acogida. Al respecto se recuerda, con razón, que, si lo que se pretende es incentivar a los accionistas, es posible hacerlo con sujeción a la regla de la prioridad absoluta ofreciéndoles contrapartidas no por sus viejos instrumentos, como sugiere la regla de la prioridad relativa, distorsionando los rangos crediticios, sino por el valor futuro que aporten después de la reestructuración. Se trata de aplicar lo que en el Derecho norteamericano se conoce como la "doctrina del nuevo valor" ("*new value exception*"), que consiste en la "recompra" (*buy back*) o retención por los accionistas de sus intereses (*equity interest*) en el valor de la reorganización de la compañía mediante la realización de aportaciones al deudor.

La segunda especificación alude al ámbito subjetivo de la reestructuración forzosa, en la medida en que se excluye a las PYMEs. El considerando 58 se expresa de modo tajante disponiendo que "*la reestructuración forzosa de la deuda aplicable a todas las categorías debe seguir siendo optativa para los deudores que sean pymes*". De otro lado, el artículo 11.1, párrafo 2 dispone que los Estados miembros podrán limitar el requisito de obtener el consentimiento del deudor a la restructuración forzosa a los casos en que los deudores sean PYMES.

Si bien, la Directiva no aclara en grado suficiente quien merece la consideración de deudor a esos efectos en caso de personas jurídicas. Según el cdo 53, no la alcanzarían, en principio, los socios, sino los administradores de la sociedad deudora. Aunque posteriormente declara que los Estados miembros deben poder decidir si, a efectos de la adopción o confirmación del plan de reestructuración, debe entenderse que el deudor ha de ser considerado como el consejo de administración de la persona jurídica o como una determinada mayoría de socios o tenedores de participaciones.

En cualquier caso, esta opción se justifica, en mi opinión, porque, frente a lo que acontece en las grandes sociedades cotizadas, en estas formas empresariales, el deudor —sus administradores o socios mayoritarios— aportan valor a la compañía en reestructuración con su actividad personal, por ejemplo, en materia de gestión, por lo que, en muchas ocasiones, su involucración específica resulta esencial para el éxito de la reestructuración.

El segundo método que la Directiva considera idóneo para garantizar que los socios no impidan injustificadamente la adopción de planes de reestructuración procede del Derecho de sociedades. Se busca que los accionistas no frustren los esfuerzos de reestructuración abusando de sus derechos con arreglo a la Directiva (UE) 2017/1132 del Parlamento Europeo y del Consejo, de 14 de junio de 2017, sobre determinados aspectos del Derecho de sociedades. De modo que se instaura un principio general conforme al cual la eficacia del proceso de adopción y ejecución del plan de reestructuración no debe verse comprometida por el Derecho de sociedades.

A ese respecto autoriza a los Estados miembros a incluir excepciones a los requisitos establecidos en la Directiva (UE) 2017/1132. Entre otras, alude a que las medidas de reestructuración que afecten directamente a los derechos de los socios y que necesitan la aprobación de la junta general de accionistas con arreglo al Derecho societario no estén sometidas a requisitos de mayorías injustificadamente altas o a excepciones en torno a la obligación de convocar junta o a los plazos, cuando la dirección deba adoptar una medida urgente para proteger los activos de la empresa, por ejemplo solicitando la suspensión de ejecuciones singulares y cuando exista una pérdida grave y repentina de capital suscrito y un estado de insolvencia inminente.

Sin embargo, la inclusión de estas excepciones tampoco es obligatoria para los Estados miembro si se garantiza que los requisitos de su Derecho de sociedades no ponen en peligro la efectividad del proceso de reestructuración o si disponen de otros instrumentos igualmente eficaces para garantizar que los accionistas no impidan injustificadamente la adopción o la ejecución de un plan de reestructuración que permita restablecer la viabilidad de la empresa, lo que constituye una cláusula excesivamente abierta y difusa, que dio lugar a graves incertidumbres cuando se acometió la incorporación de la Directiva.

Ante este complejo contexto, la Ley 16/2022 no optó por ninguna de las dos opciones. Prefirió idear un modelo que podríamos denominar mixto. Por un lado, apuesta por el Derecho de Sociedades con ciertas especialidades. Algunas ya previstas en el Texto Refundido de 2010. Otras, procedentes directamente de la Directiva. Pero, por otro lado, refuerza el sistema de calificación, que mantiene. Y, sobre todo, intenta integrar esta ordenación en el ámbito del Derecho Preconcursal, en un sistema un tanto complejo, que, conforme a la Directiva, pretende evitar que los socios obstaculicen la reestructuración. No tanto, proteger los derechos de los socios.

II

Las anteriores consideraciones generales avalan el evidente interés y la importancia de esta monografía. Se centra en la tutela de los socios en el marco de la reestructuración, aspecto que, según lo dicho, no contempla la Directiva, ni tampoco el Texto Refundido reformado, centrado como está en que los socios no obstaculicen la reestructuración.

Entre los trabajos destacables acerca de la reforma no hay ninguno que haya prestado atención a este aspecto trascendental, a pesar de que constituye el punto de conexión entre los derechos de los socios y los de los acreedores, imprescindible para conseguir los fines que persigue la normativa, como viene demostrando la práctica en la que se observan no pocas operaciones frustradas, y también, lamentablemente, algunas que han podido completarse en fraude de los intereses de alguno de los dos colectivos.

Con el objetivo fundamental de efectuar una caracterización segura que explique el régimen jurídico aplicable, la obra se divide en cuatro partes. La primera de ellas se dedica a delimitar el ámbito y objeto de estudio. Plantea el cambio de paradigma al que ha sido sometido el Derecho de Sociedades debido a la reforma del Derecho Preconcursal llevada a cabo por el legislador en cumplimiento de la Directiva de Reestructuraciones. Expone el conflicto entre el Derecho Preconcursal y el Derecho de Sociedades y trata del ámbito subjetivo de los marcos de reestructuración. En ese contexto analiza los riesgos que se afrontan en las reestructuraciones tempranas, considerando a socios y acreedores. Esto es, el riesgo de obstruccionismo por parte de los socios en la medida en que es posible que impidan la reestructuración temprana y el riesgo de expropiación de sus derechos que pueden sufrir a consecuencia de los mecanismos de reestructuración forzosa que la nueva normativa prevé.

Como no podía ser de otra forma, debido a los antecedentes comparados de la Directiva y, por ende, del nuevo sistema interno, en la descripción del mismo, la autora no ha escatimado esfuerzos en su labor de documentación, analizando de forma pormenorizada no solo el ordenamiento norteamericano, sino también aquellos otros que han tenido cierta influencia en los textos vigentes.

En razón de los materiales seleccionados, de los razonamientos utilizados, de la solidez de las conclusiones obtenidas y de la claridad de las mismas, este apartado de la obra adquiere un indudable valor que Marina Vázquez Esteban ha podido conseguir gracias a su acabado conocimiento de las lenguas foráneas, fruto, a su vez, de las múltiples estancias de las que ha disfrutado en Universidades de reconocido prestigio. No se trata, empero, de un simple ejercicio de erudición. Este capítulo constituye el punto de partida para desentrañar el significado y régimen jurídico del régimen vigente, para lo que resulta imprescindible conocer el contexto normativo en que se aplican los ordenamientos de referencia, que, en muchas ocasiones, no coincide con el que hay que atribuirles en el Derecho español. De ahí la necesidad de abordar su estudio en esta sede, que, con todo, se efectúa con carácter accesorio y previo al objeto central del trabajo.

La segunda parte del trabajo constituye sin duda una novedosa aportación de gran relieve a la que auguro una difusión segura entre quienes quieran profundizar en el estudio de esta materia ya que analiza el ámbito objetivo de los marcos de reestructuración, un aspecto esencial habida cuenta las últimas reformas legislativas. Pero no se limita a su formulación genérica, sino que lo conecta con la tutela indirecta de los socios que propician los distintos mecanismos societarios y preconcursales de verificación y control del presupuesto objetivo.

Con todo, la parte más ambiciosa de la obra está constituida por la tercera y cuarta parte del trabajo, en la medida en que abarcan la protección de los socios en las sociedades de capital en la fase de negociación y aprobación de los marcos de reestructuración. Y, respectivamente, los instrumentos de tutela del socio frente a la nueva posibilidad de aplicación forzosa de un plan de reestructuración a los socios mediante la homologación judicial.

Con extremo rigor en los planteamientos, una cuidada selección de las fuentes y una exposición clara y razonada se aborda en ella la construcción *ex novo* de la disciplina que rige en los tres ámbitos indicados considerando la normativa implicada en cada fase. El primer capítulo de la tercera parte trata, en efecto, de la tutela del socio en la fase de negociación extrajudicial de los planes de reestructuración, que es exclusivamente societaria, apostando por el fomento de su participación en dicho período como medio para conseguir una tutela indirecta a través del derecho de información. Mientras que el capítulo segundo se dedica a la etapa de la aprobación. Un contexto especialmente conflictivo en el que la autora informa con precisión de cómo el Derecho Preconcursal mantiene las competencias interorgánicas de la junta de acuerdo con el Derecho de Sociedades, exigiendo, por ello, el acuerdo de los socios reunidos en junta para la adopción de medidas de su competencia. Y, junto a ello, las especialidades preconcursales que afectan a la regulación de dicha junta general de socios, en aspectos tales como el derecho de información, la formación de la voluntad social, incluyendo la legislación sobre modificaciones estructurales que puede ser de aplicación, o el suprimido derecho de preferencia de los socios y las alternativas de protección existentes debido a dicha supresión.

Del mismo modo en el primer capítulo de la cuarta parte se analiza críticamente la ausencia de un control judicial suficiente para la tutela de los socios previo a la homologación de los planes de reestructuración y sus graves efectos sobre sus derechos y se realiza una propuesta de *lege ferenda* sobre la implicación del socio en esta fase y la regulación de planes competidores. Mientras que en el segundo capítulo se estudian los tres mecanismos de impugnación divididos en dos niveles (societario y preconcursal) que el legislador ha regulado y que resultan esenciales para la constitucionalidad de la nueva regulación, junto con una adecuada vía indemnizatoria.

Todo ello desde una perspectiva crítica, pero constructiva, en la que al tratamiento del Derecho español, se añade la experiencia de los ordenamientos del Derecho Comparado seleccionados en el primer capítulo de la obra, más que justificada aquí, según indiqué antes, dada la exigüidad de las aportaciones doctrinales en la materia y la escasa jurisprudencia recaída sobre este tipo de operaciones.

III

El lector puede tener la seguridad de que este libro ofrece una idónea selección de temas, utiliza una metodología correcta, se sirve de un utillaje conceptual que la autora domina a la perfección, adopta una sistemática acertada y sus conclusiones están bien fundamentadas en un análisis exhaustivo de los textos y bibliografía relevantes.

Lo que pone de manifiesto el indudable valor de esta obra en la que se combinan acertadamente los planteamientos de índole dogmática con las exigencias de la práctica, ofreciendo soluciones razonadas sobre todos los temas considerados, con fundamento en la experiencia propia y en la comparada.

La autora ha sido consciente de que estaba realizando un trabajo universitario, lo que, rectamente entendido, significa extremar el rigor conceptual y la valoración crítica de la materia para ofrecer criterios razonados de interpretaciones admisibles y respuestas claras a los problemas que la práctica plantea. A estas alturas de la evolución nadie puede dudar que sin una fundamentada construcción dogmática es imposible ofrecer soluciones razonadas. El resultado ha sido, a mi juicio, plenamente satisfactorio. Es esta una publicación de mérito, importante y bien ultimada, como no podía ser de otra forma, dada la curiosidad científica de su autora, la solidez de su formación y el afán de autoexigencia que ha demostrado durante sus años de docencia e investigación en la Universidad de Alicante. Tras haber disfrutado de la lectura de la obra no puedo por menos que felicitar a mi querida amiga Marina Vázquez Esteban por su trabajo y augurar a la publicación el éxito que sin duda merece.

ESPERANZA GALLEGO SÁNCHEZ
Catedrática de Derecho Mercantil
Vocal Permanente de la Comisión General de Codificación, sección segunda, mercantil

INTRODUCCIÓN

La oportunidad del tema que subyace al presente trabajo se justifica en primer lugar por el carácter absolutamente novedoso y reciente de las reformas legislativas que lo motivan[1]. Se propone analizar las recientes reformas legales que ha experimentado el Derecho concursal español y de qué manera estas afectan al papel que el socio ocupa en la sociedad cuando la misma afronta dificultades financieras. Las novedades legislativas afectan particularmente a los instrumentos preconcursales o paraconcursales hasta ahora conocidos. En efecto, los acuerdos de refinanciación y acuerdos extrajudiciales de pago son sustituidos por los planes de reestructuración.

El origen de la reforma se encuentra en la promulgación de la Directiva 2019/1023 del Parlamento Europeo y del Consejo, de 20 de junio de 2019, sobre marcos de reestructuración preventiva, exoneración de deudas e inhabilitaciones, y sobre medidas para aumentar la eficiencia de los procedimientos de reestructuración, insolvencia y exoneración de deudas, y por la que se modifica la Directiva (UE) 2017/1132 (Directiva sobre reestructuración e insolvencia o, en este trabajo, Directiva de reestructuraciones). Por su intermedio se pretende, entre otros objetivos, lograr que las empresas y los empresarios viables en dificultades financieras tengan acceso a marcos nacionales efectivos de reestructuración preventiva, de forma que puedan continuar con su actividad. Ello implica procedimientos ágiles, flexibles y de gran rapidez que permitan una actuación temprana para la optimización de los recursos y el valor de la empresa. Sin embargo, siendo una Directiva de mínimos, con su transposición los Estados miembros afrontan diversos retos relativos a la toma de decisiones para el diseño de un nuevo sistema de insolvencias y reestructuraciones o a la aplicación de únicamente de ciertas modificaciones sobre el ya existente. Finalmente, la reforma ha tenido como resultado la

---

1 La presente obra se publica en el contexto del siguiente "Estudio de la sostenibilidad alimentaria desde las disciplinas del Derecho mercantil" financiado por la Ayuda para la realización de proyectos de investigación Emergentes 2021 (Anexo VI) con referencia "GRE21-20A". En concreto, esta obra se incardina dentro del último bloque del Estudio.

Ley 16/2022, de 5 de septiembre, de reforma del texto refundido de la Ley Concursal.

En segundo lugar, la originalidad está justificada por el gran calado de sendas normas que introducen profundos cambios en el sistema preconcursal español.

De un lado, han aumentado el estrechamiento de las relaciones entre el Derecho societario y concursal o preconcursal, hasta producir el desplazamiento en un momento más temprano del primero por la *lex specialis*. En relación con lo cual, el trabajo se propone también evidenciar los problemas de coordinación entre ambos ámbitos jurídicos en relación con los socios y proponer algunas soluciones.

Asimismo, como ya se ha mencionado, se suprimen los instrumentos preconcursales conocidos hasta ahora, sustituyéndolos por los nuevos planes de reestructuración, pendientes todavía de un desarrollo doctrinal en profundidad, si bien ya comienzan a verse los primeros trabajos doctrinales.

Con su incorporación al ordenamiento español el sistema de las insolvencias sufre un cambio radical y se centra no sólo en la refinanciación de sociedades en crisis, sino en su reestructuración, pudiendo incluso ser total, de las sociedades que atraviesan dificultades en un momento temprano. Los cambios son del alcance más amplio posible. Con todo, es pertinente matizar el gran avance que la norma concursal española ya representaba en este ámbito. La Directiva de reestructuraciones permite que un plan pueda afectar también a las partes disidentes siempre que sea confirmado por una autoridad administrativa o judicial, cumpliendo determinadas condiciones. Se trata de una reestructuración forzosa que ya en la derogada Ley Concursal española se recogía en cierta manera con la homologación judicial de los instrumentos preconcursales. Sin embargo, con la transposición española de la Directiva (UE) 2019/1023 el procedimiento previsto es totalmente nuevo e inspirado en el principio de intervención mínima. Afecta también al potencial contenido de las reformas susceptibles de acontecer en el seno de una sociedad y de su estructura interna.

En tercer lugar y en relación con la última manifestación, se producen cambios de la máxima relevancia en los sujetos afectados por dicho contenido pudiendo quedar también afectados los socios. Se trata de una ampliación del ámbito subjetivo de afectación por los instrumentos preconcursales sin precedentes en el sistema español. Debido a esto último, al contenido potencial de los planes de reestructuración y a la incorporación de una homologación judicial de los planes para su aplicación a las partes disidentes el socio podrá verse amenazado por una grave dilución política y económica de su posición en la sociedad, lo que, llevado a sus últimas consecuencias, integra el riesgo de expropiación de sus derechos por los acreedores.

Estas novedades han provocado que el legislador español afronte decisiones de un alto impacto para el derecho preconcursal, pero también para el Derecho societario y los derechos del socio en contextos de crisis, ocasionando un cambio de paradigma en la tradicional consideración del socio como propietario de la sociedad para ser tratado como acreedor residual de la sociedad. El ámbito del presente trabajo se circunscribe a la posición del socio desde esta nueva concepción y analiza el modo en que dichas reformas afectan a los derechos de los socios, si encuentran encaje constitucional y cuáles son las garantías que el legislador ha previsto para asegurar el equilibrio entre la tradicional obstrucción accionarial y el riesgo de expropiación que por otro lado afrontan los socios.

Como se pondrá de manifiesto, la Constitución Española tutela los derechos de los socios frente a la hipotética o potencial expropiación de sus derechos. Por ello, el procedimiento de reestructuración temprana ha de llevar aparejadas cautelas especiales acordes con las exigencias constitucionales, en especial por lo que se refiere al sistema de recursos e indemnizaciones diseñado. Debate que, por otro lado, únicamente ha sido objeto de tratamiento en ordenamientos vecinos como el alemán, sin que puedan encontrarse estudios similares en el ordenamiento que inspira la reforma de la Directiva, el norteamericano. Aspectos, todos estos, que se abordan también en el presente estudio.

Paralelamente, fruto de los tradicionales costes de agencia, la Directiva de reestructuraciones para garantizar el cumplimiento de sus objetivos impone a los Estados miembros la obligación de adoptar aquellas medidas que sean necesarias para evitar la obstaculización por parte del Derecho de sociedades y, concretamente, por parte de los socios cuyos intereses puedan contraponerse a una reestructuración temprana evitando el fenómeno del obstruccionismo accionarial. Para ello, deben incorporar excepciones al Derecho europeo de sociedades (y por tanto al nacional también), consolidando el desplazamiento del Derecho de sociedades por un Derecho de la insolvencia o de las reestructuraciones en un momento temprano de la crisis.

En este contexto el legislador ha tenido que decantarse por una de las opciones que la Directiva le permite en relación con la afectación de los socios por el plan de reestructuraciones y su papel en ellos. A saber, ha tenido que decidirse entre la supresión completa del derecho de voto del socio en relación con las medidas de reestructuración que pudieran afectarle y que formasen parte de la distribución competencial interorgánica de las sociedades de capital; alternativamente por la integración del derecho de voto dentro del Derecho preconcursal, sometiéndolo a diversas alteraciones y limitaciones por vía de lex specialis; o por la limitación del mismo con la adopción de medidas como la modificación de las mayorías de votación, el quorum de constitución de la junta, etc. Pero este no es el único derecho que se ha visto afectado por la reforma. También han sufrido alteraciones derechos como el de información o el de preferencia.

Todo lo anterior acontece en un momento temprano de la crisis debido a la reforma operada también sobre el presupuesto objetivo de los marcos de reestructuración y la incorporación de conceptos nuevos y de límites difusos como la probabilidad de insolvencia. Estos cambios afectan al tan debatido interés social. Además, en última instancia se ven afectados también los sistemas de recursos frente a la homologación judicial del plan de reestructuración.

Por todo ello, el presente trabajo aborda un estudio del fundamento y ejecución de las reformas mencionadas; de cómo afectan a los derechos de los socios; y a si el legislador ha previsto garantías suficientes, como las relativas al control judicial de los presupuestos de acceso a los marcos de reestructuración o los requisitos de homologación; así como si existen instrumentos alternativos de tutela suficiente que sí ha previsto para los acreedores de una forma expresa y diferenciada, bien sean estos de carácter societario o preconcursal, como ocurre con el "interés superior de los acreedores". En especial, por lo que se refiere al sistema de recursos diseñado para su adecuación a las exigencias constitucionales, los requisitos para su impugnación y los efectos que una hipotética estimación de la causa de impugnación despliega. Asimismo, la redacción de la ley de transposición requiere de reflexión con especial detenimiento en varios puntos a lo largo del procedimiento diseñado para aclarar la manera concreta en la que el Derecho de la insolvencia y el Derecho de sociedades han de coordinarse. En particular se hace referencia a aquellos aspectos que puedan afectar a los derechos de los socios o a la aplicación de los instrumentos de tutela societarios dentro del procedimiento preconcursal de los marcos de reestructuración.

Para lograr esto se ha realizado un estudio de los fundamentos económicos y la legislación comparada que inspira la armonización europea, esta es, el Chapter 11 de la Bankruptcy Act norteamericana. Igualmente, ha sido imprescindible el estudio de las transposiciones comparadas de la Directiva (UE) 2019/1023 en ordenamientos europeos vecinos. Sin embargo, por motivos de eficiencia en la redacción, estructura y extensión del presente trabajo, los resultados de dicho estudio se encuentran integrados a lo largo del contenido del mismo. Así, en lo extenso del presente texto se hace referencia a aquellos aspectos más relevantes de los sistemas comparados y su jurisprudencia atendiendo a criterios de pertinencia y necesidad.

Como era de esperar, la relevancia del presente estudio no ha tardado en materializarse y buena prueba de ello es la Sentencia del Juzgado de lo Mercantil de Barcelona (Sección 2ª), de 4 de septiembre de 2023, [ECLI:ES:JMB:2023:1949], con el ya conocido como "*caso Celsa*" que tanto va a dar de qué hablar. Ciertamente, se trata de un caso muy particular que ocupará el lugar de *leading case* en el ámbito de nuestro Derecho de Reestructuraciones. Las reformas operadas por los legisladores europeo y español están pensadas para lograr un mayor número de planes de reestructuración consensuales. Pero la sentencia del *caso Celsa* pone de manifiesto el riesgo de arrastre forzoso de los socios, así como muchas de las conexas tratadas en el presente trabajo.

PARTE PRIMERA

LA REFORMA DEL DERECHO DE LA INSOLVENCIA Y LA PREINSOLVENCIA COMO PUNTO DE PARTIDA

Capítulo Primero

DELIMITACIÓN Y JUSTIFICACIÓN DEL OBJETO DE ESTUDIO

I. LA REFORMA DEL DERECHO DE LA INSOLVENCIA Y LA PREINSOLVENCIA: LA DIRECTIVA (UE) 2019/1023

1. *Origen y evolución de la reforma*

La Unión Europea ha experimentado una gran evolución en materia de Derecho de insolvencias y reestructuración con un especial impulso derivado de la experiencia que proporcionó la crisis económica de los años 2007 y 2008. Es conocido el gran número de empresas que sufrieron dificultades económicas y se vieron abocadas al cierre. En un periodo de apenas tres años una media de 200.000 empresas declaraba su insolvencia[2]. En el seno de dicha evolución surge el debate acerca de la necesidad de armonización para dicho sector del Derecho en todo el territorio de la Unión Europea, las materias objeto de la misma, o la técnica legislativa que instrumentalizaría las futuras reformas[3].

El momento de crecientes operaciones transfronterizas con el mercado único europeo siempre de fondo sirve de base para evidenciar el obstáculo que las diferencias existentes para las insolvencias entre los distintos regímenes nacionales suponen para la supervivencia de las sociedades, así como para el conjunto de la economía[4]. Hay

---

2 Comunicación de la Comisión al Parlamento Europeo, al Consejo y al Comité Económico Social y Europeo del Nuevo enfoque europeo frente a la insolvencia y el fracaso empresarial, del 12 de diciembre de 2010, COM (2012) 742 final, p. 2.

3 A favor de la armonización sustantiva de las legislaciones nacionales se pronuncia THERY MARTÍ, A., "Encrucijada en la armonización de las reestructuraciones e insolvencias en la UE", en Gutiérrez Gilsanz, A., (coord.), *Derecho práctico de reestructuraciones e insolvencias empresariales*, Aranzadi, Navarra, 2017, p. 29.

4 Sobre el mercado único y la Unión Europea, consultar el Acta del Mercado Único II, Juntos por un nuevo crecimiento en la Comunicación de la Comisión al Parlamento Europeo, al Consejo, al Comité Económico y Social Europeo y al

consenso sobre las consecuencias generadas resumibles en inseguridad jurídica y en la producción de un indeseable foro de conveniencia o *fórum shopping*, manifiestamente denunciado[5]. Así lo expone el informe de INSOL Europe en el año 2010[6]. Con el Programa de Estocolmo de 2009[7] como antecedente, el informe plantea la conveniencia de armonizar determinadas materias de carácter sustantivo. Armonización que desaconsejó diez años antes el Reglamento (CE) 1346/2000, posteriormente sustituido por el Reglamento (CE) 2015/848, vigente desde el 26 de junio de 2017 y también conocido como Reglamento de Insolvencia. Este último limita la regulación a cuestiones de competencia, reconocimiento, ejecución, legislación aplicable y cooperación entre autoridades para los procedimientos transfronterizos. El motivo del rechazo radicaba en que las enormes discrepancias normativas entre los Estados miembros en la tutela de los distintos intereses contrapuestos en procedimientos de insolvencia hacían imposible una reforma adecuada[8]. Dificultades que no desmerecían el gran logro que en este campo representó el Reglamento de Insolvencia, fruto de largas negociaciones entre las naciones implicadas. Con todo, adolece de carencias temáticas que quedaron sin tratar, así como la obsolescencia sobrevenida de la que

Comité de las Regiones, de 3 de octubre de 2012. COM (2012) 573 final, COM 2012.573.

5 Uno de los objetivos de la Unión Europea a la hora de legislar en materia de insolvencias era evitar el denominado foro de conveniencia como demuestra el Considerando 4 del Reglamento (CE) Nº 1346/2000 del Consejo, de 29 de mayo de 2000, sobre procedimientos de insolvencia. DO L 160/1, de 30 de junio de 2000: *"Para el buen funcionamiento del mercado interior, es necesario evitar que las partes encuentren incentivos para transferir bienes o litigios de un Estado miembro a otro, en busca de una posición jurídica más favorable"*. Dicho fenómeno es evaluado por el documento que aparece junto con la modificación del Reglamento (CE) 1346/2000 sobre procedimientos de insolvencia, COM (2012) 744.

6 INSOL EUROPE (2010): Armonización de las legislaciones sobre insolvencia en toda la UE. Parlamento Europeo, Dirección General de Políticas Interiores, Departamento Temático C: Derechos de los ciudadanos y asuntos constitucionales, Asuntos Jurídicos, PE 419. 633. Consultado en http://www.europarl.europa.eu/studies

7 Programa de Estocolmo. Una Europa abierta y segura que sirva y proteja al ciudadano, Consejo Europeo, DO C 115 de 4 de mayo de 2010, p. 16.

8 Considerando 11 del Reglamento (CE) Nº 1346/2000... *op. cit.*

pronto adolecieron aquellas que sí alcanzaron consenso debido a la duración excesiva de las negociaciones.

Tras ello, la Resolución del Parlamento Europeo de 15 de noviembre de 2011[9] consolidó el trabajo por un Derecho de insolvencia unificado como objetivo a alcanzar por la UE. El contenido del texto parte de la evolución del Derecho de insolvencia y reestructuración orientado hacia el rescate de empresas con dificultades financieras y la búsqueda de un beneficio en este contexto no sólo para los acreedores, sino también los deudores y otros interesados. Para ello deja atrás la liquidación como única alternativa a las sociedades en crisis.

El nuevo enfoque europeo para la insolvencia empresarial vino con la Comunicación de la Comisión Europea de 2012[10], la cual derivó en la Recomendación de 2014 de este mismo órgano[11]. Por lo que respecta al primero de ambos textos, aúna todos los estudios anteriores y apuesta por la armonización como el mejor camino para la creación de un marco jurídico eficaz. Basándose en las investigaciones previas exige como necesario un sistema efectivo en la detección

---

9 Resolución del Parlamento Europeo, de 15 de noviembre de 2011, con recomendaciones destinadas a la Comisión sobre el procedimiento de insolvencia en el marco de las sociedades de la UE (2011/2006 (INI)), sobre procedimientos de insolvencia en el marco del Derecho europeo (P7_TA(2011)084), fruto de los estudios previamente realizados por el Parlamento Europeo de 2010, PE 419.633 sobre la armonización de las legislaciones sobre insolvencia en toda la UE; junto con el estudio del mismo órgano EP 2011, PE 432.766, sobre armonización de las legislaciones sobre insolvencia en toda la UE en lo que respecta a la apertura de procedimientos, la presentación de créditos y la verificación y los planes de reestructuración.
La mencionada Resolución unificó los motivos esgrimidos por los Informes de Estocolmo de 2009 y de INSOL Europe de 2010, para la unificación del Derecho Europeo en la búsqueda de una mayor eficiencia de los procedimientos de insolvencia, de un mayor crecimiento económico de las empresas, un mejor funcionamiento del mercado único libre de obstáculos y vierte una primera propuesta de las materias cuya armonización se recomienda.

10 Comunicación de la Comisión al Parlamento Europeo, al Consejo y al Comité Económico y Social Europeo sobre el nuevo enfoque europeo frente a la insolvencia y el fracaso empresarial de 12 de diciembre del 2012, COM (2012) 742 final.

11 Recomendación de la Comisión Europea sobre un nuevo enfoque europeo de la insolvencia y el fracaso empresarial, de 12 de marzo de 2014, C (2014) 1500 final.

temprana de la insolvencia, un proceso nacional eficiente en todos los Estados miembros para la misma. Apuesta por la reestructuración de empresas como mecanismo para la maximización del valor de las sociedades viables económicamente en beneficio de los acreedores, trabajadores y, en general, para el conjunto de la economía, junto con los instrumentos de segunda oportunidad. Ambos se presentan como elementos para reforzar el sector comercial y financiero de la Unión Europea[12]. Como puede observarse, centra sus esfuerzos en el campo de la preinsolvencia y busca reducir los costes económicos y temporales asociados. Pero lo verdaderamente relevante es su inspiración anglosajona, concretamente, en el *Chapter 11* del *Bankruptcy Code norteamericano* y en los *Schemes of Arrangements* del Reino Unido[13].

A pesar de los esfuerzos, las evaluaciones de 2015 y 2016 de la Comisión Europea[14] evidenciaron el fracaso en su observancia por los Estados miembros. Ambas desembocarían en el Plan de Acción de la Comisión para la creación de un Mercado de Capital de la Unión, de 30 de septiembre de 2015[15]. Con él, Europa anunciaba la iniciativa legislativa que daría lugar a la Directiva de reestructuraciones objeto

12 Para ello, se basa en el Informe de "Dinámica empresarial: empresas de nueva creación, transferencias y quiebras), Comisión Europea, DG Empresa e Industria, enero de 2011. En el mismo se prueba que "*Los países que mejor funcionan disponen de un marco jurídico eficaz para los procedimientos concursales, así como de sistemas de detección precoz*", COM (2012) 724 final. Por otro lado, en materia de segunda oportunidad, destaca el Plan de Acción sobre emprendimiento 2020, de 9 de enero de 2012, COM (2012) 795 final por sus recomendaciones a los Estados nacionales para invertir en la reestructuración temprana de las empresas en dificultades, especialmente a través de los periodos de una reducción de los periodos de suspensión de la actividad y mecanismos de segunda oportunidad con una grandísima repercusión para las PYMES.

13 "La Directiva (UE) 2019/1023 para aumentar la eficiencia de los procedimientos de reestructuración, insolvencia y exoneración de deudas", en Calvo Caravaca, A. L. y Carrascosa González, J., (coords.), *Litigación internacional en la Unión Europea V: Derecho concursal internacional: Reglamento (UE) 2015/848, Texto Refundido Ley Concursal (Libro Tercero) de 2020, Directiva (UE) 2019/1023*, Thomsons Reuters Aranzadi, Navarra, 2021, p. 581.

14 COHEN BENCHETRIT, A., "La posición del socio ante la reestructuración en el Anteproyecto de reforma concursal", *La Ley Mercantil*, Nº 86, 2021, p. 2.

15 Comunicación de la Comisión al Parlamento Europeo, el Consejo, el Comité Económico y Social Europeo y al Comité de las Regiones, del Plan de Acción de la Comisión para la creación de un Mercado de Capital de la Unión, de 30 de septiembre de 2015, (COM (2015) 468 final).

del presente estudio, buscando reducir los costes adicionales que las diferencias normativas destacadas suponen para los inversores a la hora de evaluar los riesgos que afrontaran al tratar con deudores en dificultades financieras.

Construida en este marco y dados los antecedentes, el 26 de junio de 2019 se publicaba la Directiva 2019/1023 del Parlamento Europeo y del Consejo, de 20 de junio de 2019, sobre marcos de reestructuración preventiva, exoneración de deudas e inhabilitaciones, y sobre medidas para aumentar la eficiencia de los procedimientos de reestructuración, insolvencia y exoneración de deudas, y por la que se modifica la Directiva (UE) 2017/1132[16] (Directiva sobre reestructuración e insolvencia o, en este trabajo, Directiva de reestructuraciones)[17], que viene a complementar el mencionado Reglamento (UE) 2015/848. El plazo de transposición, con excepción de las disposiciones que den cumplimiento al artículo 28[18] se establecía, a más tardar, el 17 de julio de 2021, con posibilidad de contemplar una prórroga máxima de un año[19].

2. *Propósito de la Directiva (UE) 2019/1023*

La Directiva (UE) 2019/1023, como lo hicieran sus estudios precedentes, se inspira en el *Chapter 11* de la *Bankruptcy Act* estadou-

---

16 Directiva (UE) 2017/1132 del Parlamento Europeo y del Consejo, de 14 de junio de 2017, sobre determinados aspectos del Derecho de sociedades (DO L 169/46). La referida Directiva es fruto del deseo por refundir las principales Directivas sobre el Derecho de sociedades, para facilitar la comprensión del Derecho de sociedades de la Unión Europea, como así expuso el Plan de acción aprobado por la Comisión Europea, ese mismo año, bajo el título "Derecho de sociedades europeo y gobierno corporativo un marco jurídico moderno para una mayor participación de los accionistas y la viabilidad de las empresas", (COM 2012, 740 final, de 12 de diciembre, de 2012, p. 16).

17 Diario Oficial de la Unión Europea de 26 de junio de 2019 (DO L 172/18).

18 El plazo de transposición para las disposiciones que den cumplimiento a los apartados a), b) y c), es el 17 de julio de 2024. Mientras, el apartado d) dispone hasta el 17 de julio de 2026.

19 Los Estados que experimenten dificultades especiales para la transposición pueden acogerse a la prórroga de un año, debiendo notificar previamente, a más tardar el 17 de enero de 2021 a la Comisión, la necesidad de hacer uso de dicha posibilidad.

nidense[20]. Se propone en sus considerandos contribuir al correcto funcionamiento del mercado interior y eliminar los obstáculos al ejercicio de las libertades fundamentales, como son la libertad de circulación de capitales y de establecimiento que derivan de las diferencias sustantivas entre los sistemas de reestructuración preventiva, insolvencia y exoneración de deudas que presentan los ordenamientos nacionales en el territorio de la Unión Europea. El legislador europeo busca con ello que el espíritu emprendedor no se convierta en una losa cuya carga soportará el empresario a perpetuidad, permitiendo su recuperación para beneficio del conjunto de la economía y la competitividad de la Unión Europea en el sector, así como la supresión del foro de conveniencia.

Con la reestructuración refuerza su apuesta por la continuidad de la actividad empresarial totalmente o en parte de aquellos deudores que presenten dificultades financieras pero que sean viables económicamente. *A sensu contrario*, se optará por la salida rápida de quienes no son viables económicamente, combatiendo la presencia en el mercado de empresas zombies. Como la propia Directiva (UE) 2019/1023 avanza en sus considerandos, "*las soluciones preventivas son una tendencia creciente en la normativa de insolvencia. Se tiende a favorecer planteamientos que, a diferencia del clásico que consiste en la liquidación de las empresas en dificultades financieras, tengan por objeto la recuperación de estas o al menos en el rescate de aquellas de sus unidades que sigan siendo económicamente viables. Dicho planteamiento, además de aportar otros beneficios a la economía, a menudo contribuyen a mantener los puestos de trabajo o a reducir las pérdidas de puestos de trabajo. Por otra parte, el grado de participación de las autoridades judiciales o administrativas o de las personas nombradas por ellas varía desde la ausencia total de participación o la participación mínima en algunos Estados miembros a la plena participación en otros*"[21].

---

20 DANDENEAU, D. A., "European Union: Look familiar? Proposal to reform restructuring laws embraces the philosophy and approach of chapter 11", *Backer & McKenzie*, noviembre 2016, Disponible en https://restructuring.bakermckenzie.com/2016/11/30/european-union-look-familiar-proposal-to-reform-restructuring-laws-embraces-the-philosophy-and-approach-of-chapter-11/

21 Considerando 4 de la Directiva (UE) 2019/1023.

La uniformidad en la regulación de las materias objeto de tratamiento por la Directiva de reestructuraciones dota de transparencia al sistema para todos los operadores jurídicos no sólo los acreedores, sino también deudores y trabajadores. Por un lado, los acreedores tienen mayor confianza en el mercado, pudiendo prever las consecuencias jurídico-económicas de las operaciones. Ello redunda en un aumento de la financiación y de la concesión de crédito. Por otro lado, la apuesta por la reestructuración y la refinanciación les asegura una mayor recuperación cuantitativa de la inversión realizada de la deuda. Para ello es importante que el fomento no se centre únicamente en la reestructuración financiera, sino también operativa. Además, reduce el abuso del foro de conveniencia o *fórum shopping*.

En cuanto al deudor, la confianza impresa en los acreedores a través de la apuesta por la reestructuración de empresas viables fomenta la inversión y facilita su recuperación. También junto con medidas de segunda oportunidad que potencian el espíritu emprendedor en favor de la economía. Resulta igualmente beneficioso para el sector empresarial permitir la supervivencia de empresas sólidas y una salida limpia y ordenada para aquellas que no lo son.

Entre las materias cuya armonización se considera deseable y factible, pone el foco de atención en el fomento de la reestructuración, a través de distintos procedimientos que difieran según sea una insolvencia "fraudulenta" u "honesta". Además, alerta sobre el papel que juegan las mayores desigualdades de trato en las condiciones que los Estados miembros prevén para el acceso al mismo, desequilibrando la eficiencia de los procedimientos de reestructuración. Por este motivo, denuncia la falta de instrumentos de detección temprana unida a las diferentes medidas para probar la insolvencia (test de insolvencia) y, de igual modo, las diferencias en la fijación del momento en el que es legalmente posible solicitar un proceso de reestructuración. La detección y acceso tardío puede afectar directamente a la capacidad de los acreedores de reclamar su deuda y a los deudores de satisfacerla por dilaciones indeseables[22].

---

22 Todo ello deriva de la Recomendación de 2014 de la Comisión Europea, C (2014) 1500 final.

En línea con lo anterior, los acreedores, también ven sus expectativas de cobro afectadas directamente ante los procesos establecidos para la presentación y verificación de sus créditos (muchas veces inexistentes) para iniciar el proceso. Ante la falta de legitimación, únicamente puede esperar a que el proceso lo inicie el deudor de manera que, cuanto más se dilate en el tiempo, más reducida será la posibilidad de cobro.

Por último, también se ha entendido importante aunar esfuerzos en regular la creación de categorías de acreedores, su clasificación y las mayorías exigidas para la promoción de los acuerdos. Una medida que proporciona transparencia al proceso y de seguridad al acreedor.

Con el fin de facilitar las negociaciones sobre los planes de reestructuración, recomienda la tramitación extrajudicial de los procesos sin la obligatoriedad de mediadores, en favor de un deudor *apoderado* que conserve el dominio sobre sus activos. Cabe añadir que propone la protección tanto del deudor como del acreedor a través de la suspensión de ejecuciones singulares, facilitando así las negociaciones y, por otro lado, mediante la creación de categorías de acreedores que aseguren, como mínimo, la clasificación con y sin garantía. Ambas medidas contribuyen al mantenimiento del equilibrio deseable entre los intereses contrapuestos a la hora de dar un respiro al deudor y de garantizar las posibilidades de cobro para el acreedor. Igualmente, mantiene la esencialidad de proteger a la nueva financiación de las acciones rescisorias y, por supuesto, la segunda oportunidad[23].

A través de la armonización de todas estas cuestiones legales sustantivas se pretende aumentar la transparencia y, con ello, la confianza de los operadores económicos en el mercado europeo e incentivar su apuesta por los procesos de reestructuración temprana de empresas viables. De esta manera se evita el estigma de los procesos de insolvencia y se impulsa el espíritu empresarial con mayor certidumbre para el *playing field* y el sistema financiero europeo.

En definitiva, con la finalidad de favorecer la armonización del buen funcionamiento del Mercado Interior, sirviendo para superar los obstáculos que las diferencias normativas en el territorio de la Unión representan para la libre circulación de capitales y personas;

---

23 Recomendación de 2014 de la Comisión Europea, C (2014) 1500 final.

garantizar que las empresas (y empresarios) viables que se hallen en dificultades financieras tengan acceso a marcos nacionales efectivos de reestructuración preventiva que les permita continuar con su actividad empresarial; y la puesta a disposición de un procedimiento de segunda oportunidad o plena exoneración de deudas; así como que, a tal fin, se mejore la eficacia de los procedimientos de reestructuración, insolvencia y exoneración de deudas, con el firme propósito de reducir su duración; el Texto europeo gira entorno a diferentes principios o bases que rigen todo su planteamiento[24].

El primero de ellos es la flexibilidad. Las disparidades previas existentes en la materia para todo el territorio suponen un punto de partida complejo y dificulta enormemente la ardua tarea de armonización. Por este motivo, se presenta como una Directiva de mínimos. Una característica que, si bien dota de un amplio margen a los Estados miembros en la transición hacia la armonización normativa, por otro lado, ha sido objeto de críticas por el riesgo contenido en el reverso de no constituir una medida eficaz frente al foro de conveniencia, la armonización y, en definitiva, los costes económicos y la seguridad jurídica para los operadores en el mercado.

En segundo lugar, incorpora la viabilidad como condición para proceder a la reestructuración temprana de la sociedad. De tal forma que, en caso de no poder asegurar la viabilidad económica, la continuidad de la empresa, tras la reestructuración, procederá la inmediata liquidación de la misma, evitando así la destrucción del valor de los activos a la que se vería abocada de continuar su marcha con normalidad para desembocar igualmente en una liquidación concursal.

En último lugar, la Directiva se asienta sobre la idea de la eficacia y eficiencia. Para lograr el rescate temprano y exitoso de sociedades económicamente viables, evitando la destrucción del valor de los activos, la reducción de costes temporales y económicos resulta imprescindible. En consecuencia, el procedimiento propuesto por el texto opta por una mínima intervención por parte de la autoridad judicial o administrativa nacional a la par que exige para estos últimos una adecuada formación.

---

24 Es posible encontrar referencias a las reglas básicas en COHEN BENCHETRIT, A., "La posición del socio ante la reestructuración..." ..., *op. cit.*, p. 3.

3. Aprobación y transposición a otros ordenamientos

3.1. Países Bajos

Los Países Bajos son uno de los primeros en adaptar su normativa a la Directiva (UE) 2019/1023, considerando en ella al socio como un acreedor residual, inspirándose en el *Chapter 11* de la *Bankruptcy Act* estadounidense.

La reforma se produce mediante la Ley Nº 414 de Homologación de Acuerdos Privados, de 7 de octubre de 2020 o *Wet homologatie onderhands akkoord (WHOA)*, por la que se modifica la Ley concursal o *Faillissementswet (Fw)*[25] en relación con la introducción de la posibilidad de homologar un acuerdo privado mediante el "Dutch Plan"[26]. La propuesta es parte del programa legislativo para la Revisión de la Ley Concursal[27] anunciada en el año 2012 y advertía su entrada en vigor el 1 de enero de 2021 mediante el Decreto Nº 415, de 26 de octubre de 2020. Conforma uno de los tres pilares de la reforma para fortalecer la capacidad de reestructuración de empresas[28] y se centra en la introducción de la homologación de acuerdos privados entre una empresa, sus acreedores y sus accionistas con respecto ala reestructuración de deudas y, con ello, a la aplicación forzosa de sus disposiciones a los acreedores disidentes[29].

3.2. Alemania

La norma alemana destaca igualmente por ser referente en la consideración del socio como un acreedor residual durante los procedi-

---

25 *Wet van 30 september 1893, op het faillissement en de surséance van betaling.*

26 Papeles Parlamentarios II 2018/19, 35 249, Nº s 1-3, de Modificación de la Ley Concursal en relación con la introducción de la posibilidad de homologación de un convenio privado.

27 Documentos parlamentarios II 2012-2013, 29 911, Nº 74. La promulgación de la WHOA forma parte de este programa que procura también combatir el fraude y modernizar el procedimeinto concursal. Para ello, están previstos también otros tres proyectos relacionados con el *pre-pack*, la Ley de Transferencia de Empresa por Concurso o "*Wet overgang van onderneming in faillissement*" y distintas medidas para la eficacia de la suspensión de pagos y la liquidación del concurso.

28 Exposición de motivos de la WHOA.

29 Se regula en la Sección Segunda del Título III Fw, en los artículos 369 a 387 Fw.

mientos de reestructuración de sociedades en la *Insolvenz Ordnung*, a través de la reforma que su ley de insolvencia sufrió mediante la *Gesetz zur weiteren Erleichterung der Sanierung von Unternehmen* (ESUG), de 7 de diciembre de 2011 o, en español, la Ley para facilitar aún más la reestructuración de empresas, en vigor desde 2012. La misma abordó por primera vez complejas materias como el tratamiento de los socios en la reestructuración, como se verá más adelante, así como las inoperancias prácticas derivadas de la confluencia en este ámbito del Derecho societario y concursal[30].

La transposición se produce por medio de la Ley de Estabilización y Reestructuración de Empresas de 22 de diciembre de 2020[31], modificada por última vez por el artículo 12 de la Ley de 20 de julio de 2022[32] o, en alemán, *Gesetz über den Stabilisierungs- und Restrukturierungsrahmen für Unternehmen (Unternehmensstabilisierungs- und —restrukturierungsgesetz— StaRUG)*. Esta, fue aprobada el 22 de diciembre de 2020, entrando en vigor desde el 1 de enero de 2021.

3.3. Francia

Los procedimientos de preinsolvencia franceses, por su parte, se asimilan en su punto de partida al español, por cuanto respetan los derechos de los socios siguiendo lo dispuesto por su Derecho societario.

La adaptación de su normativa a las novedades legislativas europeas que aquí se tratan se deben a la reforma del *Code de Commerce* producida por medio de *l'ordonnance* N° 2021-1193 del 15 de septiembre de 2021, en sus secciones 1 a 70.

---

30 Según SCHMIDT, K. "¿Desbanca el derecho concursal al derecho de sociedades? Disputas societarias, debt-to-equity-swap y take over", *Revista de Derecho concursal y paraconcursal: Anales de doctrina, praxis, jurisprudencia y legislación*, N° 22, 2015, p. 4, "Ambos mecanismos (societario y concursal) resultaban lastrados por una dependencia absoluta".

31 BGBl. I p. 3256.

32 BGBl. I p. 1166.

3.4. Italia

En Italia, se ha de prestar atención al Decreto Legislativo de 12 de enero de 2019, Nº 14 o, también, *Codice della crisi d'impresa e dell'insolvenza*, en aplicación de la Ley de 19 de octubre de 2017, denominada Ley Nº 155[33], cuya entrada en vigor ha sido pospuesta sucesivamente por diversos instrumentos legales[34].

Este recoge los diversos instrumentos de reestructuración temprana de sociedades, y la reforma en este ámbito por la transposición de la Directiva (UE) 1023/2019 a través de la incorporación del Decreto Legislativo Nº 83 de junio de 2022 (D.lgs. Nº 83)[35], el cual, además, atajaba las disposiciones del Decreto Legislativo 118/2021, sobre la solución negociada de la crisis. En cumplimiento de las novedades europeas, añade el concepto de *stumenti di regolazione della crisi e dell'insolvenza*[36].

En particular, su artículo 16 introduce en el *Codice della crisi d'impresa e dell'insolvenza* el Capítulo I-bis del Título IV de la Parte

---

33 *Codice della crisi d'impresa e dell'insolvenza in attuazione della legge* de *19 de* octubre de 2017, n. 155. (19G00007) (in G.U. 14/2/2019, Nº 38. Suppl. Ordinario n. 6). A esto se ha de sumar el D. lgs. Nº 147, de 26 de octubre de 2020, que contiene disposiciones complementarias y correctoras de conformidad con el artículo 1, de la Legge *Nº 20, 8 marzo de 2019*; el D. lgs. Nº 118, de 24 agosto de 2021; el D. lgs. Nº 36, de 30 de abril de 2022; o el D. lgs. Nº 83, de 17 de junio de 2022.

34 Tras la aprobación de los Decretos Legislativos Nº 23, de 8 de abril de 2020 y Nº 118, de 24 de agosto de 2021, el D. lgs. Nº 36, de 30 de abril de 2022 ha dispuesto sucesivamente que la entrada en vigor quedaba postpuesta al 15 de julio de 2022, con excepción de los artículos que en el mismo se enumeran (art. 389 de la Ley 155).

35 *Decreto Legislativo 17 giugno 2022,* Nº 83 (in G.U. 01/07/2022, Nº 152), *Modifiche al codice della crisi d'impresa e dell'insolvenza di cui al decreto legislativo 12 gennaio 2019, n. 14, in attuazione della direttiva (UE) 2019/1023 del Parlamento europeo e del Consiglio del 20 giugno 2019, riguardante i quadri di ristrutturazione preventiva, l'esdebitazione e le interdizioni, e le misure volte ad aumentare l'efficacia delle procedure di ristrutturazione, insolvenza ed esdebitazione, e che modifica la direttiva (UE) 2017/1132 (direttiva sulla ristrutturazione e sull'insolvenza), (22G00090).*

36 Introducido con el D. lgs. Nº 83, de 17 de junio de 2022, el art. 2 *Codice della crisi*, en su apartado *m-bis)* define estos instrumentos como "*le misure, gli accordi e le procedure volti al risanamento dell'impresa attraverso la modifica della composizione, dello stato o della struttura delle sue attivita' e passivita' o del capitale, oppure volti alla liquidazione del patrimonio o delle attivita' che, a richiesta del debitore, possono essere preceduti dalla composizione negoziata della crisi*".

Primera, un nuevo artículo 64-bis a 64-quater, por el que se inserta con carácter novedoso el *piano di ristrutturazione soggeto a omologazione*, para un deudor de grandes dimensiones en estado de crisis o de insolvencia[37]. Este nuevo instrumento, ubicado entre el *piano attestato di risanamento* o el *accordi di ristrutturazione* y el ya conocido *concordato preventivo*, permitiría la extensión de los efectos del acuerdo a los acreedores disidentes bajo determinados condicionantes especialmente relevantes en lo referido a las mayorías necesarias para la aprobación y homologación[38] que incluyen unanimidad de clases de acreedores para permitir la distribución del valor generado por el plan también en derogación de los artículos 2740 y 2741 del Codice Civile[39]. Igualmente, permite su conversión a un *concordato preventivo*[40] el cual, en un procedimiento más rígido, complejo y costoso, permite también el arrastre de clases, esta vez, sin el requisito de la unanimidad.

A este último se ha de sumar las novedades de gran relevancia introducidas con los arts. 120 bis y 120 quinquies del *Codice della crisi*[41], relativos a la afectación de los socios y del Derecho de sociedades por

---

37 Este es, el deudor que no cumpla los requisitos del art. 2.1.d). *Codice della crisi d'impresa e* dell'insolvenza. De otro lado, la "*impresa minore*" tiene a su disposición en cualquier caso el acceso a la *composición negociada de la crisis*, solicitando el nombramiento de un experto independiente para la reestructuración *razonablemente perseguible* de la sociedad, como dispone el art. 25-*quáter Codice della crisi*, pudiendo continuar el procedimiento con las opciones previstas en los apartados tercero y cuarto del mismo artículo, que hacen posible el acceso a distintos instrumentos de reestructuración.

38 La homologación de los instrumentos de regulación de la crisis y de la insolvencia es mencionada en diversos apartados de la nueva norma italiana, lo cual crea un sistema complejo generado por las numerosas novedades legislativas. En particular, el art. 48 hace referencia a la homologación dentro de la Sección dedicada al procedimiento unitario para el acceso a los instrumentos de regulación de la crisis, siendo una novedad introducida por el D. lgs. Nº 83, del 17 de junio de 2022. Por otra parte, el art. 112 recoge un procedimiento de homologación del *concordato preventivo* cuya aplicación está expresamente excluida de los planes de reestructuración sujetos a homologación por imperativo del apartado noveno del art. 64-bis, siendo a la vez otra novedad introducida por el mismo D. lgs. Nº 83. A esto se han de sumar las disposiciones de los arts. 120 bis y ss.

39 Arts. 64-bis y 64-ter *Codice della crisi*.

40 Art. 64-quater *Codice della crisi*.

41 Estas disposiciones derivan de la aprobación del D. lgs. Nº 83 del 17 de junio de 2022.

la homologación. Las particularidades de estos preceptos son detalladas a lo largo del trabajo.

Otra variación relevante es la previsión de un único procedimiento de acceso a los instrumentos de regulación de la crisis en el Capítulo IV, del Título III, para los distintos instrumentos que regulan la crisis de las empresas en la ley italiana y, en particular, en los artículos 37 y 53 del *Codice della crisi*.

4. La transposición española: la Ley 16/2022

La situación en España parte de la constitución, por habilitación decretada en la disposición final 8ª de la Ley 9/2015, de 25 de mayo, en el seno de la Sección de Derecho Mercantil de la Comisión General de Codificación, de una ponencia especial para la elaboración de una propuesta de texto refundido de la Ley Concursal que autorizaba al Gobierno, a propuesta de los Ministros de Justicia, Economía y Empresa a la regularización, aclaración y armonización de los textos implicados. De esta manera, se aprobaba por Real Decreto Legislativo 1/2020, de 5 de mayo, el Texto Refundido de la Ley Concursal[42] para consolidar las modificaciones que la Ley 22/2003, de 9 de julio, experimentó desde su entrada en vigor.

Como adelantaba la propia exposición de motivos del Texto Refundido de la Ley Concursal, se constituyó al mismo tiempo como el medio más idóneo para la incorporación a la legislación española las novedades legislativas europeas, mediante el Anteproyecto de Ley de reforma de la Ley Concursal para la incorporación a la legislación española de la Directiva (UE) 2019/1023, del Parlamento Europeo y del Consejo, de 20 de junio de 2019 (Directiva sobre reestructuración e insolvencia), de 8 de julio de 2021.

Tras una larga tramitación, el 4 de julio de 2022 se publicaba por el Boletín Oficial de las Cortes Generales Nº 360 la iniciativa legislativa enviada al Senado para su aprobación que contenía la Ley 16/2022 de reforma del texto refundido de la Ley Concursal, aprobado por el Real Decreto Legislativo 1/2020, de 5 de mayo para la transposición de la Directiva (UE) 2019/1023, haciendo uso de la

---

42 «BOE-A-2020-4859».

posibilidad de prórroga que la misma contenía y cuya aprobación definitiva se acordó el 25 de agosto de 2022, para su entrada en vigor en el mes de septiembre a los 20 días de su publicación en el Boletín Oficial del Estado.

El resultado es la Ley 16/2022, de 5 de septiembre[43], de Reforma del Texto Refundido de la Ley Concursal. Sus disposiciones se vuelcan en el documento definitivo o Texto Consolidado del Texto Refundido de la Ley Concursal, en adelante TRLC[44]. Este último conformará el objeto de estudio del presente trabajo a cuyas disposiciones se hará referencia para tratar las novedades en materia de Derecho del preconcurso. Las novedades legislativas introducidas entraron en vigor el 26 de septiembre de 2022, a excepción del Libro Tercero que se demoraba al 1 de enero de 2023, así como el apartado 2 del artículo 689, cuya entrada en vigor se hace esperar a la aprobación del reglamento a que se refiere la disposición transitoria segunda de la Ley 17/2014, de 30 de septiembre, en cumplimiento de lo dispuesto por la disposición final decimonovena de la citada Ley 16/2022.

Las modificaciones de la Ley 16/2022 se centran principalmente y, en lo que aquí interesa, en el Derecho de la preinsolvencia, por el que se introduce un nuevo Libro Segundo, para el Derecho preconcursal. Igualmente, introduce un novedoso Libro Tercero destinado al procedimiento especial para microempresas, cuyas disposiciones entraban en vigor el 1 de enero de 2023, según establece la disposición final 19 de la Ley 16/2022 y que desplaza el anterior Libro Tercero, el cual pasa a ser el Libro Cuarto. El presente estudio se centra

---

43 Ley 16/2022, de 5 de septiembre, de reforma del texto refundido de la Ley Concursal, aprobado por el Real Decreto Legislativo 1/2020, de 5 de mayo, para la transposición de la Directiva (UE) 2019/1023 del Parlamento Europeo y del Consejo, de 20 de junio de 2019, sobre marcos de reestructuración preventiva, exoneración de deudas e inhabilitaciones, y sobre medidas para aumentar la eficiencia de los procedimientos de reestructuración, insolvencia y exoneración de deudas, y por la que se modifica la Directiva (UE) 2017/1132 del Parlamento Europeo y del Consejo, sobre determinados aspectos del Derecho de sociedades (Directiva sobre reestructuración e insolvencia); publicado en el BOE núm. 214, de 6 de septiembre de 2022, «BOE-A-2022-1458».

44 «BOE-A-2020-4859». En adelante, las menciones al TRLC se harán con carácter general a la versión vigente, en el cual se incorporan las novedades introducidas por la Ley 16/2022. Cualquier referencia a la versión versión anterior será debidamente indicada como TRLC (2020).

en el Libro Segundo y deja para estudios posteriores, por razón de su extensión el procedimiento recogido para las microempresas. Si bien el sistema español presentaba ya importantes avances en materia de sistemas de preinsolvencia gracias a la disposición adicional 4ª de la Ley Concursal y su regulación de los acuerdos de refinanciación, por la que se adaptaba a lo disciplinado por la mentada Recomendación de 2014, la Ley 16/2022 acomete importantes reformas, sustituyendo los instrumentos preconcursales hasta ahora conocidos por los planes de reestructuración[45].

II. JUSTIFICACIÓN DEL OBJETO DE ESTUDIO

1. *Afectación de los socios por las premisas de la Directiva (UE) 2019/1023*

La transposición de la Directiva (UE) 2019/1023 mediante la aprobación de la Ley 16/2022 incide sobre la posición y los derechos del socio cuando el deudor y potencial sujeto del plan de reestructuración es una sociedad. Modifica su régimen jurídico en escenarios de crisis y cercanos a esta al permitir que los mismos queden directamente afectados por los planes de reestructuración. Ello provoca un estrechamiento de las relaciones entre el Derecho preconcursal y el Derecho de sociedades. La consecuencia de ello es un necesario análisis de la aplicación de la nueva regulación de los planes de reestructuración del Texto Refundido de la Ley Concursal y de sus efectos sobre los socios con el fin de facilitar una adecuada coordinación de ambos ámbitos jurídicos. Asimismo, para evidenciar cualquier carencia en la tutela de sus derechos en el balance de intereses que se contraponen en situaciones de crisis y cercanas a la misma y, en su caso, la propuesta de alternativas interpretativas o de *lege ferenda*. De manera genérica pueden distinguirse cuatro aspectos que rigen las modificaciones normativas introducidas y de los que parten los efectos apuntados.

45 Sobre la doble naturaleza jurídica contractual y procedimental de los planes de reestructuración y, en especial, su diferencia respecto del convenio, consultar GALLEGO SÁNCHEZ, E., "La Directiva (UE) 2019/1023 para aumentar..." ..., *op. cit.*, p. 615.

1.1. La aproximación económica de la Directiva (UE) 2019/1023

La elaboración de la Directiva (UE) 2019/1023 parte de planteamientos económicos subyacentes a sus disposiciones. Desde su propósito de potenciar la eficiencia económica a través de la reestructuración temprana de sociedades apalancadas pero viables, pasando por la delimitación del concepto de empresario, hasta su inspiración anglosajona que incide sobre la estructura de capital. Esta última no se identifica estrictamente con el capital social y provoca que, a la luz de análisis puramente económicos de los costes limitativos de la maximización del valor de la empresa, se produzcan cambios en el presupuesto objetivo de los planes de reestructuración y el papel de los socios en estos últimos, fruto de los costes de agencia asociados.

Igualmente complejo pero determinante resultará la caracterización del interés social en estos escenarios y que, de nuevo, se coloca en el centro del debate de los intereses contrapuestos en la reestructuración.

1.2. La inclusión de otros interesados en el balance de intereses contrapuestos y la cuestión del interés social

Tradicionalmente, el interés social ha sido fuente de discusiones doctrinales y jurisprudenciales que se agudizan en situaciones cercanas a la insolvencia. La entrada en vigor de las novedades legislativas trae de nuevo a colación esta cuestión sobre la que tanto se ha escrito sin alcanzar una conclusión unánime. Concretamente, plantea un posible cambio del interés social en estos escenarios que altere los deberes de los administradores sociales y decline la balanza de intereses desde los socios hacia los acreedores (y otros interesados). Esta idea se relación con la existencia de un deber de reestructurar[46] y la posibilidad de incurrir en responsabilidad, el cual se hace depender de la interpretación que se haga sobre el interés social. Pero también y, dado que los intereses de los socios se verán afectados de acuerdo

---

46 Expresamente a favor de un deber de reestructurar o más bien, de renegociar, se trata de un socio-administrador, ver GARCIMARTÍN ALFÉREZ, F. J., "De nuevo sobre los deberes fiduciarios y la proximidad del concurso", *Almacén de Derecho*, 7 de febrero de 2019. Ver también GALLEGO SÁNCHEZ, E., "La Directiva (UE) 2019/1023 para aumentar..." ..., *op. cit.*, p. 614.

con la interpretación que se haga y con el estadio de insolvencia, con la consecución por el administrador del interés de estos prioritariamente o el deber de orientar su actuación hacia el del resto de interesados en la reestructuración, favoreciendo o sirviendo de fundamento para la limitación de derechos de los socios.

Si bien no es objeto de este trabajo entrar en una cuestión de sobra tratada por la doctrina nacional y extranjera y que está lejos de cerrarse entre las teorías contractualistas, las institucionalistas y las de carácter mixto[47], procede hacer algunas puntualizaciones, dada la premisa que supone para estos asuntos.

La Directiva (UE) 2019/1023 busca la maximización del valor de la empresa en funcionamiento[48]. Un concepto que desde las tesis contractualistas se ha entendido como una maximización del valor de los activos societarios en interés del común de los accionistas, en línea con lo establecido en el Código Unificado de Buen Gobierno Corporativo de 2006[49]. Pero no es menos cierto que en la actualidad,

---

47 De un lado, desde la teoría contractualista, tradicionalmente mayoritaria en la doctrina nacional y representada por ALFARO ÁGUILA-REAL, J., *Interés social y derecho de suscripción preferente. Una aproximación económica*, Civitas, Madrid, 1995, pp. 22 a 26; LLEBOT MAJÓ, J. O., *Los deberes de los administradores de la sociedad anónima*, Civitas, Madrid, 1996, pp. 41 a 43; SÁNCHEZ CALERO, F., *Los administradores en las sociedades de capital*, Thomson Civitas, Madrid, 2007, pp. 190 a 191; o PAZ-ARES RODRÍGUEZ, C., "La responsabilidad de los administradores como instrumento de gobierno corporativo", *Revista de Derecho de sociedades*, Nº 20, 2003, pp. 67 a 109, entre otros. De otro lado, institucionalistas, criticadas, entre otros motivos, por la dificultad de enraizamiento en el Derecho positivo, si bien es posible reconocer una tendencia de nuevo institucionalista o una *publificación*, en palabras de SANZ BAYÓN, P., "El concepto de interés social en el Derecho societario español: las teorías contractualistas e institucionalistas", en Lázaro González, I. E., y Serrano Molina, A. (dirs.), *Estudios jurídicos en homenaje al profesor Don José María Castán Vázquez*, Editorial Reus, Madrid, 2019, p. 452 y entre cuyos defensores es posible nombrar a ALONSO UREBA, "Presupuestos de la responsabilidad social de los administradores de una sociedad anónima", *Revista de Derecho Mercantil*, Nº 198, 1990, p. 669; EMBID IRUJO, J. M., "La responsabilidad social corporativa ante el Derecho mercantil", *Cuadernos de Derecho y Comercio*, Nº 42, 2004, p. 27 a 28; o RECALDE CASTELLS, A., "La reforma de las sociedades cotizadas", *Revista de Derecho de sociedades*, Nº 13, 1999, p. 174, entre otros.

48 Considerando 70 de la Directiva (UE) 2019/1023.

49 Recomendación 7 del Código Unificado de Buen Gobierno Corporativo.

desde el cambio de criterio en 2015[50] hacia un valor a largo plazo, se produce una inclinación por teorías propias de la *stakeholder value*, evolucionada desde la *stakeholder theory*, de corte institucionalista o neoinstitucionalista que introduce ideas como el buen gobierno corporativo o la responsabilidad social corporativa, así como la necesidad de que los administradores dirijan su gestión hacia la protección de los trabajadores y otros interesados, más allá de los socios y accionistas[51]. Unido a los objetivos que plantea una perspectiva económico pública de la Directiva (UE) 2019/1023 de eficiencia en la actividad empresarial mediante la reestructuración que salve sociedades viables pero apalancadas, a la vez que se facilita la salida rápida de aquellas otras que no lo sean, lo anterior apunta cierta institucionalización de las sociedades y su interés social[52]. Conclusión que se desprende también de la evolución del gobierno corporativo y el gobierno de la insolvencia[53].

Ahora bien, sin necesidad de entrar en el reabierto o, más bien, nunca terminado debate acerca del interés social, en relación con lo anterior se ha de destacar la opinión de quienes consideran el interés social como un único interés analizado desde dos planos distintos según se esté en situación de crisis (corto plazo) o de bonanza económica (largo plazo), evitando el posicionamiento en las tesis contractualistas o pluralistas[54]. Tales posturas consideran que únicamente se

---

50 Con el Código Unificado de Buen Gobierno Corporativo de 2015 y especial referencia a su recomendación 12.

51 Pueden consultarse trabajos completos sobre ambas tesis en JAEGER, P. G., *L'interesse sociale*, A. Giuffrè, Milano, 1964 y, más recientemente, SANZ BAYÓN, P., "El concepto de interés social en el Derecho societario español: las teorías contractualistas e institucionalistas", en Lázaro González, I. E., y Serrano Molina, A. (dirs.), *Estudios jurídicos en homenaje al profesor Don José María Castán Vázquez*, Editorial Reus, Madrid, 2019, pp. 491 a 511.

52 PULGAR EZQUERRA, J., "«Hold out accionarial», reestructuración forzosa y deber de fidelidad del socio", *Revista de Derecho concursal y paraconcursal: Anales de doctrina, praxis, jurisprudencia y legislación*, Nº 27, 2017, p. 44.

53 PULGAR EZQUERRA, J., "Gobierno corporativo, sociedades cotizadas y proximidad de la insolvencia: Administradores, accionistas y acreedores", *Revista de Derecho concursal y paraconcursal: Anales de doctrina, praxis, jurisprudencia y legislación*, Nº 30, 2019, p. 4.

54 RECAMÁN GRAÑA, E., *Los Deberes y la Responsabilidad de los Administradores de Sociedades de Capital en Crisis*, Thomson Reuters Aranzadi, Navarra, 2016, p. 123. En sentido similar, RONCERO SÁNCHEZ, A., "Distribución de competencias

produce un desplazamiento del interés del socio cuando el equilibrio de intereses lo exige para el salvamento de la sociedad, como un fin en sí mismo, perseguido por la Directiva (UE) 2019/1023. Esta idea es particularmente relevante por cuanto su artículo 19.a). obliga a los administradores a tener en consideración los intereses de "otros interesados" o "*stakeholders*", en la versión inglesa, y no sólo el de los socios o acreedores[55].

Así, conectando las ideas del interés social, el interés de los socios y la consideración de un único interés social analizado desde dos perspectivas o momentos diferenciados, se ha de volver sobre la idea de que una tutela de los intereses de terceros que busque maximizar el valor económico de la sociedad y evitar la destrucción de los activos a largo plazo beneficia también a los socios[56]. Parece claro que la legislación fuerza la reestructuración temprana de las sociedades en situaciones cercanas a la crisis como un valor en sí mismo eco-

---

entre los órganos de las sociedades de capital en activo en situaciones de insolvencia actual e inminente", en Pulgar Ezquerra, J. (dir) y Recamán Graña, E. (coord.), *Reestructuración y Gobierno Corporativo en la proximidad de la insolvencia*, Wolters Kluwer, Madrid, 2020, p. 294. Por su parte, PULGAR EZQUERRA, J., "«Holdout accionarial», reestructuración forzosa..." ..., *op. cit.*, p. 48, ha entendido que el concepto de interés social, en conexión con la relación jurídica que vincula al socio con la sociedad y los límites al ejercicio de sus derechos en junta, constituye el centro clave de las reestructuraciones tempranas de la nueva regulación. La dirección tomada según esta es la de "*concepciones contractualistas evolutivas*".

55 No en vano, SÁNCHEZ CALERO, F., *Los administradores*..., *op. cit.*, p. 175, en palabras de BORGIOLI, afirmaba que "*puede decirse que el patrimonio de la sociedad es el objeto de la administración*".

56 Así lo consideran RECAMÁN GRAÑA, E., Los Deberes y la Responsabilidad... *op. cit.*, p. 115 y MEGÍAS LÓPEZ, J., El *consejero independiente. Estatuto y funciones*, La Ley, Madrid, 2012, p. 71. Al mismo tiempo, SÁNCHEZ-CALERO, GUILARTE, J., "El interés social y los varios intereses presentes en la sociedad anónima cotizada", Revista de Derecho mercantil, Nº 246, 2002, p. 1667, afirma que "una primaria protección de los accionistas comportará un simultáneo beneficio para los derechos de otras partes involucradas". Expresamente contrario al desplazamiento de los deberes de los administradores hacia los acreedores con la desprotección que ello implicaría para los socios se pronuncia GARCIMARTÍN ALFÉREZ, F. J., "De nuevo sobre los deberes fiduciarios..." ..., *op. cit.*; y más actualmente GARCIMARTÍN ALFÉREZ, F. J., "El conflicto socios-acreedores en la reestructuración preconcursal: 'recapitaliza o entrega'", *Almacén de Derecho*, 25 de noviembre de 2021.

nómicamente favorable para la sociedad y, con ello, la ausencia de contribución a la creación de valor y a la maximización del valor de la empresa mediante la reestructuración será contraria a los deberes de diligencia de los administradores[57]. El riesgo será entonces que este interés venza al de los socios, especialmente considerados de forma individual, y la nueva regulación no proteja debidamente sus derechos.

1.3. El aumento de la eficiencia de los procedimientos de reestructuración e insolvencia

Los planteamientos económicos, la orientación del interés social y los propios objetivos de la Directiva (UE) 2019/1023 de buscar la eficiencia de los procedimientos de reestructuración e insolvencia generan un adelantamiento en el tiempo de la aplicación de las disposiciones preconcursales que intensifica el conflicto normativo con el Derecho societario. Esto se justifica por la prevalencia de los propósitos sanatorios y, con ello, la búsqueda de la reducción de los costes de agencia, empezando por la resistencia natural que los socios pueden presentar frente a determinadas medidas contenidas en los planes de reestructuración.

Este es el motivo por el que con la Directiva (UE) 2019/1023 se precisa la flexibilización de normas propias del Derecho de socieda-

---

57 Sobre la existencia de un deber de reestructurar y la reapertura del debate clásico, ver RECAMÁN GRAÑA, E., "Reflexiones en torno a los deberes de los administradores de sociedades en crisis…" …, *op. cit.*, pp. 743 y 744, y RECAMÁN GRAÑA, E., "Hacia una determinación del comportamiento debido por los administradores en la reestructuración", *Revista de Derecho concursal y paraconcursal*, Nº 32, 2020, p. 127 a 143, con especial referencia a la p. 137, quien analiza la cuestión en relación con la teoría económica que subyace a la Directiva (UE) 2019/1023 y que da tratamiento al socio de la sociedad deudora como acreedor residual, frente a la estática concepción del socio como propietario de la sociedad. A favor de un deber de negociar la reestructuración se posiciona GARCIMARTÍN ALFÉREZ, F. J., "El conflicto socios-acreedores…" …, *op. cit.*, p. 2. Sobre este particular y su inclusión en el deber de diligencia, ver GALLEGO SÁNCHEZ, E., "La Directiva (UE) 2019/1023 para aumentar…" …, *op. cit.*, p. 614. En contra, IRIBARREN BLANCO, M., "Los socios en los planes de reestructuración en la reforma del Texto Refundido de la Ley Concursal", *Revista General de Insolvencias & Reestructuraciones*, Nº 6, 2022, p. 110.

des, entre las que se encuentran las que regulan los derechos de los socios.

Es así cómo la búsqueda por la eficiencia económica, no sólo en el mercado, sino también en los planes de reestructuración como objetivo a lograr se presenta como un principio conflictivo con la tutela de los socios en las sociedades deudoras que requieran un plan de reestructuración para su saneamiento. Ello exige un cauteloso análisis del equilibrio entre la persecución de estos fines y la posición suficientemente protegida del socio en la reestructuración.

1.4. La desjudicialización del procedimiento

Otra de las premisas de las que parte la Directiva (UE) 2019/1023 y que influye sobre el tratamiento de los derechos del socio y las garantías que el procedimiento pueda prestarles es el de la desjudicialización o principio de intervención judicial mínima. El mismo se presenta como una consecuencia de los principios de eficiencia y celeridad para el éxito o efectividad de los planes de reestructuración, esto eso, sobre la idea de una reestructuración temprana. Sin embargo, también es una Directiva de mínimos, por lo que, dentro de sus premisas y objetivos propuestos, deja una amplia libertad a los Estados miembros para su consecución.

Así el legislador español, en la Ley 16/2022[58], aclara que el régimen aplicable a los planes de reestructuración asentado, en el Título III, sobre el *principio de intervención mínima y a posteriori*. Significa que en la reestructuración los socios no cuentan, frente a posibles abusos y una vulneración de sus derechos, del paraguas protector que una supervisión judicial del procedimiento le brindaría. Se les priva de las garantías del procedimiento concursal al extraerlo para regirse como acuerdos privados entre el deudor y sus acreedores. Tanto la negociación, como la valoración y aprobación del plan se tramitará de manera informal y al margen de cualquier proceso reglado o de la intervención de ninguna autoridad judicial, sin perjuicio de la posibilidad de designar un experto en la reestructuración. Figura esta, de gran novedad y controvertida implantación. Lo mismo ocu-

[58] De ello se encarga el apartado III de la exposición de motivos.

rre posteriormente con la homologación del plan. Para el máximo respeto posible a la premisa de la intervención mínima, el control judicial del procedimiento que requiere el cumplimiento del Reglamento de insolvencia se encuentra *limitado*. El motivo descansa sobre el principio mayoritario de acuerdo con el cual la razonabilidad del plan se justifica por una mayoría de acreedores dispuestos a asumir el sacrificio que la aprobación del plan comportaría. Debido a esto, el primer escollo que los socios encuentran en la defensa de sus intereses será el de asegurar que se cumple con el presupuesto objetivo de los planes de reestructuración. A pesar de se un presupuesto básico, el principio de intervención mínima puede suponer una deficiente supervisión de graves consecuencias.

2. *Los problemas de agencia en el foco de las situaciones cercanas a la crisis*

La Directiva (UE) 2019/1023 prevé que a los socios, en tanto que acreedores (como se verá más adelante), puedan serles de aplicación las medidas de reestructuración por las que quedan afectados incluso en contra de su voluntad y en un momento temprano, para que no puedan impedir la reestructuración. Todo ello en favor de la viabilidad de la empresa. Expresamente reclama con esta finalidad medidas que minimicen los costes de agencia o, de otro modo, solucionen las tensiones conflictivas susceptibles de impedir una maximización del valor de la empresa a través de los planes de reestructuración[59]. Esto es, una minimización de los costes generados por los conflictos internos y externos tradicionales y que se agudizan o agravan, pudiendo incluso desarrollar nuevos conflictos en situaciones de insolvencia.

En lo que aquí más interesa, el reparto de valor resultante de la reestructuración genera importantes tensiones[60]. La primera será el riesgo de oportunismo de los socios en detrimento de los acreedores.

---

59 Vid. el considerando 96 de la Directiva (UE) 2019/1023. En la doctrina, PULGAR EZQUERRA, J., "«Holdout accionarial», reestructuración forzosa..." ..., *op. cit.*, pp. 46 y 47, sobre la variada tipología que pueden presentar los costes de agencia.

60 Vid. BERMEJO GUTIÉRREZ, N., "Los socios y el reparto del excedente..." ..., *op. cit.*, pp. 201 a 232.

Para combatir esto propone la incorporación de excepciones a las disposiciones contenidas en la Directiva (UE) 2017/1132 (Directiva de Sociedades). La segunda deriva de lo anterior y consiste en el riesgo de expropiación por los acreedores sobre los socios que exigirá garantías complementarias para lo contrarrestarlo.

2.1. Conflictos de interés entre socios y acreedores

En situaciones de insolvencia o dificultades financieras es conocido el conflicto que surge entre socios y acreedores y que conforma el punto de partida de las normas propias de esta área del Derecho. Sin embargo, en el supuesto de la reestructuración de sociedades es posible que se den dos escenarios.

Por un lado, se encuentra la alineación de intereses entre los socios mayoritarios o de control y los acreedores.

La ejecución del plan puede resultar beneficiosa para ambos al asegurar el mantenimiento del valor de los activos con la continuidad de la sociedad o, de otro lado, minimizar los daños que estos sufrirían con una liquidación o liquidación tardía. Los incentivos para que la iniciativa de la negociación nazca en los socios radica en la posibilidad de mantener valor en la sociedad resultante de la reestructuración si acude a una reestructuración temprana en la que todavía mantiene el control de la sociedad (manifestado a través del derecho de voto en junta)[61]. De otro lado sufrirá un arrastre forzoso en el que se le podrá aplicar un plan de reestructuración que afecte a sus derechos sin requerir su consentimiento. Los incentivos irán así disminuyendo con el agravamiento de la situación económica o financiera de la sociedad[62]. En este caso el riesgo será para los socios minoritarios. Es posible que esta alineación de intereses se orqueste

---

61 IRIBARREN BLANCO, M., "Los socios en los planes de reestructuración…" …, *op. cit.*, p. 110.

62 IRIBARREN BLANCO, M., "Los socios en los planes de reestructuración…" …, *op. cit.*, pp. 110 y 111, considera que la reforma española para la transposición de la Directiva (UE) 2019/1023 contiene incentivos suficientes para que el socio inicie la reestructuración en un momento temprano al permitirle mantener valor en la sociedad resultante. Destaca el papel fundamental del socio en la negociación de un plan de reestructuración.

en detrimento de sus derechos o con la finalidad de excluirlos de la sociedad de manera abusiva. Por ese motivo requieren de garantías que impídanla utilización de los planes de reestructuración con fines abusivos o métodos compensatorios del potencial daño.

La probabilidad de que no exista este consenso es lo que conforma el centro de la reforma europea. Efectivamente, los socios pueden no tener un interés en reestructurar o en acudir a procedimientos de insolvencia, procurando obtener el máximo beneficio posible mediante estrategias cortoplacistas[63]. Esta es la realidad más corriente en la práctica, la reestructuración tardía que desembocará en la destrucción de valor de los activos de la sociedad y que puede deberse a la resistencia ofrecida por el socio de control o mayoritario que considera contraria para sus intereses particulares la reestructuración e la sociedad. Podría ocurrir también que los acreedores busquen la satisfacción de sus créditos a toda costa y que, especialmente los acreedores garantizados, estén más interesados en un procedimiento de insolvencia que en una reestructuración, frente a lo que acontece con los acreedores no garantizados[64].

La confrontación de posiciones y la tradicional primacía de las normas de Derecho societario o, en otras palabras, el condicionamiento de la aprobación de un acuerdo con los acreedores que contenga medidas de reestructuración del capital al acuerdo previo de la junta, coloca a los socios en una posición monopolística que genera un potencial poder de veto susceptible de frustrar el éxito de la reestructuración temprana. La consecuencia será la insolvencia y liquidación de una sociedad en principio viable, pero con dificultades financieras.

---

63 Entre otros, GALLEGO SÁNCHEZ, E., "La posición de los socios y administradores sociales en situación de preinsolvencia según el proyecto de reforma del Texto Refundido de la Ley Concursal", en Herbosa Martínez, I., (coord.), *El concurso y la conservación de la empresa: debates sobre nuestra inminente nueva Ley Concursal*, Thomson Reuters Aranzadi, Navarra, 2022, p. 545.

64 Es en este punto donde el legislador español introduce con la transposición la posibilidad de que los acreedores negocien un plan de reestructuración con el órgano de administración de la sociedad deudora al margen de los socios. Ver, IRIBARREN BLANCO, M., "Los socios en los planes de reestructuración…" …, *op. cit.*, p. 111.

Por este motivo, la Directiva (UE) 2019/1023, influida por el ejemplo anglosajón, propone la posibilidad de excluir completamente a los socios de los planes de reestructuración, afectando a sus derechos políticos y patrimoniales. Es lo que se ha denominado "reestructuración forzosa aplicable a todas las categorías". Esto implicaría un triunfo total de las normas del Derecho concursal sobre el societario.

Otro planteamiento sería el del condicionamiento del poder de decisión de la junta de socios en materias incluidas en los planes de reestructuración mediante su sometimiento a normas especiales para el ejercicio de los derechos del socio en el ámbito preconcursal, que incluirían una limitación de estos[65]. Posibilidad que cuenta con un particular desarrollo en la jurisprudencia alemana pero que en la experiencia española se tradujo en la inclusión de incentivos negativos por parte del legislador. Estos consistían en la posibilidad de extender la calificación culpable del concurso consecutivo al socio que de manera hubiese votado en contra de una capitalización de créditos en el saneamiento de la sociedad.

En definitiva, se plantea la coordinación de ambas normas y la posibilidad de que las medidas introducidas para reducir los costes de agencia en este sentido puedan suponer una expropiación de derechos de los socios. Asimismo, si la opción escogida por el legislador español de entre las ofrecidas en la Directiva de reestructuraciones encuentra encaje constitucional y cuáles son las garantías para un adecuado equilibrio de los intereses contrapuestos.

2.2. Conflictos de interés entre socios y administradores

No puede descartarse, igualmente, el conflicto que susceptible de generarse entre socios —o, más bien, los mayoritarios— y administra-

---

65 ARIAS VARONA, J., "Venta de unidades productivas en acuerdos de refinanciación e intervención de los socios", Gutiérrez Gilsanz, A., (dir.), *Derecho preconcursal y concursal de sociedades mercantiles de capital*, Wolters Kluwer, Madrid, 2018, pp. 189 y 192, donde subraya la importancia de distinguir la conveniencia o necesidad de implementar estas medidas de desplazamiento del poder decisorio, del debate sobre el mejor medio para obtener el resultado pretendido.

dores sociales. Es decir, entre *propiedad y control*[66]. Se trata del riesgo de que los intereses del administrador se alineen con los de los socios futuros o resultantes de la reestructuración que, en un momento previo, serán los acreedores de la sociedad, ante la promesa de una posición en la sociedad resultante o la atribución de beneficios.

En estas situaciones podrá darse la promoción de una reestructuración con medidas gravosas para los socios. Afrontan el riesgo de que se produzca una reestructuración de la sociedad en un momento en el que no debía reestructurarse. Es decir, poniendo en peligro sus derechos ante la posibilidad de aplicar forzosamente un plan de reestructuración en el que la viabilidad no estaba comprometida debido a la estrecha conexión del administrador con lo que se ha denomina-

---

[66] Vid. MEJÍA AMAYA, F., "La estructura de capital en la empresa: su estudio contemporáneo", *Finanzas y Política económica*, Nº 2, Vol. 5, 2013, p. 149. Estos conflictos serán más proclives en sociedades grandes y/o cotizadas frente a las pymes, en las que prima la base personalista. Sobre los conflictos entre propiedad y control, destaca por su carácter clásico BERLE, A., y MEANS, G. C., *The modern corporation and Private Property*, New York, Harcourt, Brace & World, 1967. Más actual, WEINSTEIN, O., "Understanding the Roots of Shareholder Primacy: the meaning of agency theory, and the conditions of its contagion", Clarke, T., O'Brien, J., y O'Kelley, C. R. T., *The Oxford Handbook of the Corporation*, Oxford University Press, Oxford, 2019, pp. 139 a 167, recoge una comparativa entre las teorías clásicas de Jensen y Meckling, y Berle y Means (entre otras), entendiendo que en las sociedades cerradas la estructura óptima se alcanza cuando la toma de decisiones recae sobre aquellos sujetos que asumen el riesgo (esto es, los socios o reclamantes residuales), mientras que en sociedades abiertas se incrementan los costes de agencia por asimetrías informativas al delegar la función gerencial sobre quienes tienen los conocimientos necesarios para ejecutarla (los administradores). Ante lo cual al socio, a quien considera un acreedor residual, le corresponde como contraprestación el control de dicha actuación o administración. Afirma que, "*El objetivo primordial de la teoría de agencia es legitimar sobre los nuevos cimientos, la primacía de accionistas*". En relación con esto, su análisis se desplaza desde lo que entiende como "capitalismo gerencial" centrado en la dirección interna de la sociedad, hacia el "capitalismo financiero" de la década de 1980, donde se producen mayores y nuevos cambios de poder, incluyendo a nuevos u otros interesados. Por su parte, IRIBARREN BLANCO, M., "Los socios en los planes de reestructuración..." ..., *op. cit.*, pp. 110 y 111, se muestra más partidario de la alineación en la práctica entre los socios y los administradores, considerando más probable que los administradores no inicien las negociaciones sin el consentimiento de los socios debido a las facultades de impartir instrucciones por la junta o incluso mediante canales más informales.

do "la clase fulcro o *fulcrum*"[67] o los socios futuros, a resultas de la reestructuración[68]. El mismo problema se afronta cuando aun estando comprometida la viabilidad, el plan de reestructuración alcanzado no contiene medidas idóneas o necesarias para asegurar la misma a pesar de resultar lesivas. El ejemplo paradigmático es la entrada en el capital de los acreedores a través de la conversión de la deuda.

También ha de tenerse presente la posibilidad contraria. Se identifica con la reestructuración tardía de la sociedad fruto de la pasividad por negligencia o dolo del órgano de administración, agravando una situación de insolvencia que desembocará en la destrucción de valor de los activos de la sociedad. Escenario que también puede darse cuando los administradores siguen las instrucciones de los socios mayoritarios contrarios a la reestructuración en perjuicio de los minoritarios[69]. Mientras que los primeros podrán estar obteniendo beneficios, los minoritarios afrontan el riesgo de una situación económico-financiera irremediable que reduzca sus derechos económicos a cero o que, tras una reestructuración societaria, vean diluida su posición.

---

67 Con influencia en el *Chapter 11,* se trata de la clase de acreedores que recibirá el capital tras la reestructuración. Este asunto lo trata THERY MARTÍ, A., "Los marcos de reestructuración en la propuesta de Directiva de la Comisión Europea de 22 de noviembre de 2016 (I)" ..., *op. cit.*, p. 18 de 44: "*El fundamento de que la «clase fulcrum» sea aquella que recibe el capital post-reestructuración es doble: primero, porque al no recibir una recuperación plena de sus créditos, la entrega a esta «clase fulcrum» (para su reparto a prorrata dentro de ella) de los nuevos instrumentos de capital constituye una forma de compensar dicho déficit de recuperación. Segundo, porque precisamente el déficit de recuperación que sufre la «clase fulcrum» determina que será esta quien mejor ejercitará los derechos de control asociados a los instrumentos de capital que reciba, gestionando la sociedad de la forma más eficiente posible, al estar incentivada dicha clase por el aliciente de lograr suplir el citado déficit a través de la puesta en valor del capital recibido*".

68 El motivo puede esconderse en la promesa de una participación en la sociedad tras la reestructuración o en el aseguramiento del puesto RECAMÁN GRAÑA, E., "Hacia una determinación del comportamiento..." ..., *op. cit.*, p. 134.

69 IRIBARREN BLANCO, M., "Los socios en los planes de reestructuración..." ..., *op. cit.*, p. 111.

2.3. Conflictos de interés entre mayoritarios y minoritarios

En estrecha conexión con el ejemplo anterior, se ha de tener presente que en situaciones cercanas a la insolvencia la tradicional tensión existente entre los socios mayoritarios o de control y los minoritarios se incrementa[70]. El motivo no es otro que el mayor interés que tendrán los primeros en la solución que se presenta como más conveniente frente el apalancamiento. A saber, la reestructuración de la deuda y de la estructura de capital. Lejos de limitarse a la reorganización, el contenido más típico de los planes de reestructuración es el de la capitalización de la deuda, junto al abanico de posibles modificaciones estructurales que pueden recogerse. Algunos susceptibles de provocar una dilución de la posición de los minoritarios e, incluso, su expulsión[71].

Así las cosas, los mayoritarios que se encuentren en una posición más aventajada pueden considerar más conveniente una apuesta por la supervivencia de la sociedad que evita la destrucción del valor de sus activos y un mayor beneficio a largo plazo. Dada su posición de control, es deducible que su tendencia será la de favorecer la consecución de un plan de reestructuración. Por un lado, ya se ha mencionado que esto puede causar la dilución de la posición de los minoritarios. Pero, por otro lado, no es descartable que un enfrentamiento preexistente entre ambos grupos de socios se traslade abusivamente al escenario preconcursal. Es decir, que los mayoritarios busquen forzar la salida de los minoritarios implementando medidas innecesarias para la viabilidad de la empresa pero que persigan dicha

---

70 Sobre los conflictos existentes entre ambos grupos puede consultarse a GONZÁLEZ FERNÁNDEZ, Mª B., "Reglas de legitimación e impugnabilidad. El conflicto entre mayorías y minorías inmanente en la impugnación de acuerdos", *Revista de Derecho de Sociedades*, Nº 50, 2017, pp. 1 a 7; o RUBIO VICENTE, P. J., "Una aproximación al abuso de minoría en la sociedad anónima", en *Revista de Derecho de Sociedades*, Nº 21, 2003, p. 82.

71 Ver, v.gr., PÉREZ TROYA, A., *La tutela del accionista en la fusión... op. cit.*, pp. 154 a 172, sobre la inherente dilución de la condición de socio que se anuda a las distintas modalidades de fusión y opera como un límite a la regla de continuidad en la condición de socio. Mientras, la transformación y la escisión no necesariamente generan la dilución de su posición, salvo que se vean acompañados de otras operaciones como un aumento de capital con supresión del derecho de preferencia.

finalidad. En el peor de los casos, sin estar verificadas las dificultades económicas que darían inicio al procedimiento de reestructuración. En resumidas cuentas, con el riesgo siempre de fondo de que se produzcan abusos o, como se ha denominado, "usos perversos"[72].

Al hilo de la "natural resistencia" de los minoritarios surge el siguiente posible escenario. El del abuso de la minoría[73]. La Directiva (UE) 2019/1023 hace hincapié en este comportamiento que irá dirigido a boicotear el buen fin de un plan de reestructuración para la supervivencia de la actividad empresarial dado que, generalmente, serán ellos quienes no recibirían ningún pago ni beneficio de aplicarse el orden normal de prelación en la liquidación alternativa a la reestructuración[74]. En otras palabras, no tienen nada que perder.

En este contexto y, presente también el conflicto entre Derecho societario y concursal, una extensión de la finalidad del segundo para ejercer su influencia sobre los efectos del primero, con el fin de evitar la natural resistencia que los minoritarios presentarían a las medidas contenidas en el plan de reestructuración, se traduciría en la eliminación o limitación de los derechos que la normativa societaria contempla para la tutela de los minoritarios[75]. Es por ello por lo que con la transposición del instrumento legal europeo procede cierta reflexión sobre el mantenimiento de estos derechos o la existencia de garantías alternativas ante su limitación o supresión.

---

72 En este sentido, ver PULGAR EZQUERRA, J., *Preconcursalidad y reestructuración...*, *op. cit.*, p. 180, PULGAR EZQUERRA, J., "La propuesta de Directiva sobre reestructuración temprana: Unión de los mercados de capitales, Unión bancaria y Derecho de la insolvencia (1)", *Diario La Ley*, Nº 54, 2017, p. 8 de 20.

73 RUBIO VICENTE, P. J., "Una aproximación al abuso..." ..., *op. cit.*, p. 82, criticaba la creencia que en sus propias palabras denominaba "la injustificada y desproporcionada suposición de la bondad de la minoría y la maldad de la mayoría" y dedica su trabajo a la clasificación y caracterización de dichos posibles abusos. De una forma más amable, BERCOVITZ RODRÍGUEZ-CANO, A., "Los acuerdos impugnables..." ..., *op. cit.*, p. 377, reflexionaba sobre la posición del minoritario en sociedades no cotizadas y su habitual defensa a través de la *impugnación sistemática* de los acuerdos sociales, para favorecer la desinversión.

74 Considerando 57 de la Directiva (UE) 2019/1023.

75 ARIAS VARONA, J., "Venta de unidades productivas..." ..., *op. cit.*, p. 189.

III. DELIMITACIÓN NORMATIVA DEL OBJETO DE ESTUDIO

Así pues, el estudio de la tutela del socio en la reestructuración se ajusta al contenido, en primer lugar, de la Directiva (UE) 2019/1023 de reestructuraciones, cuya transposición motiva la reforma del Derecho de la insolvencia y la reestructuración temprana de las sociedades apalancadas o en situaciones cercanas a la insolvencia.

Consecuentemente, se ciñe a las disposiciones introducidas por la norma española de transposición por medio de la Ley 16/2022, por la que se modifica el Texto Refundido de la Ley Concursal.

En tercer lugar, la Ley de Sociedades de Capital será una constante en lo referido al ejercicio de los derechos del socio y su protección[76], quedando pendiente la coordinación con las normas preconcursales con las que conviven en el procedimiento de reestructuración temprana. En ocasiones, el legislador aclara el modo de aplicación de cada una. Pero también será necesaria cierta labor interpretativa para determinar cual prevalece en supuestos conflictivos derivados del silencio o la ambigüedad de la norma preconcursal.

En cuarto lugar, debido al contenido típico y, en cualquier caso, posible, de los planes de reestructuración llamados a sustituir a los instrumentos preconcursales hasta ahora conocidos, la norma de referencia será también la normativa sobre modificaciones estructurales (en adelante Real Decretpp-ley 5/2003)[77].

---

[76] IRIBARREN BLANCO, M., "Los socios en los planes de reestructuración…" …, *op. cit.*, p. 115.

[77] Si bien el presente estudio se iniciaba con la Ley 3/2009, de 3 de abril sobre modificaciones estructurales, «BOE-A-2009-5614», ha de apuntarse su también reciente reforma y derogación por el Real Decreto-ley 5/2023, de 28 de junio por el que se adoptan y prorrogan determinadas medidas de respuesta a las consecuencias económicas y sociales de la Guerra de Ucrania, de apoyo a la reconstrucción de la isla de La Palma y a otras situaciones de vulnerabilidad; de transposición de Directivas de la Unión Europea en materia de modificaciones estructurales de sociedades mercantiles y conciliación de la vida familiar y la vida profesional de los progenitores y los cuidadores; y de ejecución y cumplimiento del Derecho de la Unión Europea, «BOE-A-2023-15135». La norma entraba en vigor el 29 de julio de 2023 y se aplica en adelante al estudio.

Capítulo Segundo

EL PRESUPUESTO SUBJETIVO DE LA REESTRUCTURACIÓN

I. EL DEUDOR CON ACCESO A UN MARCO DE REESTRUCTURACIÓN

El ámbito subjetivo de los planes de reestructuración viene dado por la Directiva (UE) 2019/1023. Diferencia en su contenido entre los sujetos que podrán acceder a los marcos de reestructuración de aquellos que legitimados para la exoneración de deuda[78]. Centrándose el presente estudio en el primero de ellos, es requisito mencionar que se delimita en clave de aplicar los instrumentos protectores de las negociaciones para alcanzar un plan de reestructuración entre

---

[78] En el art. 1.1.b)., la Directiva (UE) 2019/1023 anuncia la regulación de un sistema de exoneración de deudas disponible para empresarios insolventes (arts. 20 a 24), estos son, personas físicas que ejercen una actividad comercial, industrial, artesanal o profesional. En relación con esto último, la profesora RAMOS CALVO, Mª D., *Régimen jurídico de la mediación concursal…*, *op. cit.*, p. 382, apuntaba que el deudor persona jurídica queda excluido (además, de por imperativo del anterior art. 178 bis de la LC española) por su propia naturaleza jurídica. Por lo que respecta al acceso de los consumidores, si bien dispone expresamente en su art. 1.2.h). que no les será de aplicación, la Directiva (UE) 2019/1023 pone a disposición de los legisladores nacionales la posibilidad de excluir esa excepción en el art. 1.4. del mismo texto. Por su parte, la Ley 16/2022 para la Reforma del TRLC, como ya anunciara la Exposición de motivos en su apartado IV mantiene el régimen contenido en el art. 178 bis LC, actuales arts. 486 y ss. TRLC. En consecuencia, se permite el acceso a las personas físicas tanto si son empresarios como si no, siempre que se cumplan los requisitos para ser considerado deudor de buena fe que la misma norma recoge y cuyo tratamiento excede del ámbito de estudio del presente trabajo. A modo de apunte, no obstante, cabe mencionar las principales novedades propuestas por el legislador español con la Ley 16/2022, como son la introducción de un sistema de exoneración por mérito o la eliminación del requisito previo de haber intentado infructuosamente alcanzar un acuerdo extrajudicial de pagos, entre otros. Además, se recogen, dos modalidades de exoneración: con liquidación de la masa activa y con un plan de pagos, acercándonos a legislaciones como la norteamericana (*Chapter* 7 y *Chapter* 11), francesa (art. L 742-24 del Código de Consumo) o finlandés (art. 36.1. de la Ley de reestructuración de deudas de la persona natural).

el deudor y sus acreedores en sede preconcursal (suspensión de ejecuciones singulares, suspensión del deber de solicitar el concurso, protección de la nueva financiación, acciones rescisorias, etc.). Más allá de eso cualquier sujeto puede en virtud del principio de autonomía de la voluntad[79] renegociar, reestructurar o refinanciar su deuda. Cuestión distinta es si tendrá fuerza o incentivos suficientes para lograrlo.

1. El empresario como sujeto central de la reestructuración

La Directiva (UE) 2019/1023 es fruto de importantes esfuerzos por armonizar el Derecho de la insolvencia frente al fracaso empresarial. Ello arroja luz sobre el ámbito subjetivo al que va dirigido: el empresario. Así se desprende tanto de sus precedentes normativos en el campo del *soft law*[80], como de sus propios considerandos[81], donde hace referencia en numerosas ocasiones a los términos empresa, empresario, microempresa, pequeñas y medianas empresas o incluso de forma indirecta al mencionar a los trabajadores.

Si bien el artículo 1.a). de la Directiva (UE) 2019/1023 utiliza el término genérico del "deudor en dificultades financieras", la conceptualización de dicha expresión se desprende de la lectura conjunta del resto de disposiciones. Es el caso de los considerandos cuando aclara que los marcos de reestructuración están dirigidos a empresas y empresarios viables[82]. Tanto por el silencio que guarda en relación

---

79 Art. 1255 CC.

80 En este sentido se han de considerar, desde el informe de la Federación Internacional de Profesionales de la Insolvencia de Europa (INSOL Europe) de 2010 sobre armonización del Derecho de la Insolvencia a nivel de la Unión Europea (PE 419.633) posterior al Programa de Estocolmo de 2009 (A7-0355/2011), hasta la Recomendación de 12 de marzo de 2014 sobre un nuevo enfoque europeo sobre insolvencia y fracaso empresarial (C (2014) 1500 final), pasando por los Informes de la Comisión sobre recomendaciones europeas de 17 de octubre de 2012 (A7-0355/2011) o la Comunicación sobre un nuevo enfoque frente a la insolvencia y el fracaso empresarial de 12 de diciembre de 2012, (COM (2012) 724).

81 En los considerandos la Directiva (UE) 2019/1023 se refiere en estos términos en sus apartados 1, 2, 5, 6, 7, 10, 16, 17 y 29.

82 En el primer apartado de sus considerandos establece que su contenido va dirigido a que "*las empresas y empresarios viables que se hallen en dificultades financieras*

con el término "empresa", como por la definición autónoma y genérica que aporta sobre el de "empresario" en el artículo 2.1.9ª. de la Directiva de reestructuraciones, cabe deducir que el legislador ha procurado una delimitación flexible con el objetivo de incluir un mayor número de sujetos, adaptable a las diferencias conceptuales existentes en cada Estado miembro para empresa o empresario[83]. En

---

tengan acceso a marcos nacionales efectivos de reestructuración preventiva que les permitan continuar su actividad (...)".

83 En su art. 2.1.9º., la Directiva (UE) 2019/1023 define al empresario como la persona física dedicada a una actividad comercial, industrial, artesanal o profesional. Se trata de sectores de la actividad mercantil susceptibles de ser imbuidas en el genérico de la actividad empresarial, incluyendo las actividades profesionales y aquellas más propias de la figura del trabajador autónomo. También se ha de tener presente la definición de comerciante que aporta el art. 1 del Código de Comercio, aprobado por Real Decreto de 22 de agosto de 1885, «BOE-A-1885-6627».

Mientras, sobre el término "empresa" se ha de tener en cuenta tanto la normativa nacional como lo dispuesto en el artículo 1 del Anexo I del Reglamento (UE) Nº 651/2014 de la Comisión, de 17 de junio de 2014, por el que se declaran determinadas categorías de ayudas compatibles con el mercado interior en aplicación de los arts. 107 y 108 del Tratado. Este define a la empresa como "*cualquier entidad que se dedique a una actividad económica, independientemente de su forma jurídica. Se incluyen, en particular, los autónomos y las empresas familiares que se dediquen a la artesanía u otras actividades, y las asociaciones que se dediquen regularmente a una actividad económica*". Definición merecedora de importantes críticas. A pesar de que el concepto jurídico de empresa coexiste con el económico y se basa en este, no se identifica por completo con él. A pesar de la coexistencia de los conceptos económico y jurídico de empresa, se ha de tener presente que este último. Asimismo, ROJO FERNÁNDEZ-RÍO, A. J., "Capítulo III. El empresario (I). Concepto, clases y responsabilidad", en Uría, R., y Menéndez A., *Curso de Derecho Mercantil I*, Aranzadi, 2006, p. 71, aclara que la clase de actividad no constituye el criterio determinante de la *«empresarialidad»*, sino de la forma en la que es ejercitada. La elección de uso impropio del término por el legislador europeo podría no constituir la más adecuada como técnica legislativa, ya que su procedencia de otras disciplinas o áreas del Derecho puede generar confusión a la hora de ser trasladados a la terminología propia del Derecho mercantil. Ejemplos sobre la relevancia de la terminología jurídica pueden encontrarse en el Derecho preconcursal español, v.gr. el supuesto de solicitud de mediador concursal ante el registrador mercantil por parte de un profesional liberal quién, al no ser empresario, no podrá acceder al Registro Mercantil y, en consecuencia, requiere que se inaplique la disposición sobre la competencia para nombrar mediador. El conflicto deriva del concepto propio que la LAE realizaba sobre el empresario para los acuerdos extrajudiciales de pago. Si bien en el ámbito jurídico, existen nociones distintas para el concepto de empresa para el

relación con esto, las disparidades en los distintos ordenamientos implican un tratamiento diferente para situaciones similares[84] según el

---

Derecho laboral, fiscal o administrativo; ver "La compraventa de empresa en el Anteproyecto de Código Mercantil", en Morillas Jarillo, M. J., Perales Viscasillas, Mª. P. y Porfirio Carpio, L. J. (dirs.), *Estudios sobre el futuro Código Mercantil: libro homenaje al profesor Rafael Illescas Ortiz*, Universidad Carlos III de Madrid, Getafe, 2015, p. 438. Son aclaratorias a este respecto las manifestaciones vertidas por GALLEGO SÁNCHEZ, E., "Los presupuestos de la declaración del concurso", en Gallego Sánchez, E., (dir.), *Derecho Concursal y Preconcursal. Texto refundido de la Ley Concursal tras la reforma por la Ley 16/2022, de 5 de septiembre*, Tomos I y II, Tirant lo Blanch, Valencia, 2022, pp. 85 a 87, quien ofrece una dura crítica sobre la falta de precisión en la delimitación del concepto jurídico de empresario en relación con la definición de la LAE y las reformas concursales operadas. Como expone la autora el resultado de dicha reforma concretado en el art. 638.4. TRLC (2020) supuso la creación de un subconcepto impropio y redundante de empresario por cuanto no hay razón de técnica jurídica o de otro tipo para separar al trabajador autónomo del concepto de empresario.
Tanto de la conceptualización amplia de empresario, como de los apuntes realizados en relación con la empresa a la luz del Reglamento (UE) Nº 651/2014, no debe deducirse que con la Directiva (UE) 2019/1023 se reitera dicho subconcepto impropio, aunque sí que aporta una definición de límites difusos. El ámbito subjetivo de la misma se extiende al empresario en el sentido técnico jurídico mercantil, lo que incluye *per se* a los trabajadores autónomos. Se ha de tener presente que, en un sentido estrictamente jurídico, por empresario se entiende a toda persona natural o jurídica que ejerce en nombre propio una actividad empresarial (forma concreta de desarrollar una actividad económica), URÍA, R., y MENÉNDEZ, A., "Capítulo I. El Derecho Mercantil", en Uría, R., y Menéndez A., *Curso de Derecho Mercantil I*, Aranzadi, 2006, p. 25. Sobre la distinción entre el concepto económico y jurídico de empresa pueden consultarse, entre otros, a ROJO, A., "Capítulo III ..." ..., *op. cit.*, pp. 69, 70 y 71; y a GALLEGO SÁNCHEZ, E., "La compraventa de empresa..." ..., *op. cit.*, pp. 437 y 438. Quedará también incluido el empresario persona jurídica, lo que permite incluir a los profesionales liberales que adquieran la condición de empresario cuando el tipo social que adoptan es mercantil por la forma.

84 GALLEGO SÁNCHEZ, E., "La mediación concursal", *Anuario de Derecho concursal*, Nº 31, 2014, pp. 21 y 24, en relación con los distintos conceptos de empresario y la regulación del acceso a los acuerdos extrajudiciales de pago de personas naturales no empresarios apuntaba que las desigualdades generadas en la legislación derogada reclamaban una unificación de la regulación. La autora ya se decantaba por instrumentos preconcursales disponibles para todas las personas naturales, sean o no empresarios, si bien con particularidades en el procedimiento que se adapten a sus necesidades, como los requisitos cuantitativos, la capacidad para sufragar los gastos, etc.; sobre estos últimos, la autora se muestra crítica ante la limitación de acceso a deudores de mayor tamaño; parece mostrarse partidaria de un acceso respetuoso con el principio de autonomía de la

territorio en el que tenga lugar el escenario cercano a la insolvencia. Esto fomenta en definitiva el indeseable fenómeno del *forum shopping*[85].

En la otra cara de la moneda, una construcción amplia y genérica tiene también sus bondades. Permite dar cobertura tanto a los sujetos comprendidos en el término técnico-jurídico, esto es, el empresario persona jurídica (v.g. sociedades de capital, abiertas o cerradas) o física, como a otros operadores contenidos en la noción económica o laboral (v. gr., los profesionales liberales). Las razones históricas que mantienen la distinción entre estos sujetos pierden sentido ante las semejanzas en volumen de negocio, organización de medios para el desarrollo de su actividad económica[86] e, ineludiblemente, también en materia de sobreendeudamiento o insolvencia. De esta forma, la Directiva (UE) 2019/1023 se mueve en la correcta dirección que ya tomase anteriormente la Propuesta de Código Mercantil al pretender asimilar los profesionales liberales, artesanos, ganaderos o agricultores a la figura de empresario[87]. Por añadidura, esta situación no es del todo desconocida en la regulación reciente, encontrando

---

voluntad, esto es, que se permita el acceso a ambos instrumentos según cual se adapte mejor a la configuración jurídica de cada deudor, para eliminar desequilibrios indeseados. Igualmente destaca el movimiento de otros ordenamientos en esta dirección como Alemania, Bélgica o Francia.

85 Aunque prudente defensora de la progresividad de los procesos armonizadores en la Unión Europea, también se muestra crítica con esta cuestión y sus muchas otras manifestaciones relacionadas con el carácter de Directiva "de mínimos", PULGAR EZQUERRA, J., *Preconcursalidad y reestructuración*..., *op. cit.*, p. 166, y en línea similar, PULGAR EZQUERRA, J., "«Holdout accionarial», reestructuración forzosa..." ..., *op. cit.*, p. 53.

86 Así lo predecían URÍA, R., y MENÉNDEZ, A., "Capítulo I..." ..., *op. cit.*, p. 42. En un sentido similar, ROJO, A., "Capítulo III..." ..., *op. cit.*, p. 73, al hilo de las similitudes entre empresario y profesional liberal daba cuenta de que no hay impedimento, salvo por formalismos legales, para que un profesional liberal sea considerado empresario.

87 La Propuesta de Código Mercantil elaborada por la Sección de Derecho Mercantil de la Comisión General de Codificación, de 17 de junio de 2013, en sus apartados I-23 y I-11 equipara la figura del empresario con la de otros operadores económicos, a saber, "*profesionales que ejercen actividades intelectuales, sean científicas, liberales o artísticas, cuyos bienes o servicios destinen al mercado; o a las personas jurídicas que, cualquiera sea sus naturaleza y objeto, ejerzan alguna de las actividades expresadas en el Código*" y las engloba todas dentro de la cobertura del Derecho Mercantil como norma especial en lo que sea de aplicación.

ejemplos en el Derecho preconcursal español como el previsto en el párrafo segundo del artículo 231 de la Ley Concursal[88]. Tendencia que se consolida con la adaptación de otros ordenamientos del Derecho comparado, como el italiano[89].

En cualquier caso, el apartado segundo del artículo 1.4. de la Directiva (UE) 2019/1023, en un ejercicio de laxitud y contradicción frente a su vocación armonizadora, permite restringir el acceso a los marcos de reestructuración únicamente al empresario persona jurídica. Los Estados miembros podrán establecer los criterios cumulativos objetivo y subjetivo de acceso, atendiendo a si el deudor realiza una actividad constitutiva de empresa o una actividad profesional de la que deriven sus deudas, o, en otro caso, mixto, siendo requisito indispensable que adopten la forma de persona jurídica, además de dedicarse a una actividad empresarial o profesional.

Por lo que respecta al legislador español, introduce en el año 2009[90] con el objetivo de combatir la insolvencia, renegociar la deu-

---

88 No se puede olvidar, que en el art. 231.1. de la derogada LC, ya se preveía una definición propia de lo que habría de entenderse por empresario persona natural para delimitar el ámbito subjetivo de los acuerdos extrajudiciales de pago. Para conceptuarlo, la norma especifica que habrá de atenderse tanto a terminología mercantil como a aquella más propia del Derecho laboral o de la Seguridad Social, es decir, incluyendo a trabajadores autónomos y, en general, personas naturales que ejerzan actividades profesionales. El precepto recoge una noción particular de qué se había de considerar como empresario persona natural a los efectos del Título X de la norma, esto es, de los acuerdos extrajudiciales de pago. Crítico con esto se muestra MOYA BALLESTER, J., *Mecanismos preventivos del concurso de acreedores, los acuerdos de refinanciación y el acuerdo extrajudicial de pagos*, Tirant lo Blanch, Valencia, 2017, p. 56.

89 En Europa, el art. 1 *Codice della Crisi d'impresa e dell'insolvenza* destina sus disposiciones al deudor consumidor, profesional o empresario que ejerce, con o sin ánimo de lucro una actividad comercial artesanal o agrícola y, tanto si se trata de una persona física como jurídica. En el espectro internacional, la Ley para la Armonización de la Insolvencia de África (OHADA), prevé también un procedimiento simplificado y de libre acceso para las micro empresas y las pymes, incluyendo en esta consideración a personas naturales que tengan la consideración de profesionales, comerciantes, artesanos o agricultores.

90 Real Decreto-Ley 3/2009, de 27 de marzo, de medidas urgentes en materia tributaria, financiera y concursal ante la evolución de la situación económica «BOE-A-2009-5311», en adelante RDL 3/2009. Como afirma CERVERA MARTÍNEZ, M., "Artículo 583. De la comunicación de apertura de negociaciones con los acreedores", en Peinado García, J. I. y Sanjuán Muñoz, E., en Peinado Gar-

da y evitar la declaración del concurso, esto es, con una finalidad conservativa de la empresa, el instrumento preconcursal de los acuerdos de refinanciación[91]. De inspiración italiana[92] y posterior evolución hacia el sistema anglosajón de los *schemes of arrangements*[93], se presentan como un negocio jurídico complejo susceptible de obtener cobertura por el derecho preconcursal[94]. Este supuso el primer paso ante la inmediata necesidad de tutelar al *deudor en dificultades*. Posteriormente, a los acuerdos de refinanciación acompañaron los acuerdos extrajudiciales de pago con la *ley ómnibus*[95] como instrumento *ad hoc* para la persona física emprendedora[96]. Ambos comparten aspectos comunes en su ámbito subjetivo, a salvo de especificidades con-

---

cía, J. I. y Sanjuán y Muñoz, E., (dirs.), *Comentarios al articulado del Texto Refundido de la Ley Concursal. Real Decreto Legislativo 1/2020*, de 5 de mayo, Tomo IV, Sepín, Madrid, 2020, p. 60, la crisis de 2008 puso de relieve el fracaso de la refinanciación a corto plazo, manifestándose imprescindible la previsión de instrumentos legales que dotasen de protección a los acuerdos privados de refinanciación de empresas en dificultades económicas frente a la posible rescisión de los mismos en un potencial concurso posterior. Más aún, de prever escudos a la mismísima negociación, evitando su frustración temprana ante la declaración de un concurso necesario. Para un repaso sobre las distintas reformas introducidas entre los años 2011 a 2015, se puede consultar "Artículo 596. Clases de acuerdos de refinanciación", en Prendes Carril, P, y Fachal Noguer, N., (dirs)., *Comentario al Texto Refundido de la Ley Concursal*, Tomos II, Aranzadi, Navarra, 2021, pp. 1165 a 1170.

91 Arts. 596 a 630 TRLC (2020).

92 PULGAR EZQUERRA, J., "Preconcursalidad y acuerdos de refinanciación", *Revista de Derecho concursal y paraconcursal: Anales de doctrina, praxis, jurisprudencia y legislación*, Nº 14, 2011, pp. 26 y 27. Esta última nos recuerda que el resultado de la reforma del 2009 parte de la técnica de los "escudos protectores" del Derecho italiano, frente al modelo del Derecho francés de 1984. En contraposición a un modelo preconcursal legalmente recogido, el sistema italiano responde a tutela a través de la norma concursal de los acuerdos de refinanciación fruto de la autonomía de la voluntad (art. 1.255 CC), combatiendo los riesgos a los que el concurso de acreedores puede someterles.

93 PULGAR EZQUERRA, J., *Preconcursalidad y reestructuración…, op. cit.*, p. 839.

94 FERNÁNDEZ PEÑAFLOR, E., Artículo 597. Acuerdos de refinanciación", en Veiga Copo, A. B., (dir.) y Martínez Muñoz, M. (coord.), *Comentario al Texto Refundido de la Ley Concursal*, Tomo II, Thomson Reuters, Navarra, 2021, pp. 1512 a 1518, pp. 1506 y 1509.

95 Ley 14/2013, de 27 de septiembre, de apoyo a los emprendedores y a su internacionalización «BOE-A-2013-10074».

96 Arts. 631 a 694 TRLC (2020).

tenidas en la norma para los últimos (v. gr., la limitación del pasivo o las prohibiciones).

Coincidente con la Directiva, el ámbito subjetivo de los acuerdos de refinanciación (dejando para más adelante el tratamiento específico los acuerdos extrajudiciales de pago), se refiere al deudor persona física o jurídica que no hubiera sido declarado en concurso y se encuentre en situación de insolvencia actual o inminente[97]. El texto, supone un avance respecto de la redacción de la anterior Ley Concursal por cuanto mencionaba únicamente al deudor, sin más concreción[98]. La consecuencia era la necesidad de acudir a lo dispuesto en relación con los sujetos susceptibles de entrar en concurso en aras de conocer a los legitimados para acceder a los acuerdos de refinanciación. La posibilidad de ser declarado en concurso queda ligada a la existencia de personalidad jurídica del deudor, aun no siendo plena. Requisito extrapolable al presupuesto subjetivo de los acuerdos de refinanciación del Texto Refundido de la Ley Concursal del 2020, dado que la norma no recoge excepción o requisito adicional alguno.

Con base en lo anterior, el alcance del término personas jurídicas del artículo 1 de la Ley Concursal, así como de los artículos 1, 597 y 604 del Texto Refundido de la Ley Concursal (2020), se extienden para incluir tanto a las sociedades de capital (incluyendo las irregulares o en formación), como a cualquier otra de naturaleza mercantil, asociativa o fundacional, o aquellas de base mutualista (asociación, fundación, sociedad civil, cooperativa, agrupación de interés económico, sociedad de garantía recíproca, partidos políticos, etc.), dado que la norma no se muestra contraria y a salvo de las especialidades que pueda prever la ley para su tramitación[99]. Descarta, por lo tanto,

---

97 En este punto difiere de la Directiva, que va un paso más allá al incorporar la noción de "probabilidad de insolvencia" y que se trata más adelante en este mismo estudio.

98 Los antiguos arts. 71 bis y 5 bis LC, así como la Disposición adicional cuarta, obligaban a acudir al art. 1 LC, continente del presupuesto subjetivo para la declaración del concurso. Este es, el deudor persona física o jurídica. Quedarán excluidos, por tanto, las administraciones públicas.

99 Sobre estas manifestaciones, así como las especialidades en materia de concursos de cooperativas o asociaciones ver RONCERO SÁNCHEZ, A., "Artículo 1. Presupuesto subjetivo", en Peinado García, J. I. y Sanjuán Muñoz, E., en Peina-

la posibilidad de declarar el concurso de entidades como las uniones temporales de empresas o el resto de comunidades de bienes[100]. Por lo que respecta a los requisitos que ha de cumplir el deudor persona física o natural, los trabajadores autónomos o profesionales liberales tienen acceso al régimen de los acuerdos de refinanciación tanto en la redacción de la Ley Concursal, como del Texto Refundido de la Ley Concursal (2020) en los términos aquí expuestos. También tienen acceso con la versión actual del artículo 583 del Texto Refundido de la Ley Concursal a los planes de reestructuración[101].

---

do García, J. I. y Sanjuán y Muñoz, E., (dirs.), *Comentarios al articulado del Texto Refundido de la Ley Concursal. Real Decreto Legislativo 1/2020, de 5 de mayo*, Tomo I, Sepín, Madrid, 2020, p. 81, quien además recoge una recopilación doctrinal de trabajos relacionados.

100 Excepcionalmente, la ley permite de forma expresa el concurso de la herencia yacente que no hubiera sido aceptada a beneficio de inventario. RONCERO SÁNCHEZ, A., "Artículo 1..." ..., *op. cit.*, p. 77, si bien alaba el respeto al principio de unidad de disciplina del art. 1 TRLC, critica en relación con el concurso de la herencia, su traslado sistemático al nuevo Capítulo I, del Título XIV (arts. 567 y ss. TRLC) de mismo texto normativo, notificando una falta de claridad al usuario en relación con quienes son verdaderamente los sujetos legitimados para la declaración del concurso. En líneas similares la jurisprudencia ha permitido el concurso de aquellas comunidades de bienes que se dediquen a una actividad empresarial. Ahora bien, se ha de tener presente que cuando una comunidad de bienes ejerce una actividad económica, esta es una sociedad colectiva y, por ende, goza de personalidad jurídica general. En consecuencia, ha de estar sometida al concurso y a los planes de reestructuración. A favor de la declaración del concurso de una comunidad de bienes se pronunciaba la SAP de Salamanca Nº 370, de 31 de mayo de 2021 [ECLI:ES:APSA:2021:432]. En contra, la SJM de Pontevedra Nº 124, de 16 de junio de 2011 [ECLI:ES:JMPO:2011:124]. Sobre esta cuestión, ver RONCERO SÁNCHEZ, A., "Artículo 1..." ..., *op. cit.*, p. 83. Se muestra a favor, FERNÁNDEZ TORRES, I., "Artículo 1. Presupuesto subjetivo", en Veiga Copo, A. B., (dir.) y Martínez Muñoz, M. (coord.), *Comentario al Texto Refundido de la Ley Concursal*, Tomo I, Thomson Reuters, Navarra, 2021, p. 104. Asimismo, sobre la capacidad concursal ver GALLEGO SÁNCHEZ, E., "Los presupuestos..." ..., *op. cit.*, pp. 75 y ss.

101 Únicamente exige que el deudor persona física o jurídica se dedique a una actividad empresarial o profesional. Aunque nada se decía en el TRLC (2020), algunas voces en la doctrina ya apuntaban que la intención del legislador era la de entender que el deudor debía ser empresario o profesional, por cuanto se exigía un plan de viabilidad para alcanzar los acuerdos de refinanciación. Un planteamiento que, en cumplimiento con lo establecido por la Directiva (UE) 2019/1023 que regula conceptos amplios de "empresa" y "empresario" como se ha expuesto previamente, se confirmaría con la entrada en vigor de la

A los efectos del presente estudio únicamente resulta de interés el deudor persona jurídica, particularmente las sociedades mercantiles de capital, dado el efecto directo que sobre la posición del socio y sus derechos ostentados en la sociedad genera el cambio de paradigma introducido con la entrada en vigor de la Directiva (UE) 2019/1023 de reestructuraciones. La inspiración anglosajona de las medidas objeto de armonización y la introducción con ella de conceptos económicos como *la estructura de capital*, se esconden entre los motivos de esta influencia directa y son objeto de tratamiento en el presente estudio.

2. *El reto de la microempresa y la pequeña y mediana empresa*

2.1. La Directiva (UE) 2019/1023 y el espectro internacional

Volviendo sobre el empresario persona jurídica, la Directiva (UE) 2019/1023 se preocupa por distinguir entre las microempresas, las pequeñas y medianas empresas (pymes) y el deudor de grandes dimensiones. A los dos primeros grupos dedica una atención especial en sus considerandos. Nuevamente, la Directiva de reestructuraciones hace uso de categorías de carácter económico. Concretamente de forma impropia o incorrecta por cuanto las categorías económicas "*carecen de aptitud subjetiva para determinar el ámbito subjetivo de aplicación de cualquier procedimiento concursal*"[102]. Sin embargo, debido al uso diferenciado que el legislador europeo hace de ambos términos se le dedican los siguientes apartados.

Sobre lo que ha de entenderse por microempresa o pequeña y mediana empresa, el artículo 2.2.c). de la Directiva (UE) 2019/1023, establece que el concepto se entenderá de acuerdo con la defini-

---

Ley 16/2022. En este sentido se muestran FERNÁNDEZ PEÑAFLOR, E., "Artículo 597. Acuerdos de refinanciación", en Veiga Copo, A. B., (dir.) y Martínez Muñoz, M. (coord.), *Comentario al Texto Refundido de la Ley Concursal*, Tomo II, Thomson Reuters, Navarra, 2021, p. 597 y CAMPUZANO LAGUILLO, A. B., "Artículo 597..." ..., *op. cit.*, p. 138.

102 GALLEGO SÁNCHEZ, E., "Los presupuestos..." ..., *op. cit.*, p. 77. La autora aclara que se trata en realidad de "*deudores personas naturales o jurídicas que llevan a cabo una actividad empresarial o profesional y que reúnen ciertas características previstas en la Ley relativas a la menor entidad económica de su patrimonio*" (p. 88).

ción de la normativa nacional de cada Estado miembro. Sin embargo, en el apartado 18 de los considerandos recuerda la posibilidad de delimitar el concepto acudiendo a la Directiva 2013/34/UE[103] o a la Recomendación de la Comisión de 6 de mayo de 2003 sobre la definición de microempresas, pequeñas y medianas empresas[104]. Junto a estas, se mantienen las definiciones que ofrece el Anexo I del Reglamento (UE) Nº 651/2014 de la Comisión. Además, habrá de tenerse en consideración la guía del usuario sobre la definición del concepto de pyme (Ares (2016) 956541), que la Unión Europea lanzó en febrero de 2016 consciente de la relevancia de una definición uniforme para el territorio[105].

Reconoce el gran papel que juegan en la economía europea en tanto en cuanto representan el noventa y nueve por ciento del tejido empresarial del territorio. La rotundidad de los datos[106] unido a los mayores riesgos y costes económicos que han de soportar, así como las mayores dificultades sufridas respecto de los grandes deudores[107],

---

103 Directiva 2013/34/UE del Parlamento Europeo y del Consejo, de 26 de junio de 2013, (DO L 182 de 29/06/2013), p. 19.

104 (DO L 335 de 124 de 20/05/2003), p. 36.

105 El documento puede consultarse en: https://www.ivace.es/images/noticias/covid/informes/Actualidad_INFORMEMEDIDASIMPULSOEEUUCARES_6abril.pdf

106 De acuerdo con los datos de la Dirección General de Industria y de la Pequeña empresa del Ministerio de Industria, con fecha de julio de 2021, las pymes y microempresas representan en España el 99.83% de las empresas españolas. Ver en http://www.ipyme.org/es-ES/publicaciones/Paginas/estadisticaspyme.aspx. Por su parte, MAZZONI, A., MEVORACH, R., MOKAL, I. J., ROMAINE, B., SARRA, J. y TIRADO, I., *Micro, Small and Medium... op. cit.*, pp. 10 a 12, ofrece una visión con datos empíricos de la relevancia que las micro, pequeñas y medianas empresas revisten en la economía mundial.

107 Sobre las dificultades que afrontan en materia de reestructuración los pequeños deudores, GALLEGO SÁNCHEZ, E., "Reestructuración, insolvencia y Derecho de sociedades en la Directiva (UE) 2019/1023 del Parlamento Europeo y del Consejo, de 20 de junio de 2019: nueva reforma del Derecho español", *conferencia organizada por el Ilustre Colegio de Abogados de Alicante (ICALI)*, el 23 de marzo de 2021, destacaba al comienzo de su ponencia, la cuestionable capacidad de las empresas de mediano o pequeño tamaño para convocar una negociación con sus acreedores; MOYA BALLESTER; J., *Mecanismos preventivos... op. cit.*, p. 59; KILBORN, J. J., "Small business recovery in the United States under the small business reorganization act of 2019", *Revista General de Insolvencias y Reestructuraciones (I&R)*, Nº 1, 2021, p. 219; DAVIS, R., MADAUS, S., MAZZONI, A.,

aconseja una atención especial por parte de los legisladores, reclamada tanto a nivel comunitario, como internacional. El legislador europeo admite la importancia del efecto dominó que se produce con las insolvencias de empresas nacionales, desdibujándose la línea divisoria entre el carácter internacional o meramente nacional que ostenten, toda vez que se supera el paradigma "*too big to fail*"[108]. Hecho, este último, directamente relacionado con la importancia de la que reviste la salud de la pequeña y mediana empresa para todo el mercado interior. Todas estas cuestiones, iniciadas con la crisis económica de 2008, granan nueva y más fuerte relevancia con la situación generada por la pandemia del COVID-19[109] y que lleva a los distintos ordenamientos a adelantar la implementación, si quiera temporalmente de algunas de las medidas contenidas en la Directiva[110].

En el ámbito internacional, no pueden dejar de consultarse los estudios elaborados por los Grupos de Trabajo I y V, de la Comisión

---

MEVORACH, R., MOKAL, I. J., ROMAINE, B., SARRA, J. y TIRADO, I., *Micro, Small and Medium Enterprise Insolvency*, Oxford University Press, Oxford (UK), 2018, p. 14 y 17, donde hace especial referencia a la habitualidad con la que se confunden los patrimonios personal y profesional en el caso de los pequeños deudores, debido a la necesidad de acudir a garantías personales para asegurar los créditos destinados a la empresa.

108 Apartado 11 de los considerandos.

109 Pueden destacarse las siguientes noticias sobre el fenómeno y la preocupación existente en relación con la salud de pyme: https://www.expansion.com/blogs/quemada/2021/01/08/el-covid-abre-una-brecha.html; https://www.expansion.com/economia/2021/02/06/601e55a3468aeb917a8b45a4.html; https://www.expansion.com/economia/2020/03/31/5e824a87468aeb0f738b463c.html; https://www.expansion.com/expansion-empleo/2020/04/12/5e934da6468aebe2748b4619.html; entre otros.

110 A tal efecto puede consultarse el Informe titulado "*From Hibernation to Revitalization: Analysis of Insolvency COVID-19. Response Measures and their Wind-Down*", publicado en mayo de 2022 por Grupo Banco Mundial, INSOL International y La Asociación Internacional de Reguladores de la Insolvencia (AIR). Las medidas constituyen una respuesta a la situación de crisis reclamada a nivel europeo como el enfoque económico coordinado de la Comisión, en su Comunicación de 13 de marzo de 2020, por medio de la cual se reclamaban medidas de liquidez, o la segunda Comunicación, de 19 de marzo de 2020, con la que se anunció un marco temporal para las ayudas estatales. Otros como el Ejecutivo de la Conferencia sobre la Ley Europea de Reestructuración e Insolvencia (CERIL), de 20 de marzo de 2020, pedía en un comunicado que los legisladores nacionales europeos adoptaran medidas al fin de adaptar la legislación concursal.

de las Naciones Unidas para el Derecho Mercantil (UNCITRAL), dedicados a las microempresas y pymes, y al régimen de la insolvencia, respectivamente[111]; así como los informes elaborados por el Grupo Banco Mundial[112]. El enfoque que ofrecen se centra en la reducción de costes temporales y económicos en los procedimientos de reestructuración de empresas viables económicamente, como por ejemplo mediante la eliminación de trámites innecesarios, y en el equilibrio de intereses contrapuestos, destacando en este punto la exoneración del pasivo o *discharge of unpaid debt*[113] como medida de apoyo a los deudores.

De entre las iniciativas desarrolladas a nivel internacional y ejemplo para los sistemas continentales, destaca la reveladora reforma introducida en el *Chapter 11* del régimen de insolvencia estadounidense por la *Small Business Reorganization Act (SBRA)*[114]. La norma introduce un nuevo Capítulo V o *Subchapter V* en la ley de insolvencia norteamericana, continente de un procedimiento de reestructuración simplificado de libre disposición y con carácter exclusivo para deudores de reducido tamaño[115]. Con el fin de generar mayor alcan-

---

111 En concreto, es destacable el *Proyecto de texto sobre un régimen de insolvencia simplificado de insolvencia*. Estando todavía en fase de estudio, su última revisión se contiene en el Doc. No. A/CN.9/1077 —Examen de un proyecto de texto sobre un régimen de insolvencia simplificado— Modificaciones al proyecto de comentario que figura en los documentos de trabajo A/CN.9/WG.V/WP.172 y Add.1 a la luz de las deliberaciones celebradas por el Grupo de Trabajo V (Régimen de la Insolvencia) en su quincuagésimo octavo período de sesiones.

112 El Grupo Banco Mundial elaboró informes sobre la relevancia de las micro, pequeñas y medianas empresas y sus necesidades en materia de insolvencia en los años 2017 y 2019 bajo el título *Report on the Treatment of MSME Insolvency*.

113 KILBORN, J. J., "Small business recovery in the..." ..., *op. cit.*, p. 219, sobre la exoneración, subraya que los incentivos a los deudores son imprescindibles: "*Debtors need incentives, as well, as those who cannot enjoy the fruits of their labr will inevitably reduce or abandon their labor. Modern society cannot afford this loss*".

114 *Small Business Reorganization* Act (SBRA), Pub. L. 116-54, ([USC] §§ 1181-1195), por medio de la cual se modifica el *Chapter 11* del *Bankruptcy Code* de EEUU.

115 La simplificación del procedimiento está protagonizada, a modo ejemplificativo, por la eliminación del comité de acreedores no garantizados, a salvo de que el juez considere lo contrario (11 USC §§ 1181 (b)); la sustitución del deber de presentar una declaración de divulgación compleja, por la presentación de un informe simplificado de los tratos comerciales y los planes de reestructuración (11 USC §§ 1187-88); o que el deudor presente un plan de reestructuración a sus acreedores en el plazo de noventa días desde que se iniciase el proceso (11

ce y con independencia de un tratamiento posterior en el presente trabajo, esta norma, al igual que las sucesivas reformas elaboradas para paliar los efectos de la crisis provocada por la pandemia, incorpora modificaciones dirigidas a la ampliación de la definición de pyme facilitando el acceso a un mayor rango de deudores. A lo anterior es posible sumar otras iniciativas internacionales[116].

A nivel europeo, desde que el informe de INSOL Europe en 2010 reclamase una armonización en materia de insolvencia para pequeñas y medianas empresas[117], se han sucedido los estudios para concluir la necesidad de promover las soluciones extrajudiciales de los conflictos entre deudores y acreedores, la necesaria detección precoz de la insolvencia junto a la creación de procedimientos acelerados para pymes para una mayor eficacia de los procedimientos de insolvencia, o la mejora de su acceso a la financiación[118].

USC §§ 1189). Este ultimo precepto establece que "*Only the may file a plan under this subchapter*". Sobre este aspecto, KILBORN, J.J., "Corporate Restructuring and SMEs: The US Bankruptcy Code Model", *Conferencia impartida en el Congreso Internacional sobre Insolvencias y Reestructuraciones, organizado por la Revista General de Insolvencias & Reestructuraciones (I&R), Iustel y la Facultad de Derecho de la Universidad Complutense de Madrid*, octubre de 2021, denuncia que se trata de un plazo demasiado corto para estos deudores que, además, tendrán que acudir con gran seguridad a un asesor, con los elevados costes económicos que ello acarrea.

116 Como la del Gobierno Indio que notificó un nuevo marco de resolución concursal para MIPYMES como así se refleja en INSOL Europe, "*Coronavirus (COVID-19), Tracker of insolvency reforms globally (as at 2 July 2020)*", disponible en https://www.insol-europe.org/technical-content/covid19. Tambien la regulación simplificada para los pequeños deudores, introducida en 2015 por la Organización para la Armonización del Derecho de Empresa en África (OHADA), o los Individual Voluntary Agreements (IVA) regulados conforme al modelo anglosajón en Malawi, las Seychelles y Zimbawe. Sobre esto último, *vid.* MAZZONI, A., MEVORACH, R., MOKAL, I. J., ROMAINE, B., SARRA, J. y TIRADO, I., *Micro, Small and Medium... op. cit.*, p. 20.

117 El informe elaborado por INSOL de 2010, en su apartado 3.1., p. 32, reflejaba las diferencias en los distintos ordenamientos en relación con el acceso a procedimientos de insolvencia en particular para las pymes (SMEs, en la versión inglesa disponible).

118 Comunicación de la Comisión al Parlamento Europeo, al Consejo y al Comité Económico y Social Europeo sobre un nuevo enfoque europeo frente a la insolvencia y el fracaso empresarial, del 12 de diciembre de 2012 COM (2012) 742 final, p. 4, resultado del informe elaborado por INSOL Europe en 2010. En la misma dirección se sucedieron la Resolución del Parlamento Europeo de 15

En definitiva, afianzando como una de las prioridades de Europa ejecutar políticas que se traduzcan en apoyo a pequeñas y medianas empresas para la financiación[119] y la fijación de principios comunes para la insolvencia, así como la reducción de costes económicos y temporales para estas[120]. La consecuencia de no adaptar las regulaciones para adecuarlas a la insolvencia de microempresas y pymes, lleva a los ordenamientos al fracaso en su lucha por salvar empresas viables, en contra de los objetivos propuestos para el conjunto de la economía[121].

Por su parte, la Directiva (UE) 2019/1023 también reclama procedimientos más coherentes con las desigualdades y dificultades que sufren en comparación con deudores de gran tamaño y sistemas de alerta temprana más sencillos[122].

---

de noviembre de 2011, con recomendaciones destinadas a la Comisión sobre el procedimiento de insolvencia en el marco del Derecho de sociedades de la UE (2011/2006(INI)), (P7_TA (2011) 0484), que parte de la Comunicación de 3 de marzo de 2010 "Europa 2020: Una estrategia para un crecimiento inteligente, sostenible e integrador", COM (2010) 2020. Sobre esta materia, también el documento A/CN.9/WG.I/WP.119, de 17 de enero de 2020, elaborado por el Grupo de Trabajo I de UNCITRAL sobre el "Acceso de las microempresas y pequeñas y medianas empresas (MYPIME) al crédito", en el que relaciona las principales fuentes de financiación de estos entes y las dificultades asociadas.

119 Acta del Mercado Único II, de 3 de octubre de 2012, COM (2011) 573 final, pp. 11 a 13.

120 El Plan de Acción de 12 de diciembre de 2012, de Derecho de sociedades y gobierno corporativo, COM (2012) 740 final, en su apartado 4.4., p. 14, establece que la UE respetará en sus iniciativas de manera particular a las pymes dado el fundamental papel que juegan en el fortalecimiento de la economía del territorio, reclamando condiciones menos gravosas para ellas y recordando que siguen siendo una prioridad, para lo cual destaca la *Small Business Act* 2011, COM (2011) 78, de 23 de febrero de 2011; el Plan de Acción sobre emprendimiento 2020 de 9 de enero de 2013, COM (2012) 795 final, o el Plan de Acción para la creación de un mercado de capitales, COM (2015) 468 final, apartado 6.2., p. 29.

121 MAZZONI, A., MEVORACH, R., MOKAL, I. J., ROMAINE, B., SARRA, J. y TIRADO, I., *Micro, Small and Medium... op. cit.*, p. 17.

122 Ver los considerandos 7 y 17, y el art. 3.4. de la Directiva (UE) 2019/1023. Sobre esto se pronuncia el Grupo de Trabajo V de UNCITRAL con su "Proyecto de texto sobre un régimen simplificado para la insolvencia", Doc. No. A/CN.9/WG.V/WP.170, en fase de desarrollo.

Dentro de las especialidades que alcanza a concretar se encuentra la legitimación especial para iniciar un procedimiento de reestructuración condicionado a la autorización del deudor, dado que en este tipo de sociedades los socios no son meros inversores[123]; la posibilidad de crear una única categoría de voto para estos deudores[124]; que la lista de resultados y el modelo de comunicación recojan opciones suficientes para poder encajar los distintos conceptos de pymes de los Estados miembros a fin de recoger datos fiables de cara a una evaluación sobre la aplicación de los preceptos en el territorio europeo[125]; así como la connivencia del legislador europeo para que los Estados miembros conciban un concepto más flexible para la expresión "impedir u obstaculizar injustificadamente" cuando afecte a este tipo de sociedades[126].

Estas novedades simultanean críticas y alabanzas. Por un lado, generan reparos por la falta de previsión de un mecanismo concreto de reestructuración para la pequeña y mediana empresa a pesar de los altos propósitos planteados[127].

Por otro lado, se consideran muy positivos los cambios dirigidos a evitar el arrastre de socios en todo caso al estar pensadas para empresas de mayor tamaño dado que, en aquellas de menores dimensiones o en sociedades cerradas pueden darse "usos perversos" mediante los cuales las mayorías imponen la dilución de la posición de los socios

---

123 Ver arts. 4.8. y 11.1. de la Directiva (UE) 2019/1023 y la exposición de motivos del Anteproyecto de Ley para la Reforma del TRLC, en su apartado III (p. 13).

124 Ver el considerando 45 y art. 9.4. de la Directiva (UE) 2019/1023, en su apartado 3.

125 Ver el considerando 93 de la Directiva (UE) 2019/1023.

126 Ver el art. 12.3. de la Directiva (UE) 2019/1023. Concepto que, no obstante, el texto no llega a definir ni para grandes deudores, ni para pymes o microempresas y que, por tanto, quedará pendiente de desarrollo por los Estados miembros. Una cuestión íntimamente relacionada con la existencia o no de los deberes fiduciarios de los socios, así como con el interés social, en el que se ha de incluir el interés de otros interesados, de esta forma lo reconoce VIERA GONZÁLEZ, J., "Gobierno corporativo de sociedades no cotizadas en la proximidad de la insolvencia", en Pulgar Ezquerra, J. (dir) y Recamán Graña, E. (coord.), *Reestructuración y Gobierno Corporativo en la proximidad de la insolvencia*, Wolters Kluwer, Madrid, 2020, p. 847.

127 PULGAR EZQUERRA, J., *Preconcursalidad y reestructuración…*, *op. cit.*, p. 167.

minoritarios[128]. También se aduce que el arrastre de socios, para facilitar la reestructuración y la apuesta por el valor de la empresa en funcionamiento, tiene impacto efectivo en las grandes sociedades. Mientras, para las pequeñas, será más apropiado acudir a la transmisión del negocio con el mantenimiento de la estructura operativa[129]. Para ello, se ha defendido abrir la puerta al empresario para que participe en la subasta, pesando en ella el valor personal que estos deudores aportan a las sociedades[130]. Sin embargo, estas manifestaciones se han de tomar en consideración con las vertidas en relación con la estructura de capital de las pymes y el contenido del siguiente apartado.

2.2. El fracaso del acuerdo extrajudicial de pagos español

En España el mecanismo de autocomposición de la crisis especialmente pensado para las pymes hasta ahora era el acuerdo extrajudicial de pagos, también denominado de mediación concursal[131] e introducido con la *ley ómnibus*. Si bien los acuerdos de refinanciación no se limitaban a los grandes deudores, también es cierto que resultaban más idóneos para ellos que para los deudores de menor tama-

---

128 En este sentido, ver PULGAR EZQUERRA, J., *Preconcursalidad y reestructuración…*, *op. cit.*, p. 180, PULGAR EZQUERRA, J., "La propuesta de Directiva sobre reestructuración…" …, *op. cit.*, p. 8 de 20.

129 EIDENMÜLLER, H., "Contracting for a european insolvency regime", ECGI *Working Papers*, Nº 341, 2017, pp. 273 a 304, realizaba una dura crítica al proyecto de la Directiva (UE) 2019/1023 por no considerar la venta de empresa en funcionamiento (*as a piece of m…* o *as a going concern*) dentro de las medidas necesarias, destacándola, frente a la reestructuración, como una más barata y eficaz para determinadas empresas y, sobre todo para las de menor tamaño. En su estudio defiende que no todas las sociedades han de ser reestructuradas en un momento temprano. En relación con esto, los marcos de reestructuración de la Directiva, cumplirían la función de filtro para empresas viables, permitiendo tanto la reestructuración como la venta de unidades productivas.

130 THERY MARTÍ, A., "La encrucijada en la armonización…" …, *op. cit.*, p. 49, conforme a la idea de que el arrastre de los socios no se adecúa al perfil del pequeño y mediano empresario. A favor de la transmisión como medida idónea para la pequeña y mediana empresa, PULGAR EZQUERRA, J., *Preconcursalidad y reestructuración…*, *op. cit.*, p. 181.

131 Ver GALLEGO SÁNCHEZ, E., "La mediación concursal" … *op. cit.*, pp. 3 y ss.

ño[132]. Surgen como mecanismos autocompositivos de la reestructuración de deuda y de función conservativa, basados en una mediación impropia, similar a lo ocurrido con las *dispute resolution*, anglosajona o la *conciliation*, en Francia y Bélgica[133].

En relación con su ámbito subjetivo, este se dirigía inicialmente al emprendedor persona natural, si bien, posteriormente se incluyó al consumidor[134]. Además, de acuerdo con el artículo 631 Texto Refundido de la Ley Concursal (2020), tienen acceso tanto las personas naturales como jurídicas[135], siendo el elemento clave, al igual que con los acuerdos de refinanciación, la personalidad jurídica. De acuerdo con esto, son extrapolables las manifestaciones realizadas en relación con el acceso de las personas jurídicas a los acuerdos de refinanciación a salvo de ciertas especialidades[136].

A pesar de los esfuerzos por regular un procedimiento propicio para evitar la insolvencia o el concurso de acreedores de las pequeñas y medianas empresas, cuestiones como la *heterogeneidad de sus finalidades*, en relación con las distintas necesidades de los sujetos a los que se dirige, la publicidad propia de estos acuerdos susceptible de empeorar la situación económica del pequeño o mediano deudor, o el menor grado de autonomía de la voluntad que presenta para ellos, respecto de los acuerdos de refinanciación, entre otras razones, pro-

---

132 PULGAR EZQUERRA, J., *Preconcursalidad y reestructuración…*, *op. cit.*, pp. 834 y 839, y MOYA BALLESTER, J., Mecanismos preventivos… *op. cit.*, pp. 26.

133 PULGAR EZQUERRA, J., *Preconcursalidad y reestructuración…*, *op. cit.*, pp. 839 y 840.

134 GALLEGO SÁNCHEZ, E., "La mediación concursal" … *op. cit.*, p. 19 y ss., se mostraba contraria a la exclusión del consumidor que hacía la LAE.

135 Para cada una de ellas, el art. 231 LC preveía requisitos distintos de acceso.

136 El art. 231 LC preveía requisitos distintos de acceso. Otras de las especiales son la ausencia de mención expresa a la herencia yacente, la limitación relativa al pasivo inferior a cinco millones de euros de los artículos 632 y 633 TRLC, las prohibiciones del artículo 634 TRLC, o la inclusión de entidades de crédito, empresas de servicios de inversión, etc., aunque difícilmente cumplirán los requisitos de artículo 633 TRLC. Además, se elimina la anterior exclusión de entidades aseguradoras del artículo 231.5.III LC en relación coherente con el artículo 644 TRLC, lo que amplía el ámbito subjetivo de estos acuerdos. En relación con el art. 644.2 TRLC y la superación de contradicciones en relación con la exclusión de entidades aseguradoras, ver PULGAR EZQUERRA, J., Preconcursalidad y reestructuración…, *op. cit.*, p. 851.

voca el fracaso de los acuerdos extrajudiciales de pago como método para solventar la situación de crisis de los sujetos afectados[137].

Las críticas vertidas, unidas al propósito de crear un procedimiento específico para sociedades de menor tamaño en cumplimiento de la Directiva, lleva al Proyecto de Ley a eliminar los acuerdos extrajudiciales de pago. En sustitución, regula un único procedimiento, este es, los planes de reestructuración, con especialidades adaptadas a las pequeñas y medianas empresas. Ello no obstante, en su reforma resulta llamativa la segregación realizada por primera vez entre pequeñas y medianas empresas, por un lado, y microempresas, por otro.

En primer lugar, el Título V del Libro II (artículos 682 a 684 TRLC) recoge un régimen especial, aplicable para aquellos empresarios personas físicas o jurídicas que cuenten, en el balance del ejercicio anterior, con no más de cuarenta y nueve trabajadores en plantilla —con el criterio alternativo de las horas trabajadas equivalentes—, y un volumen de negocio o balance general anual que no supere los diez millones de euros en el ejercicio anterior a la presentación de la solicitud para la apertura del procedimiento —con referencia en la base consolidada en caso de grupo de empresa—.

Entre otras, las especialidades se refieren a la acreditación de los requisitos anteriores con la comunicación de las negociaciones, a la adaptación del modelo oficial para la presentación electrónica del plan de reestructuración adaptado a las pequeñas empresas o a la imposibilidad de prorrogar el efecto de la comunicación de las negociaciones más de una vez. En cuanto a la homologación del plan, sólo

137 El propio Proyecto de Ley para la transposición de la Directiva en el documento remitido por el Congreso de los Diputados al Senado y publicado en el Boletín Oficial de las Cortes Generales el 4 de julio de 2022 lo apuntaba como una de las limitaciones a los sistemas de insolvencia españoles. Entre la doctrina, se pronuncian en el mismo sentido, por ejemplo, PULGAR EZQUERRA, J., *Preconcursalidad y reestructuración…*, *op. cit.*, pp. 838 y 841. Además, respecto de las personas físicas, este termina por ser un mero trámite para poder acceder a la exoneración de deuda, lo que se une a los distintos requisitos exigidos o limitaciones según el sujeto que trate de acceder. Esto último ha sido criticado duramente, pudiendo destacar a GALLEGO SÁNCHEZ, E., "La mediación concursal" … *op. cit.*, pp. 25 y 26, MOYA BALLESTER, J., *Mecanismos preventivos… op. cit.*, p. 77. Por su parte, RAMOS CALVO, Mª D., Régimen jurídico… *op. cit.*, p. 86 y MUÑOZ PÉREZ, A. F., "Artículo 632…" … *op. cit.*

será posible si contase con la aprobación el deudor y, en su caso, los socios de la sociedad deudora. Por lo demás, cuando no hubiese sido aprobado por todas las clases de acreedores, se permite la homologación siempre que aquellos que no hubieran votado a favor reciban un trato más favorable que cualquier otra de rango inferior, en caso de planes no consensuales[138].

En segundo lugar, ubica en el Libro III (artículos 685 y ss. TRLC) un procedimiento específico para las microempresas susceptible de ser tramitado de acuerdo a dos modalidades: de continuación o de liquidación. El mismo va dirigido a personas físicas o jurídicas que lleven a cabo una actividad empresarial o profesional que hayan empleado durante el año anterior una media de menos de diez trabajadores —o el equivalente en horas de trabajo realizadas— y tengan un volumen de negocio anual inferior a setecientos mil euros o un pasivo inferior a trescientos mil euros, según las últimas cuentas cerradas en el ejercicio anterior a la presentación de la solicitud[139]. Dicho procedimiento, de conformidad con el artículo 4.8. de la Directiva, requerirá del consentimiento del deudor para la apertura de las negociaciones en caso de insolvencia probable o inminente, entre otras medidas.

Respecto del ámbito subjetivo de estos procedimientos, es positivo el aumento del espectro que se realiza en relación con lo que se ha de considerar pequeño o mediano deudor para su encaje en un procedimiento de reestructuración de la deuda temprana específico, similarmente a lo acaecido con el *Subchapter V* estadounidense[140].

---

138 La distinción de plan consensual y no consensual, aunque con diferente terminología es importada en la Ley 16/2022 del sistema americano regulado en el *Chapter 11* del *Bankruptcy Code*.

139 El legislador reduce así los requisitos inicialmente solicitados por el art. 685 de la Ley 16/2022, en su versión anterior de la propuesta aprobada por el Pleno del Congreso, con fecha de 4 de julio de 2022. En la versión anterior el umbral de los sujetos legitimados se situaba en el volumen de negocio o pasivo inferior a dos millones de euros. La modificación supone una ampliación del espectro del régimen especial del Título V.

140 El nuevo concepto introducido por la SBRA, comprendía tanto a personas físicas como jurídicas dedicados a actividades comerciales o empresariales siempre que el conjunto del pasivo (deuda garantizada y no garantizada) o bien sea en un 50% deudas derivadas de dicha actividad, o bien asciendan a una cantidad igual o inferior a 2,7 millones de dólares americanos. Posteriormente, la Ley de

Ello permite a un mayor número de deudores acceder a las especialidades previstas para las pymes, a saber, la formalización electrónica del plan y el imperativo consentimiento del deudor para acceder a la homologación.

Ahora bien, aunque se amplía el umbral de cinco millones de pasivo de los acuerdos extrajudiciales de pago a los diez millones del plan de reestructuración, se produce una práctica exclusión de las microempresas de los procedimientos de reestructuración e incluso del concurso posterior[141]. Estas no disponen de la libre elección del procedimiento al que desean incorporarse.

Hay que apresurarse a matizar, en línea con lo anterior, que la definición de pequeña y mediana empresa, traducida a la realidad española implica que la mayor parte de las sociedades quedarán clasificadas en la categoría de microempresa y sólo alrededor de un cinco por ciento, podrá beneficiarse de las especialidades del procedimiento del Título V, del Libro II[142].

Ayuda, Alivio y Seguridad Económica contra el Coronavirus (Ley CARES), Pub. L. No. 116-136 (2020), aumentó el espectro de la deuda hasta los 7,5 millones de dólares americanos, hasta marzo de 2021. Esto último es modificado por la Pub. L. 117-5, §2(a)(1), 27 de marzo de 2021, 135 Estat. 249, haciéndolo efectivo hasta 2 años después del 27 de marzo de 2020.

Crítico con la eficacia real del nuevo espectro se pronuncia KILBORN, J. J., "Small business recovery in the..." ..., *op. cit.*, p. 221. El autor es partidario de un aumento del margen al considerar que situar el límite de la deuda en 2,7 millones únicamente favorece a la "micro empresa", pero deja de lado a la "pequeña empresa". Resalta que ya la Comisión del Instituto Estadounidense de Quiebras, así como Comisión de Revisión de Quiebras aumentaron estos umbrales. Recomendaban entre dos y diez millones de dólares, para la pequeña empresa y entre cinco y diez millones de dólares, para la mediana. A ojos del autor y ante la situación de crisis derivada de la pandemia por COVID-19 será en detrimento de aquellos deudores que tras la fecha límite queden fuera del procedimiento simplificado. En cualquier caso, tanto las normas relacionadas como la más reciente Ley de Asignaciones Consolidadas (CAA), Pub. L. No. 116-260 (2020), introducen otras medidas de ayudas directas de naturaleza económica a pymes, como las dirigidas a los arrendamientos de locales o salarios de trabajadores.

141 La propia exposición de motivos manifiesta que "*el procedimiento especial es único: las microempresas no tienen acceso al concurso ni a los acuerdos de reestructuración*".

142 A pesar de la reducción del pasivo y del volumen de negocio en la categorización de la microempresa, según datos estadísticos arrojados por el Ministerio de Industria, Comercio y Turismo, a fecha de enero de 2022, el número de microempresas con menos de diez trabajadores en España asciende a 1.126.523,

Al margen de los valores económicos, el régimen previsto no parece tener en consideración el amplio abanico tipológico con el que puede contar una pyme o una microempresa, desde sociedades cerradas a sociedades abiertas, pudiendo clasificarse como sociedades de responsabilidad limitada o sociedades anónimas[143] y distando su estructura de capital de reducirse en todo caso a la conocida empresa familiar. La estructura financiera de estas sociedades podrá incluir figuras como la del *socio inversor institucional*, lo que la hará más compleja, añadiendo nuevos conflictos intrasocietarios[144].

Por un lado, los costes de agencia de aquellas sociedades de corte más familiar, difieren en tanto en cuanto así lo hacen también las relaciones entre sus socios, quienes mantienen vinculaciones más informales, siendo además sociedades donde las relaciones personales y profesionales se entremezclan. Igualmente, son propensas a presentar un mayor porcentaje de activos intangibles. Con razón en el sustrato personal que revisten, los socios optarán preferentemente por aquella financiación externa que les asegure el mantenimiento del control sobre la sociedad[145]. A los costes de agencia, se suman un

---

representando un 38,46% del total de empresas españolas. Mientras, las pequeñas empresas, con menos de cincuenta trabajadores, representan únicamente el 5,3% (156.094 empresas) y, las medianas, con más de cincuenta trabajadores el 0,85% (25.017 empresas). Por su parte, la gran empresa queda reducida al 0,17%, con un total de 4.977. Mientras, la gran mayoría quedaría representada por el número de autónomos en un 55,88% del total de empresarios. Estos datos están disponibles en http://www.ipyme.org/es-ES/publicaciones/Paginas/estadisticaspyme.aspx

143 VIERA GONZÁLEZ, J., "Gobierno corporativo de sociedades no cotizadas..." ..., *op. cit.*, p. 845.

144 Según VIERA GONZÁLEZ, J., "Gobierno corporativo de sociedades no cotizadas..." ..., *op. cit.*, p. 846, cabría distinguir potencialmente entre inversores institucionales, socios de control asimilados a la figura de administradores de hecho o la figura del socio-administrador, junto con nuevos conflictos intrasocietarios, como la revelación de información comercial sensible por parte del socio inversor a otras compañías además de los clásicos, como el riesgo de expropiación de la minoría de socios.

145 Vid. FERRER, M. A., y TRESIERRA TANAKA, A., "Las pymes y las teorías modernas sobre estructura de capital", *Compendium: revista de investigación científica*, Nº 22, 2009, pp. 72 y 73. Consecuentemente, la opción más lejana será la emisión de acciones para la capitalización de deuda o la realización de modificaciones estructurales que permitan la entrada de nuevos sujetos o diluyan la posición de control que ostentan en la sociedad.

mayor riesgo de crisis y costes por asimetrías en la información que, en definitiva, condicionan y dificultan el acceso a la financiación. Esta última, además, se presenta menos diversificada (*finance gap*) y compuesta en mayor porcentaje por deuda operativa sobre la financiera[146].

Sin embargo, la reestructuración construida por la Directiva (UE) 2019/1023 está centrada en la idea de la estructura de capital, haciendo referencia a los pasivos financieros y, por tanto, los mecanismos de reestructuración previstos resultan más adecuados para sociedades con mayor porcentaje de deuda financiera. Es el caso de la reestructuración forzosa a través de los instrumentos de arrastre. Todo ello provoca menos confianza en acreedores e inversores, propiciando la exigencia de más garantías personales y un mayor precio para acceder al crédito y, por ende, el aumento del coste por crisis personal del pequeño y mediano empresario. Por añadidura, disponen de menos recursos para informarse (*knowledge gap*)[147], a la vez que se presentan como sociedades más opacas. El efecto final son unos altos condicionantes sobre su valor en el mercado.

Por otro lado, se erigen las sociedades emergentes, de base tecnológica, o *startups*[148]. En ellas, la dualidad entre la figura del socio

---

146 Las pymes acudirán a los *fondos autogenerados y a los préstamos bancarios*, teniendo más limitado el acceso al mercado financiero. Ver, FERRER, M. A., y TRESIERRA TANAKA, A., "Las pymes y las teorías modernas..." ..., *op. cit.*, p. 73; y PULGAR EZQUERRA, J., *Preconcursalidad y reestructuración...*, *op. cit.* p. , 181.

147 FERRER, M. A., y TRESIERRA TANAKA, A., "Las pymes y las teorías modernas..." ..., *op. cit.*, p. 73, se basa en los estudios de Sánchez-Vidal y Martín Ugedo, de 2005.

148 Dos extensos trabajos sobre la estructura interna de las *sturtups* y los distintos aspectos destacables de las figuras de socio inversor y socio fundador en empresas emergentes pueden encontrarse en GIMENO BEVIÁ, V., "Las causas contractuales de separación y exclusión del socio en las startups. La "buena" y la "mala" salida", en Márquez Lobillo, P. y Otero Cobos, Mª T., (coords.), *El derecho de separación y la exclusión de socios en las sociedades de capital*, Tomo I, Tirant lo Blanch, Valencia, 2021, pp. 307 a 336 y GIMENO BEVIÁ, V., "Los pactos de organización en los acuerdos sociales de las startup", en prensa, pp. 1 a 20, en esta última aborda las diferencias en el paquete obligacional y de derechos existente entre la LSC y la Ley 28/2022, de 21 de diciembre, de Fomento del Ecosistema de las Empresas Emergentes «BOE-A-2022-21739», para cada uno respectivamente. Ver también VIERA GONZÁLEZ, J., "Gobierno corporativo de sociedades no cotizadas..." ..., *op. cit.*, pp. 841 a 844.

fundador y la del socio inversor (entidades de capital-riesgo, *business angels*, aceleradoras de *startups*, e incluso amigos o familiares) junto con la forma en la que estos se relacionan, dista mucho de identificarse con la figura del socio familiar tradicional. Representan el capital intelectual y la inversión económica, respectivamente[149]. La relevancia de estas sociedades se hace patente en la actualidad con la Ley 28/2022 de Fomento del Ecosistema de las Empresas Emergentes de 2021, en España, o con referentes europeos como la "*startup* innovativa", del sistema italiano o "SRL innovativa"[150]. Esta, configura una realidad práctica respecto de un modelo empírico de sociedad cerrada con sus propios elementos de identificación, donde destaca la figura del inversor institucional. La misma es reconocida también en los considerandos de la Directiva (UE) 2019/1023[151], como ya lo fue anteriormente en documentos como *The Wates Corporate Governance Principles for Large Private Companies* de diciembre de 2018, en Reino Unido[152], o el *Code Buysee* belga[153] para las sociedades no cotizadas[154].

---

149 Ver GIMENO BEVIÁ, V., "Las causas contractuales de separación y exclusión…" …, *op. cit.*, p. 311, relativa a las aportaciones materiales e inmateriales al capital social y p. 309, donde manifiesta que "*la regulación voluntaria de tales compañías no responde a la protección de los intereses entre socios mayoritarios y minoritarios con relación clásica —y dominante— en el estudio de nuestro Derecho de Sociedades, sino en la división, en un sentido fáctico, entre emprendedores —o en puridad, fundadores— e inversores*".

150 Como expresa GIMENO BEVIÁ, V., "Las causas contractuales de separación y exclusión…" …, *op. cit.*, p. 308, si bien la empresa emergente no representa en España un tipo social concreto, ya cuenta con figuras como la "SRL innovativa" italiana, con una regulación especializada respecto del resto de sociedades de responsabilidad limitada, a través del *Decreto-legge 13 maggio 2011* o, también, Decreto *Sviluppo.*

151 Consultar el considerando 58 de la Directiva.

152 Código de gobierno corporativo elaborado por un grupo de trabajo bajo el liderazgo de James Wates CBE, al que se debe su nombre, entre otros autores de la industria. Disponible en https://www.frc.org.uk/getattachment/31dfb844-6d4b-4093-9bfe-19cee2c29cda/Wates-Corporate-Governance-Principles-for-LPC-Dec-2018.pdf

153 EL Código Buysee II: Gobierno corporativo para empresas no cotizadas fue elaborado por la Comisión de Gobierno Corporativo en junio de 2009. Disponible en https://ecgi.global/sites/default/files/codes/documents/Code%20Buyse%20II%20-%20English%20version.pdf

154 VIERA GONZÁLEZ, J., "Gobierno corporativo de sociedades no cotizadas…" …, *op. cit.*, p. 844.

Con base en las puntualizaciones realizadas, no parece adecuado tomar como única referencia valores económicos sin prestar la debida atención a la variada estructura de capital *óptima* posible[155]. Para estas sociedades no es posible entender una reestructuración financiera necesariamente ajena a reestructuraciones de su deuda operativa ya que contarán con ambas y aun cuando ésta última pueda tener presencia mayoritaria en las sociedades familiares.

La insoslayable realidad de sus condicionantes, los altos costes de agencia, riesgo de crisis y las asimetrías informativas evidencian que las MIPYMES requieren soluciones adaptadas a sus necesidades. Así se pronuncian algunas voces en la doctrina al presentar, como alternativa a la reestructuración forzosa de la sociedad por medio del arrastre de acreedores o *cram down*, bien la liquidación eficaz y sencilla de la sociedad, bien la venta de la empresa o de unidades en funcionamiento a través de la cesión global de activo y de pasivo, por medio de la fusión, una escisión o, por el contrario, a través de la venta de acciones o participaciones[156]. Ello no obstante, vista la variedad tipológica de este tipo de sociedades, no es posible defender que en estas sociedades existe siempre un sustrato personal. Como se ha visto, en el caso de las sociedades emergentes la deuda financiera se encuentra reflejada en la propia base conceptual[157]. Resulta esencial en ellas la búsqueda de financiación en las primeras fases de crecimiento, bien sea de capital riesgo formal o informal[158].

Por ello, parece más conveniente la previsión de un procedimiento de reestructuración flexible, ya que la estructura de capital, orga-

---

155 Ver el apartado relativo a la estructura de capital.

156 Vid. PULGAR EZQUERRA, J., "«Holdout accionarial», reestructuración forzosa..." ..., *op. cit.*, pp. 55; PULGAR EZQUERRA, J., Preconcursalidad y reestructuración..., *op. cit.* p. , 181; y THERY MARTÍ, A., "La encrucijada en la armonización..." ..., *op. cit.*, p. 49, quien critica la imposibilidad del empresario de pujar en la procedente subasta.

157 Hace referencia a su participación incluso en Mercados del BME Growth, GIMENO BEVIÁ, V., "Los pactos de organización en los acuerdos..." ..., *op. cit.*, p. 3. Será necesario poner especial atención al nivel de endeudamiento de estas sociedades en sus primeras fases de crecimiento.

158 Una visión general sobre las diferencias entre ambos es perfilada por GIMENO BEVIÁ, V., "Las causas contractuales de separación y exclusión..." ..., *op. cit.*, p. 310.

nizativa, sus conflictos intrasocietarios y, en general, las necesidades de las sociedades sujeto de reestructuración variarán en cada caso. La positivación de esta realidad no es tarea fácil, habiéndose fracasado ya en ámbitos como los del gobierno corporativo por medio de normas de *soft law*. Por ello, parecería prudente dejar mayor libertad a la sociedad deudora en la elección de la mejor vía para adaptar su situación financiera a un proceso de reestructuración eficiente.

Contrariamente al procedimiento diseñado en la norma estadounidense, exclusivo pero de libre disposición, la Ley 16/2022 diseña uno de carácter obligatorio, esto es, exclusivo y excluyente para microempresas, que no dispondrán de la libertad de acudir al procedimiento general, ni tan siquiera con las especialidades de los artículos 685 y ss., del texto normativo. Las críticas dirigidas a distintos aspectos del proceso resultarán por tanto insalvables para los deudores[159]. De esta manera se estarían reiterando los defectos y carencias mencionados anteriormente respecto de los acuerdos extrajudiciales de pago, además de añadir los nuevos que incorpora este procedimiento y que ya han sido denunciados por la doctrina. Es el supuesto de la completa eliminación de la figura del actual mediador concursal, no sólo para las microempresas, sino también para las pymes y a la introducción de la figura del experto en reestructuraciones, así como a la aparición excepcional de un mediador concursal en el procedimiento previsto para microempresas, de limitadas funciones.

Para finalizar este apartado, se ha de llamar la atención sobre la adición del requisito que obliga a que el deudor se dedique a una actividad empresarial o profesional. Así, no sólo impide el acceso de

---

159 Una dura crítica, especialmente por lo que respecta a la falta de asesoramiento imprescindible para estos deudores de menor tamaño la realizaba GALLEGO SÁNCHEZ, E., "Retos y propuestas sobre planes de reestructuración", en Mesa jurídica 2 del First European Congres son Personal Insolvency, Barcelona, Ilustre Colegio de Abogados de Barcelona, noviembre 2021. Efectivamente, se les priva de la posibilidad de asesorarse por un experto en la reestructuración al margen de las estrictas reglas previstas en el procedimiento especial del Libro III. Sin olvidar las primeras noticias sobre las novedades del Anteproyecto: https://www.expansion.com/opinion/2021/10/12/61649785e5fdea3d568b4603.html; https://www.economistjurist.es/articulos-juridicos-destacados/el-nuevo-proyecto-de-ley-concursal-suprime-de-facto-la-segunda-oportunidad-para-empresarios-y-autonomos/

los consumidores a los marcos de reestructuración. Más allá de esto, elimina la exigencia al consumidor de acudir a un procedimiento preconcursal como paso previo para optar al expediente de liberación de deuda, despejando el acceso al mismo.

3. La influencia de la "estructura del capital" en el Derecho preconcursal tras la Directiva (UE) 2019/1023

3.1. El socio como parte afectada por la reestructuración

Se ha mencionado que el legislador europeo parte de nociones y planteamientos propios del sector económico para el tratamiento armonizador de insolvencias y reestructuraciones. Es el caso de la locución o expresión *estructura de capital*. La misma se incorpora al ámbito jurídico español con motivo de la transposición. Por ello y para una correcta asunción de su influencia en la regulación del Derecho preconcursal, es preciso detenerse para su estudio y su relación con el valor de la empresa.

Antes de nada, se ha de aclarar que por *estructura de capital* no se está haciendo referencia a la estructura del capital social propio del Derecho de sociedades y mencionado en la Ley de Sociedades de Capital. Por el contrario, su contenido tradicional es de carácter patrimonial, desplegando efectos contables. La Directiva (UE) 2019/1023 realiza con esto un uso impropio del término económico para referirse a distintas realidades o conceptos de naturaleza jurídica. La consecuencia es la confusión en el tratamiento de nociones complejas y de gran relevancia, siendo conveniente plantearse una traducción más transparente como pueda ser la de *estructura del patrimonio* o *estructura patrimonial*. Si bien, como se verá más adelante, podría resultar más adecuado el de *estructura financiera*.

El concepto *estructura de capital*, de naturaleza económica o financiera e inclusión en el sector jurídico anglosajón[160] hace referencia a

---

160 En el Derecho anglosajón se encuentran influencias de la estructura de capital en el *Scheme of Arrangement* británico y el *Chapter 11* estadounidense. En ellos, la reestructuración se centra en la deuda financiera, dejando incólume la estructura operativa de la sociedad. Así lo expone en relación con el asunto de General Motors, THERY MARTÍ, A., "La Directiva de reestructuraciones..." ..., *op. cit.*, p.

la composición de los recursos financieros de la empresa en su conjunto. Particularmente, a la financiación a largo plazo (capital, deuda a largo plazo —bancos y bonistas— y patrimonio)[161]. Las teorías sobre la misma analizan la posible existencia de un equilibrio óptimo entre los recursos propios (como acciones o el patrimonio de la sociedad) y ajenos (deuda financiera) que componen la estructura financiera de la sociedad con el fin de alcanzar la maximización del valor de la empresa[162]. Relacionan así el valor de la sociedad con los distintos niveles de endeudamiento alcanzables y el acceso a la financiación. Desde la teoría tradicional e inicialmente estática en mercados perfectos, de Modigliani y Miller[163], se evoluciona a teorías de corte contemporáneo que analizan mercados imperfectos debido a los obstáculos que presenta el normal funcionamiento de mercados dinámicos; a saber, los impuestos, información asimétrica, costes de transacción, costes derivados del riesgo de crisis empresarial y los costes de agencia[164].

58, quien también destaca la oculta intención del denominado *concurso sintético* del artículo 36 del Reglamento Europeo de Insolvencias, de evitar la afectación de los acreedores operativos (locales).

161 THERY MARTÍ, A., "Los marcos de reestructuración preventiva en la propuesta de Directiva de 22 de noviembre de 2016 (y II)" ..., *op. cit.*, p. 9 de 34, recopila distintas acepciones de la literatura económica y marca distancia respecto del término *estructura financiera*. También lo define más recientemente en THERY MARTÍ, A., "Directiva de reestructuraciones, capitalización de créditos y gobierno corporativo", *Revista de Derecho concursal y paraconcursal: Anales de doctrina, praxis, jurisprudencia y legislación*, Nº 31, 2019, p. 57.

162 El equilibrio óptimo no implica el reparto de un 50-50% a uno y otra fuente de recursos. Dependiendo de las características de la empresa en cuestión, su estructura óptima exigirá porcentajes distintos de cada fuente de recursos, además, de que el comportamiento del empresario tenderá a optar por uno u otro.

163 Una vez y por todos, vid. MODIGLIANI, F. y MENTOR H., M., "The cost of capital corporation finance and the theory of investment", *The American Economic Review*, Vol. 68, Nº 3, p. 261 a 275.

164 Para una relación de los numerosos estudios, fuente de la creación de diferentes teorías sobre la composición de la estructura de capital y circunstancias que afectan a su rendimiento, como las teorías del *trade-off* de Bradley y Jarrell (1984), *pecking-order* de Myers y Majluf (1984) o *market-timing behavior* de Baker y Wurgler (2002), entre otros, se pueden consultar los trabajos de MEJÍA AMAYA, F., "La estructura de capital en la empresa..." ..., *op. cit.*, pp. 141 a 157 y OTERO GONZÁLEZ, l. A., FERNÁNDEZ LÓPEZ, S. y VIVEL BÚA, M., "La estructura de capital de la pyme: un análisis empírico", en Ayala Calvo, J. C. (coord.), *Conoci-*

El primero de los efectos derivados de la inclusión de este concepto en el ámbito jurídico surge con el análisis de la crisis societaria desde la perspectiva económico-pública tendente a la maximización del valor de la empresa y, consecuencia inmediata, a minimizar los costes por el riesgo de crisis que implique la extinción de las sociedades afectadas[165]. El legislador apuesta así por las vías conservativas en favor de la empresa en funcionamiento y el respeto al empleo[166]. Fenómeno denominado la "*institucionalización de las sociedades*"[167]. Con ello, se explican las medidas dirigidas a lograr la *reestructuración temprana* de la sociedad cuando esta todavía es viable y con la finalidad de evitar la insolvencia o salvarla de ella. Cuando esto no sea posible deberá optarse por la liquidación rápida de aquellas que no sean viables económicamente, esto es, cuando su valor de liquidación sea superior al valor de continuación[168]. La reestructuración irá dirigida a la reordenación de las relaciones a largo plazo y de la estructura de

---

miento, innovación y emprendedores: camino al futuro, Universidad de la Rioja, 2007, pp. 407 a 417.

165 En las teorías económicas se utiliza el término de quiebra, si bien, para el presente trabajo se trata como la crisis de empresas o sociedades para evitar conflictos con la terminología jurídico-mercantil.

166 La reestructuración sobre la liquidación gana relevancia en la práctica y en los estudios en tiempos de la crisis de 2007-2008, como la de RICHTER, T., "Reconciling the European Registered Capital Regime with a Modern Corporate Reorganization Law. Experience from the Czech Insolvency Law Reform", *Occasional Paper 1/2009. IES FSV., Charles University*, p. 2: "*In an environment in which buyers cannot raise funding quickly and cheaply, "traditional" non-liquidation proceedings (...) regain their importance in preserving the value of productive assets in times of crisis*". En ARRUÑADA, B., "Interpretación positiva del Derecho concursal español y propuestas para una reforma equilibrada", *Fedea Policy Papers*, 2021, pp. 22 y 23, se muestra crítico con la simplificación de esta idea puntualizando, conforme a la tendencia actual e intención de la Directiva, la necesaria liquidación rápida de empresas inviables procurando no "alargar su agonía", con los costes que ello acarrea (p. 23).

167 Ver, PULGAR EZQUERRA, J., "«Holdout accionarial», reestructuración forzosa..." ..., *op. cit.*, p. 44. Se han de tener en cuenta también las implicaciones de gobierno corporativo que más adelante se tratan.

168 Considerandos de la Directiva, apartados 2, 4, 24 y 30., También BERMEJO GUTIÉRREZ, N., "Los socios y el reparto del excedente..." ..., *op. cit.*, p. 201 y 205, quien explica cómo las asimetrías de la información impiden la venta de sociedades en crisis, por lo que la reestructuración haría las veces de venta virtual.

capital, funcionando como una suerte de *venta virtual* de la empresa a los acreedores[169].

Tanto de la definición contenida en el artículo 1 de la Directiva (UE) 2019/1023, como de la recogida expresamente en el artículo 614 de la Ley 16/2022, la reestructuración como reordenación de las relaciones, puede entenderse como aquellas modificaciones que abarquen la composición de las condiciones o de la estructura del activo y del pasivo del deudor o de sus fondos propios. Ello incluye las transmisiones de activos, unidades productivas o de la totalidad de la empresa, así como de cualquier cambio operativo necesario o una combinación de estos elementos.

Tal y como puede observarse, se va un paso más allá de la reorganización de los *receiverships* británicos, del instrumento de *reorganization* del sistema norteamericano o del mecanismo de *sauvegarde* francés[170]. Todos dejaban atrás la tradicional y simple refinanciación como única vía de salvamento de sociedades en dificultades económicas. Pero la tendencia actual parte de un punto de vista más amplio que permita superar también las dificultades financieras. Dicho objetivo se logrará abordando cambios estructurales en la sociedad, sin desechar el importante papel de la refinanciación, especialmente como una muestra de la relevante posición que los socios representan en ella[171]. En otras palabras, a través de la ejecución de operaciones societarias típicas como, por ejemplo, modificaciones estructurales.

---

169 Vid. BERMEJO GUTIÉRREZ, N., "Los socios y el reparto del excedente…" …, *op. cit.*, p. 205 define la venta virtual como "*una venta sobre el papel a los acreedores, que permite modificar la estructura de capital de la sociedad respetando el valor de sus derechos tal y como fueron negociados fuera de la insolvencia (valor ex ante)*". De forma similar trata los problemas de liquidez y las asimetrías de la información en relación con los problemas para la venta de empresas GARCIMARTÍN ALFÉREZ, F. J., "La Propuesta de Directiva europea sobre reestructuración y segunda oportunidad II", *Almacén de Derecho*, 3 de agosto de 2017, p. 3 de 22, quien destaca que la venta a los acreedores y no a terceros es la principal característica del *Chapter 11* norteamericano.

170 PULGAR EZQUERRA, J., "«Holdout accionarial», reestructuración forzosa…" …, *op. cit.*, p. 44.

171 El importante papel de los socios en la reestructuración por lo que se refiere a la refinanciación de la sociedad apalancada se hace patente con la reforma que con la Directiva (UE) 2019/1023 y la Ley 16/2022 se acomete sobre el régimen del dinero nuevo o *fresh money*, ampliando el ámbito de aplicación. Tanto por lo

Volviendo sobre el momento temprano en el que esto tendrá lugar, la consecuencia de lo anterior se adelanta en la vida de las sociedades el momento en que serán de aplicación las normas preconcursales para minimizar el coste por el riesgo de crisis que impida alcanzar la maximización del valor de la empresa. El ejemplo claro lo conforma la introducción del nuevo término *likelyhood of insolvency* o *probabilidad de insolvencia*[172]. La contrapartida de estas medidas es la intensificación del conflicto normativo entre Derecho societario y preconcursal, justificado por la prevalencia de *los objetivos sanatorios sobre aquellos que sustentan el Derecho de sociedades*[173]. De esta manera, la flexibilización de normas propias del Derecho de sociedades a través

---

que respecta a la nueva financiación, como la financiación provisional o interina y la protección frente a las acciones rescisorias y recalificación de los créditos, en caso de concurso posterior, de la financiación concedida por *insiders* o personas especialmente relacionadas.

172 En la terminología inglesa queda clara la intención de adelantar el momento en que deberán estar disponibles los marcos de reestructuración para los deudores mientras que, en la traducción al español de la Directiva, se optó por el término "insolvencia inminente". Esta opción ha sido criticada por la doctrina, ver FERNÁNDEZ PÉREZ, N., "La incidencia de la directiva (UE) 2019/1023, sobre marcos de reestructuración preventiva sobre los artículos 5 bis y 235 de la Ley Concursal", *Revista de Derecho concursal y paraconcursal: Anales de doctrina, praxis, jurisprudencia y legislación*, Nº 32, 2020, p. 4. No obstante, el Anteproyecto de Ley subsana esta cuestión introduciendo el término "probabilidad de insolvencia", para sumarlo a los ya existentes insolvencia inminente e insolvencia actual.

173 En esos términos se pronunciaba RECALDE CASTELLS, A., "Protección del socio con ocasión en los cambios de control en la sociedad deudora realizados en ejecución de acuerdos de refinanciación mediante conversión de créditos en capital", en Díaz Moreno, A. y José León Sanz, F., (dirs.), *Acuerdos de Refinanciación, Convenio y Reestructuración*, Thomson Aranzadi, Navarra, 2015, p. 293, al tratar el conflicto normativo a raíz de las reformas producidas en los años 2014 y 2015. Igualmente, "¿Desbanca el Derecho concursal al Derecho de sociedades? Disputas societarias, Debt-to-Equity-Swap y Take over", *Revista de Derecho concursal y paraconcursal*, Nº 22, 2015, p. 1. Más reciente, el profesor ROJO FERNÁNDEZ-RÍO, A. J., "La propuesta de directiva sobre reestructuración preventiva", *Anuario de Derecho concursal*, Nº 42, 2017, p. 2 de 9, advertía sobre la incidencia de la Directiva en el Derecho de sociedades. En el mismo sentido, PULGAR EZQUERRA, J., "«Holdout accionarial», reestructuración forzosa..." ..., *op. cit.*, p. 44; RICHTER, T., "Reconciling the European Registered Capital Regime..." ..., *op. cit.*, p 1. Sobre la independencia de la sociedad en relación con su subordinación a los fines de la economía nacional, ver GIRÓN TENA, J., *Derecho de Sociedades Anónimas... op. cit.*, p. 200.

del Derecho preconcursal se presenta como una solución para lo que se ha denominado *fallo de mercado*[174]. Más allá de esto, su incorporación al ordenamiento jurídico implica la exclusión de concepciones meramente contables propias de su uso económico para finalmente equiparar, ya con resultados en el espectro estrictamente jurídico, a los bancos, bonistas (deuda financiera o renta fija) y accionistas o socios (instrumentos de renta variable) en una única categoría de *inversores financieros a largo plazo*, esto es, de acreedores[175]. En el otro extremo quedan los acreedores operativos, conformando la dicotomía de la estructura de capital y la estructura operativa[176]. La ampliación

---

174 BERMEJO GUTIÉRREZ, N., "Los socios y el reparto del excedente…" …, *op. cit.*, p. 204, trata de fallo de mercado la resistencia que presentan las disposiciones societarias a los cambios de control "*a quienes más las valoran*" por medio de la reestructuración.

175 Un estudio sobre las diferencias existentes entre el concepto mercantil y económico de patrimonio y patrimonio neto, así como los conceptos que deben entenderse incluidos en el mismo o, por el contrario, en el pasivo, lo realiza MOYA BALLESTER, J., *La responsabilidad de los administradores de sociedades en situaciones de crisis*, La Ley, Madrid, 2010, pp. 96 a 100. Téngase presente que el concepto contable de patrimonio neto se tiene en cuenta a efectos de distribución de beneficios, reducción obligatoria de la cifra de capital social o disolución obligatoria por pérdidas de la sociedad. Por su parte, SQUIRE, R., *Corporate Bankruptcy and Financial Reorganization*, Aspen Publishing, United States, 2016, p. 3, sobre el carácter de inversores de socios y acreedores.

176 Por su parte, THERY MARTÍ, A., "La Directiva de reestructuraciones…" …, *op. cit.*, p. 58, habla de "*polarización entre la estructura de capital y la estructura operativa*". es cierto que, en un primer momento, la Directiva (UE) 2019/1023 parecía considerar únicamente a los acreedores financieros como sujetos susceptibles de quedar afectos a la reestructuración. Sin embargo, se ha visto que uno de los grandes reclamos es regular un adecuado Derecho de reestructuraciones para pymes, teniendo una característica predominancia en deuda operativa sobre la financiera, al menos por lo que respecta a las sociedades familiares, sin prescindir necesariamente de ninguna de ellas. Coherentemente con lo anterior y, como ya hiciera la legislación inspiradora norteamericana, la versión actual del texto europeo incluye a los acreedores comerciales como deuda afectada por la reestructuración. El considerando 28 de la Directiva (UE) 2019/1023 dice: "*Los Estados miembros deben poder ampliar el ámbito de aplicación de los marcos de reestructuración preventiva previstos en la presente Directiva a aquellas situaciones en las que el deudor se enfrente a deudas que no sean financieras, siempre que estas supongan una amenaza real y grave para la capacidad actual o futura del deudor de pagar sus deudas al vencimiento de este*". En relación con esa amenaza real y grave se ha mencionado que las sociedades de menor tamaño con gran probabilidad contarán con un porcentaje de deuda operativa, haciendo necesario que la reestructuración

de la deuda refinanciable abarca la totalidad de la *estructura financiera* de la sociedad al incluir la deuda a corto plazo[177]. Con todo, el deudor financiero se mantiene como el elemento esencial aun habiendo cabida para el conocido *cherry picking*[178], permitiendo seleccionar únicamente el perímetro de deuda necesaria[179]. Ajustándose a estas previsiones, la Ley 16/2022 elimina la referencia que la antigua Ley Concursal realizaba a los acreedores financieros. Expresamente hace mención al *perímetro de afectación*, definiéndolo como los créditos afectados por la reestructuración y su valoración, esto es, "*aquellos que, de conformidad con el plan, vayan a sufrir una modificación de sus términos o condiciones, con independencia de que además se altere su valor real*"[180]. Queda atrás el debate sostenido en el Derecho español sobre

---

se centre en esta. Sobre la posición norteamericana, WARREN, E., *Chapter 11: Reorganizing American Businesses*, Aspen Publishers, New York, EEUU, 2008, pp. 5 y 6.

177 A favor de esta inclusión, por la que se modifica los arts. 606 y 607 TRLC (2020), puede mencionarse a PULGAR EZQUERRA, J., "«Holdout accionarial», reestructuración forzosa..." ..., *op. cit.*, p. 45 o a THERY MARTÍ, A., "La encrucijada en la armonización..." ..., *op. cit.*, p. 34, donde destaca el menosprecio sufrido por la reestructuración operativa, recordando el incentivo que puede suponer la regulación del dinero nuevo y quien, sin embargo, mostraba reticencias a su inclusión ante el riesgo de resultar contraproducente por afectar al negocio y estigmatizar la reestructuración, desnaturalizando la DA 4ª LC, además de abrir la puerta a liquidaciones encubiertas en THERY MARTÍ, A., "Los marcos de reestructuración preventiva en la propuesta de Directiva de 22 de noviembre de 2016 (y II)" ..., *op. cit.*, p. 10 de 34 y THERY MARTÍ, A., "Los marcos de reestructuración en la propuesta de Directiva de la Comisión Europea de 22 de noviembre de 2016 (I)" ..., *op. cit.*, p. 18 de 44. LARYEA, T., "Approaches to Corporate Debt Restructuring in the Wake of Financial Crises", *IMF Staff Position Notes*, Nº 2, 2010, p. 7. Sobre las luces y sombras de esta decisión, ver PULGAR EZQUERRA, J., *Preconcursalidad y reestructuración...*, *op. cit.*, p. 181.

178 PULGAR EZQUERRA, J., "La propuesta de Directiva sobre reestructuración..." ..., *op. cit.*, p. 8 de 20.

179 THERY MARTÍ, A., "Los marcos de reestructuración preventiva en la propuesta de Directiva de 22 de noviembre de 2016 (y II)" ..., *op. cit.*, p. 11 de 34.

180 El art. 616.1. TRLC define los créditos afectados como aquellos que "*sufran una modificación de la fecha de vencimiento, la modificación del principal o los intereses, la conversión en crédito participativo o subordinado, acciones o participaciones sociales, o en cualquier otro instrumento de características o rango distintos de aquellos que tuviese el crédito originario, la modificación e extinción de las garantías personales o reales, que garanticen el crédito, el cambio en la persona del deudor o la modificación de la ley aplicable al crédito*". Abarca también así a los créditos contingentes y sometidos

la necesidad de que concurran una pluralidad de acreedores para conformar el presupuesto subjetivo[181]. Habida cuenta de las mayorías de votación de las clases de acreedores que el artículo 639.2º. del actual Texto Refundido de la Ley Concursal exige, es posible descartar una actual exigencia de una pluralidad de acreedores, como ya ocurriese en la derogada Ley Concursal[182].

Todos ellos, junto a los socios, conformarán el perímetro de la deuda refinanciable —o reestructurable—. Destinada a vincular a la estructura de capital, la Directiva de reestructuraciones incluirá inevitablemente a los socios como parte afectada en sus procesos de reestructuración temprana[183]. El texto europeo en su definición de

---

a condición, así como los créditos por repetición, subrogación o regreso en las mismas condiciones que el principal, si así se establece expresamente en el plan. THOMAS PUIG, P. M., "El Anteproyecto de Ley de 21 de julio de 2021…" …, *op. cit.*, p. 7. Sin embargo, de forma también manifiesta excluye del principio de universalidad del pasivo objeto de afectación a los créditos laborales distintos del personal de alta dirección, alimenticios fruto de relaciones familiares, los derivados de daños extracontractuales, los créditos futuros de contratos derivados que se mantengan en vigor y el crédito público. La exclusión del crédito público, ha sido objeto de un gran debate. En particular, critica duramente su regulación para el deudor de reducidas dimensiones por la gran dificultad que ello presenta para su efectiva recuperación —concretamente, el procedimiento especial para microempresas del Libro III—, GALLEGO SÁNCHEZ, E., "Retos y propuestas sobre planes de reestructuración…" …, *op. cit.*, y THOMAS PUIG, P. M., "El Anteproyecto de Ley de 21 de julio de 2021…" …, *op. cit.*, p. 8.

181 Sobre la extensión legal, doctrinal y jurisprudencial del asunto se puede consultar RONCERO SÁNCHEZ, A., "Artículo 1…" …, *op. cit.*, pp. 77 y 78; FERNÁNDEZ PEÑAFLOR, E., "Artículo 597…" …, *op. cit.* p. 1513; y MOYA BALLESTER, J., *La responsabilidad de los administradores…*, *op. cit.*, pp. 117 y 118.

182 En realidad, aceptados los acuerdos de refinanciación singulares por el artículo 604 TRLC (2020), no se apreciaba la necesidad de una pluralidad de acreedores para iniciar las negociaciones o formalizar un acuerdo para refinanciar o reestructurar la deuda. La relevancia ineludible de perfilar el perímetro de la deuda refinanciable conecta con la determinación de los acreedores que podrán renegociar o reestructurar la deuda y, en un momento posterior, para la formación de clases de acreedores como del cómputo de mayorías para la aprobación del plan de reestructuración y su posterior homologación. Vid. PULGAR EZQUERRA, J., *Preconcursalidad y reestructuración…*, *op. cit.*, p. 180.

183 Vid. THERY MARTÍ, A., "La Directiva de reestructuraciones…" …, *op. cit.*, p. 58. Sobre el cambio en la estructura de capital, RICHTER, T., "Reconciling the European Registered Capital Regime…" …, *op. cit.*, p. 1, menciona que la insolvencia "*changes the capital structure of a corporation dramatically: shareholders' equity is*

parte afectada por el plan hace referencia expresa a los tenedores de participaciones y reconoce que sus intereses se ven directamente afectados por las medidas de reestructuración. Es cierto que difícilmente los socios no se verán al menos indirectamente afectados por la reestructuración. Pero no es menos cierto que es la primera vez que tanto el legislador europeo, como el español, los incluyen como parte directamente afectada en sus derechos por las medidas de reestructuración previstas. Este escenario es de máxima novedad para el ordenamiento español puesto que, si bien la disposición adicional 4ª de la Ley Concursal coincidía en afectar a los acreedores financieros, no estaba prevista la inclusión por defecto de los socios entre los acreedores afectados[184]. El concepto mismo de reestructuración en coordinación con el artículo 649 del Texto Refundido de la Ley Concursal, por el que se reconoce la extensión de sus efectos frente a los socios de la persona jurídica deudora que no hubieran aprobado el plan dan prueba de ello. El motivo radica en los conocidos costes de agencia, ganando especial relevancia los referidos a conflictos entre propiedad y control de las sociedades[185], pero también los conflictos entre socios y acreedores. Dado que la perspectiva económica concluye la necesidad de tener en cuenta a los distintos interesados o *stakeholders*[186], colisionan las tensiones propias entre socios y acreedores, socios mayoritarios y minoritarios, e incluso, socios, directivos o administradores e inversionistas (propiedad vs. gestión)[187], así como

---

wiped out and the residual interest "moves" to creditors, who stand ahead of shareholders in the queue for the company's assets". Sobre la inevitable afectación de los socios en las reestructuraciones ver también RECALDE CASTELLS, A., "Protección del socio con ocasión en los cambios de control..." ..., *op. cit.*, p. 292 y "La tutela de los socios frente a los planes de reestructuración preventiva de su sociedad. Hacia un derecho societario preconcursal", *La Ley Mercantil*, Nº 88, 2022. Versión digital, p. 6.

184 Vid. THERY MARTÍ, A., "Los marcos de reestructuración preventiva en la propuesta de Directiva de 22 de noviembre de 2016 (y II)" ..., *op. cit.*, p. 10 de 34.

185 Vid. MEJÍA AMAYA, F., "La estructura de capital en la empresa..." ..., *op. cit.*, p. 149.

186 En este sentido, el art. 19 de la Directiva (UE) 2019/1023, en relación con el contenido de los considerandos 70 y 71.

187 Vid. PULGAR EZQUERRA, J., "«Holdout accionarial», reestructuración forzosa..." ..., *op. cit.*, pp. 46 y 47; MEJÍA AMAYA, F., "La estructura de capital en la empresa..." ..., *op. cit.*, pp. 149 y 150; MEYERS, S. C., "En busca de la estructura..." ..., *op. cit.*, pp. 39 a 45; MENÉNDEZ ALONSO, E. J., "La influencia de la

trabajadores y otros interesados. Las mismas dificultan el acceso a la financiación debido a los costes de agencia que generan, la pérdida de confianza y las dificultades en la toma de decisiones. Menoscaban, en definitiva, el valor de la empresa y sus posibilidades de recuperación.

Ante estas situaciones, la Directiva (UE) 2019/1023 va un paso más allá y prevé que a los socios, en tanto que acreedores, puedan serles de aplicación las medidas de reestructuración por las que quedan afectados incluso en contra de su voluntad y en un momento temprano para que no puedan impedir la reestructuración en favor de la viabilidad de la empresa. El considerando 96 de la Directiva (UE) 2019/1023[188] reclama con esta finalidad medidas que minimicen los *costes de agencia* o, de otro modo, solucionen las tensiones conflictivas susceptibles de impedir esa maximización del valor de la empresa a través de los planes de reestructuración[189]. Además, al contrario de como ocurre con la liquidación concursal, el reparto de valor resultante de la reestructuración entre los dos grandes grupos de inversores genera dos importantes tensiones[190]. La primera es el riesgo de oportunismo por los socios. Mientras, el segundo y, el que ocupa un lugar central en el presente trabajo, es el riesgo de expropiación por los acreedores.

Los intentos por reducir el primero de los riesgos se traducen en importantes modificaciones del Derecho de sociedades. A efectos ejemplificativos cabe mencionar la rebaja de las mayorías necesarias

---

regulación sobre la estructura de capital de las empresas", *Boletín económico de ICE*, Nº 2632, 1999, p. 34.

188 El apartado establece que "*la eficacia del proceso de adopción y ejecución del plan de reestructuración no debe verse comprometida por el Derecho de sociedades. Por tanto, los Estados miembros deben poder establecer excepciones a los requisitos establecidos en la Directiva (UE) 2017/1132 del Parlamento Europeo y del Consejo (…) y también deben poder establecer excepcione similares por lo que respecta a la Directiva (UE) 2017/1132*".

189 Vid. PULGAR EZQUERRA, J., "«Holdout accionarial», reestructuración forzosa…" …, *op. cit.*, pp. 46 y 47, sobre la variada tipología que pueden presentar los costes de agencia, desde los abusos de la mayoría (art. 204.1.2º LSC), hasta las conductas obstruccionistas causadas por abuso de minorías.

190 Sobre los problemas que genera el reparto del valor resultante de la reestructuración, en su propósito de maximizar el valor de la empresa, ver BERMEJO GUTIÉRREZ, N., "Los socios y el reparto del excedente…" …, *op. cit.*, pp. 201 a 232.

para alcanzar determinados acuerdos por medio de la junta de socios para la ejecución de planes de reestructuración o, incluso, la supresión del derecho de voto[191]. El objetivo es evitar la adopción de *decisiones subóptimas* (en términos económicos) acordadas por la junta general, como la negativa a ejecutar o alcanzar un plan de reestructuración que pueda implicar la dilución de la posición de los socios en la sociedad a costa de los intereses de acreedores y terceros operadores, como podría darse en supuestos de capitalización de créditos.

La posición que ocupan los acreedores financieros externos a la sociedad respecto de la estructura de capital, en relación con su inversión o el riesgo a largo plazo asumido, justificaría la adopción de dichas medidas en contra de la voluntad de los socios[192]. Ello facilita el éxito de un plan de reestructuración que conlleve la entrada en el capital social de acreedores externos fortaleciendo así la posición de control que, de acuerdo con la teoría de la estructura de capital ya ostentan en la sociedad[193].

En última instancia, el fenómeno al que se enfrenta el Ordenamiento es el de la conversión del socio en un acreedor residual frente a la sociedad en situaciones de crisis o cercanas a la misma[194]. Los

---

191 Artículos 9.2. y 9.3.a). de la Directiva (UE) 2019/1023.

192 PULGAR EZQUERRA, J., "«Holdout accionarial», reestructuración forzosa..." ..., *op. cit.*, p. 47; THERY MARTÍ, A., "La Directiva de reestructuraciones..." ..., *op. cit.*, p. 58; y RICHTER, T., "Reconciling the European Registered Capital Regime..." ..., *op. cit.*, p. 1.

193 Este fenómeno ha sido denominado la "permeabilidad de la estructura de capital" por THERY MARTÍ, A., "La Directiva de reestructuraciones..." ..., *op. cit.*, pp. 58 y 59.

194 La teoría por la cual se considera al socio como un acreedor residual en situaciones de crisis es pacífica en la doctrina nacional, como muestran, a modo de ejemplo, autores como PULGAR EZQUERRA, J., "«Holdout accionarial», reestructuración forzosa..." ..., *op. cit.*, pp. 47, 53 y 54; GARCIMARTÍN ALFÉREZ, F. J., "La Propuesta de Directiva europea sobre reestructuraciones y segunda oportunidad: el arrastre de acreedores disidentes y la llamada "regla de prioridad absoluta"", *Anuario de Derecho concursal*, Nº 43, 2018, p. 16 de 22; BERMEJO GUTIÉRREZ, N., "Los socios y el reparto del excedente..." ..., *op. cit.*, p. 207. Igualmente, en la doctrina comparada, pueden encontrarse otras referencias al socio como acreedor residual en EIDENMÜLLER, H., "Contracting for an European Insolvency" ..., *op. cit.*, p. 8; FERRI Jr., G., "Il ruolo dei soci nella ristrutturazione finanziaria dell'impresa alla luce di una recente proposta di direttiva europea", en León Sanz, F. J. Y Rodríguez Sánchez, S., (dirs.), y Puy

acreedores financieros externos disfrutarían de un derecho en la sociedad resultante de la reestructuración equivalente al valor *ex ante* de la sociedad, esto es, siempre y cuando se encuentren "*in-the-money*" —que el valor del crédito esté cubierto por la sociedad. Se trata de un derecho a apropiarse del valor de la sociedad hasta el límite del valor de sus créditos—. Por el contrario, con frecuencia los socios, si bien disponen de un derecho sobre todo valor que genere la sociedad pueden quedar "*out-of-the-money*". Cuando la situación de dificultad sea grave, como ocurre en una insolvencia actual, el valor de sus derechos de crédito frente a la sociedad (cuota de liquidación) no quedará cubierto por el de la sociedad dado que el valor restante tras satisfacer al resto de acreedores preferentes será cero. La lógica económica que considera de esta forma al socio como un acreedor residual, encuentra amparo jurídico en el artículo 391.2. Ley de Sociedades de Capital, representativo de la separación patrimonial perfecta de las sociedades de capital[195].

Queda siempre a su disposición, no obstante lo anterior, el derecho a hacerse con el valor de la sociedad, toda vez que satisfagan los créditos de los acreedores preferentes. Es lo que se conoce como los derechos de opción. Mediante la aplicación de la teoría de la estructura de capital y la lógica económica mencionada en situaciones cercanas a la crisis la norma preconcursal que irrumpe en el desarrollo de las sociedades provoca la cristalización de los derechos de opción del socio[196]. Se adelanta con ello el momento en el que, de entenderse que en la sociedad no existen recursos para cubrir

---

Fernández, G., (coord.), *Cuestiones actuales de Derecho Mercantil. La reforma europea del Derecho de sociedades y del Derecho concursal*, Marcial Pons, Madrid, 2018, p. 132.

195 BERMEJO GUTIÉRREZ, N., "Los socios y el reparto del excedente…" …, *op. cit.*, p. 206.

196 GARCIMARTÍN ALFÉREZ, F. J., "La probabilidad de insolvencia", *Almacén de Derecho*, 9 de junio de 2021, pp. 1 a 4. Según el autor, un plan de reestructuración conforme a la Directiva (UE) 2019/1023 puede producir el vencimiento anticipado de los derechos de opción o *calls* que tienen los socios como acreedores residuales. Citando el estudio de origen de BLACK, F. y SCHOLES, M., "The Pricing of Options…" …, *op. cit.*, p. 637, al que el autor hace referencia, un derecho de opción "*Una opción es un valor que da derecho a comprar o vender un activo, sujeto a ciertas condiciones, en un periodo de tiempo determinado*". Aplicado a las sociedades y de acuerdo con el Profesor GARCIMARTÍN (p. 2), "*Los accionistas, como acreedores residuales, son los titulares del último derecho de opción: 'pueden quedarse*

los créditos existentes, el valor resultante en la sociedad reestructurada a disposición del socio —como acreedor residual— será cero, pudiendo en ese mismo momento retener el valor de la sociedad si satisface por su cuenta los créditos del resto de los acreedores —de mayor rango. En caso contrario, sus derechos quedarán gravemente afectados, pudiendo diluir su posición e incluso llegando a su expulsión. Será esencial para ello que el procedimiento diseñado para la reestructuración temprana permita al socio negociar el ejercicio de sus derechos de opción.

Puede apreciarse con estas medidas una, al menos aparente, inclinación de la balanza desde un sistema más proteccionista con el deudor, hacia el salvamento de sociedades viables a costa de su sacrificio en un momento temprano[197]. Ante el segundo de los riesgos que en este punto se afronta, el de la expropiación por parte de los acreedores, resulta imprescindible la constitución de garantías que equilibren los intereses y tensiones contrapuestas. La posición del socio y los derechos y facultades comprendidos en el mismo serán analizados desde esta nueva perspectiva, como acreedor residual, pudiendo verse los mismos afectados por la reestructuración. En este escenario se presenta el objetivo de comprender la dirección tomada por los legisladores europeo y nacional, junto con el alcance de los sacrificios sufridos por el camino.

3.2. Implicaciones de gobierno corporativo en la posición del socio

Al hablar de socios y reestructuración de sociedades se ha de tener presente la función que desarrolla el gobierno corporativo en la resolución de los problemas de agencia para la maximización del valor de empresa. Se le encomienda, entre otras cosas, la resolución de los conflictos de intereses surgidos en la gestión de sociedades, cuya

con la compañía' pagando todas sus deudas". También BERMEJO GUTIÉRREZ, N., "Los socios y el reparto del excedente..." ..., *op. cit.*, p. 206.

197 Sobre el carácter proteccionista del socio del sistema jurídico español y la comparativa con otros ordenamientos jurídicos se pronuncia ARRUÑADA, B., "Interpretación positiva del Derecho..." ..., *op. cit.*, p. 18, quien se muestra crítico con el sistema español por considerar que favorece las *empresas zombies* (p. 19).

casuística varía según se trate de sociedades cotizadas o no, grandes, pequeñas, sociedades de responsabilidad limitada o sociedades anónimas y que se agrava en situaciones de dificultades financieras[198]. En última instancia, ha de buscar evitar que dichos conflictos provoquen la insolvencia de sociedades económicamente viables.

Su visión se centra en la implicación a largo plazo de los socios en la sociedad, frente a su habitual absentismo en la gestión[199] y a

---

198 EIDENMÜLLER, H., "Comparative corporate insolvency law", *European Corporate Institute*, working paper Nº 319, 2016, p. 15 destaca el agravamiento de las tensiones derivadas de los conflictos de agencia y la adición de nuevos sujetos.

199 El "absentismo accionarial", también denominado "apatía accionarial", es más propio de sociedades con un capital disperso, lo que acontece en economías como la estadounidense, al contrario de otras como Europa o España, concretamente. Sin embargo, esto no ha obstado para que, superadas las teorías que abogaban por la eliminación de la junta general tras su declive, se sucedan los estudios doctrinales sobre la reactivación del papel de la junta y el activismo accionarial. Desde el Informe Winter II de 2002, "*Report of the High Level Group of Company Law Experts on a Modern Regulatory Framework for Company Law in Europe*", que incide en el incremento de los derechos de los accionistas; pasando por el Código Unificado de Buen Gobierno Corporativo (CUBG) del año 2003, entre cuyas recomendaciones se incluye la de la aprobación o ratificación por los socios de determinadas operaciones societarias con independencia de su reconocimiento legal y, en general, una mayor implicación de la junta, y los sucesivos publicados por la CNMV hasta el CUBG de junio de 2020, pasando por la fallida Propuesta de Código de Sociedades Mercantiles, los cuales tuvieron influencia en diversas reformas dedicadas a simplificar la participación de los accionistas en los años 2002 a 2009, hasta, finalmente, la entrada en vigor de la Ley 5/2021, de 12 de abril, por la que se modifica el texto refundido de la Ley de Sociedades de Capital, aprobado por el Real Decreto Legislativo 1/2010, de 2 de julio, y otras normas financieras, en lo que respecta al fomento de la implicación a largo plazo de los accionistas en las sociedades cotizadas. («BOE» núm. 88, de 13 de abril de 2021 «BOE-A-2021-5773»), por la que se transponía el resultado de la tendencia europea (las reformas pueden encontrarse en Alemania, con la KonTraG de 1998, la TransPuG de 2002, o la Ley de 2005, para la integridad de la empresa y la modernización del derecho de impugnación, así como los códigos de buen gobierno en Italia o el Decreto Legislativo 6/2003): la Directiva (UE) 2017/828 del Parlamento Europeo y del Consejo, de 17 de mayo de 2017, por la que se modifica la Directiva 2007/36/CE en lo que respeta al fomento de la implicación a largo plazo de los accionistas (DO L 132, de 20.5.2017). Sobre todas estas cuestiones, si bien previo a la entrada en vigor de la Ley 5/2021, puede consultarse, PÉREZ CARRILLO, E. F., "Simplificación en la organización y funcionamiento de los órganos sociales: junta general de socios y consejo de administración", en Hierro Anibarro, S., *Simplificar el Derecho de sociedades*,

las *inadecuadas* prácticas de gobierno mediante lo que se denomina "*activismo accionarial*". Idea que, de un lado, puede encontrar contradicciones con la opción presentada por la Directiva (UE) 2019/1023 de excluir el derecho de voto de los socios en los procedimientos de reestructuración y que, de otro lado, converge con la implicación de la estructura de capital en los procedimientos de reestructuración[200]. Si bien este planteamiento de implicación de los accionistas no es nuevo, con la vinculación de la estructura de capital y particularmente respecto de aquellas sociedades no cotizadas, es la primera vez que se hace referencia expresa por medio de la vinculación del socio (de la estructura de capital) en la reestructuración[201].

Marcial Pons, Madrid, 2010, pp. 357 a 361. En el Derecho comparado, la lectura clásica sobre la toma de decisiones en las sociedades, EISENBERG, M.A., *The structure of corporation. A legal analyses*, Little Brown & Co., Boston, Toronto, 1976. La extensión de las normas de gobierno corporativo a las sociedades no cotizadas, tampoco es nueva. Si bien no existe un Código de Buen Gobierno para sociedades no cotizadas, desde el Green Paper de la CE, que se planteaba esta posibilidad, pasando por diversas iniciativas públicas y privadas de elaborar códigos de buen gobierno, hasta la creación por el Ministerio de Economía y Competitividad en el año 2013, de una "Comisión de Expertos en Materia de Gobierno Corporativo", se suceden los estudios para su adaptación a sociedades no cotizadas.

200 En el mismo sentido PULGAR EZQUERRA, J., "Gobierno corporativo, sociedades cotizadas y proximidad..." ..., *op. cit.*, p. 8, destacaba que, si bien no es la primera vez que la Comisión Europea fomenta el "activismo accionarial", por medio de la Directiva de reestructuraciones conecta lo por primera vez a la reestructuración de sociedades en situaciones cercanas a la crisis. Similarmente, en relación con la revitalización del papel de la junta por medio de la Ley 31/2014, GALLEGO CÓRCOLES, A., La capitalización de créditos..., *op. cit.*, p. 135.

201 Si bien la tendencia que se ha visto es la de fomentar la participación del socio (o, al menos, del accionista), la Directiva (UE) 2019/1023, por un lado, baraja la posibilidad en situaciones de *financial distress* de excluir el derecho de voto de los socios (incluidas, por tanto, las sociedades no cotizadas) introduciendo excepciones a las normas societarias, lo que parece directamente contrario a esta tendencia, tanto en sociedades cotizadas como para las no cotizadas. Sin embargo, vincula directamente a la estructura del capital y, con ello, a los socios, lo cual se produce en el ámbito de la preinsolvencia por primera vez de forma expresa. Al mismo tiempo, prevé la aplicación de instrumentos de reestructuración forzosa sobre los socios. La Ley 16/2022, como se verá, se decanta por mantener el derecho de voto del socio, si bien, únicamente parece que existe una opción correcta posible, anulando la postura acordada contraria a esta me-

La implicación de los socios en la gestión de las sociedades de capital y los cambios de control[202] que acontecen en ellas, bien sea en favor del órgano de gestión, bien de los socios institucionales e incluso de los acreedores por la vía contractual o mediante la capitalización de deuda, gana una especial relevancia en situaciones cercanas a la crisis que plantea la Directiva (UE) 2019/1023. Lo mismo ocurre debido a la posible responsabilidad derivada de la gestión de sociedades y el reparto de competencias, véase, en asuntos controvertidos como el reparto de dividendos previo a la reestructuración o a la adopción de medidas que requieren aprobación por la junta conforme a la normativa de sociedades, entre otras, en un contexto en que se deberá tener en cuenta no sólo el interés de la sociedad o el interés de los socios, sino el de otros interesados o *stakeholders*. La incorporación de otros interesados en el equilibrio de intereses a considerar en situaciones cercanas a la insolvencia es una de las premisas de la Directiva (UE) 2019/1023, aun cuando también se ha considerado dentro de los objetivos del gobierno corporativo. Ejemplo de ello es el informe "*Insolvency and Corporate Governance*", de 20 de marzo de 2016 y el resultado de su consulta pública emitido por el *Department for Business, Energy & Industrial Strategy* del Gobierno de Reino Unido mediante un documento de 26 de agosto de 2018[203]. El resultado que arrojan ambos documentos es el de la conveniencia de reforzar el gobierno corporativo en situaciones próximas a la insolvencia mediante la promoción del activismo accionarial y la responsabilidad de los socios en la gestión de sociedades cercanas a la insolvencia para la tutela de los acreedores. Especialmente por lo que respecta a la capacidad y formas de reacción de los socios frente a los signos de crisis empresariales. Es en este punto, donde conver-

---

diante el instrumento de reestructuración forzosa aplicable a todas las categorías.

202 Este fenómeno ha sido denominado en alguna ocasión como "*«desgobierno» corporativo*", por VIERA GONZÁLEZ, J., "Gobierno corporativo de sociedades no cotizadas..." ..., *op. cit.*, p. 866.

203 Ver SÁNCHEZ-CALERO GUILARTE, J., "La propuesta del Gobierno del Reino Unido para la reforma del gobierno corporativo", disponible en http://jsanchezcalero.com/la-propuesta-del-gobierno-del-reino-unido-la-reforma-del-gobierno-corporativo/ y PULGAR EZQUERRA, J., "Gobierno corporativo, sociedades cotizadas y proximidad..." ..., *op. cit.*, pp. 4 y 10.

gen el Derecho preconcursal y las normas de gobierno corporativo en lo que se ha denominado como *insolvency governance*[204] o gobierno de la insolvencia[205]. Siguiendo una concepción amplia del gobierno corporativo es cierto que las reformas necesarias en el Derecho societario van dirigidas a facilitar los cambios de control necesarios para la supervivencia de empresas económicamente viables para lo que resulta imprescindible la reducción de los costes de agencia. Unos costes que, de acuerdo con la tendencia actual, de corte económico, excede de los conflictos intrasocietarios típicos, para incluir también a los acreedores y resto de interesados. Dado que estos no forman parte de la estructura de la empresa, sería necesario acudir a otras áreas jurídicas, pareciendo la más adecuada el Derecho concursal o preconcursal.

En relación con lo anterior, la implicación del capital conecta en última instancia con la posibilidad de exigir responsabilidad a los socios por el incumplimiento de los deberes fiduciarios[206]. El legislador

204 El término utilizado tiene en consideración los aspectos de gobierno corporativo implicados en la toma de decisiones sobre las medidas más adecuadas para solventar las dificultades financieras y la relación triangular que surge entre los socios de la sociedad deudora, los administradores de la sociedad y los acreedores. Un trabajo de referencia al respecto es el de EIDENMÜLLER, H., "Comparative corporate insolvency law" ... *op. cit.*, pp. 2 y 14, quien destaca que, si bien el término puede parecer nuevo, este incluye los términos de Derecho societario y Derecho de la insolvencia, cuya interrelación lleva décadas reconocida por la doctrina y lo define como un "*corporate governance under financial distress*". Sobre la materia, cabe mencionar también a SKEEL, D. A., "Rediscovering Corporate Governance in Bankruptcy", *ECGI Working Paper Series in Law*, Nº 307, 2016, pp. 1021 a 1034. En la doctrina nacional cabe destacar a PULGAR EZQUERRA, J., "«Holdout accionarial», reestructuración forzosa..." ..., *op. cit.*, p. 45.

205 En este sentido, PULGAR EZQUERRA, J., "Gobierno corporativo, sociedades cotizadas y proximidad..." ..., *op. cit.*, p. 4, partidaria de acometer las reformas necesarias desde el área del gobierno corporativo atendiendo a una concepción amplia del mismo frente a una estricta. No es menos cierto, igualmente, que existen en Derecho societario mecanismos de tutela de los acreedores y, en definitiva, de un interés general que han de ser sumados la tendente institucionalización del interés social en materia de gestión de la compañía.

206 Al margen de su tratamiento más adelante, sobre este particular ver los apuntes que realizan PULGAR EZQUERRA, J., "Gobierno corporativo, sociedades cotizadas y proximidad..." ..., *op. cit.*, p. 29; GARCIMARTÍN ALFÉREZ, F. J., "De nuevo sobre los deberes fiduciarios..." ..., *op. cit.*; VIERA GONZÁLEZ, J.,

español ya previó esta posibilidad en el derogado artículo 700 del Texto Refundido de la Ley Concursal (2020). Sin embargo, la práctica ha probado su escaso uso. Por ello, el régimen anterior se sustituye en la actualidad por una reestructuración forzosa que pueda afectar también a los socios, facilitando el cambio de control sin su consentimiento. Esta medida gravosa funciona como incentivo negativo para una negociación temprana por parte del deudor y exige que se establezcan determinadas garantías. Por ejemplo, el control de unos presupuestos justificativos suficientes y un adecuado sistema de recursos. El deudor parece quedar obligado a participar en la reestructuración que, llegado el momento, podrá llegar a ser forzosa si no se opta por las medidas necesarias para el salvamento de una sociedad viable. Esto último medido por un interés de la sociedad indeterminado donde se deberá incluir a otros interesados en situaciones cercanas a la insolvencia[207].

Pero todo ello no justifica la completa exclusión del socio de la negociación y aprobación de un plan de reestructuración. El acuerdo entre socios y acreedores en la reestructuración no sólo es deseable, sino que se ha probado empíricamente en la experimentada práctica estadounidense como la más numerosa[208]. Igualmente, un sistema en el que se retira cualquier opción del socio por la defensa de sus intereses favorecerá indeseablemente conductas obstruccionistas por su parte. Por ello, se ha de calificar como positiva la implicación del socio en la reestructuración, especialmente su información e intervención en la negociación (y posterior votación) de un acuerdo que

---

"Gobierno corporativo de sociedades no cotizadas..." ..., *op. cit.*, pp. 847 y 848; KERN, J. H., *Die Bedeuttung der gesellschaftsrechtlichen Treupflicht im Insolvenzplanverfahren. Retrospektive auf die Suhrkamp-Insolvenz*, Duncker &Humblot Berlín, 2017, p. 137. Sobre el deber de fidelidad del socio en la doctrina clásica puede consultarse GIRÓN TENA, J., *Apuntes de Derecho Mercantil. La empresa I*, Universidad Complutense. Facultad de Derecho, Madrid, p. 131; y GIRÓN TENA, J., *Derecho de Sociedades Anónimas... op. cit.*, p. 198.

207 EIDENMÜLLER, H., "Comparative corporate insolvency law" ... *op. cit.*, p. 14, recuerda que el gobierno corporativo ya tiene en cuenta a los acreedores en cierta medida, por ejemplo, a través de las normas asociadas a la tutela del capital legal.

208 BONBRIGHT, J. C., y MILTON M. B., "Two Rival Theories of Priority Rights of Security Holders in a Corporate Reorganization", *Columbia Law Review*, Vol. 28, Nº 2, 1928, pp. 127 a 165.

permita una solución satisfactoria para las partes implicadas. Ello, en el marco de un proceso acelerado que permita, en caso de dilación reducir los costes temporales y económicos asociados a una potencial negociación infructuosa y que finaliza, en el supuesto extremo en un arrastre forzoso de los socios.

4. *Sujetos excluidos de la reestructuración*

Tradicionalmente, en el sistema español se ha entendido que la persona natural no empresario tenía acceso a los instrumentos preconcursales[209], así como a la exoneración de deuda[210]. Ello, a pesar de las disfuncionalidades susceptibles de ser causadas por el requisito de presentar un plan de viabilidad[211] para acceder a los acuerdos de refinanciación y a la limitación referida a que la valoración inicial del pasivo sea inferior a cinco millones de euros, para los acuerdos extrajudiciales de pago[212]. Una interpretación teleológica, en contraposición a otra formalista (que pudiera aparentar una puerta trasera para la exclusión de estos sujetos), permite entender que las personas naturales no empresarios pueden acceder a ambos instrumentos

---

209 Para los acuerdos de refinanciación bastaba la lectura conjunta de los arts. 1, 71 bis y Disposición adicional cuarta de la LC. Sin embargo, el reconocimiento expreso para los acuerdos extrajudiciales de pago no se concretó hasta la alabada modificación implantada por el Real Decreto-ley 1/2015. Un tratamiento más extenso de estas posiciones se encuentra en RAMOS CALVO, Mª D., *Régimen jurídico de la mediación concursal… op. cit.*, p. 83.

210 El beneficio de la exoneración del pasivo insatisfecho se regula en el Capítulo II, del Título Xi, del Libro I del TRLC, introducido por el Real Decreto-ley 1/2015, de 27 de febrero, de mecanismo de segunda oportunidad, reducción de carga financiera y otras medidas de orden social, «BOE-A-2015-2109» (en adelante, Real Decreto-ley 1/2015). Ampliamente, sobre el tratamiento que se dio a través del sobreendeudamiento hipotecario a la persona física, ver PULGAR EZQUERRA, J., "El sobreendeudamiento de la persona física", *Anales de la Academia Matritense del Notariado*, Nº 53, 2013, pp. 383 a 423.

211 Arts. 598.1. 1º y 604.1. 1º TRLC (2020), tanto para los acuerdos de refinanciación colectivos, como singulares.

212 Como resultado de esta combinación, y contrario a la reforma de 2015, de no admitir el acceso de la persona natural no empresaria a los acuerdos de refinanciación, la norma dejaría en un limbo a las personas naturales que excedan del límite cuantitativo impuesto, abocándoles a la única vía disponible: el concurso de acreedores.

cumpliendo los requisitos exigidos y presentando un plan de pagos aparejado a la justificación de la viabilidad del plan para evitar la liquidación del patrimonio de la persona natural[213]. Aun cuando existen críticas[214] vertidas sobre los diferentes requisitos de acceso respecto de personas físicas o jurídicas y, existiendo precedentes legales dirigidos a aligerarlas[215], parece que la Ley 16/2022 rompe por completo con esta tendencia. La alternativa elegida por el artículo 583 del Libro II, Título I del Texto Refundido de la Ley Concursal, es la exclusión total del consumidor de las disposiciones preconcursales relativas a los planes de reestructuración. Cumple así con lo

213 En contra, CERVERA MARTÍNEZ, M., "Artículo 583. De la comunicación..." ..., *op. cit.*, p. 69. No se puede olvidar que la persona física puede dedicarse a la actividad económica sin ser considerado empresario a los efectos del TRLC.

214 MOYA BALLESTER, J., *Mecanismos preventivos... op. cit.*, p. 77. Por su parte, RAMOS CALVO, Mª D., Régimen jurídico... *op. cit.*, p. 86, califica de confusa y compleja la regulación del acuerdo y, en particular, las diferentes previsiones entre la persona jurídica y la física (arts. 631 y 632 TRLC (2020)). En línea similar, destacando los defectos que reviste la regulación del acuerdo extrajudicial de pagos y, en particular, en contra de las limitaciones de acceso para los distintos sujetos se pronuncia GALLEGO SÁNCHEZ, E., "La mediación concursal" ... *op. cit.*, pp. 25 y 26, quien denuncia la incoherencia de resultar más difícil lograr un acuerdo extrajudicial que un convenio concursal anticipado, lo que alarga la situación de insolvencia. Se muestra así, crítica con el elenco de prohibiciones (art. 634 TRLC (2020)). Ver también MUÑOZ PÉREZ, A. F., "Artículo 632..." ... *op. cit.*, p. 352 y PULGAR EZQUERRA, J., *Preconcursalidad y reestructuración empresarial. Acuerdos de refinanciación y acuerdos extrajudiciales de pago,* 3ª edición, Wolters Kluwer, Madrid, 2021, p. 778. ZABALETA DÍAZ, M., "El acuerdo extrajudicial de pagos a la luz de la Propuesta de Directiva sobre marcos de reestructuración preventiva", en León Sanz, F. J. Y Rodríguez Sánchez, S., (dirs.), y Puy Fernández, G., (coord.), *Cuestiones actuales de Derecho Mercantil. La reforma europea del Derecho de sociedades y del Derecho concursal,* Marcial Pons, Madrid, 2018, p. 192, denuncia la inadecuación de las prohibiciones con los principios que rigen la Directiva, quien además lo considera una penalización doble al deudor; aunque encuentra justificación en la ausencia de control judicial para la extensión de los efectos a los acreedores.

215 GALLEGO SÁNCHEZ, E., "La mediación concursal" ... *op. cit.*, p. 26, menciona que el legislador ya optó en le pasado por su reducción y denuncia la invasión injustificada que la opción actual supone para el ámbito de la autonomía de la voluntad. Para ello confronta el modelo elegido en su redacción, la Ley Belga de Continuidad de la Empresa (*wet betreffende de continuïteit van de ondernemingen*, de 31 de enero de 2009), resaltando cómo éste no recoge limitación alguna.

dispuesto por la Directiva (UE) 2019/1023[216]. El legislador europeo excluye expresamente de la aplicación de sus disposiciones a las personas físicas que no tengan la condición de empresario o, en otras palabras, a los consumidores con base en una doble argumentación. Así lo anuncia el art. 1.2.h) de la Directiva (UE) 2019/1023, junto con el apartado 21 de los considerandos. Primeramente, se basa en la falta de capacidad negociadora de estos sujetos. En segundo lugar, considera que la previsión de la exoneración de deuda es un mecanismo alternativo y suficiente para dar respuesta a un problema de relevancia social como es el sobreendeudamiento de la persona física no empresario. De esta manera, se elimina para ellos el requisito de haber intentado un acuerdo extrajudicial de pagos como paso previo para poder exonerar las deudas. Ataja así los reproches sobre la falta de fuerza para renegociar o reestructurar la deuda de estos sujetos y

216 Sobre la exclusión del ámbito subjetivo de la Directiva (UE) 2019/1023 de las personas naturales que no tienen la condición de empresario se pronunciaba GALLEGO SÁNCHEZ, E., *Reestructuración, insolvencia...*, *op. cit.*; y GALLEGO SÁNCHEZ, E., "La Directiva (UE) 2019/1023 para aumentar..." ..., *op. cit.*, p. 617. Se muestra, no obstante, crítica sobre los motivos que llevan al legislador europeo a tomar esta decisión. Más aún, reconoce abiertamente la habitualidad con la que se produce el fenómeno de la confusión patrimonial entre la dimensión de empresario y la de la persona física no empresario en un mismo sujeto. Por este motivo, a pesar de que les excluye explícitamente, no sólo prevé la posibilidad de que los Estados miembros amplíen el ámbito de aplicación del instrumento de exoneración a las personas naturales no empresario en su artículo 1.4., sino que recomienda aplicar las disposiciones sobre exoneración de deudas a las personas naturales que no tengan la condición de empresario, en el plazo más breve posible (Ver el considerando 21 de la Directiva (UE) 2019/1023). La mención expresa sobre la exoneración, junto a la ausencia de un correlativo para los marcos de reestructuración, induce a pensar que la Directiva (UE) 2019/1023 no permite darles acceso a un plan de reestructuración, pero sí al mecanismo de liberación de deuda. Así lo entienden, en su trabajo ZABALETA DÍAZ, M., "La propuesta de directiva sobre marcos de reestructuración preventiva: hacia un derecho comunitario", *Revista de Derecho concursal y paraconcursal: Anales de doctrina, praxis, jurisprudencia y legislación*, Nº 27, 2017, p. 3 y GÓMEZ ASENSIO, C., *Los acuerdos de reestructuración en la Directiva (UE) 2019/1023 sobre marcos de reestructuración preventiva*, Aranzadi, 2019, p. 108. En contra, ROJO FERNÁNDEZ-RÍO, A. J., "La propuesta de directiva sobre reestructuración..." ..., *op. cit.*, p. 2 de 9, defendía la conveniencia para el Ordenamiento español de incluir a las personas físicas no empresarios en el Derecho preconcursal a fin de evitar "*regulaciones divergentes de difícil justificación*" y entiende que no existe prohibición implícita en contra en el texto europeo.

el uso residual de los institutos preconcursales, motivado únicamente por la disposición contenida en el artículo 488.1 Texto Refundido de la Ley Concursal[217]. En definitiva, refuerza y favorece el acceso al expediente de liberación de deuda, conforme a la recomendación de la Directiva, eliminando obstáculos al reducir costes temporales y económicos[218].

Realizadas las manifestaciones relativas a la exclusión de las personas físicas no empresarios del acceso a los marcos de reestructuración, es posible hablar de un segundo grupo regulado en el artículo 1.2. de la Directiva (UE) 2019/1023, referido a distintas entidades financieras. Enumera expresamente a las empresas de seguros o reaseguros, entidades de crédito, empresas de inversión u organismos de inversión colectiva, entidades de contrapartida central, depositarios centrales de valores y otros recogidos en la Directiva 2014/59/UE[219]. Completa esta enumeración autorizando la inclusión por los

---

217 PULGAR EZQUERRA, J., *Preconcursalidad y reestructuración empresarial... op. cit.*, p. 778.

218 Diferente cuestión es si resulta coherente excluirles imperativa y completamente de la protección legal necesaria para la reestructuración de su deuda, al mismo tiempo que se les permite el acceso al concurso de acreedores y sus dos posibles desenlaces: convenio y liquidación. Surge la duda, habida cuenta de las razones que motivaron su inclusión en los instrumentos concursales en un primer momento de si esta medida es o no discriminatoria y poco eficiente. Sobre las dudas, ver Vid. GALLEGO SÁNCHEZ, E., "La mediación concursal. Alternativa para la solución de las crisis..." ..., *op. cit.*, pp. 3 y 4; y PULGAR EZQUERRA, J., "El sobreendeudamiento de la persona física" ..., *op. cit.*, pp. 418, 419 y 423. En caso afirmativo, cabría plantearse su inclusión en el procedimiento especial previsto en el Libro III del Anteproyecto o, alternativamente, el libre acceso de los deudores de un mecanismo sencillo, similar y con notas de confidencialidad que tutele las negociaciones alcanzadas con los acreedores a través de un mediador que forme e informe debidamente y cuyo desenlace permita, por un lado, alcanzar un acuerdo sobre la deuda renegociada y reestructurada o, de otro lado, una liquidación rápida y ordenada optando por la desjudicialización del procedimiento para alivio de los tribunales.

219 Directiva 2014/59/UE del Parlamento Europeo y del Consejo de 16 de abril de 2014, por la que se establece un marco para la recuperación y la resolución de entidades de crédito y empresas de servicios de inversión, y por la que se modifican la Directiva 82/891/CEE del Consejo, y las Directivas 2001/24/CE, 2002/47/CE, 2004/25/CE, 2005/56/CE, 2007/36/CE, 2011/35/UE, 2012/30/UE y 2013/36/UE, y los Reglamentos (UE) Nº 1093/2010 y (UE) Nº 648/2012 del Parlamento Europeo y del Consejo.

Estados miembros de otras entidades de servicios financieros sujetos a regímenes especiales sobre las que entidades nacionales de supervisión o resolución nacionales dispongan de competencias similares a las establecidas en el Derecho de la Unión. En tal caso, deberá comunicarse a la Comisión.

Esta exclusión ha de entenderse más como un tratamiento especial a estas entidades ante el papel clave que ostentan en el sistema socio-económico[220]. Reflejo de ello es el artículo 1.3. de la Directiva, que permite a los Estados miembros excluir del ámbito de aplicación a otras entidades financieras que, aun no coincidiendo con las enumeradas en el apartado anterior, estén sometidas a regímenes especiales bajo la supervisión de autoridades con amplias competencias de intervención, de forma similar a como quedan sometidas las anteriores. De ser así, cumplirán con la obligación de comunicar a la Comisión, la existencia y caracterización de los sistemas de control. El antecedente se encuentra en la crisis de 2008, que fomentó una reestructuración de alcance mundial en las políticas sobre insolvencia y reestructuración bancaria. Superada la errónea creencia de la imposibilidad de concurso de estas entidades que pueden ser consideradas de "riesgo sistémico", el ordenamiento español prevé un régimen especial decantado por dar solución preferentemente a través del Derecho preconcursal y sobre la base de la detección temprana, la reestructuración y la resolución supervisada (artículo 578 TRLC)[221].

---

220 PÉREZ TROYA, A., "Las especialidades concursales de las entidades de crédito ante la crisis financiera", *Anuario Facultad de Derecho. Universidad de Alcalá III*, 2010, p. 242 y HÜPKES, E. H. G., "Insolvency - Why a Special Regime for Banks?", *Current Developments in Monetary and Financial Law, Vol. 3, (International Monetary Fund)*, 2002, pp. 3 a 8.

221 FERNÁNDEZ TORRES, I., "Artículo 578..." ..., *op. cit.*, p. 24, apunta que el art. 578 TRLC no descarta la aplicación del Texto Refundido, sino que determina su aplicación en defecto de norma especial para la entidad de que se trate. Además, dicho artículo contiene una enumeración de la legislación especial de referencia. En particular, destaca la Ley 11/2015, de 18 de junio, de recuperación y resolución de entidades de crédito y empresas de servicios de inversión «BOE-A-2015-6789», por la que se transpone la Directiva 2014/49/UE del Parlamento Europeo y del Consejo de 16 de abril de 2014 y la Directiva 2014/59/UE del Parlamento Europeo y del Consejo de 16 de abril de 2014. Dicha Ley se asienta sobre la anterior Ley 9/2012,

Por último, al margen de las exclusiones explícitas el artículo 4.2. de la Directiva (UE) 2019/1023 establece que, potestativamente, los Estados miembros podrán condicionar el acceso de los deudores a los marcos de reestructuración, de haber sido estos condenados por incumplimiento grave de las obligaciones en materia de contabilidad o llevanza de libros, así como la limitación del número de ocasiones que se puede acceder en un periodo determinado. Si bien el primer grupo de prohibiciones son reproducidas por la Ley 16/2022 en su propuesta para el artículo 583.2 Texto Refundido de la Ley Concursal, la utilidad práctica del segundo grupo ha sido cuestionada, además de no encontrar reflejo en la Ley 16/2022[222].

---

de 14 de noviembre, de reestructuración y resolución de entidades de crédito y la sociedad de gestión de activos procedentes de la reestructuración bancaria y pretende la resolución clara y transparente de toda entidad financiera susceptible de tener efectos sistémicos, VICENT CHULIÁ, F., "La Ley 9/2012, de 14 de noviembre, de reestructuración y resolución de entidades de crédito, y la sociedad de gestión de activos procedentes de la reestructuración bancaria", *Revista de Derecho concursal y paraconcursal: Anales de doctrina, praxis, jurisprudencia y legislación*, Nº 18, 2013, p. 11. Los primeros pasos en la regulación de un régimen especial para el sector bancario se remontan a un momento anterior, para ello, consular PÉREZ TROYA, A., "Las especialidades concursales de las entidades..." ..., *op. cit.*, pp. 243 y 244. La autora centra su estudio en las importantes modificaciones introducidas por el Real Decreto-Ley 9/2009, de 26 de junio, sobre reestructuración bancaria y reforzamiento de los recursos propios de las entidades de crédito, por cuanto supuso la elección de un modelo basado en los "*procesos de reestructuración y asimilados*", por encima del apoyo financiero a través de fondos públicos. Para un tratamiento completo sobre las especialidades aplicables a estas entidades, ver ALEMANY EGUIDAZU, J., "Artículo 578. De las especialidades del concurso de entidades de crédito, de empresas de servicios de inversión, de entidades aseguradoras, de entidades que sean miembros de mercados regulados y de entidades participantes en los sistemas de compensación y liquidación de valores", en Veiga Copo, A. B., (dir.) y Martínez Muñoz, M. (coord.), *Comentario al Texto Refundido de la Ley Concursal*, Tomo II, Thomson Reuters, Navarra, 2021, pp. 1257 a 1387.

222 GÓMEZ ASENSIO, C., *Los acuerdos de reestructuración en la Directiva...*, *op. cit.*, p. 109.

II. EL CAMBIO DE PARADIGMA PRESENTADO POR LA DIRECTIVA (UE) 2019/1023

1. La posición del socio de la sociedad deudora en el preconcurso

1.1. El socio como titular de derechos y obligaciones

La caracterización de la condición de socio es un tema clásico y complejo del Derecho de sociedades que ha sido ampliamente tratado y debatido en la doctrina nacional y extranjera, dando lugar a un gran número de propuestas[223]. Desde la teoría alemana que acuñó el término *Mitgliedschaft*[224], por el que se considera su posición como miembro de una colectividad resultante del negocio fundacional, esto es, la sociedad, hasta su confrontación con la idea de un estatus o un derecho subjetivo en sentido estricto[225].

En en el ordenamiento español actual está reconocida la naturaleza de la relación jurídica compleja del socio[226] que fundamenta

---

223 Crítico con las diversas teorías aportadas, GIRÓN TENA, J., *Derecho de Sociedades Anónimas... op. cit.*, p. 58.

224 LUTTER, M., "Theorie der Mitgliedschaft: — Prolegomena zu einem Allgemeinen Teil des Korporationsrechts", *Archiv für die civilistische Praxis (AcP)*, April 1980, 180. Bd., H. 1/2 (April 1980), p. 86; SCHMIDT, *Gesellschaftsrecht..., op. cit.*, pp. 443 a 540, con especial referencia en 443 para su definición como una afiliación; y HUECK, G., *Gesellschaftsrecht*, 19., CH Beck, München, 1991, pp. 254 a 258. Entre nosotros, GIRÓN TENA, J., *Apuntes de Derecho Mercantil... op. cit.*, 123; y en una revisión de la evolución comparada sobre la naturaleza para la caracterización de los derechos del socio y del riesgo de abuso que en el seno de las sociedades anónimas puede darse, con especial incidencia en la influencia italiana, JUSTE MENCÍA, J., *Los derechos de minoría en la sociedad anónima*, Aranzadi, Navarra, 1995, pp. 80 a 88.

225 Sobre la construcción y crisis que, en el Derecho italiano y otros Derechos comparados, sufrió la concepción de la condición de socio como un derecho subjetivo en sentido estricto, ver DUQUE DOMÍNGUEZ, F. J., "Introducción a la protección de los derechos del accionista frente a los acuerdos de la mayoría", en Alonso Ureba, A., Duque Domínguez, J., Esteban Velasco, G., García Villaverde, R. y Sánchez Calero, F., (coords.), *Derecho de Sociedades Anónimas II. Capital y Acciones*, Vol. I., Civitas, Madrid, 1994, pp. 50 a 55; y JUSTE MENCÍA, J., Los derechos de minoría..., *op. cit.*, pp. 85 y 86.

226 El contenido de su condición distingue para las sociedades de capital, en la doctrina alemana, entre los derechos de acreedor (*Gläubiguerrechtte*) o en calidad de terceros (*Drittenrechte*) y los derechos de miembro (*Mitgliedschaftsrechte*) fruto de la separación patrimonial perfecta que genera la personalidad jurídica de la

los derechos y obligaciones con la sociedad derivada de su relación singular de cooperación[227]. No todos ellos podrán reconocerse como derechos subjetivos y su expresión conjunta da lugar a la acción o participación como un conjunto de derechos, poderes, facultades o deberes, así como supuestos de legitimación procesal[228]. A su vez se le dota de un tratamiento cerrado o unitario e independiente calificado como "derecho" susceptible de transmisión[229]. Se sostiene que la pluralidad de situaciones jurídicas merece también calificaciones dispares[230]. Esto último al margen de que esté aceptado su uso genérico como "derecho del socio"[231]. En la actualidad resulta pacíficamente admitido[232] que la posición jurídica del socio es a la vez una relación jurídica de carácter duradero y organizada y un derecho subjetivo. Su caracterización como relación jurídica organizada permite que se caracterice a su vez como derechos subjetivos. Es la unión del conjunto de derechos subjetivos y obligaciones atribuibles al socio la que perfila la posición del socio en la sociedad. Como manifestación de esta se presenta la acción o participación. El entramado que ellos forman lo caracterizan como un derecho incorporal y subjetivo con posibilidad de objetivizarse para constituir un objeto del tráfico jurídico transmisible y ejecutable.

---

sociedad. GIRÓN TENA, J., *Apuntes de Derecho Mercantil... op. cit.*, pp. 121 a 123; GIRÓN TENA, J., *Derecho de Sociedades Anónimas... op. cit.*, p. 179.

227 GIRÓN TENA, J., *Derecho de Sociedades Anónimas... op. cit.*, p. 296.

228 DÍAZ MORENO, A., "Artículo 91. Atribución de la condición de socio", en Rojo, A. y Beltrán, E., (dirs.), *Comentario de la Ley de Sociedades de Capital*, Tomo I, Aranzadi, Thomson Reuters, Navarra, 2011, pp. 770 a 777. DUQUE DOMÍNGUEZ, F. J., "Introducción a la protección de los derechos del accionista..." ..., *op. cit.*, p. 35.

229 Sobre el uso aceptado en la doctrina y legislación del término "derecho del socio", sin considerarlo como un único derecho subjetivo en sentido estricto, ver DÍAZ MORENO, A., "Artículo 91..." ..., *op. cit.*, p. 772; y JUSTE MENCÍA, J., Los derechos de minoría..., *op. cit.*, p. 84.

230 DÍAZ MORENO, A., "Artículo 91..." ..., *op. cit.*, p. 771.

231 CAMPUZANO LAGUILLO, A. B., "Artículo 93..." ..., *op. cit.*, p. 790; y DÍAZ MORENO, A., "Artículo 91..." ..., *op. cit.*, p. 772.

232 Un análisis exhaustivo y resumen del estado de la cuestión puede consultarse en GALLEGO SÁNCHEZ, E., *Las participaciones sociales en la Sociedad de Responsabilidad Limitada*, Mc Graw-Hill Interamericana de España, Madrid, 1996, pp. 1 a 496.

Los derechos y poderes que conforman la condición de socio han recibido también diversas clasificaciones en la doctrina a lo largo del tiempo. De forma sucinta y sin responder a un orden de relevancia, en primer lugar, cabe distinguir aquella que diferencia entre los derechos que corresponden al socio en su condición de tal, de los que derivan de su consideración como un tercero frente a la sociedad, esto es, de relaciones jurídicas distintas como ocurre con el derecho al dividendo.

En segundo lugar, los administrativos o políticos, de los derechos económicos del socio[233]. Dentro de la misma se ha propuesto la distinción entre los derechos de control[234] y gestión, entre los que cabría incluir el derecho de voto y convocatoria de la junta. Esos se diferencian de lo que se ha denominado derechos de participación y defensa[235], como son los derechos de información y examen, el derecho a nombrar un auditor de cuentas, y los derechos de impugnación. Todos ellos han sido asimilados a la categoría de "instrumentales" de un interés principal, representada por el segundo grupo de derechos, a saber, los derechos económicos o materiales del socio[236].

En tercer lugar, hay que añadir la clasificación que separa los derechos comunes o individuales de los especiales que le corresponden a un socio o grupo de socios por disposición legal o estatutaria[237]. En cuarto lugar, aquellos derechos individuales, de los de ejercicio

---

233 GIRÓN TENA, J., *Derecho de Sociedades Anónimas... op. cit.*, pp. 289 y ss; y CAMPUZANO LAGUILLO, A. B., "Artículo 93..." ..., p. 792, añade los derechos de naturaleza mixta, como el de suscripción o asunción preferente.

234 DUQUE DOMÍNGUEZ, F. J., "Introducción a la protección de los derechos del accionista..." ..., *op. cit.*, p. 76. El autor recogía por primera vez la propuesta de WIEDEMANN, H., *Gesellschaftsrecht..., op. cit., p. 366.*

235 LUTTER, "Theorie der Mitgliedschaft..." ..., *op. cit.*, p. 86 o SCHMIDT, K., *Gesellschaftsrecht,* 2, Heymanns, Köln, Berlin, Bonn, München, 1991, pp. 452 y 453.

236 JUSTE MENCÍA, J., Los derechos de minoría..., *op. cit.*, pp. 92 y 93. SCHMIDT, D., *Les droits de la minorité dans la société anonyme*, Sirey, Paris, 1970, pp. 36 y ss.; RUBIO, *Curso de Derecho de sociedades anónimas,* Madrid, 1967, pp. 284 y 285; DE LA CUESTA RUTE, "Clases especiales de acciones y su problemática", en *Revista de Derecho Financiero y Hacienda Pública,* Nº 106 y 107, 1973, p. 959.

237 HUECK, *Gesellschaftsrecht,* Munich, 1991, pp. 259 y ss.; GIRÓN TENA, J., *Derecho de Sociedades Anónimas... op. cit.*, p. 180; y JUSTE MENCÍA, J., Los derechos de minoría..., *op. cit.*, p. 94.

colectivo (derechos de la minoría)[238]. Otra clasificación es la que distingue entre aquellos derechos que aumentan en proporción a la participación social de aquellos otros que no[239].

Por último, pueden clasificarse según sean inderogables[240] o derogables, así como renunciables o irrenunciables. Esto último no implica que deban ser necesariamente ejercitados). Habida cuenta del tradicional debate sobre la existencia de un verdadero derecho subjetivo del socio, el reconocimiento de la clasificación de derechos como derogables e inderogables y la presencia en la Ley de Sociedades de Capital[241] de derechos mínimos (el de participar en el reparto de las ganancias sociales y en el patrimonio resultante de la liquidación; el de asunción preferente en la creación de nuevas participaciones; o el de suscripción preferente en la emisión de nuevas acciones o de obligaciones; convertibles en acciones; el de asistir y votar en las juntas generales; y el de impugnar los acuerdos sociales; junto al de información; hace plantearse si existen verdaderamente unos derechos que como mínimo y de manera inalterable integrarán la condición del socio o si, por el contrario, pueden estar sujetos a limitaciones. En la actualidad está admitido que dichos derechos o facultades no

---

238 Los derechos de la minoría o *Gruppenvorrechte,* son clasificados según GIRÓN TENA, J., *Derecho de Sociedades Anónimas... op. cit.*, p. 187, como derechos de protección preventiva y de protección represiva. Con carácter más actual, JUSTE MENCÍA, J., Los derechos de minoría..., *op. cit.* Por su parte, CAMPUZANO LAGUILLO, A. B., "Artículo 93..." ..., p. 791, habla de los derechos que se tribuyen por el mero hecho de ostentar una acción o participación, frente a los que exigen un porcentaje o cuota.

239 La doctrina italiana, elabora sobre esta clasificación una tripartición entre derechos en la que incluyen también los derechos de la minoría como aquellos que requieren alcanzar una cuota mínima en el capital social. La misma es recogida por JUSTE MENCÍA, J., *Los derechos de minoría..., op. cit.*, p. 95.

240 Citando a DONATI, se pronuncia GIRÓN TENA, J., *Derecho de Sociedades Anónimas... op. cit.*, pp. 182 a 186: "*son inderogables los que se fundamentan en bases esenciales de la sociedad. [H]an de estimarse esenciales las cláusulas o los derechos que, si se alteran, implican una transformación de la sociedad, que sirven de fundamento al vínculo social, que aceptó el accionista medio y que sin ellas no lo hubiera contraído*". También, DUQUE DOMÍNGUEZ, F. J., "Introducción a la protección de los derechos del accionista..." ..., *op. cit.*, p. 80. En la doctrina alemana, SCHMIDT, K., *Gesellschaftsrecht..., op. cit.*, pp. 386.

241 El art. 93 LSC habla de aquellos derechos que "*como mínimo*" tendrá el socio. Una expresión que ya aparecía en el art. 58 de la derogada LSA.

son inalterables ni pertenecen siempre de forma exclusiva al socio, pudiendo restringirse mediante disposición legal o estatutaria según el caso concreto[242]. Se trata del contenido ordinario de la condición de socio que no limita su alcance, es decir, no es una lista exhaustiva[243]. Es la propia redacción la que condiciona su protección a los condicionantes o "*términos*" establecidos en la ley, admitiendo la posibilidad de su limitación o del establecimiento de requisitos para su ejercicio, con las garantías de que en todo caso se cumplirá atendiendo los requerimientos legales, al igual que como ocurre con la admitido el reconocimiento y limitación de determinados derechos por disposición estatutaria[244]. En consecuencia, aun cuando se reconocen unos derechos inderogables, ello no implica que no puedan ser condicionados a la concurrencia de determinados requisitos o configurarse estatutariamente de manera contraria a lo que la regla de proporcionalidad exigiría[245]. De igual forma, se permite también su refuerzo o ampliación estatutario[246]. Asimismo, se ha admitido, sin alcanzar su eliminación con carácter general, la supresión de determinados derechos o condicionamiento a la decisión de la mayoría, como es el caso de los derechos de preferencia en los aumentos de capital con emisión de nuevas participaciones o acciones[247]. Junto a estas limitaciones o condicionamientos está reconocida también la sujeción de los derechos del socio a la prohibición del abuso de de-

---

242 CAMPUZANO LAGUILLO, A. B., "Artículo 93..." ..., *op. cit.*, p. 790.

243 CAMPUZANO LAGUILLO, A. B., "Artículo 93..." ..., *op. cit.*, p. 791; y DÍAZ MORENO, A., "Artículo 91..." ..., *op. cit.*, pp. 772 y 773.

244 CAMPUZANO LAGUILLO, A. B., "Artículo 93..." ..., *op. cit.*, pp. 791 y 172. Así, por ejemplo, admitida cierta ruptura del principio de proporcionalidad mediante la posibilidad de crear acciones sin voto, del reconocimiento de derechos especiales, la necesidad de que la junta acuerde el reparto de dividendos para que exista el derecho de crédito del socio, la posibilidad de suprimir el derecho de asunción o suscripción preferente, la necesidad de que se convoque la junta para que pueda ejercerse el derecho de voto o de información, etc. El tratamiento de los distintos derechos y de su clasificación no ha sido siempre el mismo, a modo de ejemplo, GIRÓN TENA, J., *Derecho de Sociedades Anónimas... op. cit.*, P. 183, consideraba inderogable el derecho de voto.

245 Efectivamente, pueden establecerse derechos especiales que afecten al derecho al dividendo y a la cuota de liquidación, DÍAZ MORENO, A., "Artículo 91..." ..., *op. cit.*, p. 774.

246 DÍAZ MORENO, A., "Artículo 91..." ..., *op. cit.*, p. 774.

247 DÍAZ MORENO, A., "Artículo 91..." ..., *op. cit.*, p. 774.

recho del artículo 7 del Código Civil, la buena fe o la modulación de su ejercicio hacia el interés social que los armonizará junto al de los demás socios e, incluso, otros intereses. Queda admitida la presencia de disposiciones limitativas de los derechos del socio en protección de otros intereses, como el de los acreedores, como en el caso de la disolución por pérdidas.

Lo expuesto hasta ahora, exige distinguir entre la enunciación del derecho "en abstracto" o "en general" y la realidad de su atribución al socio en cada caso concreto o "derechos concretos"[248], la naturaleza del derecho o poder y sus requisitos o condicionantes[249]. La imposibilidad de un tratamiento unitario de los derechos y facultades del socio deriva por tanto de la propia naturaleza del socio y su caracterización dentro de la sociedad, así como de las numerosas clasificaciones que pueden enumerarse. Por lo tanto, la caracterización, requisitos de ejercicio y posibilidades de limitación quedan remitidas al estudio individual de cada uno a lo largo del presente.

1.2. El socio como propietario

Un primer análisis del papel del socio en la sociedad se aborda desde su consideración como propietario de esta. Las alusiones al socio como propietario de la sociedad son muy comunes, especialmente en un ámbito coloquial e incluso periodístico[250]. No es extraño si se piensa en el aludido papel soberano de la junta o las facultades de control del socio sobre el administrador dentro del respeto a las normas de organización interna, o también al reparto de beneficios sometido al principio mayoritario. Sin embargo, desde un punto

---

248 Una distinción cuya utilidad ha sido cuestionada por la doctrina, como pone de manifiesto DÍAZ MORENO, A., "Artículo 91…" …, *op. cit.*, p. 774.

249 CAMPUZANO LAGUILLO, A. B., "Artículo 93…" …, *op. cit.*, p. 792.

250 Esta problemática es tratada abiertamente por STOUT, L. A., "Bad and Not-so-Bad Arguments for Shareholder Primacy", *Cornell Law Faculty Publications*, Paper 448, 2002, p. 1190, incluyendo un recopilatorio de la doctrina que hace un uso habitual de la terminología desde su afirmación en 1970 por FRIEDMAN, M., "The social Responsability of Business Is to Increase Its Profits", *New York Times Magazine*, Nº 13, 1970, en relación con los deberes de los administradores y la primacía de los accionistas. Ver también, WEINSTEIN, O., "Understanding the Roots of Shareholder Primacy…" …, *op. cit.*

estrictamente jurídico-societario esta afirmación ha de ser revisada. Ciertamente, tal concepción, fruto de la teoría de la propiedad o *shareholder ownership*[251] hace referencia a estas facultades de control de la gestión de la sociedad. Una posición que se satisface a través del ejercicio del derecho de voto.

Como se ha visto, la naturaleza jurídica del socio es compleja y está legitimada por su titularidad sobre las acciones y participaciones, de las que derivará un conjunto de derechos, facultades o poderes, obligaciones y legitimación procesal. En consecuencia, el socio únicamente es propietario de dichas acciones o participaciones que incluyen unos derechos económicos derivados de la expectativa de ganancia asociada al riesgo empresarial soportado, toda vez que se descarta el ánimo de lucro como condición esencial de las sociedades. La participación en unos beneficios concretos se dará siempre que se cumplan determinados requisitos, entre ellos, que así se acuerde por la junta de accionistas[252]. Igualmente ocurre con la cuota de liquidación, que dependerá de la disolución de la sociedad, etc. No hay un derecho obligatorio al reparto, ni siquiera periódico, del beneficio.

En conclusión, los socios únicamente tienen derecho sobre sus acciones y participaciones, sometidos a las limitaciones legales establecidas, y en consecuencia sobre el haz de derechos asociados, entre ellos, los económicos. Una posición también respetuosa con la teoría del socio como acreedor residual de la compañía y la teoría de los derechos de opción[253]. La Directiva de reestructuraciones se basa en in-

---

251 Con más profundidad, IRELAND, P., "Company Law and the Myth of Shareholder Ownership", *Modern Law Review*, Nº 62/1, 1999, pp. 32 a 57; o VELASCO, J., "Shareholder Ownership Primacy", *University of Illinois Law Review*, Nº 3, 2010, pp. 897 a 956.

252 Por el órgano de administración en sistemas anglosajones.

253 BLACK FISCHER, B., y SCHOLES, M., "The pricing of options..." ..., *op. cit.*, pp. 637 a 654. En este sentido es contundente STOUT, L. A., "Bad and Not-so-Bad Arguments..." ..., *op. cit.*, pp. 1190 a 1192. También WEINSTEIN, O., "Understanding the Roots of Shareholder..." ..., *op. cit.*, pp. 150 y 151, al confronter las teorías económicas presentadas por Berle y Means (1932), centradas en la sociedad como institución, frente a las teoráis de Jensen y Meckling (1978 y 1983), partidarios de la postura contractualista, con la discusión sobre la teoría de agencia de fondo y sosteniendo las opiniones de Blair y Stout (1999), Robé (1999, 2012), Stout (2012) y Fame (1980).

fluencias anglosajones y contribuye así a la ruptura de la tradicional del socio como propietario de la sociedad, debiendo ser considerado a su vez como un acreedor residual de esta[254].

1.3. El socio como acreedor residual

Como apuntaba algún autor, en la reestructuración de una sociedad los socios difícilmente escaparán de los efectos directos o indirectos que con ella se generan[255]. Con todo, la Directiva (UE) 2019/1023 sujeta como parte del perímetro de afectación directamente a la estructura de capital[256]. Con ello vincula también al socio que, de acuerdo a lo aquí expuesto y con influencia de las teorías de corte económico, ocupa la categoría de inversor financiero a largo plazo. Sin embargo, el mismo artículo 2 de la Directiva de reestructuraciones aclara que dicha afectación ha de ser directa.

Dentro de su clasificación como inversor a largo plazo, el socio será considerado como un acreedor residual[257]. Un tratamiento que

---

254 En palabras de GALLEGO SÁNCHEZ, E., "La posición de los socios..." ..., *op. cit.*, p. 547: "la posición bifronte de los socios como propietarios de la compañía, pero, a la vez, como acreedores residuales".

255 FERNÁNDEZ DEL POZO, L., "La tutela de los socios frente a los planes de reestructuración..." ..., *op. cit.*, p. 6.

256 Art. 2 de la Directiva (UE) 2019/1023.

257 El tratamiento como acreedor residual está extendido en la doctrina, pudiendo mencionar de forma ejemplificativa a GARCIMARTÍN ALFÉREZ, F. J., "La probabilidad de insolvencia" ... *op. cit.*, p. 2; PULGAR EZQUERRA, J., "Gobierno corporativo, sociedades cotizadas y proximidad..." ..., *op. cit.*, p. 28, o PULGAR EZQUERRA, J., "«Holdout accionarial», reestructuración forzosa..." ..., *op. cit.*, pp. 43 a 67, de entre sus muchos trabajos sobre la materia; BERMEJO GUTIÉRREZ, N., "Los socios y el reparto del excedente..." ..., *op. cit.*, p. 207; "Socios, planes de reestructuración y capitalización de créditos en la Directiva (EU) 2019/1023, sobre reestructuración e insolvencia", *Anuario de Derecho Concursal*, Nº 49, 2020, p. 12; o FERNÁNDEZ DEL POZO, L., "La tutela de los socios frente a los planes de reestructuración..." ..., *op. cit.*, p. 4. También en el sector internacional otros autores como EIDENMÜLLER, H., "Contracting for an European Insolvency" ..., *op. cit.*, p. 8; FERRI Jr., G., "Il ruolo dei soci nella ristrutturazione finanziaria..."..., *op. cit.*, p. 132; VATERMOLLI, D., "La posizione dei soci nelle ristrutturazioni. Dal principio di neutralità organizativa alla residual owner doctrine?", *Revista delle Società*, LXIII, Nº 4, 2018, p. 888, entre otros. En particular, EASTERBROOK, F. H., y FISCHEL, D. R., *The economic Structure of Corporate Law*, Harvard University Press, United States of América, 1991, pp. 36 a 39, conside-

encuentra antecedentes en la *Insolvenz Ordnung* alemana, tras su reforma en 2012 fruto de la inspiración estadounidense representada por el *Chapter 11* de la *Bankruptcy Act.* Además, la labor de transposición ha dado como resultado su reproducción en ordenamientos como el holandés, a través del *Dutch Plan* de la Ley de Insolvencias o *WHOA*, así como en la reforma del *Restructuring Plan* británico[258]. Esta clasificación deriva a su vez del análisis de las reestructuraciones desde tres perspectivas diferentes pero convergentes. En primer lugar, como ventas virtuales de sociedades apalancadas. En segundo lugar, a raíz de su consideración desde la perspectiva concursal. Por último, de acuerdo con la teoría de la cristalización de los derechos de opción.

Tanto los problemas de falta de financiación, como las asimetrías informativas, entre otros condicionantes propios del normal funcionamiento de los mercados obstaculizan la compra de sociedades que se encuentran en dificultades económicas o financieras. La información de la que disponen los socios o los acreedores de la sociedad deudora, no es accesible a potenciales compradores en el mercado. Ello siempre, suponiendo que estos últimos no adolezcan de falta de liquidez y/o de financiación. La sociedad se verá abocada al concurso, donde se liquidará tras haber sufrido un proceso de destrucción del valor de sus activos.

En compensación de esta realidad el ordenamiento articula una batería normativa dirigida a la reestructuración de sociedades en busca de la maximización del valor de sus activos que funcionará como una suerte de "venta virtual" de la sociedad, poniéndola a disposición de quienes están dispuestos a invertir en ella y perseguir

---

ran que los socios son el acreedor residual único. Por su parte, STOUT, L. A., "Bad and Not-so-Bad Arguments…" …, *op. cit.*, pp. 1192 a 1195, quien considera que este tratamiento es inadecuado, en orden a justificar la primacía de los accionistas aun cuando pueda servir a modo de *normative desideratum*: "*it is grossly inaccurate as a positive matter to describe the shareholders of a public corporation as the "sole residual claimants" of a firm while that firm is a going concern (…) To the contrary, shareholders are only one of several groups that can be describe as "residual claimants" or "residual risk bearers", in the sense that they expect to enjoy benefits (…) beyond those provided in their explicit contracts*"

258 FERNÁNDEZ DEL POZO, L., "La tutela de los socios frente a los planes de reestructuración…" …, *op. cit.*, p. 4.

una gestión más eficiente, ante la falta de un mercado fácilmente accesible que evidencie la conveniencia de una reorganización sobre su liquidación[259]. Este proceso implica una reasignación por la vía preconcursal de los derechos de control sobre aquellos que soportan el riesgo empresarial frente a las vías contractuales que puedan generar abusos como las OPAS, los *covenants* o frente al oportunismo cortoplacista de los socios[260].

En dicha venta se valora la empresa de manera que aquellos cuyos créditos puedan ser satisfechos con el patrimonio de la sociedad siguiendo la regla de prelación absoluta, esto es, queden cubiertos por el valor de la sociedad tasada antes de reestructurar (valor *ex ante*), recibirán derechos en la sociedad resultante de la reestructuración como una reformulación de las condiciones de sus créditos, una participación en la sociedad o ambas. Tales acreedores se encontrarán en lo que se ha denominado "dentro del valor del dinero" o "*in-the-money*". En el otro lado se encuentran aquellos créditos que no podrán ser satisfechos y que, por lo tanto, no quedan cubiertos por el valor de la empresa *ex ante*, esto es "fuera del dinero" o "*out-of-the-money*"[261].

---

259 Sobre la teoría de la venta virtual de sociedades apalancadas realiza su estudio BERMEJO GUTIÉRREZ, N., "Los socios y el reparto del excedente..." ..., *op. cit.*, p. 204, a propósito del reparto de valor de la sociedad resultante de la reestructuración entre los socios y los acreedores. La autora, explica cómo la venta teórica o virtual facilita el cambio de control de una sociedad viable o "valiosa" a aquellos que "la valoran". En relación con el papel que juegan los acreedores en la sociedad EIDENMÜLLER, H., "Comparative corporate insolvency law" ... *op. cit.*, p. 15, apunta que "*As a matter of first principles, there is much to be said in favor of a strong governance role of the firm's creditors in an insolvency proceeding. As the new residual claimants to the firm's assets, their money is at stake, so they have appropriate incentives to take economically rational decisions*".

260 Así se pronuncia PULGAR EZQUERRA, J., "Gobierno corporativo, sociedades cotizadas y proximidad..." ..., *op. cit.*, pp. 13 y 29, encuadrando la cuestión en el ámbito del gobierno corporativo.

261 Esta es la terminología que maneja ya la doctrina, como es el caso de BERMEJO GUTIÉRREZ, N., "Los socios y el reparto del excedente..." ..., *op. cit.*, p. 5; GARCIMARTÍN ALFÉREZ, F. J., "La probabilidad de insolvencia" ... *op. cit.*, p. 3, apuntando que "*el negocio se reparte, salvo que las clases interesadas acuerden otra cosa, entre aquéllas que están "dentro del dinero" (...) en el momento de la cristalización de las opciones*". En contra de la valoración a cero de los derechos del socio se posicionó SCHMIDT, K. "Schöne neue Sanierungswelt..." ..., *op. cit.*, pp. 2085

Aplicando la dogmática societaria en conjunción con la separación perfecta propia de las sociedades de capital, ante una hipotética liquidación los socios no pueden recibir valor alguno sin antes haber satisfecho a los acreedores de la sociedad el importe de sus créditos[262]. Por lo tanto, en situaciones donde las obligaciones futuras superan al patrimonio existente (al menos en la insolvencia actual[263]) no quedará valor alguno que cubra la cuota o los derechos económicos del socio sobre la sociedad. Es decir, quedará fuera del valor del dinero. Este derecho de preferencia del acreedor sobre el valor de la sociedad hasta el límite de sus créditos, coloca al socio en la posición de un acreedor residual siempre que no ostente la doble condición de socio-acreedor o lo que la doctrina alemana denomina *Gläubiguerrechtte*[264].

La misma conclusión es posible alcanzar desde una perspectiva concursal. En situaciones de apalancamiento, cuando no de insolvencia actual, los activos de una sociedad apalancada adolecerán de una progresiva pérdida o destrucción de valor que, de no reestructurarse, desembocará inevitablemente en una liquidación concursal. Siguiendo las normas concursales de prelación de los créditos, de presentar reticencias a reestructurar o acudir a la vía concursal de forma temprana, el socio verá con gran probabilidad cómo el patrimonio restante no es suficiente para cubrir su crédito o cuota de liquidación tras haber satisfecho a los acreedores sociales[265]. Será el último en cobrar, en un momento en el que el valor de la sociedad es cero.

---

y ss., como así reitera el mismo autor en SCHMIDT, K., "¿Desbanca el Derecho concursal al Derecho de sociedades? Disputas societarias..." ..., *op. cit.*, p. 311.

262 Tal manifestación de la separación patrimonial se encuentra en el art. 391.2. LSC, como así apunta BERMEJO GUTIÉRREZ, N., "Los socios y el reparto del excedente..." ..., *op. cit.*, p. 206. Ya anteriormente, GIRÓN TENA, J., *Apuntes de Derecho Mercantil...*, *op. cit.*, p. 123 y GIRÓN TENA, J., *Derecho de Sociedades Anónimas...*, *op. cit.*, p. 179, distinguía las dos vertientes del socio, como miembro o *Mitgliedschaftsrechte* y como tercero o en calidad de acreedor de la sociedad, *Drittenrechte* y *Gläubiguerrechtte*, respectivamente en la doctrina alemana.

263 Mayores dudas plantean los supuestos de insolvencia inminente o probable.

264 GIRÓN TENA, J., *Apuntes de Derecho Mercantil...*, *op. cit.*, p. 123.

265 SQUIRE, R., *Corporate Bankruptcy...*, *op. cit.*, p. 2.

Puede observarse cómo el tratamiento del socio como un acreedor residual encuentra encaje en el Derecho societario, así como en el Derecho concursal, sin resultar en principio incompatible.

Con la Directiva (UE) 2019/1023 de reestructuraciones este tratamiento como acreedor residual se adelanta en el tiempo para justificar su posición en la sociedad en crisis o situaciones de apalancamiento[266]. En este punto es en el que se desarrolla la teoría de la cristalización de los derechos de opción de los socios como titular de la sociedad o el vencimiento anticipado de los derechos u opciones que los acreedores residuales tienen sobre el valor futuro del negocio[267]. Mientras que los acreedores disponen de un derecho sobre la sociedad limitado al valor de sus créditos, los socios son titulares de derechos sobre todo valor creado por ésta siempre que hayan sido satisfechos los derechos o créditos de los acreedores previamente. En consecuencia, en situaciones de apalancamiento o de crisis el socio dispone de un derecho de opción sobre la totalidad del valor de la sociedad condicionado a la satisfacción de aquellos créditos de mayor rango.

Lo que ocurre con la normativa preconcursal fruto de la transposición de la Directiva, es lo que se ha denominado la cristalización de los derechos de opción del socio sobre la sociedad. Para impedir la ya mentada destrucción de valor, se adelanta el momento en el que el socio ha de decidir si mantener su derecho sobre el total de la sociedad, en este caso, ya en la sociedad resultante de la reestructuración. Para ello, dispone de un derecho de opción como titular residual sobre la misma si satisface íntegramente aquellos créditos que de acuerdo con las normas de prelación tienen mayor rango, esto es, de los acreedores de la sociedad deudora. Se produce entonces la

---

266 En el sentido de aplicar estas condiciones en un momento en el que la sociedad no se encuentre en concurso, sino que tampoco cumple las condiciones de la insolvencia actual, sino de una *probabilidad de insolvencia*.

267 Se ha de analizar en relación con las referencias expuestas en el apartado de la estructura de capital. Para el tratamiento general de la cuestión se puede consultar a los autores BLACK, F. y SCHOLES, M., "The Pricing of Options…" …, *op. cit.*, p. 637, para un tratamiento originario; o también a GARCIMARTÍN ALFÉREZ, F. J., "La probabilidad de insolvencia" … *op. cit.*, pp. 1 a 4 y BERMEJO GUTIÉRREZ, N., "Los socios y el reparto del excedente…" …, *op. cit.*, pp. 206 y 207, para su estudio relacionado con la Directiva.

"recompra de la sociedad". El motivo, como se ha explicado, es que la sociedad no dispone en ese momento de recursos suficientes para cubrir las deudas o prevé que, en el corto o medio plazo no podrá hacerles frente[268].

De nuevo, el Derecho norteamericano sirve de precedente para esta práctica, habiéndola permitido el Tribunal Supremo no sin ciertos condicionantes y bajo el nombre de la "*new value exception*"[269]. De no ejercer sus derechos de opción, no recibirá valor en la sociedad resultante en tanto en cuanto se encuentra fuera del valor del dinero. El valor económico de su derecho es cero, en una situación de insolvencia inminente o actual. Mientras, en la probabilidad de insolvencia todavía puede hacer frente a sus obligaciones. Conforme a estas teorías no se mantiene en la sociedad a quien no está dispuesto a invertir en ella. Podrá, de esta manera, verse afectado por la reestructuración en su posición o sus derechos políticos[270].

---

268 Aquí se han de tener en cuenta las manifestaciones vertidas en el apartado del presupuesto objetivo, referidas a la insolvencia inminente y probable.

269 Como apunta GARCIMARTÍN ALFÉREZ, F. J., "La Propuesta de Directiva europea sobre reestructuraciones…" …, *op. cit.*, p. 16, los requisitos exigidos por el Tribunal Supremo consisten en que "*la aportación se haya realizado en condiciones de mercado, haya estado abierta a otros interesados y resulte necesaria*". Se hace eco de ello, BERMEJO GUTIÉRREZ, N., "Los socios y el reparto del excedente…" …, *op. cit.*, p. 208. Sirvan para una visión más amplia los trabajos realizados por MILLER, W., "Bankruptcy's new value exception: no longer necessity", *Boston University Law Review*, 77(5), 1997, pp. 975 a 1024 y RUSCH, L. J., "The new value exception to the absolute priority rule in chapter 11 reorganizations: what should the rule be", *Pepperdine Law Review*, 19(4), 1992, p. 1319, quien, a la sazón de la revisión que sufrió la *new value exception* con la revisión del Código de 1978 estadounidense, destacaba que la recompra por los socios debe consistir en dinero fresco o valor monetario, así como ser sustancial y razonablemente equivalente a la participación en la sociedad reorganizada que el acreedor recibiría. Como ejemplo, aporta el caso *Norwest Bank Worthington vs. Ahlers*, en el que el Tribunal Supremo desestimó en 1988 "la recompra", por no adecuarse la oferta del propietario único de una sociedad dedicada a la explotación agrícola a los requisitos mencionados.

270 En relación con esto, la Directiva (UE) 2019/1023 establece en su considerando 57 que "*Estados miembros deben garantizar que no puedan impedir injustificadamente la adopción de planes (…). Los Estados miembros deben poder utilizar distintos medios para lograr ese objetivo, por ejemplo, no concediendo a los tenedores de participaciones derecho de voto en relación con un plan de reestructuración y no supeditando la adopción de un plan de reestructuración al acuerdo de aquellos tenedores de participaciones que, sobre la*

Resultante de todo lo anterior es la vinculación o correlación de los derechos económicos y políticos del socio[271] y el cambio de perspectiva por lo que respecta a su posición en la sociedad en situaciones de insolvencia, desde la tradicional teoría del *shareholder ownership*, hacia su consideración como un acreedor residual o *residual claiments*[272]. Gana relevancia la dimensión económica o patrimonial del socio sobre la dimensión personal. Encontrándose fuera el valor del dinero o, en otras palabras, cuando sus derechos como socio tienen un valor económico de cero, decaen los derechos políticos del mismo. Se relacionan así directamente los derechos de gestión sobre la sociedad y el contenido económico de los mismos de manera que si bien la titularidad formal les corresponde, la titularidad material se atribuye a los acreedores de la compañía. Un planteamiento que podría tener encaje en la teoría partidaria de una naturaleza de los derechos administrativos o políticos como instrumentales de los derechos económicos[273].

Este planteamiento justifica la ruptura del principio de neutralidad objetiva, así como el vaciamiento de los derechos políticos de los socios de forma que, si bien no estará justificado cuando el socio se encuentra dentro del dinero, encuentra razón de ser cuando está

---

base de una valoración de la empresa, no recibirían ningún pago ni ninguna otra retribución si se aplicara el orden normal de prelación en la liquidación".

271 En cierta forma lo menciona así THERY MARTÍ, A., "La Directiva de reestructuraciones..." ..., *op. cit.*, p. 63, parafraseando a CABANAS TREJO con la expresión "*muro de contención*" para referirse a la relación entre derechos políticos y económicos. También, entre otros, FERRI Jr., G., "Il ruolo dei soci nella ristrutturazione finanziaria..."..., *op. cit.*, p. 135, se refiere a la participación accionarial como un bien jurídico de "segundo grado".

272 En el Derecho español, este cambio lo vaticinaba PULGAR EZQUERRA, J., "«Holdout accionarial», reestructuración forzosa..." ..., *op. cit.*, p. 48. Con antelación, STOUT, L. A., "Bad and Not-so-Bad Arguments..." ..., *op. cit.* 1189 a 1210, en relación con la *shareholder primacy*.

273 En palabras de SCHMIDT, D., *Les droits..., op. cit.*, p. 37,: "*Tout actionnaire, dès son entrée dans le groupe gouverné par la loi de la majorité, dispose individuellement de deux catégories de droits: des droits dits «propres» qui consistent à pouvoir exiger la contrapertie de son apport, et d'autre part, des droits que nous dirons «sociaux» qui consistent à pouvoir intervenir dans la gestión collective des biens sociaux: le droit est dit social parce qu'il ne donne aucune protection ou garantie directes à l'actionnaire qui l'exerce, mai lui permet seulment d'intervenit dans la vie sociale pour assurer la bonne gestión des intérêts du groupe dont les siens sont en dépendance*"

fuera del valor del dinero y, por ende, se entiende que no soporta el riesgo empresarial. En definitiva, por esta vía, se ha tratado de afectar los derechos de voto del socio o su poder de decisión.

Téngase en cuenta que la reestructuración busca la maximización del valor de la empresa, por lo que surge una nueva problemática cuando el socio no se encuentra fuera del valor del dinero: cómo se repartirá el excedente fruto de la reestructuración. En relación con esto, una opción legislativa que excluya el derecho de voto del socio favorecerá el riesgo de comportamientos expropiatorios por los acreedores que pretendan apropiarse de dicho excedente por valor superior al de sus créditos[274]. Al mismo tiempo, la perspectiva del socio de no recibir nada a pesar de encontrarse dentro del valor del dinero (o incluso si está fuera del valor del dinero pero no podrá participar del aumento del valor de la sociedad tras la reestructuración) fomentará su conducta oportunista contraria a la salud de la sociedad mediante una reestructuración temprana.

2. La Directiva de Sociedades y el riesgo de oportunismo de los socios como obstáculo frente a los fines propuestos por la Directiva (UE) 2019/1023

Uno de los grandes retos que se plantea la Directiva (UE) 2019/1023 es el lugar que ocupan los socios. El texto europeo los denomina "tenedores de participaciones" o "propietarios" de la sociedad, por cuanto son titulares de derechos patrimoniales y políticos que pueden verse afectados en la reestructuración temprana de las sociedades en crisis, apalancamiento o *financial distress*[275]. Frente a las medidas mayoritariamente contenidas en los planes de reestructuración que van destinadas a afectar a la estructura organizativa de la sociedad como, por ejemplo, las modificaciones estructurales y que, por lo tanto, afectan a la posición del socio en ella, el comportamiento de accionistas y tenedores de participaciones irá dirigido a impe-

---

274 BERMEJO GUTIÉRREZ, N., "Los socios y el reparto del excedente…" …, *op. cit.*, p. 201, aclara que el valor del excedente en la reestructuración les corresponde a los socios.

275 V. gr., los considerandos 43, 57 y 96, o los arts. 9 y 12 de la Directiva (UE) 2019/1023, expresamente.

dir o dificultar la adopción del plan[276]. Es lo que se ha denominado como conducta obstruccionista u oportunista, en la terminología inglesa *hold out behaviour* o accionarial de los socios[277].

En los conflictos societarios es habitual que el socio se comporte adoptando estrategias cortoplacistas. A este riesgo que se acrecienta en situaciones cercanas a la crisis se suma de un comportamiento obstruccionista. Con ello buscará asegurar la obtención de ventajas económicas en la sociedad resultante de la reestructuración que de otra forma no le corresponderían. Dichas ventajas se refieren al aumento de su cuota de liquidación o al mantenimiento de su participación en la sociedad *ex post.* Esto es, adjundicándose valor en la sociedad resultante. Existe la posibilidad de que mediante su participación en la negociación y/o votación de un plan de reestructuración fuercen mejores condiciones de las que les corresponden bajo la amenaza de impedir el plan de reestructuración reduciendo las expectativas de cobro de los acreedores[278]. Pero también se ha de considerar que este peligro se potencia ante la posibilidad de que los acreedores traten de excluir a los socios de la toma de decisiones o del reparto del excedente generado por la reestructuración (en la venta virtual). Tal proceder es susceptible de manifestarse en distintos momentos a lo

---

276 A modo de ejemplo, ya se pronunciaba en tiempos de la Propuesta de Directiva de reestructuraciones e insolvencia FERRI Jr., G., "Il ruolo dei soci nella ristrutturazione finanziaria…"…, *op. cit.*, pp. 133 a 134. En la doctrina española, entre otros, puede destacarse a PULGAR EZQUERRA, J., "«Hold out accionarial», reestructuración forzosa…" …, *op. cit.*, pp. 43 a 67; o BERMEJO GUTIÉRREZ, N., "Los socios y el reparto del excedente…" …, *op. cit.*, pp. 210 a 215.

277 FERNÁNDEZ DEL POZO, L., "La tutela de los socios frente a los planes…" …, *op. cit.*, p. 3, lo define como "*el comportamiento oportunista pero racional de los socios: no teniendo nada que perder, obstaculiza la adopción de un plan de reestructuración de la sociedad cuya ejecución necesita de la adopción de ciertos acuerdos sociales sobre cuya decisión retienen el control con el propósito de extraer rentas de la reorganización (la diferencia entre el valor liquidativo como going concern de la compañía y el valor ex post de empresa reestructurada neto de las deudas que deben satisfacerse)*".

278 GARCIMARTÍN ALFÉREZ, F. J., "La Propuesta de Directiva europea sobre reestructuraciones…" …, *op. cit.*, p. 6 de 22, quien ejemplifica de forma práctica cómo los socios procurarán obtener ventajas económicas ante la previsión de una liquidación tras la cual quedan fuera del valor del dinero; también, DÍAZ MORENO, A., "Socios, planes de reestructuración…" …, *op. cit.*, p. , 9; y BERMEJO GUTIÉRREZ, N., "Los socios y el reparto del excedente…" …, *op. cit.*, p. 216, mencionando el fenómeno "*gambling for resurrection*".

largo del procedimiento de un plan de reestructuración en atención al reparto de competencias que la normativa nacional prevea para los órganos sociales[279]. En un estado inicial exigiendo la iniciativa o consentimiento de los socios para su adopción. Posteriormente ante la posibilidad de requerir que la confirmación sea solicitada por estos. Toda vez que el plan ha sido adoptado y dada la separación entre el Derecho preconcursal y el societario, también en el momento de su ejecución, ya que la normativa societaria exige el acuerdo de la junta para la realización de aquellas medidas que afecten a la estructura de la sociedad[280]. Por último, cabe plantearse la posible obstrucción mediante el uso de los derechos de impugnación que la norma nacional permite frente a los planes de reestructuración y que en todo caso prevé el artículo 15.3. de la Directiva (UE) 2019/1023.

Ante los indeseables escenarios descritos la Directiva (UE) 2019/1023 de reestructuraciones es rotunda en sus considerandos apuntando que los Estados miembros tienen el deber de tomar las medidas necesarias para que los intereses de los socios "*no puedan impedir injustificadamente la adopción de planes de reestructuración que permitirían que el deudor recuperara su viabilidad*", concepto este último que también deja a la libre determinación de los Ordenamientos[281]. Un

---

279 DÍAZ MORENO, A., "Socios, planes de reestructuración..." ..., *op. cit.*, p. 44.

280 Particularmente por lo que se refiere a los minoritarios que dispondrán de poder para bloquear la adopción de un acuerdo, no solo en virtud de disposición legal, sino ante la posibilidad de un reforzamiento de las mayorías en estatutariamente o mediante pacto parasocial. Así, IRIBARREN BLANCO, M., "Saneamiento financiero de las sociedades mercantiles y deberes de fidelidad de los socios", *Revista de Derecho concursal y paraconcursal: Anales de doctrina, praxis, jurisprudencia y legislación*, Nº 28, 2018, p. 3, piensa en un minoritario que con un tercio de los votos correspondientes al capital social puede frustrar una ampliación del capital (art. 199.b). LSC).

281 Considerando 57 de la Directiva. En igual sentido, el considerando 96: "*[l]a eficacia del proceso de adopción y ejecución del plan de reestructuración no debe verse comprometida por el Derecho de sociedades*". Sobre esta remisión a la libre concreción por los distintos Estados miembros, DÍAZ MORENO, A., "Socios, planes de reestructuración..." ..., *op. cit.*, p. 46, en su nota núm. 129, apunta cómo esto último se encuentra relacionado con la libertad para elegir los medios destinados a impedir la obstrucción por los socios de la sociedad deudora. A este respecto, cabe señalar que una laxa armonización de la forma en la que los socios quedan afectados por los planes de reestructuración es contraria a las conclusiones alcanzadas por el Informe INSOL Europe 2010, en su p. 19.

mandato que implica necesariamente la superación del principio de neutralidad organizativa fundamentada sobre la reconducción del socio hacia la posición de un acreedor residual de la sociedad deudora en conexión con el respeto al principio de intangibilidad de las posiciones *ex ante*[282] mediante la modificación de ciertas disposiciones de la Directiva de Sociedades o la formulación de excepciones a las mismas, en contra de lo que hasta este momento determinaba el Tribunal de Justicia de la Unión Europea[283], si bien con excepciones para el sector financiero o bancario[284]. De ello se encarga el artículo 32 de la Directiva (UE) 2019/1023, por medio del cual añade en el

---

282 VATERMOLLI, D., "La posizione dei soci nelle ristrutturazioni..." ..., *op. cit.*, pp. 878 y 888 a 889, desarrolla esta idea y entiende que, por cuanto los derechos políticos del socio se condicionan a su contenido patrimonial, esto es, relacionando directamente el riesgo económico asumido y poder de gestión en la sociedad (como se verá más adelante), dicha modalidad de intromisión en el Derecho societario es la más respetuosa con el principio de neutralidad objetiva, así como con el principio de intangibilidad de las posiciones de los inversores. Para explicar esto último se hace eco de las palabras de PAZ-ARES, C., que recordaban cómo si los acreedores atisban que el valor de sus créditos no va a ser respetado *ex post* (en la insolvencia), esto es, el rango de sus pretensiones tratadas en el concurso posterior, no estarán dispuestos a prestar *ex ante* dichos créditos, bloqueando, por lo tanto, el acceso a la financiación de las empresas y paralizando el mercado. Por consiguiente, la ley de insolvencia debe dar un tratamiento adecuado y equitativo a esta situación sin modificar los derechos. También menciona la ruptura del principio de neutralidad organizativa DÍAZ MORENO, A., "Socios, planes de reestructuración..." ..., *op. cit.*, p. 14.

283 Resoluciones del TJUE, de 30 de mayo de 1991, (I-2691), Asuntos C-19/90 y C-20/90, caso "Karella", [ECLI:EU:C:1991:229]; de 24 de marzo de 1992, (I-2111), Asunto C-381/89, caso "Syndemos Melon", [ECLI:EU:C:1992:142], párr. 37; de 12 de marzo de 1996, (I-1347), Asunto C-441/93, caso "Pafitis", marginal N° 38, [ECLI:EU:C:1996:92]; de 12 de mayo de 1998, (I-2843), Asunto C-367/96, caso "Kefalas", [ECLI:EU:C:1998:222]; o de 23 de marzo del 2000, (I-1705), Asunto C-373/97, caso "Diamantis", [ECLI:EU:C:2000:150]. Además, MADAUS, S., "Keine Reorganisation ohne die Gesellschafter", *Zeitschrift für Unternehmens-und Gesellschaftsrecht (ZGR)*, Vol. 40, N° 6, 2011, pp. 768 y 769, recopila las distintas posiciones en la doctrina sobre la aplicación de las normas de la Directiva acorde con los criterios del TJUE. El autor se posiciona a favor del mantenimiento de los derechos del socio proclamados en la Directiva de Sociedades, si bien admitiendo determinados supuestos de prohibiciones a la obstrucción por estos.

284 STJUE de 8 de noviembre de 2016, Asunto C-41/15, caso "Dowling", [ECLI:EU:C:2016:836].

artículo 84 de la Directiva de Sociedades un apartado cuarto relativo a la obligación de los Estados miembros de establecer excepciones a aquellas disposiciones relativas —aquí, con ánimo simplificador— a la imperativa decisión de la junta para el aumento o reducción de capital, así como para la amortización de acciones, a la necesidad de votación por clases separadas de accionistas afectados o a la concesión de un derecho de preferencia, entre otros[285]. Como salvedades se encuentran los supuestos de conversión de acciones u otros instrumentos. Lo anterior, sin prejuicio del principio de igualdad de trato de los accionistas[286].

Las tensiones surgidas en situaciones de insolvencia o *financial distress* entre el Derecho concursal y el societario no son nuevas en la doctrina, encontrando autores que ya trataran el desplazamiento que sufre el Derecho societario por un Derecho aplicable a la insolvencia en el ordenamiento alemán[287]. Más recientemente, el resultado de la convergencia ha sido denominado como un Derecho material de la (pre)insolvencia, desplazando al Derecho societario habitual "*común*" o "supletorio" por un Derecho especial asociado a situaciones de insolvencia actual, inminente o probable en determinados aspectos de la adopción de planes de reestructuración[288]. Otra

---

285 El nuevo contenido del art. 84 de la Directiva de Sociedades establece lo siguiente: "*Los Estados miembros establecerán excepciones a lo dispuesto en el artículo 58, apartado 1, el artículo 68, los artículos 72, 73 y 74, el artículo 79, apartado 1, letra b), el artículo 80, apartado 1, y el artículo 81, en la medida y durante el tiempo en que tales excepciones sean necesarias para el establecimiento de los marcos de reestructuración preventiva previstos en la Directiva (UE) 2019/1023 del Parlamento Europeo y del Consejo*".

286 El profesor GIRÓN TENA, J., *Apuntes de Derecho Mercantil... op. cit.*, p. 129, al tratar las distintas tesis que fundamentan jurídicamente este principio, constitutivo de "*un verdadero derecho del socio, que se ampara con la correspondiente acción*", lo define como aquella situación en la que "*dándose las mismas circunstancias, no sean distintas las cargas o ventajas para los socios*", afectando a los límites al poder mayoritario que desarrolla la doctrina alemana.

287 Es el caso de SCHMIDT, K., "¿Desbanca el Derecho concursal al Derecho de sociedades? Disputas societarias..." ..., *op. cit.*, pp. 1 a 19, haciendo un repaso de la coexistencia de ambas materias en el Derecho alemán de la insolvencia, con especial relación con la capitalización de créditos.

288 La denominación del Derecho especial de preinsolvencia o "Derecho societario preconcursal" le corresponde a FERNÁNDEZ DEL POZO, L., "La tutela de los socios frente a los planes..." ..., *op. cit.*, pp. 4 y 5. El autor clasifica las materias concretas sobre las que se aplicaría el denominado Derecho societario precon-

denominación utilizada es la de *insolvency governance*, surgida como resultado de las convergencias existentes entre la normativa concursal y la de gobierno corporativo.

Anteriormente, estudios como el Informe de Insol Europe de 2010 ya reclamaban una adecuada coordinación de ambos sectores normativos. Destaca en él la nota de aviso sobre la imposibilidad de llevar a cabo una reforma del Derecho concursal o preconcursal sin tener en cuenta necesarias reformas en otras áreas del Derecho conexas, especialmente, en Derecho de sociedades· Entre otras, anunciaba la insalvable reforma de las normas relativas al capital social[289] o la necesidad de contar con la aprobación de los socios para la adopción de estas medidas. El motivo se encuentra en la falta de previsión por parte de las Directivas de Derecho de sociedades Segunda[290], Tercera[291] y Sexta[292], de normas especiales para el caso de insolvencia o reestructuración que excepcionen las disposiciones aplicables a la toma de decisiones por parte de la junta general. En condiciones

---

cursal. En concreto, son los arts. 631.2., 632 y 650.2. de la Ley 16/2022, relativos a la formación de la voluntad social y protección de los acreedores para la aprobación del acuerdo social, capitalización de deuda y los actos societarios de ejecución del plan. Otros ya trataron la cuestión del desplazamiento del Derecho societario por el concursal en situaciones cercanas a la crisis. También se puede ver sobre esta cuestión a COHEN BENCHETRIT, A., "La posición del socio ante la reestructuración…" …, *op. cit.*, p. 8.

289 Fruto de ello es la Ley 18/2022, de 28 de septiembre de creación y crecimiento de empresas, «BOE-A-2022-15818», coloquialmente conocida como la Ley "Crea y Crece", por la que se permite la constitución de sociedades de responsabilidad limitada con un capital social mínimo de un euro, modificando el Real Decreto Legislativo 1/2010, de 2 de julio, «BOE-A-2010-10544».

290 Segunda Directiva 77/91/CEE del Consejo, de 13 de diciembre de 1976, tendente a coordinar para hacerlas equivalentes, las garantías exigidas en los Estados Miembros a las sociedades, definidas en el párrafo segundo del artículo 58 del Tratado, con el fin de proteger los intereses de los socios y terceros, en lo relativo a la constitución de la sociedad anónima, así como al mantenimiento y modificaciones de su capital, DO L 26, de 31 de enero de 1977, en su artículo 30.

291 Tercera Directiva 78/855/CEE del Consejo, de 9 de octubre de 1978, basada en la letra g) del apartado 3 del artículo 54 del Tratado y relativa a las fusiones de las sociedades anónimas, DO L 295 del 20 de octubre de 1978.

292 Sexta Directiva 82/891/CEE del Consejo, de 17 de diciembre de 1982, basada en la letra g) del apartado 3 del artículo 54 del Tratado y referente a la escisión de sociedades anónimas, DO L 378 de 31 de diciembre de 1982.

normales, para la protección del derecho de propiedad de los socios y, en ejecución de sus derechos políticos, tanto la norma europea como la transposición nacional, les conceden competencia única para decidir a través de este órgano societario sobre posibles reducciones de capital, además de concederles un derecho de preferencia[293].

En contraposición a una situación que podría denominarse normal o de mera bonanza económica, el informe destaca también que, en situaciones de insolvencia, los socios no tienen ninguna participación en el proceso salvo que ostenten préstamos o bonos convertibles, es decir, que tengan una doble condición de socio y acreedor. Verán entonces sus derechos reducidos drásticamente e incluso privados en ocasiones de la capacidad de decisión que ostentan en virtud de sus derechos políticos en junta general. Tal contradicción, referida al reparto competencial en el preconcurso con la regulación societaria, requerirá de modificaciones sobre esta última que solucionen, de un lado, la posible obstrucción de los socios y, de otro, vaya acompañada de garantías suficientes que compensen el riesgo expropiatorio al que se enfrentan[294].

Las reformas que se anunciaban inevitables tanto por el informe como por la doctrina y resultaban acuciantes ante las novedades legislativas, devienen imperativas con el artículo 12 de la Directiva (UE) 2019/1023 de reestructuraciones, por el que se modifica el artículo 84 de la Directiva de Sociedades, en relación con su artículo 9. Ahora sí, la aplicación de las excepciones a las distintas disposiciones de esta última por los legisladores nacionales se hará depender de la opción legislativa elegida de entre las ofrecidas por la Directiva de reestructuraciones en relación con el papel que los socios ocupen en la reestructuración y al tratamiento de sus derechos. En este sentido se muestra flexible y enumera distintas alternativas de forma ejemplificativa para equilibrar los intereses implicados[295].

En primer lugar, basándose en las mencionadas teorías de corte económico y reflejo en ordenamientos anglosajones, el artículo 9.3.

---

293 Informe de Insol Europe 2010, pp. 31 y 32.

294 Informe de Insol Europe 2010, pp. 31 y 32.

295 Sirva también la exposición a este respecto de GALLEGO SÁNCHEZ, E., "La posición de los socios…" …, *op. cit.*, pp. 547 a 551.

de la Directiva (UE) 2019/1023 declara que los Estados miembros pueden disponer que el socio no tendrá derecho de voto en la reestructuración, de forma que no se supedite el buen fin del plan al consentimiento de aquellos socios que no recibirían nada en una liquidación posterior conforme a las reglas de prelación aplicables. El objetivo es eliminar el derecho de veto del que disponen los socios. Para ello es imprescindible, en última instancia, la introducción de excepciones en las disposiciones del Derecho de sociedades que garantizan la soberanía del socio mediante el ejercicio del derecho de voto en la junta general.

Como alternativa, los artículos 9 a 11 de la Directiva, ajustándose al paradigma de considerar al socio como un acreedor residual, arbitran el mecanismo de reestructuración forzosa a los socios disidentes. Sistemas como el holandés, el británico, el alemán[296], más recientemente el italiano[297] o, primeramente, el estadounidense[298], ya adoptaban estas medidas[299]. Esta posibilidad excluiría la toma de decisiones por la junta general, debiendo manifestar los socios su voto bajo términos exclusivamente preconcursales como una clase más de acreedores. Esto es, bajo lo que ya se ha denominado como un Derecho material especial de la preinsolvencia. Adoptado el plan de reestructuración, una autoridad judicial o administrativa podrá aplicar forzosamente las medidas de reestructuración de deuda pactadas a todas las categorías de acreedores disidentes entre las que se encontrarían los socios de la sociedad deudora como una categoría autónoma, de manera similar a como ocurre en el caso italiano[300]. De optar

---

296 Se desprende del §222 InSO. Lo confirma GALLEGO CÓRCOLES, A., La capitalización de créditos…, *op. cit.*, p. 134.

297 El art. 120-ter *Codice della crisi*, con una especial mención en su apartado tercero, expresamente trata al socio como una clase de acreedores.

298 GALLEGO CÓRCOLES, A., La capitalización de créditos…, *op. cit.*, p. 135.

299 FERNÁNDEZ DEL POZO, L., "La tutela de los socios frente a los planes…" …, *op. cit.*, p. 4.

300 Así se construía el artículo 185 *Legge Fallimentare,* respecto de la ejecución del *concordato preventivo*, pudiendo el juez apoderar al *commissario giudiziale* para la realización de cuantos actos sean necesarios e, incluso, para la revocación del órgano de administración y el nombramiento consecutivo de un *amministratore giudiziario,* pero presuponiendo una adopción y homologación previa del acuerdo, esto es, afectando únicamente a su ejecución. En la actualidad, el novedoso artículo 120-quinquies del *Codice della Crisi d'impresa*, relativo a los instrumentos

por mantener el derecho de voto manifestado en junta general de socios conforme a las normas del tipo social aplicable, la Directiva de reestructuraciones permite sustituir su decisión contraria al plan de reestructuración por una decisión favorable e imperativa dictada por una autoridad judicial o administrativa, como es el caso francés[301] o alemán[302]. Se trata de una excepción a las competencias atribuidas a la junta autorizada por el artículo 32 de la Directiva (UE) 2019/1023, por el que se modifica la Directiva de Sociedades.

Por último, la Directiva (UE) 2019/1023 propone como alternativa a la consideración del socio como un acreedor en la reestructuración flexibilizar o aligerar los requisitos societarios para la adopción de aquellos acuerdos de la junta general relativos a la aprobación de los planes de reestructuración, restringiendo además su participación a los casos en los que sus derechos se vean afectados directamente.

La tercera opción que presenta la Directiva (UE) 2019/1023 en su artículo 12[303], fue la elegida por el Texto Refundido de la Ley Concursal española previamente a la reforma por la Ley 16/2022 para la transposición de la Directiva. El sistema español experimentó cierto desplazamiento del Derecho de sociedades a través de la disposición adicional 4ª y del artículo 71 bis de la Ley Concursal por medio de los cuales se introdujeron modificaciones en los requisitos societarios para la adopción en junta de capitalización de deuda, así como en los requisitos de los créditos compensables, en el marco de los acuer-

---

para regular la crisis e insolvencia de las empresas, por el que se establece, en caso de reducción y ampliación de capital y las demás modificaciones estatutarias —incluyendo cualquier acto que sea necesario— se realizarán por el administrador en el plazo de treinta días —salvo que otra cosa se hubiese previsto en el plan—. En su defecto, el Tribunal, a petición de cualquier interesado y previa audiencia de los administradores, podrá nombrar un *amministratore giudiziario*, otorgándole poderes necesarios y destituyendo a los administradores por causa justificada. Sobre el art. 185 de *Legge Fallimentare*, *ver* FERRI Jr., G., "Il ruolo dei soci nella ristrutturazione finanziaria…"…, *op. cit.*, p. 136.

301 Artículos L.631-9-1 y 631-19-2 *Code de Comerce*, relativo al *redressement*.

302 §245 InSO, que regula el *Obstruktionsverbot*.

303 Las tres alternativas que la Directiva (UE) 2019/1023 brinda a los Estados miembros se encuentran también planteadas en su considerando 57.

dos de refinanciación[304]. Al mismo tiempo y, de una forma más profunda, otras injerencias producen la ruptura del clásico paradigma societario que considera al socio como "propietario" de la sociedad basada en la teoría de maximización del valor de su participación (*shareholder value doctrine*). Por ejemplo, mediante la suspensión total del derecho de adquisición preferente[305].

Las tres opciones se exponen de forma ejemplificativa por la Directiva (UE) 2019/1023 y exigiendo que las medidas adoptadas como alternativa a las dos primeras garanticen que el Derecho societario no impide el buen fin del plan de reestructuración[306]. Con ello se pretende paliar los efectos del comportamiento obstruccionista en favor de la reestructuración temprana de la deuda de empresas viables.

---

304 PULGAR EZQUERRA, J., "Gobierno corporativo, sociedades cotizadas y proximidad..." ..., *op. cit.*, p. 30, recuerda otras modificaciones sufridas por el Derecho societario, v.gr., la supresión del derecho de suscripción preferente y el "aligeramiento de los requisitos en materia de OPAS".
El sistema de la anterior LC, refundido en el TRLC, prevé únicamente para la capitalización de créditos, un régimen de penalización en la fase de calificación concursal ante la negativa injustificada de los socios a capitalizar la deuda, junto con la flexibilización de los requisitos de los arts. 624 y 688 TRLC. Estos últimos de aplicación a los acuerdos de refinanciación y acuerdos extrajudiciales de pago, similarmente al contenido del art. 328 TRLC, referido a la propuesta de convenio. Un procedimiento que promete cambios con la entrada en vigor de la Ley 16/2022.

305 Anteriormente ya se contemplaba para algún supuesto la suspensión de este derecho acompañada, no obstante, de un derecho de preferencia en segunda transmisión de dichas acciones o participaciones, valores o instrumentos, al cual se vincula la posibilidad de afectar al socio como parte la calificación del concurso como culpable. Ver en este sentido a PULGAR EZQUERRA, J., "Gobierno corporativo, sociedades cotizadas y proximidad..." ..., *op. cit.*, p. 30. Este sistema, si bien se encuentra en algunos aspectos avanzado, también se ha afirmado insuficiente en relación con los objetivos europeos propuestos al construirse sobre incentivos de carácter negativo para evitar el bloqueo injustificado por parte de los socios de la reestructuración. En este sentido, ZABALETA DÍAZ, M., "La propuesta de directiva sobre marcos de reestructuración..." ..., *op. cit.*, p. 10 o DÍAZ MORENO, A., "Socios, planes de reestructuración..." ..., *op. cit.*, p. 46. También PULGAR EZQUERRA, J., "Gobierno corporativo, sociedades cotizadas y proximidad..." ..., *op. cit.*, p. 31. Su funcionamiento como mecanismo preventivo de activación *ex post* y otros condicionantes han llevado a un sector doctrinal a considerarlo ineficaz frente al bloqueo accionarial

306 Considerando 96 de la Directiva.

En la otra cara de la moneda, no obstante, ocurre que las medidas relativas a la supresión o limitación del derecho de voto, pueden implicar una verdadera expropiación de derechos. Frente a ambos riesgos presentados, los Estados miembros afrontan una difícil toma de decisiones a la hora de transponer la Directiva (UE) 2019/1023 respetuosamente para con el equilibrio de intereses implicados, asegurando unas garantías suficientes y susceptibles de suponer un cambio de paradigma en el Derecho societario y en las relaciones de jerarquía normativa entre este y el Derecho preconcursal, con importantes consecuencias. Se requiere por ello, un estudio que aclare las reformas necesarias en ambas áreas del Derecho, así como esclarecer si se tienen en cuenta los derechos de los socios de la sociedad deudora o, en caso de que éstos sufran merma alguna, si se aplican las garantías correlativas suficientes.

Por último, cabe apuntar que el hecho de que la Directiva de Sociedades se dirija a la protección de socios y terceros relacionados con las sociedades anónimas, no obsta para la aplicación las modificaciones introducidas por la Directiva (UE) 2019/1023 de reestructuraciones al régimen de las sociedades de responsabilidad limitada. La ambivalencia de ambos tipos societarios, resultado de las sucesivas reformas que experimentó el régimen de las sociedades de responsabilidad limitada, consolidó la función de tipo básico de esta última en la práctica, así como un claro régimen común entre ambos tipos societarios y la clara diferenciación de la sociedad cotizada[307]. Una tendencia que ya mostraba la fallida Propuesta de Código Mercantil[308] y que sirve para comprender extrapolables las modificaciones

---

307 La ambivalencia o polivalencia funcional de las sociedades anónimas y de responsabilidad limitada está ampliamente reconocida en la doctrina. Sirvan al caso, las palabras de VAQUERIZO, A., "Artículo 1. Sociedades de capital", en Rojo, A. y Beltrán, E., (dirs.), *Comentario de la Ley de Sociedades de Capital*, Tomo I, Aranzadi, Thomson Reuters, Navarra, 2011, p. 183. Concretamente, sobre la flexibilidad del régimen estatutario de las sociedades de responsabilidad limitada, ver ALONSO UREBA, A., "El capital como cuestión tipológica", en Paz-Ares, C., (coord.), *Tratando de la Sociedad Limitada*, Fundación Cultural del Notariado, Madrid, 1997, p. 314 y BERCOVITZ RODRÍGUEZ-CANO, A., "Luces y sobras en la Ley de Sociedades..." ..., *op. cit.*, p. 45.

308 La Propuesta de Código Mercantil, elaborada por la Sección Segunda de Derecho Mercantil de la Comisión General de Codificación, de 17 de junio de 2013, encargada por Orden de 7 de noviembre de 2006 por el Ministro de Justicia,

en materia de sociedades introducidas por el artículo 32 de la Directiva (UE) 2019/1023 de reestructuraciones también a las sociedades de responsabilidad limitada y, con ello, a los tenedores de participaciones para una verdadera armonización. Eso sí, con reconocimiento de las particularidades que procedan en su caso. Lo contrario sería desoír los propósitos y mandatos de la Directiva (UE) 2019/1023 de reestructuraciones en detrimento del correcto funcionamiento del Mercado Interior Único.

Por añadidura, con base en el concepto mismo de reestructuración y la definición propuesta, se verá implicado el Real Decreto-Ley 5/2023.

3. *La alteración del Derecho de sociedades por la Directiva y el riesgo expropiatorio del socio*

3.1. El riesgo de expropiación de los derechos económicos del socio

La priorización y aseguramiento del rescate en un momento temprano a través de la reestructuración de empresas lleva al legislador europeo a proponer medidas que impidan la supeditación de los planes de reestructuración completamente a la voluntad de los socios que con frecuencia se mostrarán reticentes a su aprobación. Con base en la posición del socio como un acreedor residual propone la anulación

se proponía entre otras materias, la previsión de las disposiciones comunes de los tipos societarios principales, con mención especial de las particularidades de cada una. Esto es, reconocer el acercamiento de ambos tipos, sin alterar el "status quo". Cabe entender que, siguiendo con la tendencia armonizadora, las modificaciones del régimen societario realizadas para las sociedades anónimas serán igualmente aplicables a las sociedades de responsabilidad limitada en cumplimiento de la Directiva (UE) 2019/1023 de reestructuraciones, si no por mandato explícito de la Directiva de Sociedades. En concreto, la exposición de motivos en sus apartados III-31 a III-46, aborda esta cuestión, con especial mención al régimen compartido, relativo a la función como partes del capital de las participaciones sociales y, en lo que aquí interesa, a los derechos básicos y especiales de los socios, con mención específica a los derechos de la minoría. Igualmente, engloba las disposiciones comunes aplicables a los órganos de la sociedad de capital y, con especial significado, de la Junta general como órgano deliberante.

del poder de veto del que dispone mediante la supresión de su derecho de voto en aquellas operaciones que implican una afectación de la estructura de capital, modificando o excepcionando las normas societarias derivadas de la Directiva de Sociedades. Otra medida es la de considerarle un acreedor residual y aplicarle forzosamente el contenido de un plan de reestructuración susceptible de afectar a su posición en la sociedad. Igualmente, se plantea la supresión de los derechos de preferencia que impediría el mantenimiento de una posición en la sociedad ante un aumento de capital y, en caso de que los acreedores capitalizasen su deuda, impide reducir el riesgo de dilución.

La dilución de la posición del socio alcanza igualmente a sus derechos económicos incluso hasta la expulsión de la sociedad, esto es, reduciéndolos a cero. La menor participación en el capital social implicará una menor expectativa de ganancia y de participación en los beneficios, afectando también al derecho a la cuota de liquidación futura y a otros derechos conexos como el de transmisión de acciones o participaciones. En el peor de los casos el valor residual que les correspondería será cero.

Junto a esto, las medidas propuestas por la Directiva (UE) 2019/1023 pueden afectar a otros derechos económicos del socio de forma expropiatoria. Debido a la cristalización de los derechos de opción de los socios, cuando el contenido del plan de reestructuración consista en modificaciones estructurales u operaciones de reducción o aumento de capital (susceptibles de diluir la posición del socio), aquellos socios que se encuentren fuera del valor del dinero no tendrán derechos a recibir valor alguno en concepto de cuota de liquidación. En este contexto, una limitación de los derechos políticos del socio como el derecho de voto u otras medidas como una aplicación forzosa del plan de reestructuración pueden favorecer comportamientos abusivos o confiscatorios por parte de los acreedores. En este sentido, podrá expulsarse innecesariamente al socio de la sociedad deudora sin otorgarle el derecho a la cuota de liquidación que le corresponda. Esto ocurrirá en situaciones en las que se lleve a cabo una infravaloración de la sociedad deudora. Un error en dicho cálculo sin permitir al socio decidir al respecto y, siempre que no vaya aparejado a otras cautelas como la supervisión por una autoridad, podrán ser expropiatorias.

Similar situación se produce con una infravaloración de la sociedad *ex post*. Con la reestructuración se plantean dudas acerca de la forma adecuada para el reparto del valor del excedente generado con la reestructuración. Asimismo, obliga a cuestionarse si el socio tiene derechos sobre dicho excedente, si el diseño legal de la reestructuración debe protegerlo y cómo, o si existen herramientas suficientes en el derecho societario. Estas preguntas son de especial relevancia cuando el plan contiene modificaciones estructurales como operaciones de reducción y aumento de capital y especialmente con la entrada del acreedor en el capital social a través de una capitalización de deuda. Cuando se produzca una infravaloración de la sociedad *ex post* o no se tenga en cuenta este valor para determinar el tipo de emisión de las nuevas acciones objeto de capitalización (una estimación del valor *ex post* de la sociedad, menos el valor *ex ante* y el crédito que el acreedor ostenta frente a la sociedad) los acreedores estarían adquiriendo un valor en la sociedad muy superior al que abonan y al que les corresponde de acuerdo con el crédito que pactaron con el deudor. Como argumento a favor de la conservación de valor por el socio se ha de tener presente que el acreedor únicamente retiene derechos económicos correspondientes al valor íntegro de su crédito, por lo que no le pertenece *a priori* cualquier otra cantidad que exceda del mismo. De igual manera, al socio le corresponden derechos económicos sobre el valor de la sociedad toda vez que los créditos que componían la deuda han sido satisfechos. Privarle de tales cantidades sería claramente expropiatorio.

Estos riesgos se agravan favoreciendo comportamientos abusivos cuando el socio no dispone de un derecho de voto en la adopción del plan. Lo mismo cabe afirmar respecto de otras medidas como la eliminación de un derecho de preferencia o las medidas de aplicación forzosa de la reestructuración aplicable a todas las categorías o *cram down*. En resumidas cuentas, el socio puede estar sufriendo una expropiación de sus derechos económicos derivados de la titularidad de las acciones o participaciones[309], mediante la limitación

---

309 Ya lo apuntaba el Informe de INSOL Europe 2010 (p. 31), en relación con el art. 1 del Protocolo 1 del CEDH, en el que se proclama el goce pacífico de las posesiones para toda persona física o jurídica, afectando a la privación de la propiedad de las acciones y participaciones sociales o cualquier minusvalía que

de los derechos políticos. Se les estaría privando de su condición de socios[310]. Como antecedente, cabe citar el *caso Larios* resuelto por el Tribunal Constitucional Español en 1987[311] y del que más adelante se hablará. Todo ello, unido a una falta de medidas garantistas suficientes allanaría el camino para la utilización de las herramientas de reestructuración con fines abusivos, siendo especialmente vulnerables los socios minoritarios.

3.2. El riesgo de expropiación de los derechos políticos del socio

3.2.1. Particular consideración a la supresión del derecho de voto

La misma conclusión se alcanza al entender que los derechos políticos son instrumentales respecto de los económicos. La supresión del derecho de voto podría considerarse un vaciamiento del derecho económico del socio. Es cierto que este no es absoluto e inderogable, toda vez que se permiten las acciones sin voto. Lo que se estaría produciendo es una limitación en el ejercicio de las facultades de control del socio y, con esto, de los medios de tutela de sus derechos económicos, traducidos en las expectativas de ganancias. La eliminación de este derecho administrativo, es relevante por cuanto afecta

---

pudieran sufrir. En la doctrina nacional, entre otros, FERNÁNDEZ DEL POZO, L., "La tutela de los socios frente a los planes…" …, *op. cit.*, p. 4; BERMEJO GUTIÉRREZ, N., "Los socios y el reparto del excedente…" …, *op. cit.*, pp., 215 y 216; GALLEGO CÓRCOLES, A., *La capitalización de créditos…*, *op. cit.*, p. 135; VIERA GONZÁLEZ, J., "Gobierno corporativo de sociedades no cotizadas…" …, *op. cit.*, p. 848; o IRIBARREN BLANCO, M., "Los socios en los planes de reestructuración…" …, *op. cit.*, p. 104. También en Derecho comparado, entre otros, EIDENMÜLLER, H., "Comparative corporate insolvency law" … *op. cit.*, p. 22; o SCHMIDT, K., "¿Desbanca el Derecho concursal al Derecho de sociedades? Disputas societarias…" …, *op. cit.*, p. 311, quien denuncia esta situación a través del supuesto alemán del concurso de acreedores de la sociedad anónima y bursátil "Pfleider AG", estudio desarrollado en SCHMIDT, K. "Schöne neue Sanierungswelt: Die Glaubiger okkupieren die Burg", *Zeitschrift für Wirtschaftsrecht (ZIP)*, N° 33/2, 2012, pp. 2085 a 2088.

310 GIRÓN TENA, J., Apuntes de Derecho Mercantil… *op. cit.*, pp. 121 y 122 sostenía que la relación jurídica compleja es "*suficiente para explicar que el socio no pueda ser desposeído de ella*".

311 STC N° 23, de 23 de febrero de 1987 [ECLI:ES:TC:1987:23].

a decisiones esenciales sobre la estructura societaria y sus derechos económicos.

Dado que nada se dice al contrario, cabe entender que con la supresión del derecho de voto se excluye completamente a los socios de la negociación. Entonces, no habrá lugar alguno a convocatoria de la junta general de accionistas y, por lo tanto, se les impide el resto de sus derechos políticos asociados, como son los de información, para el control de la gestión y el cuidado de sus intereses económicos. Aun cuando los socios podrán convocar una junta general extraordinaria, conforme se ha visto previamente, para la censura de la actuación del administrador o el ejercicio de sus derechos, el aislamiento que sufrirían dentro de las funciones de gestión lo hace poco probable. Además, la ejecución de las medidas que provoquen su dilución incidirá también en su capacidad de influencia en la sociedad, no quedándole más remedio que la salida de la misma, recibiendo en tal caso una compensación mucho menor a su expectativa previa a la reestructuración, dada su nueva posición en esta. Todo ello no afecta únicamente al derecho de voto del socio, sino a los derechos conexos y al papel soberano de la junta cuya privación, por otro lado, se ha probado indeseable desde el punto de vista del gobierno corporativo.

Junto a esto, se ha de mencionar el debate afrontado a partir del año 2002 en distintos ordenamientos sobre la constitucionalidad de las normas reguladoras del *squeeze-out* en relación con el riesgo de expropiación de los derechos de los accionistas, cuyos argumentos son extrapolables al caso que aquí interesa debido a las semejanzas que ambos presentan[312]. En otras palabras, el problema se encuentra

---

312 A estos efectos resulta esencial el trabajo de RONCERO SÁNCHEZ, A., "La compra y venta forzosa de acciones (sell out y squeeze out)", *Revista de Derecho de sociedades*, Nº 33, 2009, pp. 54 a 58, donde expone el estado de la cuestión con amplias referencias comparadas de ordenamientos como el alemán, el francés o el portugués, en los cuales, la doctrina mayoritaria rechaza que se trate de una expropiación, como es el caso de WIRTH, G., y ARNOLD, M., "Anfechtungsklagen gegen Squeeze out-Hauptversammlungsbeschlüsse wegen angeblicher Verfassungswidrigkeit", *Die Aktiengesellschaf (AG)*, 2002, p. 504, y donde la constitucionalidad de la herramienta del *squeeze-out* ha sido aceptada por los tribunales, así como por el Tribunal de Estrasburgo respecto del art. 1 CEDH, o de la Petición (0556/2006) formulada al Parlamento Europeo por un ciudadano

en dilucidar si se trata de una verdadera expropiación y, de si ésta es acorde con los postulados constitucionales. Si se tiene en cuenta que en las situaciones más graves de apalancamiento el valor económico de la acción o participación se encuentra fuera del valor del dinero, la relación entre los derechos económicos y políticos justificaría la ausencia de un derecho de voto en estos casos[313], así como del de convocatoria e información, aun cuando se sustentan en la posibilidad de sancionar la actuación del administrador. Es decir, el vaciamiento del valor económico y por tanto la reducción a cero de los derechos económicos estarían directamente relacionados con el ejercicio de los derechos administrativos[314]. Ello justificaría en última

---

francés. Esta práctica, se encuentra aceptada en Estados Unidos, pudiendo producirse el *squeeze-out* como resultado de una operación de reestructuración, v. gr., una fusión, en la que el minoritario queda excluido de la sociedad resultante a cambio de una compensación que hace variar el tipo de canje (distinto a la entrega de una participación en el capital) que podrá revestir diversas formas. Sobre estas cuestiones en el sistema norteamericano, puede consultarse a WEISS, E. J., "The Law of Take Out Mergers: A Historical Perspective", *New York University Law Review*, Vol. 56, 1981, pp. 624 a 693; y a HERZEL, L., y DALE, E. C., "Establishing Procedural Fairness in Squeeze-Out Mergers after Weinberger v. VOP", *Business Lawyer (ABA)*, N° 39, 1984, pp. 1525 a 1540. Por su parte, el ordenamiento británico contiene mecanismos similares, pero cuyo fundamento difiere del *squeeze-out* y se construye a partir de un derecho de exclusión *ad hoc*. Para un estudio más amplio sobre la evolución en Estados Unidos de las distintas modalidades de fusión posibles que se dan en la práctica para expulsar a los minoritarios y la crítica doctrinal norteamericana, así como algunas propuestas de tutela, consultar a PÉREZ TROYA, A., *La tutela del accionista en la fusión... op. cit.*, pp. 125 y ss, quien, entre otras cosas, subraya que la entrega de acciones es una manifestación de la continuidad de vínculos societarios y no una contraprestación.

313 Pueden encontrarse propuestas sobre la completa exclusión del socio en BITTER, G., "Sanierung in der Insolvenz..." ..., *op. cit.*, pp. 147, 149 y ss.; BITTER, G. y LASPEYRES, A., "Rechtsträgerspezifische Berechtigungen..." ..., *op. cit.*, pp. 1157 a 1165; UHLENBRUCK, W., "Von der Notwendigkeit eines eigenständigen Sanierungsgesetzes", *Neue Zeitschrift für Insolvenz- und Sanierungsrecht (NZI)*, N° 4, 2008, pp. 201 y 203; VALLENDER, H., "Gefahren für den Insolvenzstandort Deutschland", *Neue Zeitschrift für Insolvenz- und Sanierungsrecht (NZI)*, N° 3, 2007, pp. 129, 136 ss.; y KRESSER, M., "Debt-equity-swaps im Insolvenzplanverfahren de *lege ferenda*", *Zeitschrift für das gesamte Insolvenz- und Sanierungsrecht (ZinsO)*, pp. 1409, 1415.

314 También en la doctrina alemana, MADAUS, S., "Keine Reorganisation..." ..., *op. cit.*, p. , 761, con base en el art. 199 InsO, que dispone que el socio será el último

instancia una reestructuración forzosa a través de la homologación o confirmación de un plan de reestructuración cuando el valor de la participación del socio es cero. Es decir, en insolvencia actual y con altas probabilidades, en insolvencia inminente.

Desde la perspectiva estrictamente jurídico-societaria de la naturaleza de la condición de socio se ha de recordar que esta responde a una relación jurídica de cooperación con la sociedad y que, con ello, se somete a las normas propias de la organización social en la que se integra —atendiendo al tipo social en cada caso— dirigidas a la obtención de un fin común. Estas determinan el nacimiento, extinción y condicionamiento de la participación social, ligándose esta última a dicha organización social y sus normas de forma que los derechos que la integran quedan a la misma subordinada. En otras palabras, se someten al poder de decisión de la organización, configurado por su propio marco legal y estatutario[315]. Existen otros ejemplos en las regulaciones societaria y concursal de mecanismos por los que se fuerza la salida de los socios, mediante la disolución obligatoria de la sociedad, si bien es cierto que, la constatación de la causa legal o estatutaria que la origina, así como su tramitación cuenta con la garantía de una supervisión judicial o administrativa[316]. Conforme a ello, no toda limitación de los derechos necesariamente implica una expropiación al socio. Lo que no obsta para que esta responda a ciertos intereses superiores y se condicione al cumplimiento de las salvaguardas necesarias[317].

---

en ver satisfecho su crédito.

315 Con estas palabras, RONCERO SÁNCHEZ, A., "La compra y venta forzosas..." ..., *op. cit.*, p. 57.

316 Art. 366 LSC, en relación con las causas legales y estatutarias de disolución y el art. 413.3. TRLC. En el Derecho comparado, consultar también los supuestos de exclusión del socio en medidas de saneamiento con base en el deber de fidelidad que le es exigible, que se tratan más adelante.

317 EIDENMÜLLER, H. y ENGERT, A., "Reformperspektiven einer Umwandlung von Fremd- in Eigenkapital (Debt-Equity Swap) im Insolvenzplanverfahren", *Zeitschrift für Wirtschaftsrecht (ZIP)*, 2009, p. 546, sostiene que las normas relativas a la insolvencia responden a intereses públicos, mientras que las normas societarias a intereses privados, lo que afectaría a los requisitos exigidos para la intromisión en los derechos de los socios.

Dicho lo anterior, el efecto descrito sobre la posición política y consecuentemente económica del socio sin contar con su voluntad continúa sugiriendo un riesgo expropiatorio. La posible injerencia en estos casos no se produce por la actuación de los poderes públicos, ni los derechos pasan a ser de titularidad pública. Hecho este último que ha sostenido una argumentación contraria a admitir la existencia de una expropiación[318], ya que no se adapta estrictamente a su definición jurídica.

En la doctrina alemana el debate se ha centrado en la posibilidad de que sujetos ajenos a la organización interna de la sociedad y, con ello, de la relación jurídica que fundamenta los derechos de los socios, decidan sobre el futuro de la misma[319].

Otro planteamiento posible es el del cambio competencial de la junta general a favor del órgano de administración o incluso judicial, otorgándoles competencias para la negociación, aprobación y ejecución de un plan de reestructuración. Así, podría sugerirse que no se sustituye la voluntad de los socios por la de sujetos externos a la sociedad. Ello no obstante, cabe entender que el administrador se verá igualmente forzado a aplicar la reestructuración al concurrir la voluntad de la mayoría de los acreedores. De ser así, la aplicación forzosa del plan supone de nuevo la intromisión de los acreedores, externos a la organización interna de la sociedad, en la toma de decisiones sobre su futuro. Este fenómeno ha sido denominado en alguna ocasión como la "ejecución colectiva por apropiación"[320], modificándose las normas de gobierno sobre el patrimonio social para otorgárselo a los "nuevos dueños financieros" o quienes soportan el riesgo de la pérdida de valor de la sociedad.

Por lo que respecta a la ausencia de la intervención de poderes públicos, en la comparativa de la discusión sostenida sobre los efectos expropiatorios del *squeeze-out*, se ha planteado la posibilidad de que esta implique una *expropiación por razones de utilidad privada*[321].

---

318 Así lo apunta, RONCERO SÁNCHEZ, A., "La compra y venta forzosas..." ..., *op. cit.*, p. 54.

319 MADAUS, S., "Keine Reorganisation..." ..., *op. cit.*, p. 164.

320 GARCIMARTÍN ALFÉREZ, F. J., "El conflicto socios-acreedores..." ..., *op. cit.*

321 Sostiene esta posibilidad a la vez que se pronuncia a favor de la constitucionalidad de la medida, PAZ-ARES RODRÍGUEZ, C., "Aproximación al estudio de los

Aunque la reestructuración temprana de sociedades apalancadas persigue un interés general para el conjunto de la economía y de los distintos implicados en las sociedades en crisis, no resta para admitir igualmente una función social, de interés privado para la sociedad y también para los socios. Por un lado, por la eliminación de los costes de agencia, resaltado como el mejor argumento para la primacía de los socios[322]. Por otro lado, la búsqueda del saneamiento de la situación financiera y patrimonial de la sociedad maximizando su valor les beneficia igualmente al maximizar correlativamente el valor de su acción o participación. De modo menos genérico, pero con la misma finalidad, se encuentran las medidas concretas que este puede contener, como una capitalización de deuda por la que se reduce el pasivo de la sociedad y el pago de intereses, mejorando el balance y la posición de liquidez de una empresa en dificultades[323], aligerando la carga financiera y, de nuevo, mejorando en un principio la posición del socio respecto del futuro probable, inminente o definitivamente irreversible, de verse abocado a la liquidación.

Es posible construir ciertos paralelismos entre la teoría de la expropiación por razones de utilidad privada y el supuesto de una reestructuración forzosa donde la privación del voto afecta a sus derechos económicos. La dificultad se encuentra en que la novedad legislativa que aquí se trata no se limita a un único supuesto de hecho (la adquisición por los mayoritarios de las acciones de los minoritarios), sino que se hará depender del variado contenido que potencialmente integrará un plan de reestructuración (quitas, esperas, capitalización de deuda, escisiones, etc.). No todos implicarán una

---

squeeze-outs en el Derecho español", *Revista de Derecho Bancario y Bursátil*, Nº 91, 2003, p. 12. Entiende el *squeeze-out* como una medida del mercado para compensar los costes de transacción prohibitivos que se generan cuando la operación se produce voluntariamente (es decir, los minoritarios no quieren transmitir sus participaciones), provocando un monopolio bilateral (una parte depende insalvablemente de la otra para la obtención de un recurso). Como consecuencia, se sustituye la regla de la propiedad por la regla de la responsabilidad, admitiendo la invasión en el derecho ajeno a cambio de una compensación objetiva. El socio minoritario es quien ostenta el monopolio.

322 Esta es la postura de STOUT, L. A., "Bad and Not-so-Bad Arguments..." ..., *op. cit.*, pp. 1119 a 1201.

323 EIDENMÜLLER, H., "Comparative corporate insolvency law" ... *op. cit.*, p. 22.

expropiación. En consecuencia, sería necesario un análisis casuístico sin el cual no es posible descartar por completo el riesgo expropiatorio de la medida.

A grandes rasgos, considerando la adopción del plan de forma genérica por los administradores —o tomando la capitalización de deuda como referencia— los costes de transacción que se generan en estas operaciones ante la reticencia potencial de los socios o, más seguramente, de los minoritarios, impiden que el administrador pueda acordar aquellas medidas para las que existe un fundamento económico lógico que permitirían la maximización del valor de la sociedad y el aseguramiento de su viabilidad económica, en favor, no sólo de la supervivencia de esta, sino, como se ha sostenido, en favor igualmente del propio interés de los socios (al menos, de los mayoritarios)[324]. Todo ello, con la asunción de la buena disposición de los acreedores que, inclinados a apostar por la continuación de sociedad apalancada o en crisis, de otra manera, verían perjudicada la satisfacción de sus derechos de crédito. El monopolio bilateral de los socios (o los minoritarios) sustituiría la "regla de la propiedad", en la teoría que se analiza, por la "regla de la responsabilidad" admitiendo la invasión en el derecho ajeno, eso sí, a cambio de una compensación[325].

La gran diferencia entre el supuesto de hecho antecedente (*squeeze-out*) y la reestructuración forzosa en la que no se contempla la participación del socio a través del voto en el procedimiento de adopción es que, en este segundo, el poder de decisión se estaría trasladando a sujetos externos a la sociedad, sin facultad o derecho alguno de decisión en ella. La expropiación no se limitaría a unos pocos socios, sino a todos ellos por defecto. Hecho este que agrava la situación, debiendo poner especial cuidado. Un análisis compara-

---

324 A favor de esta idea concretamente, MÜLLER, H. F., *Der verband in…*, *op. cit.*, p. 367. Frente a esto, VERSE, D. A., "Anteilseigner im Insolvenzverfahren Überlegungen zur Reform des Insolvenzplanverfahrens aus gesellschaftsrechtlicher Sicht", *Zeitschrift für Unternehmens- und Gesellschaftsrecht (ZGR)*, Nº 39, 2-3, 2010, p. 306, se oponía parcialmente, criticando la genericidad de los términos en los que se pronuncia ya que la reestructuración no siempre interesará a los socios a pesar del aumento de valor.

325 Sobre ambas teorías, ver PAZ-ARES RODRÍGUEZ, C., "*Aproximación al estudio de los squeeze-outs…*" …, *op. cit.*, p. 12.

tivo de sendas operaciones no resulta plenamente satisfactorio por cuanto las circunstancias que dan base a la conclusión de validez del *squeeze-out* no resultan totalmente coincidentes.

Pacífica la idea de que existe una limitación de los derechos del socio que afecta potencialmente a su posición en la sociedad hasta el punto, incluso, de su exclusión, sin olvidar para mayor gravedad los peligros de abuso que en el contexto de los conflictos de agencia se pueden dar, deviene esencial plantearse su constitucionalidad. Es inevitable también detenerse en la conveniencia de mantener la participación del socio en la votación de los planes de reestructuración. Para ello deberá considerarse el fundamento económico que la justifica, en estrecha relación con el reconocimiento del socio a participar en el beneficio o excedente tras la reestructuración.

En primer lugar, las teorías económicas que consideran al socio como acreedor residual y fundamentan la exclusión del derecho de voto en que los socios se encuentran fuera del valor del dinero, no ofrece una respuesta satisfactoria al problema de la obstrucción de los socios en la probabilidad de insolvencia. En dicho estadio cercano a la crisis todavía no se han producido impagos, ni la situación económica se encuentra suficientemente comprometida como para sostener que el valor de la participación del socio es cero[326]. Consecuentemente, la limitación de su derecho de voto no está justificada. Además, su exclusión o limitación facilitaría comportamientos confiscatorios del excedente generado por parte de los acreedores, conforme a sus intereses particulares en conflicto con los de los socios, contrario a derecho[327].

En segundo lugar, aun cuando pueda sostenerse que el valor de su acción o participación es cero, los socios son también inver-

---

326 Vid. BERMEJO GUTIÉRREZ, N., "Los socios y el reparto del excedente..." ..., *op. cit.*, p. 208.

327 Como se ha visto, los acreedores únicamente tienen derecho sobre el valor que corresponda a la satisfacción de su crédito, esto es, de su inversión, sin que ello abarque ninguna cantidad que exceda del mismo. No en vano, el art. 656.1.5º. de la Ley 16/2022 recoge, como causa de impugnación del auto de homologación de un plan que no haya sido aprobado por los socios el hecho de que una clase de acreedores vaya a recibir cualquier valor superior al importe de sus créditos, sea éste en forma de derechos, acciones o participaciones.

sores de la sociedad y titulares residuales de la misma. Atendiendo a su posición *ex ante* en la sociedad les corresponde el valor que esta genere, así como el resultante de la reestructuración. Por este motivo, es conveniente y de derecho que puedan participar en la adopción de un plan en el que se discute el valor de la sociedad, aquel resultante de la reestructuración y su reparto entre los distintos inversores[328]. A esto se añade la dificultad de concretar en un momento inicial el valor de la empresa tras la reestructuración[329]. Conforme a esta idea, el hecho de que se trate de una clase *fucrum* justificaría la posición ostentada en la sociedad resultante o *ex post* (el cual podrá, en su caso, reducirse), pero no una exclusión de su participación *ex ante*[330].

En definitiva, en tanto que titulares o, si se prefiere, acreedores residuales del valor de los activos de la sociedad los socios tienen derecho a participar en la adopción de acuerdos que les afectan directamente, relativos a la reestructuración de la sociedad, la maximización de su valor y el reparto del mismo. Ello, cuenta con ejemplos en Derecho comparado, como en el *Chapter 11* o en la *Insolvenzplan,* y, más recientemente, los sistemas italiano o francés, donde se mantiene el derecho de voto de los socios. Aún más, es coherente con la teoría de la cristalización de los derechos de opción, así como la *new value exception,* dado que los socios todavía disponen de la posibilidad de "recompra" de la sociedad en dificultades, satisfaciendo los derechos de crédito de los acreedores, aportando valor a la sociedad para su rescate y manteniendo una posición *ex post* acorde a este último. En cualquier caso, dado el riesgo de oportunismo de los socios, que se permita su participación no obsta para que esta pueda someterse a limitaciones.

---

328 Vid. BERMEJO GUTIÉRREZ, N., "Los socios y el reparto del excedente…" …, *op. cit.*, p. 208.

329 Vid. IRIBARREN BLANCO, M., "Los socios en los planes de reestructuración…" …, *op. cit.*, p. 104.

330 Vid. BERMEJO GUTIÉRREZ, N., "Los socios y el reparto del excedente…" …, *op. cit.*, p. 209.

3.2.2. La limitación del derecho de voto y el deber de fidelidad del socio

Se ha visto que una alternativa a la eliminación total del derecho de voto es optar por su mera limitación. Es posible encontrar antecedentes en Alemania, donde su admisibilidad se ha justificado en la existencia del deber de fidelidad o lealtad que corresponde al socio derivado del contrato incompleto de sociedad[331] y con independencia de su cuota de participación[332]. Este le exige anteponer los intere-

---

331 Carente de tipificación legal, puede encontrarse una manifestación de este en el art. 204.1. LSC. El deber de fidelidad de los socios, ha sido clasificado como una concreción del deber de buena fe del art. 1258 CC; ver GARCIMARTÍN ALFÉREZ, F. J., "De nuevo sobre los deberes fiduciarios…" …, *op. cit.* Si bien, otros autores matizan las diferencias existentes entre ambos ALFARO ÁGUILA-REAL, J., "El deber de buena fe y el deber de lealtad del socio", *Almacén de Derecho*, 23 de abril de 2019, al sustentarse el deber de fidelidad o los deberes fiduciarios de los socios sobre la existencia de conflictos de interés surgidos por la posibilidad de decisión discrecional de los mismos, mientras que la buena fe, de contenido más amplio, opera en la ejecución del contrato de sociedad. En la doctrina clásica se ha de mencionar a GIRÓN TENA, J., *Apuntes de Derecho Mercantil… op. cit.*, p. 131; y GIRÓN TENA, J., *Derecho de Sociedades Anónimas… op. cit.*, p. 198. Sobre la justificación moderna y comparada de un deber de fidelidad del socio puede consultarse KERN, J. H., *Die Bedeuttung der gesellschaftsrechtlichen…*, *op. cit.*, p. 137. A nivel nacional, ALFARO ÁGUILA-REAL, J., *Interés social y derecho de suscripción preferente…*, *op. cit.*, pp. 33 y ss; ALCALÁ DÍAZ, Mª A., "El conflicto de interés socio-sociedad en las sociedades de capital", *Revista de Derecho de sociedades*, Nº 9, 1997, pp. 89 a 142; HERNANDO CEBRIÁ, L., "Apuntes sobre el abuso del socio minoritario en las sociedades de responsabilidad limitada", *Revista de Derecho Mercantil*, Nº 283, 2012, pp. 276 y ss; PULGAR EZQUERRA, J., "Reestructuración de sociedades de capital y abuso de minorías", Revista de *Derecho bancario y bursátil*, Nº 129, 2013, pp. 15 a 20 y 34 a 36; o PULGAR EZQUERRA, J., "«Holdout accionarial», reestructuración forzosa…" …, *op. cit.*, pp. 62 y ss., que con un tono muy actual se centra en la reapertura del debate sobre los deberes fiduciarios de los socios al hilo de las reestructuraciones de sociedades apalancadas y las razones de su fundamentación dogmática civil y societaria. Por su parte, en relación con el socio de control, GARNACHO CABANILLAS, L., "Deber de lealtad…" …, *op. cit.*, pp. 837 y 838, entiende que a este se le exige un deber de lealtad *strictu sensu* por su intromisión en la gestión de asuntos ajenos, mientras que el comportamiento exigible al resto de socios se sujeta a la buena fe contractual y a la prohibición de abuso de derecho *ex* arts. 1258 CC y 57 Ccom, en relación con los arts. 190 y 204 y ss. LSC.

332 Esta afirmación ha de ser matizada. Algún autor entiende que el grado de exigibilidad de los deberes fiduciarios que se deriven del deber de fidelidad depende de la intensidad de la relación del sujeto con la sociedad, la dependencia personal de la realización del objeto social y de la correlación directamente propor-

ses de terceros a los suyos propios y se manifiesta en el momento de ejercer sus facultades de control expresando su voluntad mediante el voto en la junta[333].

Un deber que se muestra en sede de conflictos intrasocietarios entre socios mayoritarios y minoritarios[334]. El motivo reside en la influencia que las decisiones de un socio ejercen sobre la esfera jurídica del resto cuando su voto es decisivo en la adopción de un acuerdo social sobre el patrimonio común[335]. No es nueva la funcionalidad del derecho de voto concretado por el interés social y la operatividad de deberes fiduciarios[336]. Esto último debería guiar el voto del socio

---

cional entre poder y responsabilidad. En este sentido, ALFARO ÁGUILA-REAL, J., "El deber de buena fe y el deber..." ..., *op. cit.* En otras palabras, se plantea la correlación entre la afectación de los derechos políticos de los socios y la responsabilidad que les es exigible, consecuentemente, con los deberes fiduciarios. Una menor participación o limitación de sus facultades de control implicaría que no se les puede entender responsables. En el mismo sentido PULGAR EZQUERRA, J., "«Holdout accionarial», reestructuración forzosa..." ..., *op. cit.*, p. 63.

333 ALFARO ÁGUILA-REAL, J., "El deber de buena fe y el deber..." ..., *op. cit.*, subraya que la actuación en calidad de socio le obliga a actuar ignorando sus propios intereses, mientras que de actuar en calidad de administrador (algo más probable en sociedades pequeñas), sobre él pesará la obligación de abstenerse de actuar (art. 230 LSC). PULGAR EZQUERRA, J., "«Holdout accionarial», reestructuración forzosa..." ..., *op. cit.*, p. 64, destaca la construcción de este deber en torno a la consecución del fin común.

334 En profundidad, ALCALÁ DÍAZ, M. A., "El conflicto de interés socio-sociedad..." ..., *op. cit.*, pp. 89 a 142. También IRIBARREN BLANCO, M., "La impugnación de los acuerdos negativos de la junta general", *Revista de Derecho Mercantil*, Nº 304, 2017, pp. 13 a 20 de 40. No existen deberes fiduciarios frente a los acreedores, a pesar del evidente riesgo moral que con la separación patrimonial se afronta ante la posible tendencia de los socios por proyectos de alto riesgo o más volátiles, como afirma GARCIMARTÍN ALFÉREZ, F. J., "De nuevo sobre los deberes fiduciarios..." ..., *op. cit.*

335 IRIBARREN BLANCO, M., "Saneamiento financiero de las sociedades..." ..., op cit., p. 3; y ALFARO-ÁGUILA REAL, J., "El deber de buena fe y el deber..." ..., *op. cit.*

336 Con estas mismas palabras y haciendo referencia al Profesor PAZ-ARES, se manifiesta ALFARO-ÁGUILA REAL, J., "El deber de buena fe y el deber..." ..., *op. cit.* Sin ánimo de reiterar las manifestaciones realizadas en relación con el interés social, por exceder del objeto del presente estudio, es posible remitirse a los apuntes que realiza sobre esta cuestión PULGAR EZQUERRA, J., "«Holdout accionarial», reestructuración forzosa..." ..., *op. cit.*, pp. 65 a 67.

en favor de una reestructuración, no solo a razón de teorías mixtas o evolutivas del interés social con la inclusión por la Directiva (UE) 2019/1023 de los *stakeholders*, sino por el aseguramiento del funcionamiento de la sociedad y la maximización de su valor que permitirá un aumento de valor de las acciones y participaciones de los socios[337]. Esto es, siendo de interés para el conjunto de los socios y causándoles un daño en caso contrario.

En consecuencia, el deber de lealtad es de aplicación en las decisiones que puedan suponer un abuso de mayoría, pero con mayor relevancia para el objeto de estudio, en situaciones cercanas a la insolvencia que requieran medidas de saneamiento sometidas a aprobación de la junta para las que una minoría pueda suponer un obstáculo o poder de veto[338]. De un lado, por el daño que se provoca

337 PULGAR EZQUERRA, J., "«Holdout accionarial», reestructuración forzosa..." ..., *op. cit.*, p. 66.

338 Así, por ejemplo, PULGAR EZQUERRA, J., "Gobierno corporativo, sociedades cotizadas y proximidad..." ..., *op. cit.*, p. 29, considera que la responsabilidad del socio en caso de calificación del concurso culpable de la anterior regulación del TRLC, junto a otros supuestos de responsabilidad, puede entenderse fundamentada en un deber de responsabilidad del socio en estado de insolvencia o cercano a esta, derivado de un deber general de lealtad frente a la sociedad. En contra, GARCIMARTÍN ALFÉREZ, F. J., "De nuevo sobre los deberes fiduciarios..." ..., *op. cit.*, considera que basta con acudir a la buena fe del art. 1258 CC, que implicará un deber de reestructurar cuando se trate de un socio-administrador. Su posición sobre la ausencia de valor añadido por los deberes fiduciarios radica en la consideración únicamente frente a los acreedores, cuya existencia ha de descartarse. Sobre la posibilidad de entender la vinculación de la estructura de capital y financiera de la sociedad con la configuración del interés social y, esto último, con el deber de fidelidad del socio, a raíz de la expresión del TRLC y de la Directiva (UE) 2019/1023 de "*impedir injustificadamente*", como una manifestación de este deber, VIERA GONZÁLEZ, J., "Gobierno corporativo de sociedades no cotizadas..." ..., *op. cit.*, pp. 847 y 848. El autor se muestra contrario a la fundamentación de este deber por la doctrina moderna sobre la idea de la naturaleza incompleta de los contratos de sociedad, si bien sí defiende la existencia de deberes específicos, especialmente en situaciones de insolvencia. Afirma que la admisión de un deber genérico de fidelidad del socio implicaría que éste tiene el deber de refinanciar la sociedad, lo que conlleva implicaciones constitucionales de derecho de la propiedad y de libertad de empresa. Para aquellos que defienden la existencia de deberes fiduciarios es para quienes más importancia reviste la concreción y apurada delimitación del concepto de probabilidad de insolvencia; particularmente por la confrontación

al resto de socios y, de otro, por la injusticia de que quienes no participan en el saneamiento arriesgando e invirtiendo en el salvamento de la sociedad puedan beneficiarse del resultado positivo. Correspondiendo entonces su expulsión de la sociedad.

Estos son los supuestos de hecho tratados por la jurisprudencia comparada, especialmente la alemana para quien la libertad de decisión en asuntos otorgados a la junta no justifica determinados acuerdos o, más bien, comportamientos que causen o no eviten un daño a la sociedad, entendida como el conjunto de los socios[339]. El resultado es la prohibición de obstrucción de un plan de saneamiento, derivado de los deberes fiduciarios de los socios (*Obstruktionsverbot gegen Sanierungsmassnahmen*)[340]. Si bien no se elimina el derecho de voto, sí que se eliminan las consecuencias del sentido de un voto mediante la supervisión de una autoridad administrativa o judicial.

El supuesto de hecho líder en la materia es el asunto "Girmes", en el cual recayó Sentencia del *Bundesgerichtshof*[341]. En él, la crisis económica que atravesaba una sociedad anónima llevó a sus socios a acordar con los acreedores una reducción y aumento sucesivo del capital. El conflicto surge cuando los socios mayoritarios demandaron a los minoritarios al entenderles responsables del concurso al que se vio abocada la sociedad y la pérdida del valor de las acciones, debido a su voto negativo decisivo para el fracaso del acuerdo. No hay necesidad de explicar las razones tras la reticencia de los minoritarios a tal reestructuración. Lo relevante fue la admisión por el Tribunal Supremo de una conducta desleal y egoísta por el minoritario (*Treuepflicht*), el cual estimó la impugnación del acuerdo negativo alcanzado, integrando la voluntad de los socios minoritarios para cambiar el sentido del resultado.

---

del deber de reestructurar frente a la libre disolución de la sociedad *ex* art. 368 LSC.

339 IRIBARREN BLANCO, M., "Saneamiento financiero de las sociedades…" …, op cit., p. 2.

340 SEIBT, C.H., "Sanierungsgesellschaftsrecht: Mitgliedschaftliche Treuepflicht und Grenzen der Stimmrechtsausübung in der Aktiengesellschaft", *Zeitschrift für Wirtschaftsrecht (ZIP)*, Nº 2, 2014, pp. 1909 a 1916.

341 BGZH 129, 136, 20 de marzo de 1995 (II ZR 205/94).

Más tarde, en el año 2009 el mismo Tribunal fue el precursor de la doctrina "reestructurar o retirar" o "*Sanieren oder ausscheiden*"[342]. En el supuesto de hecho, los socios acordaron una operación acordeón con derecho de suscripción preferente que permitía a aquellos que realizaran nuevas aportaciones o, lo que es lo mismo, arriesgaran más apostando por la supervivencia de la sociedad, mantener su posición en la misma. Estas consistirían en pagos adicionales o reclamaciones de reembolso de gastos contra la sociedad. En caso contrario, como así ocurrió, dado que no se ejercitó tal derecho, quedarían automáticamente excluidos de la sociedad. El Tribunal entiende que es desleal la obtención de la ventaja económica obtenida por los socios que sin participar de la reestructuración mantienen sus derechos políticos en ella, a costa del sacrificio de aquellos otros que realizan nuevas aportaciones para asegurar la continuidad de la actividad empresarial.

Posteriormente, la Sentencia del *Oberlandesgericht* de Múnich de 2014[343], destacó al producirse con ella la exclusión del voto del minoritario por el presidente, alegando infracción del deber de fidelidad. El Tribunal estimó la impugnación de los acuerdos por el minoritario pues, a pesar de reconocer que excepcionalmente la minoría está obligada a no obstaculizar el saneamiento eficaz que cuente con el apoyo de la mayoría, consideró la no concurrencia de las circunstancias necesarias para ello.

---

342 Sentencia del BGH 19 de octubre de 2009 (II ZR 240/08). Puede consultarse, IRIBARREN BLANCO, M., "Acuerdos negativos y deber de fidelidad de los minoritarios", *Almacén de Derecho*, 16 de julio de 2015; y más recientemente, IRIBARREN BLANCO, M., "Saneamiento financiero de las sociedades..." ..., *op. cit.*, pp. 5 y 6. Pueden mencionarse otras resoluciones de relevancia, como la BGHZ 183,1, de 25 de enero de 2011 (II ZR 122/09) o la BGHZ de 9 de junio de 2015 (II ZR 420/13). Trasladado a la transposición de la Directiva (UE) 2019/1023, similarmente a esto acontece lo que se ha denominado "recapitaliza o entrega" cuando, de no pagar sus deudas, los socios pueden verse forzados a una capitalización de créditos o venta del negocio como empresa en funcionamiento. Fenómeno explicado en GARCIMARTÍN ALFÉREZ, F. J., "El conflicto socios-acreedores..." ..., *op. cit.*

343 OBL 16 de enero de 2014. Con más detenimiento, SEIBT, C.H., "Sanierungsgesellschaftsrecht..." ..., *op. cit.*, pp. 1909 a 1916; IRIBARREN BLANCO, M., "Acuerdos negativos y deberes..." ..., *op. cit.*; y IRIBARREN BLANCO, M., "Saneamiento financiero de las sociedades..." ..., *op. cit.*, pp. 3 y 4.

Ese mismo año, ante el *Tribunale delle imprese* de Milán[344], se argumentó la impugnación de un acuerdo negativo (a causa del voto contrario del minoritario) sobre la base de un conflicto de intereses ex art. 2373 *Codice Civile* y el deber de abstención, solicitando la declaración de un acuerdo positivo en sustitución del primero por parte del juez, como consecuencia de la nulidad del voto del minoritario. A pesar de que el Tribunal daba crédito a las pretensiones, las desestimó, no hallando prueba suficiente del beneficio que el minoritario obtendría con el acuerdo negativo y, con ello, del conflicto de interés. La particularidad del asunto se encuentra en que órgano judicial exige la concurrencia de un conflicto de intereses.

Por último, destaca la Sentencia del *Bundesgerichtshof*, de 12 de abril de 2016[345]. Los acuerdos propuestos y rechazados por el voto en contra del socio mayoritario no consistían en un saneamiento, sino en la apertura de nuevas filiales a propuesta de los minoritarios. El Tribunal Supremo rechazó las pretensiones, al entender que la adecuación de una medida al interés social no es suficiente para argumentar un deber fiduciario del socio de pronunciarse favorablemente. Postura también defendida en España[346]. Contrariamente, ha de ser fundamental para proteger el valor de su participación o evitar en la medida de lo posible una pérdida importante del mismo, además de no resultar oneroso para el socio que conviene en ella.

Todos los supuestos aquí presentados comparten el reconocimiento de un deber fiduciario de los socios minoritarios de mostrarse favorables a aquellas medidas que cumplan unos requisitos comunes e insalvables. Primero, que contando con el apoyo de la mayoría

---

344 Ordinanza del Tribunale delle Imprese de Milano de 28 de noviembre de 2014. Sobre este asunto, extensamente, EREDE, M., "Impugnazione di «delibera negativa» per conflitto d'interessi del socio di minoranza qualificata: un provvedimento cautelare del Tribunale di Milano", *Rivista delle società,* N° 60, 2015, pp. 539 a 542; IRIBARREN BLANCO, M., "Acuerdos negativos y deberes..." ..., *op. cit.*; IRIBARREN BLANCO, M., "Saneamiento financiero de las sociedades..." ..., *op. cit.*, pp. 4 y 5.

345 BGH de 12 de abril de 2016. Sobre este asunto, IRIBARREN BLANCO, M., "Más sobre acuerdos negativos y deberes de fidelidad de los socios", *Almacén de Derecho,* 7 de septiembre de 2016.

346 Por todos, PAZ-ARES RODRÍGUEZ, C., "La anomalía de la retribución externa de los administradores", *InDret,* N° 1, 2014, p. 28.

sean imprescindibles para evitar un daño al conjunto de los socios o, de otro lado, para reducir el inevitable impacto de tales daños[347]. La clave aquí no descansa sobre el perjuicio que con la destrucción de valor puede causarse a los acreedores, sino sobre los socios, dada la naturaleza contractual de los deberes fiduciarios que entre ellos es exigible[348]. También cuando se trate de aprobar medidas de saneamiento se ha exigido que la posición de los socios no sea más perjudicial que la resultante de una liquidación, de modo que la decisión contraria al acuerdo se califique de egoísta[349]. En relación con estos supuestos, la deslealtad vendría dada por la búsqueda de un resultado para el cual no se le ha otorgado dicho derecho de voto, ya que la consecuencia de no reestructurar es la disolución, para la cual se exige una mayoría cualificada[350]. Por último, a través de la medida sometida a votación, debe garantizarse el funcionamiento con carácter duradero de la sociedad[351] sin que exista una alternativa posible o medida más favorable[352].

---

347 BGHZ 129, 136, 20 de marzo de 1995 (II ZR 205/94); BGH 19 de octubre de 2009 (II ZR 240/08); OBL 16 de enero de 2014; BGH de 12 de abril de 2016.

348 Buena prueba de ello constituye la sentencia en apelación del OLG de Colonia de 6 de mayo de 2021, en la que se apreció la deslealtad de un minoritario que votó en contra de la disolución de una sociedad anónima a pesar de la situación económica que atravesaba, de ser imposible su saneamiento o reestructuración (intentado y fracasado previamente) y el agravamiento de los daños que con ello provocaría al patrimonio social. Con más detalle ver a IRIBARREN BLANCO, M., "Voto en la junta y deberes de lealtad de la minoría", *Almacén de Derecho*, 18 de junio de 2021. También sobre la relevancia del daño a los socios, IRIBARREN BLANCO, M., "Saneamiento financiero de las sociedades…" …, *op. cit.*, p. 5.

349 BGHZ 129, 136, 20 de marzo de 1995 (II ZR 205/94); en la BGH 19 de octubre de 2009 (II ZR 240/08), por ejemplo, la liquidación habría supuesto un déficit de diez millones de euros cuya asunción habría correspondido a los socios personalmente; OBL 16 de enero de 2014; BGH de 12 de abril de 2016. En este sentido, también la BGHZ de 9 de junio de 2015 (II ZR 420/13); y la OLG de 6 de mayo de 2021.

350 IRIBARREN BLANCO, M., "Saneamiento financiero de las sociedades…" …, *op. cit.*, p. 5.

351 BGHZ 129, 136, 20 de marzo de 1995 (II ZR 205/94) y OBL 16 de enero de 2014.

352 BGHZ 129, 136, 20 de marzo de 1995 (II ZR 205/94); y OBL 16 de enero de 2014. Un requisito que no se aplica por ejemplo en la

Se ha de tener presente que esta medida en el Derecho alemán supuso el desplazamiento del Derecho societario por el concursal[353]. Un acontecimiento que en el sistema español tuvo lugar no sólo con la rebaja de los requisitos societarios para el aumento de capital, entre otros, sino con la responsabilidad del socio basada también en los deberes fiduciarios y con similar finalidad[354]. Medida esta última que, pretendiendo coordinarse con las normas de Derecho societario y el mantenimiento de las competencias de la junta y los derechos del socio en ella, ha resultado ser insuficiente y encuentra mayor dificultad de justificación frente a la aplicación forzosa de la reestructuración de socios.

La idea de acudir a la impugnación del acuerdo con base en la deslealtad del socio minoritario para limitar su derecho de voto no ha sido la opción elegida por el legislador español. En este sentido, las acciones de impugnación y reclamación de daños por comportamiento desleal son posibles. En la doctrina se ha apuntado que esta vía puede suponer una pérdida de oportunidad[355]. Los costes temporales, sin desmerecer los económicos, incrementan las posibilidades de fracaso del plan de reestructuración debido a la imposibilidad de adoptar las medidas de saneamiento en un momento posterior. Esto es, sin acudir a la reestructuración temprana.

3.2.3. La integración judicial de la voluntad social

Otro elemento presente en las resoluciones previamente citadas, es la integración de la voluntad social por un juez e, incluso, por

---

353 IRIBARREN BLANCO, M., "Saneamiento financiero de las sociedades..." ..., *op. cit.*, p. 7.

354 GARCIMARTÍN ALFÉREZ, F. J., "De nuevo sobre los deberes fiduciarios..." ..., *op. cit.*, sin embargo, opina que la responsabilidad concursal no necesita justificarse en la existencia de deberes fiduciarios.

355 Frente a la solución impugnatoria en los Ordenamientos italiano y alemán, en España la doctrina se ha cuestionado la naturaleza de la acción de impugnación que procede y la posibilidad de reclamar daños y perjuicios al minoritario por la responsabilidad derivada de los daños causados por un acuerdo negativo. Sobre el estado de la cuestión doctrinal y jurisprudencialmente, IRIBARREN BLANCO, M., "Acuerdos negativos y deberes..." ..., *op. cit.*; IRIBARREN BLANCO, M., "Más sobre acuerdos negativos..." ..., *op. cit.*; y IRIBARREN BLANCO, M., "Saneamiento financiero de las sociedades..." ..., *op. cit.*, p. 6.

el propio administrador social. La limitación no se restringe a una declaración de nulidad del acuerdo adoptado por la junta. Por el contrario, se baraja la posibilidad de cambiar el sentido del acuerdo. Se trata de una consecuencia mayor asociada a la limitación del derecho de voto.

En el asunto "Girmes" el juez integró la voluntad de los minoritarios que habían sido desleales, cambiando el acuerdo en sentido positivo. En la Sentencia del *Oberlandesgericht* de Múnich de 2014 fue el propio administrador la que limitó el derecho de voto del minoritario, excluyendo el resultado del mismo. En su resolución, a pesar de que el juez entendió que no se daban los requisitos necesarios para la estimación de las pretensiones, no se pronuncia en contra de la posibilidad de limitar el derecho de voto del minoritario. Lo mismo ocurre con la Sentencia del *Tribunale delle imprese* de Milán.

En el marco de las reestructuraciones, el sistema alemán introdujo la posibilidad de obviar la opinión de los socios contraria al plan de insolvencia en su §245 InSO, inspirándose en la *section 1129 del US Bankruptcy Code de 1928*. Por su intermedio se sustituye una opinión desfavorable al plan de los socios por parte del juez. También el Ordenamiento francés constituye en este campo un ejemplo legal de sustitución de los derechos de voto de los socios con los artículos L.631-9-1 y 631-19-2 *Code de Comerce*, relativo al *redressement*. En ellos, se mantiene la necesidad de aprobación en junta de socios de los planes de reestructuración, si bien también introduce la figura del *mandataire de justice*. Una figura nombrada judicialmente a propuesta del administrador societario, no sólo para la convocatoria, sino para ejercer el derecho de voto[356].

---

356 Ver, FERNÁNDEZ DEL POZO, L., "La tutela de los socios frente a los planes de reestructuración..." ..., *op. cit.*, p. 4. El autor destaca la Decisión de 5 de agosto de 2015 del *Conseil constiututionnel*, por el que se resuelven las dudas acerca de la constitucionalidad de tales medidas. Al respecto, el art. L.631-19-2 *Code de Comerce* exige que exista el riesgo de producirse una perturbación grave para la economía nacional o regional y en la zona de empleo (como ocurría en relación con el debate del *squeeze-out*), lo que vincula también a unas dimensiones concretas de la plantilla de los trabajadores de la sociedad deudora. Además, se exige que la modificación de capital que esté sometida a debate o sea objeto de aprobación, sea la única solución seria para evitar tal riesgo y permitir la continuidad de la actividad, para lo cual se examinará comparativamente la po-

El Ordenamiento español ha estado liderado en este asunto por una tesis clásica[357] contraria a la integración por los jueces de la voluntad social. Los efectos de una impugnación exitosa únicamente conllevan la ineficacia del acuerdo. En primer lugar, es imposible que el administrador pueda modificar el sentido del voto de los socios. Pero tampoco es posible por una autoridad judicial. Son los principios constitucionales los que protegen la autoorganización y autogestión de las sociedades de capital. Como establecía el Tribunal Supremo en su Sentencia de 4 de octubre de 1965[358], el juez no puede inmiscuirse en la actuación de los órganos sociales sustituyendo unos acuerdos por otros o cambiando el sentido de los mismos[359].

En contraposición a la tesis clásica, pueden también encontrarse supuestos prácticos en los que sí que acontece una integración de la voluntad social. A modo de ejemplo, esto se produce con la disolu-

---

sibilidad más beneficiosa de la enajenación total o parcial de la empresa. Igualmente, este precepto concede un derecho de preferencia a los socios cuando el aumento se suscriba mediante aportaciones dinerarias. También, permite que pueda ordenarse forzosamente la transmisión de la totalidad de una parte de la participación en el capital de los socios o accionistas que hayan rechazado la modificación del capital y que posean, directa o indirectamente, una fracción que les confiera la mayoría de los derechos de voto o una minoría de bloqueo en las juntas generales o que posean por sí solos la mayoría de los derechos de voto en virtud de un acuerdo no contrario al interés de la sociedad. Como compensación, permite que el resto de socios que no se ven afectados por esto último, puedan retirarse. Para poder aplicar estas medidas, recoge ciertas garantías, como la valoración de los derechos del socio por un perito, la presencia del fiscal, el trámite de audiencia de los socios afectados (entre otros), la consulta obligatoria acerca de la cotización a *l'Autorité des marchés financiers*, o la presentación de garantías por una entidad de crédito, etc.

357 GONZÁLEZ GARCÍA, A., y SEGOVIA DE LA COLINA, J. M., "La integración judicial de la voluntad social como garantía del efecto útil del derecho de separación del socio por falta de reparto de dividendos (art. 348 bis de la Ley de Sociedades de Capital). Especial referencia a la denegación injustificada de los dividendos reales como manifestación del abuso de la mayoría en contextos de conflictividad societaria", en Márquez Lobillo, P. y Otero Cobos, Mª T., (coords.), *El derecho de separación y la exclusión de socios en las sociedades de capital*, Tomo I, Tirant lo Blanch, Valencia, 2021, p. 1066.

358 BERCOVITZ RODRÍGUEZ-CANO, A., "Los acuerdos impugnables..." ..., *op. cit.*, p. 382.

359 BERCOVITZ RODRÍGUEZ-CANO, A., "Los acuerdos impugnables..." ..., *op. cit.*, p. 382.

ción judicial prevista en el artículo 366.1. de la Ley de Sociedades de Capital[360]. Además, se encuentran ejemplos relacionados con lo que se ha denominado la «tesis alternativa de la "tutela de derechos *in natura*"»[361]. Con base en la misma, se permite una integración de la voluntad social, cambiando el sentido del acuerdo por el que aprueban las cuentas sociales y la aplicación del resultado denegando originalmente el reparto de dividendos de forma abusiva por la mayoría. Otro ejemplo puede encontrarse en una reciente Sentencia del Juzgado de lo Mercantil núm. 13, de 23 de marzo de 2021[362], por el que se estima la impugnación por abuso de derecho de un acuerdo negativo en relación con la aprobación del informe final de liquidación. En la resolución, el juez estima que la impugnación de un acuerdo negativo sería "*estéril y no colmaría la tutela judicial del actor*".

No sería extraña una posición que asemejase por equivalencia esta integración de la voluntad social a una suspensión del derecho de voto del socio. Sin embargo, no es la opción escogida por el legislador quien, manifiestamente, la descarta. Es evidente que el derecho de voto se mantiene, con toda la infraestructura que lo rodea (convocatoria de la junta, derecho de información, etc.). Por el contrario, la opinión del socio se da por supuesta, con posterioridad a que haya podido manifestar su voluntad a través del voto[363]. Ello no quita para que resulte igualmente expropiatorio[364]. Así, la limitación del derecho del socio se manifiesta en la ineficacia del acuerdo adoptado tras su impugnación y se completa con una modificación del resultado contrario al deber de fidelidad o, lo que es lo mismo, con la integración judicial de la voluntad de la junta. Esta representa una vía

---

360 También en esta dirección, GALLEGO CÓRCOLES, A., *La capitalización de créditos…*, *op. cit.*, p. 136.

361 GONZÁLEZ GARCÍA, A., y SEGOVIA DE LA COLINA, J. M., "La integración judicial de la voluntad social…" …, *op. cit.*, pp. 1068 a 1071, destacan las SJM de Madrid Nº 492, de 28 de noviembre de 2013 [ECLI:ES:JMM:2013:490]; SJM de Barcelona Nº 20, de 6 de febrero de 2018 [ECLI:ES:JMB:2018:1951]; y la SJM de Barcelona Nº 382, de 3 de diciembre de 2019 [ECLI:ES:JMB:2019:1179].

362 SJM de Madrid Nº 189, de 23 de marzo de 2021 [ECLI:ES:JMM:2021:1408].

363 GALLEGO CÓRCOLES, A., *La capitalización de créditos…*, *op. cit.*, p. 135.

364 La expropiación recae sobre el derecho político del socio, la manifestación de su voluntad. Ver, GALLEGO CÓRCOLES, A., *La capitalización de créditos…*, *op. cit.*, p. 135.

societaria para la limitación del derecho de voto. Sin embargo, el legislador opta por alejarse de esta y acude para la vía preconcursal[365], regulando el arrastre de los socios que, salvando las distancias, puede considerarse una integración judicial de la voluntad social y una injerencia entre las competencias atribuidas a la junta. Un reforzamiento del desplazamiento societario por el concursal.

3.3. La protección constitucional de los derechos del socio

El riesgo de expropiación descrito que sufren los socios puede suponer una violación de derechos constitucionalmente recogidos encuadrables en diversos preceptos. No sólo cabe plantearse la constitucionalidad de la medida en relación con el derecho de propiedad, sino también con el derecho de asociación o el de la libertad de empresa[366]. Como se ha visto, la opción por la restricción de los derechos del socio no sólo influye sobre la dimensión económica, sino sobre las facultades de control y gestión anudadas a su condición de tal.

En la doctrina alemana la protección de la dimensión personal o política del socio se ha planteado, por un lado, mediante su encaje en el derecho de asociación o membresía del §9 *Grundgesetz*[367] relacionado con la teoría del *Mitgliedschaft*. Esta posición ensalza e inclina la balanza por la dimensión personal, asociativa o de afiliación del socio sobre la pecuniaria, como merecedora de tutela y de una justificación especial que legitime su intromisión por los poderes públicos[368]. Especialmente cuando la misma consiste en el traslado

---

365 Partidario de la sustitución de la responsabilidad concursal del socio del art. 165 TRLC por un *cramdown*, ante la insuficiencia de los deberes fiduciarios, GARCIMARTÍN ALFÉREZ, F. J., "De nuevo sobre los deberes fiduciarios…" …, *op. cit.*, si bien este únicamente tiene en cuenta la descartada existencia de deberes fiduciarios frente a los acreedores, los cuales, además, resultarían contraproducentes. Sí que considera que existe un deber de minimización de daños frente a los acreedores.

366 Arts. 38, 33 y 22 CE, respectivamente.

367 Desarrolla esta teoría MADAUS, S., "Keine Reorganisation…" …, *op. cit.*, pp. 761 a 767.

368 Especialmente cuando son los terceros los que deben decidir sobre asuntos del gobierno de la empresa, implicando una usurpación en el ámbito medular de la libertad de asociación. En este sentido, MADAUS, S., "Keine Reorganisation…" …, *op. cit.*, p. 764, quien subraya que la *Gesetz zur Reorganisation von Kreditinsti-*

de la toma de decisiones de los socios a los acreedores, externos a la sociedad, como ocurriría de eliminar la participación de los socios en el procedimiento de adopción de un plan de reestructuración.

También esto ha sido debatido en Italia, donde la doctrina mayoritaria incardina las sociedades mercantiles dentro del ámbito de protección de su derecho de asociación contenido en el artículo 18 de la Constitución italiana de 27 de diciembre de 1947[369].

Frente a su relación con otros derechos, como el de la propiedad, recogido §14 *Grundgesetz*, esta teoría entiende que no sólo este precepto es insuficiente para proteger la condición de socio en la sociedad, además de permitir un más amplio margen a las injerencias del legislador[370]. Más aún, la defensa de otro derecho de propiedad cuya titularidad corresponde a los acreedores entra en conflicto directo al vulnerar el derecho de membresía del socio. Esta postura implica un conflicto de derechos fundamentales, ya que el amparo a la propiedad privada de los acreedores colisiona con el derecho que protege el espectro más personal del deudor, que le diferencia de los primeros, protegido igualmente por la Norma Fundamental alemana. El principio de proporcionalidad exigible determina la inconstitucionalidad de un desplazamiento completo de los intereses de los socios por los intereses de los acreedores y, con ello, el traslado de la competencia de la junta a los administradores o la transformación del voto de los socios en una mera formalidad[371].

Frente a la postura que sostiene un desplazamiento del Derecho societario por el concursal de manera que afecte a la configuración

---

tuten, Kreditinstitute-Reorganisationsgesetz (*KredReorgG*) o Ley sobre la reorganización de las entidades de crédito, reconocía este aspecto de la condición de socio al exigir una proporcionalidad especial para una prohibición de la obstrucción dirigida a los accionistas sobre la base del art. 9 GG.

369 BERCOVITZ RODRÍGUEZ-CANO, A., "Los acuerdos impugnables…" …, *op. cit.*, p. 380.

370 MADAUS, S., "Keine Reorganisation…" …, *op. cit.*, pp. 762 y 763, argumenta que el encuadre de la protección de los derechos políticos del socio en el art. 9 GG representa una tutela reforzada, frente al derecho a la propiedad, al presentar el primero una mayor restricción a las intromisiones por el legislador.

371 MADAUS, S., "Keine Reorganisation…" …, *op. cit.*, pp. 765 y 766.

de los derechos derivados de la condición de socio[372] para inclinarse por la legitimidad de una excepción al derecho de voto, se encuentra aquella otra que, con base en la jurisprudencia del Tribunal de Justicia de la Unión Europea, mantiene la imposibilidad de que los acreedores tengan derecho sobre los activos de la sociedad y sobre la sociedad en sí, incluyendo los derechos de los socios[373]. En otras palabras, incluso en la crisis se han de respetar los derechos inherentes a su condición de socio si se van a ejecutar medidas de reestructuración y reorganización empresarial, sin un desplazamiento completo del Derecho societario.

El punto intermedio a lo anteriormente descrito es la expresión de la voluntad de los accionistas en un contexto jurídico de insolvencia o preinsolvencia votando sobre el plan de forma separada como una clase de acreedores. Manifestada esta, de asegurarse que los acreedores no reciben más que la plena satisfacción de sus créditos, cabría entender que los socios habrían votado siempre a favor del mismo, ya que lo contrario implica una peor posición en la inevitable liquidación[374], conforme a las normas de prelación. Así, se entiende justificada una prohibición de la obstrucción o una aplicación forzosa del plan, cuando la votación no hubiese sido favorable al mismo, sobre la base de que el socio está incurriendo en un abuso de derecho o un abuso de poder[375].

Volviendo sobre el sistema español, la limitación de los derechos políticos del socio, podrían tener cabida también en el derecho fundamental a la libertad de empresa que recoge la Constitución Española. Incluye, no sólo la creación o fundación de las mismas, sino

---

372 Concretamente, SCHMIDT, K., "Gesellschaftsrecht und Insolvenzrecht im ESUG-Entwurf", *Betriebs-Berater (BB)*, 2011, p. 1603, la denomina una "situación reducida de los derechos de afiliación" o "*situativ reduzierte Mitgliedschaftsrechte*". Expresamente en contra MADAUS, S., "Keine Reorganisation..." ..., *op. cit.*, p. 762, sostiene que la membresía, o los derechos de la condición de socio, no se ve afectada por la insolvencia.

373 MADAUS, S., "Keine Reorganisation..." ..., *op. cit.*, pp. 766 y ss.

374 Contando con la premisa de que se cumple el presupuesto objetivo para la reestructuración y la premisa de la viabilidad, siendo que el valor de la sociedad tras la reestructuración *as a going concern* es superior al valor que se obtendría en una hipotética liquidación.

375 MADAUS, S., "Keine Reorganisation..." ..., *op. cit.*, p. 772.

que abarca la tutela del poder de decisión y de organización. El Tribunal Constitucional ha defendido la libertad de decisión para crear empresas, operar en el mercado, establecer sus objetivos y planear y dirigir la actividad, de conformidad con las condiciones del propio mercado y sus recursos, con sujeción a la normativa sobre ordenación del mercado y de la actividad económica general[376].

Se trata de un derecho en estrecha relación con otros como el de asociación[377] y, más importante aún para lo que aquí se discute, con el derecho a la propiedad, aunque con ciertas diferencias. Mientras que la libertad de empresa se refiere a la actividad económica, la propiedad se centra en los activos producto de la misma[378]. Por otro lado, la vulneración de este último mediante expropiación conllevará un derecho de indemnización que no corresponde de infringirse el primero[379].

El socio tiene un derecho a la propiedad *sui generis* sobre los activos de la sociedad[380] derivado de la titularidad de las acciones que quedaría afectado mediante una reestructuración forzosa de su estructura de capital, diluyendo su posición. Pero no es menos cierto, que es posible también sostener una vulneración de su derecho a la

---

376 STC 49/1988, de 22 de marzo, voto particular; STC 84/1993 de 8 de marzo; STC 225/1993, de 8 de julio; 127/1994, de 5 de mayo; 112/2006, de 5 de abril; o 181/2009, de 23 de julio. Entre la doctrina mercantil que se ha encargado de ello, puede mencionarse a ROJO FERNÁNDEZ-RÍO, A. J., "Actividad económica pública y actividad económica privada en la Constitución Española", *Revista de Derecho Mercantil*, Nº 169-170, 1983, pp. 309 a 341; y a PAZ-ARES RODRÍGUEZ, C., "Ensayo sobre la libertad de empresa", en Cabanillas Sánchez, A., (coord.), *Estudios jurídicos en homenaje al profesor Luis Díez-Picazo*, Vol. 4, Thomson Civitasl, Madird, 2002, pp. 5971 a 6040.

377 Con más detalle, PAZ-ARES RODRÍGUEZ, C., "Ensayo sobre la libertad..." ..., *op. cit.*, pp. 5986 a 5989. También hacer mención BERCOVITZ RODRÍGUEZ-CANO, A., "Los acuerdos impugnables..." ..., *op. cit.*, p. 380.

378 PAZ-ARES RODRÍGUEZ, C., "Ensayo sobre la libertad..." ..., *op. cit.*, p. 5982.

379 PAZ-ARES RODRÍGUEZ, C., "Ensayo sobre la libertad..." ..., *op. cit.*, p. 5982.

380 Así lo califica PAZ-ARES RODRÍGUEZ, C., "Ensayo sobre la libertad..." ..., *op. cit.*, p. 5984, para especializarlo dada su naturaleza compleja de una copropiedad regular. Afirma que "*tiene derecho a que el Estado se abstenga de tomar medidas que menoscaben su patrimonio accionarial y tiene derecho a que el Estado configure el Derecho de sociedades que mediatiza su propiedad y regula las relaciones con los restantes «copropietarios» garantizándole protección frente a la posibilidad de actuaciones expropiatorias por los restantes socios*".

libertad de empresa al excluirle de la toma de decisiones en dicho proceso, pudiendo culminar con su expulsión de la sociedad y con el riesgo añadido de que puedan producirse determinados abusos fruto de los conflictos societarios y la falta de cautelas suficientes. No se niega la conexión entre ambos derechos ni la posibilidad de que una actuación interfiera en el ámbito de protección de los dos al mismo tiempo y, por lo tanto, que se pueda vulnerar el derecho a la libertad de empresa del socio mediante normas que supongan su exclusión al tiempo que se le expropia. Así lo ha reconocido el *Bundesverfassungsgericht* o Tribunal Constitucional alemán en su Sentencia de 23 de agosto del 2000[381]. Pero, mientras que la vulneración del derecho a la libertad de empresa requiere de un interés general que lo justifique (o una ponderación de intereses contrapuestos que llegue a justificarlo), la afectación al componente patrimonial del socio, esto es, una ruptura del derecho a la propiedad, exige además una indemnización.

En contra de lo hasta ahora visto, la posición mayoritaria doctrinal y jurisprudencial[382] se decanta por abordar el debate de la constitucionalidad por la vía del derecho a la propiedad, amparando, tanto los derechos económicos, como políticos del socio bajo el derecho

381 Lo reconoce expresamente, PAZ-ARES RODRÍGUEZ, C., "Ensayo sobre la libertad…" …, *op. cit.*, pp. 5984 y 5985. Sin embargo, en la casuística jurisprudencialmente analizada que, si bien no niega la posibilidad de que se afecte el derecho a la libertad del socio, pero sí que de facto se vulnere, se basa en que la participación del socio es minoritaria, no pudiendo ni queriendo involucrarse en la gestión de la sociedad, a quien corresponderá dicha libertad de empresa. La eliminación del derecho de voto en los planes de reestructuración no afectaría únicamente al minoritario, sino a quienes sí tienen posibilidad e intención o deseo de dirigir la sociedad en el ejercicio de su derecho a la libertad de empresa. En contra de esto, podría traerse a colación los argumentos de MADAUS, S., "Keine Reorganisation…" …, *op. cit.*, p. 772, por entender que, teóricamente y en condiciones ideales, aquellos socios que votasen en contra estarían incurriendo en un abuso de su posición, permitiendo una prohibición de obstrucción. Ello no obstante, los riesgos de que una medida así sea utilizada con fines abusivos y el principio de proporcionalidad, la hace indeseable.

382 Únicamente, la sentencia del Tribunal Constitucional Federal de 1 de marzo de 1979 (BVerfGE 50, 290, 353), reproducida por la Sentencia del Primer Senado de 2 de marzo de 1999 (BVefG, 1 BvL 2/91), reconoce que la dimensión personal del socio es tutelable bajo el §9 GG.

constitucional a la propiedad privada[383] previsto en el artículo 33 de la Constitución Española de 1978[384]. Puede destacarse la sentencia de la Sala segunda del Tribunal Constitucional Español dictada en el *caso Larios* en 1987[385], con la particularidad de que el derecho de asociación aquí discutido se alega en defensa de la discrecionalidad y facultad de gobierno de la junta en la toma de decisiones y no de los derechos de un socio. Con un carácter más actual, la sentencia del *caso Celsa*[386].

Un derecho que encuentra similar cobertura en instrumentos comunitarios como la Carta de Derechos Fundamentales de la Unión Europea[387], el Convenio Europeo de Derechos Humanos[388], o en

---

383 REY MARTÍNEZ, F., *La propiedad privada en la Constitución española*, Centro de Estudios Constitucionales, Madrid, 1994, p. 276. Conforme, PAZ-ARES RODRÍGUEZ, C., "Aproximación al estudio de los *squeeze-outs*..." ..., *op. cit.*, p. 14. Lo mismo se ha planteado en la doctrina alemana, como WIRTH, G., y ARNOLD, M. "Anfechtungsklagen gegen..." ..., *op. cit.*, p. 504; o VERSE, D. A., "Anteilseigner im Insolvenzverfahren..." ..., *op. cit.*, pp. 309 a 312. Si bien algún autor apunta que el derecho constitucional a la propiedad o, en su caso, el derecho regulado en el art. 14 GG, no ofrece protección suficiente al socio, debiendo acudir al art. 9 GG y la libertad de asociación. Así se pronuncia MADAUS, S., "Keine Reorganisation..." ..., *op. cit.*, pp. 759 a 774.

384 Art. 33 CE, «BOE-A-1978-31229».

385 STC Nº 23, de 23 de febrero de 1987 [ECLI:ES:TC:1987:23]. El asunto consiste en la impugnación de un acuerdo social en el que se despoja a la usufructuaria del derecho de voto y el derecho de preferencia. El Tribunal estima que esta reducción de las facultades del usufructuario implica una expropiación sin indemnización contraria al derecho contenido en el art. 33.3. CE y, si bien no rechaza la posibilidad de que la sociedad defienda su posición amparándosde en el derecho de asociación, la descarta en este caso por considerar que en las sociedades de capital predomina el carácter patrimonial. Sobre esto y, en particular, los motivos que llevaron al Tribunal Constitucional a rechazar esta posibilidad que exceden de las meras circunstancias de hecho, consultar BERCOVITZ RODRÍGUEZ-CANO, A., "Los acuerdos impugnables..." ..., *op. cit.*, pp. 379 y 380.

386 Una de las cuestiones que se planteaban ante el juez era la vulneración de los derechos de propiedad y de libertad de empresa que este resolvía en su Fundamento Jurídico 2.4. en línea con las ideas que ya se presentaban en el presente trabajo.

387 Art. 17 de la CDFUE, de 18 de diciembre del 2000, DOCE (2000/C 364/01).

388 Art. 1 del Protocolo adicional del Convenio Europeo para la Protección de los Derechos Humanos y Libertades Fundamentales, firmado en París, en 1952, e incorporado al Convenio Europeo para la Protección de los Derechos Hu-

normas fundamentales de ordenamientos vecinos. De nuevo, es el caso de la *Grundgesetz* alemana, de especial interés en este punto, por ser donde el debate sobre la constitucionalidad y la adecuación con el contenido de la Directiva de Sociedades, de las normas por las que se restringen los derechos de los socios en los procedimientos de reestructuración o de insolvencia al ser considerados acreedores residuales, presenta un mayor recorrido. Desde su planteamiento inicial en 1985 por la Comisión de Derecho Concursal para la promulgación de la *Insolvenzordnung* de 1999[389], hasta la ampliación de la prohibición de obstrucción del §245 de la misma a los accionistas con la promulgación de la *Gesetz zur weiteren Erleichterung der Sanierung von Unternehmen* (*ESUG*) en el año 2011[390].

Es por ello por lo que las conclusiones arrojadas por la doctrina y jurisprudencia alemanas son trasladables al supuesto español en relación con el respeto del §14 de la *Grundgesetz* donde quedarían incluidos los derechos del socio[391] con una regulación muy similar a la norma española, por la aplicación forzosa de un plan de reestructuración. Pero también están incluidos los derechos patrimoniales

---

manos y Libertades Fundamentales firmado en Roma en 1950. El mismo fue firmado por el Ministro de Asuntos Exteriores de España en Estrasburgo, el día 24 de noviembre de 1977, « BOE-A-1979-24010».

389 La propuesta elaborada por la Comisión de Derecho Concursal en el proceso legislativo de la InsO contenía en 1985 la posibilidad de que la voluntad de los socios sobre las operaciones de reestructuración del capital necesarias en los procesos de insolvencia pudiese ser sustituida por una decisión judicial, hasta el punto de expulsar a los accionistas si sus acciones no tenían valor y no se realizaban pagos adicionales a quienes no estaban dispuestos a adquirir una nueva participación. Sin embargo, la versión de 1988 rechazó esta propuesta, cambiando el sentido de la ley hasta la promulgación de la norma en 1999, por entender que el consentimiento de los socios afectados en una reestructuración era necesario de acuerdo con el art. 14 GG y los principios generales de la constitución económica.

390 En esta se reconocía expresamente a los socios como acreedores residuales una vez abierto el procedimiento concursal

391 WIRTH, G., y ARNOLD, M. "Anfechtungsklagen gegen..." ..., *op. cit.*, p. 504; MADAUS, S., "Keine Reorganisation..." ..., *op. cit.*, pp. 760 a 761; o VERSE, D. A., "Anteilseigner im Insolvenzverfahren..." ..., *op. cit.*, pp. 309 a 312. Este ultimo recalca la aceptación general de constitucionalidad de las intervenciones forzosas en los derechos de los accionistas. A este respecto, EIDENMÜLLER, H. y ENGERT, A., "Reformperspektiven einer Umwandlung..." ..., *op. cit.*, pp. 545 y 546.

de los acreedores, habiéndose fundamentado en Alemania la constitucionalidad del sacrificio de los socios en el triunfo de los derechos económicos de los primeros sobre los segundos al entrar en conflicto, con base en el vaciamiento de valor de los derechos del socio o expectantes estos, únicamente, de un valor residual (el cual representará la protección de los mismos)[392].

Tanto el precepto español como el alemán permiten un amplio rango de injerencia en el derecho a la propiedad privada por razones de interés público que la justifiquen mediando indemnización. Por este motivo, el *Bundesgerichtshof*[393] permite la intervención en los derechos de propiedad del socio cuando se justifiquen a la sazón de un interés económico general y se cuente con recursos legales efectivos para revisar la fianza obligatoria[394]. En consecuencia, requerirá de un procedimiento judicial que examine la necesidad de esta vinculación forzosa, así como cualquier reclamación de indemnización[395].

---

392 A favor, VERSE, D. A., "Anteilseigner im Insolvenzverfahren..." ..., *op. cit.*, p. 310, consecuencia de dar prioridad en este punto al componente pecuniario del socio. También IDENMÜLLER, H. y ENGERT, A., "Reformperspektiven einer Umwandlung..." ..., *op. cit.*, p. 546. En contra, MADAUS, S., "Keine Reorganisation..." ..., *op. cit.*, p. 759 a 774, no encuentra el argumento suficiente al mostrarse contrario a dar predominancia al componente patrimonial de la condición de socio.

393 En la jurisprudencia alemana, la destaca la "Sentencia Feldmülhe" del Tribunal Constitucional Federal, de 7 de agosto de 1962, BVerfGE 14, 263-288, (BvL 16/60), sobre la constitucionalidad del §15 de la Ley de Transformación alemana, con la GG; o la "Sentencia DAT/Aldana", de 27 de abril de 1999, (BVerfGE 100, 289); sobre esta última, con particular referencia a la valoración de las acciones, ver MAUGERI, M., "Contrato, mercati e determinazione del valore delle azioni nel recesso da società quotata", *Observatorio del diritto civile e comerciale,* Nº 1, 2015, pp. 111 a 132. También la "sentencia Moto-Meter" de 23 de agosto del 2000, BVerfGE, 200; o la Sentencia del Tribunal Supremo alemán o BGH, de 25 de julio de 2005.

394 MADAUS, S., "Keine Reorganisation..." ..., *op. cit.*, p. 760. Por su parte, VERSE, D. A., "Anteilseigner im Insolvenzverfahren..." ..., *op. cit.*, p. 310, admite que este tratamiento se ha centrado en los conflcitos de intereses entre mayoría y minoría de accionistas, pero reconoce el carácter extrapolable del argumento a las reestructuraciones.

395 MADAUS, S., "Keine Reorganisation..." ..., *op. cit.*, p. 761, entiende que el procedimiento de confirmación alemán es respetuoso en estos términos con el §14 GG. A modo de ejemplo, en el *caso Larios* (STC Nº 23, de 23 de febrero de 1987

La intromisión en los derechos del socio se encuentra aquí en la zona gris del Derecho preconcursal, el cual responde a un interés general en defensa del conjunto de la economía y la eficiencia de los mercados que entiende más justo el sacrificio parcial de los sujetos implicados que el interés general y colectivo de la conservación y continuidad de empresa[396], acorde con el principio de *Estado social* proclamado en el artículo 1 de la Constitución Española[397]. La continuidad de la empresa se pretende mediante la reestructuración temprana de aquellas económicamente viables, pero con problemas de apalancamiento que de no ser afrontadas prontamente desembocarán en una muy probable insolvencia, con la consecuente destrucción de valor de los activos. Al mismo tiempo, combate la existencia de *empresas zombies* y favorece la salida del mercado de aquellas sociedades ineficientes. No es discutible, por lo tanto, el interés general que la reestructuración persigue y que el precepto constitucional exige.

En sede concursal la constatación de este interés general, unido a la especialidad del Derecho, ha justificado no sólo determinadas

---

[ECLI:ES:TC:1987:23]), se apreció inconstitucionalidad del acuerdo adoptado por constituir una expropiación sin correspondiente indemnización.

396 Ver FONT GALÁN, I., MIRANDA SERRANO, L. Mª., PAGADOR LÓPEZ, J. y VELA TORRES, P. J., "Derecho Concursal y constitución económica", en *Estudios sobre la Ley Concursal. Libro homenaje a Manuel Olivencia*, Tomo I, Marcial Pons, Madrid, 2004, p. 197, sobre la concepción socializante del Anteproyecto de Ley Concursal de 1983, inspirado en la *filosofía de la conservación de la empresa* y su evolución desde la perspectiva del concurso-liquidación, hasta el concurso-saneamiento, lo que en un primer momento implicaba al convenio de continuación y que ya exigía la viabilidad de las empresas como premisa para la solución continuista. Esta ha representado la herencia y razón del Derecho preconcursal para la superación de los problemas que presentaba el concurso en la persecución de tal fin. Cabe recordar que ya la Propuesta de Directiva se proponía claramente en su considerando 12 "*ayudar a incrementar la inversión y oportunidades de empleo en el mercado único, reducir la innecesaria liquidación de empresas viables, evitar una pérdida de puestos de trabajo, impedir que se acumulen préstamos no productivos, facilitar operaciones de reestructuración transfronterizas y reducir los costes y aumentar las oportunidades para que los empresarios honrados puedan retomar su actividad*".

397 FONT GALÁN, I., MIRANDA SERRANO, L. Mª., PAGADOR LÓPEZ, J. y VELA TORRES, P. J., "Derecho Concursal y constitución…" …, *op. cit.*, p. 198.

intromisiones en los derechos del deudor[398], sino incluso la salida de los socios en contra de su voluntad mediante la liquidación y disolución de la sociedad concursada[399]. Ideas, que serían trasladables al preconcurso al adelantar en el tiempo las medidas que buscan la misma finalidad conservativa.

Otro ejemplo de superación del rigor del Derecho europeo de sociedades en el marco de crisis empresariales por el que se permiten determinados desvíos o excepciones a este, afectando a los derechos de los socios para evitar la perturbación de la economía y del sistema financiero, es el experimentado en el ámbito bancario. El Tribunal de Justicia de la Unión Europea ha abordado en numerosas ocasiones el debate acerca de la constitucionalidad de medidas represivas o supresoras de los derechos de los socios, experimentando un cambio de criterio a lo largo de los años. Cabe resaltar a estos efectos un punto de partida con el caso "Pafitis"[400],

---

398 Ver FONT GALÁN, I., MIRANDA SERRANO, L. Mª., PAGADOR LÓPEZ, J. y VELA TORRES, P. J., "Derecho Concursal y constitución..." ..., *op. cit.*, p. 197. Los autores reproducen en su literalidad al Profesor GIRÓN TENA, quien definía la *gestión controlada* derivada de la función conservativa del concurso como "*una especie de expropiación temporal de facultades, poderes y derechos del deudor respecto a la gestión de su empresa y su sustitución por la de un ente híbrido creado por la Ley ad hoc y constituido por los acreedores, los trabajadores fijos y terceros que se supone que aportan medios económicos y financieros frescos*". EIDENMÜLLER, H. y ENGERT, A., "Reformperspektiven einer Umwandlung..." ..., *op. cit.*, p. 546 opina que el decomiso por la legislación concursal responde a intereses públicos, y a privados cuando se ejecuta por la societaria. Por su parte, SCHMIDT, K., "Gesellschaftsrecht und Insolvenzrecht..." ..., *op. cit.*, p. 1603, consideraba que los derechos de "afiliación" se veían reducidos. En contra de esto ultimo, MADAUS, S., "Keine Reorganisation..." ..., *op. cit.*, p. 766. En la actualidad, esta postura ha sido también apoyada por el juez del *Caso celsa.*

399 Art. 413 TRLC. El argumento es también mencionado por VERSE, D. A., "Anteilseigner im Insolvenzverfahren..." ..., *op. cit.*, p. 310.

400 STJUE de 12 de marzo de 1996, (I-1347), Asunto C-441/93, [ECLI:EU:C:1996:92]. En el asunto, la medida es acordada, conforme a la ley vigente, por un administrador provisional nombrado por el Gobernador del Banco de Grecia. El Tribunal reitera la importancia de sus disposiciones sobre las competencias de la junta en relación con la finalidad que las justifica para proteger y equilibrar los intereses tanto de socios, como de terceros (acreedores), especialmente en la constitución de sociedades y aumentos o reducciones de capital, rechazando el argumento esgrimido por los impugnantes respecto de la primacía por ser *lex specialis* de la norma bancaria que permitía dicha intervención e insistiendo

entre otros[401], en el cual el criterio del Tribunal de Luxemburgo reitera la imposibilidad de acordar sin consentimiento de la junta un aumento de capital[402], aun cuando esté comprendido entre las medidas necesarias para el saneamiento de una sociedad "de vital importancia para la economía nacional".

Fue superado con la resolución dictada en el caso "Dowling" o, también conocido como "Irish & Permanent"[403], donde autorizó y determinó compatible con el criterio jurisprudencial hasta entonces seguido y representado por el asunto "Pafitis"[404], un aumento de capital sin aprobación de la junta motivada por la necesidad de evitar "un riesgo sistémico" amenazante de la estabilidad financiera del Estado miembro. En el asunto, sin embargo, no se suprime por completo la votación en junta. Por el contrario, este se mantiene, si bien se susti-

---

en la aplicación directa de la Directiva de Sociedades sobre estas entidades. Únicamente permite medidas de administración forzosa cuando las mismas se produzcan en el contexto de una liquidación, excluyendo las medidas de mero saneamiento. Igualmente, establece que se incumplió la Directiva de Sociedades a falta de publicación en el boletín nacional designado conforme a Derecho, ni haber informado alternativa e individualmente por escrito a cada uno de los socios. Por último, rechaza que en cumplimiento de sus preceptos pueda apreciarse abuso de derecho.

401 El propio Tribunal se basa en su reiterada doctrina de los asuntos "Karella", "Evangelikis Ekklisias", o "Syndesmos Melon".

402 En relación con esta postura, VERSE, D. A., "Anteilseigner im Insolvenzverfahren..." ..., *op. cit.*, p. 313, apunta que ha llevado a sostener la imposibilidad de acordar judicialmente un aumento de capital en sede concursal, como sostenía MÜLLER, H. F., "Reorganisation systemrelevanter Banken. Das Restrukturierungsgesetz für Kreditinstitute vor der Hintergrund der Diskussion über die Reform des allgemeinen Unternehmensinsolvenzrechts", *Zeitschrift für Insolvenzrecht (KTS)*, 2011, pp. 365 y 366. El autor también se muestra contrario a subsumir la homologación de un plan de insolvencia en la permitida reducción del capital mediante resolución judicial, hoy mencionada en el art. 73 de la Directiva de Sociedades. A favor de esto último, EIDENMÜLLER, H. y ENGERT, A., "Reformperspektiven einer Umwandlung..." ..., *op. cit.*, p. 541.

403 STJUE de 8 de noviembre de 2016, Asunto C-41/15, [ECLI:EU:C:2016:836].

404 El Tribunal alega en su apartado 53 que aun existiendo diferencias en los presupuestos de hecho comparados y siendo de aplicación la Directiva de Sociedades también en medidas de saneamiento, no se ha pronunciado contrariamente en el caso de que exista "*una situación de grave perturbación de la economía nacional y del sistema financiero de un Estado miembro*", permitiéndose entonces "*aquellas medidas de saneamiento extraordinarias como el requerimiento judicial*"

tuye el resultado negativo aumentando el capital de manera forzosa. Es apreciable, por tanto, cierto respeto por el mantenimiento de la celebración de la junta y del ejercicio del derecho de voto, con una clarísima limitación de carácter excepcional[405], así como el respeto al derecho de suscripción preferente. Los elementos determinantes aquí consisten en la existencia de un interés general representado por la apremiante necesidad de evitar el daño para el sistema financiero nacional[406] y, con ello, de la Unión, así como la asegurada necesidad de la medida y la ausencia de alternativas posibles[407]. Se apuesta con ello por las recapitalizaciones forzosas, primordialmente interna (*bail-in*) sobre la externa (*bail-out*), frente a los costosos rescates públicos, a costa del necesario sacrificio de los socios (*burden-share*)[408].

El problema surge con la aplicación de excepciones a la Directiva de Sociedades a sistemas no financieros en virtud de la Directiva (UE) 2019/1023, al ser cuestionable la concurrencia del mismo nivel de riesgo para el interés general. Pero no es menos cierto que esta es defendible respecto de las grandes sociedades toda vez que ha

---

405 Apartado 50, de la Sentencia.

406 Se decanta así en el apartado 54 por la protección de un interés general claro (garantizar la estabilidad del sistema financiero), sobre el interés, también público, de garantizar en el territorio de la UE una protección fuerte y coherente de los accionistas y los acreedores. Se apoya en su argumentación sobre los criterios vertidos en la STJUE de 19 de julio de 2016, Asunto C-526/14, caso "Kotnik", [ECLI:EU:C:2016:570], en particular los apartados 88 a 90.

407 El Tribunal subraya la imprescindibilidad de la recapitalización a través de un aumento de capital dada la contrastada imposibilidad de lograr el mismo a través de medidas alternativas como las aportaciones de inversores privados o de los accionistas existentes.

408 Con más detenimiento, HERNANDO CEBRIÁ, L., "El aumento de capital como medida de recuperación de las entidades de crédito en crisis: tensiones entre el interés público y los derechos de los socios", *Revista de Derecho concursal y paraconcursal*, Nº 27, 2017, pp. 313 a 329; y PULGAR EZQUERRA, J., "«Holdout accionarial», reestructuración forzosa..." ..., *op. cit.*, pp. 49 a 52, donde destaca modelos como el Italiano, que limita el sacrifico de los socios a través de lo que ha denominado como "*the best interest of shareholders*", introducido por el Decreto Legislativo 181/2015, como una modificación del conocido "*the best interest of creditors*". En cuanto al sistema español, el art. 64.2. de la Ley 11/2015, de 18 de junio, de recuperación y resolución de entidades de crédito y empresas de servicios de inversión, «BOE-A-2015-6789», autoriza al FROB a realizar modificaciones de capital, conversión de instrumentos de capital o recapitalizaciones internas en el marco de la resolución de entidades financieras.

quedado superado el paradigma "*too big to fail*" y el efecto contagio que la caída de estas sociedades tienen en el mercado. En cuanto a las pequeñas y medianas empresas, las mismas cautelas serían trasladables habida cuenta de la alta presencia de estas sociedades que representan la mayor parte del tejido empresarial europeo y el posible y nada desdeñable efecto dañino que la crisis de una sociedad tiene sobre aquellas otras que se relacionan con ella. No obstante, es ciertamente discutible que todo ello implique un "riesgo sistémico"[409]. Se incumplirían por lo tanto los requisitos del criterio jurisprudencial, asimilándose más, en todo caso, al riesgo de afectar a sociedades "de vital importancia para la economía nacional" que establecía la sentencia del caso "Pafitis".

El control de la constitucionalidad, además del interés general del conjunto de la economía o de la intromisión justificada por la ponderación de otros intereses constitucionalmente protegidos, requiere de una compensación, indemnización o fianza obligatoria. Volviendo sobre el ejemplo anterior y suponiendo que se cumple la premisa de la viabilidad económica y el presupuesto objetivo, sin la reestructuración no habría excedente. A *sensu contrario,* la clave de la reestructuración se centra en cómo repartir el excedente que se genera en la reestructuración[410]. Esta, representaría aquí la compensación o indemnización. En el caso de que se fuerce la salida del socio, la indemnización vendría representada por ese valor, junto a la correspondiente cuota de liquidación que, cuando se encuentre fuera del valor del dinero, será cero[411]. El establecimiento de una jus-

---

409 También lo cuestiona PULGAR EZQUERRA, J., "«Holdout accionarial», reestructuración forzosa..." ..., *op. cit.*, p. 52.

410 VERSE, D. A., "Anteilseigner im Insolvenzverfahren..." ..., *op. cit.*, p. 311, recuerda que la Comisión de Derecho Concursal en la reforma de la InsO, se inclinaba en un principio por ignorar el valor del excedente, dejando fuera a los socios.

411 En palabras de FERRI Jr., G., "*Il ruolo dei soci nella ristrutturazione finanziaria...* "..., *op. cit., p. 135: "un profilo, quello del valore, del tutto centrale, ed anzi essenziale, nella configurazione della partecipazione sociale, al punto che tutte le volte in cui il valorenetto del patrimonio risulti negativo, o comunque nullo in cui cioè, e conseguentemente, le relative partecipazioni risultino anch'esseprive di valore (...) non solo il loro annullamento non impone di corrispondere, per restare in un'ottica propietaria, alcun indennizzo da espropiazione ai loro titolari; ma piu radicalmente, viene meno la ragione stessa per richiedere, ai fini pure, e per certi versi a maggior ragione, per subordinare le operazioni sul*

ta indemnización ha de ir ligado a un adecuado sistema de recursos para poder obtenerla en caso de que se produzcan abusos dotando de seguridad jurídica al procedimiento de reestructuración. De no ser posible declarar la nulidad de lo pactado o ejecutado con carácter previo, será absolutamente indispensable que se prevea una adecuada indemnización que compense los derechos del socio. Ello al margen de la dificultad para calcular el valor que puede este alcanzar.

La opción por contar a los socios en el reparto del excedente es pacífica con la legitimación de la intervención en los derechos de los accionistas puesto que, de otro modo, los acreedores recibirían más del valor de sus créditos. En otras palabras, sería contrario a la protección de sus intereses por la vía del derecho a la propiedad y, por lo tanto, no se justificaría la medida[412]. Sin embargo, no se ha de olvidar que un sistema que elimine por completo o restrinja sin las salvaguardas suficientes el papel de los socios en la reestructuración, favorecerá comportamientos también oportunistas por parte de los acreedores que tratarán de acordar un contenido del plan que les permita apropiarse del excedente en la reestructuración.

Cuestión distinta representa el cálculo del valor del excedente y la previsión de un canal para su supervisión y reclamación. También se habrá de tener en cuenta el establecimiento de un control sobre la necesidad de dicha vinculación forzosa, es decir, del presupuesto objetivo de la reestructuración y el control de la premisa de la viabilidad económica.

4. La opción del Legislador español

Expuestas las distintas opciones ofrecidas por la Directiva (UE) 2019/1023 y las tensiones entre el Derecho preconcursal y el societario que afectarían a la limitación o supresión del derecho de voto del socio en la adopción de un plan de reestructuración y a los derechos conexos, el legislador español se posiciona de forma particular.

---

capitale sociale, e più in generale le modificazioni della struttura finanziaria della società, al voto favorevole della loro maggioranza".

412 VERSE, D. A., "Anteilseigner im Insolvenzverfahren..." ..., *op. cit.*, p. 311, se detiene además en las particularidades que esta materia reviste para las sociedades cotizadas.

Descarta, en primer lugar y acertadamente conforme a los argumentos a favor de la participación del socio vistos previamente, despojarle de su derecho de voto como sugiere el artículo 9.3. de la Directiva (UE) 2019/1023. Contempla entonces su participación activa cuando el plan contenga medidas que les afecten y la excluye en caso contrario; por ejemplo, cuando no se pacten modificaciones estructurales. Fuera de dichos supuestos, el socio no será consultado y el plan se adoptará por acuerdo entre los acreedores y el órgano de administración. En su lugar, ajustándose al paradigma de considerar al socio como un acreedor residual arbitra un mecanismo de reestructuración forzosa sobre los socios disidentes, al tiempo que mantiene su derecho de voto. A pesar de que este tratamiento daría lugar a su consideración como una clase más de acreedores o, en los términos utilizados en el texto consolidado de la transposición "clases de créditos", la norma en ningún momento se refiere a ellos estrictamente como tales, ni tampoco como acreedores residuales[413]. Más bien, el legislador rehúsa claramente a lo largo del texto legal a categorizar a los socios como una clase de acreedores expresamente[414]. Ocurre lo contrario, por ejemplo, en la transposición italiana con el artículo 120-ter *Codice della crisi*[415], donde integra el poder de los socios en el propio de los acreedores. Lo mismo sucede con la

---

413 En el mismo sentido, IRIBARREN BLANCO, M., "Los socios en los planes de reestructuración…" …, *op. cit.*, p. 108; JUSTE MENCÍA, J., "La junta de socios y los planes de reestructuración en el Derecho proyectado", *Revista General de Insolvencias & Reestructuraciones* (I&R), Nº 6, 2022, p. 47; o GALLEGO SÁNCHEZ, E., "La posición de los socios…" …, *op. cit.*, p. 553, quien apunta que lo contrario habría implicado un aumento de las mayorías necesarias para la adopción del acuerdo social conforme a las normas preconcursales.

414 A modo de ejemplo, el art. 635 de la Ley 16/2022, relativo a la homologación judicial, en su apartado primero, pone cuidado en distinguir la extensión de los efectos del plan sobre las clases de acreedores, por un lado y los socios de la persona jurídica deudora, por otro lado. En el mismo sentido, el apartado tercero del art. 638 del referido texto, diferencia entre la aprobación por todas las clases de créditos para la homologación y la aprobación por los socios. Otro ejemplo puede ser los apartados segundo y tercero del art. 697 ter para el contenido del plan de continuación para microempresas.

415 Literalmente, el apartado primero del art. 120-ter *Codice della crisi* establece que "*Lo strumento di regolazione della crisi e dell'insolvenza puo' prevedere la formazione di una classe di soci o di piu' classi se esistono soci ai quali lo statuto, anche a seguito delle modifiche previste dal piano, riconosce diritti diversi*".

Insolvenzordnung alemana[416]. Es manifiesto el tratamiento separado sistemáticamente que se hace en el texto legal consolidado de, por un lado, la formación de clases para la aprobación del plan[417] y, por el otro, de la decisión de los socios sobre la aprobación del plan, lo que impide que se formen como una clase de acreedores separada.

Otro argumento a favor de esta idea se desprende del presupuesto exigido para la participación de los socios en la adopción de los planes. La ley no condiciona a la autorización de los socios a que estos se vean afectados por el contenido del plan, como ocurre con el resto de créditos, sino que procede cuando se trate de medidas que requieran el acuerdo de los socios conforme a la norma societaria. Bien es cierto, que una remisión así al Derecho societario, a efectos prácticos, se traducirá en la necesaria participación del socio en supuestos de modificaciones estatutarias que pueden reducirse a aumentos y reducciones de capital y a modificaciones estructurales. Esto es, estando los socios afectados. Pero tampoco se pierde de vista el tratamiento intencionadamente segregado que el legislador realiza en esta materia.

Por último, como se mencionó anteriormente, el tratamiento del socio como un acreedor residual excluiría la toma de decisiones por la junta general, debiendo manifestar los socios su voto bajo términos exclusivamente preconcursales, como una clase más de acreedores[418]. Una posibilidad que tampoco ha sido acogida en su totalidad por el legislador. Puede decirse, en cualquier caso, que la ley no otorga al socio la categoría de una clase más de acreedores desde el punto de vista procedimental[419]. El ejercicio del derecho de voto se conducirá conforme a las normas del tipo social que legalmente corresponda. Eso sí, condicionado desde la convocatoria de la junta

---

416 Puede deducirse del §222 InSO. Lo confirma, GALLEGO CÓRCOLES, A., *La capitalización de créditos…, op. cit.*, p. 134.

417 En el Capítulo III, del Título II, del Libro II de la Ley 16/2022.

418 En sentido similar, IRIBARREN BLANCO, M., "Los socios en los planes de reestructuración…" …, *op. cit.*, pp. 108 y 136; y GARCIMARTÍN ALFÉREZ, F. J., "Sobre el nuevo régimen aplicable a los planes de reestructuración (y algunas novedades en el LIbro IV)", *Revista General de Insolvencias & Reestructuraciones: Journal of Insolvency & Restructuring (I&R)*, Nº 7, 2022, p. 71.

419 GARCIMARTÍN ALFÉREZ, F. J., "Sobre el nuevo régimen aplicable…" …, *op. cit.*, p. 71.

a las especialidades previstas en los artículos 631 y 632 del Texto Refundido de la Ley Concursal. Se remite, de nuevo al Derecho societario al que adiciona determinadas singularidades del derecho especial de la insolvencia que deberán ser coordinadas. Estas se proponen flexibilizar y acelerar el procedimiento de adopción del plan cuando afecte a los socios[420]. Con ello, se evidencia cierto desplazamiento del Derecho societario por el preconcursal, fruto de la dicotomía surgida entre ambos compartimentos estancos sin, por ello y, a primera vista, suprimir por completo la voluntad del socio a costa de la de los acreedores ni la regulación entorno a ella.

La categorización de los socios como una clase de acreedores o como un interesado más en la reestructuración cuyos intereses han de ser tenidos en cuenta, se ha traducido en diferencias mayoritariamente procesales a lo largo del procedimiento. No les serán de aplicación todas las normas que integrarían el estatuto jurídico del acreedor. En un primer momento, ello excluye al socio de la estructura de negociación y votación del plan. Más adelante, a modo de ejemplo, afecta también a la legitimación para solicitud facultativa de la confirmación judicial de las clases de acreedores regulada en los artículos 625 y 626 del Texto Refundido de la Ley Concursal que, en todo caso, correspondería al administrador, pero nunca al socio como parte del procedimiento[421]. También a la ausencia de legitimación para impugnar la resolución sobre la comunicación del artículo 590.3. del Texto Refundido de la Ley Concursal. Pero tendrá otras implicaciones, como la restringida legitimación activa para la impugnación del auto de homologación del plan y los motivos habilitantes para ello. Afectará también a la aplicación de herramientas tuitivas, relacionadas con la impugnación de la homologación, como el interés superior de los acreedores o las reglas de prioridad absoluta y relativa.

---

420 Otra especialidad limitativa de derechos, si bien no de los socios, que introduce en la legislación vigente con la finalidad de facilitar la adopción de planes de reestructuración, es la eliminación del derecho de oposición de los acreedores afectados a las modificaciones estructurales del art. 631.3. TRLC.

421 Se excluye siempre en este sentido cualquier referencia al socio que ostente la doble condición de socio y acreedor.

Volviendo sobre el posible arrastre de los socios, esta medida puede suponer una limitación del derecho de voto de los socios, similar a la integración de la voluntad social por un juez, así como de sus derechos económicos. En definitiva, una herramienta expropiatoria o confiscatoria que busca combatir el riesgo de un comportamiento obstruccionista asociado a su participación. Los condicionantes a los que esta se somete, junto a otras medidas limitativas de derechos como la relativa al derecho de preferencia[422] serán tratados más adelante para conocer si se ajustan al marco constitucional conforme a los criterios.

Otra medida que adopta el legislador y que posee gran relevancia es la supresión de un derecho de preferencia. Su estudio, sin embargo, se reserva para más adelante.

En resumidas cuentas, los socios no conforman una clase de acreedores, ni son tratados *expresamente* como acreedores residuales a pesar de preverse el arrastre de los mismos. Por el contrario, se trata de una clase de interesados en la reestructuración con derecho de voto en el proceso de adopción del plan en determinadas circunstancias y con un régimen legal particular que concreta el desplazamiento del Derecho societario por el concursal.

---

422 Art. 631.4. TRLC.

PARTE SEGUNDA

EL PRESUPUESTO OBJETIVO DE ACCESO A LOS MARCOS DE REESTRUCTURACIÓN

Capítulo Primero

DELIMITACIÓN DEL PRESUPUESTO OBJETIVO

I. ALCANCE DEL TÉRMINO "EL DEUDOR EN DIFICULTADES" Y RELEVANCIA DE SU DELIMITACIÓN

A razón del objetivo propuesto de evitar la insolvencia del deudor en dificultades financieras los marcos de reestructuración se presentan como un instrumento adecuado para que aquellos en dificultades financieras (*financial distress* en la terminología anglosajona) o en situaciones de apalancamiento aseguren su viabilidad[423]. El artículo 4 de la Directiva (UE) 2019/1023 anuda además el presupuesto objetivo a las situaciones de crisis no financieras, siempre que estas últimas "*supongan una amenaza real y grave para la capacidad actual o futura del deudor de pagar sus deudas al vencimiento de estas*"[424]. Sin embargo, de

---

423 Se hará referencia a su tradicional encaje en el Derecho preconcursal, aunque en muchas ocasiones se debiera incardinar en el Derecho paraconcursal. Así lo entienden autores como GALLEGO SÁNCHEZ, E., "Retos y propuestas sobre planes de reestructuración…" …, *op. cit.*, y GARNACHO CABANILLAS, L., "El presupuesto objetivo del plan de reestructuración en el anteproyecto de ley de reforma concursal", *Revista General de Insolvencias & Reestructuraciones*, Nº 4, 2021, p. 4. Ciertamente, la regulación española en el TRLC, así como la que recoge el Anteproyecto de Ley, configuran los acuerdos de refinanciación o acuerdos de reestructuración funcionen como un instrumento preventivo de la insolvencia y el concurso de acreedores, a la par que como un camino alternativo al concurso de acreedores. ROJO FERNÁNDEZ-RÍO, A. J., "La propuesta de directiva sobre reestructuración…" …, *op. cit.*, p. 7 de 9, apunta que el encaje de los marcos de reestructuración en el derecho preconcursal se debe al objetivo perseguido de evitar la insolvencia del deudor y no por motivos formales, dado que pueden ser negociados en cualquier momento. De otro lado, THERY MARTÍ, A., "Los marcos de reestructuración preventiva en la propuesta de Directiva de 22 de noviembre de 2016 (y II)" …, *op. cit.*, p. 8, puntualiza que no es un instrumento de preinsolvencia en sentido estricto, sino que los considera un instrumento híbrido de reestructuración, citando el «*Commissiom Staff Working Document, Impact Assessment accompanying the document Commission Recommendation on a New Approach to business Failure and Insolvency*», SWD (2014) 62 final.

424 Considerando 28 de la Directiva.

la misma no se desprende una definición clara de las situaciones de crisis ni de su encuadre temporal.

Por lo que respecta a la relevancia de una adecuada delimitación del presupuesto objetivo, se ha de tener presente que el acaecimiento del presupuesto objetivo de los marcos de reestructuración provoca los siguientes efectos.

Primero, legitimará la activación de la normativa preconcursal sobre los socios[425]. En relación con la comunicación del inicio de las negociaciones la publicidad ligada a estos puede limitar el acceso a la financiación de la sociedad y con ello, acelerar el deterioro de su situación económica en detrimento de los socios.

En segundo lugar, guarda relación por lo tanto con el momento en el que los planes de reestructuración desplegarán efectos sobre sus derechos económicos o políticos de los socios[426]. En relación con el interés social en situación de crisis, dependiendo de como se delimite podrá alterar los deberes de los administradores sociales, incluyendo a los acreedores y otros interesados en los deberes de cuidado.

En tercer lugar, determina el momento de colisión y/o desplazamiento del Derecho societario por el preconcursal[427] en lo que ya se ha calificado con el término "*Derecho societario preconcursal*"[428]. Delimita también la relación entre el Derecho preconcursal y el Dere-

---

425 Al margen de la libre negociación de la deuda o de una posible reestructuración entre el deudor y los acreedores vía artículo 1255 CC.

426 RECAMÁN GRAÑA, E., "Diligencia e interés social en la proximidad a la insolvencia", en Pulgar Ezquerra, J. (dir) y Recamán Graña, E. (coord.), *Reestructuración y Gobierno Corporativo en la proximidad de la insolvencia*, Wolters Kluwer, Madrid, 2020, p. 209, se refiere al momento en el que los derechos de los socios decaen en cierta forma ante los derechos de los acreedores sociales.

427 GARCIMARTÍN ALFÉREZ, F. J., "La probabilidad de insolvencia" ... *op. cit.*, p. 5: "(...) *justifica el cambio de reglas del juego: el paso del régimen general del Derecho civil y mercantil al régimen del Derecho preconcursal*". En definitiva, el desplazamiento del Derecho societario por las reglas que rigen en el preconcurso sustituyendo v. gr., el ejercicio individual de los derechos de los acreedores por su colectivización. En el mismo sentido, RECALDE CASTELLS, A., "Protección del socio con ocasión en los cambios de control..." ..., *op. cit.*, p. 298.

428 Este se justifica precisamente por el cumplimiento del presupuesto objetivo. También ha sido calificado como un *Derecho emergente*, al tratar la "*injerencia concursal en el régimen societario*", por FERNÁNDEZ DEL POZO, L., "La tutela de los socios frente a los planes..." ..., *op. cit.*, p. 5.

cho de la competencia[429]. Esto exige una coordinación entre ambas normas que afecta por ejemplo a una flexibilización de las mayorías reforzadas para adoptar determinados acuerdos cuya competencia corresponde a la junta. Con mayor gravedad, podría implicar que dicho acuerdo ni siquiera sea necesario. En este caso, se puede estar produciendo una importante modificación competencial cuando el contenido del plan puede ser acordado sencillamente por el administrador social y los acreedores o, en el peor de los escenarios con estos últimos.

En estrecha conexión con lo anterior, una de las grandes novedades del nuevo régimen del preconcurso es la aplicación forzosa del contenido de un plan de reestructuración sobre los socios. Esto es, la posibilidad de modificar sus derechos económicos y políticos sin su consentimiento. Se trata de una excepción al principio de relatividad de los contratos del artículo 1257 del Código Civil.

Los efectos de esto último recaen sobre la estructura organizativa de la sociedad, el reparto de funciones y deberes, así como a las responsabilidades derivadas por el incumplimiento o cumplimiento defectuoso de las mismas[430]. En otras palabras, la posibilidad de ejecutar el contenido de un plan de reestructuración homologado sin necesidad de que medie un acuerdo positivo de la junta de socios. En relación con esto, al margen de un tratamiento con más profundidad en su debido momento, el legislador prevé consecuencias distintas según el estadio concreto de insolvencia en el que se encuentre el deudor.

---

429 PULGAR EZQUERRA, J., "Gobierno Corporativo y reestructuración preventiva: la Directiva 2019/1023", en Pulgar Ezquerra, J. (dir) y Recamán Graña, E. (coord.), *Reestructuración y Gobierno Corporativo en la proximidad de la insolvencia*, Wolters Kluwer, Madrid, 2020, p. 74. Un estudio más completo sobre las fricciones entre ambos ámbitos puede encontrarse en PAULUS, C. G., "En busca de un equilibrio entre el Derecho de la competencia y el Derecho concursal", *Revista de Derecho concursal y paraconcursal*, Nº 23, 2015, pp. 319 a 327.

430 En particular, FERNÁNDEZ PÉREZ, N., "La incidencia de la Directiva (UE) 2019/1023..." ..., *op. cit.*, p. 14, relaciona la importancia de perfilar el presupuesto objetivo de los marcos de reestructuración, de cara al momento en el que los deberes de los administradores entran en juego, tanto desde un punto de vista contractualista, como institucionalista. Para quienes defienden la existencia de deberes fiduciarios sobre los socios, el acaecimiento o no del presupuesto objetivo, también generará responsabilidad en estos.

En sexto lugar, de acuerdo con las teorías de corte económico, el cumplimiento del presupuesto objetivo determinará el momento de cristalización de sus derechos de opción similarmente a como ocurre con los *covenants* financieros[431]. En el supuesto de que el plan de reestructuración que afecte a los derechos políticos y económicos de los socios, esto afecta a su posibilidad de mantener algún económicos en la sociedad resultante de la reestructuración. Esto guarda relación con la aplicación de la regla de prioridad absoluta. Igualmente, afecta al derecho a la cuota de liquidación del socio.

También es posible destacar el efecto, cuyas consecuencias van más allá de lo meramente procedimental, es la modificación de los procedimientos de recurso, tanto frente al acuerdo de la junta general de socios por el que se aprueba un plan de reestructuración, como frente al auto mismo de homologación del plan. También en relación con una oposición previa. Se modifica la legitimación en relación con los socios para acceder a las vías de impugnación y los motivos de oposición. Para ello construye dos niveles, un primer nivel societario que podrá generar el arrastre de los socios minoritarios y un segundo nivel, ya en sede preconcursal, que podrá traducirse en un arrastre vertical de los socios por los acreedores. En última instancia, esto modifica también las consecuencias anudadas a una estimación de la causa de impugnación que no implicará en todo caso la nulidad del acuerdo social o la ineficacia del plan de reestructuración.

Por último, otros efectos son la suspensión del deber de solicitar la declaración del concurso de acreedores o la suspensión de las ejecuciones singulares que afectará a los socios que tengan la doble condición de socio y acreedor[432].

---

[431] Vid. GARCIMARTÍN ALFÉREZ, F. J., "La probabilidad de insolvencia" … *op. cit.*, pp. 1 a 4. En cuanto a los covenants financieros, el autor aclara que en su caso no se activa el derecho preconcursal, sino que realiza una comparativa sobre el funcionamiento del vencimiento anticipado legal que se introduce con la Directiva, similar a como ocurre en el régimen general contractual de los *covenants*.

[432] El ordenamiento español liga a la comunicación de las negociaciones deudor-acreedor otros efectos como la prohibición de la declaración del concurso frente al deudor, la paralización ya mencionada de las ejecuciones singulares o la aplicación del régimen del dinero nuevo sobre los créditos concedidos en el

Todas estas consecuencias se ligan al presupuesto objetivo de la reestructuración. Una indeterminación del momento en el que todos estos efectos pueden desplegarse es susceptible de generar inseguridad jurídica. Por ello se requieren garantías de tutela para los socios y el resto de implicados, ganando especial relevancia los sistemas de alerta temprana[433]. Las concretas garantías se harán depender de la concurrencia, en cada caso de insolvencia inminente, actual o probable. El motivo radica en que las consecuencias legalmente previstas tampoco resultan coincidentes, especialmente por lo que se refiere al potencial arrastre forzoso de los socios cuando el deudor atraviese una insolvencia actual o inminente.

Por todo lo expuesto se plantea la conveniencia de una adecuada delimitación del ámbito objetivo y de su control por una autoridad judicial o administrativa, en defensa de la seguridad jurídica, como manifestación de la tradicional tensión entre esta última y la eficiencia temporal y económica. Las reformas de la legislación concursal o preconcursal producidas en los años 2014 y 2015 recogían escasas referencias a la protección de socios o adolecían de falta de cauciones que compensasen la derogación de derechos[434]. Las novedades introducidas con la Directiva (UE) 2019/1023 y su transposición representan, por tanto, una nueva ocasión para revisar tales aspectos.

Se deberá poner atención en que, por un lado, la fijación del presupuesto objetivo excesivamente temprano puede resultar lesivo para los derechos de los socios. Ello provocaría el desequilibrio de la balanza de intereses contrapuestos al aplicar sobre estos forzosamente medidas que carecerán de fundamento[435]. Por otro lado, su detección tardía desembocará en una situación irreversible ante la destrucción de valor de los activos de la sociedad o el deterioro de sus unidades productivas. Además, afectará a la reputación del deudor,

---

marco de las negociaciones (e incluso fuera de estos, pero durante las mismas, de acuerdo con el Anteproyecto).

433 Vid. GARCIMARTÍN ALFÉREZ, F. J., "La probabilidad de insolvencia" ... *op. cit.*, p. 2.

434 RECALDE CASTELLS, A., "Protección del socio con ocasión en los cambios de control..." ..., *op. cit.*, p. 300.

435 La homologación de los planes y su aplicación forzosa sobre los socios está justificada si se cumplen el presupuesto objetivo y las mayorías de votación necesarias.

empeorando en última instancia la perspectiva económica (y política) del mismo tras la reestructuración o, en su caso, tras el concurso de acreedores.

Para su análisis, a las ya conocidas insolvencia inminente y actual —en el caso de la norma española o la alemana— se ha de sumar el estudio de lo que con la Directiva (UE) 2019/1023 se ha denominado *probabilidad de insolvencia.* Todas ellas objeto de análisis a continuación.

1. El deudor en insolvencia actual

La Directiva (UE) 2019/1023 se centra en un deudor que atraviesa una situación de crisis. Debido a ella urge la adopción de medidas que permitan reducir su carga financiera, reducir su pasivo, fortalecer el activo y/o aligerar el *cash flow* de la sociedad con el fin de "*impedir la insolvencia y garantizar la viabilidad del deudor*"[436]. Sin embargo, no todas las situaciones que legalmente se identifican con la crisis económica del deudor activarán el presupuesto objetivo de los planes de reestructuración. Debe ponerse el foco en las *situaciones de insolvencia* y en *la viabilidad del deudor.*

La insolvencia actual se define como el estado en el que el deudor no puede cumplir regularmente con sus obligaciones[437]. Doctrina y jurisprudencia perfilan el alcance de este concepto permitiendo entender que se encuentra en esta realidad fáctica aquel deudor que haya incumplido definitivamente —frente al incumplimiento puntual[438]— cualquiera de sus obligaciones de pago contraídas y exigi-

[436] Art. 1.a). de la Directiva (UE) 2019/1023.

[437] Siguiendo la remisión que el art. 2.2.a) de la Directiva (UE) 2019/1023 realiza a la normativa nacional, la definición se contiene expresamente en el art. 2.3. TRLC, referido al presupuesto objetivo de acceso al concurso, así como al preconcurso y de reproducción invariable en el Anteproyecto para los planes de reestructuración.

[438] ROJO FERNÁNDEZ-RÍO, A., "Artículo 2. Presupuesto objetivo", en Rojo Fernández-Río, A., y Beltrán Sánchez, E. M., (Dirs), *Comentario de la Ley Concursal, Thomson Reuters,* Madrid, 2004, p. 169, recuerda que el *estado* de insolvencia exige *cierto grado de* continuidad. MOYA BALLESTER, J., *La responsabilidad de los administradores…, op. cit.*, p. 123, alerta de que no se debe identificar la insolvencia con sus causas ni con sus efectos. En relación con ello, recuerda que la ley

bles[439]. Esto es, con irrelevancia de la causa, origen o número de incumplimientos[440]. Se trata de un alto grado de apalancamiento en el que ni los beneficios, reflejen un saldo positivo o no, ni el capital circulante serán suficientes para compensar el elevado nivel de deuda financiera.

En este punto se ha de matizar que la situación de desbalance patrimonial o sobreendeudamiento susceptible de rectificarse mediante un flujo de caja positivo no implica necesariamente una situación de insolvencia. El reflejo contable de las pérdidas en la cuenta de gastos no acredita la insolvencia por cuanto no realiza una previsión de la realización de los activos para cubrir los pasivos, cuyo vencimiento tampoco queda concretado. Meramente reflejará el equilibrio o desequilibrio entre ingresos y gastos[441]. En consecuencia, y como es-

---

no identifica el sobreseimiento de pagos con una insolvencia necesariamente definitiva, más allá de que pueda ser un indicativo de la misma. Si bien una situación de desbalance se presumirá siempre irreversible, no ocurre lo mismo con la falta de liquidez o el mero sobreseimiento de pago, que podría ser puntual

439 Sobre la naturaleza de las obligaciones, la doctrina minoritaria entiende que el incumplimiento puede referirse a cualquier tipo de obligación de hacer, no hacer, dar, etc. A modo de ejemplo, los Autos del Juzgado de lo Mercantil núm. 5, de 11 de enero de 2007, o de la Audiencia Provincial de Madrid, de 8 de mayo de 2008. Mientras, el criterio mayoritario, así como el alemán y el que refleja la ley actual exige el incumplimiento de obligaciones de pago. Cuestión distinta es el origen laboral, mercantil, contractual o cuasicontractual de los créditos impagados. Sobre esto, ROJO FERNÁNDEZ-RÍO, A. J., "Artículo 2. Presupuesto objetivo" ..., *op. cit.* 171 y MOYA BALLESTER, J., *La responsabilidad de los administradores..., op. cit.*, p. 125.

440 La insolvencia puede provenir de una situación de iliquidez o también de desbalance o insuficiencia patrimonial. Lo relevante es el carácter irreversible del mismo, ligado a la imposibilidad de acceder al crédito por el deudor. En este sentido, ROJO FERNÁNDEZ-RÍO, A. J., "Artículo 2. Presupuesto objetivo" ..., *op. cit.* 171 y MOYA BALLESTER, J., *La responsabilidad de los administradores..., op. cit.*, pp. 122 y 123.

441 Al contrario de como ocurre en España, en el ordenamiento alemán el sobreendeudamiento se contempla como un presupuesto objetivo para la declaración del concurso de acreedores (§ 19 InsO) y con ello, de los planes de reestructuración conforme al §32 (3) de la Gesetz zur Fortentwicklung des Sanierungs- und Insolvenzrechts (Sanierungs- und Insolvenzrechtsfortentwicklungsgesetz) o SanInsFoG.

tablece el Tribunal Supremo[442], tampoco cumpliría el presupuesto objetivo el deudor cuyas pérdidas alcancen la calificación de cualificadas[443]. Aun cuando el acaecimiento de esta circunstancia puede suponer un indicio de que el deudor se encuentra en situación de insolvencia o próxima a ella, se trata de situaciones distintas[444]. La reducción del patrimonio neto por debajo de la mitad de la cifra del capital social es presupuesto objetivo de la activación del artículo 363 de la Ley de Sociedades de Capital. Activa el deber de disolver la sociedad, salvo que se reestablezca la situación[445]. Se trata de una

---

442 Sentencia del Tribunal Supremo (Sala Primera) Nº 122, de 1 de abril de 2014 [ECLI:ES:TS:2014:1368] y Sentencia del Tribunal Supremo (Sala Primera) Nº 590, de 15 de octubre de 2013 [ECLI:ES:TS:2013:5185].

443 MUÑOZ GARCÍA, A., "Situaciones próximas a la insolvencia y viabilidad de empresa", en Pulgar Ezquerra, J. (dir) y Recamán Graña, E. (coord.), *Reestructuración y Gobierno Corporativo en la proximidad de la insolvencia*, Wolters Kluwer, Madrid, 2020, pp. 180 y 181. Sobre esta cuestión, RECAMÁN GRAÑA, E., "Diligencia e interés social en la proximidad a la insolvencia…" …, *op. cit.*, p. 208, recuerda que en Alemania las pérdidas cualificadas no conllevan la obligación de disolver la sociedad (§§ 49 (3) GmbHG, 92 (1) AktG). También en este sentido GARNACHO CABANILLAS, L., "El presupuesto objetivo del plan de reestructuración…" …, *op. cit.*, p. 311.

444 MUÑOZ GARCÍA, A., "Situaciones próximas a la insolvencia…" …, *op. cit.*, p. 185.

445 En caso de pérdidas y de insolvencia actual, prevalecerá el deber del administrador de solicitar el concurso de acreedores. En otro caso, de incurrir en insolvencia inminente habiéndose constatado pérdidas graves, el administrador convocará la junta o alternativamente solicitará el concurso de acreedores. Esto se ha de tener en consideración con los deberes de los administradores en torno a la reestructuración de las sociedades y la calificación del concurso culpable, cuyo estudio excede del objeto del presente trabajo. A tal efecto, se ha de tener en cuenta el art. 5 TRLC, sobre la solicitud de declaración del concurso y la protección de las negociaciones derivada de la comunicación del inicio de las negociaciones recogida en el art. 583 TRLC. El adelanto en el tiempo del presupuesto objetivo es susceptible de generar un cambio en los deberes de los administradores. En este sentido, parte de la doctrina sostiene, en situaciones cercanas a la insolvencia, deberán evitar conductas negligentes y graves que arriesguen la viabilidad de la empresa, teniendo en cuenta no sólo los intereses de los socios, sino que, en la búsqueda por la maximización del valor de la empresa, deberán incorporar los intereses de acreedores y otros interesados o *stakeholders*. Sobre este asunto, ver GARNACHO CABANILLAS, L., "El presupuesto objetivo del plan de reestructuración…" …, *op. cit.*, p. 308; o con carácter internacional, SPINDLER, G., "Trading in the vicinity of insolvency", *European Business Organization Law Review (EBOR)*, Volume 7, Issue 1, 2006, pp. 340 a 352.

manifestación de las normas de tutela de la función de garantía del capital social. En definitiva, no cumple una función preventiva de la insolvencia ni de saneamiento, pudiendo solventarse adoptando medidas como un aumento de capital patrimonial o una reducción sin devolución de aportaciones, entre otras[446]. El deudor podrá incurrir en situación de insolvencia, por ejemplo, por falta de liquidez para afrontar sus deudas, aun existiendo beneficios en la cuenta de resultados.

Pudiera considerarse que la Directiva de reestructuraciones no autoriza el acceso a los marcos de reestructuración cuando el deudor ya se encuentra en insolvencia actual, sino que lo reserva para un momento anterior. En tales casos, cuando la insolvencia fuese actual procederían las soluciones concursales para la rápida salida del mercado de la sociedad. El legislador español ya permitía el acceso a los instrumentos preconcursales a aquellos deudores que se encontrasen tanto en insolvencia inminente como actual, con la limitación de no

---

[446] Sobre las medidas que revierten una situación de desbalance o desequilibrio patrimonial, ver MUÑOZ GARCÍA, A., "Situaciones próximas a la insolvencia..." ..., *op. cit.*, p. 183, quien añade la aportación a fondo perdido de los socios, la condonación de pasivos, las plusvalías ocultas en una enajenación de activos, aquellas modificaciones estructurales que implicasen una mejora de la relación patrimonial, las adquisiciones empresariales que impliquen una diferencia positiva en el patrimonio neto o los préstamos participativos, en atención al art. 20.1.d) del Real Decreto-Ley 7/1996, de 7 de junio, sobre Medidas urgentes de carácter fiscal y de fomento y liberalización de la actividad económica «BOE-a-1996-13002». Además, destaca otras medidas legales adoptadas por el legislador español en situaciones de crisis para ayudar a los empresarios como la disposición adicional única del Real Decreto Ley 10/2008, de 12 de diciembre, en relación con la no contabilización de las inversiones inmobiliarias y las existencias como pérdidas por deterioro derivadas del Inmovilizado Material; u otras más recientes, relativas a la crisis del Covid-19, adoptadas mediante el art. 18 del Real Decreto-Ley 16/2020, de 28 de abril, de medidas procesales y organizativas para hacer frente al COVID-19 en el ámbito de la Administración de Justicia «BOE-A-2020-4705», o el Real Decreto-Ley 8/2020, de 17 de marzo, de medidas urgentes extraordinarias para hacer frente al impacto económico y social del COVID-19, «BOE-A-2020-3824», por el que se suspende el presupuesto objetivo del art. 363 LSC, sin por ello suspender el de la insolvencia (únicamente la activación de ciertos deberes relacionados con esta), lo que muestra la distancia que existe entre ambos supuestos de hecho (pp. 191 a 194).

haber sido declarado en concurso[447]. El nuevo Texto Refundido de la Ley Concursal ratifica esta elección[448]. Ante las voces disidentes con la postura del legislador español, debe plantearse su compatibilidad con la Directiva (UE) 2019/1023 de acuerdo con los objetivos que la misma se propone[449]. Con la redacción actual se presupone una insolvencia que el texto europeo busca evitar, lo que desplazaría el objetivo de la norma hacia la salvación del concurso. En consecuencia, la aplicación de normas preconcursales a un deudor en situación de insolvencia actual implica una duplicidad de procedimientos. Es decir, la previsión de un proceso extrajudicial o con mínima intervención (los planes de reestructuración) para aquellos escenarios que ya cuentan con soluciones judiciales (como es el concurso de acreedores y el convenio anticipado)[450] o, lo que es lo mismo, una coincidencia entre el presupuesto objetivo de los planes de reestructuración y del procedimiento judicial de insolvencia.

---

447 Sobre esto se refieren los artículos 583.1, 584 y 631.1 TRLC (2020). El límite para acceder a un acuerdo de refinanciación o a un acuerdo extrajudicial de pago se sitúa en el momento de la declaración del concurso de acreedores, o el momento en que este debiera haber sido declarado, de acuerdo con la regulación del concurso necesario. El acceso a los instrumentos preconcursales se plantea en el sistema español desde su concepción amplia, excediendo de lo dispuesto por la Directiva; ver FERNÁNDEZ PÉREZ, N., "La incidencia de la Directiva (UE) 2019/1023…" …, *op. cit.*, p. 5.

448 Así lo confirman los arts. 584, 636 y 686 TRLC. Además, en su exposición de motivos, apartado III (p. 5) afirma que "*Ciertamente, la Directiva no establece como presupuestos del preconcurso los mismos presupuestos del concurso de acreedores, sino uno específico; pero no prohíbe esa extensión. Mientras que la empresa sea económicamente viable, está justificada su reestructuración para evitar los riesgos de destrucción de valor asociados al procedimiento concursal*".

449 A favor de la inclusión de la insolvencia actual dentro del presupuesto objetivo se muestran PULGAR EZQUERRA, J., "Gobierno Corporativo y reestructuración…" …, *op. cit.*, p. 75, GARCIMARTÍN ALFÉREZ, F. J., "La probabilidad de insolvencia" … *op. cit.*, p. 5 y GARNACHO CABANILLAS, L., "El presupuesto objetivo del plan de reestructuración…" …, *op. cit.* 315, quien, a pesar de pronunciarse a favor, se plantea la posibilidad de que esta opción desvirtúe el propósito de la norma comunitaria además de suponer una duplicidad de soluciones.

450 GARNACHO CABANILLAS, L., "La reestructuración pre-concursal de deudas desde una perspectiva interna y comunitaria", *Anuario de Derecho Concursal*, Nº 53, 2021, p. 17.

A pesar de que el contenido del considerando 24 de la Directiva (UE) 2019/1023 excluye la obligación de los Estados miembros de poner a disposición de los deudores que ya sean insolventes los marcos de reestructuración, se ha de tener en cuenta que tampoco lo prohíbe[451]. Por lo tanto, no hay impedimento alguno para que los ordenamientos nacionales amplíen el ámbito objetivo y así lo manifiesta el legislador español en el apartado III de la exposición de motivos de la Ley 16/2022. Dicha conclusión se alcanza con más acierto atendiendo a la habilitación por parte del presupuesto objetivo para la comunicación del inicio de las negociaciones entre el deudor y el acreedor con el objeto de acceder a la suspensión de las ejecuciones singulares[452]. En tanto en cuanto estas últimas presuponen una situación de impago de obligaciones exigibles, cabe entender *iuris tantum* que el deudor, con gran probabilidad, se encuentra en una situación de insolvencia actual. En la misma línea se posiciona el artículo 7.3. de la Directiva (UE) 2019/1023, que permite excepcionar el deber de solicitar el concurso aun siendo el deudor incapaz de afrontar sus deudas cuando estas estén vencidas y sean exigibles[453]. Los marcos de reestructuración se erigen, a elección de los Estados miembros, como una alternativa a la declaración del concurso (paraconcursal), dando solución a la situación de crisis actual en que se encuentra sumergido y no sólo como mecanismo preventivo (preconcursal). A lo anterior hay que añadir la regulación de la protección a la finan-

---

451 En dicho apartado el legislador impone la obligación de regular el acceso a los marcos de reestructuración "*en un momento temprano, cuando sea posible prevenir su insolvencia y garantizar la viabilidad de las actividades empresariales. (…) debe estar disponible antes de que un deudor se encuentre en situación de insolvencia conforme a la normativa nacional*".

452 ROJO FERNÁNDEZ-RÍO, A. J., "La transposición de la Directiva (UE) 2019/1023 al Derecho español", *Conferencia impartida en el Congreso Internacional sobre Insolvencias y Reestructuraciones, organizado por la Revista General de Insolvencias & Reestructuraciones (I&R), Iustel y la Facultad de Derecho de la Universidad Complutense de Madrid*, octubre de 2021; y PULGAR EZQUERRA, J., "Gobierno Corporativo y reestructuración…" …, *op. cit.*, p. 76.

453 FERNÁNDEZ PÉREZ, N., "La incidencia de la Directiva (UE) 2019/1023…" …, *op. cit.*, p. 5; PULGAR EZQUERRA, J., "La propuesta de Directiva sobre reestructuración…" …, *op. cit.*, p. 7 de 20 y AZOFRA VEGAS, F. y ÁNGEL ALONSO, A., "Artículo 583. Comunicación de la apertura de negociaciones", en Veiga Copo, A. B., (dir.) y Martínez Muñoz, M. (coord.), *Comentario al Texto Refundido de la Ley Concursal*, Tomo II, Thomson Reuters, Navarra, 2021, p. 1418.

ciación en el marco de un plan de reestructuración, de la que se deduce la posibilidad de iniciar el procedimiento en situaciones de insolvencia actual[454].

Por lo tanto, queda lejos de ser contrario a los objetivos de la Directiva (UE) 2019/1023 una ampliación por la cual se permite el acceso a los marcos de reestructuración para incluir a quienes, si bien se encuentran en una situación de insolvencia actual, todavía están en posición de superarla por medio de una reestructuración. Es decir, apostar por la reestructuración de empresas todavía viables aunque insolventes y la liquidación alternativa de aquellas que no sean viables o tengan poca posibilidad de volver a serlo, conforme al Derecho de la competencia. Se exige que el acceso a los marcos de reestructuración responda a una intención sanadora de la insolvencia y no como vía para obtener ventajas competitivas[455], situándose la viabilidad de la empresa como marco de las relaciones entre el procedimiento judicial de la insolvencia y los marcos de reestructuración.

2. *El deudor en insolvencia inminente*

El presupuesto objetivo identificado con un estadio previo a la insolvencia se define en la Directiva de reestructuraciones con los términos "*riesgo de insolvencia*" y "*probabilidad de insolvencia*". Aun cuando la criticada traducción de la Directiva (UE) 2019/1023 así la denomina, el término oficioso de la versión inglesa es el de *likelyhood of insolvency*, *probabiliá* en la italiana, *probabilité* en la francesa o *warhscheinlinche Insolvenz*, en la versión alemana[456]. Además, de la lectura del texto

---

[454] PULGAR EZQUERRA, J., "Gobierno Corporativo y reestructuración..." ..., *op. cit.*, p. 76.

[455] PULGAR EZQUERRA, J., "Gobierno Corporativo y reestructuración..." ..., *op. cit.*, p. 78.

[456] FERNÁNDEZ PÉREZ, N., "La incidencia de la Directiva (UE) 2019/1023..." ..., *op. cit.*, p. 4. Por su parte, RECAMÁN GRAÑA, E., "Diligencia e interés social en la proximidad a la insolvencia..." ..., *op. cit.*, p. 213, recuerda que la versión alemana de la Propuesta de Directiva utilizaba el término *drohende Insolvenz* (insolvencia amenazante), más cercano a la probabilidad de insolvencia que a la inminente. Sorprenderá más adelante la elección definitiva por el legislador alemán en la transposición de la norma al volver a la insolvencia inminente. Estos cambios de posición son una muestra más del debate que se ha producido

europeo en su conjunto se desprende la intención del legislador de configurar legalmente marcos de reestructuración en un momento *temprano* y todavía anterior a la insolvencia inminente. De cara a su transposición la indeteminación de la terminología generaba dudas en la doctrina sobre si ello resulta coincidente en su totalidad con la noción de insolvencia inminente del Derecho español[457].

De incorporación inspirada en el §18.2 de la InsO alemana (*drohende insolvenz* o *drohende zahlingsunfähigkeit*), la insolvencia inminente se define como el estado en el que el deudor prevé que no podrá cumplir regular y puntualmente sus obligaciones[458]. El concepto, pese a su indeterminación temporal, exige conocimiento cierto del incumplimiento definitivo de sus obligaciones. En otras palabras, responde a un juicio de probabilidad objetiva y no de mera posibilidad. Ahora bien, para distinguir si una insolvencia probable puede llegar a ser inminente o no, es necesaria cierta inmediatez[459], esto es, que el deudor tenga la seguridad de que en un futuro próximo o a corto plazo se va a encontrar en causa de insolvencia actual por no cumplir con sus obligaciones al tiempo en que estas sean exigibles.

Los legisladores europeos disponen de un amplio margen para regular un nuevo concepto u optar por incluirlo en los ya existentes, a

---

en el territorio europeo respecto del presupuesto objetivo de los planes de reestructuración.

457 FERNÁNDEZ PÉREZ, N., "La incidencia de la Directiva (UE) 2019/1023..." ..., *op. cit.*, pp. 4 a 6; ROJO FERNÁNDEZ-RÍO, A. J., "La propuesta de directiva sobre reestructuración..." ..., *op. cit.*, p. 7, apunta que el uso de *terminología cambiante*, planteará dificultades en la tarea de transposición. Por su parte, GARCIMARTÍN ALFÉREZ, F. J., "La probabilidad de insolvencia" ... *op. cit.*, p. 5, se muestra crítico con la ausencia de una definición clara de los términos probabilidad de insolvencia e insolvencia inminente. También, AZOFRA VEGAS, F. y ÁNGEL ALONSO, A., "Artículo 583. Comunicación de la apertura..." ..., *op. cit.*, pp. 1418 y 1419.

458 Definida en el art. 2.3. TRLC, en relación con el art. 2.2.a) de la Directiva. Sobre la definición contemplada, han sido criticadas las deficiencias teóricas y prácticas provocadas por la decisión del legislador de incluir la puntualidad en el concepto de la insolvencia inminente pudiendo utilizarse de forma fraudulenta en detrimento de los acreedores, al contrario de lo que ocurre en la insolvencia actual, por MOYA BALLESTER, J., *La responsabilidad de los administradores...*, *op. cit.*, p. 167.

459 ROJO FERNÁNDEZ-RÍO, A. J., "Artículo 2. Presupuesto objetivo" ..., *op. cit.* 176.

condición de que garanticen un acceso temprano que permita evitar la insolvencia. De esta forma, mientras que el legislador alemán ha optado por mantener las tradicionales insolvencia inminente y actual y a pesar de lo que un sector de la doctrina alemana considerara[460], la Ley 16/2022 arriesga con la introducción de una nueva noción, a saber, la probabilidad de insolvencia. Ello provoca la modificación del concepto de insolvencia inminente que pasa a entenderse como aquella situación en la que el deudor prevea que dentro de los de tres meses siguientes no podrá cumplir regular y puntualmente sus obligaciones de pago, que le sean exigibles, por iliquidez o desbalance y de forma definitiva, sin poder acceder al crédito[461]. Finaliza así con el debate que acompañaba a su indeterminación temporal[462].

La novedad sobre la delimitación temporal permite acotar un concepto que venía siendo indeterminado (insolvencia inminente) dada la introducción de otro concepto también indefinido pero anterior a este (insolvencia probable)[463]. A su vez, esto genera mayor seguridad

---

460 Cabe mencionar a THOLE, C., "Der Richtlinienvorschlag zum präventiven Restrukturierungsrahmen", Zeitschrift für Wirtschaftsrecht, Nº 3, Vol. 38, 2017, p. 102, o a NAUMANN, P., "Pflichten der Unternehmensleitung", Neue Zeitschrift für das Recht der Insolvenz und Sanierung - NZI / Beilage, Nº 20, 2017, p. 35.

461 GARNACHO CABANILLAS, L., "La reestructuración pre-concursal de deudas…" …, *op. cit.*, p. 16, plantea la cuestión de si ha de decantarse por una interpretación estricta de insolvencia inminente o una interpretación lata que incluya situaciones de dificultades financieras o *financial distress.*

462 ROJO FERNÁNDEZ-RÍO, A. J., "Artículo 2. Presupuesto objetivo" …, *op. cit.*, p. 176, considera que existe insolvencia inminente a un año vista; asumiendo resoluciones diversas por los jueces, que varían desde el trimestre, al plazo del curso completo del ejercicio, pasando por una posible previsión a seis meses. A este respecto, recuérdese que el legislador alemán ha optado por entender que la inminencia puede alcanzar los dos años vista (§ 18 (2) InsO). También, si bien en relación a la viabilidad económica en un corto o medio plazo, PULGAR EZQUERRA, J., "Artículo 598. Requisitos de los acuerdos colectivos de financiación", en Pulgar Ezquerra, J., (dir.), *Comentario a la Ley Concursal. Texto Refundido de la Ley Concursal,* Tomo I, Wolters Kluwer, 2ª edición, Madrid, 2020, p. 148, recuerda que el plan general contable aprobado por el Real Decreto 1514/2007, de 16 de noviembre, por el que se aprueba el Plan General de Contabilidad, «BOE-A-2007-19884», acota el corto plazo en un año, mientras que su exceso será considerado largo plazo.

463 Ya se proponía una duración de entre dos y seis meses por GARCIMARTÍN ALFÉREZ, F. J., "La probabilidad de insolvencia" … *op. cit.*, p. 8, como consecuencia lógica de la aparición de la nueva probabilidad de insolvencia.

jurídica para las partes afectadas por una reestructuración[464]. Por lo que respecta a los acreedores, una mayor determinación de los estadios de insolvencia permite evitar un uso fraudulento de la suspensión de pagos o de la suspensión del deber de solicitar el concurso por el deudor. El escenario más habitual es el tratamiento de una insolvencia actual como si fuera inminente por parte del deudor, lo que provoca la degradación de su situación patrimonial y, por ende, las expectativas de cobro de los acreedores[465].

En cuanto a los socios, téngase presente que los planes de reestructuración podrán contener medidas susceptibles de diluir la posición de los socios en la sociedad (capitalización de créditos, fusiones, etc.). Ello permitiría que sin encontrarse en una situación de insolvencia inminente los socios mayoritarios acuerden con los acreedores la adopción de un plan de reestructuración con la única finalidad de expeler a los socios minoritarios. Incluso, esto podrá producirse por acuerdo del administrador social con los acreedores en perjuicio tanto de los socios mayoritarios como de la minoría. Es cierto que el término de insolvencia inminente ya se encontraba temporalmente indeterminado en la ley. Sin embargo, la posibilidad de abuso gana mayor relevancia en consideración con el resto de mecanismos que plantea la Directiva, como es el arrastre forzoso de los acreedores disidentes, la posibilidad de eliminar el derecho de voto de los socios y, sobre todo, ante la previsión de todas estas medidas en un momento temprano todavía anterior a la actual noción de insolvencia inminente bajo los principios de la intervención judicial mínima —en el momento de la comunicación de las negociaciones y en el de la homologación del plan—. Esto es, privándole de las garantías del procedimiento concursal al extraerlo para regirse como acuerdos privados entre el deudor y sus acreedores. No se puede olvidar que,

---

464 GARCIMARTÍN ALFÉREZ, F. J., "La probabilidad de insolvencia" ... *op. cit.*, p. 8, alertaba sobre la necesidad de que el "*riesgo de insolvencia sea cierto y relativamente próximo en el tiempo, para evitar conductas abusivas u oportunistas*". También llama al cuidado en la definición de este concepto AZOFRA VEGAS, F. y ÁNGEL ALONSO, A., "Artículo 583. Comunicación de la apertura..." ..., *op. cit.*, p. 1418, especialmente por la "*potencial distorsión de la competencia que estos expedientes ocasionan*". En relación con tales efectos, únicamente los entiende justificados cuando la insolvencia sea inminente o actual.

465 MOYA BALLESTER, J., *La responsabilidad de los administradores...*, *op. cit.*, p. 165.

en términos económicos, lejos de mantenerse estable, la vida de las sociedades sufre grandes variaciones fruto de su tráfico normal en el mercado.

La tutela de los socios ha de comenzar desde el mismo momento en el que se perfila el presupuesto objetivo de acceso a los marcos de reestructuración temprana. Estas consideraciones se han de analizar necesariamente junto con las vertidas para tratar el control de los efectos de la situación de probabilidad de insolvencia, la viabilidad del deudor y los instrumentos de verificación del presupuesto objetivo y posibles efectos confesorios, puesto que conformarán los instrumentos de tutela disponibles para los socios en la fase de negociación del plan de reestructuración.

3. *La probabilidad de insolvencia*

Junto con la insolvencia actual y la recién acotada insolvencia inminente, el legislador europeo introduce el término *likelihood of insolvency*, de origen estadounidense y desarrollo jurisprudencial bajo el término *vicinity of insolvency*[466] y su precedente alemán en el §18 de la InSO alemana de 1994[467] como un concepto autónomo o, alternativamente, asimilado al que la norma concursal española recoge con la insolvencia inminente. Para pronunciarse sobre esta última cuestión se ha de recordar que la Directiva (UE) 2019/1023 se decide por la reestructuración de sociedades en un momento temprano[468] todavía

---

466 El desarrollo jurisprudencial ha ido íntimamente ligado a los deberes de los administradores en las situaciones próximas a la insolvencia, como una revisión *ex* post de su comportamiento toda vez que dicha situación de crisis se hace patente, como así recuerda RECAMÁN GRAÑA, E., "Diligencia e interés social en la proximidad a la insolvencia…" …, *op. cit.*, p. 209. En este asunto, es de referencia MAINBRIDGE, S. M., "Much ado about Little? Directors'. Fiduciary duties in the vicinity of insolvency", *University of California, Los Ángeles School of Law. Law & Economics Research Paper Series*, Research Paper Nº 05-26, 2005, pp. 1 a 44.

467 FACHAL NOGUER, N., "¿Qué debemos entender por probabilidad de insolvencia a los efectos de realizar la comunicación de apertura de negociaciones o solicitar la homologación de un plan de reestructuración?", *LA LEY Insolvencia,* Nº 9, 2022, p. 1.

468 El considerando 24 de la Directiva (UE) 2019/1023 establece que "*el marco de reestructuración debe estar disponible antes de que el deudor reúna las condiciones de la*

anterior a la insolvencia inminente conocida y que, por tanto, no termina de adecuarse a esta última[469]. Sin embargo, la indeterminación de este estadio es criticable debido a la inseguridad jurídica que de nuevo aporta a las reestructuraciones[470].

En un intento por reducir la inseguridad jurídica, el legislador español perfila este nuevo concepto en el artículo 584.2. del Texto Refundido de la Ley Concursal como aquella situación o estado en el que "*sea objetivamente previsible que, de no alcanzarse un plan de reestructuración, el deudor no podrá cumplir regularmente sus obligaciones que venzan en los próximos dos años*". Un concepto que requiere de varias reflexiones y aclaraciones dadas las dificultades para su aprehensión ante la naturaleza polifacética y dinámica que reviste. Cabe apuntar que, anecdóticamente y, quizá, en una declaración de intenciones, el ordenamiento español ya recogió este término en el Decreto-ley 35/2020[471].

---

normativa nacional para entrar en un procedimiento colectivo de insolvencia".

469 Por ejemplo, FERNÁNDEZ PÉREZ, N., "La incidencia de la Directiva (UE) 2019/1023…" …, *op. cit.*, p. 4; GARCIMARTÍN ALFÉREZ, F. J., "La probabilidad de insolvencia" … *op. cit.*, p. 5; MUÑOZ GARCÍA, A., "Situaciones próximas a la insolvencia…" …, *op. cit.*, p. 214; FACHAL NOGUER, N., "¿Qué debemos entender por probabilidad de insolvencia…" …, *op. cit.*, p. 2, quien destaca cómo el CGPJ en su informe denunciaba el uso impropio del término insolvencia inminente para referirse a la probabilidad de insolvencia en la versión española de la Directiva.

470 La adecuada concreción del presupuesto objetivo y la dificultad de concretar cuándo se está ante una insolvencia probable resulta especialmente importante para quienes defienden la existencia de deberes fiduciarios para los socios en lo relativo a la obligación de iniciar un proceso de reestructuración frente a la libre disolución de la sociedad *ex* art. 368 LSC. En este sentido ver VIERA GONZÁLEZ, J., "Gobierno corporativo de sociedades no cotizadas…" …, *op. cit.*, p. 867.

471 El art. 6.3. del Decreto-Ley 35/2020, de 22 de diciembre, de medidas urgentes de apoyo al sector turístico, la hostelería y el comercio y en materia tributaria, «BOE-A-2020-16823», menciona por primera vez las tres insolvencias, actual, inminente y probable. Así lo mencionan AZOFRA VEGAS, F. y ÁNGEL ALONSO, A., "Artículo 583. Comunicación de la apertura…" …, *op. cit.*, p. 1414. La incorporación del término ha sido recomendada por la doctrina, como por GARCIMARTÍN ALFÉREZ, F. J., "La probabilidad de insolvencia" … *op. cit.*, p. 5.

3.1. El grado de probabilidad

El primero de los aspectos es el relativo al grado de probabilidad de que se produzca la insolvencia actual. La técnica legislativa utilizada en su conceptualización puede resultar deficiente, ya que su necesaria previsión objetiva, unida a la ausencia del requisito de la puntualidad, muestra que el concepto se define en términos absolutos; más fuerte que la insolvencia inminente[472]. Ello podría chocar con la elección del término "probable" para distinguirla y distanciarla de ésta. Parece claro, no obstante, que exige igualmente un juicio de probabilidad objetiva. Es decir, conocimiento exacto o, más bien, cierto, de que en un medio o largo plazo se encontrará en insolvencia actual. Este último elemento temporal será determinante para distinguirlas.

En cuanto al grado de probabilidad exigido o la desconocida unidad de medida comprobatoria de tal circunstancia, la insolvencia probable arrastra las dudas que ya suscitara la insolvencia inminente. Atendiendo a la objetividad y a la mayor certeza posible, resultaría prudente exigir, al menos, más de un cincuenta por ciento de probabilidades de que en un medio o largo plazo el deudor se declarará insolvente, esto es, "*more likely than not*"[473]. El riesgo de insolvencia debe ser real, no hipotético[474].

Sin embargo, continúa tratándose de un concepto altamente indeterminado[475]. Por ello, para esclarecer, medir y concretar la pro-

---

472 El requisito del incumplimiento puntual recogido para la insolvencia actual fue eliminado de la definición de insolvencia inminente. En cuanto a la técnica legislativa, ver ROJO FERNÁNDEZ-RÍO, A. J., "La transposición de la Directiva UE 2019/1023..." ..., *op. cit.*

473 EIDENMÜLLER, H., "Contracting for an European Insolvency" ..., *op. cit.*, p. 279; GARCIMARTÍN ALFÉREZ, F. J., "La probabilidad de insolvencia" ... *op. cit.*, p. 6; FACHAL NOGUER, N., "¿Qué debemos entender por probabilidad de insolvencia..." ..., *op. cit.*, p. 3.

474 FACHAL NOGUER, N., "¿Qué debemos entender por probabilidad de insolvencia..." ..., *op. cit.*, p. 3.

475 Ya se mostraba crítica con la indeterminación de un estadio anterior a la insolvencia inminente GALLEGO SÁNCHEZ, E., "La Directiva (UE) 2019/1023 para aumentar..." ..., *op. cit.*, p. 622. La autora alertaba sobre la posibilidad de que constituyese un elemento de fraude y abuso, además de considerar innecesario

babilidad de insolvencia se han propuesto indicadores[476], como los que el Instituto de Contabilidad y Auditoría de Cuentas clasifica en financieros, operativos y legales o de otra clase por medio de su Resolución de 18 de octubre de 2013[477]. En el primer grupo cabría encajar el desbalance patrimonial o la existencia de capital circulante negativo, préstamos a largo plazo excesivamente dependientes de la concesión de préstamos a corto plazo, retirada de apoyo financiero por los acreedores, pérdidas de explotación sustanciales, atrasos en el pago de dividendos o suspensión de los mismos, etc. También se han considerado como indicios operativos la intención de la dirección de cesar en las actividades o la salida de miembros clave de la misma sin que exista una sustitución, la pérdida de clientes o mercados clave o la escasez de suministros importantes. Por último, como muestras de carácter legal o de otro tipo, se ha destacado el incumplimiento de las normas relativas al capital social o la previsión de un gran número de reclamaciones económicas derivadas de procedimientos legales que con alta probabilidad no podrán cumplirse. Otros indicios pueden consistir en la indisponibilidad de un mercado de crédito al que pueda acceder el deudor, o la predisposición o el deseo de la mayoría de los acreedores —en términos de representación de la deuda y no del número de los mismos— para reestructurar la empresa.

El acaecimiento de este último y sobre el que la Ley 16/2022 justifica la desjudicialización del procedimiento[478], podría ser un síntoma de que el deudor *probablemente* será insolvente de no actuar con rapi-

---

regular un estadio previo habida cuenta de la elasticidad de la propia insolvencia inminente.

476 También autores como CHÁVARRI DICENTA, F., “Análisis de las posibilidades de decisión estratégica de la administración societaria ante la crisis económica de la empresa”, en Gutiérrez Gilsanz, A., (dir.), *Derecho preconcursal y concursal de sociedades mercantiles de capital*, Wolters Kluwer, Madrid, 2018, pp. 49 a 52, quien presenta un estudio sobre distintos síntomas de desestabilización empresarial.

477 Ver MUÑOZ GARCÍA, A., “Situaciones próximas a la insolvencia…” …, *op. cit.*, p. 200.

478 En el apartado III de la exposición de motivos establece que “*El sistema descansa así sobre el principio mayoritario: el mejor indicio de la razonabilidad del plan de reestructuración, incluida su necesidad e idoneidad para asegurar la viabilidad de la empresa deudora, es que una mayoría cualificada de acreedores está dispuesta a asumir el sacrificio que el plan comporta*”. Igualmente, GARCIMARTÍN ALFÉREZ, F. J., “La probabilidad de insolvencia” … *op. cit.*, p. 6. De forma similar, RECAMÁN GRAÑA, E.,

dez, pero en ningún caso suficiente o considerado aisladamente. De lo contrario, se estaría ignorando el riesgo expropiatorio intrínseco al procedimiento de reestructuración temprana que regula la Directiva (UE) 2019/1023[479]. Se produciría con ello una vulneración de la posición del socio en la sociedad, como su propietario, así como de sus intereses en la reestructuración, como acreedor residual[480].

No parece que tales indicadores favorezcan la objetividad que reclama el principio de seguridad jurídica. Un conocimiento más exacto de que el deudor se encontrará en insolvencia en un medio o largo plazo ha de responder a datos de carácter empírico con el fin de servir para realizar un control del presupuesto objetivo. Dicha supervisión podrá plantearse, primeramente, *ex ante* con la comuni-

---

"Diligencia e interés social en la proximidad a la insolvencia..." ..., *op. cit.*, p. 218.

479 El riesgo de que la reestructuración encubra una, denominada, *expropiación*, es tratado más adelante.

480 El art. 4.6. de la Directiva (UE) 2019/1023 recuerda que las disposiciones por las que se limite la actuación de control por parte de las autoridades, ha de respetar en todo caso el equilibrio de intereses entre las partes interesadas, siendo los socios uno de los grupos principales de intereses con posibilidad de entrar en conflicto y que no pueden dejarse al margen del procedimiento. No en vano lo recuerda en su considerando tercero: "*En los marcos de reestructuración deben protegerse los derechos de todos los implicados*". Junto a esto, resulta destacable el Dictamen del Banco Central Europeo, de 7 de junio de 2017, sobre una propuesta de Directiva del Parlamento Europeo y del Consejo sobre marcos de reestructuración preventiva, segunda oportunidad y medidas para aumentar la eficacia de los procedimientos de condonación, insolvencia y reestructuración, y por la que se modifica la Directiva 2012/32/UE, (CON/2017/22), (2017/C 236/02), cuando en sus observaciones generales establece que "*Los procedimientos de insolvencia, incluido el saneamiento de empresas, tienen dos objetivos generales que comparten la mayoría de los ordenamientos jurídicos: a) distinguir el riesgo entre los participantes en una economía de mercado de forma predecible, justa y transparente, buscando un equilibrio adecuado en las relaciones entre acreedores y deudores (...). No lograr el equilibrio adecuado entre los derechos de los deudores y acreedores en los procedimientos de insolvencia podría provocar consecuencias negativas no deseadas. Un régimen concursal bien concebido debe ofrecer incentivos a todos los interesados y tener debidamente en cuenta la perspectiva macrofinanciera. Además, disponer de procedimientos de insolvencia predecibles fomenta las operaciones transfronterizas de los mercados de capitales, mientras que su impredecibilidad, (...), es un obstáculo importante para una mayor integración de los mercados de capitales. (...) Como mínimo, deberían armonizarse en mayor medida en los Estados miembros los objetivos generales de los procedimientos de insolvencia, inclusive un equilibrio comúnmente aceptado entre los derechos de acreedores y deudores*".

cación del inicio de las negociaciones, mediante un test de acceso a los marcos de reestructuración[481], el recurso a fórmulas financiero-contables como el "*Altman z-score*"[482], o la acreditación de haberse producido alertas tempranas de dicha insolvencia, sin descartar los hechos externos reveladores de la insolvencia del artículo 2.4. del Texto Refundido de la Ley Concursal[483].

A pesar de todo, ante la exigencia de un conocimiento cierto y los términos absolutos u objetivos en los que se presenta, no parece haber diferencia alguna respecto de lo que ya se conocía para la insolvencia inminente[484]. El elemento temporal constituirá, por lo tanto, la cuestión determinante.

---

481 EIDENMÜLLER, H., "Contracting for an European Insolvency" ..., *op. cit.*, p. 279.

482 En particular, EIDENMÜLLER, H., "Contracting for an European Insolvency" ..., *op. cit.*, p. 279 reivindica la imposición de un test de control para evitar abusos en el acceso a los marcos de reestructuración. Otros, como GARCIMARTÍN ALFÉREZ, F. J., "La probabilidad de insolvencia" ... *op. cit.*, p. 6, se centran en los distintos mecanismos que permitirían determinar la existencia altamente probable de una insolvencia futura. Para una visión comparada del método *Altman z-score* aplicado en la predicción con una antelación de hasta dos o tres años vista, puede consultarse ALTMAN, E. I., IWANIEZ-DROZDOWSKA, M., LAITINEN, E. K., y SUVAS, A., "Financial Distress Prediction in an International Context: A Review and Empirical Analysis of Altman's Z-Score Model", *Journal of International Financial Management & Accounting*, 28:2, 2017, pp. 1 a 41, AUNJUN, S., "Business bankruptcy prediction models: A significant study of the Altman's Z-score model", *Asian Journal of Management Research*, Nº 13, 2012, pp. 1 a 8, o MORALES CASTRO, A., AGUILAR ARGUETA, P. I., MONZÓN CITALÁN, R. E., "Salud financiera de las empresas socialmente responsables utilizando Z-Score de Altman", *Yachana, Revista científica*, Vol 8, Nº 1, 2019, pp. 41 a 59.

483 Un estudio sobre estos aspectos lo desarrolla ROJO FERNÁNDEZ-RÍO, A. J., "Artículo 2. Presupuesto objetivo" ..., *op. cit.*, pp. 183 a 193, recordando los embargos generalizados e infructuosos, el sobreseimiento general y sectorial, o las liquidaciones apresuradas de bienes o alzamientos.

484 Es pertinente recordar las palabras de ROJO FERNÁNDEZ-RÍO, A. J., "Artículo 2. Presupuesto objetivo" ..., *op. cit.*, p. 176, quien ya identificaba la insolvencia inminente con la probable y marcando como única diferencia la inmediatez con la que la misma se prevé.

3.2. El marco temporal

La probabilidad de insolvencia en la Directiva (UE) 2019/1023 se circunscribe a un marco temporal indeterminado, refiriéndose a este como un término orientativo de "unos meses o más" y dejando en manos de los Estados miembros la[485] .

Como ejemplo de la primera opción se erige el legislador alemán, que en el §18 InsO[486] establece que se encuentra en insolvencia —en su caso— inminente aquél que en el plazo de dos años no podrá hacer frente a sus deudas de forma definitiva[487]. Mientras, en Italia, la probabilidad de insolvencia forma parte de la novedosa definición del concepto de "*crisi*", que entiende como el estado del deudor que se manifiesta por la inadecuación de los flujos de caja previstos para hacer frente a las obligaciones futuras en los próximos doce meses[488]. En el otro extremo se sitúa el legislador holandés quien en el artículo 370 del *Bankruptcy Act (Faillissementswet)* opta por una cláusula abierta sin determinación temporal clara[489].

---

485 El considerando 28 establece que "*The time frame relevant for the determination of such threat may extend to a periodo f several months, or even longer*".

486 El §18 de la InsO se refiere a la insolvencia inminente o incapacidad de pago amenazante, haciendo mención al plazo de veinticuatro meses: "*Der Schuldner droht zahlungsunfähig zu werden, wenn er voraussichtlich nicht in der Lage sein wird, die bestehenden Zahlungspflichten im Zeitpunkt der Fälligkeit zu erfüllen. In aller Regel ist ein Prognosezeitraum von 24 Monaten zugrunde zu legen*". El legislador alemán no opta por incorporar los tres niveles de insolvencia a los que hace referencia la Directiva. Por el contrario, se limita a mantener la insolvencia actual e inminente, enmarcando esta última en el plazo mencionado. Por lo que respecta al plazo para lo que el legislador considera sobreendeudamiento, ligado a la obligación de apertura del concurso en la §19 de la InsO, sufre modificaciones con la transposición de la Directiva, pasando a limitarse a doce meses. De esta manera, habrá sobreendeudamiento salvo que sea más probable la continuidad empresarial en los próximos doce meses.

487 Otros han sugerido distintos plazos, como EIDENMÜLLER, H., "Contracting for an European Insolvency" ..., *op. cit.*, p. 279, quien proponía al menos el plazo de un año, o en el IMF Working Paper, J. Garrido/C. DeLong/A. Rasekh/A. Rosha, Restructuring and Insolvency in Europe... *op. cit.*, p. 10, en el que se propone un plazo de 6 meses.

488 El art. 2 *Codice della crisi*, introduce la definición de crisis y de probabilidad de insolvencia y las distingue de la *insolvenza* y el *sovraindebitamento*.

489 El art. 370 de la Faillissementswet dispone: "*Als een schuldenaar verkeert in een toestand waarin het redelijkerwijs aannemelijk is dat hij met het betalen van zijn schulden*

Si bien el legislador español se inclinaba también en el Anteproyecto de Ley para la transposición de la Directiva (UE) 2019/1023 por una cláusula abierta[490], tras su sometimiento a consulta pública da un giro decantándose en la Ley 16/2022 por una suerte de híbrido entre el modelo alemán y el holandés, al introducir la probabilidad de insolvencia, pero limitada un plazo de dos años. Igualmente, conecta la frustración de las negociaciones para alcanzar un plan de reestructuración con la incapacidad de pago, referida a las obligaciones que venzan en los próximos dos años[491]. Esta opción menos flexible que la cláusula abierta representa una ayuda a la actividad judicial para la determinación del cumplimiento del presupuesto objetivo de los marcos de reestructuración. Además, proporciona mayor seguridad jurídica a los socios de la deudora al permitirles conocer —especialmente a quien tenga la doble condición de socio y acreedor por un crédito vencido y exigible— el momento en que podrá producirse la cristalización de sus derechos de opción sobre la sociedad y, dependiendo del contenido del plan, una posible dilución de sus derechos políticos. Esto es, con la aprobación y ejecución del plan de reestructuración y, en su caso, de la homologación. Igualmente, determina el periodo en el que las ayudas financieras o económicas que pudieran aportarse con el fin de evitar la insolvencia o asegurar el buen fin del plan de reestructuración puedan quedar protegidas frente a acciones rescisorias o recompensadas con la recalificación en un concurso posterior, de conformidad con el régimen tuitivo y retroactivo del dinero nuevo[492]. Principalmente, por lo que se refiere a la financiación interina y a las novedades respecto de los sujetos especialmente relacionados con el deudor.

La elección del legislador español por la clasificación en tres niveles de la insolvencia parece esconder la intención de marcar dis-

---

niet zal kunnen voortgaan, kan hij zijn schuldeisers en zijn aandeelhouders, of een aantal van hen, een akkoord aanbieden dat voorziet in een wijziging van hun rechten en dat door de rechtbank overeenkomstig artikel 384 kan worden gehomologeerd".

490 Art. 584.2. del Anteproyecto.

491 FACHAL NOGUER, N., "¿Qué debemos entender por probabilidad de insolvencia…" …, *op. cit.*, p. 4.

492 Principalmente, por lo que se refiere a la financiación interina y a las novedades respecto de los sujetos especialmente relacionados con el deudor.

tancia con la ya estigmatizada insolvencia inminente[493]. La misma evoca una menor capacidad de recuperación. Ello puede deberse a los intentos por camuflar insolvencias actuales como inminentes por parte de los deudores para beneficiarse de los efectos de los artículos 583 y siguientes del Texto Refundido de la Ley Concursal, en lugar de la conveniente liquidación rápida y eficiente de una sociedad inviable[494].

II. LA PREMISA DE LA VIABILIDAD ECONÓMICA

En los tres momentos diferenciados de insolvencia o situaciones cercanas a la misma subyace un elemento común. Se trata del aseguramiento de la viabilidad económica. Si bien esta no condiciona el inicio de las negociaciones sí que formará parte del contenido de cualquier plan de reestructuración de acuerdo con el artículo 633.10ª. del Texto Refundido de la Ley Concursal. Además, se encuentra entre los requisitos para su homologación. Aunque no resulta nueva en el sistema español[495], su incorporación forma parte de

---

493 Como se verá más adelante, el estado concreto de insolvencia en que se encuentre el deudor podrá impedir el arrastre forzoso de los socios para las empresas de gran tamaño. En cuanto a las pequeñas y medianas empresas, del art. 684.2. TRLC, se deduce la imposibilidad de arrastre forzoso de los socios. Además, a nivel procedimental, la diferencia entre un presupuesto objetivo basado en la inminencia o la probabilidad de insolvencia afecta al crédito público en los supuestos de microempresas. El art. 685 TRLC determina la no afectación por el procedimiento de reestructuración del crédito público cuando el deudor se hallare en probabilidad de insolvencia. Una previsión duramente criticada por GALLEGO SÁNCHEZ, E., "Retos y propuestas sobre planes de reestructuración..." ..., *op. cit.* Este no coincide con los presupuestos de acceso al concurso de acreedores, como hasta ahora venía ocurriendo en la legislación española. El concurso de acreedores voluntario o necesario, se limita a los supuestos de insolvencia inminente o actual, respectivamente. Junto a lo ya conocido por las disposiciones españolas, el nuevo art. 611.1. TRLC recuerda que la obligación de solicitar el concurso (necesario) únicamente es obligatoria cuando el deudor adoleciese de insolvencia actual.

494 CERVERA MARTÍNEZ, M., "Artículo 583. De la comunicación..." ..., *op. cit.*, p. 59.

495 El presupuesto de la viabilidad ya se encontraba en los arts. 598.1.1º., 604.1.1º. y 606 TRLC referidos a los acuerdos colectivos de refinanciación y singulares, respectivamente, y al artículo 672 TRLC, para los acuerdos extrajudiciales de

las decisiones del legislador español dado que no forma parte de los preceptos de obligatoria transposición de la Directiva[496].

Se entenderá que una sociedad es viable económicamente cuando, tras su reestructuración, el valor de la misma en funcionamiento (*as a going concern*) es superior al que resultaría de su liquidación[497]. Es decir, se parte de la idea de que el estado de la crisis en el que se encuentre el deudor es reversible[498]. La Directiva (UE) 2019/1023 advierte que la reestructuración de un deudor económicamente inviable puede provocar la aceleración y acumulación de las pérdidas

---

pago que pretendan la continuidad de la empresa y, con ello, hacer uso de los recursos.

496 La Directiva (UE) 2019/1023 permite en su art. 4.3., en consonancia con el considerando 26, que los Estados miembros incluyan una prueba de viabilidad como condición de acceso al procedimiento de reestructuración preventiva, a condición de que no se comprometan los activos del deudor, para lo cual propone la suspensión de las ejecuciones singulares. El art. 8.1.h) de la Directiva de reestructuraciones añade que la valoración sobre la viabilidad "*puede ir supervisada por un experto externo o un administrador en materia de reestructuración, en caso de que hubiera sido nombrado*".

497 Se ha mencionado que se trata de una viabilidad económica y no financiera, a modo de ejemplo cabe mencionar a GARNACHO CABANILLAS, L., "El presupuesto objetivo del plan de reestructuración…" …, *op. cit.*, p. 309 y DE CÁRDENAS SMITH, C., "La propuesta de Directiva sobre reestructuración temprana y su transposición al Derecho español" *Revista de Derecho concursal y paraconcursal*, Nº 29, 2018. Consultado en Smarteca, Wolters Kluwer, p. 6. Efectivamente, la viabilidad de la sociedad será económica, mientras que el escenario contemplado por la Directiva (UE) 2019/1023 y la Ley 16/2022 responde a la necesidad de reestructurar cuando la inestabilidad financiera o su inviabilidad pueda comprometer la viabilidad económica de la empresa. La Ley 17/2014, de 30 de septiembre, por la que se adoptan medidas en materia de refinanciación y reestructuración de deuda empresarial, «BOE-A-2014-9896», ya establecía como hito la finalidad de favorecer a empresas viables desde un punto de vista operativo pero inviables desde el punto de vista financiero. Así lo recordaba SÁNCHEZ-CALERO GUILARTE, J., "Refinanciaciones y plan de viabilidad: conveniencia del informe de experto, autoría, contenido y responsabilidad", *Revista de Derecho concursal y paraconcursal*, Nº 22, 2015, p. 2.

498 Art. 1.1.a). de la Directiva (UE) 2019/1023. Sobre esto, RECAMÁN GRAÑA, E., "Diligencia e interés social en la proximidad a la insolvencia…" …, *op. cit.*, p. 211; DE CÁRDENAS SMITH, C., "La propuesta de Directiva sobre reestructuración temprana…" …, *op. cit.*, p. 6; y GARNACHO CABANILLAS, L., "El presupuesto objetivo del plan de reestructuración…" …, *op. cit.*, p. 310.

en detrimento de los acreedores y otros interesados[499]. Pero esta afirmación se ha de entender de manera que con la aplicación de un plan de reestructuración se convierta la situación de un deudor que en la actualidad es inviable financiera o económicamente en una nueva estructura de deuda o de capital que permita su viabilidad en un corto o medio plazo. Como presupuesto al marco legal de las reestructuraciones se exige que el deudor esté en insolvencia, no que deba ser viable. Mientras, el plan deberá garantizar la viabilidad del deudor[500].

De otro lado, el concreto plan de reestructuración que se adopte ha de ir dirigido a asegurar la continuidad de la actividad empresarial en el sentido de permitir, no de garantizar, su viabilidad económica[501]. Sobre el grado de certidumbre de la viabilidad del deudor tras la reestructuración resulta aclaratoria la Sentencia del Juzgado de lo Mercantil de Sevilla de 2017[502]. Establece que frente a la mera posibilidad, que también habrá de constatarse, se exige un juicio de razonabilidad o probabilidad. De tal forma que, cuando la probabilidad de que el plan no asegure la viabilidad sea superior a la probabilidad de que sí lo haga, resultaría desproporcionado exigir cualquier sacrificio a los socios[503].

Por último, surgen dudas en torno a la extensión temporal de la viabilidad tras la ejecución del plan de reestructuración dada su indeterminación más allá de las referencias a la viabilidad a corto y medio plazo en la Ley 16/2022. A pesar de la tendencia unificadora en el territorio de la Unión Europea, no se establece un plazo unívoco, debiendo en todo caso, atenerse al sector productivo de que se trate

---

[499] Considerandos 3, 22 y 24 de la Directiva.

[500] Ver el considerando 57 de la Directiva. A favor de esta postura se muestra CAMPUZANO LAGUILLO, A. B., "Artículo 598. Requisitos de los acuerdos…" …, *op. cit.*, p. 150, quien además destaca que la Propuesta de Directiva hablaba de "restablecer la viabilidad".

[501] PULGAR EZQUERRA, J., "Artículo 597. Acuerdos de refinanciación", en Pulgar Ezquerra, J., (dir.), *Comentario a la Ley Concursal. Texto Refundido de la Ley Concursal*, Tomo I, Wolters Kluwer, 2ª edición, Madrid, 2020, p. 142.

[502] Sentencia del Juzgado de lo Mercantil de Sevilla de 2017 Nº 442, de 25 de septiembre de 2017, [ECLI:ES:JMSE:2017:675].

[503] CAMPUZANO LAGUILLO, A. B., "Artículo 598…" …, *op. cit.*, p. 148.

en concreto[504]. Parte de la doctrina ha entendido que, en la práctica, la viabilidad habrá de predicarse para un periodo de dos años, si bien en ocasiones se identifica entre el año y los tres años o, conforme a lo establecido por el Registro de Economistas Forenses, sin necesidad de superar el plazo de cinco años[505]. Dado el ámbito temporal del novedoso concepto de la probabilidad de insolvencia, no es desacertado entender que la viabilidad al menos deberá garantizarse para un periodo de dos a tres años.

Configurada de esta manera, la viabilidad económica justificará la excepción que la norma realiza tanto del régimen normal de rescindibilidad concursal, respecto de la refinanciación[506], como del principio de relatividad concursal. Constatada la situación de crisis deudor o cercana esta se instala en el marco de las relaciones entre el procedimiento concursal y los planes de reestructuración. De tal forma que, si la sociedad es inviable económicamente, es decir, su valor en liquidación es superior al valor en funcionamiento tras la reestructuración, esta no estará justificada ni, con ella, el arrastre

---

504 SÁNCHEZ-CALERO GUILARTE, J., "Refinanciación y reintegración concursal", *Anuario de Derecho concursal*, Nº 20, 2010, p. 9.

505 PULGAR EZQUERRA, J., "Artículo 598. Requisitos de los acuerdos colectivos…" …, *op. cit.*, pp. 148 y 149; PIÑEL LÓPEZ, E., "Los requisitos de las refi nanciaciones para su protección frente a las acciones rescisorias concursales", *Revista de Derecho concursal y paraconcursal: Anales de doctrina, praxis, jurisprudencia y legislación*, Nº 11, 2009, pp. 40 a 41, quien destaca el carácter unívoco del plazo y acude a «La Gran Enciclopedia de la Economía»; SÁNCHEZ-CALERO GUILARTE, J., "Refinanciación y reintegración concursal" …, *op. cit.*, p. 9; y CAMPUZANO LAGUILLO, A. B., "Artículo 598…" …, *op. cit.*, p. 148.

506 SÁNCHEZ-CALERO GUILARTE, J., "Refinanciaciones y plan de viabilidad…" …, *op. cit.*, p. 3. El propósito de preservar la actividad social o empresarial a corto o medio plazo motiva la protección que el derecho preconcursal otorga a las negociaciones de los planes de reestructuración y a la refinanciación de sociedades durante las mismas. Se trata de incentivos positivos para que deudores y financiadores se anticipen a una insolvencia que de otro lado devendrá irreversible. SÁNCHEZ-CALERO GUILARTE, J., "Refinanciaciones y plan de viabilidad…" …, *op. cit.*, p. 2 y MUÑOZ GARCÍA, A., "Situaciones próximas a la insolvencia…" …, *op. cit.*, p. 189. En particular, hablamos del paquete normativo dirigido a la protección de las negociaciones, como la suspensión de ejecuciones singulares, la suspensión del deber de solicitar el concurso o la protección de la nueva financiación o financiación interina frente a futuras acciones rescisorias. CAMPUZANO LAGUILLO, A. B., "Artículo 598. Requisitos de los acuerdos…" …, *op. cit.*, p. 147.

forzoso de los socios entendidos como acreedores residuales en un proceso de reestructuración. Alternativamente procederá la rápida liquidación de la sociedad[507], además de las acciones rescisorias que puedan proceder. Así lo manifiesta el legislador español por lo que respecta a las mayorías cualificadas para la homologación de un plan de reestructuración en cumplimiento de lo dispuesto por el artículo 10.3. de la Directiva (UE) 2019/1023[508].

Con anterioridad a la reforma se destacaba el papel protector de la viabilidad económica como elemento equiparable a la razonabilidad de la negativa del socio a capitalizar la deuda en el marco de los acuerdos de refinanciación frente a la calificación culpable del concurso consecutivo[509]. En la actualidad, constituye un termómetro

---

507 Considerandos 3, 22 y 24 de la Directiva (UE) 2019/1023.

508 El legislador ha considerado, como así manifiesta en el apartado III de la exposición de motivos de la Propuesta de Ley, que la existencia de una mayoría de acreedores dispuesta a reestructurar es un indicativo, primero, de la situación cercana a la crisis (dado que los acreedores temerán que la constatación de esta ponga en riesgo el cobro de sus créditos), y segundo, de la viabilidad económica de la empresa. Esto no se aparta de la opción actual del legislador español ex arts. 598.1 1.º, 604.1.1º., 606 y 672 TRLC. Por su parte, SÁNCHEZ-CALERO GUILARTE, J., "Refinanciaciones y plan de viabilidad…" …, *op. cit.*, p. 3, recuerda que las partes firmantes comparten la asunción de la viabilidad del acuerdo, en su análisis, de refinanciación.

509 Arts. 700 y 701 TRLC (2020). Ver SÁNCHEZ-CALERO GUILARTE, J., "Refinanciaciones y plan de viabilidad…" …, *op. cit.*, pp. 3 y 4. La capitalización de deuda constituye una de las medidas posibles de los mecanismos de reestructuración previstos en el TRLC y para cuya consecución el legislador español prevé un incentivo negativo en el art. 701.1. TRLC dirigido a los socios que, de no votar favorablemente en junta de acreedores sin causa razonable, devendrán culpables en la sección de calificación del concurso consecutivo. El origen de esta medida hoy derogada se encuentra en la Ley 17/2014, de entre cuyos objetivos destacaba el de favorecer empresas realmente viables desde un punto de vista operativo y financiero. Sobre la operatividad nula al margen del posible efecto preventivo de la disposición, ver GARCÍA-VILLARRUBIA BERNABÉ, M., "Socios y reestructuración", *Actualidad Jurídica Uría Menéndez*, Nº 58, 2022, p. 74. Además, el antecedente a la falta de viabilidad como del concurso culpable se recogía en el art. 165.4.LC, en conexión con lo dispuesto en el art. 71.4. bis LC por lo que respecta al informe de experto independiente, así como al art. 172.2.1º. LC. La problemática deriva de la indeterminación del concepto jurídico "causa razonable". Para dilucidar la cuestión, los apartados primero, segundo y cuarto del artículo 700 TRLC condicionaban la existencia de causa razonable a la emisión de un informe previo a la decisión por experto independiente

para medir la conveniencia de las medidas contenidas en el plan de reestructuración. Los socios, al ser parte de la estructura de capital, se verán afectados en sus derechos por medio del instrumento de arrastre forzoso. Este estará justificado por la preferencia del legislador por la continuidad de la actividad empresarial y la maximización del valor de la empresa como valor en funcionamiento por encima de los intereses particulares de los socios, individualmente considerados. En otras palabras, cuando el plan de reestructuración asegure la viabilidad de la sociedad a medio y corto plazo el análisis sobre la conveniencia de las medidas contenidas en el plan y sus efectos sobre los socios se afronta desde la perspectiva de la continuidad de la actividad empresarial. Cumplido el presupuesto objetivo y asegurada la viabilidad económica de la sociedad por el plan, su contenido se presume adecuado. A esto, no obstante, habrá que añadir las mayorías de votación de las clases de acreedores.

Una viabilidad cuya expresión, no obstante, queda al arbitrio de los sujetos del plan, dado que no se concreta ninguna exigencia formal o metodológica y cuya elaboración, con habitualidad, corresponderá a una empresa de servicios de inversión o a un auditor externo por encargo del deudor, dadas las incompatibilidades para su realización por el auditor interno[510].

---

nombrado por el registrador mercantil del domicilio del deudor y regulado en el art. 600 TRLC. Así como al reconocimiento de un derecho de preferencia para los socios, a salvo de lo dispuesto en el último párrafo del artículo 700.4. TRLC. La doctrina ha entendido equiparable la razonabilidad de la medida con la viabilidad económica de la sociedad. Así la viabilidad se muestra como un límite a la aplicación forzosa de medidas contenidas en un instrumento de reestructuración que puedan afectar a los socios. Este régimen será de aplicación tras la aprobación de la Ley 16/2022 a los concursos consecutivos que deriven de un acuerdo de refinanciación o un acuerdo extrajudicial de pagos, de conformidad con el apartado cuarto de la disposición transitoria primera de dicha norma.

510 PULGAR EZQUERRA, J., "Artículo 598. Requisitos de los acuerdos colectivos..." ..., *op. cit.*, p. 148,

Capítulo Segundo

LA TUTELA INDIRECTA DEL SOCIO A TRAVÉS DE LA VERIFICACIÓN Y CONTROL DEL PRESUPUESTO OBJETIVO

I. EL CONTROL DEL PRESUPUESTO OBJETIVO

1. *Planteamiento*

La falta de constatación del presupuesto objetivo es susceptible de extender una situación económica o financieramente insostenible en el tiempo, deteriorando el valor de los activos de la sociedad e incumpliendo el propósito de armonización europea para salvar sociedades económicamente viables en un momento temprano. Los efectos perjudiciales que esto último tiene sobre el patrimonio de la sociedad no solo afectan a las perspectivas de cobro de los acreedores, incluyendo al socio-acreedor, sino también a los derechos patrimoniales de los socios de la sociedad deudora como acreedores residuales. Se aumenta así la probabilidad de que no cobren nada en caso de una liquidación posterior.

Para contrarrestar la tendencia del deudor a acudir a prácticas empresariales de alto riesgo que puedan agravar una situación económica ya comprometida, la reforma operada procura ofrecer un procedimiento alternativo que le permita sanear la sociedad y superar la insolvencia, incentivado por el mantenimiento del control como *debtor in posession* y por un procedimiento con mínima intervención judicial[511]. Una actuación temprana aumentaría las perspectivas del socio de mantener algún valor en la sociedad resultante de la reestructuración. Son los procedimientos de preinsolvencia recogi-

---

511 En palabras de EIDENMÜLLER, H., "Contracting for an European Insolvency" ..., *op. cit.*, pp. 287 y 288: "*The European Commission's proposal will attract these firms like the light attracts mosquitoes*". En España, entre otros, GALLEGO SÁNCHEZ, E., "La Directiva (UE) 2019/1023 para aumentar..." ..., *op. cit.*, p. 582.

dos en los Libros Segundo y Tercero del texto Refundido de la Ley Concursal.

En el lado opuesto a los efectos dañinos que provoca la detección tardía de las dificultades económico-financieras y una actuación para contrarrestarlas también tardía, se encuentra el riesgo de una utilización abusiva de los instrumentos de preinsolvencia.

El peligro de abuso lo ilustra en Alemania el caso *Suhrkamp*. La sentencia del Tribunal Constitucional (*Bundesverfassungsgerich o BVerfG*) del 18 de diciembre de 2014[512], representa el ejemplo por excelencia de usos abusivos de la norma fruto de la coexistencia de disposiciones preconcursales y societarias, y consecuencia última de la ausencia de control judicial sobre el presupuesto objetivo para su aplicación. En el asunto de referencia se hace un uso estratégico del Derecho de la insolvencia para fines ajenos al saneamiento de sociedades. Sin incurrir en insolvencia o sobreendeudamiento, se presentó una solicitud de concurso con un plan de pagos que incluía una transformación de la sociedad con aumento de capital social. La finalidad de dicha maniobra no era otra que la de eliminar los derechos de la minoría y excluir el derecho de suscripción preferente.

La experiencia comparada pone de manifiesto la realidad de lo aquí expuesto y la necesidad de que exista un control de las dificultades económicas o financieras que conforman el presupuesto objetivo de acceso a los marcos de reestructuración. Por lo tanto, la tutela de los socios es esencial en un momento temprano dentro del procedimiento de preinsolvencia. Primero, a través de las herramientas de detección temprana de la insolvencia y la implicación de los socios

---

512 El caso presentado lidera el debate sobre los abusos que pueden darse en las reestructuraciones, así como el que acontece en relación con el desplazamiento del Derecho societario por el concursal. Se encarga, en particular, THOLE, C., «Treuepflicht-Torpedo? Die gesellschaftsrechtliche Treuepflicht im Insolvenzverfahren», *Zeitschrift für Wirtschaftsrecht (ZIP)*, Nº 41, 2013, pp. 1937 a 1945; y WESTERMANN, H. P., "Der "Suhrkamp" - Gesellschafter unter dem Schutzschirm der Gesellschaftsinsolvenz", *NZG*, Nº 4, 2015, pp. 134 a 144. También puede consultarse a SCHMIDT, K., "¿Desbanca el Derecho concursal al Derecho de sociedades? Disputas societarias..." ..., *op. cit.*, pp. 5 a 7. En la doctrina española puede consultarse a RECALDE CASTELLS, A., "Protección del socio con ocasión en los cambios de control..." ..., *op. cit.*, p. 294; o a IRIBARREN BLANCO, M., "Saneamiento financiero de las sociedades..." ..., *op. cit.*, pp. 11 y 12.

en ellas, por el daño que sufren en sus derechos económicos con una detección tardía de la situación de insolvencia. En segundo lugar, por la lesión de sus derechos económicos y políticos derivada de un uso abusivo del plan de reestructuración, falseando la gravedad de las dificultades para beneficiarse fraudulentamente de un procedimiento reestrictivo con los derechos de un socio al que el propio procedimiento considera un obstáculo.

Esto último es consecuencia directa del desplazamiento que experimenta el Derecho societario por el concursal y que anunciaba la Directiva (UE) 2019/1023. En otras palabras, la prevalencia de las normas de Derecho preconcursal o el desplazamiento de las disposiciones societarias estará justificado cuando la sociedad se encuentre en insolvencia o al menos en una situación cercana que trate de evitarse mediante la aplicación de estas mismas normas preconcursales. Razón de más para un adecuado control del presupuesto objetivo de los planes de reestructuración.

Con todo, los potenciales peligros aquí expuestos son susceptibles de agravarse en un procedimiento de preinsolvencia configurado con una mínima intervención judicial[513].

Por lo expuesto, es necesario detenerse para conocer si existe efectivamente dicho control, en qué momento tendrá lugar y quién es la autoridad competente para ello.

2. *Momento de constatación del estado de crisis*

La seguridad jurídica que aporta un control *ex ante* del presupuesto objetivo de los marcos de reestructuración, para evitar los riesgos que entraña un uso abusivo de las normas preconcursales, colisiona con el principio de intervención judicial mínima y el propósito de reducir los costes temporales y económicos, apostando por una in-

---

513 En palabras de RECALDE CASTELLS, A., "Protección del socio con ocasión en los cambios de control..." ..., *op. cit.*, pp. 295 y 299, "*el riesgo de un uso abusivo se incrementa cuando la reestructuración societaria se aprueba sin el adecuado control judicial, un problema que, de nuevo, aqueja con especial intensidad a la legislación española*". Además, la autora destaca los problemas que la falta de control del presupuesto objetivo genera respecto del Reglamento Europeo de la Insolvencia (UE) 2015/848 del Parlamento Europeo y del Consejo.

tervención rápida de las sociedades. La Directiva (UE) 2019/1023 autoriza a los Estados miembros a limitar la actuación de las autoridades judiciales o administrativas en un marco de reestructuración preventiva, siempre que se respeten los derechos de las partes afectadas, buscando una posición intermedia entre la inspiración del modelo formalizado y judicializado del *Chapter 11* norteamericano y el modelo más informal y desjudicializado propio de los *schemes of arrangements* británicos[514].

Tal y como expone el apartado tercero de la exposición de motivos de la Ley 16/2022, la intervención judicial se reduce a dos momentos distintos e independientes que, aquí, clasificamos en tres. Primero, la comunicación al juzgado competente para conocer de la declaración de concurso, de la apertura de negociaciones con los acreedores o la intención de iniciarlas de inmediato. Posteriormente, en la homologación del plan de reestructuración. Hay que considerar un tercer momento que será el de la impugnación del auto de homologación. Estos son los dos momentos en los que cabe plantearse un control judicial.

Por lo que respecta al primer momento, el legislador español indica en el artículo 586.1.1°. del Texto Refundido de la Ley Concursal que el deudor deberá expresar en la comunicación electrónica del inicio de las negociaciones, presentada ante el Letrado de la Administración de Justicia, aquellas razones que la justifican con referencia al estado de insolvencia en el que se encuentre, de forma similar a como ocurre en otros ordenamientos como el italiano[515]. En el ejemplo

514 Art. 4.6. de la Directiva (UE) 2019/1023.

515 Los documentos que el deudor presentará al acceder a un instrumento de regulación de la crisis y de la insolvencia, como establece el D.lgs. N° 14/2019 para el Codice della crisi d'impresa e dell'insonvenza en aplicación de la Ley N° 155, se encuentran algo más detallados, a diferencia de en el supuesto español. Particularmente por lo que respecta a los documentos contenidos en el art. 39, que habrá de considerar conjuntamente con los arts. 56 y 57.2., por los que se recogen las disposiciones relativas a la iniciativa de acceso y, en concreto para los segundos, de los planes de reestructuración italianos. El deudor deberá presentar un informe sobre la situación económic, patrimoial y financiera, indicando también las principales causas de crisis y aportando, entre otros, los estados financieros correspondientes a los últimos tres ejercicios (art. 39.1. D.lgs. N° 14/2019).

estadounidense, si bien esto no forma parte del contenido del plan, sí que se encuentra entre las tareas encomendadas al fideicomisario o examinador y al "*creditors' and equity security holders committee*"[516].

Ante las dudas que pudieran surgir sobre el alcance de la terminología empleada y de si esta presupone un examen de fondo por parte del Letrado de la Administración de Justicia sobre el estado de la insolvencia y la necesidad de iniciar las negociaciones, el artículo 588.3. del Texto Refundido de la Ley Concursal es aclaratorio al establecer que la resolución por medio de la cual el Letrado tiene por efectuada la comunicación se dictará sin necesidad de que el deudor acredite el estado de insolvencia alegado[517]. La lectura ha de estar coordinada además con las causas de revisión de la resolución. El artículo 590.3. del Texto Refundido de la Ley Concursal únicamente considera como causas de revisión de la resolución sobre la comunicación la presentación por el deudor de otra comunicación en el año

---

516 De acuerdo con el §1106 (3) *Chapter 11* estadounidense, el fideicomisario o el examinador (§1106(b) *Chapter 11*), salvo que el tribunal establezca lo contrario, deberá investigar los actos, conductas, activos, pasivos y condición financiera del deudor, su operación de negocio y la conveniencia de continuación del mismo. Estos datos se refieren a la evaluación de la situación de insolvencia o no del deudor (además de cualquier hecho comprobado relacionado con el fraude, mala conducta, etc.) para la elaboración de una declaración que transmitirá al comité de acreedores o al comité de tenedores de valores de capital, a cualquier fideicomisario y otras entidades que pueda designar el tribunal encargado de conocer. Esto da pie a la elaboración de un plan de reestructuración conforme al §1121 *Chapter 11* o de un informe que exponga las razones de no presentar un plan. El §1103(c)(2) *Chapter 11* también otorga estas facultades al "*creditors' and equity security holders' committees*" creado conforme al §1102 *Chapter 11*.

517 En un análisis sobre la prueba de la insolvencia actual y la ausencia de efectos confesorios de la que reviste la presentación de una solicitud de concurso por parte del deudor, ROJO FERNÁNDEZ-RÍO, A. J., "Artículo 2. Presupuesto objetivo" ..., *op. cit.*, p. 174, alegaba que justificar "*equivale pura y simplemente a acreditar*", en el sentido de "*explicar de manera objetiva (...) las razones de la situación de las deudas*". Sin, por ello, requerir documentación extraordinaria o informe o certificación de un auditor de cuentas sobre la situación económica del deudor. Por otra parte, en relación con el propósito de la Directiva (UE) 2019/1023 de aumentar la eficacia de los procedimientos de insolvencia y haciendo autoexamen sobre el procedimiento español, ROJO FERNÁNDEZ-RÍO, A. J., "La propuesta de directiva sobre reestructuración..." ..., *op. cit.*, p. 4 de 9, reclama necesario evitar que el deudor genere dilaciones, en concreto, reduciendo las resoluciones recurribles.

anterior, que los bienes o derechos afectados no sean necesarios para la continuidad de la actividad empresarial o profesional, o que los efectos no se deban extender a determinadas garantías. Se observa que no está contemplado el incumplimiento o la falta de acreditación del presupuesto objetivo.

Visto lo anterior, el examen se limitará a un mero análisis formal, elaborado por el Letrado de la Administración de Justicia, sin que se exija al deudor que acredite su estado de insolvencia. Con la comunicación, el deudor presentará una *autoprevisión objetiva de insolvencia* real, poniendo énfasis en la *objetividad del razonamiento de probabilidad*[518]. A ello, hay que adicionar una mera declaración del nivel de insolvencia alcanzado en dicho momento, bastando una referencia a si la insolvencia que se atraviesa es probable, inminente o actual. Así lo suscribe la exposición de motivos de la Ley 16/2022 al fundamentar el principio de intervención judicial mínima sobre el principio mayoritario[519] y recalcar que la razonabilidad del plan estará indicada cuando concurran en su favor una mayoría de acreedores, mientras que "*el juez ha de verificar que se cumplen los presupuestos legales y este control lo hace exclusivamente a partir de la documentación presentada*"[520].

La libertad de forma y documentación en relación con la acreditación de la insolvencia delata ciertos efectos confesorios. El legislador mantiene de esta forma la postura que ya adoptó con el artículo 5.3. Ley Concursal y sus sucesivas reformas hasta el artículo 583 del Tex-

---

518 ROJO FERNÁNDEZ-RÍO, A. J., "Artículo 2. Presupuesto objetivo" ..., *op. cit.*, p. 177, sobre la prueba de la insolvencia inminente, destaca que no es posible acreditar ningún hecho externo, dado que aún no se ha producido. Su razonamiento es extrapolable a la probabilidad de insolvencia. Además, el autor realiza en su análisis un uso equivalente de la terminología que ahora se trata de distinguir.

519 El principio mayoritario consiste en la idea de que el plan está justificado si cuenta con el apoyo de los acreedores o de una mayoría de estos, haciendo innecesario el control judicial a lo largo de todo el proceso. Con el Proyecto de Ley, en la tramitación de la reforma objeto de estudio, era GARCIMARTÍN ALFÉREZ, F. J., "Derecho de preferencia y planes de reestructuración", *Almacén de Derecho*, 20 de julio de 2022, quien afirmaba que la creación del mecanismo de decisión colectiva para la reestructuración temprana de sociedades viables pero con problemas de liquidez, descansaba sobre dos reglas, a saber, la regla de la mayoría y la regla de cambio de control.

520 Apartado tercero de la exposición de motivos.

to Refundido de la Ley Concursal para los acuerdos de refinanciación[521], así como para los acuerdos extrajudiciales de pago[522]. Hasta la entrada en vigor de la Ley 38/2011, de 10 de octubre, de Reforma de la Ley Concursal[523], tanto doctrina como jurisprudencia se encontraban divididas entre considerar la comunicación como una declaración con efectos recepticios y la necesidad de justificación material de la insolvencia[524]. Más adelante se argumentó que la inclusión del Letrado de la Administración de Justicia (en su momento, Secretario Judicial) convertía la comunicación de las negociaciones en un expediente de jurisdicción voluntaria, excluyendo así cualquier control material[525]. En consecuencia, se mantiene la elección por un control

521 Queda excepcionado el acuerdo de refinanciación singular.

522 Aun cuando la Directiva (UE) 2019/1023 no debe impedir un control *ex ante*, según su considerando 68, la irrescindibilidad de las operaciones relacionadas con la financiación provisional (o interina en la Ley 16/2022) podrá condicionarse, siguiendo el art. 18 de la Directiva, bien a un control posterior mediante la confirmación u homologación del acuerdo, bien a la previsión de un control previo. La Propuesta de Ley opta en este punto también por condicionarlo en todo caso a la homologación del acuerdo. Una muestra más de la tendencia del legislador en su apuesta por la desjudicialización y reducción de costes temporales de los procedimientos de reestructuración para favorecer su buen fin en un momento temprano.

523 Ley 38/2011, de 10 de octubre, de reforma de la Ley 22/2003, de 9 de julio, Concursal «BOE-A-2011-15938».

524 La autora CERVERA MARTÍNEZ, M., "Artículo 583. De la comunicación..." ..., *op. cit.*, p. 61, destaca a favor de exigir acreditación de la insolvencia actual el Auto del Juzgado de lo Mercantil de Granada de 11 de mayo de 2009 (JUR 2009/215005) y, en contra, la posición adoptada por el foro de Jueces Mercantiles de Barcelona. Igualmente, AZOFRA VEGAS, F. y ÁNGEL ALONSO, A., "Artículo 583. Comunicación de la apertura..." ..., *op. cit.*, p. 1417, añade a favor de la acreditación de la insolvencia los Autos del Juzgado de lo Mercantil de Badajoz, de 11 de marzo de 2009 y del Juzgado de Primera Instancia y Mercantil de Cuenca de 7 y 9 de julio de 2009. De otro lado, en contra relaciona los Autos del Juzgado de Primera Instancia Nº 6 y Mercantil de Badajoz, de 11 de mayo de 2009; del Juzgado de lo Mercantil de Bilbao Nº 1, de 2 de junio de 2009 (JUR 2009/268414); del Juzgado de lo Mercantil de Madrid Nº 2 y Nº 5, de 18 de mayo de 2009 y de 14 y 17 de abril de 2009, respectivamente.

525 CERVERA MARTÍNEZ, M., "Artículo 583. De la comunicación..." ..., *op. cit.*, p. 63.

formal que no requiera acreditar ni el cumplimiento del presupuesto objetivo, ni la realidad de la negociación en sí[526].

Recapitulando, la amenaza de altos niveles de litigiosidad ante la ausencia de objetividad suficiente en la determinación del presupuesto objetivo, unido a la reducción de costes, especialmente temporales en relación con la intervención judicial mínima, motivan la ausencia de un control superior en una fase temprana del procedimiento como es la comunicación de las negociaciones.

En un segundo momento, tras la votación del plan por las clases de acreedores, podrá solicitarse la homologación del plan al juez competente para conocer del concurso. Esta parecería la ocasión para realizar un control de que efectivamente se cumplen las condiciones que la norma exige para la aplicación forzosa de las medidas del plan de reestructuración a los socios disidentes, dada la gravedad de sus consecuencias. No obstante, el juez homologará el plan salvo que de los documentos presentados por las partes se desprenda *manifiestamente* que no se cumplen los requisitos contenidos en la sección primera del capítulo correspondiente a la homologación que, a lo que aquí interesa, incluyen que el deudor se encuentre en insolvencia probable, inminente o actual[527]. Aquí se han de trasladar las observaciones realizadas al tratar el control de la viabilidad económica. La expresión *manifiestamente* permite concluir que el juez no llevará un examen de fondo a excepción de que las carencias resultasen evidentes.

Esta era la redacción del Anteproyecto de Ley de Reforma de la Ley Concursal de 2021[528] en su artículo 650, relativo al auto de homo-

---

526 Más prueba de ello es la exigencia del art. 586.1.6º. TRLC por el que se exige la relación de acreedores con los que se esté negociando o con los que se tenga la intención de iniciar las negociaciones, además del importe de sus créditos, entre otros requisitos de contenido. Si ni tan siquiera se exige haber iniciado las negociaciones con ellos, nada asegura que la negociación vaya a tener efectivamente lugar.

527 Tanto para los planes consensuales como para los no consensuales. El requisito del estado insolvencia se encuentra en el art. 638.1º. TRLC.

528 Anteproyecto de ley de Reforma de la Ley Concursal para la incorporación a la legislación española de la Directiva (UE) 2019/1023, del Parlamento Europeo y del Consejo, de 20 de junio de 2019 (Directiva sobre reestructuración e insolvencia), de 8 de julio de 2021.

logación. Dando a entender la postergación del control judicial para un tercer momento, el de la impugnación de la homologación del plan de reestructuración. Entre sus motivos habilitantes se encuentra que el deudor no se encontrase en insolvencia probable, inminente o actual[529].

La redacción final, contenida ahora en el artículo 647 del Texto Refundido de la Ley Concursal, mantiene esta versión pero añade un cuarto punto por el que se establece que "*[S]i el propio plan de reestructuración conllevase alguna operación societaria, el control de legalidad lo realizará el juez y dejará constancia de ello en el auto*". Los términos en los que la disposición expresa hacen cuestionable el alcance de su significado. De un lado no queda claro a qué se refiere con que el control lo realizará ahora el juez, como si se produjese un cambio sobre la persona autorizada para la supervisión del cumplimiento de la legalidad. De otro lado, tampoco arroja transparencia sobre el alcance de dicho control.

Respecto de la primera pregunta planteada, dado que se trata de un apartado que no se recogía en el Anteproyecto, es posible deducir que la autoridad supervisora con la que implícitamente lo está comparando es la Audiencia Provincial. Este era el órgano encargado de someter el plan de reestructuración a un control material en la tardía fase de impugnación del auto de homologación. Como se ha visto, hasta la inclusión del apartado cuarto en el precepto, el control judicial para la homologación se limitaba a lo que se desprendiese manifiestamente de los documentos presentados. En pocas palabras, un control formal. Con la versión actual, será el juez encargado de conocer el concurso quien realizará el control de legalidad.

Sobre la segunda de las cuestiones, ciertamente la puntualización de un control de legalidad, sugiere una mayor profundidad del examen que realizará el juez[530]. Sin embargo, no aclara en ningún momento si el mismo implica un examen de fondo que incluya el presupuesto objetivo. Es posible deducir que la referencia a un con-

---

529 Arts. 654.3º., 655.1. y 656.1.3ª. TRLC, según el acuerdo se consensual, no consensual o no cuente con el apoyo de los socios.

530 En este sentido, IRIBARREN BLANCO, M., "Los socios en los planes de reestructuración…" …, *op. cit.*, p. 132.

trol de legalidad se refiere a la adecuación del plan a los requisitos societarios o contenidos en el Real Decreto-ley 5/2023 para la aprobación del acuerdo social que determinará la conformidad de los socios al plan de reestructuración[531]. En resumidas cuentas, puede afirmarse que no implica un control de fondo sobre los requisitos para la homologación, sino un control más extenso sobre las exigencias legales para su aprobación. El control del juez será muy reducido en términos de profundidad[532]. Se ceñirá a lo que se desprenda de la documentación aportada.

La ausencia de un control de fondo sobre el presupuesto objetivo, para triunfo de la celeridad y la intervención judicial mínima, reduce las medidas tuitivas del socio aumentando el riesgo de que se produzcan de nuevo casos como el visto en Alemania, el caso *Suhrkamp*. Especialmente, dada la ausencia de efectos suspensivos de la impugnación del auto de homologación que haría muy difícil la reversión de los efectos después y a las limitadas consecuencias previstas para la estimación de la causa de impugnación[533]. Resulta esencial que el control pueda darse con carácter previo.

Junto a esto, el control del presupuesto objetivo, podrá revisarse con el trámite de oposición previa a la homologación. Aunque su dependencia de una solicitud por parte del mismo interesado en la homologación limita la aplicación práctica del precepto, su tramitación a través del incidente concursal permite la celebración de una vista para la práctica de prueba y discusión de los hechos que el juez

---

531 Por su parte, IRIBARREN BLANCO, M., "Los socios en los planes de reestructuración…" …, *op. cit.*, p. 115, a este respecto matiza que la protección del socio que otorga la norma preconcursal es más precaria, encontrando las herramientas necesarias en el Derecho de Sociedades, entendido en un sentido material o sustantivo. Esto último cabe interpretarlo en un sentido amplio que abarque la regulación aplicable a la modificación que con el plan se pretenda abordar.

532 GARCIMARTÍN ALFÉREZ, F. J., "Sobre el nuevo régimen aplicable…" …, *op. cit.*, p. 76; y GARCIMARTÍN ALFÉREZ, F. J., "Sobre el nuevo régimen aplicable…" …, *op. cit.*, p. 76; también AZOFRA VEGAS, F. y ÁNGEL ALONSO, A., "Artículo 583. Comunicación de la apertura…" …, *op. cit.*, p. 1419 y FERNÁNDEZ DEL POZO, L., "La tutela de los socios frente a los planes de reestructuración…" …, *op. cit.*, p. 7. Este último destaca que bastará con un "*relato literario*" de la crisis.

533 Efectivamente, dispone el art. 661 TRLC que la estimación de la causa no conlleva necesariamente la ineficacia del plan de reestructuración.

considere relevante[534]. El cauce previsto, otorga una mayor oportunidad de defensa a los socios disidentes para cuestionar la situación financiera de la sociedad. Otro asunto será si disponen de medios económicos suficientes.

El procedimiento previsto por el legislador vaticina una postergación de los conflictos sobre el presupuesto objetivo al momento de la homologación del plan de reestructuración, derivado de las tensiones típicas entre eficiencia y seguridad jurídica. La dificultad tras la tarea comprobatoria del juez se ha admitido en Estados Unidos, donde los jueces llevan años de ventaja en la aplicación del *Chapter 11* como filtro para las sociedades viables o no viables[535]. Parece recomendable pues, para aligerar la carga comprobatoria judicial, dotarles de herramientas suficientes para pronunciarse justificadamente[536]. Como ejemplo, se ha propuesto la oferta legal de una serie de indicadores externos de tal circunstancia, como ya ocurriese con el presupuesto objetivo de acceso al concurso de acreedores[537].

Similarmente se posiciona el sistema de alertas tempranas de la Directiva. Tanto la ayuda a los jueces en el control a posteriori, como la tutela de los socios en este aspecto se encuentra en una fase incluso anterior a la comunicación. En concreto, con la previsión de sistemas de alertas tempranas y la estructura de Gobierno corporativo en la que el socio se presenta como soberano de la sociedad y sobre la cual puede ejercer sus derechos de información y control, si no, también, su deber de mantenerse informado.

3. El control de la viabilidad económica

Volviendo sobre la viabilidad económica, la Directiva (UE) 2019/1023 no impone la obligación a los Estados miembros de exigirla como presupuesto de acceso a los planes de reestructuración en

---

534 Art. 540 TRLC.

535 EIDENMÜLLER, H., "Contracting for an European Insolvency" ..., *op. cit.*, p. 288.

536 Mc CORMACK, G., *The European Restructuring Directive*, Edward Elgar Publishing, Northampton (USA), 2021, p. 226.

537 Así lo reclamaba FERNÁNDEZ PÉREZ, N., "La incidencia de la Directiva (UE) 2019/1023..." ..., *op. cit.*, p. , p. 5.

el sentido de incluir un control judicial o administrativo, aunque sí es partidaria de protegerlo cuando los Estados lo introduzcan[538].

El legislador español, aun cuando establece que los motivos por los que el plan ofrece una perspectiva razonable de garantizar la viabilidad de la sociedad formarán parte del contenido de los planes de reestructuración en el artículo 633.10º. del Texto Refundido de la Ley Concursal, no establece un control *ex ante* de este requisito, quedando su examen relegado a un momento posterior en la impugnación de la homologación.

En primer lugar, nada se dice en el Capítulo I, del Título II, del Texto Refundido de la Ley Concursal, relativo a la comunicación de apertura de negociaciones, acerca de la viabilidad de la sociedad. Esta ausencia de mención guarda cierta lógica por cuanto habrá que esperar a la propuesta concreta del plan de reestructuración, cuyo contenido ha de ser adecuado para permitir la viabilidad de la sociedad a corto o medio plazo y nada impide iniciar un proceso de negociación tutelado por las normas de derecho preconcursal a un deudor ya insolvente y cuya viabilidad se encuentra comprometida, siempre que el plan que resulte del mismo garantice su viabilidad.

En un segundo momento, finalizadas las negociaciones, posteriormente a la comunicación del inicio de las mismas o en el supuesto de que esta última no se haya producido, no se concreta cómo se elaborará el plan de viabilidad[539]. Resulta dudoso afirmar que se realiza un adecuado control de este requisito en el momento de la homologación del plan por cuanto el artículo 647.1. del Texto Refundido de la Ley Concursal establece que se dictará auto de homologación por el juez competente con excepción de que de los

---

538 Art. 4.3. de la Directiva (UE) 2019/1023 y considerando 26.

539 No se concreta en qué documentos se justificará, el sujeto que deberá elaborar el informe o el documento sobre la viabilidad incluido entre el contenido del plan de reestructuración. Tampoco el plazo específico o aproximado durante el cual la viabilidad deberá estar asegurada, ni se establece un formato o metodología concreta para su elaboración. Queda por tanto su configuración al arbitrio del sujeto que lo elabore, que con habitualidad será un asesor externo por encargo del deudor. En cualquier caso, el plan será aprobado tras la debida votación por las clases de acreedores formadas quienes habrán de valorar por su cuenta la viabilidad del plan.

documentos presentados se desprenda manifiestamente que no se cumplen los requisitos de la sección primera.

La expresión utilizada induce a pensar que no se requiere del juez un verdadero examen de fondo. Lo que se produce es una reducción inicialmente de la carga comprobatoria del juez al momento de valorar la homologación al establecer la expresión manifiestamente, quedando el verdadero control relegado a un tercer momento, el de la impugnación de la homologación por falta de acreditación de la viabilidad del plan. Los artículos 654.4º. y 656.1.4º. del Texto Refundido de la Ley Concursal, según el plan cuente con el apoyo de todos los socios o no, respectivamente, permiten impugnar su homologación cuando no garantice la viabilidad de la sociedad. Esto es, cuando se pretenda la extensión de los efectos sobre quienes no votaron a favor, por ejemplo, por no estar de acuerdo respecto a las perspectivas de asegurar la viabilidad económica de la sociedad.

Trasladando aquí las manifestaciones realizadas en relación con el control del presupuesto objetivo y en particular, del artículo 647.4. del Texto Refundido de la Ley Concursal, el control judicial de la viabilidad se reserva para el momento de la impugnación de la homologación, conforme a los artículos 654.4º. y 656.1.4º. del Texto Refundido de la Ley Concursal.

Pero, además, con la homologación será posible también que el solicitante de la misma pida al juez la apertura de una fase de oposición previa. Esta, por su diseño que puede incluir trámite de contradicción, otorga mayores posibilidades de defensa en un momento todavía temprano.

La viabilidad se reclama incluso por encima de lo establecido en el art. 655.1.4º., en relación con el art. 655.3. del Texto Refundido de la Ley Concursal, permitiendo la homologación de un plan aunque no se cumpla la condición por la cual la clase a la que pertenezca el acreedor o acreedores impugnantes vaya a mantener o recibir derechos, acciones o participaciones con un valor inferior al importe de sus créditos, mientras que una clase inferior recibirá cualquier pago o conservará cualquier derecho, acción o participación en el deudor. La impugnación por este motivo se permite incluso para aquellos acreedores no afectados por el plan. En un sentido similar, el artículo

698.6.1º. bis del Texto Refundido de la Ley Concursal para el plan de continuación de las microempresas.

Ante medidas susceptibles de generar un cambio de control en la sociedad[540], diluyendo la presencia del socio y, en definitiva, comprometiendo su derecho de propiedad, la viabilidad económica en términos de maximización del valor de la empresa aparece como un criterio de razonabilidad[541] para impedir la oposición del socio y desplazar el análisis sobre la conveniencia de la medida de reestructuración desde la perspectiva de su impacto sobre la continuidad de la actividad empresarial, que primará sobre los intereses particulares de los socios[542].

---

540 V. gr., cuando el contenido es una capitalización de créditos, como expone EMPARANZA SOBEJANO, A., "Capítulo 20. Acuerdos de refinanciación mediante la conversión…" …, *op. cit.*, p. 328.

541 La viabilidad económica se configuraba como un mecanismo de tutela de los socios frente a la exigencia de responsabilidad que para ellos pudiera derivarse por su negativa "injustificada" a capitalizar la deuda en el marco de un acuerdo de reestructuración o acuerdo extrajudicial de pagos, junto a la calificación culpable del concurso consecutivo, conforme al incentivo negativo que el legislador introducía con los arts. 700 y 701 TRLC (2020). La problemática deriva de la indeterminación del concepto jurídico "causa razonable". Para dilucidar la cuestión, los apartados primero, segundo y cuarto del art. 700 TRLC (2020) condicionan la existencia de causa razonable a la emisión de un informe previo a la decisión por experto independiente nombrado por el registrador mercantil del domicilio del deudor y regulado en el art. 600 TRLC; así como al reconocimiento de un derecho de preferencia para los socios, a salvo de lo dispuesto en el último párrafo del art. 700.4. TRLC. La doctrina ha entendido equiparable la razonabilidad de la medida con la viabilidad económica de la sociedad. De esta manera, quedará excluida la presunción de dolo o culpa, respecto de la negativa del socio a capitalizar, cuando exista informe elaborado por experto independiente y emitido con anterioridad a la negativa que se pronuncie sobre la falta de causa razonable para la capitalización, entendida en términos de viabilidad económica, como afirmaba SÁNCHEZ-CALERO GUILARTE, J., "Refinanciaciones y plan de viabilidad…" …, *op. cit.*, p. 4.

542 SÁNCHEZ-CALERO GUILARTE, J., "Refinanciaciones y plan de viabilidad…" …, *op. cit.*, p. 5. También el considerando 57 de la Directiva (UE) 2019/1023 ubica la viabilidad económica como valor superior, incluso a los intereses de los socios, estableciendo que "*Si bien deben estar protegidos los intereses legítimos de otros accionistas o tenedores de participaciones, los Estados miembros deben garantizar que no puedan impedir injustificadamente la adopción de planes de reestructuración que permitirían que el deudor recuperase su viabilidad*". Además, la exposición de motivos de la Ley 16/2022 hace una mención similar respecto de los acreedores "*se*

El problema para un adecuado control sobre la viabilidad, además de la reserva de un trámite concreto, radica en su formato probatorio. Aunque se afirma en la misma ley que la aprobación del plan por una mayoría determina un indicio del aseguramiento de la viabilidad de la sociedad, esto carece de objetividad suficiente y, de nuevo, se produce una postergación del conflicto que deberá ser resuelto por el juez al momento de la impugnación de la homologación, quien carece de los elementos necesarios.

Para la mejor ponderación de intereses y a modo de límite objetivo al triunfo de aquellos particulares frente al principio de continuidad de la empresa es defendible la obligatoriedad de un informe por experto independiente que se pronuncie sobre la materia. Esto es, como un instrumento de control que, a su vez, aparece como un criterio de razonabilidad para impedir la oposición del socio y desplazar el análisis sobre la conveniencia de la medida de reestructuración desde la perspectiva de su impacto sobre la continuidad de la actividad empresarial.

Con la Ley 16/2022 se elimina el régimen establecido en el Texto Refundido de la Ley Concursal (2020) sobre el concurso consecutivo, descartando con ello el incentivo negativo para la capitalización de deuda y, también, el informe facultativo de experto independiente sobre la viabilidad de la sociedad[543]. En contra de lo que aquí se sostiene, la norma española completa la progresiva eliminación de la exigencia de un "*juicio técnico*" por un experto independiente que ya había sido convertida en facultativa en el artículo 71.bis.4. LC, por la Ley 17/2014. Las dudas interpretativas que generaba y las críticas vertidas por la doctrina[544], a pesar de situar el informe por experto

---

permite que, en casos excepcionales, el plan se aparte de la regla de prioridad absoluta y deje algo de valor a una o varias clases de créditos de rango inferior, o a los socios, si ello es manifiestamente necesario para garantizar la viabilidad de la empresa y no perjudica injustificadamente los derechos de las clases de acreedores afectados que hayan votado en contra del plan".

543 La exclusión se hace con la salvedad de lo dispuesto por la disposición transitoria primera de la Ley 16/2022.

544 Sobe estos aspectos, ver SÁNCHEZ-CALERO GUILARTE, J., "Refinanciaciones y plan de viabilidad..." ..., *op. cit.*, pp. 5 y 6; y YAÑEZ EVANGELISTA, J. y NIETO DELGADO, C., "Refinanciaciones: rescisión y extensión de efectos", *Anuario de Derecho concursal*, Nº 32, 2014, pp. 171 a 174, en particular sobre los problemas

independiente en el centro de la cuestión, parece que termina por decantar la balanza, en la tradicional tensión entre eficiencia y seguridad jurídica, hacia la primera, dejando el control de la viabilidad para un momento posterior. Pero la novedosa e idónea introducción del mecanismo de la reestructuración forzosa en términos de afectación de los derechos de los socios continúa haciéndose depender de la viabilidad a corto y medio plazo que los planes pretenden asegurar y basta para retomar el debate sobre su conveniencia. Además, su ausencia habilita a los socios afectados a impugnar la homologación y, con ello, la aplicación forzosa de las medidas.

Con intención de lograr un adecuado equilibrio entre los intereses implicados, el apartado tercero del artículo 639 del Texto Refundido de la Ley Concursal exige un informe por experto en la reestructuración sobre el valor en funcionamiento de la sociedad que acompañará a la solicitud de la homologación. Únicamente procede cuando no habiendo sido aprobado por todas las categorías, existe una sospecha[545] de que la clase que sí votó a favor recibiría algún pago tras la valoración de la deudora como empresa en funcionamiento. Cabría dudar acerca de la existencia de paralelismos con el anterior informe de experto independiente. El motivo se encuentra en la definición previamente ofrecida de la viabilidad económica, entendida como el valor superior en funcionamiento tras la reestructuración frente al valor que se obtendría con una liquidación, aun cuando el informe del artículo 639 no se refiere a este último. Sin embargo, ha de descartarse la idea de que uno pueda ser sustitutivo del otro, dado que no cumplen la misma función, ni la misma fina-

---

interpretativos que causó el informe a lo largo del tiempo desde su incorporación con la Ley 38/2011, de 10 de octubre, las dudas sobre la preparación profesional del experto independiente; la criticable sustitución por un informe del auditor de cuentas dada la diferencia de su objeto y función, tras su conversión a informe facultativo con el Real Decreto-ley 4/2014, de 7 de marzo, por el que se adoptan medidas urgentes en materia de refinanciación y reestructuración de deuda empresarial «BOE-A-2014-2485»; o la falta de consecuencias claras en los supuestos de informe desfavorable. Una de las críticas que merece destacarse es la relativa a la legitimación para solicitar el nombramiento del informe, que de acuerdo con SÁNCHEZ-CALERO GUILARTE, J., "Refinanciaciones y plan de viabilidad…" …, *op. cit.*, p. 6., deja en el olvido a los socios por cuanto la competencia acaba recayendo en los administradores de la sociedad.

545 En términos literales, "*pueda razonablemente presumirse*".

lidad, sin olvidar que el informe por experto no incluye el valor en liquidación. Además, la aplicación limitada a los supuestos mencionados y la ausencia de concreción sobre los sujetos legitimados para hacer notar tal sospecha hacen difícil la efectividad del precepto y limitan su alcance protector.

Es conveniente reconsiderar el mantenimiento del informe obligatorio por experto independiente que ya se reclamaba por la doctrina antes incluso de que se aplicasen medidas tan graves como las introducidas con la Ley 16/2022[546]. En particular, un informe que justifique el fundamento de las medidas más gravosas para los socios que se adoptan con la reestructuración o, alternativamente, la extensión casuística de la exigencia del informe sobre el valor en funcionamiento. Aún más, este puede resultar de gran utilidad cuando, en el seno de un proceso de reestructuración se incluyan medidas que permitan la entrada de los acreedores en la sociedad deudora diluyendo la posición del socio, como acontece en la capitalización de créditos. El informe de experto, puede también recoger las posibles modalidades de canje y justificar el tipo escogido, con base en la valoración de la sociedad antes y después de la reestructuración, permitiendo valorar al socio el sacrificio que soporta en la sociedad[547].

Esta propuesta seguiría el ejemplo de sistemas como el italiano, en el cual se exige que, con el acceso a los instrumentos de regulación de la crisis y de la insolvencia, concretamente, de los planes de reestructuración, un profesional independiente certifique la veracidad de los datos empresariales aportados[548] y la viabilidad del plan[549],

---

546 En palabras de FERNÁNDEZ DEL POZO, L., “El envilecimiento de la posición del socio…” …, *op. cit.*, p. 11 de 23, “*[n]unca debió suprimirse como obligatorio el informe del experto independiente*”.

547 Estas cuestiones se desarrollan más adelante en relación con el derecho de suscripción o asunción preferente de acciones o participaciones (vid. sup).

548 Arts. 39, 56 y 57.2. D.lgs. Nº 14/2019.

549 El certificado por un profesional independiente especificará además la idoneidad del acuerdo y del plan para garantizar el pago íntegro de los acreedores. En el Codice della cirisi d’impresa e dell’insolvenza la certificación por un experto independiente o *professionista indipendiente* se exige tanto para el *piano attestato di risanamento* (art. 56.3.), como para el *piano de ristrutturazione dei debiti* (art. 57.4), el novedoso *piano di ristrutturazione soggeto a omologazione* (art. 64-bis, apartado tercero). Se exige igualmente para el *concordato preventivo* de acuerdo con el art. 46 de la misma norma, el cual hace mención al art. 44.1.a), por el cual se re-

siendo un sistema que, además, cuenta con mayor supervisión por una autoridad como es el *comissario giudiziale* nombrado por el juez[550].

De manera similar no faltan propuestas que, en denuncia de una necesaria mejora de la tutela informativa del socio, proponen cierta vuelta a la regulación anterior. Si no con el reconocimiento de un informe por experto independiente, con la previsión de un informe del administrador social que expresamente se pronuncie sobre la razonabilidad de la situación de insolvencia, la viabilidad del plan, o "*la justificación del tipo de emisión en caso de aumentos de capital en base a las estimaciones acerca del valor futuro de la compañía*", entre otras. Asimismo, que dicho informe sea verificado por el experto en reestructuraciones cuando proceda[551].

En otro orden de cosas, si bien el informe que la ley suprime definitivamente iba dirigido a los sujetos afectados por la reestructuración para una toma de decisiones debidamente informada[552], no puede descartarse del todo su utilidad para el órgano judicial de cara a las tareas comprobatorias y las ya mencionadas dificultades que encuentra[553], constatadas con la experiencia estadounidense, tanto en

quiere el certificado de viabilidad con la presentación de la propuesta, aplicable también a los planes de reestructuración.

550 Así, por ejemplo, en el proceso unitario de acceso a los instrumentos de regulación de la crisis, los arts. 40.4. y 44.1.b) *Codice della crisi*, quedando regulada la figura de este funcionario público con funciones de supervisión del deudor en el art. 92 del mismo texto.

551 Esta es la propuesta de FERNÁNDEZ DEL POZO, L., "El derecho de preferencia en los aumentos de capital preconcursales", *Almacén de Derecho*, 21 de diciembre, 2021. En particular critica la existencia de carencias en la tutela preventiva del socio. Especialmente, cuando el plan contempla la conversión de deuda en capital, con emisión de nuevas acciones.

552 SJM núm. 442/2017, de Sevilla, Nº 2, de 25 de septiembre de 2017 [ECLI:ES:JMSE:2017:675]. CAMPUZANO LAGUILLO, A. B., "Artículo 601…" …, op. cit, p. 167.

553 Frente a los informes de parte, este se elabora por experto independiente al que le son de aplicación las prohibiciones y limitaciones del art. 600 TRLC, permitiendo además que las partes realicen las alegaciones que consideren necesarias. El informe se elabora, de acuerdo con la jurisprudencia del Tribunal Supremo en su Sentencia de 15 de febrero de 2017, con base en los datos de la situación de mercado al momento de la elaboración del informe. CAMPUZANO LAGUILLO, A. B., "Artículo 601…" …, *op. cit.*, pp. 167 y 168.

el momento de la homologación como ante una posible impugnación de la misma.

Por otro lado, una constatación temprana de la inidoneidad del plan para asegurar la viabilidad resulta coherente con los objetivos de eficiencia temporal, reestructuración temprana y liquidación rápida de las sociedades inviables. Al margen de la posibilidad de aportación de informes de parte por expertos, se protegería con ello de forma indirecta a los socios frente al deterioro de los activos que causaría un plan inadecuado para la continuidad empresarial, disminuyendo sus expectativas de cobro como acreedor residual.

Al margen queda el control sobre la necesidad de las medidas concretas contenidas en el plan e individualmente consideradas en relación con la ausencia de alternativas posibles.

En relación con lo anterior, resulta de interés a este asunto el nombramiento de experto independiente en el Auto del Juzgado de lo Mercantil 10 de Barcelona, de 29 de julio de 2020[554], en el seno de una petición de medida cautelar, si bien para el caso distinto de una supervisión del proceso de venta de unidad productiva. Consideró que, aun cuando no se encontraba regulada expresamente en el ordenamiento jurídico español, tampoco resultaba desconocida en la práctica española, considerando que el nombramiento resultaba coherente con los propósitos de la Directiva (UE) 2019/1023 y "*una medida de interés con el fin de maximizar el activo*"[555].

II. LA MONITORIZACIÓN A TRAVÉS DE LOS SISTEMAS DE ALERTAS TEMPRANAS

Las herramientas de alerta temprana son un complemento elemental o "*soft tools*"[556] para la mejora de la eficacia de los procedimientos de reestructuración. Para los deudores representan un incentivo para actuar con prontitud frente a las adversidades financieras. Ello por cuanto la detección temprana les permite acudir a un procedi-

554 AJM Nº 10 de Barcelona, de 29 de julio de 2020 [ECLI:ES:JMB:2020:373A].

555 Un estudio completo sobre esta decisión puede consultarse en CAMPUZANO LAGUILLO, A. B., "Artículo 600…" …, *op. cit.*, pp. 163 a 169.

556 Mc CORMACK, G., *The European Restructuring Directive…*, *op. cit.*, p. 227.

miento de reestructuración donde todavía conserva el control de las operaciones empresariales y las negociaciones están protegidas por ciertas especialidades (v.gr., la suspensión de ejecuciones singulares, protección frente a las rescisiones en procedimientos de insolvencia judicializados posteriormente, etc.)[557] . Todo ello, en un ambiente con mínima intervención judicial. El objetivo propuesto es predecir la insolvencia en una fase prematura. Detectarla con un margen de tiempo suficiente que permita al deudor actuar debidamente de forma rápida para evitar la insolvencia y garantizar o, en su caso, restablecer la viabilidad económica de la sociedad. Una detección tardía irá seguida de actuaciones para revertir una insolvencia que, probablemente, ya se habrá producido a costa del deterioro de los activos, agravando las consecuencias y la pérdida de valor. La respuesta anticipada, por el contrario, permitirá la recuperación con un sacrificio mínimo, apostando por el máximo mantenimiento de los activos de la sociedad, al tiempo que se protegen los intereses de los acreedores por el cobro de sus créditos y el interés general en la conservación de sociedades viables[558].

En cuanto a los socios, en primer lugar, las herramientas de alerta temprana constituyen un instrumento de verificación de la situación de probabilidad de insolvencia que de forma indirecta tutela sus derechos frente a una reestructuración intempestiva o fraudulenta.

---

557 El carácter imprescindible para la unión del mercado de capitales en el territorio de la Unión Europea de un adecuado sistema de alertas tempranas, queda patente entre otros, en el Dictamen del Comité Económico y Social Europeo de 2017 [COM (2016) 723 final — 2016/0359 (COD)] (2017/C 209/04), apartados 3.2. y 4, o incluso con carácter anterior, en el Informe Final de la Comisión Europea de enero de 2011 «*Business Dynamics: Start-ups, Business Transfers and Bunkruptcy. "The economic impacto f legal and administrative procedures for licensing, business transfers and bankruptcy on entrepreneurship in Europe*"», pp. 133 y 147. En palabras de BALP, G., "Early Warning Tools at the Crossroad of Insolvency Law and Company Law", *Bocconi Legal Studies Research, Paper* Nº 3010300, 2019, pp. 2 y 10, "*the countries with more efficient bunkruptcy legal systems are also those that have "highly efficient early warning tools*"", destacando el *sauvegarde financière accélérée*, francés (arts. L. 628-1 a L. 628-7 *Code de commerce*) y los *schemes of arrangement* de la *Companies Act* 2006 (sec. 895-901) británicos. Igualmente, el Informe final del proyecto europeo financiado por la Comisión Europea sobre «Contractualised distress resolution in the shadow of the law» (JUST/2014/JC00/AG/CIVI/7627).

558 BALP, G., "Early Warning Tools at the Crossroad..." ..., *op. cit.*, p. 12.

Les permiten conocer con mayor certeza y previsión el estado de la sociedad de manera que puedan reaccionar tanto frente a la inactividad de los administradores sociales, como ante un intento de reestructuración que tenga por finalidad única y abusiva su dilución o exclusión de la sociedad, sin cumplirse los presupuestos objetivos que la justifican.

En segundo lugar, actuando tempranamente los socios aumentan sus posibilidades de mantener algún derecho en la sociedad resultante de la negociación y conserva el poder en la negociación. Dado que su consentimiento será necesario podrán negociar una solución más pacífica para sus intereses con los acreedores. En particular por lo que respecta a la participación del socio en el excedente de valor generado con la reestructuración.

En tercer lugar, de verificarse la situación de apalancamiento o de crisis, una actuación temprana previene la destrucción de valor en favor de sus derechos económicos. Lo contrario reduce su derecho a la cuota de liquidación y obliga a recurrir a medidas más gravosas para sus derechos de entre las cuales, en última instancia se encuentra el procedimiento formal de insolvencia o, concurso.

Por todo ello, el alcance temporal de las alertas implementadas, debe permitir la predicción de riesgos y la detección de una *probable* crisis, en línea con el presupuesto objetivo de los marcos de reestructuración establecidos en la Directiva. Esto es, la detección de riesgos a uno o dos años vista. El aseguramiento de la viabilidad económica de la sociedad requiere de un análisis para el que no basta limitarse a los estados contables de reducido y estático alcance. A tal fin, por mandato de la Directiva, los Estados miembros tienen la obligación de velar por que el deudor, los trabajadores y el público en general tengan acceso a una o más herramientas de alerta temprana. Por lo tanto, no serán los Estados los obligados a la creación de dichas herramientas, pero sí quienes deberán asegurarse de que estas estén a disposición de los deudores[559]. En consecuencia, podrán crearse y/o gestionarse tanto por organismos públicos, como privados, pero siempre a disposición gratuita para los deudores.

---

559 PULGAR EZQUERRA, J., "Gobierno Corporativo y reestructuración…" …, *op. cit.*, p. 67.

Las herramientas que en concreto se pongan a disposición de los deudores han de ser claras, transparentes y han de permitir una detección precoz de aquellas circunstancias que, en su caso, puedan provocar una insolvencia, permitiendo así que el deudor actúe con rapidez y que los administradores guíen su gestión hacia la protección del patrimonio, evitando operaciones de alto riesgo y preservando el valor de la empresa de forma que se evite la liquidación de sociedades viables y, al mismo tiempo, la pronta y rápida liquidación de *empresas zombies*[560]. No consistirán en una afirmación categórica sobre el estado de la sociedad, sino en la identificación de indicadores de tal estado de forma anticipada[561]. En este sentido, ya se han mencionado aquellos hechos que pueden constituir indicios de crisis o de proximidad a la misma[562].

Habrá de asegurarse su fácil acceso, como es el caso de las herramientas en línea, haciendo uso de tecnologías actualizadas para la realización de comunicaciones tecnológicas entre los distintos operadores de mercado implicados. En cualquier caso, deberán tenerse presentes las necesidades y limitados recursos que dificultan acceder a un asesoramiento adecuado a las pequeñas y medianas empresas[563], junto con las asimetrías informativas que las caracterizan, siendo especialmente relevante en este sentido tanto la gratuidad del servicio, como la confidencialidad de la información[564]. De forma ejemplifi-

---

560 La Directiva (UE) 2019/1023 dedica su art. 3, así como los considerandos 17, 22 y 70 a las herramientas tempranas, conformando uno de los pilares fundamentales de la reforma en materia de reestructuraciones e insolvencia.

561 Apartado VII de la exposición de motivos de la Ley 16/2022.

562 *Vid. supra.*, en referencia a los indicios financieros, operativos y legales o de otra índole que el Instituto de Contabilidad y Auditoría de cuentas ofrece sobre el marco de información financiera, así como los supuestos del art. 2.4. TRLC.

563 El Informe "*L'entreprise en dificulte en France en 2017. Une presence plus marquee des acteurs publics*", elaborado por Deloitte y Altares en abril de 2017 y publicado en 2018; DELOITTE & ALTARES, *L'entreprise en dificulte en France en 2017. Une presence plus marquee des acteurs publics*, abril, 2018, pp. 4 y 5, mostraba la falta de conocimiento de las sociedades de reducido tamaño sobre los procedimientos preventivos de la insolvencia a causa, entre otros, de sus reducidos recursos. También ver BALP, G., "Early Warning Tools at the Crossroad..." ..., *op. cit.*, p. 14.

564 La Ley 16/2022 español pone especial énfasis en el apartado VII de la exposición de motivos sobre el carácter confidencial de la información detectada por medio de las herramientas tempranas y su comunicación exclusiva a la empresa

cativa, el artículo 3.2. de la Directiva (UE) 2019/1023 enumera tres posibles medidas que podrán incluir las herramientas tempranas adoptadas por los Estados miembros. Estas son la previsión de comunicaciones por falta de determinados tipos de pago, la creación de servicios de asesoramiento público o privado y los incentivos para que aquellos terceros que dispongan de información relevante (v.gr., contable, tributaria, etc.) adviertan al deudor.

El ordenamiento español se incorpora algo tardíamente a este sistema y recoge en la Ley 16/2022 una serie de herramientas de alerta temprana que pueden hallar inspiración en ordenamientos comparados, como el francés[565] o, más recientemente el alemán[566],

---

afectada. El *procédure de conciliation* regulado en el *Code de commerce* lo lleva más lejos, estableciendo un mandato de confidencialidad (L. 611-15). Igualmente, el procedimiento de *composizione assistita della crisi* proclama la confidencialidad del procedimiento en varios de los preceptos de la Ley 155, de 19 de octubre de 2017 (arts. 4.1., 7.2. y 20.3. L. 155).

565 Destaca la Ley 84-148 francesa, de 1984, para la prevención y solución amistosa de las dificultades de las empresas y origen en el *Rapport du Comité d'Etude pour la Réforme de l'Enterprise* de 1975 (*Rapport Sudreau,* quien denunciaba que la información que la legislación vigente requería a las sociedades resultaba tardía y sobre estados pasados, reclamando información que de forma eficaz sirviese para la realización de previsiones a futuro), cuyo sistema de alerta pionero se centraba en proporcionar información temprana sobre la situación económica al órgano de administración de la sociedad a fin de garantizar su acción temprana (*Journal Officile de la République Française,* de 2 de marzo de 1984, pp. 35 y ss.). Para un mayor desarrollo, ver VIÑUELAS SANZ, M., "Los sistemas europeos consolidados de alerta temprana", *Anuario de Derecho concursal,* Nº 56, 2022, p. 3, quien destaca el Plan de acción para el apoyo de las empresas en la salida de la crisis (*Plan d'action sur l'accompagnement des entreprises en sortie de crise*), de 1 de junio de 2021, por el que se recogen distintos indicadores de alerta temprana

566 Alemania inicia su andadura en los sistemas de alerta temprana por medio de la Ley de Control y Transparencia en las Empresas, de 27 de abril de 1998 (*Gesetz zur Kontrolle und Transparenz im Unternehmensbereich* - KonTraG), incorporando al §91 de la Ley de Sociedades Anónimas (AktG), un nuevo apartado segundo, con el deber específico de los administradores (*Vorstand*) de adoptar medidas de alerta temprana o de control del negocio que permita reconocer acontecimientos que pongan en peligro la continuidad de la sociedad en una fase temprana (Deutscher Bundestag 13. Wahlperiode. Drucksache 13/9712, de 28. 01. 98, p. 15). Mediante la Ley de Desarrollo de la Ley de Reorganización e Insolvencia (SanInsFog), con fecha de 22 de diciembre de 2020, publicada en la Gaceta de Leyes Federales 2020, Nº 66, emitida el 29 de diciembre de 2020 (*Sanierungs- und Insolvenzrechtsfortent-wicklungsge*setz), para la transposición de la

los cuales cuentan con una dilatada experiencia y centran gran parte de sus procedimientos en la reflexión y valoración abierta dentro de la estructura societaria[567].

Un análisis comparado del abanico de posibilidades en sistemas de alerta temprana permite clasificarlas según se trate de medidas de información, formación y asesoramiento (por instituciones entidades públicas o privadas) o de detección y comunicación interna o externa de los indicios de crisis. En este último campo se ubican las obligaciones específicas para los sujetos implicados y destaca la tendencia en el sistema francés para la implicación de los socios en las alertas tempranas.

1. *Herramientas de información y asesoramiento*

El artículo 3.4. de la Directiva (UE) 2019/1023 ordena a los Estados miembros garantizar la disposición al público de información en línea sobre la posibilidad de acceder a herramientas de alerta temprana, con especial cuidado para las pymes, así como a los representantes de los trabajadores[568].

Ciertamente, para una correcta implantación es imprescindible no sólo informar, sino también educar o formar, especialmente a los pequeños empresarios, sobre las distintas herramientas de alerta temprana a su disposición. Dicha información ha de estar disponible de forma permanente y gratuita, debiendo abarcar tres ámbitos diferenciados.

Directiva, se introduce la Ley de Estabilización y Reestructuración de empresas (StaRUG) o *Unternehmensstabilisierungs- und -restrukturierungsgesetz*. Con ella se incorpora, de nuevo, pero por la vía del Derecho de la reestructuración y la insolvencia la obligación a los administradores de la detección temprana de crisis y gestión de crisis para sociedades de responsabilidad limitada. En concreto, una obligación de monitorización para la detección temprana y actuación debida, incluyendo la implicación de otros órganos sociales cuando su participación sea necesaria para la adopción de dichas medidas.
VIÑUELAS SANZ, M., "Los sistemas europeos consolidados..." ..., *op. cit.*, p. 3.

567 VIÑUELAS SANZ, M., "Los sistemas europeos consolidados..." ..., *op. cit.*, p. 33.

568 Los representantes de los trabajadores tienen una mención especial en el art. 3.3. de la Directiva.

Primero, deberá advertirse sobre su existencia, así como la relevancia de su uso y las negativas consecuencias en caso contrario. En segundo lugar, se informará sobre el abanico de posibilidades a disposición, así como su correcto funcionamiento. Por último, la formación y asesoramiento irán dirigidos, en caso de constatación de la situación de probabilidad de insolvencia, a comunicar las posibles medidas que puede adoptar el deudor.

En relación con esto último, debe distinguirse entre la información genérica sobre los procedimientos de reestructuración y un asesoramiento adaptado a las necesidades particulares de cada deudor, que ayuden a revertir la situación financiera o económica para garantizar la viabilidad. Además, se ha sugerido que las tareas de asesoramiento deberán dirigirse, no solo a aportar información técnica, sino también soporte psicológico que permita al deudor recuperarse y volver al mercado[569].

El servicio de asesoramiento profesional en materia de alertas tempranas podrá prestarse tanto por entidades públicas como privadas, pero siempre de forma gratuita de manera que se salve el obstáculo que presentan los limitados recursos de las sociedades de menor tamaño. Destaca en este campo la red de ayuda europea para las compañías en crisis denominada "*Early Warning Europe*" inspirada en su precedente "*Early Warning Dinamarca*", una organización en red para la cooperación en el establecimiento de mecanismos de alerta temprana mediante el asesoramiento de expertos, autoridades, investigadores, asociaciones y cámaras de comercio denominados "Consultores de Alerta Temprana"[570]. Mientras que algunos países, como Italia, incorporaron este sistema atendiendo a un modelo privado,

---

569 En particular, Mc CORMACK, G., *The European Restructuring Directive...*, *op. cit.*, p. 228.

570 Es posible encontrar más información en http://www.earlywarningeurope.eu/. Sobre estos aspectos se pronuncian MUÑOZ GARCÍA, A., "Situaciones próximas a la insolvencia..." ..., *op. cit.*, p. 202 y PULGAR EZQUERRA, J., "Gobierno corporativo y reestructuración preventiva..." ..., *op. cit.*, pp. 71 y 72. La evaluación de los consultores de Alerta Temprana se centrarán en analizar la propiedad y estructura de la empresa, incluida la responsabilidad, los valores, reclamos y deudas, resumen de los acreedores e identificación de aquellos vencidos, la existencia de garantías, las circunstancias financieras, una descripción de las operaciones y el punto de equilibrio, el estado de la rentabilidad actual y el flujo

España ha seguido uno mixto que combina la participación de la Comunidad de Madrid y la ATA[571].

El asesoramiento profesional puede combinarse con instrumentos de autodiagnóstico, como el mecanismo de "Autodiagnóstico de salud empresarial" creado por el Ministerio de Industria español[572]. Por su intermedio se permite una evaluación de la situación financiera de pequeñas y medianas empresas, así como de empresarios autónomos, mediante la realización de un test ubicado en una plataforma online que como la propia web informa, requerirá de quince minutos para la detección de indicios que habitualmente desembocan en crisis[573].

Otra posibilidad es la implementación de sistemas de *mentoring* o lo que se ha denominado "sistemas semáforo"[574], similares al sistema

---

de caja, el estado de la financiación actual y, por último, las relaciones personales y familiares.

571 Otros países que también hacen uso de este sistema son Polonia y Grecia. PULGAR EZQUERRA, J., "Gobierno corporativo y reestructuración preventiva..." ..., *op. cit.*, p. 72, quien también se refiere a FERRERO, C., "Conoce el proyecto *Early warning Europe* (alertas tempranas)", Diario La Ley, de 2 de enero de 2020 y a LLORET VILLOTA, J., CAICOYA, J., y LORENTE SIBINA, R., "Alertas tempranas, La aplicación a la situación en España (Herramientas e autodiagnóstico para la alerta temprana en situación es de *distress* empresarial)", Diario La Ley, Nº 9640, 2020.

572 El instrumento se encuentra disponible en http://saludempresarial.ipyme.org/Home. Los temas del cuestionario incluyen planificación y control, relaciones comerciales como clientes y proveedores, recursos humanos, finanzas, gestión económica y apoyo y asesoramiento legal.

573 MUÑOZ GARCÍA, A., "Situaciones próximas a la insolvencia..." ..., *op. cit.*, p. 202 y PULGAR EZQUERRA, J., "Gobierno corporativo y reestructuración preventiva..." ..., *op. cit.*, p. 72

574 En colaboración con el Banco de España, los registradores han elaborado un sistema de *alertas semáforo* o la elaboración de un software desarrollado por el Consejo General de Economistas (CGE) que combina un test de solvencia no certificado profesional por el que se recoge información contable y contractual de la sociedad en combinación con sistemas de alerta temprana (certificados de deuda pública) a modo de autodiagnóstico y un test de solvencia certificado por un profesional. Ambos dan como resultado un análisis sobre el estado económico financiero de la sociedad emulando los colores de un semáforo. Habrá que tener presente la Circular 6/2016 de 31 de junio del Banco de España, por la que se determina el contenido y formato del documento "Información financiera Pyme" y se especifica la metodología de calificación de riesgo previsto en

de "escalera de detección temprana" o *Früherkennungstreppe* del ordenamiento alemán, contenida en el portal de puesta en marcha del Ministerio Federal de Economía y Energía (*Existenzgründungportal des BMWi*). Esta última se suma a la prueba de choque denominada "detección temprana de puntos débiles" o *Crashtest zur Schwachstellen-Früherkennung* y los folletos incorporados para la actuación en caso de crisis. Además, cuenta con asesoramiento ofertado por instituciones públicas como las Cámaras de industria y comercio (*Industrie- und Handelskammern*), las Cámaras de artesanía (*Handwerkskammern*), el Programa de financiación del Ministerio Federal de Economía y Energía (*Förderprogramm des Bundesministeriums für Wirtschaft und Energie*) o la recientemente ampliada información que proporciona de manera online el Ministerio Federal de Justicia y protección del Consumidor (*Bundesministerium der Justiz und für Verbraucher-schutz*) sobre la disponibilidad de los sistemas de alerta temprana del § 101 StaRUG[575].

Volviendo sobre la Ley 16/2022, esta hace mención a que se establecerán servicios de asesoramiento gratuito y confidencial a empresas en dificultades dirigido a pequeñas y medianas empresas en un estadio temprano de dificultades, si bien quedará a desarrollo reglamentario posterior[576]. No debe por ello perderse de vista la experiencia comparada. En relación con esto, varios grupos parlamentarios presentaron enmiendas a estos sistemas de alerta temprana propuestos por el ordenamiento español, con base en su insuficiencia ante la comparativa europea[577]. En concreto, proponen la

---

la Ley 5/2015, de 27 de abril de fomento de la financiación empresarial «BOE-A-2015-4607». PULGAR EZQUERRA, J., "Gobierno corporativo y reestructuración preventiva..." ..., *op. cit.*, p. 72. Puede encontrarse más información en https://noticias.juridicas.com/actualidad/noticias/16017-asi-es-el-semaforo-de-insolvencia-la-propuesta-del-consejo-general-de-economistas-de-alertas-tempranas/

575 VIÑUELAS SANZ, M., "Los sistemas europeos consolidados..." ..., *op. cit.*, p. 58 a 60. Pueden consultarse los sistemas de asesoramiento e información a disposición del público en el ordenamiento alemán en la web www.existenzgruender.de, así como en la dirección www.bmjv.bund

576 Apartado III de la exposición de motivos de la Ley 16/2022.

577 Los Grupos Parlamentarios Plural, Ciudadanos y Vox, presentaron a este respecto las enmiendas núm. 207, 37 y 581, respectivamente.

adición del requisito de realizar un test de solvencia o *solvency test*[578] para las grandes empresas como paso previo a la solicitud y tramitación de subvenciones públicas, expedientes de regulación temporal del empleo o licitaciones con las Administraciones Públicas de obras o servicios. El antecedente europeo lo representa el Ordenamiento italiano, mediante el Decreto Ley Nº 147 de 26 de octubre de 2020, por el que se regula el homólogo al CGE español, el *Consiglio Nazionale dei Dottori Commercialisti e degli Esperti Contabili*. Su inclusión busca conocer la situación financiera en términos de apalancamiento, así como de liquidez, antes de aumentar el nivel de endeudamiento con cargo a la Administración Pública o de los trabajadores, limitando el gasto asociado únicamente a estas situaciones de interés general y no para cualquier otra transacción.

---

578 Los test de solvencia tienen su origen en el Derecho norteamericano, desde el *Corporate Code* de 1975, en el Estado de California, influenciando los estudios doctrinales comparados como instrumento de tutela de socios, pero sobre todo de acreedores, como alternativa a la función de garantía del capital social, como criterio de reparto de dividendos. Una propuesta de *lege ferenda* sobre este aspecto puede encontrarse en PULGAR EZQUERRA, J., "Reparto legal mínimo de dividendos: protección de socios y acreedores (solvency test)", en Fernández Torres, I., Arias Varona F. J., Martínez Rosado, J., (coords.), *Derecho de Sociedades y de los Mercados Financieros. Libro Homenaje a Carmen Alonso Ledesma*, Iustel, Madrid, 2018, pp. 707 a 711; o también en MOYA BALLESTER, J., "Los solvency test y la decadencia del capital", *La Ley Digital*, Nº 670, 2010. En el Derecho comparado puede consultarse, entre otros a SCHÖN, W., "Balance Sheet Tests or Solvency Tests - or Both?", *Europe Buiness Organization Law Review*, Nº 7 (181-198), 2006, pp. 181 a 198. Para la determinación de la situación financiera o patrimonial de la sociedad, se han de tener presentes, en este sentido, primero, los *balance sheet test* de los artículos 123.2. y 214.6. de la *Insolvency Act* inglesa, por el que la sociedad se considera insolvente cuando el total de su activo es inferior a las deudas asumidas y gastos previstos, pudiendo incluir las deudas futuras y aquellas no vencidas. Junto a lo anterior, se considerará el *cash-flow test* o *liquidity test*, del artículo 123.1.e) de la *Insolvency Act*, el cual determina la insolvencia de una sociedad cuando la misma no pueda hacer frente a sus deudas al tiempo de su vencimiento, es decir, cuando carezca de liquidez suficiente. Para un análisis más en profundidad de estos conceptos acudir a STEARN, R. J. y KANDESTIN, C. D., "Delaware's Solvency Test: What is it and Does it Make Sense? A Comparison of Solvency Tests Under the Bankruptcy Code and Delaware Law (2011)", *Delaware Journal of Corporate Law (DJCL)*, Vol. 36, Nº 1, 2011, pp. 165 a 187; y a HEATON, J. B., "Solvency test", *The Business Lawyer*, Vol. 62, Nº 3, 2007, pp. 983 a 1006.

Similarmente, la propuesta alemana de transposición de la Directiva (UE) 2019/1023 en su sección 101 de la SanInsFoG, declara que el Ministerio Federal de Justicia y Protección del Consumidor proporcionará información sobre la disponibilidad de instrumentos facilitados por las autoridades públicas para la identificación temprana de crisis en su sitio web[579].

Es debido a dicho silencio por el legislador español o también el alemán, que conviene analizar los sistemas ya desarrollados en otros países. Es el caso de Francia, donde los tribunales de comercio y la *Infogreffe*[580] ponen a disposición del público herramientas de autodiagnóstico y de alerta temprana, de carácter gratuito. Destaca la creación de un software por medio del cual los jueces tendrán acceso a un listad de empresas susceptibles de hallarse en dificultades, con la finalidad de convocarles a una vista confidencial. También ofrecerán asesoramiento gratuito las *Chambres de commerce et d'industrie, Chambres de métiers et de l'artisanat* o los *expert-comptables*. En particular estos se servirán de una herramienta de diagnóstico digital y gratuito para la creación de un plan de acción. Igualmente, cuentan con la creación de una plataforma online para la puesta en contacto con expertos contables que presten asesoramiento de forma gratuita y voluntaria a aquellos empresarios que no dispongan de uno. También

---

579 Sección 101 de la Ley de Desarrollo de la Ley de Reorganización e Insolvencia, de 22 de diciembre de 2020, emitida en Bonn el 29 de diciembre de 2020, Gacetas federales 2020, Nº 66 (*Entwurf eines Gesetzes zur Fortentwicklung des Sanierungsund Insolvenzrechts. Sanierungs und Insolvenzrechtsfortentwicklungsgesetz*), (SanInsFoG). La literatura extranjera sobre este extremo puede consultarse en NICKERT, A. y NICKERT, C., "Früherkennungssystem als Instrument zur Krisenfrüherkennung nach dem StaRUG", *GmbHR*, Vol. 8, 2021, pp. 401 a 413; GLEIßNER, W. y LIENHARD, F. y KÜHNE, M. "Implikationen des StaRUG. Neue gesetzliche Anforderungen an das Krisen- und Risikofrüherkennungssystem", *Zeitschrift für Risikomanagement* (ZfRM), Nº 2, 2021, pp. 32 a 40; y KÜHNE, M., LIENHARD, F., "Ausgestaltung eines Risikofrüherkennungssystems gemäss § 1 StaRUG und die Haftungsfolgen für di Geschäftsleitung", *Der SanierungsBerater*, Nº 4, 2020, pp. 144 a 149.

580 Infogreffe es una plataforma de servicios online formada por una Agrupación de Interés Económico donde se puede consultar información financiera de las empresas registradas y donde se pone a disposición de los usuarios una herramienta de medición del rendimiento financiero. Ver https://www.infogreffe.fr/ y https://www.infogreffe.fr/services-infogreffe/performance-financiere.html

los *commissaires aux comptes,* los *administrateurs judiciaires et des mandataires judiciaires* y los abogados, prestarán un servicio de diagnóstico y asesoramiento gratuito sobre la situación financiera y la viabilidad económica del empresario[581].

La correcta formación y asesoramiento en materia de alertas tempranas es un elemento tuitivo indirecto para los socios desde una doble perspectiva. Les incentiva a conocer el estado de la sociedad y adoptar las medidas menos gravosas tanto para ella como para la posición de estos en la misma, en un momento temprano, apostando por la maximización del valor de la empresa[582]. Además, una correcta formación sobre la monitorización o seguimiento del estado económico y de riesgos de la sociedad de forma sencilla, accesible y gratuita, permite detectar cuándo se está efectivamente en situaciones próximas a la crisis, donde la viabilidad de la compañía puede verse gravemente comprometida y cuando no es así, evitando reestructuraciones susceptibles de afectar sus derechos en un momento en el que no era necesario reestructurar. Permite, en otras palabras, encontrar el equilibrio adecuado en el balance de intereses contrapuestos.

La utilidad de la experiencia comparada para la verificación objetiva de la probabilidad de insolvencia y del riesgo de la viabilidad económica es innegable. Particularmente positivo es el gran número de sujetos implicados, abarcando no sólo administraciones públicas, sino una red de profesionales y expertos para la prestación de asesoramiento gratuito y confidencial.

2. *Herramientas de detección internas o privadas*

Además de la formación, el asesoramiento y el autodiagnóstico que pueden prestar las entidades públicas o privadas, existen ejemplos en Derecho comparado de herramientas de detección interna de la crisis empresarial por los que se habilita y hasta se exige a dis-

581 Estas novedades son fruto del Plan de acción en apoyo de las empresas para la salida de la crisis, ver VIÑUELAS SANZ, M., "Los sistemas europeos consolidados..." ..., *op. cit.*, pp. 30 y 31.

582 RONCERO SÁNCHEZ, A., "Distribución de competencias..." ..., *op. cit.*, p. 294, sobre el interés de los socios conectado a la viabilidad económica y la maximización del valor de la empresa.

tintos integrantes de la sociedad deudora la detección y comunicación de datos que potencialmente comprometan la viabilidad de la sociedad. Pero también por determinados sujetos que, aun siendo externos, tienen una vinculación especial con la sociedad en cuanto al acceso a la información sensible de esta.

Sirve de ejemplo el Derecho Francés. El *Code de commerce* y su legislación conexa[583] prevén que los auditores de cuentas, el comité social y económico e, incluso, los propios socios, activen la alerta y comuniquen a los órganos de la sociedad los datos y circunstancias que puedan comprometer la continuidad de la actividad empresarial, es decir, la viabilidad económica en atención, no sólo a elementos contables, sino a cualquier circunstancia relacionada con el devenir del negocio. El sistema italiano se influencia por el ejemplo francés y recoge alertas tempranas muy similares en la Ley 155, en el ámbito de la *composizione assistita della crisi*[584].

La norma francesa establece que la alerta podrá ser activada por el auditor de la sociedad que, en el momento en que encuentre indicios de crisis (con base en datos contables o de negocio, como la insuficiencia de fondos propios, caída del ritmo de actividad o la falta de empleados cualificados), convocará al consejo de administración, al consejo ejecutivo o, en su caso, a la comisión de control para que

583 El *Code de Commerce* ha sufrido modificaciones recientes por la Ordenanza 2021-1193, de 15 de septiembre de 2021, de transposición de la Directiva (UE) 2019/1023 (*Ordonnance portant modification du libre VI du Code de Commerce*) y publicado por el *Journal Officile de la République Française*, núm. 0216, de 16 de septiembre de 2021 (texto 19), junto con el Decreto 2021-1218, de 23 de septiembre de 2021, de su aplicación, publicado por el *Journal Officile de la République Française*, núm. 0223 de 24 de septiembre de 2021 (texto 14). En cuanto al ámbito subjetivo, el art. L 234-1, será de aplicación para las SA (*procédure d'alerte*), mientras que el resto de sociedades deberán acudir al art. L 234-2 para los procedimientos de alerta simplificados.

584 El ámbito subjetivo de las herramientas de alerta tempranas bajo la norma italiana también difiere de la francesa, dado que no se aplicará a sociedades cotizadas, ni a aquellas grandes sociedades definidas en el art. 3.4. de la Directiva 2013/34/EU. Ver BALP, G., "Early Warning Tools at the Crossroad…" …, *op. cit.*, p. 18.

tomen decisiones satisfactorias frente al estado financiero y económico de la sociedad[585].

Lo mismo establece el sistema italiano. Como elementos diferenciadores, de no ser adoptadas o no resultar suficientes a ojos del auditor, este informará al *tribunal de commerce*, en el sistema francés y al comité de empresa o representantes de los trabajadores o, en la versión italiana, a una organización administrativa establecida por los registradores mercantiles. Esta última, convocará una vista, caracterizada por su confidencialidad donde un comité de tres expertos independientes informará sobre la situación financiera de la sociedad y las medidas más convenientes para revertirla, ejerciendo la labor de mediador con los acreedores para alcanzar un acuerdo.

El comité económico y social podrá también activar las alertas en aquellas empresas que superen los cincuenta trabajadores cuando detecten hechos que puedan afectar gravemente a la situación económica de la sociedad o generen tal sospecha. Se trata de un procedimiento confidencial donde el comité solicitará información al administrador de la sociedad deudora, tras lo cual elaborará un informe acompañado de la opinión de un experto contable en relación con la necesidad de someter a control la actuación del administrador. Si bien, en virtud de este sistema, los socios serán informados de manera individual sin trámite de audiencia a salvo de que el órgano de administración fuere el destinatario de la información y decidiese convocar a la junta de socios[586].

---

585 Las críticas a este sistema versan sobre la exclusión de las pequeñas empresas, dado el aumento del umbral en el que las sociedades deberán contar obligatoriamente con un auditor de cuentas. Se muestran críticos VIÑUELAS SANZ, M., "Los sistemas europeos consolidados…" …, *op. cit.*, p. 34; MARCOIG-VERNIER, F., "Détection des difficultés des entreprises", *Revue trimestrielle de droit comercial*, Nº 4, 2019, pp. 975 a 984.

586 L. 2312-66 *Code de commerce*. VIÑUELAS SANZ, M., "Los sistemas europeos consolidados…" …, *op. cit.*, p. 15 y 35, destaca que la denuncia por parte del comité podrá versar sobre cualquier inquietud que pudiera surgir sobre el estado económico y financiero de la sociedad, de acuerdo con la doctrina del Tribunal de Casación en sus resoluciones de 18 de enero de 2011, de la sala de lo social (*Cour de cassation, Chambre sociale*, 18 de enero 2011, núm. 10-30.126, *Bulletin civile*, V, núm. 26. Al respecto, *vid. infra*, indicadores de crisis) y, por otro lado, critica la lentitud del procedimiento. En este sentido también, SAVATIER, J., "Le comité d'entreprise et la prevention des difficultés des entreprises", *Juris-*

Como puede observarse, estos sistemas consisten en la imposición de deberes a terceras partes de comunicación sobre la situación financiera o económica de la sociedad. Es el caso de los comités de empresa o de los auditores de cuentas y donde entra en juego la aplicación del Derecho de la insolvencia[587]. Es importante también destacar que además de que los sistemas comparados vinculan a un mayor número de sujetos en el análisis financiero de la sociedad y activan diversos procedimientos de control sobre la actuación de los administradores, algunos de ellos implicando a los propios socios, estas alertas se ven reforzadas por la presencia de informes de expertos independientes y expertos contables. La información técnica de los informes no es nada desdeñable desde el punto de vista de un futuro procedimiento tanto formal como informal de la insolvencia, sirviendo como elemento probatorio y poniendo de relieve la importancia de que los datos sean lo más objetivos posibles ante la dificultad de acotar el "estado de crisis".

Pero también se dirigen expresamente a los administradores de la sociedad cuya situación financiera se cuestiona. Así ocurre en los sistemas italiano[588] o alemán, cuyo §1.1-3. de la StaRUG recoge la obligación al consejo de administración de una sociedad de establecer medidas de detección, vigilancia y monitorización de los riesgos empresariales, lo que incluirá la adopción de contramedidas, así como el deber de asesorarse y asegurarse de que la Junta en el ámbito de sus competencias adopte las medidas adecuadas[589]. Eso sí, con la puntualización de que las obligaciones de detección y control no

---

classeur périodique (semaine juridique) édition entreprise et affaires, 1987, Nº 2, 15066, p. 616.

587 BALP, G., "Early Warning Tools at the Crossroad..." ..., *op. cit.*, p. 4. En esta línea, la Propuesta de Directiva en su considerando 16 requería a los Estados miembros que incentivasen u obligasen a terceras partes con información especializada o privilegiada sobre el estado económico de la sociedad a alertar sobre el desarrollo negativo de la misma.

588 Art. 14.1.b) de la Ley 155.

589 WOLFRUM, M., KAMARÁS, E., MOECKE, P., "Umsetzung des StaRUG. Anforderungen zur Krisenprävention im Mittelstand", *RiskNET - The Risk Management Network*, mayo de 2021, p. 2, recuerda que se exige de los administradores una acción empresarial en virtud de lo dispuesto por el §1 StaRUG y el § 93 AktG, sobre la base de una información adecuada. VIÑUELAS SANZ, M., "Los sistemas europeos consolidados..." ..., *op. cit.*, pp. 45 y 46, critica la inseguridad jurídica

sean excesivas para las empresas de menor tamaño[590]. Una regulación que se suma a las obligaciones contenidas en el § 91.2. AktG, por el que ya se establecía la obligación de la monitorización y la actuación temprana a los administradores de las sociedades anónimas frente a situaciones de crisis.

El legislador español renuncia a requerir tales obligaciones de otros sujetos distintos del órgano de administración de la sociedad. Ahora bien, la Directiva (UE) 2019/1023 exige a los Estados miembros el establecimiento de obligaciones específicas a los administradores o *directivos* de las sociedades[591]. Sin embargo, la detección temprana de la insolvencia y la actuación correspondiente no se desprende de un precepto expreso en la norma española, sino que se encontraría incluido dentro de las competencias y obligaciones propias del deber de diligencia (incluyendo el deber de informarse, de gestión, de reducción al mínimo de las pérdidas y la adopción de medidas razonables) del órgano de administración y su responsabilidad asociada[592]. Tiene encaje en el mandato del artículo 19.b). de la

generada ante la falta de concreción de las medidas concretas que deberá adoptar el consejo de administración.

590 Así lo apuntaba la Ley 16/2022 de la StaRUG. VIÑUELAS SANZ, M., "Los sistemas europeos consolidados…" …, *op. cit.*, p. 50.

591 RECAMÁN GRAÑA, E., "Reflexiones en torno a los deberes de los administradores de sociedades en crisis (con motivo de la propuesta de directiva sobre marcos de reestructuración preventiva)", en Fernández Torres, I., Arias Varona F. J., Martínez Rosado, J., (coords.), *Derecho de Sociedades y de los Mercados Financieros. Libro Homenaje a Carmen Alonso Ledesma*, Iustel, Madrid, 2018, p. 740.

592 En la doctrina extranjera, VEIL, R., "Krisenbewältigung durch Gesellschaftsrecht", *ZGR*, 2006, pp. 378 a 380; BORK, R., "Pflitchen des Gestchäftsführung in Krise und Sanierung", *ZIP*, 2011, pp. 106 a 107. Incluso en la legislación alemana, donde estas obligaciones se recogían ya para los administradores de las SA a través de una mención específica en la norma societaria, ha sido considerado como una concreción del deber de gestión del *Vorstand* (§ 76 AktG) y regido por el estándar de diligencia que le es exigible (§ 93 AktG), en este sentido, SPINDLER, G., "Vorstandspflivhten zur Einrichtung eines Frühwarnsystems", en Fleischer, H. (dir.), *Handbuch des Vorstandsrecht,* Beck, München, 2006, p. 708. En la doctrina española puede consultarse RECAMÁN GRAÑA, E., Los Deberes y la Responsabilidad… *op. cit.*, p. 146; SÁNCHEZ CALERO, F., *Los administradores…*, *op. cit.*, pp. 177, 180 y 184 a 189; QUIJANO GONZÁLEZ, J. y MAMBRILLA RIVERA, V., "Los deberes fiduciarios de diligencia y lealtad: en particular, los conflictos de interes y las operaciones vinculadas", en Rodríguez Artigas, F. (coord.), *Derecho de sociedades anónimas cotizadas: (estructura de gobierno*

Directiva (UE) 2019/1023, que impone la obligación de actuar para evitar la insolvencia a los administradores. Las alertas tempranas contribuyen de forma directa a la difícil determinación del presupuesto objetivo para la reestructuración y, con ello, a la concreción del momento a partir del cual el administrador ha de poner especial cuidado en lo que se ha denominado *estándar de administración diligente de la crisis*[593], pudiendo derivarse en caso contrario responsabilidad sobre el mismo por dañar la viabilidad de la sociedad (desembocando en la insolvencia actual y posible declaración de concurso o provocando que el valor de la sociedad fuera inferior por su negligencia grave o dolo[594]). En otras palabras, contribuye a la detección temprana y la actuación frente a la situación de apalancamiento que, en su caso, puede exigir el deber de reestructurar[595]. En tanto en cuanto

---

y mercados), Vol. 2, Thomson Reuters Aranzadi, Navarra, 2006, pp. 915 y ss. (pp. 915 a 990); LLEBOT MAJÓ, J. O., *Los deberes de los administradores…*, *op. cit.*, pp. 49 y ss.; RODRÍGUEZ ARTIGAS, F., "El deber de diligencia", en Esteban Velasco, G., (coord.), *El gobierno de las sociedades cotizadas*, Marcial Pons, Madrid, 1999, pp. 419 y ss; GUERRA MARTÍN, G., "La posición jurídica de los administradores de sociedades de capital", en Guerra Martín, G., *La responsabilidad de los administradores de sociedades de capital*, La Ley, Madrid, 2011, pp. 61 a 65; RIBAS, V., "Artículo 225. Deber de diligente administración", en Rojo, A. y Beltrán, E., (dirs.), *Comentario de la Ley de Sociedades de Capital*, Tomo I, Aranzadi, Thomson Reuters, Navarra, 2011, pp. 1610, 1611, 1614 y 1615 a 1620; y VIVES RUIZ, F., "El alcance del deber de diligencia de los administradores sociales", en González Fernández, Mª B. y Cohen Benchetrit, A., *Derecho de sociedades. Cuestiones sobre órganos sociales*, Tirant lo Blanch, Valencia 2019, pp. 655 a 662. Puede encontrarse un análisis de los deberes de los administradores en la probabilidad de insolvencia relacionado con las alertas tempranas en BALP, G., "Early Warning Tools at the Crossroad…" …, *op. cit.*, pp. 30 a 33 y en RECAMÁN GRAÑA, E., "Reflexiones en torno a los deberes de los administradores de sociedades en crisis…" …, *op. cit.*, p. 741.

593 RECAMÁN GRAÑA, E., *Los Deberes y la Responsabilidad… op. cit.*, p. 83.

594 RECAMÁN GRAÑA, E., "Hacia una determinación del comportamiento…" …, *op. cit.*, p. 137 afirma que esta situación podría, de superarse el test objetivo, generar responsabilidad por la vía de la acción individual de responsabilidad, estando legitimados los acreedores que se hubiesen quedado *fuera del dinero*.

595 Expresamente a favor de un deber de reestructurar o más bien, de renegociar, se trata de un socio-administrador, ver GARCIMARTÍN ALFÉREZ, F. J., "De nuevo sobre los deberes fiduciarios…" …, *op. cit.* El deber de reestructurar o no en situaciones cercanas a la crisis se hace depender de la interpretación que se haga sobre el interés social. Sobre la existencia de un deber de reestructurar y la reapertura del debate clásico, ver RECAMÁN GRAÑA, E., "Reflexiones en

favorecen a la concreción del presupuesto objetivo, también guarda relación con el momento en el que se podrá ver afectado el interés social y, por otro lado, la cristalización de los derechos de opción de los socios.

La dificultad e, incluso, la inseguridad jurídica se encuentra en la elección adecuada de las alertas tempranas y la responsabilidad derivada bajo el paraguas de la administración diligente, esto es, del deber de informarse y como parte de la obligación de medios que les es exigible a los administradores. Aun cuando no se incorpora un mandato específico para los administradores[596], no es desacertado suponer que la implementación de herramientas de alerta temprana deviene *cuasivoluntaria*[597]. La voluntariedad radica en la elección de aquella herramienta concreta —como un simulador de riesgos de

---

torno a los deberes de los administradores de sociedades en crisis…" …, *op. cit.*, pp. 743 y 744, y RECAMÁN GRAÑA, E., "Hacia una determinación del comportamiento…" …, *op. cit.*, p. 127 a 143. En línea con la obligación de actuar frente a las situaciones de crisis, del artículo 19 de la Directiva, la actuación del administrador en situaciones de crisis se engloba en las facultades y obligaciones de gestión de la sociedad, regido por el deber de diligencia. A favor de un deber de negociar la reestructuración se posiciona GARCIMARTÍN ALFÉREZ, F. J., "El conflicto socios-acreedores…" …, *op. cit.*, p. 2. En contra, IRIBARREN BLANCO, M., "Los socios en los planes de reestructuración…" …, *op. cit.*, p. 110. No obstante lo anterior, se ha de hacer una excepción al hablar del proceso de reestructuración para microempresas. El art. 686.2. de la Ley 16/2022 impone la obligación legal de acudir al procedimiento especial para estos deudores del Libro Tercero en el plazo de dos meses siguientes a la fecha en que hubiere conocido o debido conocer el estado de insolvencia actual. Igualmente, el art. 691.5. de la Ley 16/2022, establece la obligación de solicitar la apertura del procedimiento especial en el plazo de un mes, posterior a los tres meses acaecidos tras un sobreseimiento generalizado en el pago de las obligaciones tributarias, de cuotas de la seguridad social y demás conceptos de recaudación conjunta, o el de los salarios e indemnizaciones a los trabajadores y demás retribuciones derivadas de las relaciones de trabajo correspondientes a las tres últimas mensualidades.

596 Considera que no estaría fuera de lugar una mención específica, RECAMÁN GRAÑA, E., "Hacia una determinación del comportamiento…" …, *op. cit.*, p. 137.

597 Defensora del carácter voluntario de las herramientas de alerta temprana como incentivo para la consecución del fin superior de reestructurar sociedades apalancadas, PULGAR EZQUERRA, J., "Gobierno Corporativo y reestructuración…" …, *op. cit.*, p. 70.

entre los existentes— que se considere más adecuada, atendiendo al tamaño y capacidad de la sociedad en particular. Sin embargo, la parte obligatoria es difícil obviarla en el caso de que la sociedad finalmente alcanzase un estado de insolvencia que pudiese generar la responsabilidad del administrador por daños. A buen seguro, la decisión de no haber acudido a ellas será valorado negativamente en términos de obligación de medios, por no haber hecho uso de las herramientas que estaban a su alcance para informarse y detectar la insolvencia a tiempo.

Tampoco establece el legislador español una obligación expresa de información a los socios ante las alertas tempranas ni opta por integrarlos en ellas. Una regulación de medidas similares permitiría a los socios implicarse en la reestructuración de forma temprana adoptando las medidas necesarias y, en su caso, mantenerse informados frente a las reestructuraciones con fines abusivos. De esta manera dispondrían de más facilidades para controlar la actuación del administrador en la negociación temprana de la reestructuración previniendo su inactividad. La actuación temprana evita el deterioro del valor de la sociedad y con él el de los derechos económicos del socio. En concreto, contribuye a proteger el derecho a la cuota de liquidación del socio que, en las situaciones más graves, podrá tener un valor igual a cero. Esto es, cuando el socio se encuentra fuera del valor del dinero. Igualmente, les permitiría participar en la negociación reforzando su posición en la sociedad. Por un lado y asegurándose condiciones más beneficiosas en la sociedad resultante de la reestructuración.

Ciertamente, una posición fuerte de los socios puede tener consecuencias negativas para la reestructuración. Por ejemplo, por un aumento de los costes debido a una dilación en las negociaciones derivada de los conflictos de intereses entre los socios y los acreedores. Los socios tratarían de retener más valor del que les corresponde y buscarían evitar medidas como la entrada en el capital de los acreedores con la consecuente dilución de su posición. La potencial destrucción que esta circunstancia generaría potencia el fracaso de la reestructuración. Sin embargo, también se ha valorado como positivo el acuerdo entre socios y acreedores aun a costa de una renuncia de valor por parte de estos últimos en favor de los primeros. La implicación del socio en la reestructuración en un momento temprano puede ser por tanto beneficiosa y deseable en el equilibrio de intereses. Sobre todo, teniendo presente que el legislador introduce por indicación de la Directiva de reestructuraciones la obligación de establecer otras medidas que se contrapongan al típico obstruccionismo de los socios. Por añadidura, en grandes sociedades, esta idea sería coherente con el activismo accionarial y la implicación de los socios en la gestión de la sociedad del gobierno corporativo y los cambios de control que en ellas se producen.

3. *Herramientas de detección externas por entidades públicas y privadas*

Junto a estas medidas, también se han previsto en ordenamientos de la Unión Europea herramientas de alerta temprana activadas por sujetos externos a la sociedad de carácter público.

La Ley 16/2022 actúa en esta línea al introducir la habilitación a los titulares de los ministerios de Hacienda y Función Pública, así como de Inclusión, Seguridad Social y Migraciones que desarrollen un sistema de alerta temprana de manera que, en atención a ciertos indicadores, pueda detectarse una situación susceptible de evolucionar hacia una situación de insolvencia. El aspecto clave de la propuesta es que tales indicadores permitan emitir una advertencia a la empresa antes de que los problemas financieros se manifiesten de forma clara. Asimismo, incluye una mención dirigida a las Haciendas Forales y a la Comunidad Autónoma de Canarias para que, mediante su acuerdo, se habilite a la Agencia Estatal de la Administración Tributaria (AEAT) para acceder a las informaciones que sean necesarias para cumplir dichos objetivos[598]. Queda pendiente, no obstante, de concretar el contenido que las comunicaciones por estas entidades o, más bien, acreedores cualificados puedan aportar al deudor, resultando conveniente que excedan de la mera comunicación de falta de pago[599]. Además, la comparativa de la propuesta española ha sido

---

598 Exposición de motivos, apartado III (p. 28) de la Ley 16/2022.

599 Las comunicaciones limitadas a informar sobre la falta de pago han sido criticadas por PULGAR EZQUERRA, J., "Gobierno Corporativo y reestructuración..." ..., *op. cit.*, p. 71, en relación con el sistema italiano que incluye al sector bancario en las comunicaciones. Sobre esto último, ver FALCONE, G., "Obblighi

objeto de críticas por su insuficiencia como muestran varias enmiendas al Proyecto Ley[600].

En el ámbito comparado, de nuevo destaca la experiencia francesa que cuenta con una gran variedad de sistemas de alerta confidenciales y regidos por el secreto profesional de los sujetos implicados que pueden ser activadas por el presidente del Tribunal de Cuentas, entidades bancarias, el Banco de Francia o grupos de prevención autorizados[601] quienes, además de asesorar, desarrollan un papel más activo, por cuanto pueden alcanzar acuerdos que vinculen al deudor y proponer la intervención de un experto en el análisis financiero de la sociedad e, incluso, de nuevo, del Banco de Francia. La alerta activada por este último será resultado del análisis de sus expertos financieros que evaluarán sociedades con una facturación de al menos setecientos cincuenta mil euros en una horquilla de tiempo de tres años vista, en un proceso de carácter gratuito y donde la información está a disposición también de los financiadores[602].

Igualmente, se han creado modelos de predicción como el *Signaux Faibles* o el creado por la propia Dirección General de Finanzas

---

e responsabilita della banca e dell'intermediario finanziario nelle procedure di alerta e di composizione assistita della crisi", *Diritto della Banca e del Mercanto finanziario*, Nº 2, 2019, pp. 43 y ss.

600 A modo de ejemplo, las enmiendas núm. 207 o núm. 37, presentadas por el Grupo Parlamentario Plural o el Grupo Parlamentario Ciudadanos. En especial, destaca la enmienda núm. 44, donde propone la habilitación de los ministerios de Hacienda y de Inclusión, Seguridad Social y Migraciones a desarrollar servicios de asesoramiento gratuito y confidencial a empresas en dificultades, basándose en "*las mejores prácticas reconocidas a nivel europeo y desarrolladas bajo un modelo de colaboración público/privado*". En un sentido similar, la enmienda núm. 206, por el Grupo Parlamentario Plural, propone la colaboración en estos sistemas con entidades empresariales de base asociativa más representativas a nivel estatal y de cada comunidad autónoma. También otras como las enmiendas núm. 240, núm. 324, núm. 492, así como la núm. 270, que recoge obligaciones para los acreedores, entre otras.

601 Los grupos de prevención autorizados previamente por el representante del Estado "*son personas jurídicas de Derecho privado a las que los empresarios, habitualmente TPE y PYME, pueden voluntariamente adherirse y que se encargan de realizar un análisis de la documentación financiera y contable de la empresa de forma confidencial y periódica a fin de poder informar al adherido de cualquier indicio de crisis empresarial*", VIÑUELAS SANZ, M., "Los sistemas europeos consolidados..." ..., *op. cit.*, p. 18.

602 VIÑUELAS SANZ, M., "Los sistemas europeos consolidados..." ..., *op. cit.*, p. 20.

Públicas (DGFP), los cuales destacan por su tecnología basada en inteligencia artificial y en *machine learning*[603].

Establece también la posibilidad de que la *Commercial Court* convoque al deudor a una vista para la adopción de medidas adecuadas, de obrar en su poder información sobre la puesta en peligro del valor de la sociedad como empresa en funcionamiento[604].

Por lo que respecta al sistema italiano, introduce la obligación de los acreedores públicos cualificados de informar al deudor y, en su caso, al responsable de los procedimientos informales de insolvencia, sobre la existencia de deudas relevantes que pongan en peligro la situación financiera y económica de la sociedad[605].

Por lo que respecta a la experiencia alemana, el §102 de la StarUG para la transposición de la Directiva (UE) 2019/1023 que recoge la obligación de los asesores o agentes fiscales, auditores, censores, jurados de cuentas o abogados de una sociedad, así como otros profesionales que puedan disponer de información relevante, de comunicar a la sociedad de una posible causa de insolvencia. A pesar de su previsión en preceptos concretos, estas medidas no son novedosas en el ordenamiento alemán, puesto que algunas obligaciones de información se desprenden de normativa conexa, además del amplio

---

603 VIÑUELAS SANZ, M., "Los sistemas europeos consolidados…" …, *op. cit.*, p. 21; MACORIG-VENIER, F., "Détection des difficultés des entreprises: un nouvel outil et une meilleure circulation de l'information, mais des interrogations, DGE, Communiqué de presse 3 avr. 2019; Loi Pacte n° 2019-486, 22 mai 2019, Art. 20 et 70", *Revue trimestrielle de droit commercial*, 2019, N°4, pp. 975 a 977; y SCHAER, S., "Signaux faibles": un outil prédictif au profit des entreprises fagilisées", *Bulletin Joly Entreprises en difficulté*, julio-agosto, 2019, pp. 13-15.

604 Art. L. 611-2 *Code de commerce*. La información podrá tener origen en acreedores públicos, información remitida por los *commisaires aux comptes* e incluso por los propios socios.

605 El art. 4.1.d). de la Ley 155, impone esta obligación en particular a la Agencia Tributaria y a la Seguridad Social o recaudadores de impuestos, bajo pena de perder el privilegio en la prelación de sus créditos en caso de insolvencia del deudor. Sobre la información que deberá transmitir, establece que los ratios de deuda quedarán a posterior concreción por la ley. Concretamente resulta relevante el plazo de tres meses concedido al deudor para revertir la situación desde que recibiera la información para actuar, extendiéndose a seis meses el plazo para revertir la situación de crisis.

tratamiento de los deberes por el Tribunal Supremo General (BGH) o la Cámara Federal de Asesores Fiscales[606].

La gran pregunta que surge al analizar las herramientas de detección externa en los países cercanos consiste en discernir si el destinatario de dicha información será la sociedad con carácter exclusivo o podrá hacerse partícipes a los acreedores y otros sujetos externos en conexión con cuestiones de gobierno corporativo donde se facilita el control de la sociedad a través de la información en escenarios de crisis económicas[607].

Aun cuando la Directiva (UE) 2019/1023 no se opone a la inclusión de otros destinatarios que excedan de la sociedad deudora, la respuesta a este planteamiento ha de ser negativa y su razón se encuentra en el fracaso experimentado por el antecedente francés de la Ley 84/148. Por un lado, por motivos procesales, ante las dificultades que presenta la existencia de un elevado número de destinatarios del deber de información en el litigio que choca con la finalidad preventiva[608]. Pero, sobre todo, debido a lo que se ha denominado "riesgo de la profecía autocumplida" ante las tensiones entre confidencialidad y publicidad[609].

---

606 VIÑUELAS SANZ, M., "Los sistemas europeos consolidados..." ..., *op. cit.*, pp. 55 a 57.

607 PULGAR EZQUERRA, J., "Gobierno corporativo, sociedades cotizadas y proximidad..." ..., *op. cit.*, p. 9 y PULGAR EZQUERRA, J., "Gobierno Corporativo y reestructuración..." ..., *op. cit.*, p. 67.

608 PULGAR EZQUERRA, J., "Gobierno corporativo, sociedades cotizadas y proximidad..." ..., *op. cit.*, p. 9.

609 PULGAR EZQUERRA, J., "Gobierno corporativo, sociedades cotizadas y proximidad..." ..., *op. cit.*, p. 10. En la doctrina francesa, sin embargo, VERMEILLE, S., "Perverse effects of the absolute rule of confidenciality aplicable to French amicable settlement procedures serving as preventive restructuring frameworks", *Droit et Croissance, Advocacy to legislators and Courts for more transparency*, 2018, pp. 1 a 23, donde la autora repasa los efectos perversos de un exceso de confidencialidad a modo de obstrucción de un cambio de gobierno necesario y/o una reestructuración rápida y eficiente. Ver también ROTARU, V., "The Restructuring Directive: a functional law and economics analysis from a French law perspective", *Droit et Croissance*, 2019, p. 20, entendía que la modificación en este sentido introducida por la Comisión en la versión definitiva de la Directiva (UE) 2019/1023 se aleja del modelo público recogido en el *Chapter 11* norteamericano, encontrando más familiaridades con el modelo francés.

Así, el texto europeo parece decantarse por un procedimiento de alerta temprana confidencial en su artículo 3, coordinado con el considerando 17[610], lo que resultará más beneficioso en especial para las pequeñas y medianas empresas y, más aún, teniendo presente el criticado exceso de publicidad de los "fracasados" acuerdos extrajudiciales de pago del sistema español, ya que incentivaría su utilización. En relación con esto, favorece de un modo indirecto la tutela de los socios dado que verán amparada su reputación en la confidencialidad de la información[611]. En definitiva, las alertas tempranas son un instrumento *ad intra*[612].

Frente a la posible contradicción de la privacidad de esta información con la publicidad implícita de la comunicación a una autoridad judicial o administrativa del inicio de las negociaciones[613], cabe matizar que esa es la razón por la que se habilita un paquete normativo

610 A favor de un procedimiento cuya voluntariedad y confidencialidad sirva de incentivo al empresario para su utilización, PULGAR EZQUERRA, J., "Gobierno Corporativo y reestructuración..." ..., *op. cit.*, p. 70, quien denuncia el fracaso de la autoevaluación.

611 Incluso las enmiendas elaboradas al Proyecto de Ley, publicadas en el Boletín Oficial de las Cortes Generales el 20 de abril de 2022 (núm. 84-3), como la enmienda núm. 270 a la disposición final décima, presentada por el Grupo Parlamentario Republicano, por medio de la cual se proponía la obligación de los acreedores de comunicar a las Cámaras Oficiales de Comercio, Industria, Navegación y Servicios del domicilio de las deudoras de comunicar los impagos de estas, mantenía expresamente la obligación de secreto de estas entidades sobre la información recibida. La finalidad propuesta era la de proporcionarles información contrastada sobre la situación económica entre las comunicaciones por las sociedades deudoras y la información recibida de los acreedores. Sin embargo, las enmiendas núm. 271 y 370, sí que incluye dentro de los destinatarios a los representantes de los trabajadores.

612 GALLEGO SÁNCHEZ, E., "La Directiva (UE) 2019/1023 para aumentar..." ..., *op. cit.*, p. 598, apunta que la excepción a esto lo representan los representantes de los trabajadores (considerando 23 de la Directiva de reestructuraciones).

613 ROTARU, V., "The Restructuring Directive: a functional law..." ..., *op. cit.*, p. 20, confronta la privacidad pretendida de las negociaciones con la publicidad implícita de la suspensión de las negociaciones fruto de la comunicación del inicio de las negociaciones, con base en lo dispuesto por la Recomendación de la Comisión Europea de 2014, en su apartado 11. Ver también BALP, G., "Early Warning Tools at the Crossroad..." ..., *op. cit.*, p. 17; y CARAMALLI, D., "Droit des enterprises en difficulté: quelques suggestions d'amélioration", *Recueil Dalloz*, N° 36, 2013, p. 2418.

dirigido a la protección de las negociaciones (v.gr., la suspensión de las ejecuciones singulares) que, de nuevo, indirectamente, tutelarán los intereses de los socios para el saneamiento de la sociedad antes de que la destrucción de activos o el callejón que para ellos puede suponer la necesidad de adoptar medidas que diluyan su posición en la sociedad.

Como ejemplo contrario a la confidencialidad, se erige el ejemplo irlandés del "*Central Credit Register*". Operado por el Banco Central de Irlanda bajo el *Credit Report Act* de 2013 o Ley de información crediticia, consiste un sistema centralizado de recopilación y almacenamiento de información sobre créditos a los que los prestatarios y, en determinadas circunstancias, los prestamistas, pueden acceder[614].

Para finalizar, se ha de destacar de nuevo la alta variedad de sujetos implicados y el grado de especialización de los mismos, permitiendo incluso reforzar el análisis mediante el recurso a los informes de expertos independientes e incluso, por el Banco de Francia.

4. *Incentivos legales*

Los sistemas de alertas tempranas se completan con los incentivos que acompañan a las obligaciones de informar sobre la situación económica del deudor y que pueden clasificarse en positivos y negativos.

El ordenamiento español opta por esta última opción, pero limita su ámbito de extensión al deudor persona natural y le prohíbe la exoneración de deudas de haber proporcionado información falsa o engañosa, o haber actuado de forma temeraria o negligente al tiempo de endeudarse o evacuar obligaciones[615]. Existen otros ejemplos de incentivos negativos en el *procédure d'alerte*[616] y en la *composizione*

---

614 Creado como resultado de un grupo de trabajo interinstitucional sobre historiales de crédito para la resolución de deficiencias tras la crisis de 2008. Se desarrolló como parte del EU/IMF *Programme of Financial Support* y recoge información mensual de aquellos créditos que superen los 500 euros. Disponible en: https://www.centralbank.ie/consumer-hub/explainers/what-is-central-credit-register

615 Art. 487.1.6º. de la Ley 16/2022. El juez valorará para ello si el empresario utilizó los sistemas de alerta temprana puestas a disposición por las Administraciones Públicas.

616 Art. L. 611-2 *Code de commerce*.

assistita della crisi[617]. En ambos casos, ante la falta de comunicación por las autoridades o acreedores públicos de los datos financieros referidos, sus créditos se verán degradados, perdiendo el privilegio que les correspondería en caso de un procedimiento de insolvencia posterior del deudor.

Como incentivos positivos para la eficacia de las herramientas tempranas, puede encontrarse la inmunidad de los sujetos que comuniquen información relevante frente a cualquier responsabilidad que pudiera derivarse de un daño causado con motivo de dicha comunicación[618]. Sin embargo, para impedir un uso abusivo o indebido serán responsables de los daños causados a terceros por una denuncia intempestiva, si acreditarse que las dificultades no comprometían la viabilidad de la sociedad. De nuevo, la viabilidad económica se configura como piedra angular en la reestructuración temprana de sociedades en dificultades.

Mientras que los auditores devienen responsables por la activación intempestiva de las alertas, los administradores de la sociedad serán responsables por la no activación de las mismas[619]. Se ha criticado la inseguridad jurídica de no tener claro qué sistemas de alerta temprana deberán implementar. El mismo efecto puede tener la falta de sanciones claras por la no implementación[620]. Su actuación quedará regida, por tanto, por los deberes de diligencia y lealtad, así como por la discrecionalidad empresarial.

El aseguramiento de las alertas tempranas para evitar la probabilidad de insolvencia exige un monitoreo constante sobre el estado

617 Art. 4.1.d). Ley 155.

618 Arts. L.822-15 y L822-17 *Code de commerce,* referido al papel de los auditores y Arts. 1.4.f). y 1.4.h) Ley 155, este último referido además de a estos últimos, a los administradores, que no incurrirán en responsabilidad criminal, permiténdose la alegación de circunstancias atenuantes si acudieron a un procedimiento de *composizioni assistita de la crisi,* un procedimiento colectivo de reestructuración o, de proceder, una liquidación.

619 VIÑUELAS SANZ, M., “Los sistemas europeos consolidados...” ..., *op. cit.*, p. 10, critica la responsabilidad automática de los auditores en dicho supuesto en contra de la incentivación de los sistemas de alerta temprana.

620 Sobre esta cuestión, GALLEGO SÁNCHEZ, E., “La Directiva (UE) 2019/1023 para aumentar...” ..., *op. cit.*, p. 599; y ROJO FERNÁNDEZ-RÍO, A. J., “La propuesta de directiva sobre reestructuración...” ..., *op. cit.*, p. 42.

del negocio. Dada la situación, se ha considerado conveniente una organización corporativa adecuada para el seguimiento continuo de riesgos[621] y de la situación económica de la sociedad, siendo recomendable, de cara a la responsabilidad de los administradores, la documentación de todos los pasos dados hacia la implementación de sistemas de alerta temprana en la sociedad, para un correcto equilibrio entre responsabilidad y discrecionalidad empresarial.

Por su parte, el ordenamiento español basa sus incentivos en la voluntariedad de su acceso, particularmente centrado en los sistemas de información y asesoramiento[622].

III. INSTRUMENTOS SOCIETARIOS DE VERIFICACIÓN

La Ley de Sociedades de Capital, junto con el Código de Comercio y la normativa contable materializan la labor de gestión de los administradores a través de la obligación legal exclusiva e indelegable de llevanza de la contabilidad[623]. En la misma, se encuentra la competencia y exigencia legal de elaboración de las cuentas anuales, el informe de gestión y la propuesta de aplicación del resultado, dentro de los tres meses siguientes a partir del cierre del ejercicio social, pudiendo generar en otro caso la responsabilidad de los mismos. Estas,

---

621 WOLFRUM, M., KAMARÁS, E., MOECKE, P., "Umsetzung des StaRUG. Anforderungen..." ..., *op. cit.*, p. 1.

622 Un sistema similar es el elegido por Dinamarca, que pone énfasis en el asesoramiento por encima de las medidas específicas. Ver, PULGAR EZQUERRA, J., "Gobierno Corporativo y reestructuración..." ..., *op. cit.*, pp. 67 y 70.

623 La obligación de llevanza de la contabilidad puede encontrarse en el art. 34.1. Ccom, arts. 253.1. y 249.2 LSC, con especial mención del Real Decreto 1/2021, de 12 de enero, por el que se modifican el Plan General de Contabilidad aprobado por el Real Decreto 1514/2007, de 16 de noviembre (PGC); el Plan General de Contabilidad de Pequeñas y Medianas Empresas aprobado por el Real Decreto 1515/2007, de 16 de noviembre (PGCpymes); las Normas para la Formulación de Cuentas Anuales Consolidadas aprobadas por el Real Decreto 1159/2010, de 17 de septiembre; y las normas de adaptación del Plan General de Contabilidad a las entidades sin fines lucrativos aprobadas por el Real Decreto 1491/2011, de 24 de octubre «BOE-A-2021-1350». Si bien la obligación y correspondiente responsabilidad se atribuyen al administrador, de forma personal, podrá valerse de técnicos contables para su elaboración. Serán de aplicación igualmente las reglas generales del art. 5 del CC para su elaboración.

serán aprobadas más tarde, tras su verificación, por la junta general ordinaria, que también aprobará la gestión social del órgano de administración y decidirá sobre la aplicación del resultado[624].

1. Las cuentas anuales

La elaboración de las cuentas se rige por los principios de unidad, claridad e imagen fiel del patrimonio, el cual conforma el fin último de las cuentas anuales[625] y comporta una diversidad de documentos[626].

En primer lugar, el balance de ejercicio, que arrojará una imagen estática del patrimonio basada en la comparativa de los saldos activo y pasivo de la sociedad. Segundo, la cuenta de pérdidas y ganancias refleja los ingresos y gastos de la sociedad en el ejercicio anterior y la cifra de negocios. En tercer y cuarto lugar, el estado de cambios en el patrimonio neto y el estado de flujos de efectivo recogen, respectivamente, los ingresos y gastos distinguidos en la cuenta de pérdidas y ganancias, así como los que se registren sobre el patrimonio neto

---

624 Arts. 160.1.a) y 164.1. LSC.

625 Art. 254 LSC y arts. 34, 38, 38 bis y 39 Ccom.

626 Para un amplio estudio ver MACHADO, J., "Artículo 253. Formulación", en Rojo, A. y Beltrán, E., (dirs.), *Comentario de la Ley de Sociedades de Capital*, Tomo II, Aranzadi, Thomson Reuters, Navarra, 2011, pp. 1933 a 1937; MACHADO, J., "Artículo 254. Contenido de las cuentas anuales", en Rojo, A. y Beltrán, E., (dirs.), *Comentario de la Ley de Sociedades de Capital*, Tomo II, Aranzadi, Thomson Reuters, Navarra, 2011, pp. 1937 a 1943; ROJO FERNÁNDEZ-RÍO, A. J., "Capítulo 7. La contabilidad (I). Introducción. El deber de contabilidad. El secreto contable. La contabilidad como medio de prueba", en Uría, R., y Menéndez A., *Curso de Derecho Mercantil I*, Civitas, Madrid, 1999, pp. 141 a 143; ROJO FERNÁNDEZ-RÍO, A. J., "Capítulo 8. La contabilidad (II). Introducción. El deber de contabilidad. El secreto contable. La contabilidad como medio de prueba", en Uría, R., y Menéndez A., *Curso de Derecho Mercantil I*, Civitas, Madrid, 1999, pp. 151 a 158; VAZQUEZ CUETO, J. C., "Artículo 253. Formulación", en García-Cruces, J. A. y Sancho Gargallo, I., (dirs), *Comentario de la Ley de Sociedades de Capital*, Tomo IV, Tirant lo Blanch, Valencia, 2021, pp. 3567 a 3588; y VAZQUEZ CUETO, J. C., "Artículo 254. Contenido de las cuentas anuales", en García-Cruces, J. A. y Sancho Gargallo, I., (dirs), *Comentario de la Ley de Sociedades de Capital*, Tomo IV, Tirant lo Blanch, Valencia, 2021, pp. 3591 a 3610.

directamente, y los movimientos de efectivo producidos[627]. Sin embargo, todos estos y, como se mencionará más adelante, reflejan una imagen estática del estado patrimonial de la sociedad, lejos de bastar para conocer el estado financiero o la viabilidad a futuro de la misma. Lo anterior, no quita para que los datos puedan ser un indicativo de un estado cercano a la crisis, ni resta a la función interna de la contabilidad[628].

Junto con estos documentos, podrá elaborarse la Memoria[629], destinada a completar, ampliar y comentar la información contenida en los documentos anteriores compensando su estructura esquemática y rígida. Cumple una función integradora e informativa mediante la aportación de datos cuantitativos y cualitativos. Debe contener una declaración explícita sobre el cumplimiento o incumplimiento por parte de las cuentas anuales de la imagen fiel del patrimonio y, más importante al asunto que nos ocupa, de la situación financiera de la sociedad. En relación con esto último, la Memoria se pronuncia sobre los instrumentos y estados financieros, y su calificación. El artículo 260 de la Ley de Sociedades de Capital establece que se ocupará, entre otros, del impacto financiero, naturaleza y propósito de negocio de aquellos acuerdos de la empresa que no figuren en el balance

---

627 Sin olvidar la elaboración de cuentas abreviadas o de alguno de sus documentos, en aplicación de lo dispuesto por el PGC, Tercera Parte, apartados cuarto y siguientes, para las "Normas de elaboración de las cuentas anuales" (p. 182), así como lo dispuesto por el art. 2 del PGCpymes.

628 En palabras de ROJO FERNÁNDEZ-RÍO, A. J., "Capítulo 7. La contabilidad (I)…" …, *op. cit.*, p. 137: "*la contabilidad permite al empresario individual y a los administradores de las sociedades mercantiles tomar correctas decisiones de gestión, previniendo adecuadamente sus consecuencias económicas sobre el patrimonio. Sin una contabilidad regular, no es posible dar pasos seguros en el terreno movedizo de los negocios*".

629 Arts. 259 a 261 LSC y 35 Ccom. Un estudio más amplio sobre la Memoria puede encontrarse en MACHADO, J., "Artículo 259. Objeto de la memoria", en Rojo, A. y Beltrán, E., (dirs.), *Comentario de la Ley de Sociedades de Capital*, Tomo II, Aranzadi, Thomson Reuters, Navarra, 2011, pp. 1953 a 1955; MACHADO, J., "Artículo 260…" …, *op. cit.*, pp. 1955 a 1967; VAZQUEZ CUETO, J. C., "Artículo 259. Objeto de la memoria", en García-Cruces, J. A. y Sancho Gargallo, I., (dirs), *Comentario de la Ley de Sociedades de Capital*, Tomo IV, Tirant lo Blanch, Valencia, 2021, pp. 3641 a 3666; VAZQUEZ CUETO, J. C., "Artículo 260. Contenido de la memoria", en García-Cruces, J. A. y Sancho Gargallo, I., (dirs), *Comentario de la Ley de Sociedades de Capital*, Tomo IV, Tirant lo Blanch, Valencia, 2021, pp. 3647 a 3666.

cuando sea determinante de la situación financiera. En definitiva se encarga de las transacciones empresariales que sean significativas y necesarias para conocer la situación financiera de la sociedad. Hará mención a aquellos aspectos críticos que lleven asociados un riesgo sobre el funcionamiento normal en el ejercicio siguiente de la sociedad, razonando en su caso cuando no sea posible considerarla como tal[630]. Además, la información compilada incluirá hechos posteriores al cierre que no tuviesen reflejo en los documentos contables, pero fuesen relevantes para conocer la imagen fiel del patrimonio y de la situación financiera de la sociedad.

Esto se ha de tener en consideración junto con el concepto y delimitación temporal de dos años de la probabilidad de insolvencia que el legislador introduce novedosamente. Así, la Memoria, a pesar de pronunciarse únicamente a un año vista, se convierte en un documento más idóneo para reflejar la situación financiera y viabilidad de la sociedad informando a los socios.

Por último, contendrá información sobre la propuesta de aplicación del resultado, advirtiendo sobre la liquidez suficiente o insuficiente y las concretas limitaciones para su distribución. Esta información resulta igualmente de especial relevancia para los socios por cuanto la aprobación de la aplicación del resultado incide directamente sobre sus derechos económicos, la expectativa de ganancia y el reparto de beneficios. Deviene de especial utilidad, en conjunto con el resto de documentos, frente a una posible restricción leonina del reparto de dividendos por parte del socio mayoritario y el administrador, que puedan estar percibiendo beneficios de forma encubierta a través de retribuciones o prestaciones accesorias, pero limitando el reparto de beneficios con base en el riesgo de insolvencia, el apalancamiento societario y el compromiso de su viabilidad económica.

---

630 En palabras de MACHADO, J., "Artículo 260. Contenido de la memoria", en Rojo, A. y Beltrán, E., (dirs.), *Comentario de la Ley de Sociedades de Capital*, Tomo II, Aranzadi, Thomson Reuters, Navarra, 2011, p. 1960, "*cuando las cuentas anuales no se elaboren bajo el principio de empresa en funcionamiento, tal hecho será objeto de revelación explícita junto con las hipótesis alternativas sobre las que hayan sido elaboradas, así como las razones por las que la empresa no puede ser considerada como empresa en funcionamiento*".

2. *El informe de gestión*

El informe de gestión elaborado por los administradores, sin integrar las cuentas anuales, pero sí complementándolas y regulado en el artículo 262 de la Ley de Sociedades de Capital, cumple igualmente una importante labor informativa extracontable para conocimiento de los socios sobre el estado de los negocios tanto en clave financiera, como por lo que respecta a su viabilidad económica[631].

Contendrá la evolución de los negocios y la situación de la sociedad, junto con una descripción de los principales riesgos e incertidumbres a los que se enfrenta, incluyendo, tanto indicadores financieros como, cuando proceda, no financieros. Informará sobre los acontecimientos importantes para la sociedad tras el cierre del ejercicio y la evolución previsible de aquella. Con respecto al uso de instrumentos financieros por la sociedad y cuando resulte relevante para la valoración de sus activos, pasivos, situación financiera y resultados, el informe de gestión incluirá los objetivos y políticas de gestión del riesgo financiero de la sociedad, la exposición de la sociedad al riesgo de precio, riesgo de crédito, riesgo de liquidez y riesgo de flujo de ejercicio.

Es su contenido el que lo convierte en un documento idóneo para conocimiento por los socios del futuro de la sociedad. Si bien se trata de un documento extracontable y, gozando el administrador de cierta libertad en su elaboración, deberá reflejar la imagen fiel del patrimonio y situación financiera de la sociedad. Además, su concordancia con las cuentas anuales será objeto de auditoría conforme al artículo 268 de la Ley de Sociedades de Capital[632].

3. Verificación de las cuentas anuales por un auditor

---

631 Ampliamente, sobre el contenido del informe de gestión, acudir a MACHADO, J., "Artículo 262…" …, *op. cit.*, pp. 1969 1973; y VAZQUEZ CUETO, J. C., "Artículo 262. Contenido del informe de gestión", en García-Cruces, J. A. y Sancho Gargallo, I., (dirs), *Comentario de la Ley de Sociedades de Capital*, Tomo IV, Tirant lo Blanch, Valencia, 2021, pp. 3667 a 3690.

632 Apunta MACHADO, J., "Artículo 262. Contenido del informe de gestión", en Rojo, A. y Beltrán, E., (dirs.), *Comentario de la Ley de Sociedades de Capital*, Tomo II, Aranzadi, Thomson Reuters, Navarra, 2011, p. 1971, que el informe de gestión mira hacia el futuro, mientras que la memoria refleja el pasado de la sociedad.

Aquellas sociedades que no estén habilitadas para elaborar el balance abreviado verificarán las cuentas anuales y, en su caso, el informe de gestión por medio del auditor de cuentas externo, quien emitirá su informe en el plazo de un mes desde que le fueran entregadas las cuentas firmadas por los administradores[633]. Esta obligación del deudor es particularmente útil para la tutela de los intereses de la sociedad y otros interesados[634]. También lo es su posterior depósito en el Registro Mercantil del domicilio social para su consulta por los interesados, especialmente para los socios[635].

La auditoría tiene como finalidad la emisión de un informe que contenga la opinión técnica de un profesional independiente[636] sobre la fiabilidad de la información financiera y económica sometida a revisión, en su conjunto, sin limitarse a los meros estados contables[637]. Analizará tanto los datos y documentos contables que sirvan

---

633 La auditoría de cuentas se somete a la Ley 22/2015, de 20 de julio de Auditoría de Cuentas (LAC), «BOE-A-2015-8147», por medio de la cual el ordenamiento español se adaptaba a la Directiva 2014/56/UE del Parlamento Europeo y del Consejo, de 16 de abril de 2014, por la que se modifica la Directiva 2006/43/CE del Parlamento Europeo y del Consejo, de 17 de mayo de 2006, relativa a la auditoría legal de las cuentas anuales y de las cuentas consolidadas. El desarrollo reglamentario se instrumentalizó a través del Real Decreto 2/2021, de 12 de enero, «BOE-A-2021-1351». Dejando a un lado la normativa relativa a las entidades de interés público, la regulación sufrió modificaciones por la Ley 11/2018, de 28 de diciembre, «BOE-A-2018-17989», incorporando la Directiva (UE) 2017/828 del Parlamento Europeo y del Consejo, de 17 de mayo de 2017, por la que se modifica la Directiva 2007/36/CE, de fomento de la implicación a largo plazo de los accionistas.

634 CAMPUZANO LAGUILLO, A. B., "La auditoría de cuentas..." ..., *op. cit.*, p. 42.

635 Arts. 279 y 281 LSC.

636 Junto con la normativa citada, los auditores se someterán a las normas técnicas de auditoría publicadas mediante las resoluciones emitidas por el Instituto de Contabilidad y Auditoría de cuentas (ICAC), como la NIGC2-ES, relativa a las revisiones de la calidad de los encargos, publicada mediante Resolución de 20 de abril de 2022.

637 El art. 1.2. LAC se encarga de definir la auditoría de cuentas, mientras que el art. 5 LAC regula el contenido mínimo legal del informe, junto con las normas técnicas publicadas por el ICAC. También CAMPUZANO LAGUILLO, A. B., "La auditoría de cuentas..." ..., *op. cit.*, p. 42; MACHADO, J., "Artículo 263. Auditor de cuentas", en Rojo, A. y Beltrán, E., (dirs.), *Comentario de la Ley de Sociedades de Capital*, Tomo II, Aranzadi, Thomson Reuters, Navarra, 2011, p. 1975; MACHADO, J., "Artículo 268. Objeto de la auditoría", en Rojo, A. y Beltrán, E.,

de base a la contabilidad, como la aplicación regular de los criterios y normas contables, realizando un juicio técnico acerca de si los mismos reflejan la imagen fiel del patrimonio y la situación financiera de la sociedad, los resultados arrojados por la misma, de los flujos de efectivo y, en su caso, la concordancia del informe de gestión con las cuentas anuales del ejercicio. De lo contrario, expondrá las razones que le impiden expresar una valoración, así como una posible opinión desfavorable o con salvedades.

Por lo que respecta a su nombramiento, el artículo 165 de la Ley de Sociedades de Capital dispone que corresponde a la junta general antes de la finalización del plazo para auditar y, en otro caso, los administradores y cualquier socio podrán solicitar del registrador mercantil del domicilio social la designación de quien deba realizar la auditoría conforme a las normas del Reglamento del Registro Mercantil[638], así como el sindicato de obligacionistas para las sociedades anónimas. También la minoría estará legitimada en aquellas sociedades que no tengan obligación de auditar sus cuentas, dentro de los tres meses desde la fecha de cierre del ejercicio.

Tanto por su contenido, como por los legitimados para el nombramiento del auditor, especialmente por lo que se refiere al derecho de la minoría, y su supervisión del cumplimiento del principio de imagen fiel, supone un refuerzo para el conocimiento por los socios de la situación patrimonial o financiera real de la sociedad, así como su viabilidad económica a medio plazo, aun cuando el mismo no se pronuncia expresamente sobre estos extremos. A pesar de la idoneidad del informe del auditor para la apreciación por el administrador de una insolvencia probable —si bien la información es de utilidad también a los socios aunque en principio tienen menos recursos y no tendrán responsabilidad por una apreciación errónea—, nada obsta

(dirs.), *Comentario de la Ley de Sociedades de Capital*, Tomo II, Aranzadi, Thomson Reuters, Navarra, 2011, pp. 2001 y 2002; y PÉREZ BENÍTEZ, J. J., "Artículo 263. Auditor de cuentas", en García-Cruces, J. A. y Sancho Gargallo, I., (dirs), *Comentario de la Ley de Sociedades de Capital*, Tomo IV, Tirant lo Blanch, Valencia, 2021, p. 3700.

638 Real Decreto 1784/1996, de 19 de julio, por el que se aprueba el Reglamento del Registro Mercantil «BOE-A-1996-17533». Deberá tenerse en cuenta también la norma de cierre que representa el nombramiento judicial recogido el en art. 266 LSC.

para que de *lege ferenda* pueda imponerse la obligación del auditor de pronunciarse expresamente apreciando o descartando una situación de insolvencia probable. Además, a lo anterior, debería acompañar una correlativa responsabilidad en caso de error injustificado[639]. Ello ayudaría al administrador en el cumplimiento de sus deberes y reforzaría los derechos de información de los socios. También supondría el refuerzo del papel de la junta como órgano soberano y de control de la actividad de gestión desarrollada por el administrador.

639 Propuesta que realiza ROJO FERNÁNDEZ-RÍO, A. J., "La propuesta de directiva sobre reestructuración…" …, *op. cit.*, p. 3 de 9.

PARTE TERCERA

LA TUTELA DEL SOCIO EN LA NEGOCIACIÓN Y APROBACIÓN DEL PLAN DE REESTRUCTURACIÓN

Capítulo Primero

EL PAPEL DEL SOCIO EN LA FASE TEMPRANA

I. LA POSICIÓN DEL SOCIO EN LA NEGOCIACIÓN DE UN PLAN DE REESTRUCTURACIÓN

1. *La competencia exclusiva del órgano de administración para iniciar las negociaciones*

La verificación o monitorización de la situación económica o financiera de la sociedad forma parte del contenido de los deberes de diligencia y funciones de gestión del órgano de administración. Estos últimos no han sufrido reforma alguna ni por la Directiva (UE) 2019/1023 ni por la Ley 16/2022. Tampoco ha experimentado reforma alguna el órgano de administración social que mantiene la obligación de informarse y monitorizar la sociedad siguiendo un plan empresarial, así como actuando de manera temprana tanto para detectar la probabilidad de insolvencia, como para evitar la misma o revertir la situación económica. Llegado el caso podrá decidir acudir a un proceso de reestructuración de la sociedad.

En el lado opuesto, los sistemas italiano[640] y alemán[641] recogen la obligación del consejo de administración de una sociedad de establecer medidas de detección, vigilancia y monitorización de los riesgos empresariales, lo que incluirá la adopción de contramedidas, así como el deber de asesorarse y asegurarse de que la Junta, en el ámbito de sus competencias, adopte las medidas adecuadas[642]. Eso sí, con

640 Art. 14.1.b) de la Ley 155.

641 §1.1-3. StaRUG.

642 WOLFRUM, M., KAMARÁS, E., MOECKE, P., “Umsetzung des StaRUG. Anforderungen…” …, *op. cit.*, p. 2, recuerda que se exige de los administradores una acción empresarial en virtud de lo dispuesto por el §1 StaRUG y el §93 AktG, sobre la base de una información adecuada. VIÑUELAS SANZ, M., “Los sistemas europeos consolidados…” …, *op. cit.*, pp. 45 y 46, critica la inseguridad jurídica generada ante la falta de concreción de las medidas específicas que deberá adoptar el consejo de administración. La última precisión respecto del

la puntualización de que las obligaciones de detección y control no sean excesivas para las empresas de menor tamaño[643].

En este escenario *temprano* donde los socios afrontan el riesgo de que se produzca una reestructuración de la sociedad en un momento en el que no debía reestructurarse. Es decir, poniendo en peligro sus derechos ante la posibilidad de aplicar forzosamente un plan de reestructuración en el que la viabilidad no estaba comprometida, debido a la estrecha conexión del administrador con la clase fulcro o *fulcrum* o los socios futuros, a resultas de la reestructuración[644]. El mismo problema se afronta cuando, aun estando comprometida la viabilidad, el plan de reestructuración alcanzado no contiene medidas idóneas o necesarias para asegurar la misma a la vez que resultan gravosas para la posición de los socios, como puede ser una capitalización de deuda innecesaria. Otra posible realidad y la más corriente hasta ahora en la práctica es el de la reestructuración tardía fruto de la pasividad por negligencia del órgano de administración o dolo, agravando una situación de insolvencia que desembocará en la destrucción de valor de los activos de la sociedad. Este último supuesto puede deberse a la resistencia ofrecida por el socio de control o mayoritario que considera inconveniente para sus intereses particulares la reestructuración de la sociedad[645].

Tanto si se reconoce un deber legal de reestructurar, como si no[646], la competencia para la negociación de un plan de reestruc-

---

aseguramiento de que la junta adopta las medidas adecuadas, puede relacionarse con lo establecido en el art. 167 LSC, en relación con la obligación legal de convocar la junta cuando se den determinados supuestos, como la necesidad de reducción del capital social o causa de disolución.

643 VIÑUELAS SANZ, M., "Los sistemas europeos consolidados…" …, *op. cit.*, p. 50.

644 RECAMÁN GRAÑA, E., "Hacia una determinación del comportamiento…" …, *op. cit.*, p. 134.

645 Sobre la figura del socio de control y el deber de fidelidad, GARNACHO CABANILLAS, L., "Deber de lealtad: órganos de administración versus socios", en González Fernández, Mª B. y Cohen Benchetrit, A., *Derecho de sociedades. Cuestiones sobre órganos sociales*, Tirant lo Blanch, Valencia 2019, pp. 837 y 838.

646 En línea con la obligación de actuar frente a las situaciones de crisis, del artículo 19 de la Directiva, la actuación del administrador en situaciones de crisis se engloba en las facultades y obligaciones de gestión de la sociedad, regido por el deber de diligencia. A favor de un deber de negociar la reestructuración se posiciona GARCIMARTÍN ALFÉREZ, F. J., "El conflicto socios-acreedores…"

turación corresponde al órgano de administración, como también le corresponde la presentación de la comunicación del inicio de las negociaciones frente al juez competente para conocer del concurso a fin de beneficiarse de los escudos protectores de la negociación, sin necesidad legal de autorización previa por la junta[647]. Se recoge de forma expresa en el artículo 585.3. del Texto Refundido de la Ley Concursal[648].

2. *Ausencia de un deber legal de informar o convocar a la junta de socios*

Podría plantearse, dicho lo anterior, si existe un deber del administrador social de convocar o de informar a la junta general en el momento del inicio de las negociaciones con los acreedores o, al

..., *op. cit.*, p. 2. En contra, IRIBARREN BLANCO, M., "Los socios en los planes de reestructuración..." ..., *op. cit.*, p. 110. No obstante lo anterior, se ha de hacer una excepción al hablar del proceso de reestructuración para microempresas. El art. 686.2. TRLC impone la obligación legal de acudir al procedimiento especial para estos deudores del Libro Tercero en el plazo de dos meses siguientes a la fecha en que hubiere conocido o debido conocer el estado de insolvencia actual. Igualmente, el art. 691.5. TRLC, establece la obligación de solicitar la apertura del procedimiento especial en el plazo de un mes, posterior a los tres meses acaecidos tras un sobreseimiento generalizado en el pago de las obligaciones tributarias, de cuotas de la seguridad social y demás conceptos de recaudación conjunta, o el de los salarios e indemnizaciones a los trabajadores y demás retribuciones derivadas de las relaciones de trabajo correspondientes a las tres últimas mensualidades.

647 Esto último, podrá fundamentar la presentación de las acciones social o individual de responsabilidad. En este sentido, PULGAR EZQUERRA, J., "De la comunicación de apertura..." ..., *op. cit.*, p. 49. Más ampliamente sobre la competencia puede consultarse MEGÍAS LÓPEZ, J., "Competencia orgánica y crisis económicas de sociedades de capital: disolución, preconcurso y concurso", *Revista de Derecho concursal y paraconcursal*, Nº 22, 2015, pp. 443 a 457.

648 Anteriormente, existía consenso en cuanto a la competencia para la presentación de la comunicación del artículo 583 del Texto Refundido de la Ley Concursal (2020), tanto a consecuencia de los paralelismos entre la competencia para la solicitud del concurso, dada la ausencia en la norma de una mención sobre el sujeto particularmente competente para las negociaciones o la comunicación, como por la responsabilidad derivada del incumplimiento del deber de concurso o, en este caso, de la no presentación de la comunicación. Asimismo, la presentación de la comunicación está incluida en las facultades de representación que le corresponden con carácter exclusivo y excluyente a la administración.

menos, con la comunicación del inicio de las negociaciones regulado en los artículos 585 y siguientes del Texto Refundido de la Ley Concursal. En caso de respuesta negativa a esta pregunta, procede una reflexión acerca de la conveniencia de se informe igualmente a los socios sobre estos extremos. Una información que podría derivarse bien de un acto voluntario del administrador, o bien por imperativo legal.

Es manifiesto que no existe un deber legal explícito en la norma societaria española para estos casos concretos. Contrariamente, el artículo 167 Ley de Sociedades de Capital incorpora una facultad discrecional de convocar la junta cuando el administrador lo considere necesario o conveniente para los intereses sociales[649]. El contenido del precepto resuelve así toda duda que pudiese surgir ante el título del mismo presentado como "deber de convocar". La obligatoriedad de su convocatoria se reduce a las fechas o periodos legal o estatutariamente establecidos[650].

---

649 En palabras de SÁNCHEZ CALERO, F., *La junta general en las sociedades de capital*, Thompson Civitas, Navarra, 2007, pp. 132 y 480, la Ley les deja "*una clara discrecionalidad sobre lo que estimen conveniente para los intereses sociales*". También se muestra a favor, BOQUERA MATARREDONA, J., *La junta general de las sociedades capitalistas,* Thomson Aranzadi, Pamplona, 2008, p. 63; URÍA, R., MENÉNDEZ, A. y GARCÍA DE ENTERRÍA, J., "La sociedad anónima: órganos sociales. La junta general de accionistas", en Uría, R., y Menéndez A., *Curso de Derecho Mercantil I*, Civitas, Madrid, 1999, p. 872; y ALCALÁ DÍAZ, Mª. A., *Las competencias de la junta general en asuntos de gestión*, Wolters Kluwer, Madrid, 2018, p. 86. En contra, VALPUESTA GASTAMINZA, E. M., *Comentarios a la Ley de sociedades de capital*, J. M. Bosch Editor, Barcelona, 2014, p. 433. Queda al margen la obligatoredad de convocar a petición de la minoría del artículo 168 LSC.

650 Se excepcionan las facultades de intervención de la junta general en asuntos de gestión del artículo 161 LSC, cuyo estudio se desarrolla más adelante. Planteándose un supuesto hipotético, puede sobrevenir la necesidad de convocar la junta para acordar la disolución por pérdidas del art. 362 LSC o acordar en su lugar medidas que contrarresten dicha situación. Podría aquí servir de para plantear el inicio de negociaciones para una reestructuración temprana. Similarmente lo expone GALLEGO CÓRCOLES, A., La capitalización de créditos…, *op. cit.*, p. 136. Se ha de matizar, sin embargo, las dificultades financieras que legitiman el acceso a los marcos de reestructuración tienen un alcance más amplio que el mero desequilibrio patrimonial. La insolvencia no se identifica en todo caso con el desequilibrio patrimonial. Además, puede incluso declararse judicialmente la disolución de la sociedad sin que con ello sea convocada la junta de socios como advierte el art. 366 LSC.

Así las cosas, la convocatoria de la junta quedará bajo la cobertura de la discrecionalidad empresarial y lo que el administrador considere *conveniente* o *necesario*. En relación con esto es previsible que, ante la posibilidad de que los socios censuren su actuación dado el conflicto de intereses existentes y la probable resistencia que opondrán a la reestructuración, el administrador no se muestre partidario de informar a los socios. Ello, tanto si se cumple el presupuesto objetivo y el administrador considera que la reestructuración es la medida más conveniente y respetuosa para con el objetivo de maximizar el valor de la sociedad, como si la intención de reestructurar únicamente responde al interés de los socios futuros o acreedores (tras la reestructuración) y al pacto que hayan alcanzado con el administrador. La probable censura de su actuación por los socios, unido al hecho de que el sometimiento a autorización previa por la junta para el inicio de las negociaciones o la presentación de la comunicación no exonera de la posible responsabilidad en que pueda incurrir el administrador por un incumplimiento del deber de diligencia en la gestión de un ordenado empresario, parecen razones suficientes para que este no consulte con los socios las decisiones tomadas al respecto[651].

Ausente la obligatoriedad legal de convocar a la junta para solicitar autorización previa o de informar y existiendo razones para la oposición del administrador, puede cuestionarse la conveniencia o no de ello de *lege ferenda*.

II. PROPUESTA DE *LEGE FERENDA* PARA LA MAYOR IMPLICACIÓN DE LOS SOCIOS EN LA NEGOCIACIÓN

1. *El fomento de la participación del socio en los sistemas de alertas tempranas comparados*

Como herramienta tuitiva frente a las situaciones de marginación de los socios anteriormente descritas al hacer referencia a las negociaciones de un plan de reestructuración y la comunicación del inicio de las mismas, estos disponen de facultades de intervención en la gestión de la sociedad que pueden dirigirse a la obtención de

---

651 Art. 236.2. LSC.

información relativa a la verificación del presupuesto objetivo y de la viabilidad económica.

En el ordenamiento comparado, concretamente en el sistema francés, estos derechos se dejan ver a través de cierto fomento de la implicación de la estructura de capital en la gestión ejercida por el administrador para la monitorización del estado financiero de la sociedad fruto de un plan de empresa, a través de las herramientas de alerta temprana. Estas apelan a las funciones de control de la junta como órgano soberano sobre el de administración. En definitiva, se incentiva la implicación de los órganos sociales y especialmente de los socios en la detección y la toma de decisiones dirigida a evitar la insolvencia, generando un espacio abierto de diálogo, pero también de control[652]. Esto último resulta especialmente relevante ante el riesgo de reestructuración extemporánea.

En primer lugar, en las alertas activadas por el *auditor aux comptes* del *Code de commerce*, ante la pasividad del órgano de administración tras la activación de la alerta o la insuficiencia de las medidas adoptadas, el auditor podrá solicitar la convocatoria de la junta para el ejercicio de su papel como órgano soberano de la sociedad. Esto es, realizando sugerencias de actuación o ejerciendo las facultades de control sobre el órgano de administración mediante su revocación y las acciones de responsabilidad que procedan[653].

Además, los socios disponen en este procedimiento de la información proporcionada por un comité de tres expertos independientes sobre la situación financiera de la sociedad y las medidas más convenientes para revertirla.

En segundo lugar, el *Code de commerce* pone a disposición de los socios un procedimiento de consulta al presidente del consejo o al

652 Sobre el procedimiento completo previsto para estos sistemas de alerta se pronuncia VIÑUELAS SANZ, M., "Los sistemas europeos consolidados..." ..., *op. cit.*, pp. 7 a 17.

653 L. 234-1 y ss. *Code de commerce*. Las disposiciones relativas a este procedimiento experimentaron modificaciones con la finalidad de aumentar su eficiencia reduciendo los costes temporales, en el contexto de la pandemia por Covid-19, por medio de la Ordenanza 2020-596, de 20 de mayo de 2020. El sistema de alertas tempranas italiano permite la misma medida en los arts. 2406 y 2365 del *Code Civil*.

comité ejecutivo, sobre hechos susceptibles de comprometer la situación de la sociedad, al que se podrá recurrir máximo en dos ocasiones durante cada ejercicio social. Atendiendo al resultado de la consulta, el comité de empresa o los auditores podrán activar la alerta de la sociedad[654].

En tercer lugar, cuando la alerta es activada por el comité económico y social, los socios son informados de manera individual, sin convocatoria de la junta ni trámite de audiencia a salvo de que el órgano de administración encargado de la supervisión y mediación en el procedimiento, considerase lo contrario[655]. A la decisión de informar a los socios irá adjunta la opinión de un experto contable.

Por último, los socios disponen también de un procedimiento de consulta, al presidente del consejo o al comité ejecutivo, sobre hechos susceptibles de comprometer la situación de la sociedad, al que se podrá recurrir en un máximo de dos ocasiones durante cada ejercicio social. Atendiendo al resultado de la consulta, el comité de empresa o los auditores podrán activar la alerta de la sociedad[656]. Implementados unos adecuados sistemas de formación y asesoramiento sobre los sistemas de alerta temprana, la convocatoria de la junta de socios por la minoría, constituye una alerta temprana indirecta, destacando que no se trata de una obligación, sino de un derecho[657]. A pesar de las críticas vertidas sobre la utilidad de este sistema[658], en

---

654 L.225-232 *Code de commerce*. En la doctrina, VIÑUELAS SANZ, M., "Los sistemas europeos consolidados..." ..., *op. cit.*, pp. 12 y 13. En las sociedades anónimas será necesario que los socios representen al menos el cinco por ciento del capital social, mientras que en las sociedades limitadas no será necesario alcanzar un porcentaje específico, pero se excluyen los socios que sean administradores.

655 L. 2312-66 *Code de commerce*. VIÑUELAS SANZ, M., "Los sistemas europeos consolidados..." ..., *op. cit.*, p. 15.

656 L.225-232 *Code de commerce*. En la doctrina, VIÑUELAS SANZ, M., "Los sistemas europeos consolidados..." ..., *op. cit.*, pp. 12 y 13. En las sociedades anónimas será necesario que los socios representen al menos el cinco por ciento del capital social, mientras que en las sociedades limitadas no será necesario alcanzar un porcentaje específico, pero se excluyen los socios que sean administradores.

657 BALP, G., "Early Warning Tools at the Crossroad..." ..., *op. cit.*, p. 15.

658 VIÑUELAS SANZ, M., "Los sistemas europeos consolidados..." ..., *op. cit.*, p. 35, refleja las críticas vertidas en relación con la eficacia de esta concreta herramienta, dado que finalmente, la decisión de activarla corresponde a los auditores o al comité de empresa, además de la limitación de su ejercicio a dos

el Derecho español, lejos de presentar problemas, se traduciría en un refuerzo del derecho de información de los socios para combatir el abuso de una reestructuración improcedente, habida la existente facultad de los socios para censurar la actuación de los administradores.

Puede observarse cómo la tendencia por la implicación de los socios en los sistemas de alertas tempranas comparados, así como la presencia de informes complementarios elaborados por expertos en la materia, tienen la finalidad de reforzar sus derechos de información sobre el conocimiento del estado financiero para evitar la actuación dolosa o negligente de los administradores y evitar la detección tardía de la insolvencia. Ello no es óbice para que un comportamiento más activo e informado de los socios sirva también como escudo frente la promoción de un plan de reestructuración en situaciones en las que no era necesario reestructurar, es decir, para evitar un uso fraudulento y permitir a los socios la adopción de medidas frente a la actuación intempestiva del administrador.

Por lo que respecta al legislador español, no ha contemplado herramientas similares en la Ley 16/2022, ni tampoco se encuentran antecedentes en la legislación preconcursal anterior. La defensa de los derechos de información o económicos de los socios y la implicación en la gestión en este estadio de la crisis ha de buscarse, por lo tanto, en la normativa societaria, como se analiza más adelante.

2. La previsión de un deber de informar a los socios

Si entendemos que el interés social se identifica con la maximización del valor de la sociedad y sus activos, como empresa en funcionamiento, el deber de gestión de la sociedad acorde con la diligencia de un ordenado empresario obliga a decantarse por una actuación temprana en la negociación y consecución de un plan de reestructuración que evite la destrucción de valor. En consecuencia, de estar efectivamente en situación de apalancamiento o probabilidad de

ocasiones. En el mismo sentido, BRUNET, A. y GERMAIN, M., "L'information des actionnaires et du comité d'entreprise..." ..., *op. cit.*, p. 40 y SAINT-ALARY-HOUIN, G., *Droit des entreprises en difficulté...*, *op. cit.*, p. 128.

insolvencia, la convocatoria de la junta con el objetivo de solicitar autorización previa sería contraria al principio de celeridad que debe regir los procedimientos de reestructuración. Podría estar sacrificándose su buen fin.

Como alternativa se presenta la mera comunicación individual a los socios para informar de la situación económica o la convocatoria de la junta con fines estrictamente informativos. Su obligatoriedad tampoco está legalmente prevista[659]. Si bien sería positivo de cara al derecho información de los socios cuando no se cumple el presupuesto objetivo de la reestructuración, como contrabalanza se presenta la probable resistencia que opondrán a la misma y consecuente censura de la actuación del administrador. Todo ello, en definitiva, puede retrasar la necesaria actuación temprana dañando el valor de los activos de la sociedad en detrimento del conjunto de los socios[660].

Puede resultar inspirador en este sentido la opción elegida por el legislador italiano. En el apartado tercero, del novedoso artículo 120-bis *Codice della crisi*[661], al tiempo que desvanece cualquier duda sobre la competencia atribuida a los administradores para decidir sobre el acceso a los instrumentos preconcursales, iniciar las negociaciones e, incluso, en relación a las facultades decisorias dentro de estas, incorpora la obligación de los administradores sociales de informar a los accionistas sobre la decisión de acceder a un instrumento de regulación de la crisis e insolvencia de los previstos en la misma norma, así como de informar periódicamente sobre su evolución. Se trata de una comunicación de efectos meramente informativos.

---

659 En la doctrina se ha aconsejado la conveniencia de convocar la junta a la sazón de informar a los socios de la situación económica y someter a aprobación la presentación de la comunicación del inicio de las negociaciones con los acreedores o, de forma alternativa, la solicitud de posterior ratificación. Concretamente, PULGAR EZQUERRA, J., "De la comunicación de apertura de negociaciones con los acreedores", en Pulgar Ezquerra, J., (dir.), *Comentario a la Ley Concursal. Texto Refundido de la Ley Concursal*, Tomo I, Wolters Kluwer, 2ª edición, Madrid, 2020, p. 50. Ahora bien, tal recomendación responde a la tutela del interés del administrador para su posible exoneración ante una potencial responsabilidad. Parece que en defensa de los derechos de los socios únicamente puede ser de su interés la información previa o sometimiento a autorización.

660 Piénsese en los supuestos en los que el socio o los socios mayoritarios se muestra reacio a una reestructuración que diluiría su presencia en la sociedad.

661 Novedad introducida con el D. lgs. Nº 83, de 17 de junio de 2022.

Como se ha visto, existe un alto riesgo de que los administradores no comuniquen a los socios el inicio de las negociaciones, dada la resistencia que estos pueden oponer, el régimen de responsabilidad de los propios administradores y la posibilidad de su censura. El legislador italiano es consciente de ello y por este motivo complementa la obligatoriedad de informar a los socios blindando al administrador social. En efecto, recoge la ineficacia del cese de los administradores a salvo de justa causa desde la inscripción de la decisión en el Registro Mercantil, hasta la aprobación del plan o del acuerdo[662]. La suma de las medidas da una idea de la intención del legislador tendente a la implicación de los accionistas en la reestructuración de sociedades, al tiempo que incorpora medidas en favor del buen fin del plan.

Las tensiones entre la implicación de los socios en la reestructuración temprana para facilitar esta y el riesgo de obstruccionismo se incrementan en los supuestos dudosos de apalancamiento o probabilidad de insolvencia. Concretamente se ha sostenido que la gestión del administrador en relación con la facultad de convocar la junta según lo que considere más conveniente ha de ir dirigida con mayor razón a la protección de los derechos y facultades de los socios[663]. Aunque se ha dicho así por lo que respecta a las características de la sociedad de responsabilidad limitada, no implica deba descartarse la misma afirmación respecto de las sociedades anónimas. Cuando la situación financiera de la sociedad o su viabilidad económica no está comprometida los socios todavía se encuentran dentro del valor del dinero[664]. Por este motivo, en el balance de intereses contrapuestos analizados por el administrador en su análisis sobre la conveniencia de convocar la junta los derechos de los socios tienen preferencia frente al resto[665].

---

662 Así lo establece el apartado tercero del art. 120-bis *Codice della crisi*, que descarta como justa causa la presentación de una solicitud de acceso a una herramienta de regulación de la crisis.

663 SÁNCHEZ CALERO, F., La junta general…, *op. cit.*, p. 480, afirma que "*el carácter cerrado de esta sociedad, la mayor actividad que se presume en sus socios, y su cercanía y efectividad en el control de la gestión de la sociedad, son hechos que generan con frecuencia mayores situaciones de conflicto en estas sociedades que en las anónimas*".

664 Atendiendo a las teorías de corte económico que subyacen a la Directiva (UE) 2019/1023 y que son de aplicación, explicadas previamente.

665 RECAMÁN GRAÑA, E., Los Deberes y la Responsabilidad… *op. cit.*, p. 123.

Otro riesgo que el administrador ha de tener presente en su decisión de acudir a la negociación de una reestructuración y, aún más, de comunicar al juzgado competente el inicio de negociaciones o su intención de acudir a las mismas, en relación con una posible responsabilidad por daños y, especialmente cuando no esté claro que el deudor se encuentra en probabilidad de insolvencia es que, una vez presentada la comunicación del inicio de las negociaciones el deudor no podrá presentar otra hasta que transcurra el plazo de un año desde la fecha de entrada de la primera. Esto deja al deudor sin posibilidad de recurrir a los escudos protectores habilitados durante la negociación de un posterior plan de reestructuración[666].

El riesgo de la lesión de los derechos de los socios ante una reestructuración que no responda al fin de evitar o revertir la insolvencia, restaurando la viabilidad de la sociedad no debe perderse de vista, especialmente en relación con su derecho a conocer la marcha económica de la sociedad.

Los efectos lesivos indirectos sobre los derechos de los socios de comunicar al juez el inicio de las negociaciones de forma intempestiva o con fines fraudulentos, como es el caso de la restricción del acceso al crédito, así como los efectos dañinos sobre el patrimonio de la sociedad ante la presentación tardía de la comunicación (y con ello, el daño sobre la cuota de liquidación, el valor de su cuota de participación o la imposibilidad de repartir beneficios e incluso una posible rescisión del reparto), unida a la ausencia de un deber manifiesto de informarles sobre el inicio de las negociaciones para alcanzar un plan de reestructuración[667], justifica una revisión de las alternativas legales para la defensa de los derechos de los socios. Es importante que esto tenga lugar en un momento temprano, dado que los socios tendrán más incentivos para reestructurar debido a que conservarán un mayor valor en la sociedad resultante de la reestructuración. Es decir, la participación del socio es relevante en la fase temprana de la reestructuración. Cuanto más tardíamente se aborde esta, más probabilidades habrá de que el socio suponga un obstáculo para el buen

---

666 Arts. 609 y 590.3.1º. TRLC.

667 No existe un deber explícito de informar en estos casos, más allá de los recogidos legalmente para determinados supuestos en la LSC y las juntas ordinarias.

fin de la reestructuración y de su arrastre forzoso. Por estos motivos, sería conveniente considerar la introducción de un deber informativo a los socios más claro en situaciones de reestructuración temprana de forma similar a como acontece en el sistema italiano. La finalidad es la de fomentar la implicación activa del accionista, potenciando el incentivo de la acción temprana[668].

III. TUTELA INDIRECTA DEL SOCIO A TRAVÉS DE LA ESTRUCTURA ORGANIZATIVA SOCIETARIA

1. Los derechos de control del socio

1.1. La impartición de instrucciones por la junta general

Ha sido largamente debatido en la doctrina la posibilidad de intromisión por la junta de socios en los asuntos de gestión propios del órgano de administración, tanto por lo que respecta a las diferencias tipológicas entre las sociedades cerradas y abiertas, como por la potencial inseguridad jurídica que esta posible distribución competencial implicaba al conllevar cierto desdibujamiento organizativo-funcional[669].

---

[668] Otra medida relacionada con la implicación en una fase de negociación son los planes competidores. Sin embargo, su tratamiento es más adecuado en el apartado relativo a la homologación de planes de reestructuración.

[669] En el ordenamiento español han quedado superadas las distinciones tipológicas tras la extensión por la Ley 31/2014 de la posibilidad de impartir instrucciones al órgano de administración a las sociedades anónimas, modificando el art. 161 LSC. Con anterioridad, se discutía si para que las SA disfrutaran de la misma posibilidad era necesaria una reserva estatutaria o únicamente quedaba a voluntad de los administradores, siendo este el caso del ordenamiento alemán (§37 GmbHG, para las sociedades limitadas y §119.2. AktG). A favor de la necesidad de una previsión estatutaria en circunstancias exclusivas, SÁNCHEZ CALERO, F., La junta general…, *op. cit.*, pp. 57 y 58; VIERA GONZÁLEZ, J. A., *Las sociedades… op. cit.*, p. 236; URÍA, R., MENÉNDEZ, A. y GARCÍA DE ENTERRÍA, J., "La sociedad anónima: órganos sociales…" …, op. cit, pp. 867 a 872.En contra, BOQUERA MATARREDONA, J., La junta general de las sociedades…, *op. cit.*, p. 56. Sobre estos aspectos ver ESTEBAN VELASCO, G., "Artículo 161. Intervención de la junta general en asuntos de gestión", en Rojo, A. y Beltrán, E., (dirs.), *Comentario de la Ley de Sociedades de Capital*, Tomo I, Aranzadi, Thomson Reuters, Navarra, 2011, p. 1213 y SÁNCHEZ CALERO, F., La junta general…, *op. cit.*, p.

En la actualidad, además de las competencias expresamente otorgadas por la Ley de Sociedades de Capital a la junta de socios[670] se reconocen, siguiendo la doctrina de las competencias implícitas, ciertas facultades decisorias en aquellos asuntos relacionados con la estructura jurídica y económico-financiera de la sociedad, pudiendo verse afectados sustancialmente los intereses y los derechos de los socios[671]. Esto implica la concesión a la junta de un margen para impartir instrucciones al órgano de administración o para someter a su autorización determinadas cuestiones que sean de su competencia. Ambas son manifestaciones de la supremacía de la junta de socios sobre el órgano de administración y de la reactivación del papel de los socios en la sociedad[672].

No puede dudarse de la relevancia de la toma de decisiones en estas materias sobre la esfera jurídico-societaria de los socios dadas las consecuencias que despliega la comunicación del inicio de las ne-

---

450 a 459, aunque este último en el campo de la diferenciación regulatoria en atención a la tipología social. También ALCALÁ DÍAZ, M. A., Las competencias de la junta..., *op. cit.*, pp. 106 a 119, quien critica la oportunidad perdida para una reforma que diferencie con mayor claridad la distribución competencial entre los distintos órganos societarios, a pesar del intento que con tales perspectivas supuso la Propuesta de Código Mercantil aprobada por la Comisión General de Codificación de 2013, con carácter previo a la reforma que supondría la citada Ley 31/2014.

670 Arts. 159.1., 160, 72, 140 y 146 LSC relativos a las competencias de la junta general, incluyendo aquellas competencias reconocidas legalmente fruto de la asunción en el ordenamiento español de la teoría de las competencias implícitas, en su lectura coordinada con el art. 209.1. LSC relativo a las competencias de gestión del órgano de administración.

671 El origen de la teoría se inicia con el asunto *Holzmüller*, mediante la sentencia del BGH alemán de 25 de febrero de 1982, posteriormente complementada por la sentencia de 16 de abril de 2004, en al asunto *Gelatine*. Por todos, ESTEBAN VELASCO, G., "Distribución de competencias entre la junta general y el órgano de administración, en particular las nuevas facultades de la junta sobre activos esenciales", en Rodríguez Artigas, F., Fernández de la Gándara, L, Quijano González, J., Alonso Ureba, A., Velasco San Pedro, L. A. y Esteban Velasco, G., (dirs)., *Junta General y Consejo de Administración en la sociedad*, Tomo I, Aranzadi, Navarra, 2016, pp. 29 a 87. También, ESTEBAN VELASCO, G., "Artículo 161..." ..., *op. cit.*, p. 1213. Para un repaso doctrinal, RONCERO SÁNCHEZ, A., "Distribución de competencias..." ..., *op. cit.*, p. 286.

672 Art. 161 LSC y las limitaciones del art. 234 LSC.

gociaciones[673] y la posibilidad de que estas últimas desemboquen en modificaciones estructurales o reestructuraciones patrimoniales. Especialmente considerando la posibilidad de arrastre de los socios con la homologación. En relación con esto, la doctrina busca la configuración de un escudo frente a la "*mediatización de los derechos de control de los socios y ante el deterioro significativo del valor de su participación*"[674]. Estas razones serían suficientes para poder considerar las decisiones sobre el inicio de las negociaciones para reestructurar la estructura de capital y la comunicación del inicio de las mismas al juez dentro de la esfera de las competencias implícitas de la junta[675]. Máxime ante la dificultad de defender un deber legal de reestructurar, donde difícilmente quedará claro que la adopción de un plan de reestructuración (negociado a espaldas de los socios) sea la única posibilidad para revertir la situación económica en caso de encontrarse efectivamente en dificultades. Hay que añadir el riesgo de que la reestructuración esconda intenciones fraudulentas.

Por lo tanto, parece posible que la junta en un ejercicio de sus facultades, y al margen de que el órgano de administración someta las decisiones a autorización de esta por iniciativa propia, condicione el inicio de las negociaciones o la presentación de su comunicación a autorización previa. Como alternativa, sería posible que someta tales acciones a la presentación ante la junta de un informe por experto que se pronuncie sobre la viabilidad económica y la necesidad de las medidas[676]. Ello no obstante, debido a la independencia del administrador por la discrecionalidad empresarial, el alcance de estas medidas queda limitado a una separación del cargo por incumplimiento de las obligaciones impuestas sin derecho a indemnización.

---

673 Nos estamos refiriendo a la sanción prevista en el artículo 609 TRLC.

674 ESTEBAN VELASCO, G., "Artículo 161..." ..., *op. cit.*, p. 1213.

675 ESTEBAN VELASCO, G., "Distribución de competencias entre la junta..." ..., *op. cit.*, p. 73, sobre los presupuestos cuantitativos y cualitativos de los actos en los intereses y derechos de los socios para que un determinado acto pueda considerarse incluido en las competencias implícitas.

676 Tanto con previsión estatutaria, como sin ella. En la actualidad, el debate doctrinal sobre la imperatividad de prever la reserva de competencias estatutariamente ha sido superada. Sobre esto, ESTEBAN VELASCO, G., "Artículo 161..." ..., *op. cit.*, p. 1211.

1.2. El control de la gestión por la junta de socios

Frente a la marginación de los socios en el momento de la detección temprana de la insolvencia y la fase de negociación de un plan de reestructuración, especialmente por lo que se refiere a sociedades abiertas, estos disponen en la regulación societaria de medidas que hacen las veces de contrapeso para la defensa de sus derechos. Consisten en el control de la gestión por cuyo intermedio se refuerzan en una fase temprana —limítrofe con el momento de aplicación de la norma preconcursal— los derechos de información del socio, permitiéndoles adoptar medidas que combatan posibles abusos[677].

1.2.1. El control de la gestión social por la junta ordinaria

La junta ordinaria es aquella que tiene encargada legal, expresamente y con carácter exclusivo, la aprobación de la gestión social, las cuentas del ejercicio anterior y la resolución sobre la aplicación del resultado, debiendo celebrarse dentro de los seis primeros meses de cada ejercicio. La facultad e iniciativa de convocatoria corresponde a los administradores. Ahora bien, el artículo 169 de la Ley de Sociedades de Capital establece que, ante el incumplimiento del deber de convocar en el plazo establecido, podrá serlo a solicitud de cualquier socio, previa audiencia de los administradores, por el Letrado de la Administración de Justicia o por el Registrador Mercantil del domicilio social.

Esto sin perjuicio del derecho reconocido a la minoría de una sociedad anónima en el artículo 172 Ley de Sociedades de Capital de solicitar un complemento a la convocatoria[678].

---

677 En palabras de CAMPUZANO LAGUILLO, A. B., "Artículo 93…" …, *op. cit.*, p. 797, "*El derecho de información se contempla, específicamente, dentro de la ordenación de la junta general*" y se manifiesta "*como un instrumento de control de la gestión social*".

678 Sobre el complemento a la convocatoria, consultar DUQUE DOMÍNGUEZ, J. F., "La ampliación por la minoría de la convocatoria ya publicada", *Estudios de Derecho de sociedades y Derecho concursal. Libro homenaje al Profesor Rafael García Villaverde*. Tomo I, Marcial Pons, Madrid, 2007, pp. 375 a 388; y CURTO POLO, Mª M., "Artículo 172. Complemento de la convocatoria", en Rojo, A. y Beltrán, E., (dirs.), *Comentario de la Ley de Sociedades de Capital*, Tomo I, Aranzadi, Thomson Reuters, Navarra, 2011, pp. 1254 a 1260 y, en particular, en su p. 172, donde aclara que el fundamento de este derecho es fomentar la implicación de los

1.2.2. El control de la gestión social por la junta extraordinaria

a. Solicitud de convocatoria por la minoría

Como alternativa a los sistemas de alertas temprana francesas, en línea con otros ordenamientos extranjeros[679] y al no preverse una obligación legal de informar a los socios en caso del inicio de las negociaciones o de proximidad de la insolvencia, la norma societaria española permite a aquellos socios que representen al menos un cinco por ciento del capital social solicitar al administrador la convocatoria de la junta extraordinaria con una finalidad de control de su gestión[680].

---

accionistas y la revitalización de la junta para influir en las decisiones de la sociedad y se posiciona a favor de reconocer también el derecho de los tenedores de participaciones de proponer a los administradores asuntos a tratar en la junta, si bien gozando este de una mayor discrecionalidad al carecer de reconocimiento legal expreso. También, GARCÍA-CRUCES, J. A., "Artículo 172. Complemento de convocatoria", en García-Cruces, J. A. y Sancho Gargallo, I., (dirs), *Comentario de la Ley de Sociedades de Capital*, Tomo III, Tirant lo Blanch, Valencia, 2021, pp. 2437 a 2469.

679 El art. 2367 del Code Civil, recoge el derecho de los socios minoritarios, si bien, con el mayor porcentaje del diez por ciento de participación en el capital social, a diferencia de la LSC española, como también lo prevé el art. 689.3. del Código de obligaciones suizo. Por su parte, el §122.1. AktG, mantiene el porcentaje del cinco por ciento. Para un desarrollo amplio que abarque la regulación de este derecho de la minoría, consultar MAZZONI, A., "La tutela delle minoranze azionarie", en Rotondi, M., Jean-Louis, B. y Stajan, C., *Inchieste di Diritto Comparato. I grandi problema delle società per azioni nelle legislazioni vigente*, Volumen 5, Tomo II, CEDAM, Padova (Italia), 1976, pp. 1023 a 1230.

680 Art. 168 LSC. Introducido en el ordenamiento español con la LSA de 1951, dicho porcentaje experimentó una reducción por la derogada Ley 19/2005, de 14 de noviembre, sobre la sociedad anónima europea domiciliada en España, «BOE-A-2005-18667», desde un diez por ciento inicial que marcaba la regulación anterior en cumplimiento del art. 55.1. del Reglamento (CE) 2157/2001 por el que se aprueba el Estatuto de la Sociedad Europea. Sobre la forma de ejercicio de los llamados derechos de la minoría ver DÍAZ MORENO, A., "Artículo 91..." ..., *op. cit.*, pp. 776 y 777; SÁNCHEZ CALERO, F., La junta general..., *op. cit.*, pp. 133 a 136; MORALEJO, I., "Artículo 168. Solicitud de convocatoria por la minoría", en Rojo, A. y Beltrán, E., (dirs.), *Comentario de la Ley de Sociedades de Capital*, Tomo I, Aranzadi, Thomson Reuters, Navarra, 2011, pp. 1234 a 1237; GARCÍA-CRUCES, J. A., "Artículo 168. Solicitud de convocatoria por la minoría", en García-Cruces, J. A. y Sancho Gargallo, I., (dirs), *Comentario de la Ley de Sociedades de Capital*, Tomo III, Tirant lo Blanch, Valencia, 2021, pp. 2373

La finalidad es la formación de la voluntad social mediante el procedimiento deliberatorio y decisorio en asuntos de su interés de forma que, tanto en el procedimiento de convocatoria de forma escrita, como en la celebración de la misma, puedan ejercer sus derechos de información como un instrumento de control de la gestión social y, particularmente, el conocimiento sobre la marcha económica, a la vez que imparte instrucciones como órgano soberano dentro de las facultades de gestión en las que pueden interferir. Su configuración como una manifestación de los derechos básicos e inderogables de los accionistas[681], destinado en un momento inicial a la protección de las minorías[682], determinará la ilicitud del requerimiento de condiciones más gravosas para su ejercicio o el establecimiento de requisitos distintos a los legalmente establecidos.

Más allá de configurarse como una herramienta de solución de conflictos de interés entre socios mayoritarios-minoritarios, presta también solución a las tradicionales tensiones entre la junta general y el órgano de administración. En consecuencia, su ejercicio en el ámbito del derecho preconcursal o, más bien, en la zona gris que representan las situaciones cercanas a la crisis o de posible apalancamiento, responde a un fin tuitivo de los socios minoritarios frente a los mayoritarios. Concretamente cuando el interés de estos se alinea con el del administrador impulsando una reestructuración con la finalidad de deshacerse de la minoría.

También ante la posibilidad de que el socio de control dilate en el tiempo la negociación de un plan de reestructuración por ser contrario a sus intereses y obtener ventajas económicas durante dicho periodo a costa de la sociedad, perjudicando indudablemente el valor del patrimonio social. Al mismo tiempo, ofrece protección al conjunto de los socios cuando la reestructuración improcedente es orquestada por el administrador sin contar con el beneplácito de los socios mayoritarios, es decir, cuando su interés coincide con el de los

---

a 2380; y, para un estudio más amplio, con independencia de las referencias que se harán más adelante, JUSTE MENCÍA, J., *Los derechos de minoría…*, *op. cit.*

681 Se está ante una manifestación específica de su derecho de información. SÁNCHEZ CALERO, F., La junta general…, *op. cit.*, p. 461.

682 Así lo establece la Resolución de la Dirección General de los Registros y del Notariado de 13 de enero de 1994 (RJ 2004/237).

socios futuros o acreedores. Ello sin perjuicio de que pueda considerarse que el agravamiento de una insolvencia probable o inminente por la inacción del administrador lesione también los intereses del conjunto de los socios al ser contrario a la maximización del valor de la empresa, perjudicando sus expectativas de ganancia.

En consecuencia, aun cuando su finalidad principal es tutelar al socio minoritario, nada impide que sirva también de tutela a la mayoría para la defensa de sus derechos y del valor de los activos de la sociedad[683].

Afrontadas las posibles realidades, la solicitud de convocatoria de la junta extraordinaria de socios por una mayoría cualificada puede responder a distintos motivos. Debido al carácter deliberatorio y decisorio de la junta de socios, se ha sostenido la imposibilidad de convocar una junta meramente informativa[684]. Ello impediría el control previo por parte de los socios de la actividad del administrador con el objeto de impulsar el inicio de las negociaciones y la presentación de la comunicación del artículo 583 del Texto Refundido de la Ley Concursal. Si bien es cierto que el socio ostenta un derecho de información sobre las cuentas anuales[685], se ha visto que estos datos no siempre son suficientes para constatar la situación de apalancamiento o dificultades financieras, siendo necesaria la aportación de otro tipo de datos relativos a la actividad empresarial, como datos comerciales, etc. En consecuencia, los socios difícilmente ejercerán una tarea de control de la situación en un momento donde la insolvencia es probable o, si quiera inminente, a salvo de que se produzcan determinados hechos relevantes, como un sobreseimiento en el pago de obligaciones tributarias o salarios de los trabajadores, cuyo conocimiento es igualmente cuestionable en especial en sociedades

683 Esta idea se ha defendido por la doctrina. En España puede destacarse a JUSTE MENCÍA, J., *Los derechos de minoría…*, *op. cit.*, p. 206. En la doctrina extranjera puede destacarse a BERGOMI, G., "Convocazione dell'assemblea di società per azioni: diritti della minoranza, doveri degli amministratori e provvedimenti d'urgenza", en *Giurisprudenza commerciale*, II, 1989, p. 997; y CARIELLO, V., "Alcune questioni in tema di convocazione dell'assemblea su richiesta della minoranza", en *Rivista della Società*, I, 1992, p. 610.

684 GARCÍA-CRUCES, J. A., "Artículo 168…" …, *op. cit.*, p. 2384.

685 El art. 272 LSC incluye la posibilidad de examinarlas en el domicilio social asistido por un experto contable.

abiertas[686], o el conocimiento sobre las dificultades derivadas de la celebración de una junta ordinaria. Es preciso reiterar que no existe una obligación legal que pese sobre los administradores de informar a los socios, ni un sistema de alertas tempranas que permita la convocatoria de la junta a instancia de terceros, como ocurre en el sistema francés.

De otra forma, podría solicitarse la convocatoria de la junta con el fin de adoptar una decisión sobre el inicio de las negociaciones o la comunicación del artículo 358 del Texto Refundido de la Ley Concursal[687]. Convocada la junta a tal fin los socios podrán ejercitar su derecho de información solicitando determinados datos, documentación o explicaciones sobre la marcha de la sociedad. En otras palabras, una justificación sobre la situación financiera que motiva el inicio de las negociaciones para la consecución de un plan de reestructuración o la solicitud de un informe por experto independiente sobre la viabilidad económica de la sociedad[688].

---

686 Sin olvidar que, en tales supuestos, con gran probabilidad la situación económica de la sociedad se habrá agravado y excedido de la mera probabilidad de insolvencia, además de constar, en microempresas, la obligación legal de acudir al procedimiento especial del Libro Tercero del Texto Refundido de la Ley Concursal.

687 Al margen de que sea posible o no la cancelación de la comunicación del inicio de las negociaciones, tampoco parece que tenga mucho sentido su solicitud, dado que el posible daño que pueda producirse por la publicidad derivada de la situación de dificultades económicas, como la restricción de acceso al crédito, así como la prohibición del art. 590 TRLC de poder acudir a una nueva, tendrán una imposible o muy difícil vuelta atrás.

688 En las SL los socios podrán solicitar por escrito y con anterioridad a la celebración de la junta general o verbalmente durante la misma los informes o aclaraciones que estimen necesarios sobre los asuntos comprendidos en el orden del día (art. 196 LSC). De otro lado, la ley recoge el derecho en la SA de los accionistas de solicitar al órgano de administración las informaciones o aclaraciones que consideren sobre los asuntos del orden del día, así como a formular preguntas escritas, hasta siete días antes de la celebración de la junta. Asimismo, disponen del derecho a solicitar verbalmente las informaciones o aclaraciones que consideren convenientes sobre los mismos asuntos (art. 197 LSC). Sobre el derecho de información de los socios en relación con la solicitud de convocatoria de junta, es posible destacar los trabajos de GARCÍA-CRUCES, J. A., "Artículo 196. Derecho de información en la sociedad de responsabilidad limitada", en Rojo, A. y Beltrán, E., (dirs.), *Comentario de la Ley de Sociedades de Capital*, Tomo I, Aranzadi, Thomson Reuters, Navarra, 2011, pp. 1372 a 1385; GARCÍA-CRUCES,

Por último, nada impide que la junta se celebre con la finalidad de cesar o separar a los administradores, como así lo permiten los artículos 223 y 224 de la Ley de Sociedades de Capital. El administrador estará obligado a convocar la junta siempre y cuando se cumplan los requisitos legalmente establecidos por cuanto se trata de un derecho esencial e inderogable del socio[689].

J. A., "Artículo 197. Derecho de información en la sociedad anónima", en Rojo, A. y Beltrán, E., (dirs.), *Comentario de la Ley de Sociedades de Capital*, Tomo I, Aranzadi, Thomson Reuters, Navarra, 2011, pp. 1385 a 1389; y SÁNCHEZ CALERO, F., *La junta general…*, *op. cit.*, 480 a 484. También puede consultarse a URÍA, R., URÍA, R., MENÉNDEZ, A. y GARCÍA DE ENTERRÍA, J., "La sociedad anónima: órganos sociales…" …, *op. cit.*, pp. 869 a 894.

689 Fue discutido el carácter de mera facultad de convocatoria o de verdadera obligación del administrador, debido a la redacción del anterior art. 100 LSA. Sin embargo, la cuestión ha sido resuelta por la jurisprudencia, pudiendo destacar la Sentencia del Tribunal Supremo de 17 de marzo de 2004 (RJ 2004/1474). Así se pronuncian, SÁNCHEZ CALERO, F., La junta general…, *op. cit.*, p. 137; MORALEJO, I., "Artículo 168. Solicitud de convocatoria por la minoría" …, *op. cit.*, p. 1234; y URÍA, R., MENÉNDEZ, A. y GARCÍA DE ENTERRÍA, J., "La sociedad anónima: órganos sociales…" …, *op. cit.*, p. 872. La fuerza obligatoria se rebaja en supuestos de ejercicio abusivo o intenciones obstruccionistas, generándose una segunda línea doctrinal que considera que el administrador dispone de la facultad de realizar un control sobre estos aspectos con posibilidad de negar la convocatoria y, por otro lado, una línea mixta que admite cierto control sobre la legitimidad de la solicitud, sin llegar a ser una plena discrecionalidad del administrador. Sobre esto último, consultar ALCALÁ DÍAZ, M. A., Las competencias de la junta…, *op. cit.*, p. 91 y JUSTE MENCÍA, J., *Los derechos de minoría…*, *op. cit.*, pp. 231 a 233. Por lo que respecta a los requisitos procedimentales, Primero, la solicitud deberá tramitarse mediante requerimiento notarial al administrador. Tras su recibimiento se inicia el cómputo del plazo de dos meses para su celebración. SÁNCHEZ CALERO, F., La junta general…, *op. cit.*, p. 134 trata la razón del requerimiento notarial en la antigua LSA, y criticaba el plazo excesivamente breve de treinta días en el que, tal y como daba a entender la redacción literal de la norma, debía celebrarse la junta y entendía que debía aplicarse únicamente al plazo para la publicación de la convocatoria. También JUSTE MENCÍA, J., *Los derechos de minoría…*, *op. cit.*, pp. 225 y 226; MORALEJO, I., "Artículo 168. Solicitud de convocatoria por la minoría" …, *op. cit.*, p. 1239; y GARCÍA-CRUCES, J. A., "Artículo 168…" …, *op. cit.* P. 2380. Sobre la celebración extemporánea de la junta general extraordinaria, GARCÍA-CRUCES, J. A., "Artículo 165. Junta extraordinaria", en García-Cruces, J. A. y Sancho Gargallo, I., (dirs), *Comentario de la Ley de Sociedades de Capital*, Tomo III, Tirant lo Blanch, Valencia, 2021, p. 2336, se posiciona en contra de la STS de núm. 198, de 17 de marzo de 2004 [ECLI:ES:TS:2004:1857], defendiendo la validez de los acuerdos celebrados en ella, siempre que se cumpliesen el resto de requisitos formales y

derechos de información que asisten a los socios, que no se hacen depender de ningún elemento temporal. En segundo lugar, el administrador examinará que efectivamente se cumplen las mayorías que justifican la existencia del derecho y protegen a los socios de posibles abusos. Ver, JUSTE MENCÍA, J., Los derechos de minoría..., *op. cit.*, p. 206. El porcentaje de capital nominal que se ha de reunir habrá de cumplirse al momento de la solicitud, sin necesidad de que se mantenga hasta la celebración de la vista, con ciertos matices si se recurre a la convocatoria judicial. En relación con este requisito y, para una mayor operatividad de esta forma de convocatoria de la junta extraordinaria y de la defensa de los socios minoritarios, es conveniente plantearse una reducción estatutaria del porcentaje exigido en sociedades abiertas, caracterizadas por una mayor dispersión del capital, como así ha recomendado la doctrina. Dicho porcentaje podrá ser reducido estatutariamente, pero en ningún caso aumentado, como recuerdan MORALEJO, I., "Artículo 168. Solicitud de convocatoria por la minoría" ..., *op. cit.*, pp. 1235; GARCÍA-CRUCES, J. A., "Artículo 168..." ..., *op. cit.*, p. 2376; y SÁNCHEZ CALERO, F., La junta general..., *op. cit.*, p. 133, con base en las Resoluciones de la Dirección General de los Registros y del Notariado de 13 de enero de 1994 (RJ 1994/237), del 28 de diciembre de 1951 (RJ 1952/89) y 27 de junio de 1977 (RJ 1977/4091). Este mismo autor recomienda una reducción estatutaria del porcentaje en aquellas sociedades con un capital social elevado para la efectividad de su ejercicio. En el mismo sentido, JUSTE MENCÍA, J., *Los derechos de minoría..., op. cit.*, pp. 213 y 214. Este último también profundiza en el sistema de minorías decrecientes, destacando Italia y el "Proyecto Gregorio". El porcentaje mínimo ha de cumplirse al momento de la presentación de la solicitud, sin que se requiera que este se mantenga inalterable hasta el momento de la convocatoria. Sin embargo, se ha destacado que la pérdida de la mayoría necesaria afectará a las posibilidades de reacción frente a la inactividad de los administradores, puesto que se exige también para la tutela externa que provee la convocatoria judicial un número de socios que represente al menos el cinco por ciento del capital social. También se ha cuestionado la necesidad de que sea necesario mantener identidad, no sólo cuantitativa, sino cualitativa en la condición de socio legitimado durante el procedimiento de convocatoria. Sobre este respecto, sin embargo, se ha sostenido que, sobre la base de que de otro modo se incumpliría la imposibilidad de establecer condiciones más gravosas para el ejercicio de este derecho inderogable y de que "*la reunión de la cuota* (...) *es condición de legitimación para la resolución del procedimiento*", que solamente se deberá cumplir identidad entre los socios una vez se haya solicitado la convocatoria judicial, hasta el momento de la resolución. En profundidad sobre la identidad cuantitativa o cualitativa de los socios, JUSTE MENCÍA, J., Los derechos de minoría..., *op. cit.*, pp. 219 a 221 y GARCÍA-CRUCES, J. A., "Artículo 168..." ..., *op. cit.*, pp. 2377 y 2378.

El mismo autor desarrolla extensamente las cuestiones acerca del tipo de acciones que ostentan legitimación para formar parte del *quorum*. En concreto, las acciones habrán de representar el cinco por ciento del capital nominal, dada toda ausencia de referencia expresa al capital desembolsado en la ley. Mayores problemas representan aquellas acciones o participaciones sin voto y otras situaciones especiales. Sobre estos avatares la doctrina y el legislador español se apartan del debate sostenido en Italia a raíz del art. 14 de la Ley de 1974 y la subordinación de los derechos administrativos a la posesión del derecho de voto. En España, se mantiene la independencia entre los derechos administrativos o políticos como son y el voto y el derecho de asistencia, siendo este instrumental del derecho de voto, pero no por ello subordinado legalmente. CAMPUZANO LAGUILLO, A. B., "Artículo 93..." ..., *op. cit.*, p. , 795 y CAMPUZANO LAGUILLO, A., "Las clases de acciones..." ..., *op. cit.*, p. 49. De conformidad con esto último, para solicitar la convocatoria conforme al art. 168 LSC, no será necesario ostentar derecho de voto en la celebración de la misma, quedando por tanto legitimados los socios morosos y otras situaciones especiales como las sociedades con participaciones propias, en la sociedad dominante, sociedades titulares de participaciones recíprocas, etc. Otro supuesto especial es el de la previsión estatutaria mediante la cual se exija un número mínimo de acciones para poder asistir a la junta en la SA, condición que no deberá tenerse en cuenta a efectos de quorum para el ejercicio del derecho de convocatoria por la minoría, lo contrario sería una nueva limitación indirecta de un derecho esencial e inderogable de los socios mediante el establecimiento de condiciones más gravosas para su ejercicio. Sobre todos estos aspectos, ver GARCÍA-CRUCES, J. A., "Artículo 168..." ..., *op. cit.*, p. 2377; SÁNCHEZ CALERO, F., La junta general..., *op. cit.*, p. 188; MORALEJO, I., "Artículo 168. Solicitud de convocatoria por la minoría" ..., *op. cit.*, p. 1236 y, en profundidad el estudio de JUSTE MENCÍA, J., *Los derechos de minoría..., op. cit.*, pp. 212 a 221. También sobre relación entre voto y asistencia a la junta SÁNCHEZ GONZÁLEZ, J. C., "La acción como fundamento de la condición de socio y como conjunto de derechos", en Garrido de Palma, V. M., Sánchez González, J. C., Aranguren Uriza, F. J., Martínez Fernández, T. A., y Gardeazabal del Río, F. J., *Las sociedades de capital conforme a la nueva legislación*, Trivium, Madrid, 1990, p. 260, quien afirma que "*el derecho de asistencia e incluso el de intervención en la junta atribuye al accionista la posibilidad de debatir y de ser informado de la marcha de la sociedad, sin que, por ello, adquiera poder alguno sobre la gestión de la sociedad*" y continúa diciendo que, si "*recuperan el derecho de voto, será más conveniente para ellos conocer el funcionamiento del órgano volitivo*". En otras palabras, si bien, se permite reservar la gestión de la sociedad para determinados socios (como puede ser al socio de control), como una cierta derogación de la proporción entre el valor nominal de las acciones y el derecho de voto, esto no ha de suponer una derogación también del derecho de información de los socios sobre la marcha de la sociedad. Ver CAMPUZANO LAGUILLO, A., "Las clases de acciones..." ..., *op. cit.*, p. 51.

Por último, resulta pertinente recordar que, en caso de usufructo constituido sobre las acciones o participaciones, la legitimación corresponderá al nudo propietario, a salvo de que se hubiese reservado previsión estatutaria del ejercicio de los derechos sociales por parte del usufructuario. Ver, SÁNCHEZ GONZÁLEZ, J. C., "La acción como objeto de derechos reales y otros gravámenes", en Garrido de Palma, V. M., Sánchez González, J. C., Aranguren Uriza, F. J., Martí-

La norma también establece que han de expresarse en la solicitud los asuntos a tratar[690]. Sin embargo, aunque se permiten las expresiones genéricas, dado que no pesa sobre el administrador obligación de reproducción literal de dichos asuntos siempre que no se merme con ello el derecho de información del socio sobre el asunto a tratar, se ha sugerido por la doctrina la mayor precisión posible en su determinación[691]. Ciertamente, el administrador goza de libertad en la forma de expresión del orden del día cuando la propuesta de los socios pueda lesionar el interés social o la imagen de los administradores. Es recomendable, por lo tanto, evitar innecesarias expresiones en la delimitación de los asuntos a tratar que sugieran una acusación directa por inicio de las negociaciones fraudulentas o deslealtad de los administradores en la presentación de la comunicación sobre el inicio de las mismas.

En cuanto a los límites previstos al ejercicio del derecho, los asuntos a tratar han de encontrarse dentro de las competencias propias de la junta. No existen dudas sobre la posibilidad de que entre las materias se incluya la separación del administrador o el planteamiento de la acción social de responsabilidad[692]. Más problemática resulta la inclusión de la aprobación de las negociaciones o de la presentación de la comunicación del artículo 583 del Texto Refundido de la Ley Concursal en las competencias de la junta. A este respecto, nos remitimos a las manifestaciones realizadas sobre las competencias implícitas y las facultades de intervención en la gestión de la sociedad de la junta general. Igualmente, quedarán excluidos los asuntos que se refieran de forma genérica a aquellas materias asignadas a la junta general ordinaria como la censura del administrador, la aprobación de las cuentas, o aquellas otras que hubiesen sido recientemente de-

---

nez Fernández, T. A., y Gardeazabal del Río, F. J., *Las sociedades de capital conforme a la nueva legislación*, Trivium, Madrid, 1990, p. 416.

690 La Sentencia del Tribunal Supremo de 23 de octubre de 1987 (RJ 1987/7466), lo incluye entre los requisitos de forma sujeto a nulidad de los acuerdos adoptados.

691 JUSTE MENCÍA, J., *Los derechos de minoría…*, *op. cit.*, p. 224.

692 Arts. 223 y 238 LSC.

batidas en la misma —a excepción de que se aleguen hechos nuevos—, o el administrador se encuentre en plazo para ello[693].

Dentro de los posibles asuntos planteados que formen parte de las competencias de la junta no se admitirá la solicitud que pueda ser contraria a la ley cuando su objeto de deliberación sea ilícito o imposible. Tampoco, aquellos que supongan un abuso de derecho, como el supuesto de las juntas informativas. De igual manera, quedarán excluidas aquellas solicitudes que tengan una voluntad dañosa para la sociedad. Al hilo de esta prohibición no podrá admitirse un rechazo por el administrador del asunto bajo el argumento de que esconde una simple voluntad de veto u oposición injustificada a las negociaciones. El motivo es la independencia de este órgano. La convocatoria y celebración de la junta no implica necesariamente la obligación de cumplimiento de los acuerdos por el administrador y, siendo una apreciación sometida a su discreción, el error en su juicio sobre la intención obstruccionista oculta vulneraría gravemente los derechos de los socios, cuando no el interés de la sociedad.

Realizado un control de los requisitos formales, la negativa suficientemente motivada a convocar la junta general extraordinaria con base en las limitaciones legales analizadas sujetas a cierta discrecionalidad y al deber general de diligencia, liberaría al administrador de responsabilidad, si bien no de una posible revocación.

Por añadidura, en previsión de una negativa a convocar, la ley prevé una herramienta de refuerzo para la tutela externa[694] de este derecho mediante la convocatoria por el Letrado de la Administración de Justicia o el Registrador mercantil del domicilio social ante el incumplimiento del administrador de su obligación o por cumplimiento defectuoso, esto es, si la convocatoria se produjese fuera del plazo establecido. Así, podrá convocarla a solicitud de cualquier

---

693 En este sentido, GARCÍA-CRUCES, J. A., "Artículo 168..." ..., *op. cit.*, p. 2383 y JUSTE MENCÍA, J., Los derechos de minoría..., *op. cit.*, p. 253, descartan también aquellas que requieran de una actividad previa por el administrador, como la elaboración de informes, a salvo de lo dispuesto en el art. 286 LSC.

694 La legislación actual reforma la anterior previsión de un refuerzo de este derecho mediante la convocatoria de la junta por el juez de lo mercantil del domicilio social. Sobre la tutela externa, JUSTE MENCÍA, J., *Los derechos de minoría...*, *op. cit.*, p. 207.

socio previa audiencia de los administradores[695], quienes serán responsables de los daños causados a la sociedad y a los socios en caso de negativa a convocar o cumplimiento defectuoso de la obligación[696].

Para finalizar, es procedente detenerse en la ejecutabilidad del acuerdo que adopte la junta válidamente constituida. El artículo 236.2. de la Ley de Sociedades de Capital aclara que en ningún caso el administrador quedará exonerado de responsabilidad por el hecho de que un acto lesivo por él ejecutado haya sido adoptado, autorizado o ratificado por la junta[697]. El administrador ejercerá sus funciones directamente asumiendo la responsabilidad que corresponda, conforme a su obligación de medios. Así, se descartan los efectos externos de las decisiones adoptadas por la junta y se refuerza la independencia del administrador en la gestión de la sociedad conforme a la diligencia de un ordenado empresario.

De considerar más adelante que el acuerdo adoptado lesiona los intereses de la sociedad, como en un caso injustificado de veto a la negociación con los acreedores de un plan de reestructuración, la limitada eficacia interna de las instrucciones impartidas por la junta le permitiría apartarse de la decisión acordada por esta. Se enfrentará, no obstante, a la separación del cargo sin derecho indemnización o a una posible responsabilidad por daños causados. Por lo tanto, quedan a disposición de los socios las acciones de responsabilidad previstas en la ley, así como separación del administrador. Ambas funcionarán igualmente como medidas de presión frente a la inactividad negligente o dolosa del administrador o el inicio de negociaciones de forma intempestiva o abusiva en contra de los derechos e intereses de los administradores. A esto se sumarán las acciones de impugnación e indemnización que correspondan por vulneración de los de-

---

695 Para un estudio más completo, ver MORALEJO, I., “Artículo 169. Convocatoria judicial”, en Rojo, A. y Beltrán, E., (dirs.), *Comentario de la Ley de Sociedades de Capital*, Tomo I, Aranzadi, Thomson Reuters, Navarra, 2011, pp. 1240 a 1245. SÁNCHEZ CALERO, F., La junta general…, *op. cit.*, p. 461.

696 SÁNCHEZ CALERO, F., La junta general…, *op. cit.*, p. 481.

697 Ver, ESTEBAN VELASCO, G., “Distribución de competencias entre la junta…” …, *op. cit.*, p. 1215; SÁNCHEZ CALERO, F., *La junta general…*, *op. cit.*, p. 452; y QUIJANO, J., “Artículo 236. Presupuestos de la responsabilidad”, en Rojo, A. y Beltrán, E., (dirs.), *Comentario de la Ley de Sociedades de Capital*, Tomo I, Aranzadi, Thomson Reuters, Navarra, 2011, p. 1699.

rechos de información ejercidos en el marco de la celebración de la junta. Dicho precepto refuerza la independencia del administrador en la gestión de la sociedad conforme a la diligencia de un ordenado empresario.

Cabe concluir que, al margen de los limitados efectos o el alcance de la intromisión por la junta en la gestión, a lo largo del procedimiento de convocatoria y celebración quedará cumplido un indudable papel informativo sobre la marcha económica de la sociedad.

b. Previsión de una causa estatutaria de convocatoria de junta extraordinaria

Como respuesta de los socios frente a la ausencia de un deber de informar o convocar la junta por parte del administrador o un tercero ante el acaecimiento de determinadas circunstancias relativas al estado financiero de la sociedad, cabe también plantearse la previsión de una causa estatutaria de convocatoria de la junta extraordinaria. La causa deberá estar integrada en las posibilidades de intervención en determinados asuntos de gestión, en aplicación del artículo 160.j). de la Ley de Sociedades de Capital. Sería posible recoger en los estatutos de la sociedad la obligación del administrador de convocar una junta general extraordinaria en caso de probabilidad de insolvencia a los efectos de informar sobre la situación económica de la sociedad y de someter a aprobación de los socios el inicio de las negociaciones con los acreedores de un plan de reestructuración o de la comunicación al juzgado competente del inicio de las mismas.

A priori, esta no es, ciertamente, la intención del legislador que otorga la competencia para la negociación al administrador sin necesidad de consulta previa a la junta general por claros motivos de celeridad y abaratamiento de costes[698]. Sin embargo, si bien no parece conveniente desde este punto de vista, ni la norma societaria, ni tampoco la concursal, lo prohíbe. Por añadidura, ha quedado paten-

---

698 Resulta reveladora la argumentación de RONCERO SÁNCHEZ, A., "Distribución de competencias…" …, *op. cit.*, pp. 301 y 302, en la comparativa de la causa de disolución por pérdidas cualificadas frente a la solicitud del concurso de acreedores y la crítica a los potenciales efectos perjudiciales que la convocatoria de la junta y su publicidad acarrea, como los costes temporales y económicos.

te la relevancia de estas acciones en la esfera jurídico societaria de los socios y, por tanto, la susceptibilidad de que se incluyan entre el indeterminado espectro de las competencias implícitas de la junta. Que desde la perspectiva concursal se conceda competencia al administrador atendiendo a razones de celeridad no implica que, desde el plano estrictamente jurídico societario, no proceda la reserva de una cláusula estatutaria como la que aquí se defiende y, más aún la conveniencia de la misma para la defensa de los derechos y de los intereses de los socios[699].

En cualquier caso, la causa concreta que procure recogerse deberá adecuarse a los límites de la ley y a los principios configuradores del tipo social del que se trate, así como al cumplimiento de las exigencias formales necesarias para una modificación estatutaria[700]. No parece posible aceptar causas que pudiesen implicar un abuso de derecho, dificulten de forma continua el funcionamiento normal de la sociedad[701] o que tengan por objeto ilícitos o imposibles. Tales acuerdos serían objeto de impugnación por los cauces de la LSC[702]. Una reserva esattutaria en el sentido comentado refuerza la tutela informativa de los socios y fomenta su participación en una reestructuración susceptible de afectar sus derechos.

1.3. Acciones de la junta frente a la gestión de la administración social en las negociaciones de un plan de reestructuración

1.3.1. La separación del administrador

Ante el incumplimiento por parte de los administradores de las instrucciones dictadas por la junta en sus facultades de gestión queda a disposición de los socios la competencia para separar a los administradores de los artículos 223 y 224 de la Ley de Sociedades de Capital,

---

699 Una argumentación similar, si bien referida a la solicitud concursal, elabora RONCERO SÁNCHEZ, A., "Distribución de competencias…" …, *op. cit.*, pp. 304 a 306 y 309 a 310, quien considera en tal caso incluso conveniente informar y compartir la decisión con los socios, en cumplimiento de su deber de diligencia.

700 Arts. 285 a 290 LSC.

701 En este punto son extrapolables las afirmaciones vertidas al tratar el abuso de derecho en la convocatoria por la minoría.

702 Arts. 204 a 208 LSC.

en consonancia con lo dispuesto por el artículo 160.b). del mismo texto y para el nombramiento de nuevos en sustitución, tanto en la junta general ordinaria, como en la extraordinaria, sin necesidad de que figure en los asuntos a tratar en el orden del día[703].

De igual forma podrá actuarse cuando los administradores pierdan la confianza de los socios. Se trata de otra manifestación de las facultades de control de la junta de socios como órgano soberano. Otro ejemplo es aquel en el que los intereses del administrador se encuentran alineados con los acreedores de la sociedad (o socios futuros), forzando indebidamente una reestructuración para obtener ventajas manifestadas en la sociedad resultante de la reestructuración en detrimento de la sociedad[704]. También cuando se inicien las negociaciones in que se cumpla el presupuesto objetivo o sin ser necesario

---

703 Sobre la justificación a esta excepción ver a JUSTE MENCÍA, J., "Artículo 223. Cese de los administradores", en García-Cruces, J. A. y Sancho Gargallo, I., (dirs), *Comentario de la Ley de Sociedades de Capital*, Tomo III, Tirant lo Blanch, Valencia, 2021, pp. 3079 y 3080. Incluyendo los supuestos de nombramiento de consejeros por cooptación. Mientras que la decisión será adoptada por mayoría en las sociedades anónimas, en la sociedad de responsabilidad limitada podrá exigirse en los estatutos una mayoría reforzada, con el límite de dos tercios de los votos correspondientes. Se ha entendido que, mientras que resulta imposible para la SA la elevación estatutaria de las mayorías para estos acuerdos, sí que sería posible una elevación del *quorum*, siempre que sea generalizado para la adopción de los acuerdos y no únicamente para el cese del administrador. En este sentido, SÁNCHEZ CALERO, F., *Los administradores…*, *op. cit.*, p. 138.

704 Existen también supuestos objetivos de separación del administrador, v.gr., artículos 230 y 224 de la Ley de Sociedades de Capital. El primero de ellos, relativo al administrador competidor, se reserva para el acaecimiento de determinadas situaciones de conflicto de interés recogidas en el artículo 229 de la Ley de Sociedades de Capital, que obligará a los administradores a someterse al régimen de dispensa por la junta de socios. Mientras, el segundo precepto, reservado a las sociedades anónimas, se destina a otras situaciones que puedan dar lugar a conflictos de interés permanentes, así como a otros sujetos distintos de los administradores, como son los directores generales o gerentes. Ver JUSTE MENCÍA, J., "Artículo 224. Supuestos especiales de cese de administradores de la sociedad anónima", en García-Cruces, J. A. y Sancho Gargallo, I., (dirs), *Comentario de la Ley de Sociedades de Capital*, Tomo III, Tirant lo Blanch, Valencia, 2021, p. 3091; y GALLEGO SÁNCHEZ, E., "Artículo 224. Supuestos especiales de cese de administradores de la sociedad anónima", en Rojo, A. y Beltrán, E., (dirs.), *Comentario de la Ley de Sociedades de Capital*, Tomo I, Aranzadi, Thomson Reuters, Navarra, 2011, pp. 1596 y 1597.

que estas incluyan medidas de reestructuración susceptibles de diluir la posición de los socios. Igualmente, la separación es una acción útil frente a la inactividad del administrador en caso de apalancamiento.

Empero, se ha sostenido la posibilidad de que la junta no aprecie la existencia de conflicto y, sin embargo, acuerde la separación del administrador. Ello tiene sentido en relación con la posibilidad de una separación *ad nutum*. Cuando la junta no aprecie causa de separación cabrá el remedio de la impugnación de los acuerdos por lesión del mismo del artículo 204 de la norma societaria[705].

1.3.2. Las acciones social e individual de responsabilidad

A lo largo de la vida de la sociedad es posible que los administradores afronten la interposición de acciones de responsabilidad, reguladas en los artículos 238 a 241 de la Ley de Sociedades de Capital. Por un lado, la acción social de responsabilidad se podrá interponer cuando la acción u omisión del administrador ilegal, anti estatutaria o contraria a sus deberes hubiese causado un daño directo al patrimonio de la sociedad, debiendo probarse necesariamente el nexo causal entre ambos. Por otro lado, el artículo 241 de la Ley de Sociedades de Capital proclama que "*quedan a salvo las acciones de indemnización que puedan corresponder a los socios y a los terceros por actos de los administradores que lesionen directamente los intereses de aquellos*". Así, la denominada acción individual de responsabilidad se configura como una acción indemnizatoria propia y autónoma, dirigida de forma personal contra los titulares del órgano de administración y no contra el órgano social[706].

---

705 GALLEGO SÁNCHEZ, E., "Artículo 224..." ..., *op. cit.*, 1600, aclara que si la junta no se pronuncia sobre la separación del administrador ha de entenderse que desestima la pretensión, siendo en consecuencia imposible su impugnación posterior, al no existir un acuerdo expreso, así como una reiteración por el socio, al existir deliberación al efecto.

706 Ha existido debate acerca de la naturaleza de la acción individual de responsabilidad contenida en el precepto de la LSC caracterizada como una acción autónoma del Derecho de sociedades o, por el contrario, como una remisión al "haz de acciones" que procedan conforme al Derecho común. La cuestión la resuelve el Tribunal Supremo en su Sentencia de 11 de marzo de 2005 [ECLI:ES:TS:2005:1529], estableciendo que "*cuenta con una regulación propia en*

Dejando a un lado las diferencias en cuestiones de legitimación[707] o los requisitos de mayorías necesarios para su aproba-

---

dicho precepto (…) que la especializa o especifica respecto de la obligación genérica por culpa o negligencia", o también, "*de acuerdo con lo expuesto y con la doctrina sentada por esta Sala, la acción individual de responsabilidad es una acción directa y principal, no subsidiaria que se otorga a accionistas, socios y terceros, para recomponer su patrimonio particular*". Sobre la naturaleza y caracterización de la acción individual se pronuncian MENÉNDEZ, A. y ROJO FERNÁNDEZ-RÍO, A. J., *Lecciones de Derecho Mercantil*, Vol. I., Thompson Reuters Civitas, Navarra, 2016, pp. 512 y 513; QUIJANO GONZÁLEZ, J., *La responsabilidad civil de los administradores de la Sociedad Anónima. Aspectos sustantivos*, Universidad de Valladolid, Valladolid, 1985, p. 137; SÁNCHEZ CALERO, F., *Los administradores… op. cit.*, p. 379; ALFARO ÁGUILA-REAL, J., "La llamada acción individual de responsabilidad o responsabilidad "externa" de los administradores sociales", *InDret, Revista para el análisis del Derecho*, Nº 1, 2007, p. 4; o MARÍN DE LA BÁRCENA, F., *La acción individual de responsabilidad frente a los administradores de sociedades de capital (art. 135 LSA)*, Marcial Pons, Madrid, 2005, p. 236; entre otros. La ruptura de la teoría orgánica mediante la consideración de la acción individual de responsabilidad como una acción propia y autónoma que autoriza la responsabilidad directa y personal del administrador cuando mediante su actuación cause un daño al patrimonio de socios o terceros se argumenta sobre la posibilidad de reclamar esta únicamente cuando la acción u omisión se produzca en el ejercicio de las funciones que le sean propias del cargo. En este sentido, RONCERO SÁNCHEZ, A., "La acción social de responsabilidad", en Guerra Martín, G., *La responsabilidad de los administradores de sociedades de capit*al, La Ley, Madrid, 2011, pp. 201 y 2010.

707 Como se desprende de la redacción literal del art. 241 LSC, la legitimación para interponer una acción individual de responsabilidad le corresponde al socio cuyo patrimonio haya sufrido un daño directo. Mientras, la titularidad de la acción social de responsabilidad corresponde a la sociedad incluso habiendo experimentado una modificación estructural, como apunta GARCÍA GARCÍA, E., "Artículo 238. Acción social de responsabilidad", en García-Cruces, J. A. y Sancho Gargallo, I., (dirs), *Comentario de la Ley de Sociedades de Capital*, Tomo III, Tirant lo Blanch, Valencia, 2021, p. 3307, y con la excepción en supuestos de concurso recogida en el art. 132.1. TRLC. La decisión se adoptará, previa convocatoria, constitución y deliberación de la junta, a solicitud de cualquier socio, aun no constando en el orden del día. Salva de esta manera las posibles reticencias del administrador a convocar la junta. Asimismo, la minoría de socios habilitada para solicitar la convocatoria de la junta, está legitimada para convocarla por este motivo en el supuesto de que el administrador no lo hiciere, así como para promover la acción social de responsabilidad si transcurriera un mes desde la adopción de un acuerdo por la junta en ese sentido sin haberse ejecutado. Aun cuando el resarcimiento económico busca la satisfacción o reparación del daño causado al patrimonio de la sociedad y, por lo tanto, la defensa de su interés, la legitimación subsidiaria otorgada a los socios se fundamenta en la lesión causada por la incidencia sobre el valor real de las acciones

ción[708], la potencial interposición de estas acciones requiere de otra reflexión. Para ello se ha de partir de dos escenarios distintos. Primeramente, la posibilidad de exigir responsabilidad al administrador por no iniciar la reestructuración a tiempo, ignorando sus deberes

o participaciones. Lo expresa QUIJANO GONZÁLEZ, J., "Artículo 238. Acción social de responsabilidad", en Rojo, A. y Beltrán, E., (dirs.), *Comentario de la Ley de Sociedades de Capital*, Tomo I, Aranzadi, Thomson Reuters, Navarra, 2011, p. 1709 y QUIJANO GONZÁLEZ, J., "Artículo 239. Legitimación subsidiaria de la minoría", en Rojo, A. y Beltrán, E., (dirs.), *Comentario de la Ley de Sociedades de Capital*, Tomo I, Aranzadi, Thomson Reuters, Navarra, 2011, p. 1716. Así las cosas, podría argumentarse que ante la actuación contraria de los administradores cuyos intereses se alinean con los del socio mayoritario quedaría explicado el refuerzo de los derechos de la minoría al legitimarles para interponer la acción. Sin embargo, las críticas doctrinales ponen de manifiesto que esta legitimación puede dar lugar a abusos de la minoría que hagan pasar sus intereses particulares por los de la sociedad. Este fenómeno lo explica SÁNCHEZ CALERO, F., *Los administradores…*, *op. cit.*, p. 390. También están legitimados para interponer la acción social cuando el acuerdo hubiese sido denegatorio o, sin necesidad de convocatoria de la junta, cuando se base en la infracción de un deber de lealtad. Tal infracción podría alegarse en supuestos en los que la reestructuración no pretende la remoción o evitación de la crisis, el apalancamiento o asegurar la viabilidad económica de la sociedad. Por último, se permite la legitimación activa subsidiaria de los acreedores en el artículo 240 LSC. Es lo que QUIJANO GONZÁLEZ, J., "Artículo 238…" …, *op. cit.*, p. 1709, denomina el sistema de legitimación en cascada o sucesivas.

708 La acción social de responsabilidad distingue entre las sociedades anónimas y las de responsabilidad limitada. Para las primeras debe concurrir mayoría ordinaria, mientas que para las segundas los votos a favor han de representar al menos un tercio del capital social sin contar votos en blanco. Habrá de tener especial consideración a los conflictos de interés que surgen cuando el administrador es a su vez socio, algo común en sociedades cerradas. De forma más extensa sobre los conflictos, en este caso indirectos, y la prohibición de voto, ver EMPARANZA SOBEJANO, A., "Deber de abstención del socio-administrador en la junta general: el conflicto de interés indirecto", en González Fernández, Mª B. y Cohen Benchetrit, A., *Derecho de sociedades. Cuestiones sobre órganos sociales*, Tirant lo Blanch, Valencia 2019, pp. 137 a 156. Si bien no se niega el derecho a manifestar su voto en la decisión se ah sostenido la posibilidad de impugnar el acuerdo *ex* artículo 204 LSC cuando el mismo haya sido determinante y causase una lesión del interés social. En este sentido, QUIJANO GONZÁLEZ, J., "Artículo 238…" …, *op. cit.*, p. 1711. Ver también SÁNCHEZ CALERO, F., *Los administradores…*, *op. cit.*, p. 390. El debate surgido alrededor de la participación del administrador en la junta celebrada con objeto de decidir sobre la promoción de la acción social de responsabilidad es tratado por GARCÍA GARCÍA, E., "Artículo 238…" …, *op. cit.*, p. 3312.

de gestión. Segundo, la responsabilidad que pudiera derivarse de una reestructuración fraudulenta.

En el primero de los escenarios, el daño directo al patrimonio social que exige la acción social de responsabilidad se reflejará en la disminución del valor de la sociedad y de sus activos. Ahora bien, la atribución de responsabilidad no sólo deberá superar el examen de la discrecionalidad empresarial[709], sino que también será determinante la adopción de otras medidas para evitar el deterioro patrimonial de los activos de la sociedad o el recurso a los sistemas de alertas tempranas habilitados. La difícil acreditación del daño directo y el nexo causal con una acción antijurídica, unido al hecho de que la posible reparación va dirigida a compensar el patrimonio social y no a integrar el individual de los socios, así como a la ausencia de un reconocimiento expreso de la asunción de gastos derivados por la sociedad[710] ha explicado el escaso uso de esta acción en comparación con la acción individual de responsabilidad. Explicaría también la escasa o tardía eficacia en la hipótesis presentada, funcionando más bien como una medida disuasoria contra los administradores.

Por su parte, la acción individual presenta una dificultad. Su caracterización por la jurisprudencia como una responsabilidad extracontractual[711] y coincidente con la responsabilidad civil del admi-

---

709 la casuística de la acción social es muy variada, encontrando supuestos de responsabilidad derivada de una gestión contraria a la diligencia exigida que, en todo caso, deberá superar el examen de la discrecionalidad empresarial ligada a la obligación de medios de los administradores en su gesión.

710 QUIJANO GONZÁLEZ, J., "Artículo 238…" …, *op. cit.*, p. 1709 y SÁNCHEZ CALERO, F., *Los administradores…*, *op. cit.*, p. 390. Sobre las desventajas o riesgos que se asumen con la interposición de la acción, especialmente por lo que se refiere a la asunción de gastos y a las dinámicas intrasocietarias generadas en consecuencia, ver SÁNCHEZ-CALERO GUILARTE, J., "La acción social de responsabilidad (algunos apuntes)", en Piloñeta Alonso, L. M., y Iribarren Blanco, M., *Estudios de Derecho Mercantil en homenaje al Profesor José María Muñoz Planas,* Thompson Reuters Civitas, Navarra, 2011, pp. 786 y 787.

711 Otra discusión es la que se centra en discernir si la naturaleza de la responsabilidad es contractual o extracontractual. Algún autor hace depender la naturaleza en los sujetos que ejercen la acción, como es el caso de GIRÓN TENA, J., *Derecho de Sociedades Anónimas… op. cit.*, p. 383; ALFARO ÁGUILA-REAL, J., "La llamada acción individual…" …, *op. cit.*, pp. 8 y ss; o SÁNCHEZ CALERO, *Los administradores en las Sociedades de Capital… op. cit.*, pp. 391 y ss. A favor de la naturaleza extracontractual puede verse, entre otros, a QUIJANO GONZÁLEZ, J.,

nistrador, aun estando discutida por la doctrina cuando la acción la ejercita un socio[712], exige también la acción u omisión en el marco de las funciones del administrador antijurídica (imputación objetiva) y que le sea subjetivamente imputable. Esto es, debiendo probarse el daño directo sobre los intereses de los socios o terceros, un nexo causal entre ambos y la culpabilidad del administrador[713]. En relación con ello, no todo acto anti estatutario o contrario a las normas legales será suficiente para interponer la acción individual[714]. Ahora bien, el incumplimiento de los deberes inherentes mediando actuación contraria al estándar de diligencia de un ordenado empresario[715] puede fundamentar la acción individual por "*vulneración del deber objetivo de cuidado en relación con la esfera personal de los socios individualmente considerados*"[716].

Salvando la discrecionalidad empresarial a la que se hace referencia, se ha de poner atención en la característica distintiva de la acción individual frente a la acción social, esta es, el daño directo al

---

La responsabilidad civil de los administradores... op. cit., pp. 22 y ss.; MARÍN DE LA BÁRCENA, F., *La acción individual de responsabilidad frente a los administradores... op. cit.*, p. 230; o "Artículo 241. Acción individual de responsabilidad", en Rojo, A. y Beltrán, E., (dirs.), *Comentario de la Ley de Sociedades de Capital*, Tomo I, Aranzadi, Thomson Reuters, Navarra, 2011, p. 1730. Por otro lado, se ha sostenido la naturaleza contractual, derivando la responsabilidad del incumplimiento del deber de diligencia que el ordenamiento impone con el fin último de tutelar los intereses de terceros y del tráfico en general. Al resolver la cuestión de la prescripción de la acción, el Tribunal Supremo se decantó, tras una jurisprudencia cambiante, por entender la responsabilidad como extracontractual, con la Sentencia Nº 749, de 20 de julio de 2001 [ECLI:ES:TS:2001:6416] y en adelante; siendo más reciente la Sentencia del Tribunal Supremo Nº 253, de 18 de abril de 2016, [ECLI:ES:TS:2016:1650]. Puede consultarse más detalladamente sobre la naturaleza de la acción a RONCERO SÁNCHEZ, A., "La acción individual de responsabilidad" ..., *op. cit.*, pp. 204 a 212.

712 Por ejemplo, ALFARO ÁGUILA-REAL, J., "La llamada acción individual..." ..., *op. cit.*, pp. 8 y ss. En contra, RONCERO SÁNCHEZ, A., "La acción individual de responsabilidad" ..., *op. cit.*, p. 206.

713 SÁNCHEZ CALERO, *Los administradores en las Sociedades de Capital... op. cit.*, pp. 409 a 417.

714 MARÍN DE LA BÁRCENA, F., *La acción individual de responsabilidad frente a los administradores... op. cit.*, pp. 180 y 181.

715 A saber, diligencia, lealtad y deber de secreto.

716 MARÍN DE LA BÁRCENA, F., *La acción individual de responsabilidad frente a los administradores... op. cit.*, p. 181.

patrimonio del socio, por contraposición a los daños reflejos o indirectos. En consecuencia, deviene ineludible diferenciar los supuestos en los que el daño se produce al patrimonio de la sociedad y ello a su vez lesiona el patrimonio o los intereses de los socios, de aquellos otros en los que el daño es verdaderamente directo, al margen de que también pueda haberse causado una injerencia en el primero y se acumulen las acciones. Esto último ocurre cuando se disminuye el patrimonio de la sociedad[717] provocando una causa de disolución o, también, de insolvencia. Lo mismo ocurriría cuando, si bien el daño patrimonial no es directo, el alto apalancamiento y la destrucción de valor asociada a la falta de reestructuración reduce el valor de la misma, dado que se daña de igual manera el patrimonio de la sociedad y el de los socios. Evidentemente, ello afecta a los derechos económicos los últimos, teniendo la injerencia su reflejo en el valor de las acciones o participaciones, así como en el reparto de beneficios o en la cuota de liquidación. Además de que debe corresponderse con un acto antijurídico que no se corresponda con los riesgos propios de la gestión sino por un riesgo generado por el propio administrador (responsabilidad por injerencia)[718], esto es, que el resultado lesivo se deba a una conducta dolosa o negligencia grave, este perjuicio no es directo, por lo que, en su lugar, correspondería la acción social de responsabilidad.

Volviendo sobre el segundo de los escenarios, lo hasta aquí expuesto ofrece la clave para resolver el planteamiento sobre el inicio de acciones de responsabilidad frente a los administradores. Tanto la acción social como la individual exigen una lesión directa del patrimonio, bien sea social, bien de los socios.

---

717 SÁNCHEZ CALERO, *Los administradores en las Sociedades de Capital... op. cit.*, p. 411.

718 Sobre este punto, la doctrina española se divide entre negar con rotundidad la posibilidad de exigir responsabilidad por los daños que se produzcan en el ejercicio de las funciones de gestión propias del cargo y aquellos que la reconocen en relación con este por la inobservancia de la diligencia de un ordenado empresario en el cumplimiento objetivo de cuidad de los intereses sociales o de los terceros. En este sentido, consultar a MARÍN DE LA BÁRCENA, F., La acción individual de responsabilidad frente a los administradores... *op. cit.*, p. 178 a 183.

Cuando la reestructuración es fraudulenta, el daño que la negociación de un plan y su comunicación podrían causar sobre el patrimonio de los socios que legitime una acción individual de responsabilidad es muy limitado. Podría argumentarse la lesión patrimonial que un cierre del mercado de financiación por la desconfianza que generaría en los acreedores y que dificultaría o, más bien se exigiría que impidiese, la desinversión por la transmisión de sus acciones o participaciones. También, en el caso de un socio con la doble condición de acreedor, cabría una acción derivada del daño provocado en su patrimonio por la suspensión de ejecuciones singulares que impidiesen el cobro de su crédito desencadenando mayores efectos. Ahora bien, parecen ejemplos aislados y de escasa probabilidad. Sin olvidar que este último supuesto no involucra al socio en su condición de tal y, con ello, no reviste de relevancia para el presente estudio.

Los efectos más relevantes son los que podrían derivarse de un contenido pactado o en proceso de negociaciones en una reestructuración que incumple el presupuesto objetivo. Entonces el daño no se produce hasta la homologación del plan para su aplicación forzosa. El derecho al dividendo del socio que viera reducida su participación sufriría las consecuencias del incumplimiento del presupuesto objetivo, así como la influencia política y los derechos de voto de los socios. Tal dilución podría incluso llegar a la expulsión del socio, en cuyo caso, se corre el riesgo, no de que afecte al valor real de la acción o participación, sino de que la compensación que reciba por el valor de su acción o participación esté fraudulentamente calculada. Aquí ocurre también que el daño se manifiesta tardíamente con la homologación. Cualquier acción de responsabilidad no podrá plantearse hasta ese momento.

Sin embargo, respecto de la acción social de responsabilidad, esta acción podría plantearse como instrumento de control sobre el inicio de las negociaciones o la comunicación al juez del inicio de las mismas cuando se acrediten, no sin complejidades, dos tipos de daños. De hacerse públicas las negociaciones, podría dañarse la imagen de la sociedad y generar un efecto de cierre del mercado de financiación, desencadenando daños en el patrimonio cuyo nexo causal con la acción del administrador tendrá una prueba difícil. Esto se traducirá en la sanción contenida en el artículo 609 del Texto Refundido de la Ley Concursal. Además, con una comunicación que haya especificado su carácter reservado[719] podrá generar el efecto de cierre del mercado de financiación por la desconfianza en los acreedores que empeore la situación patrimonial de la sociedad. Una lesión que no carece tampoco de dificultad probatoria. El administrador deberá probar la concurrencia del presupuesto objetivo de los marcos de reestructuración, así como el compromiso de la viabilidad económica y la necesidad de la reestructuración para asegurar la misma. En resumidas cuentas, no será posible o, lo será en casos muy reducidos, una acción social o individual de responsabilidad en una fase temprana del proceso de reestructuración por los socios.

Todo lo anterior, sin obviar que la causación de un daño directo, puede apreciarse cuando el administrador deniega, impide o entorpece injustificadamente el ejercicio de los derechos políticos de los socios[720]. En otras palabras, cabría la interposición de una acción individual, siempre que se probase el nexo causal, cuando el daño —que también habrá de ser probado— derivase del indebido impedimento por el administrador a un socio de acceder a la junta, de ejercer su derecho de voto o de limitar el derecho de información.

2. *El ejercicio del derecho de información del socio*

2.1. Fundamento y contenido del derecho

La construcción del derecho de información, recogido en el artículo 93.d) LSC, difiere en su ejercicio en función del tipo social, de acuerdo con los artículos 196 y 197 LSC, para su ejercicio en la convocatoria de la junta, así como en el artículo 272 LSC, referido al examen de los documentos para la aprobación de las cuentas.

Se presenta con una mayor flexibilidad en las sociedades de responsabilidad limitada, donde debido a su carácter cerrado y más personalista, es más común la implicación de los socios en la gestión de

---

719 Art. 591 de la Ley 16/2022.

720 SÁNCHEZ CALERO, *Los administradores en las Sociedades de Capital… op. cit.*, p. 417, quien recoge un amplio trabajo jurisprudencial en la materia. Puede consultarse también a SANCHO GARGALLO, I., "Las acciones social e individual en la jurisprudencia reciente", en González Fernández, Mª B. y Cohen Benchetrit, A., *Derecho de sociedades. Cuestiones sobre órganos sociales*, Tirant lo Blanch, Valencia 2019, pp. 952 a 967.

la sociedad por medio de la impartición de instrucciones al órgano social. Como ocurre con la solicitud de convocatoria de la junta por el socio minoritario, facilitando, de esta manera el ejercicio de los sus derechos a estos sujetos[721].

Manteniendo su carácter autónomo de derecho mínimo, inderogable e irrenunciable[722], su ejercicio resulta, conforme lo anterior, instrumental respecto del de otros derechos administrativos de los socios, permitiendo ejercer cierto control sobre la gestión y diligencia del órgano de administración y, por lo tanto, de su responsabilidad[723]. En todo caso, no se trata de un derecho ilimitado, pues estará sujeto al cumplimiento de límites y requisitos legales y condicionado siempre a su ejercicio no abusivo, conforme a las exigencias de la buena fe[724].

2.2. El examen de los documentos contables en el domicilio social

Tratándose de una junta ordinaria, dedicada a aprobación o censura de la actividad del órgano de administración y a la aprobación

---

721 SANCHO GARGALLO, I., "Artículo 196. Derecho de información en la sociedad de responsabilidad limitada", en García-Cruces, J. A. y Sancho Gargallo, I., (dirs), *Comentario de la Ley de Sociedades de Capital*, Tomo III, Tirant lo Blanch, Valencia, 2021, p. 2740 y SANCHO GARGALLO, I., "Artículo 197. Derecho de información en la sociedad anónima", en García-Cruces, J. A. y Sancho Gargallo, I., (dirs), *Comentario de la Ley de Sociedades de Capital*, Tomo III, Tirant lo Blanch, Valencia, 2021, p. 2757.

722 Entre otras muchas, dad la amplia extensión con la que la jurisprudencia ha tratado el derecho de información del socio, pueden verse las Sentencias del Tribunal Supremo Nº 608, de 12 de noviembre de 2014 (ECLI:ES:TS:2014:5346) y Nº 24, de 16 de enero de 2019 (ECLI:ES:TS:2019:58). Más recientemente, la Sentencia del Tribunal Supremo Nº 670, de 5 de octubre de 2021 (ECLI:ES:TS:2021:3603). La inderogabilidad no será sinónimo de su ejercicio obligatorio por el socio.

723 Aunque no es exclusiva, la vinculación al derecho de voto fundamenta la impugnación de los acuerdos sociales cuando se hubiese infringido el derecho de información de los socios de forma decisiva para la manifestación de su voluntad a través del ejercicio del derecho de voto, como establece el art. 204.3.h) LSC, mediante la reforma introducida por la Ley 31/2014. SANCHO GARGALLO, I., "Artículo 196. Derecho de información..." ..., *op. cit.*, p. 2741; o SÁNCHEZ CALERO, F., *La junta general...*, *op. cit.*

724 STS 24/2019, de 16 de enero de 2019, [ECLI:ES:TS:2019:58].

de las cuentas e informe de balance, desde la fecha de convocatoria hasta su celebración[725], en aplicación del artículo 272 LSC, asiste a los socios el derecho de obtener de manera gratuita e inmediata y sin retrasos injustificados, tanto digitalmente como en papel, en el domicilio social, los documentos sometidos a aprobación, el informe de gestión y el informe del auditor de cuentas —cuando la sociedad esté obligada a auditar—, relevantes para la aplicación del resultado[726].

Además, salvo que se disponga lo contrario en los estatutos, de lo que se deduce, que tal acuerdo no será contrario a la ley, los socios minoritarios en las sociedades de responsabilidad limitada, podrán examinar en el domicilio social, los documentos que sirvan de soporte o antecedente. Esto implica un derecho en sentido amplio, pudiendo examinar cualquier documento con información económica que tenga su reflejo contable. No parece que haya impedimento alguno para la solicitud de datos indiciarios de la viabilidad o inviabilidad económica que excedan de los reflejados en los anteriores, o datos derivados de la aplicación de las herramientas tempranas. A modo de ejemplo, podría solicitarse el resultado de sistemas de autodiagnóstico implementados en la sociedad, de manera que el socio pueda conocer si se cumple el presupuesto objetivo para acudir a los planes de reestructuración.

Es destacable el refuerzo legal previsto en el citado precepto sobre el derecho de información de los socios minoritarios de las sociedades de responsabilidad limitada, quienes podrán acudir al domicilio social acompañados de un experto contable para el examen de los documentos, debiendo estos asumir el gasto que implique, siempre que no se limite estatutariamente este derecho, como la norma permite. Se trata de un refuerzo nada desdeñable por cuanto aumenta la

---

725 Art. 176 LSC.

726 Con más profundidad sobre los documentos afectados por este derecho, ver ORTUÑO BAEZA, Mª T., "Artículo 272. Aprobación de las cuentas", en Rojo, A. y Beltrán, E., (dirs.), *Comentario de la Ley de Sociedades de Capital*, Tomo II, Aranzadi, Thomson Reuters, Navarra, 2011, pp. 2025 a 2030; y GARCÍA-CRUCES, J. A., "Artículo 196. Derecho de información..." ..., *op. cit.*, p. 1377. También de manera extensa SÁNCHEZ CALERO, F., *La junta general...*, *op. cit.*, pp. 195 a 197.

posibilidad de los minoritarios de conocer el estado de la viabilidad económica de la sociedad.

Otra modalidad de refuerzo exige que el administrador informe en la convocatoria de la junta sobre la existencia del mismo de forma expresa, salvo que se trate de junta universal. En caso de no proporcionarse una información completa que incluya sujeto, objeto, forma de ejercicio, plazo y precepto legal, implicará la invalidez de la junta y la nulidad de los acuerdos que se hubiesen visto directamente afectados[727].

2.3. El derecho de información en la junta general

Tanto si se trata de una junta extraordinaria, como ordinaria, los artículos 196 y 197 de la Ley de Sociedades de Capital recogen la posibilidad de solicitar por los socios con anterioridad a la celebración de la junta aquellas aclaraciones o informaciones —esto es, información de la que se disponga o se pueda disponer— que consideren necesarias para el ejercicio de sus derechos y el condicionamiento de su comportamiento en la votación y que se acote a los distintos puntos del orden del día fijados en la convocatoria.

El ejercicio de sus derechos se ha de considerar en sentido amplio[728], por lo tanto, no se limitará al derecho de voto, sino que no podrá restringirse aquél que vaya dirigido a someter a control la actuación del administrador[729], incluyendo su acción u omisión relacionada con la implementación de alertas tempranas, el inicio de las

---

727 Sobre estos aspectos, ORTUÑO BAEZA, Mª T., "Artículo 272..." ..., *op. cit.*, p. 2027. Haciéndose eco de la extensa jurisprudencia del Tribunal supremo en la materia, afirma que el ejercicio del derecho podrá regularse estatutariamente. Apunta también que la falta de información no quedará subsanada mediante las aclaraciones efectuadas en la propia junta. Igualmente, la impugnación por incumplimiento de la mención relativa a la existencia del derecho ligada a los acuerdos directamente afectados, implica que no podrá impugnarse el acuerdo por incumplimiento de los requisitos formales de la convocatoria.

728 ORTUÑO BAEZA, Mª T., "Artículo 272..." ..., *op. cit.*, pp. 2029 y 2030.

729 SANCHO GARGALLO, I., "Artículo 197. Derecho de información..." ..., *op. cit.*, pp. 2757 y 2759, recomienda que el socio explique en su solicitud el motivo y pertinencia de la pregunta ya que, si bien se ha de entender en sentido amplio y ligado a los derechos políticos del socio, no estará justificada la solicitud de cualquier tipo de información fundamentada abusivamente en una hipotética

negociaciones para un plan de reestructuración o de la presentación de la comunicación del artículo 583 Texto Refundido de la Ley Concursal. En otras palabras, la suficiencia de la información proporcionada se analizará atendiendo al orden del día y al ejercicio de los derechos del socio. No podrá justificarse cualquier solicitud con base en un control de la gestión del administrador o una hipotética acción de responsabilidad. Además, deberá en todo caso sujetarse a las exigencias de la buena fe y de la prohibición del abuso de derecho[730].

Tanto si los asuntos objeto de deliberación se centran en la censura de la gestión del administrador, la aprobación de cuentas y la aplicación del resultado, como si consiste en una junta extraordinaria o por complemento al orden del día de una convocatoria en una sociedad anónima con objeto de decidir sobre el inicio de las negociaciones[731], parecería procedente la solicitud de un informe justificativo sobre la viabilidad económica de la sociedad elaborado por el administrador. Igualmente, procedería la aportación de un informe o aclaraciones suficientes sobre la necesidad de llegar a un acuerdo con los acreedores y, en su caso, de las medidas concretas que devengan imprescindibles para el saneamiento de la sociedad y garantizar su viabilidad.

La concesión de este derecho se encuentra igualmente reforzado con ciertas diferencias tipológicas. Tanto en las sociedades de responsabilidad limitada como en las sociedades anónimas, el administrador no podrá denegar la información solicitada cuando encuentre apoyo por un número de socios que represente al menos el veinticinco por ciento del capital social[732]. Mientras, en las sociedades anónimas, cuyo capital habitualmente se encuentra más disperso, para proteger

acción de responsabilidad del administrador. En definitiva, la información deberá guardar relación con el orden del día.

730 GARCÍA-CRUCES, J. A., "Artículo 196. Derecho de información..." ..., *op. cit.*, p. 1373, afirma que han de excepcionarse "aquellas materias en que, por disposición legal, no es necesaria su previa constancia en el orden del día". SÁNCHEZ CALERO, F., La junta general..., *op. cit.*, p. 201, hace mención a la posibilidad de extensión de este derecho en la fase de ruegos y preguntas.

731 Art. 172 LSC.

732 Sobre el alcance de este refuerzo nos referiremos más adelante al tratar los límites al ejercicio de información.

el derecho a la información, se permite la reducción estatutaria del porcentaje hasta el límite del cinco por ciento[733].

2.3.1. Forma y plazo para su ejercicio en la convocatoria y celebración de la junta

En las sociedades de responsabilidad limitada los socios disponen del derecho de solicitar las aclaraciones e informaciones que consideren necesarias bien por escrito antes de la junta, recibiéndola individualmente, bien verbalmente durante la misma a los asistentes presencial o telemáticamente. Por su parte, el administrador proporcionará la información igualmente de forma escrita u oral, de la manera que a su entender sea más adecuada a la naturaleza de la misma y al plazo en el que esta se realizó, dada la ausencia de un plazo preclusivo para su ejercicio, al contrario de como ocurre en la sociedad anónima. Esto incluirá la puesta a disposición de la información en el domicilio social, o su remisión a la dirección electrónica o postal indicada. En otras palabras, el administrador valorará la complejidad y accesibilidad de la información atendiendo a un juicio de razonabilidad, analizando si el socio dispone ya de dicha documentación, como podría darse de reunir la condición de socio administrador, o a la antelación con la que se solicita, haciéndose depender también del nivel de actividad que requiera por el administrador[734]. Lo que aconseja, en todo caso, la solicitud de la información por adelantado en mejor defensa de los socios, atendiendo a la extensión y a la dificultad de la información requerida

Por otro lado, las sociedades anónimas disfrutan de un régimen más estricto. En primer lugar, los accionistas únicamente podrán solicitar la información hasta el séptimo día anterior a la celebración de la junta. Podrán consistir en aquellas aclaraciones o informaciones

---

733 Artículos 196.3. y 197.4. LSC.

734 SANCHO GARGALLO, I., "Artículo 196. Derecho de información…" …, *op. cit.*, p. 2745, advierte sobre la frecuencia con la que los tribunales han advertido una solicitud leonina de información por su carácter minucioso, a sabiendas de la imposibilidad de aportarla en plazo. La negativa a proporcionar la información deberá estar justificada y, en caso de solicitarse verbalmente, deberán indicarse en el mismo momento y de la misma manera las razones que impiden dar cumplimiento a la obligación de informar.

relacionadas con los puntos del orden del día o formular preguntas por escrito, quedando los administradores obligados a responder por escrito hasta el día de celebración. El plazo previsto implica que la información se solicitará necesariamente por escrito y otorga un tiempo prudencial al administrador para que cumpla con la obligación legal necesariamente antes de la celebración de la junta y también por escrito[735].

Durante la misma, podrán también solicitar esta información verbalmente[736], estando el órgano obligado a responder y, en caso de resultar imposible, trasladando la información de manera escrita en el plazo de los siete días siguientes a la terminación de la junta.

El incumplimiento de esta particular obligación se ha considerado de menor relevancia, habiendo concedido un periodo previo para el ejercicio del derecho de información con anterioridad a la junta. Por ello, únicamente habilita a los socios a requerir dicha información en un momento posterior y a reclamar los daños y perjuicios que ello les hubiese causado, con la dificultad probatoria y cuantitativa que ello implica[737]. Se puede pensar en la negativa del administrador a responder sobre si ha iniciado negociaciones con los acreedores o sobre algún dato en relación con la viabilidad económica que dañe el valor de la sociedad y con ello los derechos económicos del socio. Éste, difícilmente podrá probar el nexo causal necesario entre la omisión y daño ocasionado. Al mismo tiempo, sin embargo, la previsión de una respuesta por escrito en los siete días siguientes, aumenta el ámbito de la información que puede ser satisfecha en las sociedades anónimas, respecto de las sociedades de responsabilidad limitada[738].

---

735 Para un estudio en profundidad sobre las posibilidades para el cumplimiento legal de la obligación de informar de los administradores, ver SANCHO GARGALLO, I., "Artículo 197. Derecho de información..." ..., *op. cit.*, pp. 2762 y 2763; y SÁNCHEZ CALERO, F., La junta general..., *op. cit.*, pp. 202 a 207 y 550 a 551.

736 Se tendrá en cuenta, a la hora de satisfacer el derecho de información, la posibilidad de asistencia telemática de los socios (art. 182 LSC).

737 Por contraposición a la acción del art. 204.3. LSC.

738 SANCHO GARGALLO, I., "Artículo 197. Derecho de información..." ..., *op. cit.*, p. 2765.

2.3.2. *Límites al ejercicio del derecho*

Se ha hecho mención a que el ejercicio del derecho de información está limitado a los puntos del orden del día fijado en la convocatoria de la junta. En consecuencia, aquella petición que no se ajuste a la misma, podrá ser rehusada por los administradores. Pero, junto a esta causa de denegación existen otros límites sujetos a un juicio de valor que responda a motivos objetivos racionales por parte del órgano de administración, a quien corresponderá la carga de la prueba.

En primer lugar, se denegará la satisfacción de aquella información que sea contraria o perjudique el interés social[739], esto es, que la publicidad de la información pueda tener efectos perjudiciales[740]. Igualmente, se denegará cuando dicha información no esté vinculada al ejercicio de los derechos políticos del socio, en el sentido de ser necesaria o adecuada para condicionar su ejercicio o su derecho de voto[741] o, también, cuando busque ser empleada para fines extrasociales[742].

---

739 Este límite, al igual que la imperativa vinculación con el orden del día a tratar, se aplicará también cuando la solicitud se realice por un socio que represente el porcentaje reforzado del veinticinco por ciento del capital social (arts. 196.3. y 197.4. LSC). De esta manera se equilibra el juicio de razonabilidad de los administradores y un potencial uso abusivo por el socio mayoritario que pueda provocar *paroxismo* social, debiendo analizarse bajo las exigencias de la buena fe y la prohibición del abuso de derecho. A favor, SANCHO GARGALLO, I., "Artículo 196. Derecho de información..." ..., *op. cit.*, p. 2749, quien recuerda la posición contraria de la doctrina "que llegó a ser mayoritaria". También, GARCÍA-CRUCES, J. A., "Artículo 196. Derecho de información..." ..., *op. cit.*, pp. 1381 y 1382; y MARTÍNEZ MARTÍNEZ, Mª T., *El derecho de información del accionista en la sociedad anónima,* Mc Grau Hill, Madrid, 1999, pp. 399 a 403, quién además afirma que "*no estamos ante un supuesto de invocación abstracta al interés social como parámetro genérico y difuso de control frente a cualesquiera actos de la sociedad con trascendencia jurídica, sino en uno de los supuestos normativos en los que el interés social se vincula «específicamente a un concreto supuesto normativo como condición de éste y en tal caso opera... de un modo particular y positivamente, esto es, como fundamento de validez de un determinado tipo de acuerdo»*" (p. 378). En contra SÁNCHEZ CALERO, F., *La junta general..., op. cit.*, pp. 552.

740 Arts. 196.2. y 197.3. LSC.

741 Esto ocurrirá en todo caso, cuando no guarde relación con el orden del día estipulado, a salvo de las deliberaciones que legalmente puedan darse sin estar previstas entre los asuntos concretos a tratar como la responsabilidad de los administradores.

742 GARCÍA-CRUCES, J. A., "Artículo 196. Derecho de información..." ..., *op. cit.*, p. 1379; SANCHO GARGALLO, I., "Artículo 197. Derecho de información..."

La vulneración del interés social se ha de entender en el sentido de que a causa de su revelación se pueda impedir u obstaculizar el funcionamiento correcto de la sociedad, utilizado de forma abusiva (v.gr., por medio de su uso constante o de solicitudes excesivas o imposibles, con la finalidad de impugnar los acuerdos de la junta o solicitar posteriormente la responsabilidad del administrador)[743]. El sentido ampliamente descrito por la jurisprudencia[744] puede implicar, más allá de la protección de los secretos empresariales, la denegación por los administradores de determinada información acerca de la situación financiera o la viabilidad económica de la sociedad, así como información sobre la existencia o el proceso de las negociaciones, sobre la base de que su revelación, perjudicaría los intereses de la sociedad. Podría argüirse que de esta manera peligraría el buen fin de un plan de reestructuración o que supondría dificultades de acceso al crédito para la sociedad.

De igual manera ocurriría con los fines extrasociales, pudiendo el administrador basar su decisión en la mera intención de veto sobre la negociación de un plan de reestructuración contraria a los propósitos de la Directiva (UE) 2019/1023 de reestructuraciones, ya que en el momento bastará con la mera exposición, si bien objetiva, de las razones que motivan su reserva, dejándose el control de suficiencia para una posible impugnación posterior.

Con todo, dado el conflicto de intereses contrapuestos y teniendo en cuenta la incertidumbre acerca del acaecimiento de una probabilidad de insolvencia o de la inviabilidad económica, ha de primar el correcto y pacífico ejercicio de los derechos sociales. Los impedimentos al derecho de información y, en consecuencia, el de los derechos que al mismo se vinculan y no únicamente el del derecho a voto, ha de interpretarse restringidamente (*odiosa sunt restringenda*)[745], en las

---

…, *op. cit.*, pp. 2766 a 2733; y SANCHO GARGALLO, I., "Artículo 196. Derecho de información…" …, *op. cit.*, p. 2749.

743 MARTÍNEZ MARTÍNEZ, Mª T., *El derecho de información del* accionista…, *op. cit.*, p. 379, el interés social para limitar el derecho de información del socio se ha de manifestar de manera precisa.

744 STS Nº 510, de 26 de julio de 2010 (ES:TS:2010:4349).

745 MARTÍNEZ MARTÍNEZ, Mª T., *El derecho de información del* accionista…, *op. cit.*, p. 379.

que resulte manifiesta la mala fe y el abuso de derecho por parte de los mismos. El administrador no podrá recurrir a la aplicación de tales límites ni para ocultar los detalles de su propia gestión frente al conjunto de los socios[746] ni, alineado con la mayoría, privar sistemáticamente a los minoritarios de la información financiera o comercial de la sociedad[747]. Es precisamente para evitar los daños derivados de la publicidad de las negociaciones por lo que el legislador recoge los escudos protectores que acompañan a la comunicación al juzgado competente del inicio de las negociaciones con los acreedores.

2.3.3. La impugnación del acuerdo social por infracción del derecho de información

Como herramienta de tutela del derecho de información del socio ejercitado tanto antes, como durante la celebración de la junta, el artículo 204.3.b). de la Ley de Sociedades de Capital permite la impugnación de los acuerdos adoptados. El concreto acuerdo que se impugne deberá haberse visto directamente afectado por la información que no se hubiera suministrado o se suministrase deficientemente. Más aún, se exige que la información de que se trate hubiera sido *esencial* objetivamente para el ejercicio razonable del socio de sus derechos de participación.

Por otro lado, en aplicación del artículo 197.4. de la Ley de Sociedades de Capital, la vulneración del derecho de información ejercitado verbalmente durante la junta de accionistas, únicamente habilitará al socio para solicitar su cumplimiento en un momento posterior y a solicitar la indemnización de daños y perjuicios que pudiese corresponder. La información afectada deberá ser necesaria para el ejercicio de sus derechos, esto es, racionalmente relevante para condicionar el derecho del accionista[748]. Además de que un incumplimiento doloso o con culpa grave puede fomentar la interposición de las acciones de responsabilidad social o individual de los adminis-

---

746 SSTS Nª986, de 16 de enero de 2011 (ECLI:ES:TS:2012:101) y Nº 531, de 19 de septiembre de 2013 (ECLI:ES:TS:2013:4950).

747 GARGALLO, I., "Artículo 196. Derecho de información..." ..., *op. cit.*, p. 2749.

748 Literalmente, SANCHO GARGALLO, I., "Artículo 197. Derecho de información..." ..., *op. cit.*, p. 2768.

tradores. En el primer caso se exigirá que el incumplimiento hubiese ocasionado la impugnación de los acuerdos sociales, mientras que, en el segundo supuesto, bastará que la información no hubiese sido suficiente o ajustada[749].

3. Tutela de los derechos económicos del socio

3.1. Caracterización y afectación de los derechos económicos por la reestructuración

La condición del socio atribuida por la participación y la acción, de naturaleza jurídica compleja, se integra por un haz de derechos patrimoniales (además de poderes y facultades) que al atribuirlos individualmente, pasan a constituir derechos extrasociales[750]. Estos se recogen con carácter mínimo en el artículo 93 de la Ley de Sociedades de Capital. Entre sus manifestaciones cabe distinguir el derecho a participar en el reparto de las ganancias sociales y en el patrimonio resultante de la liquidación, así como el de asunción o suscripción preferente e incluso el de transmisión o constitución de derechos reales. En el presente apartado está dedicado a los primeros.

La participación en las ganancias sociales es un derecho abstracto[751] que se concreta en el surgimiento de un derecho de crédito o derecho al dividendo acordado[752] conforme a la proporción de su

---

749 Sobre las consecuencias del incumplimiento del deber de información, ver más ampliamente a SANCHO GARGALLO, I., "Artículo 196. Derecho de información..." ..., *op. cit.*, p. 2746 y SANCHO GARGALLO, I., "Artículo 197. Derecho de información..." ..., *op. cit.*, pp. 2757 y 2763 a 2766. El autor apunta que la reforma del art. 197 por la Ley 31/2014, por la que se limitan las acciones de impugnación, busca evitar un ejercicio abusivo del derecho que pretenda en última instancia la impugnación de los acuerdos.

750 GIRÓN TENA, J., *Apuntes de Derecho Mercantil... op. cit.*, pp. 121 a 122 y 126.

751 Por contraposición a los derechos subjetivos absolutos. Sentencia del Tribunal Supremo de 5 de julio de 1986 [ECLI:ES:TS:1986:7940]. Por todos, DÍAZ ECHEGARAY, J. L., *El derecho a participar en el reparto de las ganancias sociales: a la luz de la doctrina sentada por la STS de 26 de mayo de 2005*, Thomson Aranzadi, Navarra, 2006.

752 Previo acuerdo de la junta como muestra de su posición soberana, de distribución de beneficios. En contra de lo que ocurre en los sistemas anglosajones, donde la competencia compete al órgano de administración. Vid., PULGAR EZQUERRA, J., "Reparto legal mínimo..." ..., *op. cit.*, pp. 674 a 675 y 710, donde

participación en el capital o capital desembolsado en el caso de las sociedades anónimas. Se fundamenta en la participación del socio que pone en común dinero, derechos y bienes para el desarrollo del objeto de la sociedad y búsqueda del fin común, pretendiendo con ello obtener una rentabilidad razonable, esto es, en la causa fundacional[753]. El mismo se verá limitado por las disposiciones legales o estatutarias vigentes de los artículos 27, 95, 99, 273 y 275 de la Ley de Sociedades de Capital.

En situaciones de apalancamiento o cercanas a la insolvencia, este derecho puede verse afectado de dos formas. Por un lado, ante la posibilidad de que los socios mayoritarios, en coalición con el administrador decidan no repartir beneficios de forma fraudulenta, basándose en una situación cercana a la crisis y la intención de iniciar negociaciones con los acreedores, dentro de las situaciones de opresión de la minoría[754]. En el otro extremo, la ausencia de una reestructuración que conlleve una situación de insolvencia, puede

---

excepciona el sistema establecido para las sociedades cotizadas, más cercano al sistema anglosajón. De una distinción entre los términos derecho a participar en las ganancias o beneficios sociales y el derecho al dividendo, se encarga ALCALÁ DÍAZ, Mª. A., "Viejos y nuevos perfiles del derecho al dividendo", en González Fernández, Mª B. y Cohen Benchetrit, A., (dirs.), y Márquez Lobillo, P. y Otero Cobos-Zofía Bednarz, Mª T., *Derecho de sociedades. Los derechos del socio*, Tirant lo Blanch, Valencia, 2020, pp. 248 a 251; también en ALCALÁ DÍAZ, Mª. A., "El derecho al dividendo y sus institutos de protección", *Revista de Derecho de Sociedades*, Nº 57, 2019. Consultado en Proview, pp. 6 a 9. También MUÑOZ MARTÍN, N., "El derecho al dividendo", en Alonso Ureba, A., Duque Domínguez, J., Esteban Velasco, G., García Villaverde, R. y Sánchez Calero, F., (coords.), *Derecho de Sociedades Anónimas II. Capital y Acciones*, Vol. I., Civitas, Madrid, 1994, pp. 306 a 331. Sobre la naturaleza del crédito y la posibilidad de ser satisfecho en especie o *in natura*, así como de su transmisibilidad, puede consultarse VAZQUEZ CUETO, J. C., "Artículo 275. Distribución de dividendos", en García-Cruces, J. A. y Sancho Gargallo, I., (dirs), *Comentario de la Ley de Sociedades de Capital*, Tomo IV, Tirant lo Blanch, Valencia, 2021, pp. 3893 y 1894.

753 En profundidad, vid., ALCALÁ DÍAZ, Mª. A., "El derecho al dividendo…" …, *op. cit.*, pp. 3 a 6.

754 Sobre los conflictos entre minoritarios y mayoritarios, incluida la alineación de estos últimos con los administradores, en el marco del reparto de dividendos, con carácter actual se pronuncia ALCALÁ DÍAZ, M. A., *Las competencias de la junta…*, *op. cit.*, pp. 254 a 258 y ALCALÁ DÍAZ, Mª. A., "El derecho al dividendo…" …, *op. cit.*, pp. 12 a 17. En la jurisprudencia destaca la Sentencia del Tribunal Supremo de 7 de diciembre de 2011 [ES:TS:2011:9284].

generar a su vez dos escenarios distintos. Primero, puede alcanzarse la imposibilidad legal de repartir beneficios *ex* artículo 273 de la Ley de Sociedades de Capital. En segundo lugar, la falta de cuidado sobre el acaecimiento del presupuesto objetivo para la reestructuración podrá conllevar un reparto de beneficios que más adelante se enfrente a la rescisión concursal[755], habiéndose deteriorado el patrimonio y, con ello, el valor de las acciones o participaciones. Estos escenarios son especialmente gravosos dada la falta de un mercado de desinversión.

Por lo que respecta al derecho a la cuota de liquidación, este constituye también un derecho mínimo, esencial e inderogable[756], si bien, abstracto y con origen en el derecho a participar de las ganancias sociales[757], del patrimonio que resulte tras la liquidación, tras la satisfacción de las deudas y de los derechos económicos preferentes[758], haciéndose depender de la existencia de beneficios no distribuidos[759].

Dentro de los derechos patrimoniales y de la posibilidad de constituir negocios jurídicos sobre la acción o participación, se ha de considerar también el derecho de transmisión de las acciones. Pero también fruto de un derecho de separación por no reparto de beneficios del artículo 348 bis de la Ley de Sociedades de Capital o, también, de separación *ad nutum*, el socio tiene derecho a percibir el

---

755 Vid., HERNANDO CEBRIÁ, L., "La incidencia del concurso en los derechos económicos del socio: acciones de reintegración, dividendos y derecho de separación", en González Fernández, Mª B. y Cohen Benchetrit, A., (dirs.), y Márquez Lobillo, P. y Otero Cobos-Zofía Bednarz, Mª T., *Derecho de sociedades. Los derechos del socio*, Tirant lo Blanch, Valencia, 2020, pp. 309 a 332.

756 BELTRÁN, E., "Artículo 392…" …, *op. cit.*, pp. 2688 a 2689 y 2690, recuerda que disfruta de este derecho incluso el accionista moroso y se detiene en las especialidades en caso de copropiedad, embargo o usufructo de acciones. Como derecho mínimo e inderogable, no puede ser limitado por los estatutos, si bien se permite cierta alteración de la proporcionalidad o la fijación del reparto de acuerdo al valor desembolsado en lugar de sobre el valor nominal de la acción, aun cuando esto pueda suponer que algunos socios no reciban cuota de liquidación

757 MUÑOZ MARTÍN, N., "El derecho al dividendo" …, *op. cit.*, p. 306 y BELTRÁN, E., "Artículo 391…" …, *op. cit.*, p. 2683.

758 BELTRÁN, E., "Artículo 391…" …, *op. cit.*, pp. 2684 a 2686.

759 Arts. 353 y 354 LSC.

valor razonable de las participaciones o acciones conforme al valor de mercado o al precio medio de cotización del último trimestre para las cotizadas, valorado por un experto independiente, para lo cual se tendrán en cuenta las disposiciones de los artículos 353 y 354 de la Ley de Sociedades de Capital.

Todos ellos, tras la reestructuración, se verán igualmente afectados si tras la misma se aprueba una capitalización de deuda que diluya su posición en la sociedad, viéndose el cálculo de los beneficios, de la cuota de liquidación, o del valor razonable de las acciones reducidos junto con la participación en el capital social. También cuando se

Igualmente, la falta de reestructuración en el momento oportuno dañará los derechos económicos del socio al reducir el valor de sus acciones o participaciones, generando la imposibilidad de repartir beneficios y reduciendo drásticamente su cuota de liquidación, con posibilidad de situarle fuera del valor del dinero cuando este es cero.

3.2. Tutela del derecho al dividendo a través de la facultad para decidir la aplicación del resultado por la junta general ordinaria y otros remedios societarios

Tras la aprobación de las cuentas, la junta general decidirá, mediante *quorum* y mayorías comunes, sobre la aplicación del resultado del ejercicio de acuerdo con el balance aprobado y con las limitaciones legales[760]. Al margen de que el órgano pueda acordar no repartir beneficios en un ejercicio determinado[761], la celebración de la junta

---

760 Art. 273 LSC en su lectura conjunta con el artículo 274 del mismo texto, así como la limitación que corresponda en caso de concurso.

761 Más allá del reconocimiento del derecho de preferencia del artículo 95.2. LSC, una posición doctrinal ha sostenido que, de existir beneficios distribuibles, la sociedad está legalmente obligada a acordar el reparto del dividendo, además de la posibilidad de recoger la obligación de reparto periódico en los estatutos, mientras que la posición mayoritaria y, la que parece defender el ordenamiento se posiciona a favor de la libre decisión de la junta sobre el reparto o no y en qué porcentaje concreto, como así lo ha establecido la STS de 7 de diciembre de 2011 [ES:TS:2011:9284]. Incluso la regulación de la causa de separación del art. 348 bis LSC y sus sucesivas reformas indican que no existe un derecho del socio a que obligatoriamente se repartan beneficios, ni siquiera periódicamente, por cuanto no fuerza a la junta a acordar tal decisión, sino que, como alternativa, permite la salida del socio. Otra muestra es la eliminación del Anteproyecto de

tras el análisis de la documentación relativa a las cuentas anuales, los derechos de información correspondientes a la junta y, en su caso, la auditoría de cuentas, permite a los socios controlar el estado de su inversión. Se configuran como medidas para conocer el estado patrimonial y financiero fiel, de manera que, al caso que aquí ocupa, se evite un comportamiento irregular por parte el administrador, alineado con la voluntad del socio mayoritario, consistente en impedir el reparto de beneficios con base en una situación de apalancamiento o crisis (o bien cercana a las mismas) ficticia. Lo mismo para el caso de reparto indebido de beneficios, en cuyo caso, podrán activarse las normas rescisorias propias del Derecho concursal o la restitución del artículo 278 Ley de Sociedades de Capital.

En relación con esto, se han de tener en cuenta también las propuestas de *lege ferenda* presentadas por la doctrina sobre los test de solvencia como criterio para el reparto de beneficios[762]. En todo ca-

Ley de Sociedades de Responsabilidad Limitada de 1994, de una disposición en su art. 87 por el que se reconocía en favor de los socios minoritarios de distribuir un dividendo mínimo de entre los beneficios repartibles, correspondiente a un tercio, previa petición expresa. Sobre este particular y las posiciones doctrinales a favor y en contra de la supresión, ver "El derecho de separación por reparto insuficiente de dividendos: la supresión o modificación del derecho por pacto estatutario", en González Fernández, Mª B. y Cohen Benchetrit, A., (dirs.), y Márquez Lobillo, P. y Otero Cobos-Zofía Bednarz, Mª T., *Derecho de sociedades. Los derechos del socio*, Tirant lo Blanch, Valencia, 2020, p. 845. Sobre la STS de 7 de diciembre de 2011, ALCALÁ DÍAZ, Mª. A., "El derecho al dividendo..." ..., *op. cit.*, p. 10; y CAMPUZANO LAGUILLO, A. B., "Artículo 93..." ..., *op. cit.*, p. 793. También se habla de la necesidad de un comportamiento activo de allanamiento por parte de la sociedad. En este sentido VAZQUEZ CUETO, J. C., "Artículo 275..." ..., *op. cit.*, pp. 3888 y 3889, quien desarrolla las cuatro manifestaciones de este comportamiento activo por parte de la sociedad, de acuerdo con el desarrollo doctrinal y jurisprudencial. MUÑOZ MARTÍN, N., "El derecho al dividendo" ..., *op. cit.*, p. 306, sostiene que el derecho al beneficio implica una apropiación del resultado que no se manifestará necesariamente en forma de dividendos, sino que podrá engrosar el patrimonio de la sociedad, haciendo efectivo más adelante su derecho mediante la "*transmisión de acciones, mediante el derecho de separación (...), la atribución gratuita de acciones, el aumento del nominal de las que es titular cuando se produzca una ampliación de capital con cargo a reservas de libre disposición o de beneficios no distribuidos o mediante la realización de su derecho a la cuota de liquidación*".

762 Con las reservas de la doctrina respecto en relación con el cambio de paradigma que supondría en el Derecho español respecto de la transferencia competencial

so, frente al acuerdo de la junta de no repartir beneficios de manera fraudulenta con base en estos motivos, cabría la impugnación por lesión del interés social debido a la imposición abusiva de la mayoría del artículo 204.1. de la Ley de Sociedades de Capital[763], así como la acción individual de responsabilidad frente a los administradores[764], o la separación del socio por ausencia de un reparto mínimo del artículo 348 bis de la Ley de Sociedades de Capital, además de la causa de separación *ad nutum*[765]. Estos últimos, no obstante, con el riesgo de despatrimonialización que implican y el de convertir estos instrumentos en un derecho de veto frente a la falta de reparto contra la mayoría. Frente al reparto ilegal la ley prevé también la posibilidad de impugnación de los acuerdos.

---

y correspondiente responsabilidad desde la junta de socios hacia el órgano de administración. En particular sobre el cambio de competencia, acudir a PULGAR EZQUERRA, J., "Reparto legal mínimo..." ..., *op. cit.*, p. 710.

763 Esta solución es posible tras la reforma del art. 204 introducida con la Ley 31/2014, que solucionaba las dificultades experimentadas para encajar los supuestos de hecho en el abuso de derecho del art. 7.2. CC, como la no obligatoriedad de acordar lo contrario o suplir su voluntad, a pesar de la extensa jurisprudencia existente con anterioridad sobre la impugnabilidad del acuerdo y la declaración de su nulidad con base en un comportamiento opresor por la mayoría. Vid. ALCALÁ DÍAZ, Mª. A., "El derecho al dividendo..." ..., *op. cit.*, p. 14 y MEGÍAS LÓPEZ, J., "Opresión y obstruccionismo en las sociedades de capital cerradas: abuso de mayoría y de minoría", *Anuario Jurídico y Económico Escurialense*, XLVII, 2014, p. 39.

764 ALCALÁ DÍAZ, Mª. A., "El derecho al dividendo..." ..., *op. cit.*, p. 14.

765 VAZQUEZ CUETO, J. C., "Artículo 275..." ..., *op. cit.*, p. 3890, quien recuerda que la doctrina encuentra más dudosa la posibilidad de sustitución de la voluntad social por decisión judicial que acuerde el reparto de beneficios, evitando un abuso continuado, como ocurrió en la Sentencia del Tribunal Supremo Nº 418, de 26 de mayo de 2005 [ECLI:ES:TS:2005:3394], o la Sentencia de la Audiencia Provincial de la Coruña (Sección 4ª), Nº 116, de 25 de marzo de 2019 [ECLI:ES:APC:2019:742], en contra de lo dispuesto por la Sentencia de la Audiencia Provincial de Madrid (sección 28ª), Nº 261, de 4 de julio de 2016 [ECLI:ES:APM:2016:9715].

3.3. El derecho de separación del socio

Otro instrumento de tutela expresamente recogido en la norma societaria es el derecho individual[766] del socio que autoriza a la disolución parcial del vínculo social cuando concurran causas legales o estatutarias[767], incorporando la obligación de la sociedad de restituir el valor de sus acciones o participaciones[768]. En consecuencia, podrán separarse aquellos socios que hubiesen votado en contra de un acuerdo cuyo contenido se encuentre entre los enumerados en el artículo 346 de la Ley de Sociedades de Capital o en los estatutos, así como aquellos que hubieran votado en blanco, se hubieran abstenido, estuviesen ausentes en la decisión o cuyo voto hubiese sido declarado nulo, en un acuerdo cuyo contenido se encuentre entre las causas recogidas en el artículo 246 de la Ley de Sociedades de

---

766 GARRIGUES, *Comentario a la Ley de Sociedades Anónimas*. Tomo II, Madrid, 1953, p. 205; y GIRÓN TENA, J., *Derecho de Sociedades Anónimas... op. cit.*, p. 180. Aun cuando el ejercicio del derecho es de carácter individual, la separación se introduce como medio de tutela de las minorías frente a los abusos de la mayoría en la modificación de las condiciones esenciales del contrato de sociedad, como ocurre con las modificaciones estructurales o el cambio del objeto social.

767 El carácter flexible de la sociedad de responsabilidad limitada fundamenta la posibilidad de incorporar vía estatutaria otras causas de separación. Por lo que respecta a las sociedades anónimas, esto tendrá sentido cuando la sociedad tenga carácter cerrado, en virtud de la autonomía de la voluntad. Sobre los límites de las causas estatutarias y los peligros que conlleva, ver EMPARANZA SOBEJANO, A., "Artículo 347. Causas estatutarias de separación", en Rojo, A. y Beltrán, E., (dirs.), *Comentario de la Ley de Sociedades de Capital*, Tomo II, Aranzadi, Thomson Reuters, Navarra, pp. 2479 a 2481. Consultar sobre las causas estatutarias, GALLEGO SÁNCHEZ, E., "El derecho estatutario de salida del inversor en las sociedades de capital cerradas", *Estudios de Derecho Mercantil: Liber amicorum profesor Dr. Francisco Vicent Chuliá,* Petit Lavall, M. V., (coord.), Tirant lo Blanch, Valencia, 2013, pp. 301 a 324.

768 El fundamento de este derecho se encuentra en las sociedades personalistas constituidas por tiempo indefinido (arts. 224 y 225 Ccom), se regula en la actual LSC tanto para sociedades anónimas como de responsabilidad limitada, habida cuenta de la posibilidad de que ambas actúen como sociedades cerradas con dificultad de acceso a un mercado de desinversión para los socios, si bien recogiendo algunas especialidades para estas últimas. Así, supone un correctivo o alternativa a la transmisión de acciones o participaciones ante la falta de un mercado de desinversión idóneo, en el caso de sociedades cerradas, y frente a la regla de la mayoría, sin necesidad de la disolución completa del vínculo social.

Capital o constase recogido como tal en los estatutos conforme al artículo 347 de la Ley de Sociedades de Capital.

Aisladamente, el legislador incorporó el derecho de separación por la causa concreta de la de falta de distribución de dividendos[769]. Este supuesto es destacable por diversos motivos que fundamentaron numerosas críticas doctrinales[770]. En lo que aquí interesa, el motivo

---

769 Art. 348 bis LSC. Introducido por Ley 25/2011, de 1 de agosto, de reforma parcial de la Ley de Sociedades de Capital y de incorporación de la Directiva 2007/36/CE, del Parlamento Europeo y del Consejo, de 11 de julio, sobre el ejercicio de determinados derechos de los accionistas de sociedades cotizadas, «BOE-A-2011-13240», como instrumento de tutela de la minoría frente los comportamientos abusivos de la mayoría.

770 Las críticas vertidas derivaron en su suspensión en diversas ocasiones entre agosto del 2011 y enero del 2017, llegando a plantearse la constitucionalidad de la causa de separación en relación con el principio de libertad de empresa, así como de la conveniencia en relación con financiación de sociedades en situaciones preconcursales y la existencia de *covenants* financieros que limiten la distribución de dividendos. Sufrió modificaciones más adelante con la Ley 11/2018, de 28 de diciembre, que resolvió el debate doctrinal existente acerca de su imperatividad o carácter dispositivo, para permitir su modificación por los estatutos. Pueden enumerarse ejemplos de la doctrina reciente que ha tratado esta causa de separación, como GALLEGO SÁNCHEZ, E., "El derecho de separación por reparto insuficiente..." ..., *op. cit.*, pp. 841 a 870; PULGAR EZQUERRA, J., "Reparto legal mínimo..." ..., *op. cit.*, pp. 673 a 711; ÁLVAREZ ROYO-VILLANOVA, S., "El ejercicio abusivo del derecho de separación", en González Fernández, Mª B. y Cohen Benchetrit, A., (dirs.), y Márquez Lobillo, P. y Otero Cobos-Zofía Bednarz, Mª T., *Derecho de sociedades. Los derechos del socio,* Tirant lo Blanch, Valencia, 2020, pp. 827 a 837; GALLEGO SÁNCHEZ, E., "El derecho de separación por reparto insuficiente..." ..., *op. cit.*, pp. 841 a 868; SEQUEIRA MARTÍN, A., "La naturaleza del derecho de separación del socio en caso de falta de distribución de dividendos en el Texto Refundido de la Ley de Sociedades de Capital (art. 348 BIS LSC)", en Fernández Torres, I., Arias Varona F. J., Martínez Rosado, J., (coords.), *Derecho de Sociedades y de los Mercados Financieros. Libro Homenaje a Carmen Alonso Ledesma,* Iustel, Madrid, 2018, pp. 829 a 860; ROJO ÁLVAREZ-MANZANEDA, R., "La disponibilidad de la causa de separación..." ..., *op. cit.*, pp. 871 a 887; PÉREZ MORIONES, A., "Acerca de la eficacia del derecho de separación en caso de falta de distribución de dividendos: consideraciones tras su reforma" en González Fernández, Mª B. y Cohen Benchetrit, A., (dirs.), y Márquez Lobillo, P. y Otero Cobos-Zofía Bednarz, Mª T., *Derecho de sociedades. Los derechos del socio,* Tirant lo Blanch, Valencia, 2020, pp. 889 a 910; y, en un estudio comparado, SIERRA NOGUERO, E., "Análisis de Derecho comparado de la impugnación y separación del socio minoritario por falta de distribución de dividendos" en González Fernández, Mª B. y Cohen

de separación supone un allanamiento para la disolución parcial del vínculo societario respecto de la anulabilidad por impugnación del acuerdo por no reparto de beneficios contenida en el artículo 204.1. de la Ley de Sociedades de Capital. Por un lado, la separación es objetiva. No es necesario probar por el socio los requisitos del abuso de derecho en el que incurra el acuerdo. Por otro lado, la resolución estimatoria no implica una sustitución de la voluntad social que obligue al reparto de beneficios, ni siquiera en un porcentaje mínimo[771]. España se aleja así de ordenamientos como el de Reino Unido[772], Italia[773] o

---

Benchetrit, A., (dirs.), y Márquez Lobillo, P. y Otero Cobos-Zofía Bednarz, Mª T., *Derecho de sociedades. Los derechos del socio,* Tirant lo Blanch, Valencia, 2020, pp. 933 a 955.

771 GALLEGO SÁNCHEZ, E., "El derecho de separación por reparto insuficiente..." ..., *op. cit.*, p. 845.

772 Los arts. 994 a 999, de la parte 30 de la *Companies Act*, bajo el título *"Proteccion of members agains unfair prejudice"*, tutela por la vía judicial a los socios minoritarios frente al abuso de la mayoría mediante acuerdos ilegales, fuera del objeto social, opresiva o fraudulenta, esto es, contrarias a la buena fe, descansando la carga de la prueba sobre los socios minoritarios. Así, el juez podrá declarar la nulidad del acuerdo por el que se niega el reparto de beneficios cuando resultase irrazonable, siendo posible el mismo. A diferencia del sistema español, a pesar de que no se integra la voluntad social mediante el reparto de beneficios, sí que se contempla la posibilidad de emitir una orden judicial que imponga la compra por los mayoritarios de las participaciones de los minoritarios que ejerzan su derecho a separarse, o la compra por la compañía con una reducción de capital, conforme al art. 966.2.e). *Companies Act.* FRENCH, D., *Mayson, French & Ryan on Company Law,* 36th Edition (2018-2019), Oxford University Press, Oxford, 2018, pp. 569 a 588; CHIVERS Q.C., D., SHAW, B., BRYAN Q.C., C. y STAYNINGS, C., *The law of majority shareholder power. Use and abuse,* Second Edition, Oxford University Press, Oxford, 2017, pp. 188 a 211; y SIERRA NOGUERO, E., "Análisis de Derecho comparado de la impugnación..." ..., *op. cit.*, pp. 944 a 946.

773 El Derecho italiano permite, sobre la misma base del abuso de derecho de la mayoría, la impugnación de estos acuerdos por la vía del *art. 2377 Codice Civile,* a falta de un *diritto di recesso* por esta causa en los arts. 2473 o 2743 *Codice Civile.* La alternativa está representada por el reconocimiento de una cláusula estatutaria por este motivo o, mediante el ejercicio de un derecho de separación *ad nutum* que en las sociedades no cotizadas combate las vinculaciones indefinidas. Ver SIERRA NOGUERO, E., "Análisis de Derecho comparado de la impugnación..." ..., *op. cit.*, pp. 947 a 952. Sobre la reforma del derecho a la separación del año 2003 en el Ordenamiento italiano, como fue la posibilidad de su modificación o supresión mediante los estatutos y con sujeción a determinados condicionantes, ver IOVENITTI, P. M., "Il nuevo diritto di recesso: aspetti valutativi", *Rivista delle società,* Nº 50, 2005, Vol. 1, pp. 459 a 486; CHIAPPETTA, F., "Nuova

Francia[774], donde la ausencia de un derecho a separarse por este motivo deja, como única vía, la impugnación del acuerdo por abuso de derecho. En este sentido, supone una mejora de los derechos de los minoritarios frente a posibles abusos de la mayoría, evitando vinculaciones perpetuas y salvando los costes asociados a la impugnación indefinida en términos de sucesión de ejercicios contables que conllevaría la única salida del artículo 204.1. de la Ley de Sociedades de Capital. Sin embargo, la regulación de este motivo de salida del socio incorpora nuevos riesgos, como es la descapitalización de la sociedad y la posibilidad de virar desde un abuso de la mayoría, que bien podría igualmente utilizar la existencia de este derecho para forzar la salida de los minoritarios a costa de negar el reparto de beneficios, hacia un escenario de "tiranía de la minoría"[775] , donde estos dificulten el funcionamiento de la sociedad y actúen con abuso de derecho en contra de los principios de la buena fe[776]. Nada impide que pueda ser utilizado como herramienta para que los socios mayoritarios fuercen la salida de los minoritarios. En otras palabras, resulta tan abusivo negar sistemáticamente la distribución de dividendos, como forzar a la sociedad a reservar las ganancias para poder afrontar la cuota correspondiente por el ejercicio del derecho de separación de los socios o para el reparto de beneficios.

---

disciplina del recesso di società di capitali: profili interpretativi e applicativi", *Rivista delle* società, Nº 50, 2005, Vol. 1, 487 a 517; y PISCITELLO, P., "Riflessioni sulla nuova disciplina del recesso nelle società di capitali", *Rivista delle società*, Nº 50, 2005, Vol. 1, pp. 518 a 533.

774 La doctrina del *abus de majorité* también tiene calado en Francia, permitiendo la anulación de acuerdos sociales por la vía del art. L235-9 *Code de Commerce*, en lugar de un derecho de separación o *retrait de l'associé*. En consecuencia, serán los jueces quienes determinarán si un determinado acuerdo por el que se decida no repartir beneficios es abusivo o no, analizándose, entre otros, si en los ejercicios precedentes se han estado dedicando beneficios a las reservas o no, si dichos fondos se dedican al autofinanciamiento, si los socios perciben remuneraciones de otra clase, etc. Consultar, SIERRA NOGUERO, E., "Análisis de Derecho comparado de la impugnación…" …, *op. cit.*, pp. 950 a 952.

775 GALLEGO SÁNCHEZ, E., "El derecho de separación por reparto insuficiente…" …, *op. cit.*, p. 847.

776 Art. 7.2. CC. Nuestra jurisprudencia ha apreciado abuso de derecho en el ejercicio de separación de manera reciente en la Sentencia del Tribunal Supremo Nº 38, de 25 de enero de 2022 [ECLI:ES:TS:2022:199].

La transposición de la Directiva (UE) 2019/1023 y la entrada en vigor de la Ley 16/2022 agudizan estos riesgos en situaciones de insolvencia[777]. Como ya ocurriera con los acuerdos de refinanciación, la descapitalización asociada a la separación del socio por no reparto de dividendos confronta directamente la imposición por entidades financieras de *covenants* destinados a controlar el gasto social limitando, por ejemplo, el reparto de beneficios[778]. La operatividad de ambos dificulta la financiación de las sociedades, agravando la situación de crisis de las mismas. Otra dificultad que presenta la descapitalización es en relación con la refinanciación de la sociedad en dificultades, no sólo como contenido de un plan de reestructuración, sino para la propia supervivencia o buen fin del mismo. Esta necesidad se ha hecho aún más evidente con la regulación más proteccionista de la nueva financiación y de la financiación provisional o interina de la Ley 16/2022. En una fase temprana de la reestructuración, el derecho de separación juega un papel de defensa del socio frente a la desconfianza en el grupo mayoritario o de control de socios y la administración; con el riesgo de que la negociación de un plan de reestructuración sea utilizada por estos últimos para forzar la salida de los primeros. No es lo más conveniente desde el punto de vista de la sociedad, dado el riesgo de despatrimonialización que afronta. Además, corre el peligro de convertirse en una herramienta de presión y vulneración del principio mayoritario o en una manera de eludir las normas sobre transmisiones de acciones o participaciones.

Por estos motivos, puede defenderse el carácter excesivo de la medida, aun cuando se encuentra reconocida la causa de separación *ad nutum*, por cuanto es susceptible de dar el patrimonio social, siendo peor "el remedio que la enfermedad". El momento temprano de la crisis y del ejercicio del derecho sustentaría el carácter excesivo y, por tanto, indeseable de la medida.

---

777 PULGAR EZQUERRA, J., "Reparto legal mínimo..." ..., *op. cit.*, p. 680.

778 GALLEGO SÁNCHEZ, E., "El derecho de separación por reparto insuficiente..." ..., *op. cit.*, p. 847 y PULGAR EZQUERRA, J., "Reparto legal mínimo..." ..., *op. cit.*, pp., 680 a 682.

Capítulo Segundo

LA TUTELA DEL SOCIO EN LA FASE DE APROBACIÓN DE UN PLAN DE REESTRUCTURACIÓN

I. CONTENIDO DEL PLAN DE REESTRUCTURACIÓN

Tal y como se ha adelantado, la reestructuración temprana de sociedades requerirá no sólo modificaciones de su estructura operativa, sino también una reestructuración financiera, afectando tanto al pasivo[779] como al activo de la sociedad y, más importante, a la estructura de capital. Es en esta última donde entran en juego los socios, pudiendo verse afectados sus derechos políticos y económicos. A lo anterior se han de añadir medidas de refinanciación.

El artículo 614 del Texto Refundido de la Ley Concursal se adapta a lo establecido por el artículo 2.1.1. de la Directiva (UE) 2019/1023 y define los planes de reestructuración como aquellas medidas susceptibles de adoptarse para la reestructuración de una sociedad, incluyendo modificaciones de la composición, las condiciones o la estructura de los activos y del pasivo o de cualquier otra parte de la estructura del capital del deudor[780], así como las ventas de activos o de partes de la empresa[781]. Incluso da cabida a su venta como empresa en funcionamiento, además de cualquier cambio operativo necesario.

Dejando al margen la reestructuración operativa, en lo que aquí interesa, las medidas que afectan a la estructura de capital quedan

---

779 Con las limitaciones el artículo 616 TRLC.

780 El término de la estructura de capital es mencionado en la Directiva (UE) 2019/1023, pero no por el art. 614 TRLC. Puede consultarse a GALLEGO SÁNCHEZ, E., "La Directiva (UE) 2019/1023 para aumentar..." ..., *op. cit.*, pp. 626 a 629.

781 Denominados, estos, planes liquidativos. Sobre esto, ver GARCIMARTÍN ALFÉREZ, F. J., "Sobre el nuevo régimen aplicable..." ..., *op. cit.*, p. 60. Sobre los posibles contenidos ver también FERNÁNDEZ DEL POZO, L., "La tutela de los socios frente a los planes..." ..., *op. cit.*

comprendidas entre las operaciones societarias que requieren aprobación por parte de la sociedad y la modificación de los estatutos sociales. Aprobación necesaria en atención al reparto competencial de facultades de los órganos de la sociedad[782]. La conceptualización de los planes en términos tan amplios permite dar cabida a diversas operaciones dentro de la variedad que ofrecen las modificaciones estructurales[783]. Por lo tanto, además de las enajenaciones, podrán acordarse, aumentos y reducciones de capital o las típicas operaciones acordeón, así como fusiones, escisiones o transformaciones. Son muy características, por los beneficiosos efectos que sobre la situación financiera de la sociedad generan, las capitalizaciones de deuda, reduciendo el pasivo de la sociedad[784]. Es más dudoso, no obstante, que pueda pactarse la cesión forzosa de acciones o participaciones[785].

---

782 Efectivamente, quedan recogidas entre las competencias de la junta como evidencia el art. 160 LSC, entre sus apartados c) a h), en cumplimiento de lo dispuesto por la Directiva de Sociedades en sus arts. 68.1., 73, 79.1. y 80.1., para los cuales la transposición no ha previsto excepciones.

783 Contrasta con el § 225ª InsO del ordenamiento alemán, que si bien sí ha mantenido una cláusula abierta que permite incluir cualquier operación permitida en la ley de sociedades, la completa con un listado *numerus apertus* de modificaciones que podrán conformar el contenido de un plan de reestructuración en lo que denomina la parte de "diseño" *gestaltenden*. Así, permite los aumentos y reducciones de capital, los pagos en especie, la exclusión del derecho de suscripción, la capitalización de créditos.

784 Pero también conlleva riesgos para los acreedores, cuyo tratamiento puede encontrarse, junto a los beneficios en BRAUN, BRAUN y FRANK "InsO § 225a Rechte der Anteilsinhaber" ..., *op. cit.*, marginales 9 a 13, tratando también los beneficios. En relación con estos últimos ver también, entre otros, "Capítulo 20. Acuerdos de refinanciación mediante la conversión de deudas en capital en la propuesta del texto refundido de la Ley Concursal", en *El concurso y la conservación de empresa. La armonización del Derecho regulador de la insolvencia*, Aranzadi, Navarra, 2017, pp. 323, 324 y 329. Se trata de una operación que reduce el pasivo de la sociedad al tiempo que aumenta el patrimonio neto no disponible, por lo que constituye una efectiva aportación patrimonial.

785 Frente a la capitalización de deuda y aun cuando puedan buscar el mismo resultado, se trata de una operación atípica. En relación con esto, IRIBARREN BLANCO, M., "Los socios en los planes de reestructuración..." ..., *op. cit.*, p. 114, considera que, en todo caso, la medida debe estar justificada, garantizar el valor real a los socios y contar con su aprobación, junto con el resto de requisitos para la confirmación de un plan de reestructuración.

Contenido que sí ha contemplado expresamente el ordenamiento alemán[786].

Las medidas concretas que se adopten deberán ser detalladas en el plan en cumplimiento del artículo 633.9ª. del Texto Refundido de la Ley Concursal. En el mismo se recoge el contenido mínimo que debe contener un plan de reestructuración, incluyendo aquellos socios que, concretamente no vayan a quedar afectados por el plan. Deberán constar individualmente identificados junto con las razones de su no afectación. Ello permite conocer con exactitud al socio, en caso de que llegue a tener conocimiento de la negociación del plan, si se verá afectado por el plan. En caso de no constar especificado, podrá presumir la afectación de su acción o participación en la reestructuración de la sociedad.

II. EL REQUISITO DEL CONSENTIMIENTO DE LOS SOCIOS MANIFESTADO EN JUNTA

1. El acuerdo de la junta de socios

La competencia para la negociación de un plan de reestructuración corresponde a los administradores sociales conforme al poder de representación que ostentan[787]. Por lo que respecta a la aprobación de los planes el legislador español, dentro de las opciones que ofrece la Directiva (UE) 2019/1023, ha mantenido las competencias de la junta y el derecho de voto de los socios. Ahora bien, también ha establecido diferencias de trato según se hable de solución o evitación de la insolvencia. Estas consisten en suprimir la necesidad del acuerdo de la junta ante determinadas circunstancias excepcionando lo dispuesto por el artículo 68 de la Directiva de Sociedades, conforme permite la Directiva de reestructuraciones.

---

[786] El §7(4) StaRUG, lo regula como contenido particular de los *restrukturierungsplans*, recogido en el §225ª(3) InsO.

[787] Aunque, según, ROJO FERNÁNDEZ-RÍO, A. J., "La conversión de créditos en acciones o participaciones en los planes de reestructuración", *Anuario de Derecho Concursal y Paraconcursal*, Nº 58, 2023, p. 4: "*no puede decirse que se trate de un simple "acto de gestión"*".

Los socios mantienen su poder de decisión en junta cuando el contenido de los planes de reestructuración afecte directamente a sus intereses. Dicho de otro modo, cuando las medidas adoptadas por acuerdo de los acreedores con los administradores en un plan de reestructuración requieran aprobación por la junta de socios conforme al artículo 160 de la Ley de Sociedades de Capital (disposición de activos esenciales, aumentos o reducciones de capital, capitalizaciones de créditos, modificaciones estructurales, etc.), con las excepciones que el propio artículo 297 de la Ley de Sociedades de Capital regula en relación con la facultad de delegar en los administradores el aumento de capital en las sociedades anónimas. Se incluirían aquí también las competencias atribuidas a la junta por los estatutos del artículo 160.j). del texto legal. El poder de decisión que manifestará mediante el ejercicio de su derecho de voto en la celebración de una junta cuya naturaleza será la de junta general extraordinaria[788], salvo que se trate de junta universal.

A pesar de ello y de lo dispuesto por el artículo 167 de la Ley de Sociedades de Capital, no existe una obligación inequívoca para la convocatoria de la junta en el contexto de un plan de reestructuración. Ni siquiera cuando el contenido del plan contenga medidas que requieran aprobación por los socios de acuerdo con la normativa societaria. La Ley 16/2022 ha respetado las facultades de la junta para decidir en materias de su competencia, pero el apartado último del artículo 631.2.2ª. del Texto Refundido de la Ley Concursal declara que el plan que requiera aprobación por los socios en junta que no se hubiese constituido deberá entenderse rechazado. Dicho de otro modo, sigue recayendo sobre el administrador social la obligación de convocar la junta de socios para la aprobación de determinados asuntos, conforme a la regulación concursal o preconcursal y societaria vigente, bajo pena de incurrir en responsabilidad. Aún así, la convocatoria de la junta de acuerdo con la regulación de la Ley 16/2022 no es preceptiva.

---

788 Extensamente, JUSTE MENCÍA, J., "La junta de socios..." ..., *op. cit.*, pp. 48 a 52; y MOYA BALLESTER, J., "Los planes de reestructuración", en Gallego Sánchez, E., (dir.), *Derecho Concursal y Preconcursal. Texto refundido de la Ley Concursal tras la reforma por la Ley 16/2022, de 5 de septiembre*, Tomo II, Tirant lo Blanch, Valencia, 2022, p. 2307.

Ciertamente, las consecuencias de lo anterior difieren según la sociedad se encuentre inmersa en insolvencia probable, inminente o actual. En el primer caso será imposible su homologación y, por lo tanto, la ejecución de las medidas que afecten a los socios. La necesidad del acuerdo social para poder homologar un plan de reestructuración cuando la sociedad se encuentra en insolvencia probable supone el punto fuerte de defensa de los socios que, sin embargo, puede verse erosionado al no ser preceptiva la convocatoria de la junta, como se verá a continuación.

En la insolvencia inminente y actual podrán aplicarse las medidas del plan forzosamente a los socios sin necesidad de la celebración o del acuerdo positivo de la junta. La ley así redactada confirma que la convocatoria y celebración de la junta no es obligatoria por ley, al margen de la responsabilidad en la que pueda incurrir el administrador[789]. Nuevamente, la ley se decanta por la celeridad en el procedimiento de reestructuración temprana[790]. Pero el carácter preceptivo de la junta no significa que ésta no sea posible, ni que esté prohibida, ni mucho menos que no sea conveniente. Incluso pudiendo los socios ofrecer resistencia al plan, el acuerdo de la junta para alcanzar un plan consensual ha de verse como algo deseable y positivo[791].

---

789 La ausencia de convocatoria podría fundamentar el ejercicio de las acciones de responsabilidad. Además, hasta la aprobación de la Ley 16/2022, el administrador podría incurrir en responsabilidad concursal.

790 Esta decisión favorece la solución de un problema de coordinación normativa que denunciaba EMPARANZA SOBEJANO, A., "Capítulo 20. Acuerdos de refinanciación mediante la conversión…" …, *op. cit.*, p. 326. En insolvencia actual, el plazo de dos meses dispuesto por el entonces art. 5 bis y actual art. 5.1. TRLC para la declaración del concurso necesario, podía no ser suficiente para el éxito de las negociaciones si además era necesaria la celebración de la junta, ante el plazo previsto en la Ley de Sociedades de Capital para la convocatoria y celebración de la misma. En la actualidad se ha de tener en cuenta la suspensión del deber de solicitar el concurso durante el plazo de tres meses de los arts. 611, 612, y 610.1. TRLC, con las posibilidades de prórroga de los arts. 607 y 608 TRLC. En otras palabras, se combina un procedimiento acelerado con la ampliación de los plazos para negociar antes del concurso necesario.

791 ROJO FERNÁNDEZ-RÍO, A. J., "La conversión de créditos en acciones…" …, *op. cit.*, p. 5, recuerda que además de facilitar el acuerdo consensual por parte de los acreedores, el acuerdo positivo de la junta reduce la legitimación posterior para la impugnación del plan por parte de los socios y destaca la preferencia entre los juristas españoles por los planes consensuales. También, JUSTE

La prudencia se exige ante la idea de que la eliminación de una convocatoria obligatoria de la junta general es susceptible de disminuir las posibilidades de defensa de los socios. De celebrarse la junta en un momento temprano, los socios estarían en posición de ejercitar sus derechos de información en relación con el contenido del plan y la situación financiera de la sociedad con el objeto de proponer alternativas menos perjudiciales para su posición[792]. Sin embargo, dado que tampoco existe obligación de convocar la junta con la comunicación de las negociaciones, carecen de competencia en la fase de negociación y no existe un deber expresamente recogido en la ley de informar por parte de los administradores, su papel en la reestructuración puede incluso limitarse a un momento posterior a la solicitud de la homologación. Para cuando esto suceda, la situación financiera de la sociedad puede haberse agravado hasta la insolvencia inminente, permitiendo el arrastre forzoso de los socios sin que estos hayan tenido tiempo para preparar una adecuada defensa[793]. Esto confirma la marginación o ausencia de participación del socio en el plan de reestructuración. La gravedad de lo aquí expuesto se refuerza con la cuestionada eficacia de las medidas de tutela *ex post*. Los efectos de una impugnación son limitados y en ocasiones irreversibles, limitándose al reconocimiento de una indemnización.

Como herramienta combativa, nada impediría la previsión de una cláusula estatutaria por la que se recogiese la convocatoria de la junta general con esta finalidad tan pronto como constase la aprobación de las distintas clases de acreedores o al tiempo en el que el mismo les fuera presentado para su votación. Un pacto estatutario tendrá eficacia interna, por lo que no afectará al desarrollo del procedimiento, y permitirá exigir responsabilidad al administrador objetivamente con base en su incumplimiento. Además, permite la convocatoria por el Letrado de la Administración de Justicia o el Registrador mercantil

---

MENCÍA, J., "La junta de socios…" …, *op. cit.*, p. 49; y BERMEJO GUTIÉRREZ, N., "Los socios y el reparto del excedente…" …, *op. cit.*, p. 231.

792 Incluso para la separación de un administrador cuyos intereses se hayan coordinado de forma desleal con los de los acreedores de la sociedad y el ejercicio de las acciones de responsabilidad.

793 A favor de esta idea, ROJO FERNÁNDEZ-RÍO, A. J., "La conversión de créditos en acciones…" …, *op. cit.*, p. 4.

del domicilio social, a solicitud de cualquier socio y con audiencia previa de los administradores. Si bien es cierto que requiere previo acuerdo de la junta para su inclusión en los estatutos, esta medida también rebaja el capital mínimo que se requiere para la convocatoria a solicitud de la minoría.

El nuevo régimen pone de manifiesto una vez más el papel secundario de los socios en el escenario de las reestructuraciones y el refuerzo del papel protagonista de los administradores. Se reduce la vinculación de los administradores a los socios, afectando a la estructura de gobierno corporativo y el papel de la junta como órgano soberano de la sociedad[794]. En particular, de entre los aspectos que justifican la caracterización de la junta como tal y, con ello, de los socios, destaca su capacidad para decidir sobre sus propias competencias; la posibilidad de incluir asuntos de su interés en el orden del día; o la posibilidad de separación o destitución *ad nutum* de los administradores[795]. Todas ellas, competencias directamente afectadas, cuando no, anuladas por la reforma objeto de estudio.

2. *Especialidades preconcursales en la regulación de la junta de socios*

El legislador ha optado por no privar a los socios de su poder de decisión en los planes de reestructuración. Empero, sí que introduce modificaciones vía *lex specialis* con el artículo 631 del Texto Refundido de la Ley Concursal, con efectos directos sobre la regulación de la convocatoria de la junta, plazos y competencia. Tendrá consecuencias también sobre el *quorum* de constitución y las mayorías necesarias. Su propósito es flexibilizar o aligerar los requisitos societarios para la adopción de los acuerdos de aprobación de planes de reestructuración por los socios, favoreciendo la celeridad del procedimiento. No quedarían afectadas, por ejemplo, aquellas disposiciones relativas al derecho o deber de asistencia, asistencia telemática, autorización

---

794 JUSTE MENCÍA, J., "La junta de socios..." ..., *op. cit.*, p. 48.

795 ALFARO ÁGUILA-REAL, J., "Artículo 159. La junta general", en Juste Mencía, J., y Recalde Castells, A. (coords.), *La junta general de las sociedades de capital. Comentario de los artículos 159 a 208 LSC*, Aranzadi, Navarra, 2022, p. 26.

para asistir, representación voluntaria, constitución, prórroga de las sesiones y acta de la junta[796].

2.1. Convocatoria de la junta

En todo caso, de celebrarse la junta general, esta podrá tener lugar antes de la solicitud de homologación del plan o en un momento posterior. Para que esto último sea posible, la convocatoria tendrá lugar, como máximo, el mismo día que se solicite la homologación. El solicitante de la homologación podrá solicitar la convocatoria judicial de la junta[797]. De ser así, el juez no se pronunciará sobre la homologación hasta que transcurran los diez o veintiún días desde la admisión a trámite de la homologación sin que se hubiese celebrado la junta, sin que se hubiese llegado a constituir, o si no aprueba el plan en todos sus términos. Aunque no se hubiese solicitado la convocatoria judicial por la persona solicitante de la homologación, el juez tampoco resolverá sobre la homologación hasta el transcurso del plazo referido.

Por lo que respecta a la competencia o legitimación para convocar, corresponde en primer lugar a los administradores de la sociedad, que se verán obligados cuando lo solicite mediante requerimiento notarial la minoría, en cumplimiento del artículo 168 de la Ley de Sociedades de Capital. Las posibilidades de considerar esta como una medida de defensa de la minoría en escenarios de reestructuración es escasa. Dependerá de la información de la que dispongan los socios, que será más amplia en sociedades de reducidas dimensiones o con un número reducido de miembros. Dado que tampoco existe obligación de informar en caso del inicio de las comunicaciones, no es extraño que esta facultad no llegue a ser ejercitada.

La inactividad del administrador en esta materia permitirá la convocatoria por un juez en la misma resolución que admita a trámite la solicitud de homologación a instancia del solicitante de esta última. Por lo tanto, estarán legitimados para solicitarla al juez competente

---

796 FERNÁNDEZ DEL POZO, L., "La tutela de los socios frente a los planes..." ..., *op. cit.*, p. 20.

797 Art. 631.2.2º. TRLC.

para conocer del concurso los administradores de la sociedad deudora y cualquier acreedor afectado que hubiese suscrito el plan[798].

Toda vez que la junta se convoque, otra novedad de aplicación en contextos de reestructuración afecta a los plazos de celebración. En lugar del mes que prevé la Ley de Sociedades de Capital para las sociedades anónimas o de quince días para las sociedades de responsabilidad limitada, entre la convocatoria y la fecha prevista para la celebración deberá existir un plazo de diez días. Este se aumenta a veintiún días para las sociedades con acciones admitidas a negociación en un mercado regulado. Plazos extensibles al supuesto de convocatoria por la minoría o por cualquier socio, para la junta estatutaria. Novedades que alcanzan a las disposiciones contenidas en la normativa sobre modificaciones estructurales, modificando también los plazos que establece entre la publicación de la convocatoria o la comunicación individual del anuncio a los socios y la celebración de la misma[799].

La reducción de plazos afecta directamente al periodo disponible para el ejercicio del derecho de información con carácter previo a la junta. Reduce también el tiempo disponible para acudir al asesoramiento por un experto independiente para evaluar la situación. Sin descontar la legalidad de que se celebre una junta universal con el mismo objeto u orden del día que el descrito en el siguiente apartado[800]. En tal caso se produce la renuncia voluntaria por los socios al derecho de información previo a la junta, no siendo necesaria una convocatoria de la misma.

En conexión con lo anterior, la reforma no especifica el *dies a quo.* Si bien su determinación no ha de ser técnicamente un problema[801], se une a la incertidumbre que pesa sobre el tiempo que tendrán los socios para informarse y asesorarse. Lo que, unido a la posibilidad de que la junta tenga noticia de la reestructuración solicitada ya la ho-

---

798 Art. 643.1. TRLC.

799 No será de aplicación, por ejemplo, el plazo de un mes establecido en el art. 47.2. RDL 5/2023 para el caso de la fusión.

800 El hecho de que la junta sea universal no autorizará a un cambio en los asuntos a tratar en la celebración de la junta.

801 A este respecto, consultar las propuestas de JUSTE MENCÍA, J., "La junta de socios…" …, *op. cit.*, p. 55, quien considera "fatal" el plazo legal abreviado.

mologación, esto es, excluyendo la participación de los socios, merma la tutela de los mismos. Máxime si la agravación de las dificultades económico-financieras se agravan durante ese tiempo, haciendo innecesario el consentimiento del socio.

La balanza se decanta aquí por la celeridad que es deseable para el triunfo de la reestructuración temprana. Las tensiones surgidas entre esta y las garantías de los socios podrían suavizarse fomentando la participación activa de estos últimos en el proceso de negociación, informándoles del estado de la cuestión para que puedan asesorarse y presentar alternativas válidas, pero menos lesivas a sus intereses. Todo ello, manteniendo una tramitación acelerada.

A estas cuestiones se añade la relativa a una segunda convocatoria. La reforma de los plazos, ahora abreviados, y la celeridad del proceso no autorizarían a primera vista una segunda convocatoria. Ello no quita para que, ante el carácter imperativo del artículo 177 de la Ley de Sociedades de Capital, se informe en la primera convocatoria sobre una segunda en un plazo de veinticuatro horas[802].

2.2. El objeto de aprobación y el orden del día

La redacción literal del artículo 631 del Texto Refundido de la Ley Concursal da a entender que el objeto de aprobación por la junta general de socios no son las medidas societarias concretas contenidas en el plan de reestructuración, sino el plan en su totalidad[803]. Esta particularidad del procedimiento de reestructuración permite un análisis global del plan y su capacidad para solucionar la situación financiera de la sociedad, garantizando la viabilidad de la empresa,

---

802 Esta es la propuesta formulada por JUSTE MENCÍA, J., "La junta de socios..." ..., *op. cit.*, p. 56.

803 Bajo el título de "*decisión de los socios sobre la aprobación del plan*", su apartado quinto hace referencia al acuerdo de la junta que apruebe el plan, disipando cualquier duda al respecto. Igualmente, el apartado tercero establece que "*el orden del día se limitará exclusivamente a la aprobación o al rechazo del plan en todos sus términos*". Pero también contienen referencias en esta dirección los arts. 640 y 656 de la Ley 12/2022, entre otros a lo largo del Libro II. Apoya esta idea, IRIBARREN BLANCO, M., "Los socios en los planes de reestructuración..." ..., *op. cit.*, p. 122.

así como una evaluación realista del balance de intereses[804]. Un estudio aislado de las medidas de reestructuración no aportaría un resultado realista sobre los efectos del plan en la situación financiera de la sociedad. A pesar de los términos en los que se expresa la ley, sin embargo, no se puede olvidar que la junta únicamente ostenta competencias sobre la aprobación del plan de reestructuración cuando este les afecta jurídicamente. Contrariamente, no tiene competencia cuando el contenido se reduce a quitas o esperas sobre la deuda. Por lo tanto, la realidad de fondo es que los socios están aprobando mediante el acuerdo de la junta, aquel contenido que les afecta y que se encuentra entre sus competencias reconocidas, a saber, las modificaciones estructurales y estatutarias negociadas y plasmadas en el plan de reestructuración que se somete a votación.

Obviando la justificación de dicha redacción anteriormente referenciada, la redacción de la Ley 16/2022 es confusa en este sentido[805]. Pareciera de otro modo que los socios tienen competencia para la aprobación de los planes de reestructuración, cuya negociación y aprobación con los acreedores corresponde a los administradores conforme a la legislación societaria y preconcursal.

Con todo, los efectos de lo aquí expuesto se extienden a la configuración del orden del día y al carácter ejecutivo del acuerdo de la junta. En última instancia tiene relevantes efectos sobre los requisitos para la aprobación del acuerdo social, concretamente de las mayorías especiales, y de los derechos de información del socio en la junta.

2.2.1. El orden del día

En línea con lo expuesto, en la convocatoria de la junta "*el orden del día se limitará exclusivamente a la aprobación o rechazo del plan en todos sus términos, sin que se puedan incluir o proponer otros asuntos*"[806]. De esta

---

[804] Calificada como beneficiosa por IRIBARREN BLANCO, M., "Los socios en los planes de reestructuración…" …, *op. cit.*, p. 122.

[805] También crítico con la falta de distinción, FERNANDEZ DEL POZO, L., "Saneamiento de pérdidas y reducción preconcursal del capital social en los planes de reestructuración preventiva", *Revista General de Insolvencias & Reestructuraciones (I&R)*, Nº 5, 2022, pp. 75 y ss.

[806] Art. 631.2.3ª. TRLC.

manera la ley introduce especialidades en la caracterización de la junta extraordinaria por las que se afecta el contenido de la convocatoria regulado en el artículo 174 de la Ley de Sociedades de Capital. También deja sin efecto la tutela de la minoría a través de la solicitud de complementos a la convocatoria del artículo 172 de la misma norma. La motivación final no es otra que evitar que los socios puedan de otra forma obstaculizar injustificadamente el plan[807].

El alcance de esta limitación o prohibición no queda claro en la norma. Es decir, si la inclusión del precepto imposibilita que la junta general decida en el mismo acto acerca de la separación de los administradores y del ejercicio de la acción social de responsabilidad. De algún modo, los términos literales del precepto permitirían decantar la balanza por mayores garantías para los socios manteniendo la puerta abierta a plantearlas en la junta. Ello, por cuanto no es necesario que figuren en el orden del día para someter la cuestión a votación, ya que se trata de una excepción en el régimen de sociedades[808]. Además, la relación de estas acciones con el fundamento y alcance del derecho de información del socio en la convocatoria y celebración de la junta puede ser suficiente para el mantenimiento de ambas[809]. Desde esta perspectiva, resultaría excesiva su eliminación con la consecuente restricción de derechos de los socios, así como a las facultades de control de la junta como órgano soberano, de las cuales ambas son manifestaciones.

Desde otro ángulo, no puede obviarse que el objetivo que la disposición se propone es que los derechos del socio en la convocatoria

---

807 JUSTE MENCÍA, J., "La junta de socios…" …, *op. cit.*, p. 49.

808 La norma establece que no se pueden incluir o proponer otros asuntos en el orden del día, mientras que la propuesta de separación o de interponer la acción social de responsabilidad conforman en el Derecho societario una de las excepciones de los asuntos a tratar en la celebración de la junta sin que figuren en el orden del día.

809 Es pacífica la idea de que el derecho de información es instrumental respecto del derecho de voto y que incluirá, entre los asuntos sometidos a votación, la acción social de responsabilidad y la separación del administrador social. Por su parte, el art. 631.4º. TRLC establece que "*el derecho de información se ejercerá exclusivamente respecto a este punto del orden del día*", haciendo referencia a la aprobación del plan.

y celebración de la junta no bloqueen la aprobación del plan[810]. No cabe duda acerca de la alteración organizativa que estas acciones supondrían en la sociedad, especialmente teniendo en mente la separación automática si la junta aprobase la interposición de la acción social. Conforme a esto, no cabría someter a votación la separación del administrador o la interposición de una acción social de responsabilidad[811]. Sin embargo, dado que la homologación puede solicitarse por cualquiera de los acreedores y que en ningún caso se exige el consentimiento del administrador para ello, no necesariamente se producirá tal paralización del procedimiento. En cualquier caso, si bien no resulta conveniente, no puede entenderse excluido por la ley preconcursal.

Similar resultado con medidas más contundentes se alcanza en el ordenamiento italiano. El artículo 120-bis *Codice della crisi*, en su apartado cuarto, prohíbe expresamente el cese del administrador desde el momento de la inscripción en el Registro Mercantil de la decisión de acceder a un instrumento de regulación de la crisis e insolvencia de los previstos en la ley. Aclara además que no se considerará justa causa para el cese la decisión en sí misma, siempre que se realizase conforme a la ley.

Volviendo sobre el alcance de la limitación, lo que sí queda claro es la imposibilidad de votar separadamente cada modificación estatutaria o, los distintos puntos del plan de reestructuración, como ocurriría de aplicar el artículo 197 bis. de la Ley de Sociedades de Capital[812].

---

810 JUSTE MENCÍA, J., "La junta de socios..." ..., *op. cit.*, p. 50, aunque partidario de una postura respetuosa con la interpretación finalista de la norma, también defiende cierta flexibilidad cuando así convenga a la sociedad o a la propia reestructuración. Por ejemplo, cuando, para mayor celeridad, deba nombrarse nuevo administrador en la misma junta por la que se aprueba el plan, tras el cese o dimisión del propio administrador.

811 Expresamente a favor de esta postura, JUSTE MENCÍA, J., "La junta de socios..." ..., *op. cit.*, p. 50. En cualquier caso, más allá de suponer la separación automática del socio, esta acción tendrá escasas o nulas posibilidades de prosperar en defensa de los intereses de los socios por los motivos expuestos anteriormente en el aparado correspondiente.

812 Lo afirma, JUSTE MENCÍA, J., "La junta de socios..." ..., *op. cit.*, p. 60.

En otro orden de cosas, tampoco queda claro hasta qué punto se han de detallar las concretas operaciones societarias que el plan contiene. En cumplimiento no sólo de la normativa societaria, sino también coherentemente con la regulación de las modificaciones estructurales que pueden conformar el contenido del plan de reestructuración, no bastará con una referencia genérica a la aprobación del plan como único asunto a tratar. Por el contrario, es prudente sostener que la convocatoria ha de redactarse en términos suficientes para la tutela de los socios. Para dar cumplimiento al fundamento[813] de las disposiciones relativas al orden del día, deberá constar como mínimo, una mención a las concretas operaciones que se contengan en el plan[814]. Así, v.gr., no bastará hacer referencia a que se van a producir modificaciones estructurales. Un adecuado ejercicio de los derechos del socio exigirá que se especifique si se trata de una fusión y de qué tipo, o si se somete a aprobación una transformación y en tal caso, cual será el tipo social de la sociedad resultante de la operación o, al menos, los tipos posibles, debiendo expresarse con la debida claridad, junto con el resto de modificaciones que vayan a producirse[815]. De esta manera, los socios podrán decidir asistir o no, preparar su asistencia en caso afirmativo, ejercitar su derecho de información o recabar aquella necesaria extra muros de la sociedad, incluyendo asesoramiento externo por un experto. Asimismo, habrían de tenerse en cuenta disposiciones societarias con similar objetivo. Es el ejemplo del artículo 107 de la Ley de Sociedades de Capital, en

---

813 Ver "Artículo 174. Contenido de la convocatoria", en Rojo, A. y Beltrán, E., (dirs.), *Comentario de la Ley de Sociedades de Capital*, Tomo I, Aranzadi, Thomson Reuters, Navarra, 2011, p. 1270. SÁNCHEZ CALERO, F., La junta general..., *op. cit.*, p. 118, añade que ha de permitir conocer si se encuentra dentro de las competencias de la junta general

814 IRIBARREN BLANCO, M., "Los socios en los planes de reestructuración..." ..., *op. cit.*, p. 110. La problemática detrás del silencio de la ley sobre los requisitos de forma del plan en relación con las operaciones societarias, pero también del detalle con el que se describa el orden del día, es tratado en FERNÁNDEZ DEL POZO, L., "La tutela de los socios frente a los planes..." ..., *op. cit.*, p. 16.

815 SACRISTÁN REPRESA, M., "Transformación de sociedad anónima en otros tipos sociales", en Rodríguez Artigas, F., Alonso Ureba, A., Fernández de la Gándara, L., Velasco San Pedro, L., Quijano González, J. y Esteban Velasco, G., *Modificaciones estructurales de las sociedades mercantiles*, Tomo I, Aranzadi, Thomson Reuters, Navarra, 2009, p. 155.

su apartado b), que requiere la aparición expresa en el orden del día de la transmisión de participaciones *inter vivos*[816]. En definitiva, todo lo necesario para un adecuado derecho de sus ejercicios políticos.

El contenido del orden del día también depende de si el acuerdo de la junta al que hace referencia el artículo 631 del Texto Refundido de la Ley Concursal reviste carácter ejecutivo o no. Este varía según si con el acuerdo de la junta se aprueba el acuerdo de modificación estatutaria o estructural en sí mismo con independencia de posteriores actos de ejecución necesarios, o si únicamente adopta el compromiso de la aprobación posterior de la modificación, requiriendo una nueva junta. La relevancia de una u otra opción incide en el derecho de información del socio que será mayor en el primer caso. El contenido de la convocatoria, el detalle de la orden del día y lo que se entiende por la "debida claridad" que ha de revestir no se analiza aisladamente[817]. Esto afecta concretamente a los documentos de obligado acompañamiento del proyecto de modificación que se someta a aprobación y recogidos en la normativa sobre modificaciones estructurales. Con la convocatoria dichos documentos se pondrán a disposición de los socios en el domicilio social y podrán pedir su entrega o envío gratuito, incluso por medios electrónicos, salvo que se trate de una junta universal[818]. Estos completan el contenido del orden del día y pueden consultarse desde la publicación de la convocatoria de la junta[819]. Otro ejemplo del contenido del orden del

816 Con independencia de una transmisión de participaciones voluntaria por actos *inter vivos* forme en la práctica parte del contenido típico de un plan de reestructuración, como duda JUSTE MENCÍA, J., "La junta de socios..." ..., *op. cit.*, p. 52.

817 El significado y alcance de "claridad" en la convocatoria ha sido ampliamente tratado por doctrina y jurisprudencia. Para una recopilación, puede consultarse SÁNCHEZ CALERO, F., La junta general..., *op. cit.*, p. 120.

818 Crítico con el defecto de información del que adolece la junta universal, SACRISTÁN REPRESA, M., "Transformación de sociedad anónima..." ..., *op. cit.*, pp. 151 y 152.

819 Sin olvidar el art. 287 LSC, que recoge la obligación de informar en la convocatoria sobre el derecho de los socios de examinar en el domicilio social el texto íntegro de la modificación propuesta y, en el caso de sociedades anónimas, el informe sobre la misma, así como pedir la entrega o envío gratuito.

día es el de la aprobación del balance de fusión, que deberá figurar separadamente en el orden del día[820].

Por lo que respecta a un incumplimiento de las especialidades en materia del contenido del orden del día, su reclamación corresponderá por la vía de la impugnación del acuerdo de la junta. Una afirmación que se ha de considerar en su lectura conjunta con las manifestaciones realizadas más adelante en relación con las vías de tutela de los socios *ex post.* En cualquier caso, el resultado de la impugnación depende de la regla o test de la relevancia contenida en el artículo 204.3.a). de la Ley de Sociedades de Capital[821].

2.2.2. *El carácter ejecutivo del acuerdo de la junta*

Se adelantaba la falta de claridad de la Ley 16/2022 al referirse al acuerdo de la junta por el que se aprueba el plan de reestructuración. Esto es concretamente relevante por lo que se refiere a aquellos acuerdos que contengan modificaciones estructurales. No se pronuncia expresamente sobre si con el acuerdo se adopta el compromiso de adopción de la modificación estructural o estatutaria, lo cual exigiría una nueva y posterior convocatoria y celebración de la junta. Ni aclara que con el acuerdo al que hace referencia el artículo 631 del Texto Refundido de la Ley Concursal, se está adoptando efectivamente la modificación. Únicamente hace referencia a la "*aprobación del plan*". Aun así, existen argumentos para entender que la ley se refiere a este segundo supuesto. Principalmente por el sentido de la reforma y la apuesta por la eficiencia y la celeridad del procedimiento. La necesidad de una segunda junta dilata en el tiempo las reformas necesarias y aumenta también los costes económicos, contrariamente al espíritu de la norma.

Tiene sentido defender que bastará una única reunión de la junta al que habrá que sumar los actos de ejecución que más adelante procedan. Debido a las semejanzas en el posible contenido, para responder a esta cuestión es posible acudir a la experiencia ofrecida por el convenio concursal por el que se pacta la realización de

---

820 Art. 44 RDL 5/2023.

821 JUSTE MENCÍA, J., "La junta de socios..." ..., *op. cit.*, p. 53.

modificaciones estructurales. La doctrina centraba la discusión en la fijación del orden procedimental entre la adopción del convenio y el acuerdo de la junta[822]. Lo que queda claro es que la competencia para la negociación con los acreedores y la adopción del convenio corresponde al administrador social. Tras esto, el propio convenio será sometido a aprobación por la junta de socios, en todos sus términos, sin posibilidad de modificación para, más adelante, realizar los actos de ejecución que sean necesarios y para los cuales se produce una alteración competencial, correspondiéndole a los administradores si no se ejecuta por los socios. Puede afirmarse, visto lo anterior, que la junta no adopta un mero compromiso para la adopción más delante de la modificación estructural.

Al hablar de los planes de reestructuración que introduce la Ley 16/2022, se ha visto que la celebración de la junta podrá tener lugar antes de la homologación o tras la solicitud de la misma. Siempre teniendo en cuenta que la ausencia de convocatoria, de constitución o de aprobación del plan en todos sus términos implica el rechazo del plan por los socios. Con todo, vuelve a no mencionarse si la celebración de la junta será antes, después o simultáneamente a la aprobación por los acreedores del plan. No cabe duda de que podrá celebrarse después, mientras que la aprobación simultánea es poco probable tras la exclusión de los socios como clases de acreedores.

---

822 Frente a quienes sostenían que el acuerdo de la junta se adoptará una vez se adopte el convenio por los acreedores y el juez del concurso, en este sentido LARGO GIL, R., "El convenio concursal mediante la modificación estructural de la sociedad concursada. (Algunas consideraciones a los cuatro años de la entrada en vigor de la Ley Concursal)", *Revista de Derecho Concursal y Paraconcursal*, Nº 9, 2008, pp. 10 y 11, con base un derecho de oposición que, sin embargo, el TRLC actual elimina tanto para el convenio como para el plan de reestructuración (art. 631.3. TRLC); otra línea doctrinal sostiene el orden opuesto, como es el caso de PULGAR EZQUERRA, J., "Modificaciones estructurales de sociedades en liquidación y en situación concursal", en Rodríguez Artigas, F., Alonso Ureba, A., Fernández de la Gándara, L., Velasco San Pedro, L., Quijano González, J. y Esteban Velasco, G., *Modificaciones estructurales de las sociedades mercantiles*, Thompson Reuters, Navarra, 2009, pp. 758 a 759; a la que se añade una tercera postura intermedia que resta relevancia al orden de los factores, como es el caso de GUTIÉRREZ GILSANZ, A., "Cesión global de activo y pasivo y concurso de acreedores", *Revista de Derecho Concursal y Paraconcursal: Anales de doctrina, praxis, jurisprudencia y legislación*, Nº 14, 2011, p. 7.

Por lo que respecta a una celebración previa, esta no parece admisible y es posible entender que a ello se refiere la ley cuando especifica que la junta se pronuncia sobre "*la aprobación del plan*". No sería razonable la adopción de modificaciones estructurales o de un plan, sin saber si será aprobado por los acreedores. Igualmente a como acontece con el convenio, la ley no menciona una junta posterior, sino únicamente los actos de ejecución necesarios, como los aumentos o reducciones de capital, para dar cumplimiento a los acuerdos adoptados por la junta a la que se refiere el artículo 631 del Texto Refundido de la Ley Concursal. Es decir, que el acuerdo, v. gr., de fusión, ya se entiende adoptado por la junta.

Lo anterior es coherente con la decisión de reducir o flexibilizar el *quorum* y las mayorías de votación. El objetivo de la flexibilización son las mayorías reforzadas de las modificaciones estatutarias y estructurales. No tendría sentido una celebración posterior donde fueran de aplicación las mayorías que la norma trataba de reducir. Mientras, para los actos de ejecución que puedan ser necesarios más adelante, el legislador encuentra soluciones. No sólo flexibiliza las mayorías también para los actos de ejecución, v. gr., del aumento o reducción de capital inherente a la operación societaria, sino que opta por un traslado competencial a favor de los administradores sociales o de quien designe el juez a solicitud de cualquier acreedor legitimado. Las competencias son tanto para los actos de ejecución necesarios, como para "*las modificaciones estatutarias que sean precisas*", es decir, el acuerdo de aprobación de la modificación societaria recogido en el artículo 631 del Texto Refundido de la Ley Concursal y al que se está haciendo referencia en el presente apartado.

El resto del texto también es coherente con esta idea. Así la referencia del artículo 647.4. del Texto Refundido de la Ley Concursal al control de legalidad que realizará el juez, no puede entenderse distinta a los requisitos societarios para una modificación estructural o estatutaria, según el caso.

Es idóneo entender que la junta está aprobando el acuerdo de modificación estructural en sí mismo, sin tratarse de un compromiso a futuro, por cuanto, a pesar de referirse a la aprobación del plan, solamente tendrá competencia cuando los socios se vean afectados jurídicamente. Esto es, cuando se trate de asuntos de su competencia conforme a la norma societaria, es decir, modificaciones estructurales y/o estatutarias. En el fondo, la aprobación de la junta ha de ser sobre la operación, ya que no tiene competencias para la adopción de planes que contengan exclusivamente otras medidas, como quitas o esperas.

La cuestión no es baladí, puesto que afecta a la activación o mantenimiento de los requisitos de mayorías especiales reguladas en la normativa societaria para los acuerdos sociales por los que se apruebe determinado contenido. Si con el acuerdo se está aprobando también el contenido, por ejemplo, de un acuerdo de fusión por el que se alteren derechos de clases de socios o derechos individuales de socios, procede abordar la aplicación de las garantías en favor de los derechos de los socios que la Ley de Sociedades de Capital y el Real Decreto-Ley 5/2023 para tales operaciones. Lo mismo ocurrirá con las obligaciones de información del administrador y los correlativos derechos de información del administrador. En definitiva, cuánta información se ha de poner a su disposición con la convocatoria y celebración de la junta y en qué documentos se han de recoger.

2.3. Clases de socios

Como puede apreciarse en ordenamientos comparados, una de las consecuencias de la consideración de los socios como clases de acreedores es su clasificación para la votación del plan en clases de accionistas o tenedores de participaciones[823]. Así ocurre en Francia, con el artículo L626-32 *Code de Commerce* o en Alemania, con el §222 InsO[824]. La idea tras la construcción de clases de acreedores (y de socios como tales) es la de diseñar una arquitectura del plan que favo-

---

823 Expresamente, el considerando 48 de la Directiva (UE) 219/1023 trata las diferentes categorías de socios, según los derechos que incorporan. Idea reiterada en los considerandos 47 y 57. Como excepción, las pymes no están obligadas a prever distintas categorías en el considerando 45.

824 El apartado cuarto del precepto alemán regula en particular una categoría específica para aquellos socios que poseen menos de un uno por ciento del capital social o menos de 1000 euros, lo que ha denominado "pequeños socios". Sobre esta cuestión, ver BRAUN, BRAUN y FRANK "InsO § 222 Bildung von Gruppen" ..., *op. cit.*, marginales 4 y 15.

rezca el éxito de este y diluya el peso que la voluntad de los disidentes pueda tener en el proceso de votación[825].

En Alemania, por ejemplo, los socios podrán clasificarse atendiendo a sus intereses económicos, a su participación en el capital, o también a su clasificación jurídica, así como al nivel de influencia que ejercen en la sociedad[826]. La clasificación podrá ser formal o material, permitiendo la segregación de acuerdo con la *justificación comercial razonable*, con origen en el sistema estadounidense[827]. Los socios no han de ser tratados necesariamente iguales entre sí, siempre que se contemplen distintos grupos y se respeten las limitaciones y reglas de protección aplicables, como la tutela de las minorías o la igualdad de trato[828].

En España, el rechazo a considerar al socio como una categoría de acreedores excluye esta clasificación. La heterogeneidad de derechos[829] o de capacidad de influencia en la sociedad no se refleja en la arquitectura del plan para el diseño de las clases de acreedores. Los socios se agrupan en una única categoría que, conforme a las normas de prelación de créditos en una hipotética liquidación, recibirán a la postre el trato de acreedores residuales. La consecuencia de esto último es la posibilidad de prescindir de su voluntad en situaciones de insolvencia inminente y actual. Por lo demás, dentro de esta única condición, el Derecho de sociedades se encarga del tratamiento de los distintos intereses económicos de los socios según su participación en el capital o de su calificación jurídica de acuerdo con las dis-

---

825 BRAUN, BRAUN y FRANK "InsO § 245 Obstruktionsverbot" ..., *op. cit.*, marginales 49 a 51 y BRAUN, BRAUN y FRANK "InsO § 222 Bildung von Gruppen" ..., *op. cit.*, marginal 15.

826 BRAUN, BRAUN y FRANK "InsO § 222 Bildung von Gruppen" ..., *op. cit.*, marginal 11.

827 BRAUN, BRAUN y FRANK "InsO § 222 Bildung von Gruppen" ..., *op. cit.*, marginal 9.

828 En particular, el §245(3) InsO regula las condiciones necesarias para que el plan sea respetuoso con la participación que corresponde a los socios, agrupados en distintas clases según la "arquitectura" que se haya diseñado para el plan. BRAUN, BRAUN y FRANK "InsO § 222 Bildung von Gruppen" ..., *op. cit.*, marginal 8.

829 FERNÁNDEZ DEL POZO, L., "La tutela de los socios frente a los planes..." ..., *op. cit.*, p. 21 considera que el legislador ha obviado la heterogeneidad de derechos.

tintas clases y series de acciones o participaciones. Por ejemplo, deberá respetarse el derecho al privilegio relativo al dividendo preferente o el privilegio de la cuota de liquidación que la Ley de Sociedades de Capital concede a las acciones o participaciones sin voto, así como el resto de derechos privilegiados[830]. Igualmente, nada impide que deba aplicarse el privilegio en caso de reducción por pérdidas. Es cierto que cuando se produzca una reducción de capital, la sociedad no necesariamente sufrirá pérdidas cualificadas. Pero ello no obsta para que, cuando la sociedad se encuentre en pérdidas, si la situación se restablece dentro de un procedimiento de reestructuración mediante una reducción de capital, las acciones y participaciones sociales sin voto no se verán afectadas, salvo que como consecuencia de la reducción, su valor nominal excediera de la mitad del capital social de la sociedad de responsabilidad limitada o del desembolsado en la anónima. Dicho de otro modo, no hay libertad para la clasificación de los socios conforme cabría de aplicar el derecho preconcursal en la materia.

En consonancia con lo anterior, es de aplicación la regulación societaria relativa a la convocatoria y constitución de la junta, derecho de asistencia y voto, a salvo de las particularidades contenidas en el artículo 631 del Texto Refundido de la Ley Concursal. Esto plantea dudas acerca de las normas concretas de protección del socio frente a un trato discriminatorio dado que, en principio, no serán de aplicación aquellas que protegen las distintas clases de acreedores. Por el contrario, la protección la encontrarán en las normas societarias[831]. Es el caso de los artículos 293 y 294 de la Ley de Sociedades de Capital, relativos al consentimiento expreso de los socios que vean sus derechos directamente afectados o al consentimiento por una clase de socios, conforme a la clasificación societaria.

---

[830] En principio serán de aplicación los arts. 100 a 103 LSC.

[831] IRIBARREN BLANCO, M., "Los socios en los planes de reestructuración…" …, *op. cit.*, p. 116.

2.4. Quorum de constitución y mayorías de votación

En cumplimiento de las exigencias de la Directiva (UE) 2019/1023[832], el legislador introduce rebajas en los requisitos necesarios para la aprobación por la junta del plan de reestructuraciones. El objetivo es garantizar que los socios no puedan impedir injustificadamente el plan de reestructuración debido a unos requisitos de mayorías que el texto europeo denomina "injustificadamente altas". Por ello, el artículo 631.2.4ª. del Texto Refundido de la Ley Concursal sustituye el régimen societario aplicable en esta materia por un *quorum* y mayoría legal ordinarios.

La flexibilización de las mayorías para la adopción de estos acuerdos cuenta con antecedentes en el sistema español. Concretamente, en el régimen especial de la conversión de acciones en participaciones sociales, como contenido de un acuerdo de refinanciación, un acuerdo extrajudicial de pagos o un convenio, prevista en la regulación anterior, en el que se eliminaba la mayoría reforzada que la norma societaria exigía[833]. Ello permite hacerse una idea de la adaptación de la norma societaria necesaria para una correcta coordinación con las especialidades preconcursales.

Esta especialidad inhabilita los preceptos de la Ley de Sociedades de Capital que imponen la mayoría legal reforzada en las sociedades de responsabilidad limitada para la modificación de los estatutos,

---

832 Expresamente lo indica el considerando 57 de la Directiva (UE) 2019/1023 y, similarmente, el considerando 47.

833 Art. 624.2. del TRLC, hoy derogado, con origen en la disposición adicional 4ª.3.3º.ii., de la LC. Sobre esta cuestión, RECALDE CASTELLS, A., "Los acuerdos de refinanciación mediante la conversión de deudas en capital", *Anuario de Derecho Concursal*, Nº 33, 2014, p. 98, partidaria en dicho momento de ampliar la aplicación del precepto a los acuerdos de refinanciación generales del art. 71 bis LC, y RECALDE CASTELLS, A., "Protección del socio con ocasión en los cambios de control…" …, *op. cit.*, pp. 316 y 317. En ambas, llamaba la atención sobre la ausencia de modificación del *quorum*, en lugar de las mayorías para alcanzar el objetivo propuesto. Cuestión que con la norma de transposición queda en la actualidad resulta. En sentido similar, AZNAR GINER, E., *Refinanciaciones de deuda, acuerdos extrajudiciales de pago y concurso de acreedores,* Tirant lo Blanch, Valencia, 2013, p. 294. Sobre el escaso alcance que tenía en sociedades anónimas con anterioridad a la reforma de la Ley 31/2014, ver GALLEGO CÓRCOLES, A., La capitalización de créditos…, *op. cit.*, p. 186.

incluyendo operaciones como aumentos o reducciones de capital, fusión, escisión o transformación, pero también para la limitación o supresión del derecho de preferencia en los aumentos de capital, la cesión global de activo y de pasivo o la exclusión de los socios[834]. Por lo que respecta a las sociedades anónimas, tras la reforma acometida por la Ley 31/2014, la reducción del requisito de las mayorías no representa un gran cambio. La clave se centra en el *quorum* de constitución. En efecto, no podrá aplicarse el *quorum* de constitución reforzado para supuestos especiales del artículo 194 de la Ley de Sociedades de Capital. Además, el carácter imperativo del artículo 631 del Texto Refundido de la Ley Concursal inhabilita cualquier mayoría o *quorum* reforzados, cualquiera que fuera el tipo social, a pesar de que, fuera del ámbito de adopción de un plan de reestructuración temprana, la Ley de Sociedades de Capital lo permite[835]. Tampoco habrá cabida para *quorum* o mayorías distintas acordadas en pactos parasociales[836].

Por lo tanto, en las sociedades de responsabilidad limitada, el plan de reestructuración se entenderá aprobado por la junta cuando

---

834 Art. 199 LSC.

835 En condiciones normales, el art. 200 LSC permite reforzar estatutariamente las mayorías en la sociedad de responsabilidad limitada para la adopción en asuntos determinados, siempre que no se alcance la unanimidad. También permite imponer el requisito de que haya votado a favor un número determinado de socios. En cuanto a las sociedades anónimas, no podrán reforzarse el *quorum*, a pesar de que los arts. 193, 194 y 201 LSC así lo permiten. Este debate ya fue abordado con la anterior regulación de la conversión de deuda en capital en el ámbito del preconcurso y del convenio concursal. Las condiciones similares lo hacen extrapolable al que pueda surgir con la transposición de la Directiva (UE) 2019/1023 y, ya entonces, la doctrina entendió que no era posible modificar el *quorum* o las mayorías del TRLC estatutariamente. Concretamente, GALLEGO CÓRCOLES, A., La capitalización de créditos..., *op. cit.*, p. 188, quien se hace eco también del resto de la doctrina. Concretamente, "El envilecimiento de la posición del socio en la capitalización preconcursal de créditos bajo el Real Decreto-ley 4/2014", La Ley mercantil, Nº 1, 2014, p. 12; CONDE TEJÓN, A., "La capitalización quasi forzosa por compensación de créditos como contenido de acuerdos de refinanciación tras la Ley 17/2014", *Revista de Derecho de Sociedades*, Nº 43, 2014, p. 11; y DÍAZ MORENO, A., "Sobre el aumento de capital por compensación de créditos (reflexiones al hilo de la disposición adicional 4ª de la Ley Concursal)", *Revista Aranzadi de derecho patrimonial*, Nº 38, 2015, p. 8.

836 AZNAR GINER, E., *Refinanciaciones de deuda...*, *op. cit.*, p. 294.

cuente con el voto favorable de la mayoría de votos válidamente emitidos y siempre que estos representen al menos un tercio de los votos correspondientes a las participaciones sociales en que se divida el capital social. Por su parte, en la sociedad anónima, quedará aprobado por mayoría simple, esto es, obteniendo más votos a favor que en contra del capital presente o representado. En cuanto al *quorum*, se cumple en primera convocatoria con la asistencia de accionistas, presentes o representados que posean al menos el veinticinco por ciento del capital suscrito con derecho de voto. En segunda convocatoria, la junta quedará constituida cualquiera que sea el capital concurrente.

A pesar de los antecedentes, la rebaja del *quorum* y de las mayorías acometida por la reciente reforma cuenta con críticas en la doctrina[837]. La especial gravedad deriva de que con la entrada en vigor del Texto Refundido de la Ley Concursal la modificación no se aplica a una única operación societaria, sino con carácter general a cualquier operación societaria por la que se vean afectados los derechos de los socios. En este sentido, se ha considerado una medida innecesaria habida cuenta de que entre las novedades ya se incluye el arrastre forzoso de los socios en insolvencia inminente o actual[838]. La afectación de la voluntad de los socios es por lo tanto excesiva, especialmente para la minoría[839]. Ciertamente, parece desproporcionado distorsionar la voluntad de los socios habida cuenta de la indeterminación

---

837 Así se posicionan, IRIBARREN BLANCO, M., "Los socios en los planes de reestructuración..." ..., *op. cit.*, p. 125; y BERMEJO GUTIÉRREZ, N., "Los socios y el reparto del excedente..." ..., *op. cit.*, p. 228.

838 Ver, IRIBARREN BLANCO, M., "Los socios en los planes de reestructuración..." ..., *op. cit.*, p. 125. Sin embargo, con la regulación anterior, aplicable únicamente a la capitalización de créditos, GALLEGO CÓRCOLES, A., La capitalización de créditos..., *op. cit.*, p. 187 consideraba que no tenía una gran eficacia en las sociedades anónimas. Mientras, CONDE TEJÓN, A., "La capitalización *quasi forzosa*..." ..., *op. cit.*, p. 11, en la comparativa se decanta por razones de realidad práctica por una mayor eficacia en las sociedades anónimas, al considerar que, a pesar de que en teoría el cambio es mayor en la sociedad de responsabilidad limitada, el tipo de acuerdo es más común en las sociedades anónimas.

839 En este sentido, BERMEJO GUTIÉRREZ, N., "Los socios y el reparto del excedente..." ..., *op. cit.*, p. 228; e IRIBARREN BLANCO, M., "Los socios en los planes de reestructuración..." ..., *op. cit.*, p. 126, quien, además, considera injustificadas las diferentes mayorías que se exigen para los acreedores (superior a los dos tercios del pasivo correspondiente a cada clase), frente a las reducidas aplicables a los socios. En cuanto a esto último, de modo similar lo expresaba

del presupuesto objetivo que autoriza la aplicación de la regulación especial. De nuevo, la situación económica y financiera de las sociedades es muy irregular, por lo que la amplitud de una situación de probabilidad de insolvencia puede fomentar el abuso de estas medidas en detrimento de la junta como órgano soberano de la sociedad y, concretamente, del socio. En especial, de los minoritarios. La voluntad social ya se ve drásticamente intervenida en situaciones de insolvencia inminente y actual, pero cuando la sociedad es todavía viable económicamente, por lo que tiene posibilidades de recuperación. Es decir, cuando la situación de necesidad puede autorizar indubitadamente la intromisión en los derechos de los socios, con base en los argumentos que ya se han expuesto en el presente estudio.

En cualquier caso, la erosión que la norma preconcursal ejerce sobre la formación de la voluntad social, contrasta con las garantías que la societaria recoge en protección de los socios y que varía según se trate de una sociedad de responsabilidad limitada o una sociedad anónima. Se recogen a continuación.

3. Tutela en la formación de la voluntad social

3.1. Instrumentos de tutela en la Ley de Sociedades de Capital

3.1.1. El consentimiento individual de los afectados

El texto consolidado de la reforma hace mención específica a las mayorías de votación para aprobar el plan de reestructuración por la junta general, así como al *quorum* de constitución de la junta. No hace referencia, sin embargo, al resto de preceptos que la regulación societaria contiene para una adecuada tutela de los socios en el ámbito de la formación de la voluntad social.

En aplicación del artículo 291 de la Ley de Sociedades de Capital, aquellos acuerdos que modificando los estatutos sociales supongan nuevas obligaciones, así como su eliminación o modificación relevante o sensible, para los socios que no deriven ya del contrato social o del deber de fidelidad, tanto si se trata de sociedades anónimas, co-

---

FERNÁNDEZ DEL POZO, L., "El envilecimiento de la posición del socio…" …, *op. cit.*, p. 12.

mo sociedades de responsabilidad limitada, deberán adoptarse con el consentimiento individual de los afectados. Ello, sin perjuicio de que pueda verse afectado también el usufructuario, siendo necesario su consentimiento cuando los estatutos lo autoricen[840]. En relación con las modificaciones estatutarias que en el marco de un plan de reestructuración pueda acordarse, la realización de nuevos desembolsos para el mantenimiento de la posición que el socio ostentaba en la sociedad previa a la reestructuración, se considera una carga y no una nueva obligación que exija su consentimiento[841].

Otro precepto que exige el consentimiento de los socios es el relativo a los aumentos de capital con aumento del valor nominal de las acciones o participaciones[842].

También el artículo 89 de la Ley de Sociedades de Capital exige el consentimiento individual del socio obligado a realizar prestaciones accesorias con motivo de una modificación estructural. Lo mismo se exige cuando, existiendo la prestación, esta se modifica o se extingue anticipadamente. La aplicación del artículo 89 al ámbito de las reestructuraciones trae consigo el debate en torno a si la ausencia de consentimiento individual se traduce en el fracaso de la modificación o si, por el contrario, comporta un derecho de separación del socio.

Por añadidura, en las sociedades de responsabilidad limitada[843], para realizar una modificación estatutaria que altere negativamente

---

840 MARTÍNEZ FLÓREZ, A., "Artículo 291. Nuevas obligaciones de los socios", en Rojo, A. y Beltrán, E., (dirs.), *Comentario de la Ley de Sociedades de Capital*, Tomo II, Aranzadi, Thomson Reuters, Navarra, 2011, pp. 2149.

841 MARTÍNEZ FLÓREZ, A., "Artículo 291. Nuevas obligaciones..." ..., *op. cit.*, pp. 2144.

842 El art. 296 LSC excepciona el supuesto de aumento con cargo a beneficios o reservas.

843 Respecto a una previsión estatutaria similar para la sociedad anónima, sería de dudosa aceptación al ser contraria a la necesidad de aprobación por clases que la Ley de Sociedades de Capital ha previsto. En la doctrina, ÁVILA DE LA TORRE, A., "Artículo 293. La tutela colectiva de los derechos de los titulares de clases de acciones en la sociedad anónima", en García-Cruces, J. A. y Sancho Gargallo, I., (dirs), *Comentario de la Ley de Sociedades de Capital*, Tomo IV, Tirant lo Blanch, Valencia, 2021, p. 4105, se hace eco de la opinión mayoritaria sobre la previsión estatutaria contraria a Derecho que establezca la inalterabilidad de los derechos especiales de los accionistas de una clase, por atentar contra los principios del tipo social y originar la petrificación de los privilegios.

los derechos individuales del socio e incluso de otros legitimados, como el usufructuario de participaciones, no es suficiente el principio mayoritario. Así lo establece el artículo 292 de la Ley de Sociedades de Capital. Por el contrario, se requiere el consentimiento individual de los socios afectados, reflejado en el acta de la junta, en otra escritura independiente o en la escritura de modificación de los estatutos[844].

En el ámbito societario el requisito del consentimiento individual protege los derechos de naturaleza dispositiva[845]. En condiciones normales se exige el consentimiento de aquellos socios afectados *directamente* en sus derechos. Pueden destacarse los supuestos en los que pretenda pactarse por la junta una eliminación del derecho de suscripción preferente o la supresión del derecho de voto; también la atribución de un derecho privilegiado a participar en las ganancias o en el patrimonio resultante de la liquidación; la creación de un derecho de preferencia o una modificación de las normas de afectación de las participaciones en caso de una reducción del capital por pérdidas en proporción al valor nominal; etc.

En el ámbito de una reestructuración temprana, la aplicación del artículo 292 de la Ley de Sociedades de Capital funcionaría como una herramienta de tutela de la minoría frente a aquellos acuerdos que puedan, por ejemplo, vulnerar la cuota de liquidación correspondiente ante una valoración errónea o discriminatoria, así como de su derecho a participar de las ganancias de la sociedad. Aquellas medidas que suponen una dilución de la posición de socio afectan sin ninguna duda a su derecho ordinario a participar en las ganan-

---

844 Artículo 195.2. RRM. Esto también es de aplicación a las modificaciones que contengan la creación, modificación o extinción de las obligaciones del socio, del aumento de capital con aumento del valor nominal de acciones o participaciones, así como de la creación, modificación o extinción de prestaciones accesorias.

845 Tanto los denominados derechos ordinarios o comunes e indisponibles de origen legal, como los derechos estatutarios especiales o privilegiados, incluyendo los de la minoría. MARTÍNEZ FLÓREZ, A., "Artículo 292. La tutela individual de los derechos del socio en la sociedad de responsabilidad limitada", en Rojo, A. y Beltrán, E., (dirs.), *Comentario de la Ley de Sociedades de Capital*, Tomo II, Aranzadi, Thomson Reuters, Navarra, 2011, pp. 2154 a 2158.

cias de la sociedad[846]. Aun cuando no se alteran los estatutos modificando directamente el derecho del socio, es cierto que éste soporta la alteración o disminución de su derecho económico por la reducción o aumento de capital o por la entrada en el capital social de los acreedores. En cambio, el requisito no se exige por estos motivos de manera indiscriminada en operaciones como la capitalización de deuda, ni tampoco en la fusión o en otras operaciones societarias similares[847]. Para que el acuerdo necesite la aprobación individual del socio, será necesario que la afectación sea directa. Además, sostener lo opuesto podría conllevar al fracaso casi sistemático del plan de reestructuración, debido a que el contenido del artículo 292 de la Ley de Sociedades de Capital se ha configurado como una medida tuitiva que opera como límite *rígido*[848] al ejercicio abusivo por la junta de su facultad para modificar los estatutos sociales. En cuanto a la errónea valoración de la cuota de liquidación o de sus participaciones, no parece que sea esta la vía adecuada para impedir que ello suceda. Se trata de una medida que afecta indirectamente los derechos del socio y, por lo tanto, susceptible de ser recurrida, alternativamente, por abuso de mayoría o bajo el amparo del principio de igualdad de trato.

---

846 Similarmente, MARTÍNEZ FLÓREZ, A., "Artículo 292. La tutela individual..." ..., *op. cit.*, p. 2161, analiza dos formas distintas de afectar el derecho a participar en las ganancias de los socios. Por un lado, la conversión de las participaciones de las que es titular el administrador de ordinarias a privilegiadas. Esto supondría una afectación directa del derecho del socio. Por otro lado, mediante el acuerdo de retribuir el cargo, que supondría una afectación indirecta del mismo derecho.

847 Se ha sostenido, sin embargo, que el consentimiento de los socios afectados sí que será necesario cuando la el cambio en su posición sea a consecuencia de un aumento de capital con aumento del valor nominal de las acciones, salvo que se concedan mecanismos para evitar tal afectación, v.gr., la emisión de nuevas acciones o participaciones destinadas a dichos socios unida a la enajenación del derecho de preferencia (RDGRN de 15 de noviembre de 1995), tal y como expone MARTÍNEZ FLÓREZ, A., "Artículo 291. Nuevas obligaciones..." ..., *op. cit.*, pp. 2148.

848 Como aclara MARTÍNEZ FLÓREZ, A., "Artículo 292. La tutela individual..." ..., *op. cit.*, p. 2153, no admite una valoración de la existencia de abuso, a diferencia de los límites flexibles, como el principio de paridad de trato. Bastará con que se altere el acotamiento legal o estatutario del supuesto de hecho que da lugar al nacimiento del derecho.

3.1.2. El consentimiento de las clases de accionistas afectadas

La Ley de Sociedades de Capital en su artículo 293[849] prevé otro límite objetivo y de carácter absoluto a la voluntad de la mayoría para la tutela colectiva de los derechos de la minoría[850]. En caso de que por medio de la junta se someta a aprobación un acuerdo de modificación de los estatutos sociales que afecte a una clase de acciones, será necesario que las clases afectadas presten su consentimiento de forma separada y cumulativa al resultado de la votación de la junta general. A simple vista, esta regla conforma la alternativa al tratamiento de los socios como clases de acreedores dado que tiene en cuenta la heterogeneidad de derechos existentes. Pero distinto tratamiento societario obliga a cuestionarse la virtualidad real de la misma.

Esta medida tuitiva se recoge legalmente con carácter exclusivo en las sociedades anónimas, a excepción de las participaciones sin voto en la sociedad de responsabilidad limitada[851]. Ello no ha impedido que la doctrina entienda conforme a Derecho prever estatutariamente en las sociedades de responsabilidad limitada el mismo requisito[852]. Cuando la modificación afecte a los derechos de los socios tanto directa, como indirectamente, deberá concurrir el con-

---

849 De forma similar, el art. 338 LSC establece que, en caso de reducción de capital mediante acciones o participaciones propias para su amortización que únicamente afecte a una clase de acreedores, deberá contarse con el acuerdo separado de la mayoría de las acciones pertenecientes a la clase afectada, tal y como lo establece el art. 293 LSC.

850 PEÑAS MOYANO, B., "Artículo 293. La tutela colectiva de los derechos de titulares de clases de acciones en la sociedad anónima", en Rojo, A. y Beltrán, E., (dirs.), *Comentario de la Ley de Sociedades de Capital*, Tomo I, Aranzadi, Thomson Reuters, Navarra, 2011, p. 2168.

851 Art. 103 LSC.

852 Destaca, en relación con la transposición española de la Directiva (UE) 2019/1023 y la ausencia de una previsión legal similar a la del art. 292 LSC para las sociedades de responsabilidad limitada, la opinión de FERNÁNDEZ DEL POZO, L., "La tutela de los socios frente a los planes..." ..., *op. cit.*, pp. 21 y 22. El autor reclama frente a la mentada ausencia la división del capital en clases de forma similar a los criterios que la regulación preconcursal prevé para la clasificación de los acreedores. Sobre los argumentos a favor y en contra, consultar MARTÍNEZ FLÓREZ, A., "Artículo 292. La tutela individual..." ..., *op. cit.*, p. 2157. En concreto, se muestra favorable a esta opción, PEÑAS MOYANO, B., "Artículo 293..." ..., *op. cit.*, p. 2170.

sentimiento de la clase concretamente afectada, bien sea en junta especial o en votación separada dentro de la misma junta general de adopción. Si los efectos recaen meramente sobre algunas de las acciones de una clase en particular, la ley aclara que conformarán clases independientes atendiendo a dicho trato discriminatorio. En tal caso, deberá concurrir el consentimiento de ambas clases para que la medida prospere.

Para que sea de aplicación el artículo, la afectación lesiva de los derechos[853], a diferencia de como ocurre con el requisito del consentimiento individual del artículo 292 de la Ley de Sociedades de Capital, no habrá de ser necesariamente directa. Basta que se vea afectada la posición jurídica sustantiva del socio en la sociedad, no sólo respecto del resto de socios existentes en ese momento en la sociedad, sino también frente aquellos que potencialmente entren en el capital[854]. La afectación indirecta favorece la operatividad del precepto en las operaciones típicas de la reestructuración, es decir, en supuestos de operaciones acordeón, aumentos y reducciones de capital y, sobre todo, conversión de deuda en capital. Operaciones en las que no se excluye ni el consentimiento individual de los tenedores de participaciones, ni el consentimiento colectivo regulado en el precepto al que aquí se hace referencia[855]. Pero para afirmar que el precepto tutelará los intereses de los socios en los escenarios de reestructuración que aquí se plantean, se ha de estar al resto de presupuestos de activación.

Algo similar acontece con los tenedores de acciones o participaciones sin voto. Cuando una modificación estructural modifique sus derechos, directa o indirectamente, sus derechos la modificación

---

853 PEÑAS MOYANO, B., "Artículo 293..." ..., *op. cit.*, p. 2171; y ÁVILA DE LA TORRE, A., "Artículo 293..." ..., *op. cit.*, p. 4104.

854 PEÑAS MOYANO, B., "Artículo 293..." ..., *op. cit.*, p. 2173; y ÁVILA DE LA TORRE, A., "Artículo 293..." ..., *op. cit.*, p. 4104.

855 Lo refleja de esta manera MARTÍNEZ MARTÍNEZ, Mª. T., "La fase decisoria: información sobre la fusión, desasrrollo de la junta, publicación del acuerdo de fusión", en Rodríguez Artigas, F., Fernández de la Gándara, L., Velasco San Pedro, L. A., Quijano González, J., Esteban Velasco, G. (dirs.), *Modificaciones estructurales de las sociedades mercantiles. Transformación, fusión, fusiones transfronterizas intracomunitarias,* Vol I, Aranzadi, Navarra, 2009, p. 569, en relación con la fusión.

tendrá que ser aprobada por la mayoría de estos en cumplimiento del artículo 103 de la Ley de Sociedades de Capital.

Volviendo sobre la afectación los derechos de una clase de socios, han de verse afectados aquellos derechos que por su propia naturaleza admitan lesión y tengan capacidad para generar clase[856]. Dicho de otra manera, la afectación no podrá ser atribuida a todas las clases por igual, sino que es necesario cierto trato discriminatorio. Con base en ello, el precepto no tendrá virtualidad práctica con carácter general cuando la junta general esté dirigida a la aprobación de una modificación estructural de las que conforman el contenido típico del plan de reestructuración por el mero riesgo de dilución de su posición. Será necesario, bien un trato formalmente discriminatorio de algunas de las acciones o un cambio relevante de su posición. Una interpretación excesivamente amplia del modo y alcance de la afectación puede conducir a la inoperatividad de la sociedad[857].

Por ejemplo, una ampliación de capital en la que se reconozca un derecho de preferencia con carácter exclusivo a algunos socios. Por lo demás, el silencio que la norma guarda sobre las distintas formas de afectación posible puede dificultar su aplicación.

Resulta ilustrativa la sentencia de la Audiencia Provincial de Santa Cruz de Tenerife de 2012[858]. El tribunal reconoce por aplicación analógica de la regulación de las sociedades mercantiles la nulidad de una modificación de los Estatutos de la Comunidad de Aguas acordada en Asamblea General, por el que se obligaba a la contribución a los gastos de elevación del agua a todas las participaciones *sin excepción*, excluyendo a las liberadas. A pesar de que la modificación formalmente se refería a todas las participaciones, materialmente supone un trato evidentemente discriminatorio[859]. Similarmente y con carácter más reciente, la misma Audiencia Provincial resolvía

856 ÁVILA DE LA TORRE, A., "Artículo 293..." ..., *op. cit.*, p. 4105.

857 PEÑAS MOYANO, B., "Artículo 293..." ..., *op. cit.*, p. 2173.

858 SAP de Santa Cruz de Tenerife Nº 405, de 16 de octubre de 2012 [ECLI:ES:APTF:2012:2543].

859 Si bien, de haberse tratado de una sociedad de capital la defensa de los derechos afectados se habría tramitado bajo el amparo del art. 291 LSC.

en su sentencia de junio de 2022[860] sobre la transformación de una comunidad de aguas en una sociedad de responsabilidad limitada. A pesar de que la operación afecta por igual a todos los miembros, la mutación de comuneros —o propietarios— a titulares de acciones o participaciones se considera una alteración de la esencia y contenido del derecho originario. A pesar de no ser de aplicación el régimen societario, debido a la naturaleza de la comunidad, el tribunal reconoce que, de tratarse de una sociedad de capital, el acuerdo no podría adoptarse con base en las disposiciones de los artículos 291 a 293 de la Ley de Sociedades de Capital.

Por descontado han de darse los requisitos necesarios para exigir el consentimiento de las distintas clases de socios de manera que no suponga un trato abusivo de la limitación a la voluntad colectiva. Pero no existe óbice que impida afirmar el mantenimiento del precepto cuando la sociedad se encuentra inmersa en un plan de reestructuración.

Ahora bien, otra cuestión a dilucidar consiste en si su configuración también se verá afectada por los cambios que introduce el texto consolidado de la transposición. El articulo 631.2.4ª. del Texto Refundido de la Ley Concursal no se pronuncia al respecto. Por lo tanto, una aplicación estricta de la norma será respetuosa con las mayorías reforzadas que procedan. Estas se refieren a una votación separada y no a las mayorías de la junta a las que sí hace referencia la especialidad preconcursal. Sin embargo, también se ha defendido una aplicación analógica de la disposición introducida por la Ley 16/2022 para una mejor coordinación normativa, entendiendo que el consentimiento particular de los socios afectados no se adoptará siguiendo los requisitos legales para las modificaciones estatutarias, ni conforme a la alteración que pudiese preverse en los estatutos, sino también con el *quorum* y las mayorías derivadas de la especialidad preconcursal[861]. El antecedente que supuso la rebaja de las mayorías de votación para la capitalización de créditos en el seno de un procedimiento preconcursal determinó que los Magistrados de lo Mer-

---

860 SAP de Santa Cruz de Tenerife Nº 557, de 20 de junio de 2022 [ECLI:ES:APTF:2022:1127].

861 A favor, FERNÁNDEZ DEL POZO, L., "La tutela de los socios frente a los planes..." ..., *op. cit.*, p. 21.

cantil de Madrid se decantaran por una aplicación de la rebaja de las mayorías de la norma preconcursal a esa doble mayoría. Es decir, tanto al aumento a las mayorías necesarias para el aumento de capital, como para la reducción de capital, en caso de que se lleve a cabo a través de una operación acordeón. Pero también respecto de las mayorías del artículo 293 de la Ley de Sociedades de Capital. Conforme a esta idea es coherente razonar que, si el acuerdo separado ha de ser adoptado con las mismas mayorías que las que se hayan previsto para la junta general, lo mismo cabría decir ante una reducción por la Ley 16/2022[862].

De otra parte, no parece viable la celebración de una junta especial cuando la decisión se toma con motivo de la aprobación de un plan de reestructuración. Aun cuando parece que aporta una mayor tutela a los socios que podrán tomar su decisión de forma más sosegada, sin el riesgo de sufrir presión por el resto de asistentes a la junta general por la que se adopta la modificación estatutaria[863], se ha de descartar ante las dificultades prácticas que tiene su encaje temporal. El motivo es la reducción de plazos operada por la norma preconcursal, que dificultará el encaje de la celebración de una junta especial. Sobre todo, rigiendo los plazos que la Ley de Sociedades de Capital establece para ello y ante el silencio del Texto Refundido de la Ley Concursal que guarda silencio en relación con la opción de adaptar esta a los nuevos plazos preconcursales. Será más conveniente, en definitiva, la votación separada en la misma junta de aprobación del plan[864].

Por añadidura, otra diferencia del régimen aplicable en escenarios de reestructuración temprana, respecto del régimen común, es la imposibilidad de modificar el acuerdo de modificación estatutaria[865]. A diferencia del sitema alemán, en el proceso de reestructuración español no está prevista la celebración de una nueva junta, sin

---

862 Un razonamiento similar es el que desarrollaba GALLEGO CÓRCOLES, A., La capitalización de créditos…, *op. cit.*, pp. 192 y 193.

863 PEÑAS MOYANO, B., “Artículo 293…” …, *op. cit.*, p. 2176.

864 No se puede olvidar que la junta general para la aprobación del plan puede celebrarse tanto antes como después de

865 Sobre esta posibilidad en el régimen común, ver PEÑAS MOYANO, B., “Artículo 293…” …, *op. cit.*, p. 2177.

olvidar que los socios únicamente pueden, en el seno de la misma, aceptar o rechazar el plan en su totalidad. El §240 InsO sí que ha previsto un trámite específico para la modificación del plan con carácter previo a la votación[866]. La legitimación le corresponderá al sujeto que presenta el plan. La razón de esta previsión se encuentra en la adaptación del plan a los resultados de las últimas reuniones con las distintas clases de acreedores, de manera que se pueda evitar un fracaso inminente de la votación o mejorar las perspectivas de homologación[867]. Un hipotético traslado de esta medida al sistema español únicamente tendría efectos en la probabilidad de insolvencia, donde todavía es necesario el consentimiento de los socios manifestado en junta. Por el contrario, resultaría estéril en situaciones de insolvencia inminente o actual.

3.1.3. La voluntad de los socios consorciados

El texto consolidado de la última reforma concursal ha previsto en su artículo 630 una regulación especial y respetuosa con los pactos de sindicación concurrentes entre créditos vinculados, siempre que hubiese pactado mayorías inferiores a las legalmente previstas. En aras de asegurar el éxito de la votación establece que, de no alcanzarse las mayorías necesarias los votos se computarán individualmente, salvo que los créditos sindicados formen una única clase, en cuyo caso se considerará que el plan no ha sido aprobado por dicha clase.

No contiene, sin embargo, una previsión similar para la sindicación del voto de los socios o la existencia de pacto parasocial o protocolo familiar susceptible de manipular las mayorías legalmente previstas. El silencio a este respecto, lleva a concluir la vigencia de los posibles pactos referidos con el límite de la prohibición de reforzamiento del *quorum* o las mayorías imperativas del artículo 631.2.4ª. del Texto Refundido de la Ley Concursal[868].

---

866 Será posterior a una primera revisión judicial §231 InsO y a una primera ronda de consultas de los interesados §232 InsO.

867 BRAUN, BRAUN y FRANK "InsO § 240 Änderung des Plans" ..., *op. cit.*, marginal 1.

868 A favor de una aplicación analógica del art. 630 TRLC, FERNÁNDEZ DEL POZO, L., "La tutela de los socios frente a los planes..." ..., *op. cit.*, p. 22, quien se cuestiona la mayoría decisoria.

3.2. Instrumentos de tutela en la normativa sobre modificaciones estruturales

Dado que la reestructuración temprana de sociedades puede incluir entre sus medidas alguna modificación estructural, no puede perderse de vista la regulación de estas respecto de la tutela de los socios para determinar si resultan compatibles con la lex specialis de las sociedades en crisis. En primer lugar, la norma ha previsto un Capítulo II de disposiciones comunes a todas las modificaciones estructurales que deberán complementarse con las especialmente previstas para cada operación. En ellas destacan los derechos de información dirigidos especialmente a los socios. Además, se recogen dos derechos para la tutela de los socios minoritarios, el derecho de salida o enajenación de los socios disidentes y el derecho de impugnación del tipo o relación de canje.

Por lo que respecta al derecho de información, el proyecto de modificación estructural elaborado por el administrador debe detallar los derechos que vayan a conferirse a los socios por la sociedad resultante cuando gocen de derechos especiales, así como los detalles de la oferta de compensación en efectivo a aquellos socios que dispongan del derecho a enajenar sus acciones, participaciones o cuotas. Irá acompañado por un informe del órgano de administración en el que explicará la compensación en efectivo y el tipo de canje y los métodos empleados para determinar dicho tipo junto con el procedimiento de canje en caso de fusiones y escisiones, así como la compensación en efectivo cuando el socio tenga derecho de enajenación de sus acciones, participaciones o cuotas.

También ha de explicar qué consecuencias implica para los socios la modificación estructural de que se trate y los derechos y vías de recurso a su disposición conforme al Real Decreto-Ley 5/2023. Hace referencia, por ejemplo, a la imposibilidad de impugnar el acuerdo de modificación debido aisladamente a la compensación en efectivo, la relación de canje o la información relativa a estos dos aspectos. Previsiones estas últimas que se han de subsumir al ámbito de las reestructuraciones y, más específicamente, a lo dispuesto por los artículos 631.2.5°. y 653 y siguientes del Texto Refundido de la Ley Concursal. Será este último el régimen de impugnación aplicable.

Asimismo, el experto independiente designado por el Registrador Mercantil, aunque a solicitud de los administradores, examinará el proyecto de modificación y elaborará su propio informe destinado a los socios. Este informe contendrá su opinión como experto sobre la adecuación y la justificación de la compensación en efectivo que corresponda, el canje de acciones, participaciones o cuotas y sobre los métodos de los administradores para determinar la compensación en efectivo propuesta o el tipo de canje fijado, la importancia relativa de los métodos y, de existir, las dificultades especiales de valoración. Si bien toda esta información queda asegurada al encontrarse entre las disposiciones comunes a todas ellas, puede complementarse con la que se recoja específicamente para cada tipo de modificación como ocurre con el artículo 41.3. del Real Decreto-Ley 5/2023 que exige un pronunciamiento sobre el tipo de canje.

Ahora bien, el último párrafo del artículo 6.4. del Real Decreto-Ley 5/2023 especifica que para determinar la compensación en efectivo el experto no tendrá en cuenta el valor de mercado de las acciones, participaciones o cuotas tras la operación, sino el valor antes del anuncio del proyecto. Esto implicaría en caso de que el socio se encontrase fuera del valor del dinero que, en caso de ejercitar su derecho a separarse, no recibiría valor alguno por la enajenación.

Son numerosos los preceptos relativos a los plazos que han de cumplirse para el efectivo ejercicio del derecho de información del socio. Todos ellos, establecen el respeto al plazo de un mes antes de la convocatoria de la junta para poder examinar el proyecto de la modificación y los informes del órgano de administración y experto independiente. En concreto se pronuncian de esta manera los artículos 5.6., 6.1., 7 o 47 del Real Decreto-Ley 5/2023. Exigencias que deberán considerarse convenientemente junto con el plazo de diez o veintiún días que el artículo 631 del Texto Refundido de la Ley Concursal exige entre la convocatoria y la celebración de la junta sin que parezca previsto una consecuencia en caso de que no se respeten los plazos de un mes mencionados.

Por lo que respecta al derecho de enajenación anteriormente mencionado, conforme al artículo 12 del Real Decreto-Ley 5/2023, este les corresponde únicamente a los socios en las operaciones de transformación, en la fusión por absorción de sociedad participada al noventa por ciento para el caso de que no se elaborasen los informes del administrador y del experto independiente, así como en las operaciones transfronterizas que supongan un cambio en la ley aplicable sobre los socios. Además, es necesario que hayan votado en contra de la operación o que, en otro caso, sus acciones o participaciones no dispongan de derecho de voto. A cambio pueden recibir una compensación en efectivo adecuada que se abonará en el plazo de dos meses, siempre que lo hayan comunicado en el plazo de veinte días desde la celebración de la junta.

Junto con lo anterior, la nueva regulación contempla también disposiciones para tutelar el derecho a la compensación en efectivo que se menciona. Permite que, de no estar conforme con la misma, reclamen una compensación en efectivo complementaria ante el juzgado de lo mercantil del domicilio social o el tribunal arbitral estatutariamente previsto.

De forma similar, contiene reglas específicas para la protección del tipo de canje por remisión del artículo 12.6. al 36 y siguientes del Real Decreto-Ley 5/2023. Aclara que éste se determinará conforme al valor razonable de su patrimonio, si bien podrá complementarse con una compensación en dinero que no exceda del diez por ciento del valor nominal de las acciones, participaciones o cuotas. Una protección que se refuerza con la facultad, otorgada a los socios que hubiesen votado en contra o cuyas acciones o participaciones en titularidad no tuviesen derecho de voto, de impugnar el tipo de canje ante el Juzgado de lo Mercantil del domicilio social o del tribunal arbitral estatutariamente previsto para percibir una compensación en efectivo complementaria. Frente a esto la sociedad podrá optar, en lugar de por la cantidad complementaria en efectivo, por la entrega de acciones o participaciones propias. La entrega de acciones o participaciones propias queda, sin embargo, prohibida como método de canje exclusivo y expresamente en el caso del artículo 37 del Real Decreto-Ley 5/2023 para las fusiones. Esto es, más allá de una forma para complementar la relación de canje cuando los socios no estén conformes.

A pesar del derecho de impugnación de la relación de canje anteriormente previsto, se ha de insistir en que los artículos 631.2.5º. y 653 y siguientes del Texto Refundido de la Ley Concursal recogen sus propias vías de impugnación. Es por ello que pueden surgir dudas sobre la aplicación complementaria de ambas. Sin embargo, como argumentos a favor de la compatibilidad de la impugnación de la relación de canje respecto de las vías de impugnación del Texto Refundido de la Ley Concursal, es posible apuntar que esta carece de efectos suspensivos, sin olvidar quedan legitimados sólo aquellos que votaron en contra o cuyas acciones o participaciones no tuvieran derecho de voto. Parece plausible mantener este derecho de los socios disidentes que se ven arrastrados por la voluntad social cuando se trata de un plan consensual. Mientras, en el caso de la aplicación forzosa del plan, quedará a su alcance la impugnación de la homologación en cumplimiento de la regla de prioridad absoluta en su sentido inverso de la que más adelante se hablará.

Por último, el artículo 35.1. del Real Decreto-Ley 5/2023 recoge expresamente el derecho en favor de los socios de recibir en la sociedad resultante de la fusión un número de acciones, participaciones o cuota en proporción a la que les corresponde en la sociedad original.

3.3. El debate en torno al mantenimiento o derogación del régimen tuitivo societario

En contra de la aplicación de las disposiciones legales relativas a la exigencia de un consentimiento individual o por clases de socios se erige el artículo 631.2.3ª. y 4ª. del Texto Refundido de la Ley Concursal. La necesidad de que el plan sea aceptado en todos sus términos puede dar a entender que no es posible aceptar la vigencia de los preceptos societarios que imponen límites a la voluntad de la mayoría para tutelar los derechos de los socios, especialmente de la minoría, por cuanto puedan suponer un complemento obstruccionista a las mayorías ordinarias que impone la reforma.

Sin embargo, no conviene entender que el Derecho preconcursal deroga por completo el societario ni sus principios. Los supuestos controvertidos son aquellos en los que un plan de reestructuración contiene medidas que implican una modificación estructural de la sociedad en relación con el respeto a su régimen particular y reforzado. Una modificación estructural es un procedimiento complejo que requiere del acuerdo de la junta de socios para pronunciarse sobre la totalidad de su contenido, pero, a su vez, que requerirá del consentimiento separado de los socios afectados o de las clases de socios cuando se alteren sus derechos o se constituyan nuevas obligaciones.

Una adecuada coordinación del Derecho societario y preconcursal exige concluir que ha de mantenerse la vigencia de estas disposiciones legales. De otra manera, los derechos de los socios, especialmente los de la minoría, quedarían caprichosamente desprotegidos. No hay justificación suficiente para eliminar la operatividad de estos preceptos, erosionando las garantías que la norma societaria otorga a los socios en situaciones de preinsolvencia[869]. A favor de esta postura, el artículo 631 del Texto Refundido de la Ley Concursal únicamente modifica las mayorías de votación y el *quorum* de la junta para evitar que sean excesivamente elevadas, con el objeto de facilitar la adopción de un acuerdo. Pero nada dice respecto de otras medidas societarias que, ante la ausencia de una disposición en contrario, han de entenderse aplicables[870]. Igualmente, se trata de una postura que ya ha sido sostenida por los Magistrados de lo Mercantil de Madrid, así como por la doctrina en lo que respecta a la exigencia de consentimiento de las clases afectadas por una modificación estructural que afecte discriminatoriamente a los derechos de los socios[871].

3.4. Consecuencias de la ausencia de consentimiento

Existen interrogantes acerca de las consecuencias de la ausencia del consentimiento individual de los socios, por no haberse celebrado la junta o por su disconformidad con las medidas sometidas a vo-

---

869 Aborda este debate IRIBARREN BLANCO, M., "Los socios en los planes de reestructuración…" …, *op. cit.*, p. 126, quien, si bien es contrario a la derogación completa del régimen societario, refiriéndose al contenido de los arts. 292 y 293 LSC, también matiza que su aplicación no debe ser un obstáculo frente al arrastre de los socios.

870 Un razonamiento similar, en relación con la aplicación del artículo 293 LSC, relativo al consentimiento de las clases de socios afectados en el contexto de los acuerdos de refinanciación, acuerdos extrajudiciales de pago y convenio concursal, realizaba GALLEGO CÓRCOLES, A., La capitalización de créditos…, *op. cit.*, p. 193. A favor de su mantenimiento, así como del art. 292 LSC en los planes de reestructuración aunque con cautelas, IRIBARREN BLANCO, M., "Los socios en los planes de reestructuración…" …, *op. cit.*, p. 126. También partidarios de la aplicación el art. 293 LSC, FERNÁNDEZ DEL POZO, L., "La tutela de los socios frente a los planes…" …, *op. cit.*, p. 21 y JUSTE MENCÍA, J., "La junta de socios…" …, *op. cit.*, p. 61.

871 Sobre esto, GALLEGO CÓRCOLES, A., La capitalización de créditos…, *op. cit.*, pp. 192 y 193.

tación. El primer supuesto conlleva a su vez la duda en relación con el carácter subsanable de la ausencia de consentimiento.

En el Derecho de sociedades se ha entendido que debido a la naturaleza de acto complejo que reviste una modificación estatutaria que incide sobre los derechos de los socios, para que la modificación exista es necesario el efectivo consentimiento[872]. Teniendo esto presente, la ausencia de consentimiento en el ámbito de la reestructuración, tanto si se debe a que la junta no se ha celebrado —hecho plausible en el procedimiento de reestructuración regulado en el nuevo Texto Refundido de la Ley Concursal—, como si los socios se han pronunciado en contra, implicará el rechazo global del plan por la junta general de socios.

En otra ocasión la consecuencia se ha hecho depender de la propia naturaleza del derecho sobre el que se incide. Así se ha sostenido en relación con los artículos 291 y 292 de la Ley de Sociedades de Capital de manera que, pudiendo mantener la vigencia del acuerdo sometido a votación al tiempo que se excluye a los socios disidentes sin que se vean afectados sus derechos o la realización del acuerdo, podrá aplicarse parcialmente[873]. Esta opción puede parecer problemática en el campo de las reestructuraciones preconcursales, dada la aparente reticencia del Texto Refundido de la Ley Concursal a aceptar una aplicación parcial del plan de reestructuración sometido a votación habida cuenta de la afirmación que el artículo 631.2.3ª. del Texto Refundido de la Ley Concursal realiza sobre la aprobación o rechazo del plan en todos sus términos.

Pero una lectura de las consecuencias previstas en el artículo 661 de la misma norma para la estimación de las causas de impugnación de la homologación permitiría concluir lo opuesto. El supuesto que se plantea es la posibilidad de poder aplicar el plan de reestructuración únicamente sobre los socios que votaron a favor, aislándolo de los disidentes, de manera que no le serán de aplicación las medidas del plan. Esta opción sería coherente con la idea de asegurar el éxito

---

872 MARTÍNEZ FLÓREZ, A., "Artículo 292. La tutela individual..." ..., *op. cit.*, p. 2165.

873 MARTÍNEZ FLÓREZ, A., "Artículo 291. Nuevas obligaciones..." ..., *op. cit.*, p. 2151 y MARTÍNEZ FLÓREZ, A., "Artículo 292. La tutela individual..." ..., *op. cit.*, pp. 2165 y 2166.

de los planes de reestructuración. Téngase en cuenta que la alternativa será la frustración del plan, en contra de la pretensión de los legisladores europeo y nacional. Pero, para ello, habrán de darse determinadas circunstancias. Primero, que por la naturaleza de la medida en cuestión sea necesario el voto favorable de todos los socios para que salga adelante, es decir, que no sea posible inaplicar individualmente el plan al socio afectado disidente. En segundo lugar, que la sociedad se encuentre en insolvencia probable. Esto es pacífico con la postura que sostiene la exclusión del consentimiento individual de los socios regulado en el artículo 292 de la Ley de Sociedades de Capital en circunstancias de especial gravedad, por afectar a la vida social o fin común y sobre la base del deber de fidelidad o de lealtad del socio[874]. Idea que encaja con el arrastre forzoso de los socios en situaciones de insolvencia cuando la situación financiera de la sociedad se encuentra gravemente comprometida o, lo que es lo mismo, en insolvencia inminente o actual. Por el contrario, su inaplicación cuando la sociedad sólo atraviesa una insolvencia probable es excesiva. Especialmente teniendo en cuenta la amplitud de la misma y quedando patente que la vida de la sociedad no es lineal en términos económicos o financieros.

Volviendo sobre la ausencia de consentimiento por no haberse celebrado la junta general o por no haberse dedicado momento pertinente para ello dentro de la misma, no hay razón para rechazar una subsanación si el juez lo considera posible, si bien puede encontrar dificultades de encaje temporal, habida cuenta de los plazos que la Ley 16/2022 ha regulado para la oposición, impugnación y celebración de la junta[875].

---

874 MARTÍNEZ FLÓREZ, A., "Artículo 292. La tutela individual..." ..., *op. cit.*, p. 2166.

875 La posibilidad de subsanación está prevista en el art. 207.2. LSC. Además, de acuerdo con el art. 195 RRM, el consentimiento de los socios en cuando la modificación implique nuevas obligaciones para los tenedores de participaciones o afecte a sus derechos individuales puede constar en una escritura independiente, por lo tanto, aunque es lo ideal, no es necesario que aparezca en el acta de celebración de la junta firmada por los afectados. Mientras, para la aprobación por las clases de socios afectados esta ha de expresarse en la misma escritura de modificación, con detalle sobre la votación separada o la celebración de la junta y su convocatoria y constitución, como establece el art. 159 RRM.

III. LA TUTELA DE LOS MINORITARIOS A TRAVÉS DEL PRINCIPIO DE IGUALDAD DE TRATO

El artículo 638.4º. del Texto Refundido de la Ley Concursal establece como uno de los requisitos para la homologación de los planes consensuales que el plan de reestructuración ha de tratar de forma paritaria los créditos dentro de una misma clase[876]. Este precepto recoge lo que en el §1129(b)(1) *Chapter 11* del *Bankruptcy Code* estadounidense se conoce como el "test de discriminación injustificada"[877]. Una regla que en el ordenamiento español se recoge como requisito para la homologación judicial, así como causa de impugnación del auto de homologación en un momento posterior en el artículo 655.2.3º. del Texto Refundido de la Ley Concursal, bajo la denominación de "*no unfair discrimination*", de forma similar al ordenamiento alemán[878]. Esta misma es recogida en el artículo 11.1.c) de la Directiva (UE) 2019/1023 y respetando el principio *pari passu* establece que las categorías de voto disidentes de los acreedores afectados reciban

---

876 Una regla que en el ordenamiento español se recoge como requisito para la homologación judicial, así como causa de impugnación del auto de homologación en un momento posterior. Su origen se encuentra en el §1129(b)(1) *Chapter 11* del *Bankruptcy Code* estadounidense, en el que se recoge el conocido como "test de la discriminación injustificada". Impide que los acreedores de una misma clase de créditos (la clasificación formalizada a efectos de la reestructuración es distinta de los rangos concursales pero respetuosa con ellos) tengan un trato menos favorable que otros de esa misma clase. Permite, por ejemplo, que un crédito ordinario operativo tenga una quita menor que un crédito ordinario financiero si se encuentran en clases distintas. Sin embargo, siempre respetando la regla de prioridad absoluta y los rangos concursales. Con más profundidad KLEE, K.N., "All You Ever Wanted to Know about Cram Down under the New Bankruptcy Code", *American Bankruptcy Law Journal*, vol. 53, Nº 2, 1979, pp. 134 y ss. En la doctrina española y mucho más recientemente, GARCIMARTÍN ALFÉREZ, F. J., "La Propuesta de Directiva europea sobre reestructuraciones..." ..., *op. cit.*, p. 11 de 22.

877 En términos literales, "*Notwithstanding..., if all of the applicable requirements of subsection (a) of this section other than paragraph (8) are met with respect to a plan, the court, on request of the proponent of the plan, shall confirm the plan notwithstanding the requirements of such paragraph if the plan does not discriminate unfairly, and is fair and equitable, with respect to each class of claims or interests that is impaired under, and has not accepted, the plan*". Sirva como referencia el trabajo de KLEE, K.N., "All You Ever Wanted to Know about Cram Down..." ..., *op. cit.*, pp. 134 y ss.

878 §245(2)(3) InSO.

un trato al menos igual de favorable que el de cualquier otra categoría del mismo rango.

En lo tocante a los socios, estos serán tratados en última instancia como acreedores residuales atendiendo al orden de prelación concursal. Sin embargo, su exclusión de la categoría de acreedores y de las normas que les son de aplicación trae a colación algunas dudas en torno al tratamiento paritario de los créditos (residuales) o su cuota de liquidación. Concretamente, si se tienen en cuenta las distintas clases de socios en la reestructuración de sociedades.

La respuesta viene dada por el Derecho societario. El artículo 97 de la Ley de Sociedades de Capital proclama la igualdad de trato de los socios que se encuentran en situaciones idénticas. Un principio general que entronca con el deber de buena fe y el deber de fidelidad de los socios. Encuentra manifestaciones concretas en distintas disposiciones, como la relativa a la cuota de liquidación proporcional a su participación en el capital social o el propio derecho de preferencia[879].

Su aplicación en el preconcurso deriva de la remisión contenida en el artículo 631 del Texto Refundido de la Ley Concursal. En lo que aquí interesa, a pesar de su configuración como un límite interno pero flexible a la actuación de los órganos sociales, su aplicación se reduce a las relaciones sociedad-socio[880]. Esto significa que, en relación con el contenido de un plan de reestructuración temprana, únicamente funcionará como herramienta tuitiva de los socios minoritarios frente al resto de socios en lo que atañe a su posición en la sociedad resultante. Es decir, no ofrece protección ante aquellas actuaciones que pudiese entablar la sociedad con terceros, a pesar de que pueda perjudicar a los socios, como ocurriría en el supuesto de dilución de su participación por la entrada de los acreedores en el capital social.

Su operatividad tendrá lugar en caso de producirse una operación acordeón que no aumente en la misma proporción el capital que corresponda a los socios en la misma proporción para todos ellos. Lo mismo ocurre en un aumento de capital cuando su asignación se res-

---

879 Respectivamente, arts. 392 y 304 LSC.

880 MARTÍNEZ FLÓREZ, A., "Artículo 97..." ..., *op. cit.*, p.

trinja a unos socios, sin posibilidad de que participe el resto por no mediar derecho de suscripción preferente. El principio de igualdad de trato también será de aplicación en supuestos de escisión total o parcial[881]. Con ello se aboca a los socios a una única vía e impugnación a través del artículo 204 de la Ley de Sociedades de Capital, por abuso de la mayoría.

Sin embargo, la eficacia del principio de igualdad de trato de los accionistas como herramienta tuitiva de los minoritarios se verá limitada en situaciones de insolvencia inminente o actual. Como se verá más adelante, el arrastre forzoso de los socios podría darse incluso si las condiciones no respetan el principio de igualdad de los accionistas. Esta consecuencia de la Ley 16/2022 como Derecho especial sobre el societario, puede tener su justificación cuando el trato desigual entre los socios se debe a las características especiales de alguno de ellos (sus conocimientos, cartera de clientes, etc.) por la influencia que esto tiene a modo de incentivo sobre los acreedores para alcanzar un plan de reestructuración y la revalorización de la sociedad que, de otra forma, no sería posible.

En definitiva, la efectividad de su protección de los socios se ve limitada por tres circunstancias. Primero, por su aplicación reducida a las relaciones socio-sociedad. Segundo, por la posibilidad de arrastrar a los socios aún cuando el acuerdo de la junta es negativo en situaciones de insolvencia inminente y actual. En tercer lugar, debido a las dudas en torno a la reclamación por la vía de la impugnación del auto de homologación por cuanto la ley no recoge un "test de la discriminación injustificada" similar al que prevé para los acreedores. Ahora bien, aunque no exista un precepto similar en el Derecho preconcursal para la tutela de los socios, el plan que se diseñe no podrá negarles el derecho mínimo a la cuota de liquidación que les correspondería. Para asegurar esta habrá que acudir a otras formas de tutela, tratadas más adelante.

---

881 Sobre estos supuestos, IRIBARREN BLANCO, M., "Los socios en los planes de reestructuración..." ..., *op. cit.*, p. 118.

IV. EL DERECHO DE PREFERENCIA

1. *La supresión del derecho de preferencia por la Ley 16/2022*

Para combatir la dilución de la posición del socio inherente a los aumentos de capital con emisión de nuevas acciones o participaciones el legislador ha venido regulando un derecho de suscripción o asunción de dichas acciones o participaciones con carácter preferente[882]. Se configura especialmente como una herramienta de tutela de los socios minoritarios frente al arrastre societario impuesto por el principio mayoritario. Por su intermedio se protege tanto la dimensión política como la económica del derecho del socio[883].

---

882 El derecho de preferencia quedaba recogido en el art. 75 LSRL o en los arts. 48.2.b). y 158 LSA, hasta su actual previsión en el art. 304 LSC. Como trabajo fundamental en el estudio de este derecho se ha de consultar la obra de SÁNCHEZ ANDRÉS, A., *El derecho de suscripción preferente del accionista*, 1973, Civitas, Madrid. También, SÁNCHEZ GONZÁLEZ, J. C., "La acción como fundamento de la condición de socio..." ..., *op. cit.*, pp. 264 a 298. Con carácter posterior, puede destacarse el trabajo de ALFARO ÁGUILA-REAL, J., Interés social y derecho de suscripción preferente..., *op. cit.*; o LARA, R., "Artículo 304. Derecho de preferencia", en Rojo, A. y Beltrán, E., (dirs.), *Comentario de la Ley de Sociedades de Capital*, Tomo II, Aranzadi, Thomson Reuters, Navarra, 2011, pp. 2247 a 2256. Previamente a la reforma operada por la Ley de Modificaciones estructurales de 2009, se concedía un derecho de suscripción preferente en aumentos de capital por compensación de créditos y con aportaciones no dinerarias que se concedía tanto a accionistas y tenedores de participaciones, como a titulares de obligaciones convertibles. Fruto de dicha reforma, a raíz de la STJUE (Sala Primera) de 18 de diciembre de 2008, Asunto C-338/06 (ECLI:EU:C:2008:740), en la actualidad el derecho se permite únicamente en aumentos de capital con emisión de nuevas participaciones sociales o de nuevas acciones, bien sean ordinarias o privilegiadas con cargo a aportaciones dinerarias; y se excluye de la titularidad a los obligacionistas. Cambios estos que exceden de lo exigido por el Tribunal, como apuntan IRIBARREN BLANCO, M., "La tutela de la integridad de la participación del socio de una sociedad de capital", *Revista de Derecho de Sociedades*, Nº 62, 2021, p. 7, en su pie de página 7 de 34; o FERNÁNDEZ DEL POZO, L., "El envilecimiento de la posición del socio..." ..., *op. cit.*, p. 8 de 23, destacando la STJUE de 19 de noviembre de 1996, Asunto C-42/95 [ECLI:EU:C:1996:444], por su declaración favorable a una mejora de la posición del socio en aumentos de capital con cargo a aportaciones no dinerarias.

883 No es menos cierto que el reconocimiento del derecho de preferencia no evitará el "aguamiento" de la posición del socio en todo caso. No se puede olvidar que su ejercicio exige un nuevo desembolso por su parte. Por añadidura, si el socio no disfruta de liquidez para ejercer su derecho o no está dispuesto a reali-

Su reconocimiento no ha estado libre de polémica. Se prevé expresamente en los artículos 304.1. y 343 de la Ley de Sociedades de Capital[884]. Pero halla problemas cuando el contenido del acuerdo social o parte de este consiste en una capitalización de deuda ejecutada mediante una operación acordeón. El derecho de preferencia se reconoce por imperativo legal cuando se produce una reducción del capital social a cero o por debajo de la cifra legal mínima, con el consecuente aumento simultáneo hasta una cantidad igual o superior a la mencionada cifra mínima. Ahora bien, teniendo presente el extenso debate surgido, tanto en la doctrina, como en la jurisprudencia, en torno a la naturaleza de la aportación en el supuesto de una conversión de deuda en capital, la procedencia o no del derecho de preferencia dependerá de la posición que se adopte al respecto[885].

---

zar un nuevo desembolso, verá su posición igualmente diluida. Queda también a su disposición una posible transmisión del derecho de preferencia.

884 Recoge también su regulación y supresión en el caso de obligaciones convertibles en los artículos 416 y 417 LSC.

885 La naturaleza de la aportación difiere del otro debate sostenido en la doctrina sobre la naturaleza de la operación de conversión de deuda en capital, que distingue las tesis unitarias de las mixtas o híbridas. No procede, por su abrumadora extensión y avanzado estado del debate, profundizar en exceso en la clasificación del crédito que se capitaliza como una aportación dineraria o no dineraria y en los distintos argumentos a favor de una u otra. Menos aún sobre la naturaleza de la operación de capitalización. Baste con unas pinceladas respecto del primero, pudiendo distinguir tres líneas doctrinales. Por un lado, la doctrina mayoritaria, partidaria de considerar que la naturaleza del crédito que se aporta no es dineraria. Sirva de ejemplo de entre la doctrina mencionada, GONZÁLEZ VÁZQUEZ, J. C., "Aumento de capital por compensación de créditos", en Alonso Ledesma C., *Diccionario de Derecho de Sociedades*, Iustel, 2002, p. 260. Son muy numerosas las RDGRN, como las de 15 de julio de 1992, 22 de mayo de 1997, 2 de marzo de 2011 o 30 de noviembre de 2012 y 16 de junio de 2016; entre otras acordes con la STS Nº 403, de 23 de mayo de 2008 [ECLI:ES:TS:2008:3270]). Por otro lado, quienes entienden que sí reviste carácter dinerario como, por ejemplo, FERNÁNDEZ DEL POZO, L., "El envilecimiento de la posición del socio…" …, *op. cit.*, p. 9 de 23). Más recientemente y al hilo de la Directiva de reestructuraciones se pronunciaba GALLEGO SÁNCHEZ, E., "La posición de los socios…" …, *op. cit.*, p. 554. Dentro de esta línea también existe una posición intermedia que se decanta por apreciar carácter dinerario cuando el crédito se encuentre vencido y sea líquido y exigible, mientras que el porcentaje que no cumpla dichos requisitos será no dinerario. Entre otros, ALONSO LEDESMA, C., "Aumento de capital. Derecho de asunción preferente de las nuevas participaciones", en García Villaverde, R., Rodríguez Artigas, F., Fernández de

En estos casos el derecho adquiere especial relevancia, dado que el nivel de dilución o los efectos de esta se acrecientan con la reducción nominal previa de sus acciones o participaciones en la operación de reducción de capital de la operación acordeón. Ocurrirá de esta manera cuando dicha reducción se deba a un desequilibrio patrimonial, muy probable en un escenario de saneamiento societario o reestructuración temprana. Con el fin de garantizar la igualdad de trato en la reducción, se minorará el valor nominal de las acciones o

---

la Gándara, L., Alonso Ureba, A., Velasco San Pedro, L. A. y Esteban Velasco, G., (cords.), *Derecho de Sociedades de Responsabilidad Limitada. Estudio sistemático de la Ley 2/1995*, T. II, Madrid, 1996, p. 811. Por último, una tercera línea de pensamiento distingue entre las aportaciones que integran el activo y aquellas otras que, componiendo un *tertium genus* de aportaciones del pasivo. Una teoría desarrollada por GANDÍA PÉREZ, E., "Aumento di capitale mediante compensazione di crediti nel diritto spagnolo", *Giurisprudenza commerciale*, Vol. 41, Nº 3, 2014, pp. 552 a 590; que comparte RECALDE CASTELLS, A., "Protección del socio con ocasión en los cambios de control..." ..., *op. cit.*, p. 304. Todas estas teorías se recogen con más detalle en GALLEGO CÓRCOLES, A., *La capitalización de créditos...*, *op. cit.*, p. 39 a 54. Este debate se arrastra e incorpora al de la conversión de deuda en capital. De entender que la aportación del crédito al capital que se aumente con la modificación estructural es una aportación dineraria, en aplicación del art. 304 LSC, es imperativo el respeto a un derecho de preferencia. Contrariamente, una aportación no dineraria no incluiría obligatoriamente el derecho de preferencia. Dando un paso más allá, cuando la capitalización de créditos se articule a través de una operación acordeón, el art. 343 LSC impone *prima facie* el reconocimiento de un derecho de preferencia a los socios. Como puede verse, esto choca frontalmente con el debate acerca de la naturaleza del crédito como aportación al capital anteriormente expuesto. Esta cuestión es también directamente tratada por GALLEGO CÓRCOLES, A., *La capitalización de créditos...*, *op. cit.*, pp. 256 a 263, quien se posiciona en contra del reconocimiento de un derecho de preferencia en tales supuestos. También las RRDGRN de 17 de febrero de 2012 y de 7 de junio de 2012, llaman la atención sobre los peligros de abuso por la mayoría, violación del principio de igualdad de trato y fraude de ley que también se anudan a su ejercicio. A favor, sin embargo, RECALDE CASTELLS, A., "Protección del socio con ocasión en los cambios de control..." ..., *op. cit.*, pp. 306 y 307; o FERNÁNDEZ DEL POZO, L., "El envilecimiento de la posición del socio..." ..., *op. cit.*, p. 9 de 23, quien también propone un aumento en dos tramos (p. 18 de 23), como reitera en FERNÁNDEZ DEL POZO, L., "La tutela de los socios frente a los planes..." ..., *op. cit.*, p. 10 de 25. La RDGRN de 5 de mayo de 2011, citando doctrina anterior, insiste en la necesidad del respeto al derecho de suscripción preferente en una operación acordeón, incluso cuando se considere que se realiza con cargo a aportaciones no dinerarias.

participaciones generando una primera pérdida de valor para los socios. Es posteriormente, con el aumento de capital y la entrada en la sociedad de los acreedores, cuando se consolida la dilución política de su posición[886].

Por lo que respecta a la dilución económica de los derechos del socio, esta no se producirá en todo caso. *A priori* la dilución política no se corresponde con la económica, dado que el desequilibrio patrimonial previo a la reestructuración y la prohibición de emisión de acciones o participaciones por debajo de la par[887] obligaría a los acreedores a satisfacer un precio superior por las acciones o participaciones emitidas. Ello se traduce en una menor compensación por sus créditos que los acreedores tratarán de evitar acudiendo a una operación acordeón para restablecer el equilibrio patrimonial antes de entrar en la sociedad. La clave entonces se sitúa en el precio de emisión de las acciones o participaciones[888]. Como se verá más adelante, la libre fijación de este, podrá generar también la dilución económica del socio si para establecer el tipo de emisión se toma en consideración el valor de la empresa en funcionamiento[889], es decir, el valor patrimonial o real de las acciones o participaciones

---

886 Esta es la denominada "doble dilución" por GALLEGO CÓRCOLES, A., *La capitalización de créditos…*, *op. cit.*, pp. 246, quien considera que la primera reducción nominal genera ya una primera dilución de su posición política, mientras que la entrada de los acreedores se produce una segunda, y conocida por todos, dilución política. Lo que queda asegurado es que la peor situación del socio tras la capitalización no lo sería tanto sin una previa reducción del capital mediante la minoración del valor nominal de las acciones o participaciones.

887 URÍA, R., "Artículo 36. Tipo de emisión", en Garrigues, G. y Uría, R., *Comentario a la Ley de Sociedades Anónimas*, Revisada, corregida y puesta al día por Aurelio Menéndez y Manuel Olivencia, Catedráticos de Derecho Mercantil, Tomo I, Vol. II, Madrid, 1976, p. 419; SÁNCHEZ, A., "Artículo 47. La acción como parte del capital", en Uría, R., Menéndez, A. y Olivencia, M., *Comentario al régimen legal de las sociedades mercantiles. Las acciones. La acción y los derechos del accionista (Artículos 47 al 50 LSA), Las acciones sin voto (Artículos 90 a 92)*, Tomo IV, Vol. I, Civitas, Madrid, 1994, pp. 67 y ss., y con un estudio de la cuestión comparado más actual ALEMÁN, LAÍN, P., *Función del valor nominal en las acciones…*, *op. cit.*, pp. 173 y ss.

888 Sobre esto, ALEMÁN, LAÍN, P., *Función del valor nominal en las acciones. Una aproximación desde el Derecho norteamericano*, Aranzadi, Navarra, 2003, p. 81.

889 FERNÁNDEZ DEL POZO, L., "El envilecimiento de la posición del socio…" …, *op. cit.*, p. 10 de 23. Ahora bien, el art. 36 LME establece que el tipo de canje se establecerá sobre la base del valor razonable de su patrimonio.

consideradas tras la reestructuración con el incremento de valor que incorporan las expectativas de éxito o continuidad de la actividad empresarial. Para aquellos socios que se encuentren fuera del valor del dinero en una reestructuración temprana la operación acordeón supondrá su exclusión total de la sociedad al no corresponderle valor en la sociedad resultante de la reestructuración que pueda ofrecérsele con el aumento de capital, a salvo, claro, de la concesión de un derecho de suscripción o asunción preferente de acciones que le salve de la exclusión y minore, en el ejemplo anterior, la dilución.

Con carácter anterior a la reforma el derecho de preferencia como instrumento de tutela ha tenido también su relevancia en sede preconcursal y concursal. Previamente a la supresión del artículo 700.4. del Texto Refundido de la Ley Concursal con la reforma operada por la Ley 16/2022, incluso se reconocía un derecho de suscripción preferente de segundo grado como requisito cuya ausencia autorizaba la negativa de los socios a la capitalización de deuda con ocasión de la firma de un instrumento preconcursal. Su ausencia excluía la responsabilidad en la calificación del concurso.

Actualmente, no obstante lo anterior, el estado de la cuestión cambia radicalmente. La reforma que introduce los planes de reestructuración en el ordenamiento zanja cualquier debate surgido en torno al reconocimiento de un derecho de preferencia, sea con cargo a aportaciones dinerarias o no, al suprimirlo en todo caso[890]. Efectivamente, el artículo 631.4. del Texto Refundido de la Ley Concursal establece que "*cuando se solicite la homologación de un plan de reestructuración en estado de insolvencia actual o inminente (…), los socios no tendrán derecho de preferencia en la suscripción de nuevas acciones o en asunción de las nuevas participaciones*". Concretamente, así lo ha previsto cuando la operación de reestructuración consista en una operación acordeón. Pero se trata de una mera puntualización o ejemplificación y no el supuesto único de una lista cerrada. Con ella se eliminaría cualquier duda que pudiera surgir sobre la necesidad de una excepción expresa al reconocimiento también manifiesto en el artículo 343 de

[890] El giro drástico de la ley en relación con el derecho de preferencia, se debe a la aprobación de la enmienda núm. 536, presentada por los Grupos Parlamentarios Socialista, Confederal de Unidas Podemos-En Comú y Podem-Galicia en Comú.

la Ley de Sociedades de Capital. Como límite operará siempre el respeto al principio de igualdad de trato[891]. Así lo subraya el artículo 32 de la Directiva (UE) 2019/1023. La opción del legislador español por la exclusión absoluta es coherente con este último por el que se añade un nuevo apartado al artículo 84 de la Directiva de Sociedades para excepcionar lo dispuesto en su artículo 72, destinado a regular el derecho de preferencia y sus excepciones[892].

La modificación operada se propone evitar una obstrucción por los socios que se quedan en la sociedad gracias a su ejercicio[893]. El nuevo régimen entiende que encontrándose la sociedad en estado de insolvencia inminente o actual y viéndose afectado el sustrato económico de los derechos del socio, este ya no mantiene derecho alguno a no ver su posición diluida[894]. La idea también descansa sobre el desincentivo a refinanciar la sociedad que puede suponer para los acreedores el potencial ejercicio de un derecho de preferencia por los socios. No es raro que los acreedores no estén dispuestos a compartir el valor de la sociedad resultante de la reestructuración con ellos. Aun así, no faltan voces que insisten en la conveniencia de la implicación de los socios y en la posibilidad de que estén dispuestos todavía a refinanciar la sociedad mediante una aportación al capital. Ello a pesar de no haberlo hecho hasta el momento de la constatación de las dificultades financieras y la negociación del plan[895]. El

---

891 En un estudio sobre la evolución doctrinal norteamericana, ALEMÁN, LAÍN, P., *Función del valor nominal en las acciones…*, *op. cit.*, p. 81, apuntaba que "*(…) la paridad de trato efectiva dependía de que el precio real no diluyera la participación proporcional de los antiguos accionistas en cada nueva emisión de acciones*".

892 También los considerandos 57 y 96 de la Directiva (UE) 2019/1023 permiten excepcionar la aplicación del Derecho de sociedades para que el plan de reestructuración no se vea obstaculizado por este.

893 GARCIMARTÍN ALFÉREZ, F. J., "Derecho de preferencia…", …*op. cit.*

894 Teniendo presente que en sendos estadios de la insolvencia, el poder de decisión se traslada al de los acreedores permitiéndose una venta global de la empresa o también por unidades productivas, el efecto de la exclusión del derecho de preferencia gana sentido. Otra cuestión consiste en la conveniencia de incluirles entre los posibles refinanciadores de la sociedad, manteniendo su derecho. Cuando la insolvencia sea probable será necesario el consentimiento de los socios manifestado en junta para que las medidas de un plan, en el que no se regula un derecho de preferencia, pueda serles de aplicación.

895 GARCIMARTÍN ALFÉREZ, F. J., "Derecho de preferencia…", …*op. cit.*; y FERNÁNDEZ DEL POZO, L., "El derecho de preferencia…" …, *op. cit.*

beneficio para la sociedad en dificultades es claro y, en consecuencia, resulta también beneficiosa para los acreedores. Los efectos favorables se impondrían en esta postura al reconocido obstruccionismo potencial del socio.

La supresión de este derecho ya contaba con antecedentes previamente referidos en el presente estudio. El cambio llegó con el caso "Irish Life & Permanent" o "Dowling" en 2016. El Tribunal Superior de Justicia autorizó excepciones al derecho de suscripción preferente en aumentos de capital con emisión de nuevas acciones para las sociedades anónimas cuando formase parte de medidas de saneamiento que procurasen evitar un riesgo sistémico. Es decir, que como medidas de ejecución forzosa sirviesen a la evitación de una grave perturbación en la economía. No procede reiterar el análisis de la jurisprudencia comunitaria y su posible aplicación al saneamiento de sociedades fuera del ámbito financiero, sí se ha de insistir en que el sistema español ya recogía excepciones al ejercicio del derecho de suscripción preferente. Si bien, ahora, puede calificarse negativamente el hecho de que con la supresión total se excluyen también las garantías asociadas a la misma al excepcionar la obligación impuesta por la Directiva de Sociedades. En cumplimiento de esta última, el artículo 308 de la Ley de Sociedades de Capital establece que en los aumentos de capital con nuevas aportaciones la junta general puede decidir, cumpliendo ciertas garantías, la exclusión del derecho de preferencia si lo aconseja el interés social. Dicha justificación, y sin ánimo de profundizar en el concepto y alcance del interés social[896], será suficiente para sacrificar la participación del socio. Pero únicamente por lo que al perjuicio político se refiere, esto es, la dilución de su participación en la sociedad[897]. A cambio, la sustancia económica debe quedar intacta. Es decir, su participación en la sociedad resultante de la operación coincidirá con el valor razonable o real.

---

896 Sirva de referencia el trabajo de ALONSO LEDESMA, C., "Algunas consideraciones…" …, *op. cit.* También, FERNÁNDEZ DEL POZO, L., "El derecho de preferencia…" …, *op. cit.*, apunta que en el caso de planes de reestructuración el interés social ha de verse sustituido por "la regla del interés superior de los acreedores afectados".

897 IRIBARREN BLANCO, M., "La tutela de la integridad de la participación…" …, *op. cit.*, p. 5; y FERNÁNDEZ DEL POZO, L., "El derecho de preferencia…" …, *op. cit.*

Todo, sin descuidar el cumplimiento del resto de garantías, y la observancia del principio de la igualdad de trato que ordenan la Segunda Directiva y la propia Directiva de reestructuraciones[898]. Dicho de otra manera, dado que el socio no podrá suscribir o asumir con carácter preferente las nuevas acciones o participaciones emitidas, el "aguamiento" político de su posición será a todas luces inevitable. Como salvaguarda, los deberes de información del administrador y, en su caso, el auditor de cuentas protegen el ámbito económico de su derecho.

Esto último, llevado al campo de las reestructuraciones, tiene una doble relevancia. Por un lado, no consiente la supervisión del tipo de canje que permite a los socios conocer la compensación que van a recibir por su eliminación o el precio por el que los acreedores o nuevos socios adquirirán una posición en la sociedad. Por el otro, se impone la cuestión que subyace en toda reestructuración como es el reparto del valor resultante de la reestructuración y de la plusvalía generada.

El riesgo que se afronta es el de la infravaloración de la sociedad resultante de la reestructuración y, con ello, del tipo de emisión de las nuevas acciones o participaciones. En este escenario, el administrador social tiene pocos incentivos para favorecer el interés de los socios, siendo probable su alineación con los intereses de los acreedores o socios futuros para salvar su daño reputacional y evitar la intervención o suspensión de sus facultades de gestión y representación[899]. Una valoración por debajo del precio razonable o el que correspondería (del verdadero precio post reestructuración), con reflejo en el valor nominal de las acciones emitidas, permitiría a los acreedores "adueñarse" de la sociedad por un precio muy inferior al debido.

---

898 Tanto el ejercicio del derecho de preferencia como su exclusión están limitados por el principio de igualdad de trato que, en el segundo caso, significa que deberá afectar por igual a todas las acciones o participaciones. ALEMÁN, LAÍN, P., Función del valor nominal en las acciones…, *op. cit.*, p. 172, en relación con l principio de igualdad de trato y el valor nominal de las acciones.

899 FERNÁNDEZ DEL POZO, L., "El envilecimiento de la posición del socio…" …, *op. cit.*, p. 10 de 23.

Para favorecer esto o para no soportar un probable desequilibrio patrimonial preexistente los acreedores optarán por pactar una operación acordeón que incluya una reducción de capital previa al aumento en el que se produzca la conversión de deuda. La reducción a cero o a una cifra cercana a este del capital social permite que sean los socios quienes soporten el peso de las deudas preexistentes[900]. De lo contrario, al fijar el tipo de emisión de las acciones o participaciones por el que deberán abonar en todo caso su valor nominal y habida cuenta de la prohibición de emisión por debajo de la par, estarían pagando un precio muy superior al real o patrimonial de esas mismas acciones o participaciones. Será poco probable que los acreedores no se decanten por una reducción previa del capital, a pesar de no ser esta obligatoria. El restablecimiento del equilibrio patrimonial unido a una infravaloración de la sociedad resultante de la reestructuración que permita establecer un valor de emisión inferior al valor real o patrimonial estimado (a futuro) de las acciones o participaciones, es lo que permitirá que el acreedor se apropie del excedente de valor. La diferencia en la fijación del tipo de emisión puede darse incluso aunque el aumento no sea consecuencia de una operación acordeón[901].

La estimación del valor de la sociedad tras la reestructuración no deja de ser una predicción incierta y se tiene en cuenta para establecer el tipo de emisión de las nuevas acciones o participaciones[902].

---

900 GALLEGO CÓRCOLES, A., *La capitalización de créditos…*, *op. cit.*, p. 247, destaca la capitalización de créditos que llevo a cabo el grupo Ezentis en el año 2014.

901 La igualdad en el valor nominal de las acciones y participaciones, del tipo de emisión, se limita a las acciones o participaciones de una misma clase. Véase, por ejemplo, URÍA, R., "Artículo 33. La acción como parte del capital", en Garrigues, G. y Uría, R., *Comentario a la Ley de Sociedades Anónimas, Revisada, corregida y puesta al día por Aurelio Menéndez y Manuel Olivencia*, Catedráticos de Derecho Mercantil, Tomo I, Vol. II, Madrid, 1976, p. 380; o SÁNCHEZ, A., "Artículo 47. La acción…" …, *op. cit.*, pp. 28 a 31, por lo que respecta a las sociedades anónimas.

902 Por lo que respecta a la discusión en torno a la valoración, GALLEGO CÓRCOLES, A., *La capitalización de créditos…*, *op. cit.*, pp. 258 y 259, defiende la autonomía de la voluntad, dentro de "*una banda de posibilidades aceptable*". Resalta así la variedad de opciones que permite "*el informe especial sobre la Norma Técnica de elaboración por el auditor del informe especial sobre la exclusión del derecho de suscripción preferente, aprobada por Resolución del ICAC de 16 de junio de 2004*".

Pero, aún más, cuando se realice una infravaloración de la sociedad *ex post* y no se reconozca un derecho de suscripción preferente que permita a los socios participar de la refinanciación de la sociedad y mantener participación o valor en la misma, se le estaría privando del reparto del excedente o la plusvalía generada en la reestructuración y que le corresponde. Todo el excedente, este es, la diferencia entre el valor que finalmente adquiere la sociedad tras ser reestructurada y el valor *ex ante* tras deducir el importe de las deudas, quedará en manos de los acreedores que satisficieron un precio inferior al que les correspondía de acuerdo con su crédito. Dicho de otro modo, los acreedores estarían expropiando al socio[903]. El valor de sus participaciones y el tipo de canje dependerán de la valoración que se haya hecho sobre la sociedad. La conversión de los créditos se realizará siempre por su valor nominal. No se estaría afectando solamente a los derechos políticos, ante la evidente dilución del socio, sino también a los económicos, privándoles potencialmente del valor residual sobre el que tienen derecho.

El peligro de expropiación se agrava al comprobar que la reforma llevada a cabo por la Ley 16/2022 acaba también con las garantías asociadas en Derecho societario a la supresión del derecho de preferencia. Como se ha visto, estas se construyen en torno a la protección económica de su posición en la sociedad mediante la exigencia del informe de los administradores sociales sobre el valor de las participaciones o de las acciones, justificando *detalladamente* la propuesta y la contraprestación a satisfacer por las nuevas, entre otros datos[904]. Para las sociedades anónimas, además, será preceptivo el informe de un experto independiente nombrado por el Registro Mercantil y distinto del auditor de cuentas, sobre el valor razonable de las acciones de

---

903 FERNÁNDEZ DEL POZO, L., "El derecho de preferencia..." ..., *op. cit.*, apunta que la expropiación se corresponde con los derechos "de opción del socio". Anteriormente, ALEMÁN, LAÍN, P., *Función del valor nominal en las acciones...*, *op. cit.*, p. 81, apuntaba que "*[r]espetando el valor nominal pero emitiendo a un precio inferior al valor real de las acciones, se podía diluir esa participación relativa tanto o más que en una emisión por debajo de la par*".

904 Con más profundidad, LARA, R., "Artículo 308. Exclusión del derecho de preferencia", en Rojo, A. y Beltrán, E., (dirs.), *Comentario de la Ley de Sociedades de Capital*, Tomo II, Aranzadi, Thomson Reuters, Navarra, 2011, pp. 2276 y 2277.

la sociedad[905], el valor teórico del derecho de preferencia en dicho supuesto y también sobre la razonabilidad de los datos contenidos en el informe de los administradores. La exclusión de estas garantías no se compensa, por ejemplo, con las contenidas en el artículo 301 de la Ley de Sociedades de Capital, sobre el aumento por compensación de créditos, dado que los informes de los apartados segundo y tercero no bastan para justificar la equidad de la relación de canje[906]. Empero, distinta conclusión se alcanza en supuestos de una fusión. Cuando el contenido del plan incluya la fusión de sociedades los administradores sociales están obligados a reflejar el procedimiento y tipo de canje en el proyecto de fusión y a justificarlo detalladamente en el informe del proyecto de fusión. Lo mismo cabe decir de cualquiera de las formas de escisión. Ello sin perjuicio del informe del administrador y los informes de los expertos independientes[907].

Se produce, por lo tanto, una merma de la protección informativa del socio que afecta directamente a sus derechos económico. Lo anterior salvando las obligaciones informativas para la fusión o la escisión. Reducción que encuentra críticas en la doctrina, donde se ha propuesto la sustitución del informe contenido en el artículo 308 de la Ley de Sociedades de Capital por un informe del experto en la

---

905 Si bien en la LSC el valor razonable va referido a aquél antes de la operación, en el campo de las reestructuraciones son relevantes el valor previo y el resultante de la reestructuración.

906 FERNÁNDEZ DEL POZO, L., "El derecho de preferencia..." ..., *op. cit.* puntualiza que ello se debe a que, conforme a la SAP de Madrid Nº 38, de 15 de enero de 2018 [ECLI:ES:APM:2018:78], el aumento por compensación ha de hacerse por el valor nominal de los créditos y no su valor real. En cualquier caso, también es contrario a mantener los requisitos del art. 301 LSC, apartados segundo a quinto, en los procesos de reestructuración temprana. Misma posición asume GARCIMARTÍN ALFÉREZ, F. J., "Derecho de preferencia...", ...*op. cit.* Los acreedores, no tienen derecho más que al cobro del valor nominal de sus créditos.

907 El art. 40 LME se refiere al contenido del proyecto de fusión. Por su parte, el art. 41 LME recoge similar obligación para el experto independiente cuando proceda su informe. Pero junto a este han de tenerse en cuenta los arts. 5 y 6 LME que, siendo parte de las disposiciones comunes a las modificaciones estructurales, establecen obligaciones informativas sobre el tipo de canje tanto en el informe de los administradores, como de los expertos independientes y por lo tanto serán de aplicación también a la escisión. Esto último habrá de valorarse en conjunto con el artículo 68 LME.

reestructuración, en caso de ser designado, sobre la insolvencia, la viabilidad del plan y la justificación del tipo de emisión con base en el valor de la sociedad *ex post*[908]. De otro modo, los socios carecerán de un informe justificativo del valor de la contraprestación. Sin olvidar que, únicamente les corresponderá algún valor si tras la satisfacción de los créditos (conversión de los que proceda y satisfacción o cualesquiera otras medidas pactadas, como quitas o esperas) quedase valor residual. La probabilidad de que reste valor residual estriba en el grado de insolvencia. Los deberes de información del administrador tienen estrecha conexión con el derecho de impugnación del acuerdo social por el que se aprueba el aumento. Por, lo tanto, en última instancia se reducen las garantías para la presentación, vía societaria, de una impugnación en defensa de sus intereses. A la postre, reduce las posibilidades de éxito de una impugnación con base en la lesión del interés social o por imposición de manera abusiva por la mayoría del artículo 204 de la Ley de Sociedades de Capital.

Recapitulando, en primer lugar, la eliminación con carácter general priva al socio de un instrumento de tutela de sus intereses políticos y económicos cuando existe posibilidad de arrastre de socios[909]. Los efectos dañinos para su posición se agravan en el caso de socios minoritarios, que se verán arrastrados por los mayoritarios en caso de un acuerdo social positivo. Más aún cuando el contenido del plan contemple la combinación de una capitalización de créditos con una operación acordeón. En efecto, se agudiza el riesgo de dilución de

---

908 La insuficiencia del derecho de información para tutelar debidamente al socio cuando se elimina el derecho de preferencia en un aumento de capital sin aplicación del art. 308 LSC, es decir, por considerarlo aportaciones no dinerarias, ya fue denunciada por FERNÁNDEZ DEL POZO, L., "El envilecimiento de la posición del socio..." ..., *op. cit.*, p. 10 de 23, quien reclamaba que el informe del experto independiente mencionado en el derogado art. 71.4. LC, incorporase también información justificativa de las bases y modalidades del canje y del tipo de emisión escogido. Ya con la reforma del TRLC sobre la mesa, reitera su crítica y sustituye el informe por experto independiente por el del experto en la reestructuración en FERNÁNDEZ DEL POZO, L., "El derecho de preferencia..." ..., *op. cit.*

909 La injerencia en los derechos políticos no queda sin justificación, como se ha visto, aunque genera más problemas en el ámbito económico, sobre todo por el riesgo de expropiación por parte de los acreedores del valor residual de los socios.

los efectos expuestos, alcanzando la exclusión total cuando el socio se encuentra fuera del valor del dinero. En último término, la valoración que se realice de la sociedad para establecer el tipo de emisión de las acciones esconde un riesgo de expropiación de los derechos económicos del socio.

En segundo lugar, reduce la tutela informativa al eliminar las garantías anudadas a su exclusión en el régimen societario, con una particular afectación de los derechos económicos del socio. Sobre todo, por lo que respecta a la desinformación en relación con el potencial riesgo de expropiación constatado. Es decir, minorando las garantías que la Ley de Sociedades de Capital recoge frente a este. De nuevo, esto afecta especialmente a los minoritarios que sufrirán las consecuencias incluso cuando la insolvencia sea meramente probable, habida cuenta del arrastre que sufrirán por sus consocios cuando el acuerdo de la junta sea positivo. En probabilidad de insolvencia el acuerdo que no incluya un derecho de preferencia sigue condicionado al consentimiento de los socios[910]. La reducción de las garantías informativas influye también, en términos de dificultad añadida, a una potencial impugnación posterior del acuerdo societario por lesión del interés social o abuso de la mayoría, cuando no esté justificada la valoración de la participación social o la propuesta de contraprestación.

La potencial erosión que la supresión del derecho de preferencia genera en los socios no puede entenderse justificada con el riesgo de obstruccionismo o el desincentivo que su ejercicio pueda generar en los acreedores. Junto a todo lo expuesto, limita las posibilidades de refinanciar la sociedad aunque sea en un momento tardío. En relación con esto, se ha puesto de manifiesto que la nueva regulación coloca al socio en una posición desinformada y prescinde por norma general de su participación en la reestructuración. Si bien este escenario podría funcionar a modo de incentivo negativo para que el socio se mantenga informado y actúe tempranamente, no es el más conveniente. Cabe precisar que ni tan siquiera el legislador ha mantenido un derecho de preferencia de segundo grado.

---

910 Para las microempresas se exige siempre el consentimiento de los socios (art. 684.2. TRLC)

Finalmente, la supresión se ha cuestionado debido a que de esta forma no se permite al socio contribuir con la refinanciación a la sociedad. Mientras que con la capitalización los acreedores no aportan nuevos fondos, el ejercicio de un derecho de preferencia permitía que los socios aportasen recursos reales o *fresh money* a la sociedad[911].

2. *Alternativas de protección de los derechos del socio*

2.1. El ejemplo de la experiencia comparada europea

Sin negar que se mueve dentro de lo permitido por la normativa europea, la reforma operada en el ordenamiento español se distancia de la opción elegida por los legisladores vecinos[912].

En lugar de una previsión legal que elimine por completo el derecho de preferencia, Alemania se ha decantado por incorporar una autorización expresa a pactar su exclusión. De esta manera lo recogen el §7(4) *StaRUG* y el §225.a(2) *InsO*, regulándolo como parte del contenido sujeto a negociación en lo que denominan "la parte de diseño" del plan.

Lo mismo sucede con la transposición holandesa de la Directiva de reestructuraciones. El artículo 370.5 *WHOA* permite, en la "*medida que sea necesario*", excepcionar la aplicación de su artículo 96.a. *Burgerlijk Wetboek* o Código Civil holandés, en su Libro Segundo, encargado de regular el derecho de preferencia.

De forma similar acontece en Italia, con el artículo 163.5. *Legge Fallimentare* o el artículo 90 *Codice della crisi.* Ambos hacen referencia expresa a la posibilidad de excluir este derecho en la *proposte concorrenti*, como parte del contenido del plan en los aumentos de capital.

---

911 Esta es la postura de GALLEGO SÁNCHEZ, E., "La posición de los socios…" …, *op. cit.*, p. 555, quien defiende en particular la concesión de este derecho paa los minoritarios.

912 Se aprecia el mandato a los Estados para excepcionar lo dispuesto en distintos preceptos del artículado de la Directiva de sociedades y, por ende y en particular, el derecho de preferencia con la expresión cadaizada por la Directiva (UE) 2019/1023, si bien deja libertad para elegir de qué modo se cumplirá con el mismo.

En el otro extremo se encontraría el *Code de Commerce* francés. Este prevé expresamente, en el artículo L626-32.I.5°.c)., el derecho de preferencia a los socios cuando se recoja un aumento de capital con emisión de nuevas acciones con cargo a aportaciones dinerarias en el *plan de sauvegarde*[913].

A simple vista no se entiende la radical decisión del legislador español de suprimir por completo el ejercicio de un derecho de tan importantes implicaciones para la protección del socio cuando afronta semejantes riesgos. Es por ello, que de *lege ferenda* resulta comprensible una regulación semejante a las anteriores que, de otro lado, ya contenía el Derecho societario español y que acompañaba de garantías tuitivas de carácter informativo suficientes. La distancia que la reforma española toma respecto del ejemplo comparado es llamativa y obliga a buscar garantías o remedios alternativos que eviten o compensen la asegurada dilución de sus derechos y su potencial expropiación. De lo contrario, únicamente restarán las herramientas de impugnación *ex post*.

2.2. Alternativas societarias de protección

La búsqueda de garantías alternativas para la posición política y económica del socio encuentra su razón de ser en las dos circunstancias previamente expuestas. A saber, la supresión por el legislador del derecho de preferencia y la ausencia de normas, a salvo de las referidas al régimen de su exclusión[914] y del límite de emisión bajo par, que regulen el precio de emisión de las nuevas acciones o participaciones. La necesidad de encontrar herramientas tuitivas alternativas reviste de mayor urgencia cuando el contenido negociado del plan pueda redundar en una expropiación de sus derechos.

En relación con lo anterior, con similar finalidad pero menos eficacia, ha sido admitida en el ámbito societario la emisión de nuevas

---

913 FERNÁNDEZ DEL POZO, L., "El derecho de preferencia..." ..., *op. cit.*

914 Se ha visto cómo el art. 308 LSC menciona que el informe de experto independiente ha de informar sobre el valor razonable de las acciones en la sociedad anónima, el cual podrá resultar de la adición al valor nominal de la prima de emisión, según ALEMÁN, LAÍN, P., Función del valor nominal en las acciones..., *op. cit.*, p. 174.

acciones o participaciones con prima para la tutela de los derechos económicos de los socios[915]. En un aumento de capital, la emisión de nuevas acciones con prima permite disminuir la desvalorización de las acciones o participaciones antiguas al reducir la alteración proporcional que se produce entre capital y patrimonio[916].

Ahora bien, esta medida favorece el reparto de las cargas cuando la sociedad se encuentra en bonanza económica y no existe desequilibrio patrimonial compensando el riesgo y el sacrificio asumido por los antiguos socios mediante su contribución a las reservas[917]. En una situación de crisis el reparto de cargas difiere del expuesto siendo que además la sociedad se encontrará apalancada. Teóricamente, nada impide que pueda recurrirse a la utilización conjunta de una operación acordeón y de la prima de emisión par modular el reparto de cargas[918]. Sin embargo, por cuanto la primera protege los intere-

---

915 Sobre la función tuitiva de la prima ver a URÍA, R., "Artículo 36. Tipo de emisión" ..., *op. cit.*, p. 419; SÁNCHEZ, A., "Artículo 47. La acción..." ..., *op. cit.*, pp. 76 y 77; y ALEMÁN, LAÍN, P., Función del valor nominal en las acciones..., *op. cit.*, p. 175. Este último recuerda que la cuestión de la compatibilidad de ambas herramientas ha sido discutida en la doctrina, decantándose por la aceptación de una relación de sustitución entre ambas. Sobre esto último, ALEMÁN, LAÍN, P., Función del valor nominal en las acciones..., *op. cit.*, p. 176 y PAZ-ARES, C., "La infracapitalización..." ..., *op. cit.*, p. 258.

916 URÍA, R., "Artículo 36. Tipo de emisión" ..., *op. cit.*, p. 419.

917 URÍA, R., "Artículo 36. Tipo de emisión" ..., *op. cit.*, p. 420.

918 Cuando a la situación de crisis se une el desequilibrio patrimonial, la prima que se exigiría para evitar el deterioro de la posición del socio sería desorbitada e inviable. Como alternativa podría plantearse su combinación con una operación acordeón, dado que ambas contribuyen a reequilibrar la situación patrimonial. La reducción de capital previa permite trasladar el peso de las deudas preexistentes a los socios, suavizando el daño a los acreedores en caso de una capitalización de créditos, o a los futuros socios refinanciadores en caso de no producirse esta. De otro lado, la emisión de acciones con prima amortiguaría el daño de ambas operaciones a los socios. La prima pagada por el acreedor contribuiría a estabilizar al relación capital y patrimonio, al tiempo que reduce la dilución política y económica de los socios. La económica, por cuanto un aumento del patrimonio revaloriza sus acciones. El daño político se reduce al permitir un reparto de la aportación realizada por el acreedor para reequilibrar la situación patrimonial entre el desembolso de las acciones o participaciones y el patrimonio social, permitiendo al socio mantener una posición en la sociedad sin necesidad de reducir drásticamente el capital social. La prima, por si sola nunca suaviza el daño político. Ver, SÁNCHEZ, A., "Artículo 47. La acción..."

ses de los acreedores y la segunda tutela los derechos de los socios, es razonable pensar que los efectos de ambas se anulan entre sí. Por lo tanto, a pesar de ser posible, su uso en la práctica será remoto. Si bien la utilización de la prima es una medida tuitiva de los derechos de los socios, en situaciones de crisis no es menos cierto que también resulta de poca utilidad para los acreedores cuando no lesiva de sus intereses. El acreedor busca el cobro de su crédito, al cual tiene derecho, rechazando categóricamente realizar cualquier pago extraordinario. Será lógico que ante una situación de crisis y más, de desbalance patrimonial, recayendo la fuerza para negociar en el acreedor, este acepte únicamente el pago de su crédito o la conversión en capital a través de una operación acordeón[919].

En contra de lo anterior, se ha de tener presente que los instrumentos de reestructuración previstos en el Libro Segundo del Texto Refundido de la Ley Concursal están diseñados para operar en un momento temprano de la crisis y, en concreto, en situaciones de apalancamiento o de falta de liquidez y no necesariamente de desequilibrio entre patrimonio y capital. En dichas situaciones la emisión de acciones con prima será más viable. No habrá necesidad de compensación alguna por la vía de la reducción y aumento simultáneos de capital. En un primer momento, probablemente, no sea una medida de interés para los acreedores. Como se ha visto, la opción más bene-

---

..., *op. cit.*, p. 77. En definitiva, al reestablecer una situación de desequilibrio patrimonial previo hasta alcanzar un patrimonio igual o superior al capital social, las acciones o participaciones sociales se revalorizan. Además, el pago de un sobreprecio sumado al valor nominal de las acciones o participaciones permitiría compensar posibles errores de infravaloración de la sociedad resultante de la reestructuración.

919 Como se ha visto, la necesidad de una operación acordeón no es obligatoria ni deriva de ningún imperativo legal. Su imposición se desprende de la fuerza de cada una de las partes en la negociación que, en situaciones de crisis, recae sobre los acreedores. La pregunta que surge acerca de la necesidad o posibilidad de imponer una reducción a cero o casi a cero en una operación acordeón con la finalidad de imponer forzosamente la salida de los socios derivará principalmente del peso en la negociación. La posible disputa acerca de la necesidad real o la procedencia de una indemnización o cualquier otro remedio quedaría entonces para los instrumentos de impugnación. Sobre la necesidad de una operación acordeón en el escenario de una capitalización, ver GALLEGO CÓRCOLES, A., *La capitalización de créditos...*, *op. cit.*, pp. 239 y ss.

ficiosa para sus intereses será la operación acordeón. Sin embargo, en insolvencia probable los socios mantienen un mayor poder en la negociación de un plan de reestructuración. Así, el éxito de la negociación de una operación de aumento de capital con prima de emisión será inversamente proporcional al nivel de insolvencia alcanzado. Cuanto menos probable sea esta, más probabilidades de éxito.

En los escenarios descritos en el párrafo anterior, la emisión de acciones con prima no tutela los derechos políticos del deudor, pero sí los económicos. La posición política se sacrificaría en un momento temprano en favor de un interés superior consistente en la perspectiva de revalorización de la sociedad. Pero también dicho sacrificio político se compensa con el mantenimiento de algún valor en la sociedad resultante de la reestructuración. Esto es, conservar derechos rebajando sus expectativas sobre ellos. Mientras, el incentivo para el acreedor puede buscarse en *start-ups* o en sociedades cerradas cuya relación esté marcada por un alto grado de dependencia. El premio para el acreedor o, en su caso, el refinanciador, puede consistir en la participación de una sociedad que posea un intangible de gran valor. Este puede consistir en el uso de una tecnología concreta, como ocurre en sociedades emergentes de base tecnológica, cuya situación financiera puede resultar particularmente inestable en ciertos estadios de su crecimiento y desarrollo. Sin embargo, las perspectivas asociadas a la participación en el éxito de una sociedad con dicho intangible y el crecimiento estimado de su beneficio compensaría la desventaja sufrida. Otra posibilidad está representada por sociedades cerradas de cuya refinanciación participa el acreedor no por la promesa de un beneficio o revalorización, sino con la esperanza de evitar una caída que pueda contagiar su propia situación económica. Por ejemplo, cuando el deudor es su principal proveedor. No será extraño tampoco que, a cambio de aceptar una opción a priori menos beneficiosa para el acreedor, se negocie que el socio participe de las cargas refinanciando también a la sociedad a través de la aportación de patrimonio o que se exija la introducción de cambios en el sistema de administración de la sociedad.

A pesar de las dificultades presentadas y el reducido abanico de supuestos viables, no se puede ignorar que la realización práctica de esta alternativa tuitiva del socio es inversamente proporcional a la gravedad del estado económico-financiero de la sociedad.

2.3. Alternativas contractuales de protección

La restricción legal a un derecho de preferencia y la escasez de remedios societarios alternativos traslada la cuestión al ámbito contractual. Al fin y al cabo, el plan de reestructuración resulta del pacto negociado entre el deudor y el acreedor. La amplitud con la que el Texto Refundido de la Ley Concursal regula su posible contenido permite traer al campo de las reestructuraciones los pactos típicos del ámbito contractual entre sociedad y acreedor, refinanciador o, si se prefiere, del *private equity*[920].

Por ello, nada impide que la tutela se instrumentalice a través de pactos contractuales cuyo funcionamiento haga las veces pacto de transmisión forzosa que en última instancia recoge una suerte de derecho de suscripción preferente de segundo grado como el que regulara el derogado artículo 700 del Texto Refundido de la Ley Concursal. Este permitiría al socio recuperar su posición con la salida del acreedor al tiempo que se le exige una nueva aportación económica a la sociedad. Dicho de otro modo, refinanciar antes o después. Con habitualidad son utilizadas cláusulas similares como herramientas de financiación entre sociedades emergentes de base tecnológica y el *private equity*. Es el caso de las "*leaver clauses*", si bien el fundamento de estas difiere al regular la "buena" y la "mala" salida del socio[921]. Otras cláusulas que podrían acercarse a esta idea son los ya conocidos "*warrants*"[922], las típicas cláusulas de arrastre conocidas como cláusulas "*drag along*". No es ajeno el hecho de que cada una de ellas cumple una función específica y han sido objeto de debate y estudio doctrinal por su tipicidad. En otras palabras, que no pueden ser trasladadas sencillamente a estos escenarios. Pero la idea que aquí se defiende y que encuentra su inspiración en ellas, consiste

920 En palabras de FERNÁNDEZ DEL POZO, L., "La tutela de los socios frente a los planes…" …, *op. cit.*, p. 9 de 25: "*quasi-equity*".

921 Un estudio más completo es el de GIMENO BEVIÁ, V., "Las causas contractuales de separación y exclusión…" …, *op. cit.*, pp. 307 a 336.

922 FERNÁNDEZ DEL POZO, L., "El derecho de preferencia…" …, *op. cit.* Resulte ilustrativo el trabajo empírico sobre el efecto de revalorización de los warrants y su efecto sobre los socios de GALAI, D., y SCHNELLER, M. I., "Pricing warrants and the value of the firm", *The Journal of Finance*, Vol. 33, Nº 5, 1978, pp. 1333 a 1342.

en la incorporación a la negociación de la financiación en ámbitos preconcursales de cláusulas que permitan al acreedor adquirir un beneficio con la revalorización de la sociedad para la posterior transmisión de las acciones o participaciones, de forma tal que el socio tenga la posibilidad de evitar la salida de la sociedad o, en su caso, de reincorporarse a la misma.

Otra opción es la representada por las cláusulas "*vesting*"[923]. Al contrario que las anteriores, estas resultan útiles como alternativa a la salida de los acreedores o nuevos socios. Pueden representar una opción frente a la negativa por los acreedores a abandonar la sociedad tras su revalorización, consistente la asunción del compromiso de ejecutar aumentos periódicos de capital que permitan recuperar su posición mayoritaria o compensar la dilución sufrida cuando la reestructuración no haya supuesto la completa salida del socio de la sociedad.

De nuevo, la clave radica en el tipo de emisión de las nuevas acciones y la valoración de la sociedad tras la reestructuración como empresa en funcionamiento en relación con la fijación del precio venta de las acciones.

Estas son algunas de las opciones que la esfera contractual ofrece y cuyo análisis en profundidad, incluyendo la naturaleza de las mismas o sus posibilidades de incorporación estatutaria o enervación, queda reservado para un estudio posterior.

2.4. La alternativa ofrecida por la Ley 16/2022

2.4.1. El consentimiento de los socios

La primera de las garantías que el Texto Refundido de la Ley Concursal prevé es la necesidad de consentimiento de los socios cuando la sociedad se encuentra en un estado de mera insolvencia probable. Ello es consecuencia directa de la aplicación del artículo 640 del Texto Refundido de la Ley Concursal. Primero, este exige para poder homologar el acuerdo el consentimiento de los socios personalmente responsables de las deudas.

---

923 Con más amplitud, ver GIMENO BEVIÁ, V., "Las causas contractuales de separación y exclusión…" …, *op. cit.*, p. 313.

En segundo orden de cosas, en ausencia de un acuerdo societario positivo ante un plan que contenga medidas que requieran aprobación por la junta de socios, el juez únicamente podrá homologar el plan cuando el deudor se encuentre en estado de insolvencia inminente o actual. Si la sociedad es meramente probable, como incentivo a una actuación temprana por su parte, los socios conservan su poder de decisión. En consecuencia, podrán rechazar un plan que incluya aumentos de capital con aumento de nuevas acciones en el que no se le ofrezca participar mediante el derecho de preferencia. Se tratará por lo tanto de un acuerdo no consensual (por lo que respecta a los socios). Lo que no impedirá, sin embargo, es el posible arrastre de los minoritarios por sus consocios que deseen votar a favor del plan. El socio minoritario se ve abocado en un plan consensual a aceptar un acuerdo sin la posibilidad de mantener su posición política en la sociedad mediante el ejercicio de su derecho de preferencia y las garantías anudadas a su exclusión en la Ley de Sociedades de Capital. queda a disposición del socio disidente la posibilidad de impugnar el acuerdo por la vía societaria (aunque procesalmente se tramite por la vía preconcursal) y por los motivos societarios.

Otro posible escenario es el de la insolvencia inminente o actual. En estos supuestos la ley entiende que el socio, quien probablemente se encuentre fuera del valor del dinero, no dispone ya del derecho de preferencia. Da por perdida su oportunidad de refinanciar a la sociedad y asume el sacrificio de su dilución[924]. Por lo tanto, permite la aplicación forzosa de las medidas del plan sin ofrecer un derecho de suscripción preferente en los aumentos de capital con emisión de nuevas acciones. Ante un plan no consensual y en los casos de insolvencia inminente o actual, la protección se reserva para las vías de impugnación preconcursales. Esto es, la impugnación del auto de homologación y la oposición previa por los motivos previstos en el Libro Segundo del Texto Refundido de la Ley Concursal.

---

924 GARCIMARTÍN ALFÉREZ, F. J., "Derecho de preferencia...", ...*op. cit.*

2.4.2. *Las reglas de prioridad absoluta y relativa*

La supresión del derecho de preferencia debe entenderse especialmente lesiva para los derechos de los socios. No parece que quede respaldada por una justificación suficiente que explique el impedimento impuesto a los socios para participar en la refinanciación de la sociedad ejercitando sus derechos de opción. Ni siquiera en situaciones de insolvencia inminente o actual. Ello no obstante, la participación del socio en la refinanciación de la sociedad que le permita mantener valores en la sociedad resultante de la reestructuración será posible cuando las mayorías necesarias para la homologación del plan consientan en ello. Para permitir esto, tanto la Directiva (UE) 2019/1023, como la Ley 16/2022 introducen dos instrumentos que funcionan de manera coordinada. Por un lado, la regla de prioridad absoluta. Por el otro lado, la regla de prioridad relativa. Dejando para su apartado correspondiente el estudio de los remedios *ex post*, al cual nos remitimos, sí que es necesario realizar unas apreciaciones en relación con ambas.

Cuando se produzca el arrastre societario de los minoritarios o ante un arrastre vertical por los acreedores en supuestos de insolvencia inminente o actual, el socio disidente que considere vulnerados sus derechos únicamente podrá acudir a los remedios *ex post*. Estos incluyen dos vías. Primero, la impugnación del acuerdo de la junta por los motivos societarios contenidos en la Ley de Sociedades de Capital[925] con las especialidades procedimentales previstas por la Ley 16/2022. Así, nada impedirá una acción de impugnación cuando no se respete el valor razonable de las acciones conforme al valor de la empresa en funcionamiento tras la reestructuración por ser contrario al orden público. Otros posibles motivos alegables son el abuso de la mayoría o la lesión del interés social. Segundo, la impugnación del auto de homologación o el trámite de oposición previo por los motivos que recoge dicho texto legal. Además, quedan a salvo las acciones de daños que puedan corresponder.

La regla de prioridad absoluta se recoge como una causa de impugnación del auto de homologación en el artículo 656.1.5°. del Tex-

---

[925] IRIBARREN BLANCO, M., "Los socios en los planes de reestructuración…" …, *op. cit.*, pp. 117 y 130.

to Refundido de la Ley Concursal. Establece que cuando el plan no haya sido aprobado por todos los socios el auto podrá impugnarse por los socios que hayan votado en contra en caso de que "*una clase de acreedores afectados vaya a recibir, como consecuencia del cumplimiento del plan, derechos, acciones o participaciones, con un valor superior al importe de sus créditos*". Esta es una de las formas de aplicación que reviste.

La Ley la configura de esta manera como una herramienta tuitiva del socio. Impide que el acreedor pueda recibir a consecuencia de la reestructuración un valor superior al nominal de su crédito. Por lo tanto, cuando, fruto de una operación societaria o modificación estructural el acreedor haya percibido acciones o participaciones por un precio inferior a su valor real o razonable, el socio disidente podrá impugnar el auto de homologación u oponerse a este con base en la regla de la prioridad absoluta. Esto ocurrirá cuando la infravaloración de la sociedad resultante de la reestructuración se traduzca en un precio de emisión de nuevas acciones o participaciones inferior a su precio razonable. De esta manera, el acreedor por un precio reducido estaría adquiriendo un valor que excederá del nominal de su crédito y que le corresponde al socio como acreedor residual de la sociedad. En otras palabras, el acreedor estaría expropiando al socio.

Dicho de otra manera, esta vertiente de la regla de la prioridad absoluta representa una herramienta de protección *ex post* de los derechos económicos del socio frente al riesgo de expropiación[926]. De apreciarse, resulta imposible el arrastre vertical que imponga forzosamente al socio un plan que despliegue efectos expropiatorios sobre sus derechos económicos. Su derecho político se ha de entender sacrificado en interés de la sociedad, de forma similar a como se exigía en los requisitos de exclusión societaria del derecho siempre que se cumplan el resto de presupuestos. Estas son, el cumplimiento del presupuesto objetivo y la viabilidad del plan.

Funciona como una suerte de *ius prohibendi* que impide la apropiación del excedente toda vez que han sido satisfechos los derechos

---

[926] IRIBARREN BLANCO, M., "Los socios en los planes de reestructuración..." ..., *op. cit.*, p. 130. En la misma línea, FERNÁNDEZ DEL POZO, L., "El derecho de preferencia..." ..., *op. cit.*

de crédito vencidos y exigibles[927]. Ello no obstante, no da solución a la cuestión de la reducción informativa al que se ha hecho referencia anteriormente y que supone una merma de las garantías legales y que en sede de impugnación se traducirá en un aumento de los costes soportados por el socio que impugne. Igualmente, los remedios *ex post* suponen trasladar los problemas de cálculo en relación con el valor de la sociedad a los tribunales, lo que no ha estado carente de críticas[928]. A pesar de que la impugnación del auto por estos motivos salvaría la resistencia de los jueces a la anulación de acuerdos abusivos que cumplen los requisitos legales debido a su carácter objetivo, también se han de considerar otras cuestiones relativas a la legitimación de carácter perjudicial para los socios minoritarios. Otro asunto relevante es el de las consecuencias de su apreciación que, como se verá, únicamente consistirán en la concesión de una indemnización que tutele su derecho económico y no el económico. Estas cuestiones son tratadas en el apartado de la impugnación. A pesar de ello el resultado indemnizatorio previsto por el legislador para la apreciación de una vulneración de la regla de prioridad absoluta en el sentido aquí expuesto, es acorde con las previsiones constitucionales analizadas. Ello al margen de que pueda considerarse o no la mejor de las opciones, especialmente tras el ejemplo comparado y ante propuestas como la el aumento en dos tramos en la operación acordeón[929].

Volviendo sobre el segundo remedio, la inclusión en el Texto Refundido de la Ley Concursal de una regla de prioridad relativa permite que, aun no existiendo un derecho de preferencia, los socios puedan negociar con los acreedores el mantenimiento de algún valor en la sociedad resultante de la reestructuración. La probabilidad de que semejante escenario sea posible dependerá del estadio de in-

---

927 A los efectos de una capitalización de deuda el art. 632 TRLC aclara que se entenderá que todos los créditos a compensar son líquidos, vencidos y exigibles.

928 FERNÁNDEZ DEL POZO, L., "El derecho de preferencia…" …, *op. cit.*, quien sin embargo considera compensada la supresión del derecho de preferencia con el control judicial *ex post* de los planes de reestructuración; o IRIBARREN BLANCO, M., "Los socios en los planes de reestructuración…" …, *op. cit.*, pp. 3 y 117.

929 FERNÁNDEZ DEL POZO, L., "La tutela de los socios frente a los planes…" …, *op. cit.*, p. 10 de 25.

solvencia en el que se encuentre el deudor. Cuanto menos probable o inminente sea, más fuerte será la posición de los socios en la negociación dado que se requiere su consentimiento para poder homologar el plan. También, cuando el socio aporte algún valor personal a la sociedad, lo cual es más probable en *start-ups.*

Los límites a esta negociación derivan de la configuración misma de la regla de prioridad relativa. Para que los socios puedan mantener valores en la sociedad reestructurada se exige que los acreedores, que serán de mayor rango que los socios (considerados acreedores residuales), sean tratados de manera igualitaria dentro de una misma clase y de manera más favorable respecto de clases inferiores. Por ello, aun cuando no reciban el valor de su crédito de forma líquida o en instrumentos de capital, han de ser tratados más favorablemente que los acreedores de rango inferior, incluyendo a los socios. Puede apreciarse cierta indeterminación en el concepto de "trato más favorable". Una circunstancia que ha sido duramente criticada como se verá más adelante con la inclusión de esta regla en la Directiva y que, en lo que aquí interesa, resulta beneficioso para la defensa de los intereses económicos de los socios.

Por último, deberá tenerse en cuenta como límite a la negociación la regla del interés superior de los acreedores.

PARTE CUARTA

TUTELA DEL SOCIO TRAS LA APROBACIÓN DEL PLAN DE REESTRUCTURACIÓN. INSTRUMENTOS CONCURSALES Y PRECONCURSALES

Capítulo Primero

LA HOMOLOGACIÓN DEL PLAN DE REESTRUCTURACIÓN

I. FUNDAMENTO Y REGULACIÓN DE LA HOMOLOGACIÓN

Hasta ahora, se ha tratado ya el conflicto existente en escenarios de insolvencia o cercanos entre socios y acreedores. Bajo la denominación de "monopolio bilateral" la discusión entre ambos grupos se centra en el reparto de valor de la sociedad tras la reestructuración. Ambos intentarán apropiase del mismo. A mayor gravedad de la situación financiera o económica, más probabilidad habrá de que el socio se comporte de manera oportunista, obstruyendo las negociaciones y forzándolas bajo la amenaza de no consentir la reestructuración con la finalidad de atribuirse algún valor en la sociedad resultante que, de otro modo, no le pertenecería. Es lo que se ha denominado obstruccionismo o *hold out* accionarial. Al mismo tiempo, unas negociaciones sostenidas en el tiempo entre socios y acreedores por este motivo generarán costes de agencia que conllevan una destrucción de valor para la sociedad en perjuicio de los interesados. En particular, para aquellos que se encuentren dentro del valor del dinero. Mientras, el socio (en tanto que acreedor residual con altas probabilidades de encontrarse fuera del valor del dinero) no tendrá nada que perder.

Para combatir este conflicto y evitar un obstruccionismo[930] que haga fracasar un plan de reestructuración injustificadamente —esto es, que asegure la viabilidad de la sociedad y la evitación o superación de la insolvencia, maximizando su valor para beneficio general de los interesados—, la Directiva (UE) 2019/1023 recoge dos instrumentos. Por un lado, la herramienta del arrastre forzoso de las partes afectadas mediante la homologación o confirmación por una

[930] Tanto por los socios como por los acreedores, pero especialmente respecto de los primeros en la forma que se ha visto.

autoridad. En segundo lugar, regula reglas del reparto de valor que al aplicarse de forma aparejada a la reestructuración protegen los intereses de los socios (y acreedores) del correlativo riesgo expropiatorio. El estudio de estas se reserva para más adelante en el apartado de los remedios ex post. Por lo que respecta al arrastre forzoso, para asegurar el éxito de un plan de reestructuración, tanto el artículo 11 como los considerandos 47 y 53 del texto europeo resaltan la necesidad de que se adopten medidas que eviten el fracaso del plan por la obstaculación de una minoría, así como la posibilidad de que el plan sea confirmado u homologado por una autoridad administrativa o judicial a falta de las mayorías necesarias para su aprobación. Ello generaría el efecto arrastre sobre todos los créditos afectados por la reestructuración y, como se ha visto, puede incluir a los socios como parte de la estructura de capital en atención al posible contenido del plan. Esta es una de la gran novedad del nuevo sistema. La Directiva de reestructuraciones se refiere en este sentido a la "reestructuración forzosa de la deuda aplicable a todas las categorías"[931]. En la terminología anglosajona es conocido como "*cramdown*" o "*cross-class cramdown*". En particular, el arrastre de los socios se incardina en el conocido "arrastre intra-clases" a pesar de no ser una categoría de acreedores, por contraposición al arrastre producido entre los acreedores de unan misma clase o "arrastre inter-clases". Este último para los socios se produce como consecuencia exclusiva de la aplicación del régimen societario y el principio mayoritario. En definitiva, la homologación constituye una medida que obvia los votos contrarios a una reestructuración justificada y surge como respuesta al problema del monopolio bilateral que genera comportamientos oportunistas y obstruccionistas, así como costes de agencia susceptibles de destruir el valor de una sociedad económicamente viable.

La medida del arrastre tiene su origen en el *Chapter 11* norteamericano y no es contrario a los argumentos que defienden la participación del socio en la reestructuración, frente a la supresión de su derecho de voto. Por el contrario, es una contramedida que equilibra los intereses implicados y evita un voto injustificadamente contrario

931 V.gr., considerandos 49 o 53 de la Directiva (UE) 2019/1023.

al plan y perjudicial para el conjunto de inversores[932]. Asimismo, se ha defendido como incentivo para una negociación rápida y eficiente. Sobre todo a la vista de los resultados de la experiencia estadounidense[933]. De acuerdo con este argumento los socios buscarán un acuerdo con los acreedores que incluya un reparto satisfactorio del reparto de valor con carácter temprano para evitar la imposición forzosa de un acuerdo condicionado por la incertidumbre de la valoración de la sociedad resultante de la reestructuración y de los créditos dentro y fuera del dinero[934].

En España la homologación de los instrumentos preconcursales tiene su aparición con la Ley 38/2011, de 10 de octubre, cuya disposición adicional la incorporaba para los acuerdos de refinanciación. Más tarde, su contenido se ubicó en los artículos 596 y siguientes de la versión derogada del Texto Refundido de la Ley Concursal de 2020. Se entiende como una sanción judicial[935] que autoriza la extensión de los efectos pactados en el contenido del plan a las partes disidentes. En el caso de la regulación anterior, a los acreedores. Constituye una excepción al principio de relatividad de los contratos del artículo 1257 del Código Civil o el principio "*pacta sunt servanda*". El objetivo era favorecer el éxito de las refinanciaciones de empresas en dificultades, evitando su insolvencia definitiva, tras la experiencia

---

932 BERMEJO GUTIÉRREZ, N., "Los socios y el reparto del excedente…" …, *op. cit.*, p. 226.

933 THERY MARTÍ, A., "Los marcos de reestructuración preventiva en la propuesta de Directiva de 22 de noviembre de 2016 (y II)" …, *op. cit.*, p. 23 de 34, destaca que el ejemplo norteamericano pone de manifiesto la abundancia de planes consensuales por encima de aquellos que no cuentan con la aprobación de los socios.

934 Como se menciona al principio de este estudio, los jueces no disponen de la formación adecuada para llevar a cabo las valoraciones financieras que puede implicar un plan de reestructuración que afecte a los socios. Sin embargo, su valoración podrá ser aplicada en contra de la aprobación de los socios. Escenario que desaconsejado para los intereses de los socios. También lo recuerda BERMEJO GUTIÉRREZ, N., "Los socios y el reparto del excedente…" …, *op. cit.*, p. 230. En la doctrina extranjera, sobre la incertidumbre de la valoración de la sociedad y de los créditos afectados, ver MARKELL, B. A., "Fair Equivalents and Market Prices: Bankruptcy Cramdown Interest Rates", *Emory Bankruptcy Developments Journal*, Vol. 33, Nº 1, 2016, p. 99.

935 Con estas palabras, MOYA BALLESTER, J., "Los planes de reestructuración" …, op., cit., p. 2308.

que proporcionaba la crisis económica de 2008. Existen por lo tanto antecedentes del arrastre forzoso de los acreedores para la modificación de las condiciones de su crédito.

A pesar de los avances de la legislación española en esta materia, la entrada en vigor de la Directiva (UE) 2019/1023 exigía algunos cambios. Con esa finalidad opera la reforma del Texto Refundido de la Ley Concursal por la Ley 16/2022. Incluye las modificaciones necesarias para adaptar el arrastre anteriormente regulado a las nuevas exigencias y se posiciona respecto del contenido dispositivo que la Directiva de mínimos prevé[936]. Así, introduce modificaciones como la del procedimiento, las mayorías necesarias o los mecanismos de impugnación[937], etc. Los aspectos más relevantes en lo tocante a los socios son analizados en el presente estudio. El cambio principal deriva del contenido posible de los planes y, en relación con ello, el alcance subjetivo de la homologación. Ya no es posible arrastrar únicamente a los acreedores financieros, sino también a los operativos y, más importante aún, a los socios. Se produce así un arrastre vertical de los accionistas o tenedores de participaciones, a pesar de no estar incluidos en las clases de acreedores expresamente. Procede recordar que los socios minoritarios experimentan un primer arrastre interno o societario con la aprobación del plan mediante la celebración de la junta. Lo que acontece con la homologación del plan es un arrastre de los socios disidentes mayoritarios por los acreedores o en un contexto ya estrictamente preconcursal.

En concreto, el artículo 635 del texto Refundido de la Ley Concursal impone la homologación del plan de reestructuración cuando pretenda extenderse sus efectos sobre los socios del deudor persona jurídica[938]. Una de las grandes implicaciones de esta novedad res-

---

936 Sobre los aspectos de libre regulación por los Estados se ha pronunciado VILLORIA RIVERA, Í., "Arrastre de acreedores disidentes", en Cohen Benchetrit, A., (dir.), *Nuevo marco jurídico de la reestructuración de empresas en España*, Aranzadi, Navarra, 2022, p. 1057.

937 Por ejemplo, se sustituye la regulación anterior de una impugnación basada en la revisión no devolutiva por la misma autoridad por una impugnación ante un órgano superior.

938 También cuando la extensión afecte a acreedores o clases de acreedores disidentes, cuando implique la resolución de contratos en interés de la reestructuración, así como para la protección de la financiación, etc.

pecto del régimen legal anterior de los acuerdos de refinanciación y acuerdos extrajudiciales de pago es que no es requisito indispensable la firma del deudor. Por lo tanto, el plan podrá aplicarse sin consentimiento de los socios, pero también sin consentimiento de los administradores. En este último caso, porque carecen de competencia para ello. El legislador ha reservado la competencia a la junta de socios[939]. Las dudas que podían surgir entre la doctrina al respecto fueron finalmente resueltas con la Sentencia del *caso Celsa* en su Fundamento Jurídico 2.2. Se pronuncia sobre la petición de presentación de una cuestión prejudicial ante el Tribunal de Justicia de la Unión Europea con el mismo planteamiento, ante lo cual el juez confirma que el legislador se sumaba a a la posibilidad otorgada por el artículo 11.1.d) de la Directiva (UE) 2019/102, de acuerdo con la cual "*los Estados miembros podrán limitar el requisito de obtener el consentimiento del deudor a los casos en los que el deudor sea una pyme*". En consecuencia, no es necesario el consentimiento del administrador, ni tampoco podrá ser parte en el contradictorio proceso de homologación o parte legitimada en la impugnación de esta última.

La homologación podrá ser solicitada por el deudor, entendiendo en caso de persona jurídica que le corresponde al órgano de administrador social como órgano de representación[940], así como por cualquier acreedor afectado. A este respecto se manifestaba la Sentencia del *caso Celsa* en su Fundamento Jurídico 2.3. Con una algo peculiar redacción, el juez apuntaba que "*no existe distinción entre la sociedad y los titulares de las acciones o participaciones.* (...) *El hecho de que durante la negociación del PDR o el desenvolvimiento del procedimiento de homologación el deudor persona jurídica pueda seguir ejerciendo sus facultades de dirección y gestión de la compañía no le confiere una posición jurídica diferenciada —en el contexto de la homologación— frente a las "partes afectadas*". Sin embargo, estas manifestaciones han de entenderse como una reiteración de la innecesariedad del consentimiento del órgano de administración para la aprobación u homologación del plan de

---

939 Esta idea es sostenida también por GALLEGO SÁNCHEZ, E., "La posición de los socios..." ..., *op. cit.*, p. 559, quien recuerda que el "*órgano de administración carece de competencia para aceptar un acto, cual es el plan de reestructuración, que, según el Derecho de sSociedades, queda reservado a la competencia de la Junta de socios*".

940 Art. 643.2. TRLC.

reestructuración por encima del consentimiento de los socios, partes verdaderamente afectadas. Nótese que el mismo Fundamento Jurídico reconoce el mantenimiento del órgano de administración de sus funciones. Pero al mismo tiempo, parece entender la sentencia que en caso de que el administrador no solicitase la homologación, estarán legitimados los socios. La sentencia lo razona bajo el siguiente argumento: "*[a]sí, cuando no es el deudor quien solicita la homologación de un plan preparado por él consensuado con los acreedores, es preciso garantizar el derecho al voto de las partes afectadas. Y estas son, conforme la definición contenida en el artículo 2.2. de la Directiva de reestructuraciones, "los acreedores, incluidos, cuando proceda con arreglo a la normativa nacional los trabajadores o las categorías de acreedores y, cuando proceda con arreglo a la normativa nacional, los tenedores de participaciones cuyos créditos o intereses se vean directamente afectados por un Plan de Reestructuración*"". En cualquier caso, deberá contar con la firma de procurador y abogado[941].

Otra novedad es la facultativa oposición previa, frente a lo que acontecía con los acuerdos de refinanciación que únicamente preveían una revisión posterior no devolutiva. El conocimiento y resolución del plan de homologación es competencia del juez de lo mercantil competente para la declaración del concurso del deudor o, en su caso, al que hubiera tenido por efectuada la comunicación del inicio de las negociaciones, quien la admitirá mediante providencia publicada en el Registro público concursal por el Letrado de la Administración de Justicia, de considerarse competente[942]. El legislador ha optado por mantener el régimen anterior al otorgar la competencia a una autoridad judicial, en contra de la posibilidad dada por la Directiva (UE) 2019/1023 de otorgar la competencia a una autoridad administrativa.

941 El procedimiento establecido para la homologación está regulado en los arts. 641 a 652 TRLC. Hay que añadir las especialidades relativas al régimen especial contenido en los arts. 682 a 688 TRLC. Excede del presente estudio un análisis en profundidad de las distintas modificaciones procedimentales. Únicamente se harán las menciones que afecten a los socios directamente o que por su relevancia frente a estos requieran ser puntualizados.

942 Arts. 641, 644 y 645 TRLC. Los supuestos de falta de competencia detectada de oficio y de impugnación por falta de competencia se encuentran en los arts. 644.2. y 646 TRLC.

II. REQUISITOS PARA LA HOMOLOGACIÓN

1. *Requisitos para los planes consensuales y no consensuales*

La homologación de un plan de reestructuración queda sujeta al cumplimiento de una serie de requisitos que varían según se trate de planes consensuales o no consensuales. Dentro de los planes no consensuales habrá que distinguir aquellos que no cuentan con el apoyo de todas las clases de acreedores, por un lado, y aquellos que no han sido aprobados por los socios. En relación con esto último, bien porque el acuerdo de la junta ha sido negativo, bien porque no se ha llegado a convocar la junta. Consensuales o no, los requisitos que la norma española regula, son coincidentes con los exigidos por el artículo 19 de la Directiva (UE) 2019/1023, de reestructuraciones.

En primer lugar, la homologación de un plan por el juez competente exige el cumplimiento del presupuesto objetivo de la reestructuración. También ha de presentar una perspectiva razonable de evitar el concurso y asegurar la viabilidad de la empresa en corto y medio plazo[943]. El Texto Refundido de la Ley Concursal regula un amplio presupuesto objetivo para la homologación de un plan de reestructuración. La solicitud podrá presentarse ante el juez en cualquiera de los tres estadios distintos de las dificultades financieras previstos por la nueva ley. Estas son, la probabilidad de insolvencia del deudor, la insolvencia inminente y la insolvencia actual. Como especialidad, esta última sólo será posible cuando no exista solicitud de concurso necesario admitida a trámite. Mientas, la solicitud de concurso presentada por el deudor podrá ser suspendida por el juez durante un plazo máximo de un mes en aquellos casos en los que el plan se hubiese negociado sin que mediase comunicación del inicio de las negociaciones al juez[944]. En tales supuestos, deberá acreditarse la presentación de un plan de reestructuración por parte de los acreedores con probabilidad de aprobarse. En ningún caso ello será posible si el deudor fuese una sociedad con socios legalmente responsables de las deudas sociales.

---

943 La Directiva (UE) 2019/1023 también lo establece en el considerando 50.

944 Sobre esta cuestión ver los arts. 636 y 637 TRLC. Por lo que respecta a la suspensión del concurso cuando hay comunicación del inicio de las negociaciones o del deber de solicitar este, ver arts. 611 y 612 TRLC.

En segundo lugar, cumplirá con los requisitos de contenido y forma de los artículos 633 y 634 del Texto Refundido de la Ley Concursal. Concretamente, el plan tendrá que formalizarse en instrumento público.

En tercer lugar, cuando el plan sea consensual, deberá constar aprobado por todas las clases de acreedores[945] y, en su caso, contará con la aprobación de los socios reunidos en junta y de los socios que sean responsables legalmente de las deudas. Si el plan no es consensual, el requisito de las mayorías experimenta variaciones. Bastará que lo haya aprobado una mayoría simple de clases, siempre que su rango concursal sea el de crédito con privilegio especial o general. Si este requisito tampoco se cumpliese, podrá aplicarse forzosamente de todas formas cuando lo hubiese aprobado una clase de acreedores que "*pueda razonablemente presumirse que hubiese recibido algún pago tras una valoración de la deudora como empresa en funcionamiento*". Esta última mayoría deberá acreditarse por medio de un informe del experto en la reestructuración sobre el valor de la deudora como empresa en funcionamiento. Será de ayuda igualmente la certificación por el experto o por un auditor de cuentas sobre la suficiencia de las mayorías que acompaña a la solicitud de homologación.

Por último, se requiere el trato paritario por el plan de los créditos incluidos en cada clase y la comunicación del plan a todos los acreedores afectados. Por comunicación se entiende la observancia de los deberes incluidos en los artículos 643.1. y 645 del Texto Refundido de la Ley concursal. Es preciso resaltar que la norma no contiene requisitos similares a estos en defensa de los socios. Ni recoge la igualdad de trato de los socios, ni recoge obligaciones de notificación a los socios cuando estos se vean afectados. La notificación o no de los socios queda recogido bajo el régimen de diligencia del administrador social, el cual no ha sido modificado con la Ley 16/2022 para añadir obligación específica alguna. Queda al margen el respeto a la igualdad de trato que proclama la Ley de Sociedades de Capital. Pero todo esto supondría en el peor de los escenarios la posibilidad

---

945 Para ello, será necesario que en cada clase haya votado a favor del plan más de los dos tercios del importe del pasivo correspondiente a esa clase a salvo de la clase esté compuesta por créditos con garantía real, en cuyo caso el porcentaje exigido en dicha clase se aumenta a tres cuartos.

de homologar un plan de reestructuración contrario a la igualdad de trato de los socios cuando la sociedad se encuentre en insolvencia inminente o actual.

Los planes no consensuales por no contar con el acuerdo de los socios son tratados a continuación.

2. *La protección del socio a través del requisito del consentimiento*

La herramienta prevista de defensa frente al arrastre forzoso de los socios por un plan de reestructuración consiste en exigir su consentimiento como requisito previo a la homologación. Se trata del consentimiento del conjunto de los socios que en las sociedades de capital se manifiesta a través de la junta general, respetando su poder de decisión conforme a las normas societarias, pero con las especialidades preconcursales ya mencionadas en cuanto a los plazos de convocatoria y celebración, *quorum* de participación y mayorías de votación necesarias[946]. Como resultado la adopción del acuerdo (positivo o negativo) los socios minoritarios que hayan disentido habrán sufrido mediante el proceso de aprobación del plan por la junta un previo arrastre de naturaleza societario, esto es, por el principio mayoritario. A este respecto, se debe apuntar que el control de las mayorías especiales del artículo 631 del Texto Refundido de la Ley Concursal se desprenderá del acta de la junta, no siendo necesario certificación por experto o auditor, al contrario de como ocurre con los acreedores. Ciertamente, la acreditación de las mayorías en la junta general no reviste la complejidad que sí se detecta en la formación de clases, en el respeto de los rangos concursales y en la valoración del porcentaje del pasivo que representan los acreedores afectados. Se entenderán incluídas en el control de legalidad que el juez realiza

---

946 Esto por lo que respecta a las sociedades de capital, que son las que aquí se tratan. La ley también establece la necesidad de que los socios legalmente responsables de las deudas sociales presten su consentimiento individual. Si bien esto último es de aplicación a las sociedades como ocurre con las sociedades civiles o colectivas. En este sentido, MOYA BALLESTER, J., "Los planes de reestructuración" ..., op., cit., p. 2306; y GARCÍA-VILLARRUBIA BERNABÉ, M., "El papel de los socios en la reestructuración", en Cohen Benchetrit, A., (dir.), *Nuevo marco jurídico de la reestructuración de empresas en España, Aranzadi, Navarra,* 2022, p. 1240.

con la homologación del artículo 647.4. del Texto Refundido de la Ley Concursal. Además, la impugnación de las mayorías necesarias en la celebración de la junta general se tramita por la vía habilitada para la impugnación del acuerdo social, es decir, una vía diferente a las mayorías de los acreedores afectados por el plan. Cuando el plan sea consensual, esto es, mediando acuerdo social favorable a la aprobación del plan, podrá homologarse cualquiera que fuera el estado financiero concreto del deudor de entre los contemplados en el presupuesto objetivo.

De otro lado, cuando el plan no cuente con el consentimiento de los socios manifestado en junta, la posibilidad de homologar el plan se hace depender del estado financiero-económico concreto en que se encuentre el deudor. El plan se entiende no consensual de la forma aquí planteada cuando el acuerdo alcanzado por la junta de socios sea negativo o por falta de convocatoria y/o celebración de la misma. Así, el artículo 640.2. del Texto Refundido de la Ley Concursal establece que el plan que no cuente con aprobación de los socios podrá homologarse igualmente si la sociedad se encuentra en insolvencia inminente o actual. No ocurre lo mismo cuando el estado de insolvencia sea meramente probable[947].

No obstante lo anterior, en cumplimiento de lo estrictamente previsto por la Directiva de reestructuraciones el texto Refundido de la Ley Concursal prevé dos excepciones al arrastre forzoso de los socios. En primer lugar, lo será homologable el plan de reestructuración sin el consentimiento de los socios cuando el deudor sea una pyme y con independencia del estado de insolvencia en el que se hallare[948]. En segundo lugar, la confirmación de un plan de reestructuración se excepciona cuando el deudor sea una sociedad cuyos socios sean legalmente responsables de las deudas sociales. En este último caso se aplica la misma regla que para las pymes. El motivo radica en que la Directiva (UE) 2019/1023 considera que en ambos tipos de sociedades los socios no son meros inversores, sino que aportan valor

---

947 Más fuerte resulta la tutela del socio por esta vía en el procedimiento regulado para microempresas. De acuerdo con el art. 684.2. TRLC, el acuerdo no podrá homologarse en ningún caso sin el consentimiento de los socios.

948 GALLEGO SÁNCHEZ, E., "La posición de los socios..." ..., *op. cit.*, pp. 560 y 561.

añadido en la reestructuración. Además, de otra forma podría estar generándose el indeseado incentivo de que el deudor optase por declarar el concurso de acreedores[949].

Como se ha visto, se permite la participación del socio en la reestructuración manteniendo sus derechos políticos. Pero cuando el estado de la insolvencia es actual el legislador considera que el socio ha dejado pasar la oportunidad de refinanciar la sociedad, tomar las medidas necesarias para revertir la situación o ejercitar sus derechos de opción sobre la sociedad, incluyendo la satisfacción de las deudas. Es entonces cuando por motivos de urgencia un plan beneficioso para el conjunto de los inversores se aplicará igualmente aun sin el consentimiento de los socios. Es decir, forzosamente. El nivel de apremio es el dato determinante ya que impedirá al socio ejercitar sus derechos de opción. Lo mismo cabe decir de la insolvencia inminente, separada temporalmente por a penas tres meses de diferencia respecto de la actual. Esta idea es coherente con los considerandos de la Directiva (UE) 2019/1023 y responde a sus mandatos. Ciertamente, el considerando cuarenta y nueve establece que los Estados miembros deben poder asegurar que la autoridad encargada rechace el plan cuando no estén asegurados los derechos de los tenedores de participaciones. Sin embargo, el considerando cincuenta y siete, en consonancia con el artículo 12.2. de la Directiva de reestructuraciones también aclara que, sin dejar de proteger sus intereses, también deben garantizar que "*no puedan impedir injustificadamente la adopción de planes*". Con dicho propósito autoriza la confirmación de los planes sin contar con el consentimiento de aquellos socios que se encuentren fuera del valor del dinero, lo que será muy probable en situaciones de insolvencia actual o inminente[950].

---

949 Coherentemente con esta idea, el TRLC permite que el experto en la reestructuración paralice la solicitud de concurso voluntario en el art. 683 TRLC. Igualmente, determina que el consentimiento será prestado, primero, por la junta y, en todo caso, por los socios legalmente responsables cuando los hubiere (arts. 640.2. y 684.2. TRLC). Sobre estos particulares GALLEGO SÁNCHEZ, E., "La posición de los socios..." ..., *op. cit.*, p. 561.

950 Literalmente, el considerando 57 de la Directiva (UE) 2019/1023: "*Si bien deben estar protegidos los intereses legítimos de otros accionistas o tenedores de participaciones, los Estados miembros deben garantizar que no puedan impedir injustificadamente la adopción deplanes de reestructuración que permitirían que el deudor recuperase su viabilidad.*

El concepto de "impedir injustificadamente" no se encuentra debidamente definido o concretado por el artículo 12.3. de la Directiva (UE) 2019/1023. No obstante, visto lo anterior, es posible afirmar que estará injustificada la negativa a un plan que ofrezca una expectativa razonable de evitar o solventar la situación de insolvencia en la que se incurra, toda vez que se cumple el presupuesto objetivo para las reestructuraciones y que el plan cuenta con una mayoría mínima de acreedores a favor del mismo.

Se ha de llamar la atención sobre los paralelismos con el derogado artículo 700 del Texto Refundido de la Ley Concursal (2020), en relación con la afectación del socio por la calificación del concurso culpable ante la negativa a capitalizar injustificadamente. Se entendía que estaba injustificado cuando el informe de experto independiente así lo hubiese determinado y no se hubiese previsto un derecho de preferencia de segundo grado. Resulta llamativo porque la norma ya no exige ninguno de los dos requisitos. Es evidente que se trata de un cambio de criterio perjudicial para los socios por reducir las garantías que la norma preveía.

Volviendo sobre la definición ofrecida por la Directiva de reestructuraciones, hay que añadir que los socios no deberán encontrarse en condiciones peores con el plan de reestructuración de lo que se encontrarían en una liquidación, Sin embargo, esto ha de ser matizado. Concretamente hace referencia a que el socio se encuentre fuera del valor del dinero.

Por el contrario, cuando la insolvencia es probable el plan no podrá homologarse sin contar con el acuerdo favorable de la junta de socios. La *ratio* de esta distinción, además de guardar una evidente relación con el nivel de urgencia para la reversión de tales condiciones, está relacionada con los derechos de opción del socio. En situación

---

Los Estados miembros deben poder utilizar distintos medios para lograr ese objetivo, por ejemplo, no concediendo a los tenedores de participaciones derecho de voto en relación con un plan de reestructuración y no supeditando la adopción de un plan de reestructuración al acuerdo de aquellos tenedores de participaciones que, sobre la base de una valoración de la empresa, no recibirían ningún pago ni ninguna otra retribución si se aplicara el orden normal de prelación en la liquidación". También el considerando 49, donde se hace especial referencia a la posición de los socios en la comparativa de la sociedad en funcionamiento frente a la hipotética liquidación.

de insolvencia probable el socio todavía dispone de numerosas posibilidades de revertir la situación, así como de refinanciar la sociedad o ejercitar sus derechos de opción sobre la misma y no estaría justificada la imposición del acuerdo en contra de su voluntad[951]. Además, *probablemente* se encontrará dentro del valor del dinero.

Más allá del consentimiento, no se encuentran en el proceso de homologación otras herramientas específicas de tutela de los intereses del socio. Ni societarias ni preconcursales. No se debe olvidar que el mencionado considerando cincuenta y siete de la Directiva de reestructuraciones que autorizaba la confirmación en contra del rechazo por los socios, también establece que "*deben estar protegidos los intereses legítimos de otros accionistas o tenedores de participaciones*", refiriéndose a aquellos otros que pudieran tener algún derecho en la sociedad resultante. Ciertamente, la supervisión por una autoridad judicial otorga ciertas garantías. Pero debido al alcance de dicho control estas son muy limitadas. También será difícil encontrar una respuesta suficiente en la impugnación del acuerdo social dado que tiene efectos limitados íntimamente relacionados con los tres estadios de dificultades económica, concretamente con la probabilidad de insolvencia. Habrá que acudir a los mecanismos de impugnación del auto de homologación para hallar medidas más concretas.

Resulta llamativo cómo los requisitos que autorizan la homologación y donde habría que buscar la tutela concreta del socio difieren de aquellos que legitiman su impugnación ante una instancia superior o su oposición previa. El motivo es el que se anticipaba. No hay herramientas de tutela en favor de los socios en los requisitos para una aplicación forzosa más allá del consentimiento exigido en una insolvencia probable o del limitado control del presupuesto objetivo y control de legalidad. En la balanza de intereses el legislador se decanta por asegurar el buen fin del plan de reestructuración que cumpla con un presupuesto objetivo y el apoyo de una mayoría concreta de acreedores. Todo ello, en un procedimiento acelerado que evite lo máximo posible el deterioro del valor de la sociedad. Conforme a los requisitos constitucionales y a las garantías recogidas por la Di-

---

951 GARCIMARTÍN, F. J., "El conflicto socios-acreedores…" …, *op. cit.*

rectiva (UE) 2019/1023[952] más tarde prevé una vía de impugnación donde, entonces sí, podrán alegarse motivos —distintos de los de la homologación— que tutelan los intereses de los socios. La clave se encuentra en las distintas consecuencias o efectos que despliegan ambos procedimientos. El rechazo de la homologación en un estadio inicial puede suponer el fracaso del plan y el agravamiento de la situación económica de la sociedad deudora. Es decir, estará abocada al concurso de acreedores. Sin embargo, el éxito de una acción de impugnación únicamente redunda en la pérdida de la eficacia del plan por los motivos tasados y muy limitados por la propia ley.

En relación con lo anterior, el considerando cuarenta y nueve de la Directiva de reestructuraciones establece que "*[l]os Estados miembros deben garantizar que la autoridad judicial o administrativa pueda rechazar un plan cuando se haya comprobado que limita los derechos de los acreedores o tenedores de participaciones disidentes bien a un nivel por debajo de lo que cabría razonablemente esperar en caso de la liquidación de la empresa del deudor*". No parece que entre los requisitos exigidos para la homologación se encuentren preceptos destinados a asegurar este mejor posicionamiento de los socios. Estrictamente considerado de esta manera, la norma española se alejaría de lo que establece la Directiva. Es por ello, que sería más garantista con los intereses de los socios un control previo más profundo con carácter anterior a la homologación del plan[953]. Ahora bien, será necesario realizar un balance de los efectos derivados de ambos momentos de control *ex ante* y *ex post*. La solución final que da el legislador determina que cuando se impugne con éxito una homologación los socios tendrán derecho a una indemnización cuando no sea posible la inaplicación parcial del plan sobre el impugnante o la remoción de las consecuencias. Sin embargo, el considerando de la Directiva de reestructuraciones especifica que debe asegurarse la "*posibilidad de rechazar un plan*". La solución

---

952 Considerando 67 y art. 16 de la Directiva (UE) 2019/1023.

953 No quiere decir que la homologación de un plan, a pesar de la estimación de alguno de los motivos de impugnación del auto de homologación de un plan sea contrario a la Directiva de reestructuraciones. Es una posibilidad expresamente recogida en el artículo 16.4. de la misma. Pero ello no es contrario a que pueda haber un control judicial más de fondo que asegure la tutela de los socios y luego una revisión de dicha decisión de carácter devolutivo que no tenga como resultado la pérdida de eficacia del plan.

podrá venir dada con la fase de oposición previa, donde sí podrán alegarse los motivos de impugnación del auto de homologación con carácter previa a la misma para el *rechazo* del plan. Sin embargo, la legitimación para iniciarlo puede limitar este efecto de tutela.

En resumidas cuentas, el consentimiento del socio es necesario para la homologación cuando la situación es reversible y se presume que recibiría algún valor tras la reestructuración. Mientras, cuando existan motivos de urgencia motivados por la gravedad de la situación económica del socio podrá prescindirse de su voluntad y "salvar" la sociedad en contra de su criterio. Por este motivo, interesa a los socios una mayor implicación que se traduzca en una negociación exitosa y temprana.

III. ALCANCE DEL CONTROL JUDICIAL DE LOS REQUISITOS

Vista la falta de control judicial de fondo en el momento de la comunicación del inicio de las negociaciones[954] y tras la libre y desjudicializada negociación y adopción del plan de reestructuración es necesario comprobar si, a pesar del principio de intervención judicial mínima proclamadas en la Directiva de reestructuraciones y su norma de transposición, la homologación se produce previa supervisión de fondo del cumplimiento de los requisitos.

La confirmación por una autoridad es una de las exigencias de la Directiva (UE) 2019/1023[955], si bien el sistema español se decanta por el control judicial sobre el administrativo, estando ambos permitidos por la norma europea. Habida cuenta de los importantes efectos que despliega la homologación de un plan de reestructuración, el control por un juez se propone "*garantizar que la reducción de los*

---

954 El apartado tercero de la exposición de motivos de la Ley 16/2022 establece que "*Como sucedía en el derecho hasta ahora vigente, una vez presentada la comunicación, sus efectos se producen de forma automática, ope legis, y el control se limita a dos aspectos: el contenido formal de la comunicación, en especial de la información que debe acompañarla, y la competencia del juzgado ante el que se ha presentado*"

955 Concretamente lo impone en sus considerandos 48 y siguientes, así como los artículos 10 y ss. De la Directiva de reestructuraciones.

derechos de los acreedores y de los tenedores de participaciones sea proporcional a las ventajas de la reestructuración y que tengan acceso a una tutela judicial efectiva". Sin embargo, no se pronuncia sobre el alcance de dicho control de manera expresa. Pudiera ser un indicio lo dispuesto por el último párrafo del artículo 10.2. de la Directiva de reestructuraciones al especificar que el examen por la autoridad del cumplimiento sobre la prueba del interés superior del acreedor únicamente se producirá cuando el plan se impugne por dicho motivo. El motivo detrás es asegurar que la confirmación sea eficiente y rápida para evitar la destrucción de valor. Sin embargo, la exclusión de un examen de fondo de este requisito no aclara el alcance del examen de los demás requisitos. Un argumento teleológico permitiría pensar que, por contraposición a lo expuesto, el resto de requisitos sí que serán sometidos a un examen de fondo. Su considerando 50 únicamente confirma que no es posible obligar a los Estados miembros a que impongan una evaluación de oficio sobre el estado de insolvencia y la viabilidad del plan. Es decir, la Directiva de reestructuraciones se pronuncia en términos muy confusos. Lo único que sí queda claro es que el control que regulen los Estados miembros debe garantizar una tutela judicial efectiva.

El Texto Refundido de la Ley Concursal autoriza la homologación por el juez salvo que de los documentos presentados se desprenda manifiestamente que no se cumplen los requisitos exigidos[956]. Por lo tanto, la tutela que pudiese desprenderse de un control de fondo sobre el cumplimiento del presupuesto objetivo o de la viabilidad económica, ha de descartarse. El ámbito del examen realizado por el juez será formal. La ley permite la libertad de forma para la declaración de la situación de insolvencia y con base en esta el juez decidirá sobre la aplicación forzosa de las condiciones del plan sobre los socios en contra de su voluntad. Como se ha visto, no exige tampoco la aportación de un informe por experto independiente que acredite

---

956 Art. 647.1. TRLC y apartado tercero de la exposición de motivos de la Ley 16/2022. Sobre los documentos que serán necesarios, con más detenimiento se pronuncia CERDÁ ALBERO, F., "El plan de reestructuración: contenidos y aprobación (formación de clases de créditos, votación y mayorías)", en Cohen Benchetrit, A., (dir.), *Nuevo marco jurídico de la reestructuración de empresas en España*, Aranzadi, Navarra, 2022, pp. 1042 a 1045.

el cumplimiento del presupuesto objetivo, si bien ello no impide que pueda solicitarlo al experto en la reestructuración tal y como autoriza el artículo 679 del Texto Refundido de la Ley Concursal. Lo mismo cabe decir sobre el control de la viabilidad del plan. Esto último resulta llamativo si se enfrenta a la exigencia de presentar certificación por el auditor o el experto en la reestructuración —si estuviera nombrado— sobre el cumplimiento de las mayorías legales. La exigencia de este requisito se debe a que supone constituye el requisito clave de la homologación[957]. Lo mismo es decir del presupuesto objetivo de la reestructuración y la homologación y, sin embargo, no se encuentra en la ley una exigencia similar.

Además, a salvo de que exista oposición previa, la homologación no es un procedimiento contradictorio, por lo que el socio no tendrá ocasión de rebatir los datos presentados con la solicitud. Únicamente se impone un control de oficio, así como a instancia de parte, de la competencia del juez para conocer del asunto[958]. El legislador parece haberse decantado por la celeridad del procedimiento.

Así planteado, la celeridad del sistema español contrasta con la elección alemana. En la *Insovenzordnung*, juez encargado de resolver sobre la homologación o confirmación de un plan oirá a las partes implicadas que, en el proceso de discusión y votación del plan, aportarán más hechos al procedimiento mediante prueba escrita u oralmente. Ello permite una mayor defensa de los intereses de las partes y de los socios, además de aclarar las dudas que pudiesen surgir al juez. Lo mismo acontece en el §1128 *Chapter 11* norteamericano, que prevé la celebración de una vista para la confirmación del plan y, en su caso, la presentación de una oposición. No obstante lo aquí expuesto, el juez no tiene la obligación de solicitar la aportación de un informe por experto. Sin prescindir de un juicio crítico, confirmará la viabilidad del plan si existen más argumentos a favor que en contra. Esto es, realizando un juicio de "probabilidad" que en la terminología estadounidense de la cual se importa se denomina de "factibilidad".

957 CERDÁ ALBERO, F., "El plan de reestructuración..." ..., *op. cit.*, p. 1013.

958 En aplicación del Reglamento (UE) 2015/848 del Parlamento Europeo y del Consejo de 20 de mayo de 2015 sobre procedimientos de insolvencia (DO L 141/19), considerandos 12, 27 y 32, así como artículos 4 y 5.

Tampoco la redacción final del Texto Refundido de la Ley Concursal en el que se añade un apartado cuarto al artículo 647 permite afirmar que habrá un control de fondo cuando el plan afecta los derechos de los socios. El control de legalidad al que se refiere se ha de entender como un control judicial sobre los requisitos exigidos por la Ley de Sociedades de Capital o la Ley de Modificaciones Estructurales, dependiendo del contenido del plan, pero no necesariamente un control de fondo[959]. En definitiva, El control del juez será muy reducido en términos de profundidad[960].

Recapitulando, la Directiva de reestructuraciones exige que los socios no puedan impedir injustificadamente el plan de reestructuración. Sin embargo, no exige un control de fondo sobre los elementos, más arriba detallados, que supondrían una oposición injustificada, como son el presupuesto objetivo, el plan de viabilidad o la posición económica de los socios. A salvo del consentimiento de los socios, no hay otros requisitos habilitantes de la homologación para la tutela de sus intereses. Junto a esta afirmación, se ha de tener en cuenta que la necesidad del consentimiento para aplicar forzosamente el contenido del plan de reestructuración se hace depender de un estadio de insolvencia sobre el que no existe un control de fondo. Además, se une el hecho de los distintos efectos que generan el rechazo de la homologación por el juez y el éxito de una impugnación posterior.

En consecuencia, puede cuestionarse el cumplimiento del objetivo que la Directiva (UE) 2019/1023 se proponía con la supervisión por una autoridad de la "reducción proporcional de derechos" y "la tutela judicial efectiva". Es cierto que se contraponen celeridad y eficiencia frente a tutela efectiva. Por ello, si el control de fondo puede suponer una extensión desproporcionada en el tiempo del procedimiento en perjuicio del valor de la sociedad deudora, se han de buscar otras alternativas. Estas pueden consistir en la previsión de unas obligaciones formales más claras que combatan las desventa-

---

959 Por su parte, IRIBARREN BLANCO, M., "Los socios en los planes de reestructuración..." ..., *op. cit.*, p. 132, reconoce un mayor control, sin necesariamente afirmar que se trate de un control de fondo.

960 Entre otros, GARCIMARTÍN ALFÉREZ, F. J., "Sobre el nuevo régimen aplicable..." ..., *op. cit.*, p. 76; y FERNÁNDEZ DEL POZO, L., "La tutela de los socios frente a los planes de reestructuración..." ..., *op. cit.*, p. 7.

jas de la libertad formal en el control de los presupuestos objetivos. Es recomendable, por un lado, para aligerar la carga comprobatoria judicial, dotarles de herramientas suficientes para pronunciarse justificadamente[961]. Por otro lado, no entorpece la celeridad del procedimiento al tiempo que dota de una mayor seguridad jurídica a los socios. Sirvan a estos efectos las manifestaciones realizadas sobre la conveniencia de recuperar el requisito de la presentación de un informe por experto independiente sobre estos extremos decisivos en la tutela de los socios.

IV. LA FALTA DE IMPLICACIÓN DEL SOCIO Y PROPUESTA DE *LEGE FERENDA*: LA PRESENTACIÓN DE PLANES COMPETIDORES POR LOS SOCIOS

La falta de competencia del socio en la negociación de un plan de reestructuración, a pesar de la influencia que puedan tener los socios en determinadas sociedades[962], unido a la ausencia de un deber legal de informar o convocar a la junta de socios[963] reduce a mínimos su participación en el ámbito de la reestructuración temprana. Esto es especialmente grave si, a pesar de estar en una insolvencia probable, situación no tan difícil de alcanzar teniendo en cuenta que la vida económico-financiera de las sociedades no es lineal, se adoptan medidas que pueden ser desproporcionadas en detrimento de los socios.

---

961 Mc CORMACK, G., *The European Restructuring Directive...*, *op. cit.*, p. 226.

962 Como se ha distinguido, la variedad de conflictos de agencia y los distintos tipos sociales implican una gran variedad de dinámicas, pudiendo alinearse los intereses de los administradores con el de los socios mayoritarios o, incluso, el interés de los administradores con el de los acreedores en tanto en cuanto potencialmente adoptan la posición de socios futuros. Esto no quita, por lo tanto, que se pueda destacar en determinados casos, el relevante papel de los socios en las reestructuraciones, como así hace IRIBARREN BLANCO, M., "Los socios en los planes de reestructuración..." ..., *op. cit.*, p. 110, a través de las instrucciones de la junta o canales más informales. Pero no es una influencia que se pueda desprender en todo caso de disposiciones imperativas recogidas en el TRLC o en la LSC.

963 Tal y como se expone más adelante, la ausencia de un deber de convocar la junta está agravada en el ámbito de la reestructuración temprana, siendo posible que hasta la misma homologación del plan e incluso a pesar de esta, la junta nunca llegue a ser convocada.

Esto es, existiendo alternativas que aseguren la viabilidad económica de la sociedad sin comprometer la posición del socio. Por ejemplo, permitiéndole realizar nuevas aportaciones. No se puede olvidar que los presupuestos del plan de reestructuración no incluyen un examen de la viabilidad del plan en términos comparativos frente a una alternativa menos lesiva, sino en un control de carácter más estático o limitado a las opciones presentadas en el plan. Así se exige para su homologación. Pero aún más, cuando la insolvencia sea inminente o actual la influencia aquí será cero, ya que ni siquiera se requerirá del consentimiento del socio para la aprobación del plan por medio del acuerdo de la junta. En resumidas cuentas, el socio queda relegado a un papel secundario o puede que ni tan siquiera llegue a tener papel. Se trata de una de las consecuencias de no considerar al socio como una clase más de acreedores, dado que no tendrán espacio en la negociación conforme a la norma preconcursal, ni tampoco en la votación al tiempo que el resto de los acreedores.

La solución a esta situación podría venir de la mano de la presentación de propuestas de planes competitivos. Es una opción expresamente prevista en el §1129(c) *Chapter 11* norteamericano[964]. El ordenamiento de referencia se caracteriza por una gran intervención del juez a lo largo del proceso. Como parte de dicha intervención, deberá elegir uno de los posibles planes competidores. Sin embargo, no ofrece unos criterios claros para la elección del mismo, como pone de manifiesto el Caso *Tribune*[965].

En Europa el ordenamiento que ha regulado esta cuestión es el italiano. El D. lgs. Nº 83 de 17 de junio de 2022 modificaba el *Codice della Crisi d'impresa e dell'insolvenza* con la introducción de un art. 120 bis por medio del cual se faculta al socio a presentar propuestas competitivas a un plan, dentro de un instrumento de regulación de la crisis y la insolvencia. Esta es una opción que ya se encontraba prevista para los acreedores para el concordato preventivo en el

---

964 Sobre esto, SCHAIBLE, D. S., y VONNEGUT, E. J., "Law of unintended consequences: competing plans in post-BAPCPA world", *New York Journal,* vol. 246, núm. 118, 2011, pp. 1 y 2. También, BUIL ALDANA, I., "La necesaria regulación de los planes de reestructuración…" …, *op. cit.*, pp. 146 a 152.

965 BUIL ALDANA, I., "La necesaria regulación de los planes de reestructuración…" …, *op. cit.*, p. 150.

art. 90 de la misma norma, a la cual se remite para su desarrollo[966]. Conforme a esta propuesta, aquellos socios que representen un diez porciento del capital social, están legitimados para presentar un plan con capacidad de competir, presentando alternativas válidas en una mejor defensa de sus intereses. La solicitud irá firmada por cada uno de los socios. El plazo se concreta por remisión al art. 90 *Codice della Crisi*, esto es, un plazo de presentación a más tardar dentro de los treinta días anteriores a la fecha fijada para la votación del plan por los acreedores. Más adelante puntualiza que el plan podrá ser modificado hasta veinte días antes de la votación de los acreedores. Los plazos previstos, aseguran el ejercicio de los derechos de información, una garantía a la que se suma el informe al que se refiere el art. 87.3. *Codice della Crisi* elaborado por un experto independiente sobre la probabilidad de insolvencia y la viabilidad económica de la propuesta, entre otras garantías[967].

En el sistema español la anterior regulación del Texto Refundido de la Ley Concursal ya contaba con la posibilidad de presentar convenios competitivos. Ahora, con la transposición de la Directiva (UE) 2019/1023 se retoma el debate en torno, esta vez, a la regulación de los planes de reestructuración competitivos o competidores[968].

En un primer momento, se tratan de una "propuesta" de plan competitivo. Es decir, un plan que todavía no ha sido sometido a votación por las distintas clases de acreedores. La dificultad radica en el momento adecuado para que la propuesta pueda ser una opción en

---

966 En dicho precepto se prohibía expresamente la presentación de acuerdos competidores por el deudor o personas especialmente relacionadas con él.

967 El art. 105.3. *Codice della Crisi* regula, dentro de las facultades del commissario giudiziale, la elaboración de un informe complementario sobre la propuesta competidora, que se presentará en el registro y comunicará a los acreedores, hasta quince días antes de la votación. Por su parte, el art. 107.4. *Codice della Crisi* establece que al menos díez días antes de la fecha inicial fijada para la votación, podrán realizarse observaciones y objeciones por correo electrónico certificado dirigido al commissario giudiziale, teniendo el deudor el derecho de responder y la obligación de realizar las aclaraciones oportunas al tribunal.

968 THERY MARTÍ, A., "Planes de reestructuración competidores", en Cohen Benchetrit, A., (dir.), *Nuevo marco jurídico de la reestructuración de empresas en España*, Aranzadi, Navarra, 2022, pp. 1379 a 1417 y BUIL ALDANA, I., "La necesaria regulación de los planes de reestructuración..." ..., *op. cit.*, pp. 143 a 158. Ambos realizan propuestas de régimen jurídico a este respecto.

un hipotético traslado sistema español. Pero, dada su configuración, no existe obligación de que los socios se reúnan en junta para votar en supuestos de insolvencia inminente o actual, ni obligación de informar sobre la negociación del plan, resulta compleja la fijación de un momento concreto a tal efecto.

Podría plantearse la incorporación de un precepto que de forma similar al sistema italiano estableciese la posibilidad de que un socio o socios que alcancen un determinado porcentaje del capital social presentasen una propuesta de plan, con una antelación mínima a la votación de los acreedores. Sin embargo, en el procedimiento español tal votación no dispone de un plazo concreto ni se realiza bajo la supervisión de una autoridad judicial o administrativa que deba autorizarlos. Es más, podrán darse varias negociaciones con acreedores distintos sobre planes distintos[969].

Alternativamente, podría preverse que en alguna fecha anterior a la solicitud de homologación por el juez los socios pudiesen presentar una "propuesta" de plan competitivo, con obligación de traslado de dicha propuesta a los acreedores para que se pronunciasen al respecto y exigiendo la presentación de informes justificativos de la situación de insolvencia y el plan de viabilidad. Esta opción encuentra obstáculos de distinta índole que deberán ser solventados.

En primer lugar, la ausencia de una disposición que imponga la notificación a los socios de que se han iniciado las negociaciones, de que se ha alcanzado un plan de reestructuración temprana o incluso de la solicitud de la homologación. El Texto Refundido de la Ley Concursal únicamente establece medios de notificación generales principalmente dirigidos a los acreedores. Sirva de ejemplo la obligación de indicar en la solicitud de homologación, el lugar donde el plan esté a disposición de los acreedores que acrediten legitimación y del deudor, con acceso telemático. Ni tan siquiera hace referencia a los socios. Con seguridad la notificación va dirigida a lo administradores que no tienen una obligación expresa de notificar, a salvo de las acciones de responsabilidad que correspondan. Otra opción es la publicación de la providencia de admisión a trámite en el Registro

---

969 THERY MARTÍ, A., "Los planes de reestructuración competidores" ..., *op. cit.*, p. 1381.

público concursal del artículo 645 de la norma de transposición. Incluso entre los requisitos para la homologación el artículo 638.5ª. se refiere a la comunicación de los acreedores. Por último, el auto que homologue el acuerdo se publicará en el Registro público concursal. Como puede observarse no hay una obligación de información específica.

Para la viabilidad de esta opción es esencial el fomento de la implicación de los socios en la reestructuración en un momento temprano cuando la situación no requiere medidas gravosas. No es extraño que, al margen de un posible comportamiento obstruccionista y de la posibilidad de arrastre forzoso que prevé la nueva norma, los acreedores prefieran alcanzar un acuerdo con los socios al respecto. Dicha notificación podrá corresponder al administrador societario con la consecuente modificación de sus deberes en el preconcurso (CITA Crítica a la no modificación); al experto en reestructuraciones cuando sea nombrado de acuerdo con el artículo 672 del Texto Refundido de la Ley Concursal; o incluso por la autoridad judicial que reciba la solicitud de homologación de un plan elaborado por los acreedores. Es en este caso cuando gana importancia la apertura de un periodo concreto de tiempo para la presentación de un plan por los socios.

En segundo lugar, hay que tener presente que se trataría de una "propuesta" de plan, es decir, un plan que no ha sido sometido hasta el momento a la aprobación de las distintas clases de acreedores. Por lo tanto, sería necesario que este se sometiese a votación por las clases afectadas antes de la homologación. En tal caso, nada impide, conforme al sistema norteamericano, que voten más de un plan, siempre que se decanten por un orden de preferencia[970].

El tercer escollo lo representan las mayorías justificativas de la aplicación forzosa del plan a todas las clases. Para que los planes no consensuales (por lo que respecta a los acreedores) puedan ser homologados será necesario que el plan cuente con la aprobación de al menos una clase que pueda razonablemente presumirse que hubiese recibido algún pago tras una valoración de la deuda como empresa

---

970 BUIL ALDANA, I., "La necesaria regulación de los planes de reestructuración..." ..., *op. cit.*, p. 151.

en funcionamiento[971]. Dado que los socios no son una clase de acreedores no sería suficiente con su conformidad[972]. Así, el plan podría ser confirmado si cuenta con una mayoría dentro de, v. gr., la clase del crédito comercial. Siempre, claro está, que se encuentre dentro del dinero. Esto es, alguna clase que se encuentre dentro del valor del dinero. Una vez aprobadas ya no serían "propuestas" de planes competidores sino "planes" competidores.

Es aquí donde surge el último conflicto. Las reglas para la resolución de propuestas coincidentes. Esto es, para la determinación de cuál se ha de homologar. Aunque ni la Ley 16/2022, ni Directiva ofrecen solución alguna al respecto, varias voces aconsejan su regulación[973]. Por dicho motivo, en principio, aunque el plan presentado por los acreedores contase con mayorías de clases de acreedores en la votación más altas, nada impide que pueda ser utilizado otro criterio para la valoración del plan. Así ocurre en el §1129(c) *Chapter*

971 Art. 639.2º. TRLC. En relación con este requisito, consultar el ejemplo práctico de VILLORIA RIVERA, Í., "Arrastre de acreedores disidentes" ..., *op. cit.*, pp. 1078 y 1079.

972 El ejemplo italiano establece un porcentaje de capital que supera al habilitante para las minorías en España. Si bien este no sería suficiente en probabilidad de insolvencia, puesto que sigue siendo necesario el acuerdo de la junta, es cierto que su utilidad aumenta cuanto mayor sea el porcentaje de capital que apoye la presentación de la propuesta. Podría tratarse de planes que cuenten con la aprobación de una mayoría de socios en situación de insolvencia probable o en sociedades donde el socio tiene un valor añadido por sus características o conocimientos para la sociedad. Los acreedores estarán más interesados en un acuerdo con los socios, anticipándose a una salida del socio posterior.

973 En primer lugar, las enmiendas presentadas núm. 168 y 452, por los Grupos Parlamentarios Plural y Popular, respectivamente; las alegaciones del Ilustre Colegio de Abogados de Madrid en el trámite de reforma del TRLC; o las Conclusiones sobre el "Proyecto de Reforma del Texto Refundido de la Ley Concursal" de FIDE. También en relación con esto, los trabajos de RICHTER, T., y MARTÍ THERY, A., "The implementation of Preventive Restructuring Frameworks Under EU Directive 2019/1023: Claims, Classes, Voting, Confirmation and the Cross-class Cram-Down", *INSOL EUROPE Guidance Note 1*, 2020. Disponible en https://www.insol-europe.org/publications/guidance-notes; BUIL ALDANA, I., "La necesaria regulación de los planes de reestructuración..." ..., *op. cit.*, pp. 143 a 158; y, THERY MARTÍ, A., "Los planes de reestructuración competidores" ..., *op. cit.*', pp. 1400 y 1401, que recoge todas estas aportaciones. El autor recoge argumentos a favor de sendas posturas confrontadas, la tesis permisiva y la tesis limitativa de los planes competitivos o competidores.

11 norteamericano. Una vez evaluados los requisitos para la homologación del plan, pueden atender a distintos criterios para decidirse por la confirmación de uno de ellos. Por ejemplo, el tratamiento que reciban los socios y los accionistas o la preferencia de cada uno de estos, el plan que muestre mayores niveles de reestructuración, etc.[974]

A pesar de estar hablando de una homologación o confirmación, la verdadera importancia de esta opción con la orientación hacia el socio aquí dada es que le permite participar en la negociación. Para ello es esencial que exista una obligación de notificarle y un plazo concreto para presentar la propuesta. Téngase en cuenta que, al contrario de como ocurre en el procedimiento previsto por el *Chapter 11*, en el ordenamiento español no existe un "*limited exclusivity*" o periodo exclusivo para la presentación de planes exclusivamente y con preferencia de aplicación para el deudor[975]. Este puede ser, bien con anterioridad a la homologación o una vez solicitada la homologación de un plan que afecte a los socios, considerando también la posibilidad de presentar oposición previa.

V. EFECTO DE LA HOMOLOGACIÓN SOBRE LOS SOCIOS. LA EJECUCIÓN FORZOSA DEL PLAN

En caso de que el juez estime la homologación del plan de reestructuración, el auto que dicte a tal efecto despliega efectos con carácter inmediato sobre los socios y acreedores[976]. Es decir, el plan será de aplicación desde el mismo momento de su emisión, siendo también inmediata su publicación en el Registro público concursal.

Atendiendo al variado contenido posible del plan, esto tiene relevancia cuando contenga medidas que requieran el acuerdo de la junta para su ejecución. Es decir, aunque la opinión del socio se da por supuesta en cuanto a la aprobación del plan —obviando su negativa en caso de que la junta no hubiese llegado a pronunciarse o habiéndose pronunciado manifiestamente en contra del acuerdo—,

---

974 BUIL ALDANA, I., "La necesaria regulación de los planes de reestructuración..." ..., *op. cit.*

975 §1121(b) *Chapter 11.*

976 Art. 649 TRLC.

es posible que sea necesario un nuevo acuerdo de la junta que ejecute el contenido del plan. Es el caso de los acuerdos de ejecución de reducción y/o aumentos de capital, de modificación de los estatutos, etc.[977] En nuevo artículo 650 del Texto Refundido de la Ley Concursal establece que cuando la junta no acordase las medidas necesarias para la ejecución de un plan homologado los administradores sociales o, en su caso, quien hubiese sido designado por el juez a propuesta de cualquier acreedor interesado, ostentarán las facultades precisas para llevarlas a cabo. Para ello la norma española establece expresamente que el auto de homologación constituirá título suficiente para la inscripción en el Registro mercantil de las modificaciones estatutarias contenidas en el plan de reestructuración.

De entender que se produce una integración de la voluntad social, pueden encontrarse otros ejemplos en los §1141 y 1142 *Chapter 11*. El sistema estadounidense también prevé la integración de la voluntad social para los actos de ejecución necesarios, con la diferencia de que tal competencia corresponderá al juez encargado de la confirmación. Medida seguida en otros ordenamientos comparados. Ocurre así en Francia con el *redressement* francés y el *mandataire de justice*[978] que sustituye la decisión negativa de la junta para acordar las modificaciones de capital necesarias en cumplimiento del L.631-9-1 *Code de Comerce.*

También en la norma italiana el artículo 120-quinquies *Codice della crisi*, resultado de la transposición de la Directiva (UE) 2019/1023 introduce la ejecución forzosa del plan otorgándole al administrador las facultades necesarias, salvo que opte por el nombramiento de un

977 Será necesario también el otorgamiento de escritura pública o la inscripción de la modificación de estatutos en el registro mercantil.

978 Puede encontrarse antecedente en Francia con la *judgement valant acte* y la resolución de la Cour de Cassation, Chambre commerciale, de 9 de marzo de 1993 (Nº de recurso 91-14.685) que resuelve el recurso presentado contra el Tribunal de Apelación de Pau, 1991-01-21, de 21 de enero de 1991. En ella, si bien declaraba la falta de competencia del juez para sustituir la voluntad social, designó un mandatario *ad hoc* para votar en lugar de los ausentes minoritarios un acuerdo de aumento de capital esencial para la supervivencia de la sociedad. Sobre esta sentencia y en relación con el deber de fidelidad del socio y la impugnación de acuerdos negativos, consultar a IRIBARREN BLANCO, M., "La impugnación de los acuerdos…" …, *op. cit.*, p. 12 de 40.

administrador judicial. En este último caso, el juez destituirá a los administradores cuando concurra causa justificada y debiendo mediar petición de parte interesada, además de haber dado audiencia a los administradores.

De entender que se está produciendo una legal integración de la voluntad social por el administrador o por "aquél" que hubiese nombrado el juez, se estaría contraviniendo la tesis clásica[979]. La norma no especifica quién podrá ser ese sujeto, aunque contará con la aprobación judicial y podría preverse que corresponda al experto en la reestructuración o un administrador nombrado judicialmente.

---

979 La norma introduce un nuevo supuesto que se aleja de la tesis clásica contraria a la integración de la voluntad judicialmente, como ocurre, v. gr., con la aprobación judicial de las cuentas anuales. Sobre esto, *Vid. supra*. En contra de la idea de que se produce una integración de la voluntad social se posiciona GALLEGO SÁNCHEZ, E., "La posición de los socios..." ..., *op. cit.*, p. 559, al entender que el juez se limita a una aplicación estricta del Derecho preconcursal. De igual modo ocurre con los terceros designados judicialmente que actúan por imperativo legal.

Capítulo Segundo

INSTRUMENTOS DE TUTELA *EX POST* E INCENTIVOS NEGATIVOS

I. LA IMPUGNACIÓN DEL ACUERDO DE LA JUNTA DE SOCIOS

1. Cuestiones previas

En el marco de un procedimiento de reestructuración temprana el legislador ha estructurado las herramientas de protección "*ex post*" del socio en dos niveles. Por un lado, mantiene la impugnación de los acuerdos sociales conforme al régimen de los artículos 204 a 208 de la Ley de Sociedades de Capital como herramienta tuitiva, especialmente, para los minoritarios[980]. Ello permite que los socios disidentes se opongan al arrastre por la mayoría de sus consocios que ordenaría el principio mayoritario. De esta forma, pueden oponer resistencia al arrastre abusivo por la mayoría reivindicando la inexistencia de una insolvencia inminente o actual, o por el error en la valoración del tipo de canje establecido que tengan como base la infravaloración de la sociedad cuando se acuerden aumentos de capital. No se puede olvidar que la constitucionalidad de una reforma que implica el arrastre de los socios se condiciona, entre otras cosas, a la previsión de un sistema de reclamación adecuado y suficiente.

Por otro lado, establece una vía preconcursal para la impugnación del auto de homologación que será de tratamiento más adelante.

Pero a lo anterior habrá que añadir las especialidades preconcursales contenidas en el Libro II del texto de transposición. En atención a ello, el procedimiento de impugnación societario se incorporará a la tramitación establecida para la impugnación precon-

---

980 SÁNCHEZ CALERO, F., La junta general..., *op. cit.*, p. 352; GONZÁLEZ FERNÁNDEZ, Mª. B., "Reglas de legitimación e impugnabilidad..." ..., *op. cit.*, p. 2. En palabras de BERCOVITZ RODRÍGUEZ-CANO, A., "Los acuerdos impugnables..." ..., *op. cit.*, p. 377: "*el socio minoritario en una sociedad cuyas acciones no coticen en bolsa es un socio que está prisionero de la sociedad*".

cursal. Estas particularidades son fruto de la coordinación entre el Derecho de la insolvencia (y las reestructuraciones) y el Derecho societario y generan numerosas dudas a las que se da tratamiento a continuación.

Los apartados siguientes analizarán aquellos aspectos más relevantes del régimen diseñado para la impugnación del acuerdo social. Se incorporarán algunas cuestiones que surgen de la combinación de ámbitos normativos, de la comparativa de la impugnación del acuerdo social con el régimen aplicable y coincidente con el del auto de homologación. Especialmente, se reflexiona sobre la eficacia de esta vía como mecanismo de tutela de los socios y, con mayor atención de las minorías. Esto último dado el acceso restringido diseñado para acceder a la herramienta de impugnación del auto de homologación. El objetivo es esclarecer si la disociación de las distintas vías de impugnación y los efectos de cada una redundan en una doble vía para la protección de los intereses del socio, frente a posibles abusos o si, por el contrario, se traducen en una mayor indefensión. En definitiva, un análisis sobre el funcionamiento y alcance de las herramientas de tutela tras la adopción del plan de reestructuración por los acreedores y/o por los socios.

2. *Cuestiones procedimentales*

2.1. Tramitación

2.1.1. El procedimiento

El artículo art. 631.5º. del Texto Refundido de la Ley Concursal se pronuncia en los siguientes términos: "*El acuerdo de la junta que apruebe el plan de reestructuración será impugnable exclusivamente por el cauce y en el plazo previstos para la impugnación u oposición a la homologación. En el caso de que la junta se haya celebrado con posterioridad a la solicitud de homologación del plan, el plazo de impugnación comenzará para los socios en el momento en que se hubiese celebrado la junta. Las impugnaciones del acuerdo de la junta se acumularán a la impugnación u oposición al plan por parte de los acreedores, si las hubiese, y se tramitarán como cuestión incidental de previo pronunciamiento*". Ello, junto con el título de la sección 3ª del capítulo V "*de la impugnación del auto de homologación*", confirma dos vías diferenciadas de impugnación, la del acuerdo adoptado por la junta de socios y la del auto de homologación[981].

Sin embargo, ambas se tramitarán de forma conjunta por la vía del incidente concursal. Esta acumulación plantea dos preguntas. La primera es si resulta necesario que concurra una demanda de impugnación del auto de homologación o de oposición previa a la homologación como presupuesto necesario para presentar una demanda de impugnación del acuerdo social. Cuestión que se ha de resolver con una respuesta negativa[982]. De la redacción del precepto no puede desprenderse que en ausencia alguna de las dos no quepa impugnación a la junta[983]. De otra forma, se estaría despojando a los minoritarios de herramientas de tutela en contra de las exigencias constitucionales. Además, la propia ley afirma que el acuerdo "*será impugnable*", sin condicionante alguno, reservando la acumulación a la impugnación del auto o a la oposición "*si las hubiere*".

La segunda pregunta guarda relación con el procedimiento concreto a seguir, esto es, si procede el incidente concursal o el procedimiento del incidente concursal de previo pronunciamiento. Es posible deducir que, cuando la impugnación del acuerdo social se acumule a la del auto de homologación o a la oposición, se le dará el tratamiento de la cuestión incidental de previo pronunciamiento. Pero este no tendrá sentido si no existe impugnación acumulada que dirimir por el cauce del incidente concursal. Por lo tanto, cuando no existan acciones acumulables, la impugnación del acuerdo social se tramitará por el cauce del incidente concursal[984]. Como se ha ex-

---

981 Recuérdese que una de las opciones de las que disponía el legislador era la de suprimir el acuerdo de la junta y reservar cualquier decisión de los socios como una clase más de acreedores, sujetándose plenamente al procedimiento preconcursal.

982 En contra de esta postura, aunque crítico, SANJUÁN Y MUÑOZ, E., "Los acuerdos societarios de los planes de reestructuración", *Anuario de Derecho Concursal y Paraconcursal*, Nº 58, 2023, pp. 29 de 42.

983 IRIBARREN BLANCO, M., "Los socios en los planes de reestructuración…" …, *op. cit.*, p. 134.

984 Esta remisión ha sido criticada en la doctrina debido a los problemas de coordinación que genera. De ello se encarga con más detalle GARCÍA-VILLARRUBIA BERNABÉ, M., "Socios y reestructuración" …, *op. cit.*, pp. 87 a 90, quien critica la posibilidad de que se produzcan incidentes de previo pronunciamiento (en aplicación de la LSC y la LEC) dentro de otro (el que establece el art. 631

puesto, de entender que la impugnación ha de tramitarse necesariamente como incidente de previo pronunciamiento, en ausencia de la presentación de oposición previa o de impugnación del auto de homologación, se habría eliminado por completo la posibilidad de impugnar el acuerdo social. Dicho de otro modo, se habría despojado a los socios (especialmente a los minoritarios) de una esencial herramienta de defensa en contra de las exigencias constitucionales. Esto último implica que, como cuestión incidental de previo pronunciamiento será resuelta mediante auto en el plazo de diez días mientras que, como incidente concursal finalizará mediante sentencia[985].

Más complicada podría resultar la coordinación con el artículo 393.5. de la Ley de Enjuiciamiento Civil[986]. En definitiva, excepcio-

---

TRLC). Más recientemente en GARCÍA-VILLARRUBIA BERNABÉ, M., "El papel del socio..." ..., *op. cit.*, pp. 1236 y 1237. Así, SANCHO GARGALLO, I., "Artículo 204. Acuerdos impugnables", en García-Cruces, J. A. y Sancho Gargallo, I., (dirs), *Comentario de la Ley de Sociedades de Capital*, Tomo III, Tirant lo Blanch, Valencia, 2021, *op. cit.*, pp. 2837 a 2873., p. 2856, afirma que "*se trata de un juicio de relevancia abstracto de la infracción denunciada, al margen de la acreditación efectiva de que esa infracción se haya producido*". Pero bajo la regulación preconcursal sí que procura dilucidar si la infracción efectivamente se ha cometido. Con más detalle sobre el incidente de previo pronunciamiento, su justificación y articulación procesal, ver SANCHO GARGALLO, I., "Artículo. 204. Acuerdos..." ..., *op. cit.*, pp. 2863 a 2866. Crítico también con el cauce elegido y el tratamiento como cuestión incidental se muestra FERNÁNDEZ DEL POZO, L., "La tutela de los socios frente a los planes..." ..., *op. cit.*, p. 23.

985 Arts. 393.4. LEC y 540 TRLC, respectivamente. Nada se dice, sin embargo, sobre la necesidad de presentar una nueva solicitud de impugnación del auto de homologación por el socio que hubiese votado en contra del acuerdo social en caso de que la impugnación de este fuese estimatoria. La alternativa es que la autoridad judicial lo tenga en cuenta, puesto que es quien resuelve de la cuestión incidental previa y deba anular el auto de homologación de oficio. Ello, salvo que esta última no se hubiese presentado acumulándose a la primera. En tal caso sería necesario que el socio interesado impugnase el auto.

986 Establece que "*Cuando la cuestión se resuelva por medio de auto, si éste acordare poner fin al proceso, cabrá recurso de apelación, y si decidiere su continuación, no cabrá recurso alguno, sin perjuicio de que la parte perjudicada pueda impugnar la resolución al apelar la sentencia definitiva*". La posibilidad de que la decisión que la autoridad judicial adopte sobre la impugnación del acuerdo de la junta despliegue efectos sobre la impugnación del auto de homologación se trata más adelante sin profundizar sobre cuestiones procesales.

nando el procedimiento que preveía el artículo 207.1. de la Ley de Sociedades de Capital.

Otra particularidad guarda relación con la competencia para conocer de la impugnación. Corresponderá al juez de lo mercantil para conocer de la declaración de concurso del deudor o por la Audiencia Provincial[987].

Así, se presentará demanda de impugnación siguiendo lo previsto para el juicio ordinario, mientras que la tramitación se conduce siguiendo las disposiciones del juicio verbal de la Ley de Enjuiciamiento Civil[988]. Pero a esto, habrá que añadir las especialidades de la sección 3ª, relativa a la impugnación del auto de homologación[989], que incluyen el traslado por un plazo de quince días al deudor y a los acreedores para formular oposición. Como garantías de la tramitación se ha de mencionar la comparecencia ante el Tribunal celebrada conforme a la vista del juicio verbal en la que podrá admitirse la práctica de prueba además de alegaciones previas en el plazo de cinco días desde que el Letrado de la Administración de Justicia diera traslado a las partes. Estas serán el demandante y la sociedad demandada, así como quien constase personado en el procedimiento.

2.1.2. *El plazo de ejercicio*

Junto con su tramitación, la siguiente modificación afecta al plazo dispuesto para su ejercicio. La norma societaria prevé un plazo de caducidad de un año[990], pero es sustituido por el más breve de los quince días siguientes. Empezará a contar desde la publicación del auto de homologación en el Registro público concursal, salvo que

---

987 Cuando la impugnación del acuerdo social se presente antes de la homologación, la competencia le corresponde al juez competente para homologar el plan de reestructuración y, en su caso, se acumulará a la oposición previa que se hubiere presentado (arts. 641, 662 y 663 TRLC). Si la impugnación tuviese lugar una vez resuelta la homologación, la competencia únicamente puede corresponderle al juez encargado para conocer de la impugnación del auto de homologación. A saber, la Audiencia Provincial (art. 658.2. TRLC).

988 Son de aplicación lo dispuesto en los arts. 532 y ss. TRLC, y los arts. 399 y 437 y ss. LEC.

989 Arts. 653 al 661 de la Ley 16/2022.

990 Art. 205 LSC.

la junta se hubiese celebrado con posterioridad a la homologación. En tal caso, empezará a contar para los socios desde que se hubiese celebrado la junta.

Mientras, en el Derecho de sociedades el plazo para impugnar el acuerdo por vulneración del orden público no está sujeto a caducidad ni prescripción. Puesto que nada se especifica al contrario en la regulación preconcursal, se ha de sostener que, en este ámbito, también quedará reemplazado por el plazo de los quince días[991]. No se deduce otra cosa de la remisión expresa al incidente concursal, la necesidad de que ambos procedimientos[992] se tramiten de forma conjunta, la dificultad de revertir los efectos de la nulidad del acuerdo que conllevaría la estimación de una impugnación del negocio jurídico[993] por ser contrario al orden público y la inseguridad jurídica que la posibilidad de que ello pudiese ocurrir en cualquier momento generaría[994].

Tampoco será de aplicación la previsión del artículo 205.2. de la Ley de Sociedades de Capital, de acuerdo con el cual se inicia el cómputo del plazo desde la fecha de oponibilidad de la inscripción del acuerdo de la junta.

Cuando con la solicitud de la homologación del plan se hubiese admitido a trámite una fase de oposición previa, el momento para la impugnación del acuerdo social se acumulará a las oposiciones a la homologación que se hubieren presentado y se resolverán también como cuestión incidental de previo pronunciamiento. En estos casos, el plazo, también de quince días, para impugnar el acuerdo empieza a contar desde que se inicia el plazo de oposición con la

---

991 FERNÁNDEZ DEL POZO, L., "La tutela de los socios frente a los planes…" …, *op. cit.*, p. 23.

992 En referencia a la impugnación del auto de homologación —o, también, al trámite de oposición— y a la del acuerdo social.

993 Sobre la naturaleza jurídica del acuerdo de la junta general se manifiesta GARRIGUES, J., "Nulidad e impugnabilidad…" …, *op. cit.*, p. 3, en su estudio comparado sobre las consecuencias de su nulidad e impugnabilidad.

994 Aunque la ley superó la clasificación de las causas de impugnación que distinguía entre acuerdos nulos y anulables, la gravedad de la infracción hará imposible o indeseable su subsanación, lo que sin duda ocurre en el caso de un acuerdo contrario al orden público. Ver GONZÁLEZ FERNÁNDEZ, Mª. B., "Reglas de legitimación e impugnabilidad…" …, *op. cit.*, pp. 3 y 4.

impugnación con la publicación en el Registro público concursal de la providencia por la que se admite a trámite. Como excepción, cuando la junta tenga lugar después de la solicitud de homologación con oposición previa, el plazo se inicia desde la celebración. Además, se altera la competencia judicial para resolver.

Se observa así, cómo el desplazamiento del Derecho societario por las especialidades temporales de la vía preconcursal redunda en un régimen más restrictivo y, en ese sentido, desfavorable al deudor al reducir el plazo para la defensa de sus derechos a través de la impugnación del acuerdo social.

2.1.3. La posibilidad de suspensión del procedimiento

Otra de las cuestiones que la ley deja sin resolver es la posibilidad de suspender el procedimiento mientras se dirimen las oposiciones o impugnaciones presentadas. De nuevo, se recuerda que el legislador se propone ante todo la celeridad en el procedimiento y asegurar que el plan de reestructuración llega a buen puerto. Buena muestra de ello es también la ausencia de efectos suspensivos de la impugnación del auto por el que se homologa judicialmente el plan[995].

Con motivo de la coordinación normativa y la acumulación de procedimientos quedan algunos flecos provenientes de la legislación societaria que requieren aclaración por su confrontación directa con lo expuesto en el párrafo anterior. En aplicación de la Ley de Sociedades de Capital y de la Ley de Enjuiciamiento Civil caber plantear la posibilidad de que se suspenda el procedimiento de homologación durante el tiempo en el que se resuelve la controversia.

Primero, como consecuencia de la acumulación de impugnaciones (del acuerdo social y del auto de homologación) tanto en fase de oposición previa, como posteriormente a la homologación, dándoles trámite por el incidente concursal con cuestiones incidentales de previo pronunciamiento. El artículo 390 de la Ley de Enjuiciamiento Civil dispone la suspensión del curso de las actuaciones hasta su re-

[995] Art. 660 de la Ley 16/2022.

solución[996]. Sin embargo, la suspensión hace referencia al proceso principal[997], es decir, la oposición o la impugnación del auto de homologación, pero no a la homologación en sí o a las actuaciones necesarias para su ejecución. En consecuencia, aprobada la homologación mediante auto, la impugnación del acuerdo social no desplegará efectos sobre las actuaciones de ejecución que se hubieren iniciado[998].

Más prometedora resulta la posibilidad de solicitar como medida cautelar la suspensión del acuerdo social[999]. Se trata de una medida de tutela de la minoría y genera dudas acerca de la posibilidad de paralizar la homologación aprobada del plan. Esto aumentaría las probabilidades de revertir los efectos del plan que no cumpliese los requisitos necesarios para poder aplicarse forzosamente a los socios. De nuevo, aquí deviene relevante el hecho de que el consentimiento de los socios únicamente es una exigencia para la aplicación forzosa del plan cuando la sociedad está en probabilidad de insolvencia. Por ello, la admisión a trámite de la impugnación del acuerdo no puede suponer una suspensión de las medidas concretas que se aprueban en el plan, sino que únicamente se suspendería el efecto de dicho acuerdo. Conforme a esto, podría determinar la suspensión de la

---

996 Arts. 390 y 393.2. LEC. Crítico con los problemas aparejados a la tramitación por el incidente concursal y, en concreto, sobre este extremo se pronuncia GARCÍA-VILLARRUBIA BERNABÉ, M., "Socios y reestructuración" ..., *op. cit.*, pp. 85, 87 y 90.

997 ARSUAGA CORTÁZAR, J., "Artículo 391. Cuestiones de previo pronunciamiento. Casos", en Marín Castar, F., *Comentarios a la Ley de Enjuiciamiento Civil*, Tirant lo Blanch, Valencia 2015, p. 1664: "*suspensión del proceso principal por sus trámites ordinarios hasta que sean resueltos (...) Se trata de cuestiones procesales o a la presencia de óbices que impidan la conclusión del proceso a través de la sentencia de fondo*".

998 Menos problemas genera en la oposición previa, puesto que al no haberse homologado aún el plan, no hay acciones de ejecución que suspender. En contra de esta postura parece pronunciarse GARCÍA-VILLARRUBIA BERNABÉ, m., "El papel del socio..." ..., *op. cit.*, p. 1236.

999 En concreto, el art. 727.10ª. LEC. Lo recuerda ALFARO ÁGUILA-REAL, J., "Artículo 204. Acuerdos impugnables", en Juste Mencía, J., y Recalde Castells, A. (coords.), *La junta general de las sociedades de capital. Comentario de los artículos 159 a 208 LSC*, Aranzadi, Navarra, 2022, p. 737, haciéndose eco de distintas resoluciones como el Auto del Juzgado de lo Mercantil de Barcelona de 12 de noviembre de 2021 [ECLI:ES:JMB:2021:3963A]. El porcentaje se reduce al uno por ciento en el caso de sociedades cotizadas.

homologación cuando la sociedad se encontrase en insolvencia probable, esto es, cuando el acuerdo social positivo es necesario para la homologación. No ocurriría así si el estado económico-financiero fuese la insolvencia inminente o actual. La importancia de esto se manifiesta cuando el motivo de impugnación guarda relación con alguno de los requisitos de la homologación. Por ejemplo, cuando el motivo de impugnación fuera el propio grado de insolvencia declarado en el plan. Es decir, que la sociedad no se encuentra en insolvencia inminente o actual y se hubiesen comenzado a ejecutar los actos necesarios para el cumplimiento de un plan homologado cuyos efectos fueran de difícil o imposible remoción (v.gr., modificaciones estructurales) en detrimento de los socios. Ante este o supuestos similares parece razonable que por motivos materiales pueda paralizarse la ejecución de unas actuaciones que a la postre puedan resultar lesivas para los socios. Sin embargo, encuentra un encaje procesal difícil por los motivos expuestos en el párrafo anterior. Sobre todo, constando ya pronunciamiento judicial sobre la legalidad de una aplicación forzosa del plan. En todo caso, este supuesto encuentra menos problemas que el anterior dado que tiene carácter facultativo, atendiendo al buen entender de la autoridad judicial.

En la otra cara de la moneda, su uso puede tener una intención meramente dilatoria del procedimiento. Desde un punto de vista finalista de la norma, no cabe duda de la inconveniencia de aplicar estos preceptos. El motivo es que son contrarios a la celeridad y a la reducción de costes que la ley procura en todo momento. El legislador ha procurado reducir al máximo las posibilidades de fracaso de los planes hasta el punto de limitar también los efectos que despliega sobre los derechos de los impugnantes, aun en caso de estimación de las pretensiones. Dicho de otro modo, no es razonable entender que la impugnación del plan —cuestión principal— en sí mismo no tiene efectos suspensivos, pero sí que los permite cuando se pone en entredicho el acuerdo social que será tramitada como cuestión incidental de previo pronunciamiento[1000].

[1000] Art. 661.2. Ley 16/2022.

En cualquier caso, la cuestión quedaría al buen entender de la autoridad judicial encargada de resolver sobre la impugnación del acuerdo social.

2.2. Legitimación activa

Dado que la Ley 16/2022 no establece lo contrario, la legitimación activa para el ejercicio de la acción de impugnación la determina el artículo 206 de la Ley de Sociedades de Capital. Otorga legitimación activa, en primer lugar, a los socios que tengan tal condición al momento de la celebración de la junta y de la adopción del acuerdo. Deberán reunir al menos un uno por ciento del capital social al momento de la impugnación, salvo que se hubiese reducido estatutariamente[1001]. Ello incluye a los titulares de acciones sin voto[1002]. Como excepción, cuando la impugnación se base en la vulneración del orden público, podrá oponerse cualquier socio[1003]. El porcentaje necesario es de aplicación también a las sociedades cotizadas. Ello, a salvo de modificación estatutaria, imposibilita en la práctica que los minoritarios puedan acceder al mecanismo de la impugnación. En la doctrina se encuentran duras críticas alegando una pérdida de oportunidad para modificar la mayoría necesaria para la impugnación, contrariamente a como sí se ha hecho con las revisiones y rebajas de las mayorías y quórums para la aprobación del acuerdo[1004]. No está tan claro, sin embargo, que el socio impugnante deba haber votado en contra del acuerdo del que se trate[1005]. Es un requisito que sí se

---

1001 Como sostiene SANCHO GARGALLO, I., "Artículo 206. Legitimación para impugnar", en García-Cruces, J. A. y Sancho Gargallo, I., (dirs), *Comentario de la Ley de Sociedades de Capital*, Tomo III, Tirant lo Blanch, Valencia, 2021, p. 2896, es independiente que su acción o participación conlleve o no derechos políticos.

1002 SÁNCHEZ CALERO, F., La junta general..., *op. cit.*, p. 403.

1003 Art. 206.2. LSC.

1004 Abiertamente lo reclama FERNÁNDEZ DEL POZO, L., "La tutela de los socios frente a los planes..." ..., *op. cit.*, p. 23.

1005 Anteriormente a la reforma de la Ley de Sociedades de Capital mediante la Ley 31/2014, este era un requisito expresamente recogido en su articulado, debiendo hacer constar la oposición en el acta de la junta. Pero con su eliminación, la doctrina ha coincidido en entender que los socios pueden impugnar a pesar de haber votado a favor del acuerdo impugnado. En este sentido, por todos, MASSAGUER FUENTES, J., "Artículo 206. Legitimación para impugnar", en Juste

exige expresamente para la impugnación del auto de homologación de un plan de reestructuración no aprobado por los socios[1006]. Pero la falta de previsión expresa al contrario que en el ámbito societario o una previsión especial preconcursal lleva a concluir que no es un

---

Mencía, J., (coord.), *Comentario de la reforma del Régimen de las Sociedades de Capital en materia de Gobierno Corporativo (Ley 31/2014). Sociedades no cotizadas*, Thomson Reuters, Navarra, 2015, p. 256. Las discrepancias doctrinales al respecto, con motivo de la desaparición de este requisito anteriormente expreso en la ley, son mencionadas por SANCHO GARGALLO, I., "Artículo. 206. Legitimación..." ..., *op. cit.*, p. 2894. Con carácter anterior, reconociendo la distinción derivada de los acuerdos nulos y anulables hoy derogada, SÁNCHEZ CALERO, F., La junta general..., *op. cit.*, p. 409 a 412, quien ya proponía de *lege ferenda* un sistema de cláusulas generales basadas en la casuística (p. 363); y más recientemente, GONZÁLEZ FERNÁNDEZ, Mª. B., "Reglas de legitimación e impugnabilidad..." ..., *op. cit.*, pp. 13 a 15, quien se muestra favorable a mantener la vinculación del socio al sentido de su voto en aras de limitar una impugnación y/o solicitud de resarcimiento posterior. En la jurisprudencia se ha exigido, por ejemplo, que los vicios en la convocatoria de la junta se hagan constar en la celebración de la misma para poder impugnar, como recuerda ALFARO ÁGUILA-REAL, J., "Artículo 204..." ..., *op. cit.*, p. 737. En todo caso, no se exigirá a quienes no hubieran podido votar por haber sido ilegítimamente privados del derecho de voto, por no haber sido —erróneamente— convocados, etc., como así apuntaba ya GARRIGUES, J., "Nulidad e impugnabilidad..." ..., *op. cit.*, p. 7.

1006 A priori, puede observarse una legitimación activa más amplia respecto de la que se concede para la impugnación del auto de homologación, ya que no se exige que el socio impugnante haya votado en contra del acuerdo. Pero la exactitud de esta afirmación dependerá de la interpretación que se haga sobre el artículo 656 TRLC. En particular, de si se entiende que este exige necesariamente que el acuerdo de la junta por el que se somete a aprobación el plan sea denegatorio para que el socio ostente legitimación activa. En tal caso, los socios únicamente tendrán legitimación cuando el acuerdo de la junta fuera contrario a la aprobación del plan. Esto deja a los socios minoritarios sin una vía de defensa frente al arrastre forzoso por los acreedores. El motivo estriba en que un acuerdo positivo, potencialmente abusivo e impuesto por la mayoría, no cumple con el presupuesto exigido para que los socios que hayan votado en contra, puedan impugnar el plan. La alternativa estaría representada únicamente por la impugnación del acuerdo social. Una interpretación contraria de la expresión "no aprobación por los socios" por la que se los comprende individualmente, concedería legitimación a los disidentes aun cuando el acuerdo fue favorable al plan. Los socios podrían libremente acudir a la impugnación del acuerdo social o del auto de homologación directamente, confirmando una doble vía de defensa.

requisito legal[1007], al margen de que pueda oponerse la teoría de los actos propios[1008]. De otro lado, sí se exigirá la denuncia previa cuando se denuncie un defecto de forma en el proceso de adopción del acuerdo[1009].

En segundo lugar, quedan legitimados los administradores sociales[1010]. Resulta difícil vislumbrar un escenario en el que el administrador, quien ha iniciado y dirigido las negociaciones con los acreedores y presentado en su caso la comunicación al juez, pueda ser un sujeto activo. Podría, no obstante, pensarse en el supuesto de un acuerdo negativo, con la oposición de la mayoría a modificar su posición en la sociedad.

1007 Manifiestamente a favor en relación con la transposición española de la Directiva mediante la Ley 16/2022, IRIBARREN BLANCO, M., "Los socios en los planes de reestructuración..." ..., *op. cit.*, p. 132, en pie de página núm. 35.

1008 La jurisprudencia española ha recurrido como límite a la impugnación de los acuerdos sociales a la doctrina de los actos propios, como una expresión de las exigencias de la buena fe. Así lo afirma ALFARO ÁGUILA-REAL, J., "Artículo 204..." ..., *op. cit.*, p. 743. En concreto, la Sentencia de la Audiencia Provincial de Pontevedra Nº 169 de 2019, de 27 de marzo [ECLI:ES:APPO:2019:777], trata un supuesto de impugnación de los acuerdos sociales de ejecución de las medidas previamente acordadas en un acuerdo de refinanciación homologado judicialmente, en el que es el tribunal que revisa el asunto desde el prisma de la doctrina de los actos propios, criticando que la sentencia de primera instancia no lo hubiese hecho. A favor de una aplicación constante del principio "*venire contra factum proprium non valet*" sin, por ello, prescindir de un análisis casuístico, GONZÁLEZ FERNÁNDEZ, Mª. B., "Reglas de legitimación e impugnabilidad..." ..., *op. cit.*, p. 15. Por su parte, la SAP de Pontevedra Nº 169/2019, de 27 de octubre de 2019 [ECLI:ES:APPO:2019:777], sostiene la legitimación activa, para la impugnación de los acuerdos de ejecución de las medidas pactadas en un acuerdo de refinanciación, de aquellos socios que habían votado previamente a favor de este último.

1009 Es un requisito expreso introducido con la reforma de la Ley 31/2014. Con mayor profundidad, SANCHO GARGALLO, I., "Artículo. 206. Legitimación..." ..., *op. cit.*, pp. 2895 a 2897.

1010 Resulta difícil vislumbrar un escenario en el que el administrador, quien ha iniciado y dirigido las negociaciones con los acreedores y presentado en su caso la comunicación al juez, pueda ser un sujeto activo.

En tercer lugar, legitima a aquellos terceros que muestren un interés legítimo. Cabe entender que estos podrán ser los acreedores que hubiesen votado en contra del plan de reestructuración[1011].

3. Motivos de impugnación

A falta de disposición en contra, el acuerdo social por el que se somete a aprobación un plan de reestructuración es impugnable por las causas recogidas en el artículo 204 de la Ley de Sociedades de Capital[1012].

Podrá alegarse, por lo tanto, el incumplimiento de forma y plazos de la convocatoria[1013]; las mayorías necesarias; la invalidez de uno o varios votos o el cómputo erróneo de los emitidos, siempre que fueran determinantes para la mayoría exigible; o la infracción del derecho de información[1014]. También cuando el acuerdo social resulte

---

1011 Ello no obstante, resulta difícil pensar en un supuesto práctico en el que los acreedores impugnen el acuerdo social en lugar de acudir a la impugnación del auto de homologación. En relación con la impugnación por los acreedores, no puede compartirse la opinión de FERNÁNDEZ DEL POZO, L., "La tutela de los socios frente a los planes…" …, *op. cit.*, p. 23 en relación con los motivos alegables. El autor es partidario de una impugnación por las causas establecidas para la impugnación de los planes consensuales y no consensuales. Sin embargo, esta deberá ser por motivos exclusivamente societarios. Cuestión distinta es que puedan alegarse motivos preconcursales a través de los preceptos societarios.

1012 GARCÍA-VILLARRUBIA BERNABÉ, M., "Socios y reestructuración" …, *op. cit.*, p. 83; "Propuestas de mejora de la transposición de la Directiva de reestructuración preventiva", *Almacén de Derecho*, 6 de octubre, 2021; IRIBARREN BLANCO, M., "Los socios en los planes de reestructuración…" …, *op. cit.*, p. 133; y PULGAR EZQUERRA, J., "El papel de los socios en reestructuraciones de empresas en crisis y la proyecta", *El notario del siglo XXI: revista del Colegio Notarial de Madrid*, Nº 102, 2022, p. 3.

1013 Art. 204.3. b). LSC y 656.1.2º. TRLC, respectivamente, con las especialidades previstas para la convocatoria y las mayorías de voto o quorum, además de la limitación contenida en el art. 206.5 LSC relativa a la imposibilidad de alegar un defecto de forma quien hubiese descartado denunciarlo quien hubiese tenido ocasión en un momento previo.

1014 El art. 204.2.b) LSC permite la impugnación por insuficiencia de la información facilitada con anterioridad a la junta cuando hubiera sido esencial para el ejercicio razonable del derecho de voto o el resto de derechos de participación. Téngase presente que a pesar de que el derecho de información se ejercerá exclusivamente respecto de la aprobación del plan como único punto del or-

contrario a la ley, los estatutos o al reglamento de la junta; o por lesión del interés social en beneficio de uno o varios socios o terceros, así como por la imposición de forma abusiva por la mayoría.

La coordinación entre los motivos de impugnación del régimen societario y el Libro Segundo del Texto Refundido de la Ley Concursal permite reflexionar, primero, sobre la posibilidad de invocar motivos de impugnación del acuerdo que tengan que ver con la homologación. Si la respuesta es afirmativa[1015], hasta qué punto se extienden los efectos de la estimación de una impugnación por dichos motivos. Esto es, si puede tener consecuencias sobre el arrastre de los socios y reconocer una doble vía para impedir su arrastre. Una suerte de porosidad o filtración entre ambas vías.

3.1. Acuerdos contrarios a la ley

La idea anterior se desprende, en primer lugar, del artículo 656.1.2º. del Texto Refundido de la Ley Concursal que autoriza la impugnación del auto de homologación cuando "*no haya sido aprobado de conformidad con lo previsto en el capítulo IV*". El contenido de esta previsión genérica se ha de tener en consideración conjuntamente con la remisión al Derecho de sociedades del artículo 631 del Texto Refundido de la Ley Concursal. Con ello se cuestiona la impugnabilidad del auto de homologación por incumplimiento de las normas societarias.

El círculo lo cierra la impugnación del acuerdo social por incumplimiento de la ley del artículo 204.1. de la Ley de Sociedades de Capital. Esta no exige que se limite a disposiciones societarias[1016],

---

den del día, éste va ligado al ejercicio de otros derechos, como la censura de la administración social.

1015 Expresamente a favor, GARCÍA-VILLARRUBIA BERNABÉ, M., "Socios y reestructuración" ..., *op. cit.*, p. 83 y FERNÁNDEZ DEL POZO, L., "La tutela de los socios frente a los planes..." ..., *op. cit.*, p. 22.

1016 A favor, particularmente en relación con la tutela de la minoría en la adopción de un plan de reestructuración, se posiciona IRIBARREN BLANCO, M., "Los socios en los planes de reestructuración..." ..., *op. cit.*, pp. 133 y 134; y FERNÁNDEZ DEL POZO, L., "La tutela de los socios frente a los planes..." ..., *op. cit.*, p. 22. En el ámbito estrictamente societario, esta cuestión se resolvió con la vigencia de la Ley de Sociedades Anónimas de 1951 por la doctrina, como des-

sino que podrá derivar de una inadecuación a la norma preconcursal siempre que sea imperativa. No en vano, la ley societaria se sitúa en este punto entre los sistemas de cláusulas generales para las causas de impugnación[1017]. Esto significa que la ilegalidad no vendrá dada únicamente por la inadecuación formal de la convocatoria o celebración de la junta y votación. La ilegalidad de un negocio jurídico que se someta a aprobación en la junta de socios determinará la ilegalidad de esta última. Además, la inadecuación podrá desprenderse tanto de su contenido como de su forma.

Un acuerdo que tenga por objeto la aprobación de un plan contrario a la Ley 16/2022 resultaría igualmente ilícito y susceptible de impugnación[1018]. Este sería, por ejemplo, aquel que no se corresponde con un plan de viabilidad. Lo mismo es predicable respecto de los requisitos formales para la adopción del plan de reestructuración que en la junta ha de aprobarse por los socios, aunque, para ello, el artículo 204 de la Ley de Sociedades de Capital recoge una causa específica de impugnación.

Esta posibilidad otorga una mayor tutela para los socios minoritarios al representar una alternativa a su carencia de legitimación para impugnar directamente el auto de homologación cuando el acuerdo de la junta fue favorable a la aprobación del plan[1019], como se ha apuntado anteriormente. De otra forma, los minoritarios se verían desprotegidos ante la aplicación forzosa del plan de reestructuración.

---

taca SÁNCHEZ CALERO, F., La junta general…, *op. cit.*, pp. 364 y 365. De entre dicha doctrina clásica, puede destacarse a BERCOVITZ RODRÍGUEZ-CANO, A., "Los acuerdos impugnables en la sociedad anónima" …, *op. cit.*, p. 384. Con anterioridad, GARRIGUES, J., "Nulidad e impugnabilidad…" …, *op. cit.*, p. 5 defendía que para la legitimidad de la junta y la validez del acuerdo se presupone que el contenido no contradice las disposiciones de la ley. Más recientemente, SANCHO GARGALLO, I., "Artículo. 204. Acuerdos…" …, *op. cit.*, p. 2846.

1017 ROJO FERNÁNDEZ-RÍO, A. J., "Artículo 204…" …, *op. cit.*, p. 1436.

1018 IRIBARREN BLANCO, M., "Los socios en los planes de reestructuración…" …, *op. cit.*, p. 133. Sobre esta causa de impugnación, SANCHO GARGALLO, I., "Artículo. 204. Acuerdos…" …, *op. cit.*, p. 2846 afirma que "*las normas pueden referirse a las reglas que inciden en la adopción del acuerdo (…) o las que afectan al contenido del acuerdo*".

1019 En este sentido, IRIBARREN BLANCO, M., "Los socios en los planes de reestructuración…" …, *op. cit.*, p. 134.

3.2. Incumplimiento de los requisitos relativos a la convocatoria de la junta y a las mayorías de adopción

Al margen del motivo de impugnación previamente expuesto, el artículo 204.3.a) de la Ley de Sociedades de Capital prevé una causa concreta cuando se incumplan requisitos relativos a la forma y plazo previo de convocatoria y a las mayorías necesarias para la adopción de los acuerdos sociales. Además, encuentran encaje aquí cualesquiera otros requisitos procedimentales que revistan carácter relevante. *A sensu contrario*, no podrán invocarse aquellos otros que no lo tengan[1020]. Para la apreciación de una vulneración de estos requisitos habrán de tenerse en cuenta las especialidades introducidas por el artículo 631 del Texto Refundido de la Ley Concursal en relación con la convocatoria, el *quorum* de constitución y las mayorías de aprobación.

De acuerdo con el art. 206.5 de la Ley de Sociedades de Capital, no podrá alegar defectos de forma quien habiendo podido denunciarlos en su momento oportuno, no lo hizo[1021].

3.3. Acuerdos que lesionen el derecho de información

También aquí se analizarán conjuntamente las especialidades introducidas por el artículo 631.2.3ª. del Texto Refundido de la Ley Concursal, junto con lo establecido por los artículos 204.3.b), 196 y 197 de la Ley de Sociedades de Capital. En este sentido, cualquier reclamación sobre el orden del día o el derecho de información del socio se ejercitará exclusivamente respecto del orden del día. Esto es, la aprobación y contenido del plan y deberá ser relevante para el

---

1020 Ver GONZÁLEZ FERNÁNDEZ, Mª. B., "Reglas de legitimación e impugnabilidad..." ..., *op. cit.*, pp. 4 y ss; y SANCHO GARGALLO, I., "Artículo. 206. Legitimación..." ..., *op. cit.*, pp. 2895 a 2897, recogiendo una enumeración doctrinalmente elaborada sobre la casuística relativa a los defectos de forma que, en cualquier caso, deben pasar el filtro o "test de relevancia".

1021 Introducido por la Ley 31/2014 con el propósito de evitar comportamientos oportunistas.

ejercicio del derecho de voto del socio en la aprobación o rechazo del mismo[1022].

Se ha reclamado una mejor coordinación entre los mentados preceptos por la doctrina[1023]. A modo de ejemplo, el plazo de siete días para el ejercicio del derecho de información del socio con anterioridad a la celebración de la junta no tiene cabida ante la reducción de plazos que ha experimentado el procedimiento con la reforma. La alternativa propuesta es resultado de aplicar una cifra proporcional, esto es, un plazo de tres días[1024]. Otra cuestión guarda relación con el contenido del derecho en relación con el orden del día y a si incorpora todos los documentos que conforme a la Ley de Sociedades de Capital y la Ley de Modificaciones Estructurales son necesarios atendiendo al contenido concreto del plan. Es decir, si se han de poner a disposición, v. gr., el proyecto de fusión, el informe sobre el proyecto, etc., o si bastará con poner a disposición aquello que se haya pactado en el plan. En tanto en cuanto con el acuerdo se aprueben operaciones societarias o modificaciones estructurales que afectan a los derechos y posición del socio, lo contrario vaciaría de forma inaceptable el contenido del derecho de información.

3.4. Acuerdos contrarios al orden público

Resulta difícil pensar en que un acuerdo social que tenga por intención aprobar un plan de reestructuración por los socios pueda ser contrario al orden público. Pero no por ello es descartable.

Aquí encontrarían cabida los denominados "acuerdos inexistentes", fruto de una junta simulada o, conforme a la jurisprudencia, la "no junta"[1025]. En definitiva, este se erige como el canal societario

---

1022 Sirva como ejemplo de una anulación del aumento de capital por vulnerar el derecho de información la SAP de Madrid Nº 492, de 13 de octubre de 2020 [ECLI:ES:APM:2020:12125].

1023 GARCÍA-VILLARRUBIA BERNABÉ, M., "El papel de los socios…" …, *op. cit.*, p. 1224.

1024 GARCÍA-VILLARRUBIA BERNABÉ, M., "El papel de los socios…" …, *op. cit.*, p. 1224.

1025 La doctrina ha incardinado la denuncia de los acuerdos adoptados en juntas simuladas en la impugnación por vulneración del orden público. Ver, GONZÁLEZ FERNÁNDEZ, Mª. B., "Reglas de legitimación e impugnabilidad…" …, *op.*

para combatir la posibilidad de que grupo de socios o la mayoría prescinda completamente de la minoría o de otros socios[1026].

También se ha hecho referencia a la vulneración de derechos fundamentales o los derechos de los socios "*relacionados con la esencia del sistema societario*"[1027]. Por ejemplo, el acuerdo que prive a los socios de derechos irrenunciables, que contengan pactos leoninos, vinculaciones desproporcionadamente onerosas o, hablando de derechos renunciables, cuando tengan una causa o fin ilícito[1028]. Tendrían cabida en este nivel aquellos acuerdos por los que se aprobase un plan expropiatorio de los derechos del socio. Efecto que puede derivar, en un aumento de capital con emisión de nuevas acciones, incluyendo la operación acordeón, del establecimiento erróneo del tipo de canje y el valor de emisión de las acciones o participaciones de nueva creación derivado de una infravaloración de la sociedad resultante de la reestructuración. De manera similar a este ejemplo, también puede derivar de una exclusión injustificada en las sociedades de responsabilidad limitada en la que no se cumpla con el valor real de las acciones o participaciones[1029]. El motivo se encuentra en la ausencia de una indemnización justa a su salida que no reconozca su derecho a una cuota de liquidación.

---

cit., p. 4, quien no descarta que deba acudirse a la motivación tras la simulación de la junta para poder determinar la conveniencia de su nulidad y recoge una relación de resoluciones judiciales sobre la materia; o ALFARO ÁGUILA-REAL, J., "Artículo 204..." ..., *op. cit.*, p. 760, quien profundiza en el régimen de los acuerdos contrarios al orden público (pp. 759 a 765).

1026 No se escapa que la falta de celebración de la junta implica ausencia de aprobación por los socios del plan y, con ello, la posibilidad de impugnar directamente el plan. Pero ello no exime constatación de esta circunstancia por una autoridad judicial que determine que la junta no se celebró. Además, una resolución favorable al socio o socios impugnantes es esencial frente a la reclamación de responsabilidad en que hubiesen podido incurrir al resto de socios.

1027 ALFARO ÁGUILA-REAL, J., "Artículo 204..." ..., *op. cit.*, p. 760.

1028 ALFARO ÁGUILA-REAL, J., "Artículo 204..." ..., *op. cit.*, p. 761.

1029 IRIBARREN BLANCO, M., "La tutela de la integridad de la participación..." ..., *op. cit.*, p. 21 de 33.

3.5. Acuerdos que lesionan el interés social y abuso de mayoría

La Ley de Sociedades de Capital regula en su artículo 204 la impugnación de aquellos acuerdos que contrarios al interés social y aquellos otros que sean aprobados con abuso de la mayoría. Estos últimos son considerados una concreción de los acuerdos que lesionan el interés social, exigiéndose unos requisitos diferentes. Sin embargo, encuentran similitudes. Por dicho motivo, en el presente apartado se analizan por separado aquellos requisitos en los que difieren, pero encontrando un tratamiento conjunto para su mejor comprensión en los aspectos coincidentes.

3.5.1. La lesión del interés social

Sin ánimo de reiterar las afirmaciones vertidas en torno al interés social, es indudable que este se trata de un concepto indeterminado que parece estar sufriendo importantes cambios cuando la sociedad se encuentra en una situación cercana a la insolvencia[1030]. Naturalmente no es óbice para que un plan de reestructuración pueda resultar dañino, si bien sí se dificulta la apreciación de qué medidas de las contenidas en un plan pueden resultar lesivas del interés social y, por lo tanto, legitimar la impugnación del acuerdo de la junta que lo apruebe.

En primer lugar, para apreciar esta causa de impugnación es necesario probar que con el acuerdo se genera un daño al patrimonio social. En relación con esto y el potencial contenido de los planes de reestructuración sometidos a aprobación, podría considerarse lesivo aquel acuerdo que no permita respetar la cuota hipotética de liquidación del socio. Es decir, cuando el valor de la participación del

---

1030 No procede profundizar en este punto sobre lo que se entiende por interés social. En cualquier caso, no es un término estático, sino que variará y se adaptará a los intereses del colectivo de los socios, sin limitarse a ser la suma de los particulares de cada uno de ellos. De esta manera lo expone SANCHO GARGALLO, I., "Artículo. 204. Acuerdos..." ..., *op. cit.*, pp. 2847 y 2848. Por su parte, FERNÁNDEZ DEL POZO, L., "El derecho de preferencia..." ..., *op. cit.*, insiste en que el interés social debe "*corregirse*" y modularse con el "interés de los acreedores", en línea con el art. 19 de la Directiva (UE) 2019/1023. Igualmente en, FERNANDEZ DEL POZO, L., "Saneamiento de pérdidas y reducción preconcursal..." ..., *op. cit.*, p. 97.

socio se vea afectada de tal manera que resultará inferior al que correspondería en caso de una hipotética liquidación[1031]. Una idea que presenta claros paralelismos con la conocida como "interés superior de los acreedores" o, en la terminología anglosajona la "*best interest rule*" o "*best-interest of creditors test*". Se trata de una norma recogida en el §1129(7)(a) *Chapter 11* del *Bankruptcy Code* estadounidense para la tutela de los acreedores disidentes tanto en los planes consensuales como en los no consensuales[1032]. La norma europea en su diseño del proceso de reestructuración ha incorporado esta regla en los artículos 1.6., 10.2.d). y 14.1. de la Directiva de reestructuraciones. Su cumplimiento es requisito necesario para poder confirmar un plan por una autoridad y aplicar su contenido forzosamente a las partes disidentes. Además, será motivo de impugnación de dicha confirmación, llevando al juez a revisar la valoración que se haya dado de la sociedad. Asimismo, la Ley 16/2022 si bien no la incluye entre los requisitos de homologación, sí que es uno de los motivos que legitiman la impugnación de la homologación de un plan consensual.

No es posible encontrar, sin embargo, una regla paralela en la norma que asegure un "interés superior de los socios" equivalente al "interés superior de los acreedores". Dado que los socios no son considerados una clase de acreedores la respuesta se ha de buscar en el Derecho societario al contrario de como ocurre, por ejemplo, en el ordenamiento holandés, donde el artículo 384(3) *WHOA* permite que los socios se opongan a una homologación judicial cuando el plan no respete su cuota de liquidación[1033].

1031 A favor, GARCÍA-VILLARRUBIA BERNABÉ, M., "Socios y reestructuración" …, *op. cit.*, p. 83; y FERNÁNDEZ DEL POZO, L., "La tutela de los socios frente a los planes…" …, *op. cit.*, p. 22.

1032 Se promulgó por primera vez en el §5103A de la Ley de reforma de 22 de junio de 1874 de la Ley de quiebras estadounidense de 1867. Sobre esto, MADAUS, S., "Is the Relative Priority Rule right for your jurisdiction? A simple Guide to RPR", *Papers SSRN,* 18 de enero de 2020, p. 1. Otro ejemplo de esta regla en Derecho comparado puede localizarse en el §245(1)(1) *InSO* alemana, si bien aquí se exige el cumplimiento de las mayorías (§245(1)(3) *InSO*). Por el contrario, no se encuentra en los Schemes of Arrangements

1033 Aún más, en aplicación del art. 384(4) *WHOA*, los socios podrán oponerse cuando el plan no respeta la regla de prioridad absoluta o no se les ha ofrecido la posibilidad de cobrar en efectivo su cuota de liquidación.

Es por ello que se defiende la idoneidad del "interés social" para cumplir una función tuitiva del derecho a la cuota de liquidación del socio[1034]. Se trata de un criterio que tendrá en cuenta el valor que alcanzaría la participación del socio tras la reestructuración y lo compara con el valor que recibiría en una hipotética liquidación de la sociedad. Ciertamente, la ley no se pronuncia al respecto para el caso de los socios, sin embargo, es posible entender que dicha liquidación se entenderá como una liquidación concursal eficiente o procedimiento equivalente[1035], incluso por la vía de la enajenación de unidades productivas. La cuota hipotética de liquidación será inversamente proporcional a la gravedad de la situación financiero-económica. De esta manera, el test del interés superior de los socios únicamente tendría aplicación cuando la situación del deudor fuera de mera iliquidez o atravesase dificultades transitorias. En el escenario más grave, sin embargo, la cuota podrá ser cero si no recibiese nada una vez liquidados los bienes y derechos para satisfacer las deudas. En otras palabras, cuando el socio se encuentra fuera del valor del dinero. También existen dudas respecto de la aplicación del plazo de dos años vista para la liquidación que prevé la ley[1036], aunque puede

---

1034 GARCIMARTÍN ALFÉREZ, F. J., "Derecho de preferencia...", ...*op. cit.*; "El papel de los socios de la sociedad de capital deudora en la aprobación y homologación de los planes de reestructuración", *Gómez-Acebo & Pombo*, abril de 2002, p. 9, disponible en https://www.ga-p.com/publicaciones/el-papel-de-los-socios-de-la-sociedad-de-capital-deudora-en-la-aprobacion-y-homologacion-de-los-planes-de-reestructuracion/; FERNANDEZ DEL POZO, L., "Saneamiento de pérdidas y reducción preconcursal..." ..., *op. cit.*, p. 97; el mismo autor en FERNÁNDEZ DEL POZO, L., "Socios y planes de reestructuración", *Almacén de Derecho*, abril, 2022, se muestra especialmente crítico e insiste en que debiera haberse previsto para los socios una norma paralela; IRIBARREN BLANCO, M., "Los socios en los planes de reestructuración..." ..., *op. cit.*, p. 129; y GARCÍA-VILLARRUBIA BERNABÉ, M., "Socios y reestructuración" ..., *op. cit.*, p. 85.

1035 Destaca MADAUS, S., "Is the Relative Priority Rule..." ..., *op. cit.*, p. 2, que la Directiva es más felxible que los sistemas estadounidense o alemán. Mientras que estos se refieren estrictramente a una liquidación concursal, la Directiva de reestructuraciones permite "a sale of (a part of) the debtor's business as a going concern or, if provided for under national law, an accepted competing plan or even the continuation of the debtor's business without any coercive restructuring measure (in case of a solvent restructuring effort)". La decisión de qué valor tomará como referencia descansa sobre el juez.

1036 Art. 654.7ª TRLC.

ser orientativo y de utilidad. En definitiva, una comparativa del valor hipotético tras la reestructuración frente al resultante del curso normal de la sociedad y de sus perspectivas financieras o económicas que funciona a modo de "umbral de conservación de valor"[1037].

En línea similar, podría considerarse lesivo para el interés social un acuerdo por el que se aprueba un plan en el que los acreedores se apropian del aumento de valor o excedente generado con la reestructuración por encima de sus créditos y que le corresponde por derecho a los socios. También se ha considerado el efecto lesivo cuando se acuerde una exclusión del socio cuando no reciba en concepto indemnizatorio o de contraprestación el valor real de sus acciones o participaciones, en este caso, conforme al valor *ex ante*[1038]. Otro ejemplo que puede considerarse es aquel acuerdo que, aun respetando la cuota hipotética de liquidación de los socios, les impusiese a cambio un "sacrificio desproporcionado"[1039].

Volviendo sobre los requisitos, para la apreciación de una vulneración del interés social, junto a la producción de un daño al patrimonio social, es necesario probar un beneficio a favor de socios o terceros (los acreedores) que controlen los intereses del grupo[1040]. De igual modo, es necesario justificar un nexo causal entre la lesión y el acuerdo[1041].

1037 FERNÁNDEZ DEL POZO, L., "Socios y planes de reestructuración" ..., *op. cit.*

1038 En el caso de la exclusión del socio, se tendrán en cuenta las causas tasadas para la sociedad de responsabilidad limitada. En este sentido IRIBARREN BLANCO, M., "La tutela de la integridad de la participación..." ..., *op. cit.*, p. 21.

1039 GARCIMARTÍN ALFÉREZ, F. J., "Derecho de preferencia...", ...*op. cit.*

1040 La lesión del interés social en beneficio de socios o terceros guarda estrecha relación con el deber de lealtad del socio que le prohíbe obtener ventajas a costa de la sociedad. Sobre esta cuestión ver ALFARO ÁGUILA-REAL, J., "Artículo 204..." ..., *op. cit.*, p. 769.

1041 SANCHO GARGALLO, I., "Artículo. 204. Acuerdos..." ..., *op. cit.*, pp. 2847 y 2848, aclara que el nexo causal se refiere a que del acuerdo se perjudique a unos y se beneficie a otros, no es necesario que el beneficio derive del perjuicio del resto.

3.5.2. El acuerdo con abuso de mayoría

El artículo 204 de la Ley de Sociedades de Capital permite la impugnación de un acuerdo que, sin responder a una necesidad razonable de la sociedad, se adopta por la mayoría en interés propio y en detrimento injustificado de los socios[1042]. Una especialidad de los acuerdos susceptibles de dañar el interés social[1043].

La impugnación de un acuerdo social por estos motivos presenta ventajas frente a la impugnación por vulneración del interés social. Concretamente, en la ausencia de la carga probatoria en relación con la producción de un daño al patrimonio social. En su lugar, el daño deberá generarse sobre los intereses de los minoritarios. Éste no deberá ser necesariamente directo y podrá consistir en una pérdida de ganancias o ventajas. Los motivos expuestos los convertirían en una vía más adecuada de impugnación del acuerdo social por el que se aprueba el plan de reestructuración[1044].

1042 En particular, sobre los requisitos del abuso de derecho las SSTS Nº 58, de 30 de enero de 2017 [ECLI:ES:TS:2017:327]; Nº 159, de 3 de abril de 2014 [ECLI:ES:TS:2014:1619]; Nº 567, de 26 de septiembre de 2012 [ECLI:ES:TS:2012:5991]; y Nº 442, de 7 de junio de 2011 [ECLI:ES:TS:2011:4005].

1043 Se trata de un tipo especial dentro de los acuerdos que lesionan el interés social, introducido por el Grupo de Expertos en el estudio de 2013, en el marco de la reforma por la Ley 31/2014 que la incorporaría a la LSC, permitiendo ampararse en esta norma para apreciar el abuso de Derecho, en lugar del art. 7.2. CC por el cual se requería: que se dé un uso aparentemente o formalmente adecuado del derecho en concreto; que la intención que mueva la misma exceda de los límites normales del Derecho; y que con él se cause un daño a un interés que no se encuentre directamente protegido por la norma. En la doctrina en ocasiones se da un tratamiento indistinto de los supuestos de lesión del interés social y del abuso de derecho. También en la jurisprudencia. No es extraño si se tiene en cuenta que la reforma es relativamente reciente y la abusividad por la mayoría una especialidad dentro del genérico grupo de supuestos que pueden lesionar el interés de la sociedad. En relación con esto, SANCHO GARGALLO, I., "Artículo. 204. Acuerdos..." ..., *op. cit.*, p. 2848, al tratar la lesión al interés social apunta que "el perjuicio no ha de entenderse únicamente en términos económicos", refiriéndose a la producción de un daño moral como puede ser la dilución de la participación del socio cuando esta esté injustificada.

1044 Sirva de ejemplo la SAP de Pontevedra Nº 169, de 27 de marzo de 2019 [ECLI:ES:APPO:2019:777], el propio órgano judicial resalta la inadecuación de la pretendida vía de impugnación de la lesión del interés social en términos patrimoniales. Establece que la vía adecuada habría sido la del abuso de la mayoría. Otra jurisprudencia relevante en la materia se conforma por las SSTS Nº

El problema se encuentra con la acreditación del daño, pero no en sí mismo. En particular, se generará un daño sobre el patrimonio o los intereses del socio minoritario mediante aquellos acuerdos que no respetan la cuota de liquidación hipotética del socio. También cuando debido a una infravaloración de la sociedad los acreedores se apropien del valor del excedente generado con la reestructuración que correspondería a los socios. No queda tan claro, sin embargo, el daño consistente en la dilución de la posición del socio[1045]. Este es un efecto inherente a medidas como aumentos de capital con emisión de nuevas acciones, especialmente por capitalización o compensación de créditos u otras modificaciones estructurales[1046]. Aunque todos ellos son contenido típico de los planes en los que se requiere la aprobación por los socios en junta y guardan un especial riesgo expropiatorio, la dilución del socio es perjudicial para él, pero no necesariamente abusiva. A pesar de que no son pocos los ejemplos en la práctica donde se ha apreciado la abusividad de estos acuerdos, esta calificación no vendrá dada por defecto[1047]. Por el contrario, deberán analizarse otros condicionantes atendiendo al caso concreto. A modo de ejemplo, para valorar el daño que se genera sobre los intereses del socio, se ha tenido en cuenta en la jurisprudencia la concesión de un derecho de preferencia[1048] (si bien se ha visto que con la reforma este ha quedado legalmente excluido), la valoración desproporcionadamente a la baja de las nuevas acciones o participaciones, o la realidad de las cuentas de la sociedad que fundamentan

---

1136, de 10 de diciembre de 2008 [EECLI:ES:TS:2008:6664] y Nº 770, de 10 de noviembre de 2011 [ECLI:ES:TS:2011:8283].

1045 La SJM de Bilbao Nº 268, de 3 de octubre de 2018 [ECLI:ES:JMBI:2018:3958], aclara que la dilución del socio es *per se* insuficiente para determinar su abusividad. Aunque sí que podría serlo si fuerza al minoritario injustificadamente a realizar nuevas aportaciones.

1046 Alerta sobre el riesgo ALFARO ÁGUILA-REAL, J., "Artículo 204…" …, *op. cit.*, p. 785 y especialmente cuando se trate de operaciones vinculadas, como ocurrió con el *leading case* en la materia: *Clinique Mistral* (Com 11.101967).

1047 En relación con esto ALFARO ÁGUILA-REAL, J., "Artículo 204…" …, *op. cit.*, pp. 776 a 779 recopila las decisiones de las Audiencias Provinciales sobre la abusividad de los acuerdos de aumento de capital, con especial referencia a la compensación de créditos.

1048 Por ejemplo, la SAP de Madrid Nº 189, de 19 de marzo de 2018 [ECLI:ES:APM:2018:4379], entre otras.

el acuerdo. En particular, la necesidad razonable de la medida, como se ve más adelante.

Seguidamente, para apreciar abusividad deberá producirse un beneficio para la mayoría. El mismo ha de derivar del acuerdo en sí, no necesariamente del perjuicio causado a la minoría y tampoco es necesario que el beneficio sea para la sociedad. Un ejemplo de esto sería aquella reestructuración que adopta medidas de aumento de capital fraudulentas en las que el socio mayoritario enriquece o consolida su posición de control, excluyendo a la minoría[1049]. Aquella en la que no se respete el principio de proporcionalidad en la reducción del capital previo en una operación acordeón o en el aumento de acciones o participaciones, impugnable además por el incumplimiento del principio de igualdad de trato.

Por último, será necesario probar un nexo causal entre los acuerdos adoptados y el daño generado, por un lado, así como el beneficio correlativo, por otro lado.

Si se trata de la opción más viable o no para proteger los derechos del socio, dependerá del caso concreto. Ya se ha visto que, en caso de expropiación, podría impugnarse un acuerdo por ser contrario al orden público. En otras circunstancias la denuncia por abusividad puede ser más viable por cuanto se elimina el requisito del daño patrimonial a la sociedad. Pero la carga argumentativa sobre el carácter abusivo del plan recae sobre el reclamante[1050], dificultando el éxito de la operación[1051]. No resta para que mediante esta vía quepa re-

1049 Un ejemplo propuesto es una fusión por absorción vinculada, en la que el socio de la absorbente es el socio mayoritario de la absorbida, de manera que se impida al minoritario ejercitar su derecho de preferencia. El beneficio aquí es el aumento de capital y la consolidación de la posición del mayoritario. Sobre esto, ver ALFARO ÁGUILA-REAL, J., "Artículo 204…" …, *op. cit.*, p. 785. El autor subraya el riesgo aumentado cuando se trata de operaciones vinculadas, como en el *leading case: Clinique Mistral* (Com 11.101967). Sin embargo, en la actualidad, la ausencia de un derecho de preferencia no puede ser valorada para determinar la abusividad del plan.

1050 ALFARO ÁGUILA-REAL, J., "Artículo 204…" …, *op. cit.*, p. 778.

1051 IRIBARREN BLANCO, M., "Los socios en los planes de reestructuración…" …, *op. cit.*, pp. 118 y 119. La dificultad de éxito también se ha relacionado con la necesidad de probar que no responde a una necesidad razonable por GARCÍA-VILLARRUBIA BERNABÉ, M., "Socios y reestructuración" …, *op. cit.*, p. 85.

clamar la abusividad de un plan que no se justifica por la situación financiera de la sociedad o que no responde a un plan de viabilidad. Así como para combatir la valoración que se haya efectuado sobre la acción o participación del socio por causarle un daño injustificado.

3.5.3. El requisito de la necesidad razonable

Tanto la impugnación de un acuerdo social lesivo para el interés social como aquél que haya sido adoptado mediando abuso de la mayoría requieren de un requisito común. Se trata de que las medidas pactadas no respondan a una "necesidad razonable", es decir, si está justificada o no su adopción[1052]. Es aquí donde surgen dudas en torno a lo que ha de considerarse interés social y a si este experimenta alguna alteración o adaptación a las situaciones cercanas a la insolvencia. La alteración supondría un desplazamiento del Derecho societario por el Derecho especial de la insolvencia que permitiría la lesión o el abuso por considerarlo justificado. Estas cuestiones se han de afrontar en dos momentos diferenciados pero relacionados y que conforman el sistema de control *ex post* diseñado por la Ley 16/2022. Primero, con la impugnación del acuerdo social de aprobación del plan de reestructuración por los motivos expuestos. En un segundo momento, con la homologación y su impugnación.

En términos económicos se ha de recordar que el interés social en la reestructuración temprana conecta estrechamente con la maximización del valor de la empresa y el principio de continuidad[1053]. Conforme a esto, no podría apreciarse lesión del interés social cuando las medidas adoptadas procuren la evitación de un mal como la insolvencia o la disolución por pérdidas, esto es, estén constatadas las dificultades económicas o financieras (la probabilidad de insol-

---

1052 Concretamente, la disposición societaria establece que el acuerdo será abusivo cuando no responda a una "necesidad razonable. GARCÍA-VILLARRUBIA BERNABÉ, M., "Socios y reestructuración" ..., *op. cit.*, p. 84; SANCHO GARGALLO, I., "Artículo. 206. Legitimación..." ..., *op. cit.*, p. 2851.

1053 Sentencia de la Audiencia Provincial de Pontevedra Nº 169, de 27 de marzo de 2019 [ECLI:ES:APPO:2019:777]. En el asunto se pretendía la impugnación de los acuerdos de ejecución de un aumento de capital con base en la lesión del interés social en el marco de un acuerdo de refinanciación celebrado con la única intención de diluir la posición de los socios minoritarios.

vencia, como mínimo) y se ajusten a un plan de viabilidad —además, contando con las mayorías legales y el resto de formalidades[1054]—. Circunstancias que se identifican con el concepto de necesidad razonable[1055]. Con la incorporación al ordenamiento de la probabilidad de insolvencia, bastaría que existan meras dificultades financieras para que una reestructuración esté justificada, sin exigir que la medida concreta aprobada con el plan sea la única alternativa[1056]. De esta manera, el plan atendería a una razón objetiva o necesidad razonable[1057].

Para la apreciación de la abusividad de un acuerdo, en concreto, la doctrina encuentra discrepancias en la aplicación práctica de esta expresión dependiendo del contenido del acuerdo[1058]. Se ha apun-

---

1054 De cumplir estos requisitos, el plan se entiende conforme con el interés social. A favor de esta idea, FERNÁNDEZ DEL POZO, L., "Socios y planes de reestructuración" ..., *op. cit.*

1055 Así lo resuelve la STS Nº 942, de 14 de septiembre de 2007 [ECLI:ES:TS:2007:6009], cuya causa razonable estribaba en la necesidad de evitar la causa de disolución, a pesar de que se denunciara la intención de reducir la posición de los minoritarios. Además, se destacaba por el Tribunal que en este caso se reconoció un derecho de suscripción preferente a los accionistas. Similarmente, en las SSTS Nº 193, de 4 de marzo del 2000 [ECLI:ES:TS:2000:1725] y Nº 5, de 14 de enero del 2002 [ECLI:ES:TS:2002:72], se deniega con base en la existencia de un derecho de preferencia. En la SAP de Pontevedra Nº 169, de 27 de marzo de 2019 [ECLI:ES:APPO:2019:777], el juez establece que "los acuerdos que tenían como finalidad hacer frente a esta situación, en modo alguno pueden ser considerados lesivos para el interés social, sino todo lo contrario". Sin embargo, sí se ha considerado lesivo un acuerdo de aumento del número de socios que sólo beneficiaba al mayoritario, en la STS Nº 941, de 18 de noviembre de 1996 [ECLI:ES:TS:1996:6447], o también en la STS Nº 400, de 12 de abril de 2007 [ECLI:ES:TS:2007:2260]. Una revisión de las resoluciones sobre los relativos expuestos puede encontrarse en SANCHO GARGALLO, I., "Artículo. 204. Acuerdos..." ..., *op. cit.*, p. 2849.

1056 GARCÍA-VILLARRUBIA BERNABÉ, M., "Socios y reestructuración" ..., *op. cit.*, p. 84; y GARCÍA-VILLARRUBIA BERNABÉ, M., "El papel del socio..." ..., *op. cit.*, p. 1231.

1057 En relación con esto, se han de tener presentes aquí las manifestaciones realizadas en el apartado siguiente sobre la necesidad razonable y el debate sobre un análisis de conveniencia.

1058 Mencionan sin más la necesidad razonable, GARCÍA-VILLARRUBIA BERNABÉ, M., "Socios y reestructuración" ..., *op. cit.*, p. 84; y SANCHO GARGALLO, I., "Artículo. 206. Legitimación..." ..., *op. cit.*, p. 2851. La nota discrepante la añade ALFARO ÁGUILA-REAL, J., "Artículo 204..." ..., *op. cit.*, p. 785.

tado que cuando el mismo consista en modificaciones estructurales el examen judicial no debe ceñirse a la necesidad de justificar la existencia de causas objetivas. La *ratio* se encuentra en su caracterización como operaciones empresariales estratégicas típicas[1059] que no siempre se adoptan para evitar una insolvencia o superar dificultades financieras y que, a buen seguro, diluirán la posición de algunos socios. Entonces, el análisis no debe centrarse en la necesidad de que adopte, por ejemplo, una fusión para evitar la insolvencia. La abusividad vendrá determinada por la existencia de una finalidad expropiatoria o lesiva, junto al análisis del resto de circunstancias mencionadas.

A pesar de ello, la apreciación de abusividad se excluye cuando las medidas responden a una necesidad razonable. Esta reflexión desemboca necesariamente en la discusión acerca de si con la impugnación del acuerdo procede abordar debates de conveniencia.

Doctrina y jurisprudencia han entendido que no es adecuado realizar un análisis judicial sobre la concurrencia de alternativas más beneficiosas para los socios[1060]. En un sentido similar lo ha destacado concretamente el Tribunal Supremo[1061]. Llama a la cautela a la hora de analizar la impugnación por abusividad ante el riesgo de que colisione con las facultades competenciales de la junta, implicando una intromisión en la discrecionalidad de esta por el juez[1062]. En la misma dirección el Tribunal Constitucional exige un alto nivel de precaución y la inclinación por un criterio favorable al mantenimiento de los acuerdos sociales en relación con el derecho a la libertad de aso-

---

1059 ALFARO ÁGUILA-REAL, J., "Artículo 204..." ..., *op. cit.*, p. 785.

1060 GARCÍA-VILLARRUBIA BERNABÉ, M., "Socios y reestructuración" ..., *op. cit.*, p. 84; SANCHO GARGALLO, I., "Artículo. 206. Legitimación..." ..., *op. cit.*, p. 2851; Y ALFARO ÁGUILA-REAL, J., "Artículo 204..." ..., *op. cit.*, p. 777. La jurisprudencia más reciente lo aclara también en relación con aumentos de capital que puedan diluir la posición del socio, como la SAP de Barcelona Nº 1990, de 6 de noviembre de 2019 [ECLI:ES:APB:2019:12955] o la SAP de Burgos Nº 212, de 4 de mayo de 2020 [ECLI:ES:APBU:2020:402].

1061 STS Nº 569, de 6 de octubre de 2010 [ECLI:ES:TS:2010:5776]. Similar a las anteriores es la SAP de Pontevedra Nº 169, de 27 de marzo de 2019 [ECLI:ES:APPO:2019:777].

1062 GARCÍA-VILLARRUBIA BERNABÉ, M., "Socios y reestructuración" ..., *op. cit.*, p. 84; SANCHO GARGALLO, I., "Artículo. 204. Acuerdos..." ..., *op. cit.*, p. 2849; y ALFARO ÁGUILA-REAL, J., "Artículo 204..." ..., *op. cit.*, p. 769.

ciación[1063]. De constatarse la necesidad razonable, la impugnación por abusividad no parece el momento más adecuado para evaluar la conveniencia de otras medidas menos lesivas para los socios minoritarios. Debería tratarse en un momento anterior, preferiblemente la fase de negociación con la notificación del inicio de las negociaciones a los socios para que puedan iniciar su defensa y/o al momento de la homologación ante el juez mediante la presentación de un plan competitivo o en la presentación de los planes para su homologación ante el juez. Con la incorporación al ordenamiento de la probabilidad de insolvencia bastará que existan meras dificultades financieras para que una reestructuración esté justificada, sin exigir que la medida concreta aprobada con el plan sea la única alternativa[1064]. De esta manera, el plan atendería a una razón objetiva. Dicho con otras palabras, aunque cuando se trate de operaciones societarias como las modificaciones estructurales no es necesario acreditar una necesidad razonable para que esté justificada la operación en sí misma, cuando se acredite una insolvencia (como mínimo) probable siempre estará justificada. La justificación se ha de analizar en relación con la lesión de los derechos del socio.

Un ejemplo de lo anterior puede encontrarse en una capitalización de créditos que tenga por resultado la dilución del minoritario cuando, entre los acreedores financieros, figura también el mayoritario que revista la doble condición de acreedor por haber refinanciado la sociedad mediante la concesión de préstamos. En principio, esta operación no es necesariamente abusiva y estaría perfectamente justificada de acreditarse el riesgo de insolvencia que, plan de viabilidad mediante, se sortea mediante la operación de capitalización. En otras palabras, responde a una necesidad razonable.

Pero todo esto no es óbice para un uso abusivo de la operación. La justificación de las medidas decaería de probarse la intencionalidad abusiva[1065], por ejemplo, mediante el incremento artificioso de la

---

1063 STC Nº 218, de 22 de noviembre de 1988 [BOE-T-1988-29166], que resuelve el recurso de amparo núm. 1.008/86.

1064 GARCÍA-VILLARRUBIA BERNABÉ, M., "Socios y reestructuración" ..., *op. cit.*, p. 84

1065 Sirve de ejemplo la STS Nº 73, de 14 de febrero de 2018 [ECLI:ES:TS:2018:410], en la que el abuso de derecho de una ampliación de capital radicaba en la inten-

deuda que el mismo socio habría generado y posteriormente cubierto mediante la concesión de préstamos a la sociedad, con la intención de justificar una insolvencia que sostenga la capitalización para la dilución del minoritario. Acreditada la abusividad del acuerdo, el régimen societario podría determinar su nulidad a pesar de estar aparentemente justificadas las medidas y con ellas la lesión. Igualmente, en el caso concreto de la abusividad, la impugnación por esta vía serviría para exigir responsabilidad al socio mayoritario en un momento posterior una vez declarada una actividad abusiva o fraudulenta.

En definitiva, está constatado el riesgo de lesión y/o de abuso de los socios minoritarios en acuerdos de esta índole. No parece satisfactorio que pueda aprobarse un acuerdo que manifiestamente dañe los derechos de los socios minoritarios de forma impune y sin análisis de alternativas más beneficiosas para los socios. Especialmente, cuando la insolvencia se ha perfilado en la ley con tan amplios márgenes. Deberá constatarse que el sacrificio del socio es proporcionado o justificado. Pero este es un término jurídicamente indeterminado[1066]. La respuesta inevitablemente recae sobre el juez que resuelva la impugnación del acuerdo social. Analizadas las circunstancias concretas del caso, decidirá primero si existe lesión del patrimonio social o de los derechos de los socios, junto a la apreciación del resto de requisitos que se han visto. Más adelante deberá resolver la posibilidad de que dicho daño venza a la situación financiera o económica y a si había una necesidad razonable o a la inversa. Asimismo, su evaluación incluirá un juicio de valor sobre la causa suficientemente justificada o no del socio para disentir en relación con el plan. Parece claro que habrá más posibilidades de apreciar la causa de impugnación cuando la sociedad se encuentre en situación de insolvencia probable que cuando esta sea inminente o actual.

Una impugnación por lesión del interés social con base en las circunstancias detalladas afronta dificultades de prosperar[1067]. Especial-

---

ción de evitar que el socio minoritario aumentase su participación haciendo uso de su derecho de opción compra.

1066 FERNÁNDEZ DEL POZO, L., "Socios y planes de reestructuración" ..., *op. cit.*

1067 GARCÍA-VILLARRUBIA BERNABÉ, M., "Socios y reestructuración" ..., *op. cit.*, p. 85; y FERNÁNDEZ DEL POZO, L., "La tutela de los socios frente a los planes..." ..., *op. cit.*, p. 22.

mente por lo que se refiere a la producción de un daño al patrimonio social y a la necesidad razonable de las medidas acordadas. Sería más viable en el hipotético[1068] caso de que los minoritarios fueran favorables a la reestructuración impugnando estos, el administrador o incluso los acreedores el acuerdo negativo con base en el daño patrimonial que ello podría generar para la sociedad, viéndose la sociedad avocada a liquidación[1069]. También el resto de presupuestos para la apreciación de la vulneración del interés social son susceptibles de dificultar el éxito de una impugnación por los motivos expuestos en el marco de un plan de reestructuración. Ello no quita para que pueda impugnarse el estado concreto de insolvencia alegado en la documentación del plan, por ejemplo, cuando cumulativamente pueda probarse que la sociedad no atraviesa dificultades financieras

---

1068 FERNÁNDEZ DEL POZO, L., "La tutela de los socios frente a los planes..." ..., *op. cit.*, p. 22, se refiere al "supuesto típico" o su "ámbito natural", mientras que la impugnación de planes no consensuales corresponde a la vía de la impugnación del auto de homologación.

1069 En la doctrina española se ha discutido largamente sobre la impugnabilidad de los acuerdos negativos. Para un estudio en profundidad, ver IRIBARREN BLANCO, M., "La impugnación de los acuerdos..." ..., *op. cit.*, pp. 1 a 40, quien, partidario de la impugnación, recuerda el debate habido hasta la fecha y concreta el deber de fidelidad en situaciones de saneamiento de sociedades. Es en efecto en las situaciones de crisis donde el debate reviste una especial relevancia. La experiencia comparada ha permitido la impugnación de acuerdos negativos por oposición o inasistencia de la minoría cuando el acuerdo positivo es esencial para la supervivencia de la sociedad. Ello no obstante, no es este el elemento esencial, sino que el perjuicio causado a los socios de no adoptarse sea cierto e inevitable. Puede destacarse jurisprudencia ya mencionada en el presente estudio como la Ordinanza de 28 de noviembre de 2014, la OBL de Múnich de 16 de enero de 2014 o la BGZH 129, 136, de 20 de marzo de 1995 (II ZR 240/08). En cualquier caso, con la actual regulación del procedimiento de reestructuración temprana la cuestión sobre la impugnabilidad del acuerdo negativo y las alternativas a la intromisión del juez en las facultades de la junta para la sustitución de la voluntad de los socios disidentes se resuelve en el procedimiento preconcursal, dejando atrás el societario. Esto es, en la fase de homologación, en su caso la impugnación y con la ejecución forzosa del auto de homologación por el administrador societario o la persona designada judicialmente. Asimismo, se ha de tener en cuenta que en el supuesto de que se admitiese la impugnación del acuerdo negativo (por oposición de los mayoritarios o de los minoritarios, indistintamente) tampoco ha lugar a una nueva convocatoria de la junta. Esta es altamente improbable dada la reducción de plazos introducida con la Ley 16/2022.

incardinables en la insolvencia probable o el plan no responda a un plan de viabilidad.

En cualquier caso, la hipotética apreciación de la causa de impugnación tiene efectos limitados que dependen del estado concreto de insolvencia probable, inminente o actual. Es aquí cuando el debate que se anticipaba sobre la apreciación de una necesidad razonable que justifica el daño sufrido por el socio se plantea por segunda vez. Pero ahora con una clara respuesta ofrecida por el Derecho especial de la insolvencia. La apreciación por el juez de la causa de impugnación sólo impide la aplicación forzosa del plan cuando la sociedad deudora se hallase en probabilidad de insolvencia. Mientras, cuando sea inminente o actual el plan se homologará *a priori* incluso constatada la lesión a los minoritarios. Con base en esto, podría homologarse un plan que no respetase la cuota hipotética de liquidación del socio en contra de su voluntad dado que no existe una regla en el derecho preconcursal que la proteja directamente y a los limitados efectos de la alternativa societaria. Cabría plantearse si al estimarse la causa de impugnación del acuerdo social el plan se convierte en no consensual por los socios y, por lo tanto, aquellos que hubiesen votado en contra podrán impugnar el auto de homologación. Sin embargo, entre las causas contenidas en el artículo 656 del Texto Refundido de la Ley Concursal, como se avanzaba, no se encuentra una regla similar. Es por ello que de *lege ferenda*, sería razonable incorporar una regla similar a la contenida en protección de los acreedores pero que sea de aplicación a la tutela de la cuota hipotética de liquidación del socio.

El sistema diseñado para el arrastre vertical acreedor-socios cuando la situación de insolvencia es grave responde a las preguntas anteriores. El Derecho especial de la insolvencia considera justificado el daño y desplaza el Derecho societario. Habrá que buscar herramientas alternativas de tutela de los socios de estos mismos intereses entre los motivos de impugnación del auto de homologación, como la "regla de prioridad absoluta"[1070].

1070 IRIBARREN BLANCO, M., "Los socios en los planes de reestructuración…" …, *op. cit.*, p. 130. La alternativa que pueda suponer la regla de prioridad absoluta no impide una revisión de la posibilidad de incorporar un test del interés superior de los socios por cuanto ambos tienen objetos de protección distintos.

4. Efectos y alcance de la impugnación del acuerdo social

La Ley de Sociedades de Capital declara la nulidad del acuerdo o la ineficacia del negocio jurídico tras la apreciación de un motivo de impugnación[1071].

La norma preconcursal, por su parte, no prevé unas consecuencias particulares para ello. Por lo tanto, cabe pensar que la estimación de la causa de impugnación podrá suponer, de no haber lugar a subsanación o remoción de la causa[1072], la nulidad del acuerdo. La Ley 16/2022 no recoge la posibilidad de una nueva celebración de junta. En su lugar, el procedimiento finalizará en los plazos establecidos con la sentencia que resuelva el incidente concursal. Por ello, cabe suponer que el efecto que a su vez se genera sobre el proceso de homologación de un plan de reestructuración o de su impugnación será el de entender simplemente que los socios no han otorgado su consentimiento para la aprobación y homologación del plan de reestructuración. Es decir, que los socios han rechazado el acuerdo y en ese sentido se trata de un plan no consensual.

Principalmente, la impugnación del acuerdo social buscará impedir el arrastre de los socios por la homologación. Esto es, evitar que despliegue efectos sobre todos los socios. Sin embargo, la previsión contenida en el artículo 640.2. del Texto Refundido de la Ley Concursal limita las posibilidades de que este pueda frustrarse. La ley permite la homologación de un plan de reestructuración, a pesar de no contar con la aprobación de los socios en la junta, siempre que la sociedad se encuentre en insolvencia inminente o actual. Por lo tanto, fuera de los supuestos de insolvencia probable la nulidad del acuerdo social no tendrá, en principio efectos sobre el triunfo del plan y la aplicación de su contenido. Podrá igualmente arrastrar a los socios. A *sensu contrario,* cuando la insolvencia sea meramente probable, la nulidad del acuerdo social impedirá la homologación del plan, es decir, la aplicación forzosa de su contenido sobre los socios.

A pesar de que los efectos que despliega la estimación de la impugnación del acuerdo social se encuentran entre las remisiones a

---

1071 Arts. 207 y 208 LSC.

1072 Art. 207.2. LSC.

las normas societarias, cabe hacer la siguiente reflexión. De aceptar la premisa por la cual se confirma la posibilidad de invocar entre las causas de impugnación aquellas coincidentes con los motivos que impidan la homologación o que legitimen su impugnación, cabe plantear si la consecuencia lógica debe ser la de aplicar los mismos efectos que los derivados de la estimación de una causa de impugnación del auto de homologación. En otras palabras, reconocer la impugnación del acuerdo social como una vía de defensa de la minoría frente a las modificaciones estructurales que, de otro modo, se aplicarán forzosamente con la homologación[1073].

En relación con ello, el primer supuesto consiste en la acumulación de la impugnación como un incidente de previo pronunciamiento a la oposición. Parece razonable pensar que el juez habrá de tenerlo en cuenta a la hora de resolver la homologación o la oposición planteada, si los motivos son coincidentes con los requisitos de homologación de los artículos 638 y 639 del Texto Refundido de la Ley Concursal. Es decir, deberá dictar auto denegando la homologación, con independencia de que fueran los mismos motivos aducidos en con la oposición o no.

Lo mismo deberá ocurrir si el acuerdo es tramitado como un incidente concursal anterior a cualquier solicitud de arrastre forzoso.

La tercera opción es que se acumule a una acción de impugnación del auto de homologación. Si los motivos aducidos para la impugnación del acuerdo social fuesen asimilables a alguno de los motivos habilitantes para impugnar el auto de homologación, hay dos opciones. Por un lado, que el juez lo tenga en cuenta para resolver la impugnación de la homologación o, por otro, que sea necesaria una nueva o adicional impugnación por el socio que hubiese votado en contra del acuerdo social por dichos motivos. Estimado el motivo de impugnación, la nulidad de la junta recalifica el plan como no consensual —por parte de los socios—. Con esto, se cumple el requisito exigido para la impugnación del auto de homologación consistente en la no aprobación por los socios, lo que les permitiría oponerse a este por las mismas razones por las que impugnaron el

1073 Expresamente a favor, IRIBARREN BLANCO, M., "Los socios en los planes de reestructuración..." ..., *op. cit.*, p. 134.

acuerdo social cuando sean coincidentes[1074]. En apoyo a esta idea se ha de tener en cuenta que la acumulación de las acciones de impugnación en el mismo plazo en el incidente concursal dificulta que los minoritarios puedan impugnar el auto de homologación, dejándoles indefensos[1075]. A este respecto, se ha de tener presente que la Ley 16/2022 únicamente concede legitimación para impugnar a los socios cuando existiese un acuerdo social negativo. De ser esto verdaderamente así, cuando el acuerdo social fuere positivo los minoritarios están legitimados para impugnar el acuerdo social únicamente, sin poder acceder al instrumento que permite oponerse a la aplicación forzosa del plan de reestructuración. Esto, sería contrario a los requisitos constitucionales y exige de una solución alternativa, como es la estimación de la causa de impugnación social coincidente con las del artículo 656 del Texto Refundido de la Ley Concursal y la posibilidad de que sea tenida por el juez de cara confrontar una homologación.

Claramente, la autoridad judicial no podrá ignorar un acuerdo un acuerdo social que se haya estimado contrario al ordenamiento o por abuso de mayoría por el cuál se ponga de manifiesto que los acreedores afectados van a recibir derechos, acciones o participaciones con un valor superior al importe de sus créditos[1076]. Bien se trate de una oposición previa o de una impugnación al auto de homologación. Son evidentes también los supuestos en los que se discute la viabilidad del plan o la probabilidad de insolvencia[1077], al margen de la cuestión probatoria. Piénsese en un plan elaborado sobre la insolvencia inminente que cuenta con el acuerdo positivo

---

1074 En el mismo sentido, IRIBARREN BLANCO, M., "Los socios en los planes de reestructuración..." ..., *op. cit.*, p. 134, quien además establece un paralelismo entre la posición de la minoría y los acreedores disidentes como argumento a favor.

1075 el plazo de quince días establecido para impugnar el auto habría transcurrido sin que hubiesen estado legitimados para impugnar, a pesar de que (habida cuenta de la nulidad de la junta y el acuerdo adoptado) les correspondía. En todo caso, se ha de estar al supuesto concreto. Dependerá del plazo transcurrido, a si la estimación de la causa de impugnación implica la nulidad del mismo o no, etc.

1076 Motivo de impugnación contenido en el art. 656.1.5ª. TRLC.

1077 Partidario de esta idea, IRIBARREN BLANCO, M., "Los socios en los planes de reestructuración..." ..., *op. cit.*, p. 134.

de los socios mayoritarios. Nada impide que los minoritarios puedan alegar un abuso de derecho fundamentado en que la sociedad no se encuentra en dicha situación financiera, dado que la consecuencia será la aplicación forzosa del plan con el riesgo de su expulsión. Mayores dificultades presentará un acuerdo que infrinja el derecho de información del socio decisivo para el ejercicio del derecho de voto. Podría plantearse si, incumpliendo uno de los requisitos establecidos en el artículo 631 del Texto Refundido de la Ley Concursal, este es reclamable por la vía del artículo 656.1.2º. del Texto Refundido de la Ley Concursal.

Habiéndose constatado la ilegalidad en la cuestión de previo pronunciamiento (la impugnación del acuerdo de la junta) dentro del incidente concursal, queda vinculado, resultándole imposible ignorarla. Verificado esto no es desacertado que el juez pueda aplicar los mismos efectos que se prevén para la sentencia estimatoria de la impugnación del auto de homologación. Estos son, la no aplicación del contenido del plan al reclamante o una indemnización de los daños y perjuicios por parte del deudor, con la salvedad legal prevista[1078]. Además, podría determinarse la ineficacia del plan cuando se hubiesen incumplido las mayorías necesarias[1079] o la formación defectuosa de las clases.

Cuestión distinta será la eficacia real de estos efectos[1080]. Si bien la idea aquí expuesta proporciona herramientas de tutela necesarias para la minoría, la consecuencia que la norma preconcursal ha

1078 El art. 661.2. Ley 16/2022, establece las excepciones a esta afirmación. Los requisitos de forma en el Derecho societario no pueden implicar siempre las consecuencias más graves. Sobre esto, GONZÁLEZ FERNÁNDEZ, Mª. B., "Reglas de legitimación e impugnabilidad..." ..., *op. cit.*, pp. 4 y 5. Así ocurre también en la impugnación del auto de homologación. Cuando se den circunstancias extremadamente graves que generen una lesión o expropiación al socio en sus derechos, procederá la nulidad.

1079 En relación con esto último parece claro que, por "mayorías", se está refiriendo a las alcanzadas por las clases de acreedores. Se ha de recordar que el legislador no trata a los socios como una clase más de acreedores y separa sendos procesos de votación. Además, No parece adecuado entender que la ausencia de las mayorías de voto en la junta pueda traducirse en la ineficacia completa del plan, a salvo de que la insolvencia sea probable.

1080 Crítico se muestra IRIBARREN BLANCO, M., "Los socios en los planes de reestructuración..." ..., *op. cit.*, pp. 135 y 136.

previsto para la estimación de la impugnación del auto de homologación podría no constituir resarcimiento suficiente. Resulta difícil pensar en la aplicación parcial de una capitalización de créditos que excluya al socio o socios impugnantes. Lo mismo cabe decir de otras modificaciones societarias llamadas a afectar a sus derechos y a diluir su posición en la sociedad. Para una remoción de los efectos sería necesario cancelar por completo la operación, lo cual no está previsto ni parece conveniente siempre que con ello se asegure la viabilidad de la actividad empresarial[1081].

Volviendo sobre los posibles efectos de la estimación de la impugnación del acuerdo social, se ha de tener en cuenta aquél en relación con el deber de lealtad de los socios. Efectivamente, la estimación de la ilicitud de un acuerdo podrá fundamentar la responsabilidad de aquellos socios que votaron a favor del acuerdo conociendo o debiendo conocerla, frente al resto de socios[1082]. Asimismo, las acciones de indemnización que puedan corresponder. Esto será tratado más adelante.

Recapitulando, la idea aquí expuesta otorga una mayor tutela al socio minoritario que de otra manera no tendría acceso a la impugnación del auto de homologación y, con ello, supone una vía de impugnación más completa de cara a la valoración constitucional[1083]. De otra forma, se verían privados de una herramienta para la protección de sus derechos indispensable. Ello no obstante, los efectos derivados en aplicación de la norma preconcursal obligan a cuestionarse si el balance es finalmente positivo en términos de garantías legales de tutela de los derechos de los socios, especialmente los minoritarios.

[1081] En el mismo sentido, IRIBARREN BLANCO, M., "Los socios en los planes de reestructuración..." ..., *op. cit.*, p. 135.

[1082] ROJO FERNÁNDEZ-RÍO, A. J., "Artículo 204..." ..., *op. cit.*, p. 1437.

[1083] Esta posibilidad, únicamente si se entiende como presupuesto para la impugnación del auto de homologación, la existencia de un acuerdo negativo por la junta de socios.

II. EL TRÁMITE DE OPOSICIÓN FACULTATIVO. CUESTIONES CONTROVERTIDAS

1. Cuestiones procedimentales

1.1. Legitimación activa

Los artículos 662 y 663 del Texto Refundido de la Ley Concursal prevén un trámite de oposición previa a la homologación del plan, de carácter facultativo a voluntad del solicitante. En tal caso, la homologación del plan de reestructuración contaría con una fase de contradicción previa autorizada por la Directiva (UE) 2019/1023[1084]. Se trata de un sistema que dista del previsto en el §1128 *Chapter 11* norteamericano y que ha asumido, por ejemplo, Alemania. En ambos, la confirmación es un trámite obligatorio que permite escuchar a las partes interesadas. Un caso especial es el regulado en el artículo 384 *WHOA* para el *Dutch scheme.* En lugar de una impugnación *ex post,* el legislador holandés únicamente ha previsto un procedimiento de oposición previa contradictorio y con carácter preclusivo. Este sistema, coherente con las opciones de la Directiva de reestructuraciones, permite optimizar la homologación mediante su subsanación en una fase previa[1085]. Como contrapartida, el tratamiento de las causas de oposición al plan por la misma persona que conoce de la confirmación es menos garantista.

El carácter facultativo del trámite de oposición unido a la legitimación restringida, presenta ventajas y desventajas.

Como ventaja hay que destacar que ello permite al solicitante de la homologación evaluar los riesgos asociados a una contradicción previa frente a los inherentes a una impugnación posterior[1086]. Se ha

---

[1084] Considerando 46 de la Directiva (UE) 2019/1023. También el art. 14 de la Directiva de reestructuraciones hace referencia a una fase de contradicción previa que sirva para impugnar la valoración que se haya realizado sobre la empresa deudor con base en un incumplimiento de la prueba del interés superior de los acreedores o de las mayorías necesarias para la reestructuración.

[1085] GARCIMARTÍN ALFÉREZ, F., "La reforma de los procedimientos de reestructuración preventive en Europa. El dutch scheme", Almacén de Derecho, julio de 2019.

[1086] SANCHO GARGALLO, I., "Revisión de la homologación de acuerdos de refinanciación en el marco de la Directiva UE 2019/1023", *Revista de Derecho concur-*

de calificar como positiva la mayor seguridad que otorga acudir a esta opción al permitir que el juez se pronuncie sobre los asuntos que motivarían una impugnación. Es decir, se le dota de mayor conocimiento de causa y se reduce la necesidad de un proceso de impugnación posterior. Para los socios esto es particularmente beneficioso, ya que las consecuencias de la oposición previa son que el plan no llegue nunca a aplicarse, frente a los limitados efectos de una hipotética estimación de la impugnación del auto de homologación. Sin embargo, también es menos garantista que dicha decisión sea tomada por el mismo órgano que resuelve la homologación en comparación con la impugnación posterior que competería a la Audiencia Provincial.

En contraposición a lo anterior, no puede descartarse por completo la escasa aplicación práctica que pueda tener el precepto, dado que únicamente se otorga legitimación activa para su solicitud al sujeto que previsiblemente menos interés tiene en que puedan oponerse a la aplicación del plan (o al acuerdo social que lo aprueba). Este será contrario a la demora en la aplicación del plan que pueda destruir valor en la sociedad deudora. Especialmente teniendo presente que una impugnación posterior carecerá de efectos suspensivos sobre el procedimiento. Lo que no cabe predicarse con seguridad respecto de la impugnación del acuerdo social en fase de oposición. El avance en la ejecución del plan derivado de una homologación dificultará la posibilidad de revertir sus efectos en una impugnación posterior. Para combatir la escasa aplicación práctica, podría plantearse permitir una fase de oposición previa en todo caso, sin el presupuesto del requerimiento previo por el solicitante. Pero esta opción ha de analizarse conjuntamente con la compatibilidad del trámite de oposición previa y el de impugnación del auto de homologación posterior, así como con la competencia para resolver cada uno.

1.2. Procedimiento

Admitida a trámite mediante providencia, esta se publicará en el Registro Público concursal. Allí los socios y acreedores afectados po-

sal y paraconcursal, Nº 33, 2020., p. 6 de 6.

drán consultar el contenido del plan a fin de presentar en su caso oposición en el plazo de quince días desde la publicación.

El procedimiento se sustanciará por el cauce del incidente concursal, siendo las causas de oposición y la legitimación activa para ello las mismas que para la impugnación de la homologación de la sección 3ª, incluyendo la oposición por falta de competencia judicial.

Será resuelto mediante sentencia no recurrible que deberá dictarse en el plazo de un mes. Si bien la ley no dice en qué momento se ha de iniciar el cómputo del plazo, es de esperar que este se inicie con la finalización del trámite para contestar a la oposición.

A modo de apunte, el inicio de la fase de oposición modifica el plazo para impugnar el acuerdo social.

1.3. Competencia

La primera de las cuestiones controvertidas del trámite de oposición surge con el silencio de la ley sobre el órgano encargado para conocer del mismo. Dado que se presenta de manera simultánea a la solicitud de homologación del plan es lógico entender que será competente el juez de lo mercantil que correspondiese en caso de declaración de concurso o al juez titular del juzgado que hubiera tenido por efectuada la comunicación del inicio de negociaciones entre el deudor y sus acreedores, como se establece en el artículo 641 del Texto Refundido de la Ley Concursal[1087]. Por lo pronto, el diseño del procedimiento busca celeridad en la resolución de controversias.

2. Compatibilidad con el trámite de impugnación y control judicial

La posibilidad de instar una fase contradictoria previa a la homologación es una novedad en el sistema español. Hasta ahora, la vía de recursos consistía en una revisión no devolutiva por el mismo órgano judicial de la decisión de homologar el contenido de un instrumento preconcursal. Esta nueva posibilidad está incluida en el contenido dispositivo de la Directiva (UE) 2019/1023, la cual permite diversas

---

1087 A favor, MOYA BALLESTER, J., "Los planes de reestructuración" ..., op., cit., p. 2313.

formas de coordinación con el proceso de homologación y sus posibles recursos[1088]. Esto es lo que trae consigo la segunda de las controversias, consistente en el silencio ante la posibilidad de que el recurso a la fase de oposición pueda impedir la impugnación posterior del auto de homologación.

Amparándose en el tenor literal de la norma no existe referencia expresa a que el uso de la fase de oposición previa tenga un efecto preclusivo sobre el trámite de impugnación posterior a la aprobación de la homologación, esto es, una suerte de "pérdida de oportunidad procesal" ni, tampoco, de una "alternancia entre filtros". En consecuencia, superado el trámite de oposición y resuelta la solicitud de homologación mediante auto, nada impediría que este último pudiese impugnarse posteriormente. Ello, tanto si el trámite quedase desierto por no oponerse motivo alguno, como si se alegase cualquiera de causas legales de impugnación. Tampoco es una posibilidad contraria a la Directiva (UE) 2019/1023.

Ha lugar, sin embargo, a una interpretación contraria con base en una triple argumentación.

Primeramente, el incidente concursal en el cual se traten los motivos de impugnación finalizará mediante sentencia que, una vez firme, despliega efectos de cosa juzgada[1089]. Ello haría imposible el tratamiento ulterior de los mismos motivos de impugnación, con base en los mismos hechos, por la Audiencia Provincial en el trámite de impugnación del auto de homologación. Como resultado, podría

---

1088 En concreto se recoge en el artículo 14 de la Directiva de reestructuraciones. SANCHO GARGALLO, I., "Revisión de la homologación de acuerdos…" …, *op. cit.*, pp. 4 y 5 de 6, analiza las distintas posibilidades.

1089 En aplicación literal del art. 543 TRLC. Esto es conforme también a la regulación societaria. Pensando en que con la oposición puede haber lugar a la impugnación del acuerdo social, la sentencia que resuelva la impugnación de un acuerdo inscribible despliega efectos de cosa juzgada (positivos y negativos). Sobre esto, ver SANCHO GARGALLO, I., "Artículo. 208…" …, *op. cit.*, pp. 2928 a 2931. Con una aplicación más concreta de la eficacia de cosa juzgada para el régimen derogado de la impugnación de la homologación de acuerdos de refinanciación, ver SANJUÁN Y MUÑOZ, E., "Artículo 622. Momento de eficacia de la sentencia", en Peinado García, J. I. y Sanjuán y Muñoz, E., (dirs.), *Comentarios al articulado del Texto Refundido de la Ley Concursal. Real Decreto Legislativo 1/2020, de 5 de mayo*, Tomo IV, Sepín, Madrid, 2020, pp. 278 a 279.

darse la situación de que dentro de una misma jurisdicción se dictan sentencias contradictorias.

Cabría pensar, por otro lado, que el objeto de impugnación no es el mismo y que en el trámite de oposición se impugna directamente el plan de reestructuración. Mientras, en la fase de impugnación, el objeto lo constituiría el auto de homologación. Sin embargo, esto no es así. La oposición no es a la adopción de plan, sino a su homologación, aunque todavía no exista resolución al respecto. En ambos casos, oposición e impugnación, se enjuicia la adecuación del plan a la legalidad vigente ya que los presupuestos causales son los mismos en ambos supuestos.

La paradoja con los efectos de cosa juzgada radica en el posterior auto de homologación. La homologación se ha asemejado a un procedimiento de jurisdicción voluntaria de carácter híbrido[1090] y la resolución no despliega efectos de cosa juzgada[1091]. Esta sí que es susceptible de impugnación por el trámite legalmente previsto en los artículos 653 y ss. Del Texto Refundido de la Ley Concursal. En consonancia, se da la extraña situación en la que se dicta una sentencia no recurrible y con efectos de cosa juzgada (la sentencia de la oposición) que resuelve sobre la posibilidad de homologar, lo cual se confirma mediante un auto ulteriormente dictado, susceptible *a priori* de recurso y que no despliega efectos de cosa juzgada. Podría, entonces, enjuiciarse en un procedimiento jurisdiccional posterior[1092]. Por su parte, la sentencia que resuelve la impugnación de la homologación,

---

1090 SAP de Pontevedra Nº 169, de 27 de marzo de 2019 [ECLI:ES:APPO:2019:777].

1091 Puede afirmarse así en aplicación del art. 19, apartados 3 y 4 de la Ley 15/2015, de 2 de julio, de la Jurisdicción Voluntaria, «BOE-A-2015-7391» (LJV), además, claro está, de los arts. 653 y ss. de la Ley 16/2022. La SAP de Pontevedra Nº 169, de 27 de marzo de 2019 [ECLI:ES:APPO:2019:777], afirmaba que el auto de homologación no despliega efectos de cosa juzgada. Pero esta aserción ha de ser matizada con un estudio profundo sobre los efectos de cosa juzgada y su alcance. Puede consultarse al respecto, CALAZA LÓPEZ, S., "La cobertura actual…" …, *op. cit.*, pp. 63 a 93, en especial, las pp. 91 a 93, quien aclara (p. 91) que sí tienen efectos de cosa juzgada, si bien limitados "*sobre ulteriores procesos voluntarios y no, mediando un objeto idéntico, sobre los ordinarios correspondientes*"; y FERNÁNDEZ DE BUJÁN Y FERNÁNDEZ, A., "La cosa juzgada en la Ley 15/2015., de la Jurisdicción Voluntaria", *Revista Crítica de Derecho Inmobiliario*, Nº 749, 2015, pp. 1337 a 1354.

1092 Art. 19.4. LJV.

sí tendrá efectos de cosa juzgada[1093] y no será susceptible de recurso. El conflicto se encuentra en el momento temporal en el que ambas se dictan. Desde la perspectiva del auto de homologación, inadmitir una fase de recurso posterior resulta insatisfactorio. Pero también puede serlo su admisión, desde el punto de vista de la sentencia en fase de oposición.

En relación con lo anterior, resulta dudoso también determinar qué ocurre con la impugnación del acuerdo social. Es decir, si al no presentar solicitud de impugnación del mismo en fase de oposición, se pierde la oportunidad de solicitarlo en el momento posterior. En caso negativo, también si una estimación de la causa de impugnación puede afectar al auto de homologación y, con ello, modificar el resultado vertido por la sentencia en fase de oposición.

En segundo lugar, debido a que la sentencia que resuelve la oposición no es recurrible, permitir la impugnación del auto con base en los mismos motivos por la instancia superior que representa la Audiencia Provincial, podría resultar no sólo procesalmente contradictorio, sino una suerte de fraude de ley. Con la posibilidad de someter las mismas materias al control por una instancia superior como es la Audiencia Provincial se estaría planteando, en definitiva, un recurso de apelación que, sin embargo, queda prohibido en el art. 663.4ª. del Texto Refundido de la Ley Concursal.

En tercer lugar, un argumento teleológico de la norma llega a la misma conclusión. Esta procura la celeridad y el aseguramiento del éxito del plan de reestructuración, reduciendo los costes temporales y económicos. Permitir dos etapas distintas de impugnación es contrario a estos principios. A pesar de que una impugnación posterior carece de efectos suspensivos, restaría seguridad jurídica al proceso de reestructuración temprana y generaría un aumento de los costes.

Además, un sistema de recursos basado en la opción de recurrir a una oposición previa sin posibilidad de acudir a una impugnación

---

1093 CALAZA LÓPEZ, S., "El incidente concursal" ..., *op. cit.*, p. 2121; SANCHO GARGALLO, I., "Artículo. 208..." ..., *op. cit.*, pp. 2928 a 2931; AZNAR GINER, E., *La homologación judicial de acuerdos de refinanciación en la disposición adicional cuarta de la Ley Concursal*, Tirant lo Blanch, Valencia, 2017, p. 124; y SANJUÁN Y MUÑOZ, E., "Artículo 622..." ..., *op. cit.*, pp. 278 a 282.

posterior ante una autoridad superior no es contraria a la Directiva (UE) 2019/1023, ya que no obliga a los Estados miembros a permitir el recurso a la homologación cuando esta es resuelta por una autoridad judicial.

Ante estos argumentos podría sostenerse que el filtro *a priori*, impediría acudir al filtro *a posteriori*[1094]. La ausencia de una disposición que manifiestamente resuelva esta duda, obliga a plantearse si la opción por una u otra posibilidad implica una reducción de las garantías legales. En particular, la opción más gravosa consistente en la "alternancia de filtros".

Por lo pronto, dado que el control judicial de fondo se posterga por el legislador hasta el momento procedimental de la impugnación, un adelantamiento en el tiempo de dicho examen no implicaría una merma de las garantías *ex post.* En este sentido, puede considerarse ventajosa una resolución temprana que evite la aplicación del contenido de un plan lesivo para los derechos de los socios que en una impugnación posterior serían difíciles de deshacer. Simplemente, se aligerarían las tensiones entre la celeridad del procedimiento, su eficacia y la tutela de los interesados. En efecto, en la fase de contradicción previa el juez deberá resolver de fondo los motivos de oposición al acuerdo de la junta y a la homologación del plan, no siendo suficiente que se pronuncie considerando únicamente lo que manifiestamente se desprenda de los documentos presentados como ocurre con la homologación. La doctrina ya había solicitado la regulación de un trámite de audiencia breve, previo a la homologación, que permitiese al control judicial exceder del mero examen formal[1095]. Con la fase de contradicción previa se permite el examen de fondo en un momento temprano, con un trámite probatorio[1096]. Cuando se trate de una oposición a la homologación, se personarán

---

1094 Con estas palabras, en sentido contrario se pronuncia Con esta expresión, MOYA BALLESTER, J., "Los planes de reestructuración" ..., op., cit., p. 2314.

1095 AZNAR GINER, E., La homologación judicial de acuerdos..., *op. cit.*, p. 103.

1096 El art. 393 LEC, establece que "*el Letrado de la Administración de Justicia dará traslado del escrito en que se plantee la cuestión a las demás partes, quienes podrán contestar lo que estimen oportuno en el plazo de cinco días y, transcurrido este plazo, el Secretario, señalando día y hora, citará a las partes a una comparecencia ante el Tribunal, que se celebrará conforme a lo dispuesto para las vistas de los juicios verbales*"

los afectados por ella. Mientras, cuando se trate de una impugnación del acuerdo social, podrán personarse además del demandante y la sociedad demandada, así como quienes tengan un interés legítimo, previsiblemente los acreedores afectados[1097].

Con todo, se ha de traer a colación de nuevo que el control judicial por el juez de primera instancia estaría sustituyendo al que le correspondería en otro momento a la Audiencia Provincial. En este sentido, la eliminación de una revisión por una instancia superior y, en definitiva, por un órgano colegiado, significaría una menor garantía. Además, podrían generarse decisiones contradictorias por los tribunales de instancia sin la posibilidad de unificación de una interpretación legal y sin el beneficio de la previsibilidad en las resoluciones[1098].

Respecto de una posición intermedia de acuerdo con la cual se entienda posible el trámite de impugnación, posterior a la finalización de la oposición, en aquellas cuestiones que no hubiesen sido objeto de tratamiento en el trámite de oposición previa, ha de descartarse. Ciertamente se permite adelantar la finalización del procedimiento al iniciar el trámite de oposición facultativo, sin por ello renunciar a la posibilidad de que una instancia superior pueda pronunciarse sobre determinados aspectos. Sin embargo, no es deseable dadas las altas probabilidades de que un doble momento de impugnación sea utilizado con fines meramente dilatorios. No a través de la impugnación, ya que carece de efectos suspensivos, sino de la oposición. Los numerosos problemas e incógnitas que esta aplicación conllevaría, como, por ejemplo, dejando la fase de oposición desierta y alargar con ello artificialmente el procedimiento para después solicitar la impugnación del auto, los costes temporales y económicos así como la inseguridad jurídica para el procedimiento y todos los implicados, obligan a descartar esta opción. La aceptación de una doble vía puede tener como resultado el inconveniente de un procedimiento ineficiente con un alto nivel de incertidumbre en el que el resultado final firme se dilata en el tiempo. Primero, debido a los plazos

---

1097 Arts. 206.4. LSC y 13 LEC.

1098 Ya lo anticipaba SANCHO GARGALLO, I., "Revisión de la homologación de acuerdos…" …, *op. cit.*, p. 4 de 6.

del procedimiento contradictorio de la oposición. Segundo, por el riesgo de que se deshagan los efectos de la homologación. Empero, serán reducidas las posibilidades de que tras un primer examen judicial se resuelva la ineficacia del plan. Sobre todo, habida cuenta de los limitados casos tasados en los que esto puede ocurrir de acuerdo con el artículo 661 del Texto Refundido de la Ley Concursal.

Es posible suponer que el legislador busca proteger el éxito de la reestructuración temprana frente a dilaciones indebidas al impedir recurrir la sentencia que resuelve en la fase oposición. Pero para mantener la revisión de esta resolución judicial por una instancia superior y dando solución al auto de homologación posterior, permite acudir a la impugnación. Otra alternativa habría sido la de apostar expresamente por la alternancia de filtros y la posibilidad de recurrir la sentencia que resuelva la fase de oposición ante la Audiencia Provincial, sin que el recurso tenga efectos suspensivos. Para ello, sería necesario suprimir el requisito de requerimiento previo al juez por el solicitante de la homologación. De esta manera, se adelantaría el control de fondo sobre la adecuación del plan a los presupuestos necesarios para su aplicación forzosa.

A pesar de todo lo expuesto hasta ahora, como se ha mencionado, el legislador guarda silencio y habría sido conveniente cierta aclaración que delimitase debidamente el ámbito y compatibilidad entre ambas. La carga de la decisión recae aquí sobre los jueces habiéndose declarado ya en el *caso Celsa* la imposibilidad de acumulación de ambas vías de recurso[1099].

III. LA IMPUGNACIÓN DEL AUTO DE HOMOLOGACIÓN POR EL SOCIO

1. Cuestiones previas

De la Directiva (UE) 2019/1023 no se desprende la obligación de los Estados miembros de habilitar un sistema de impugnación para recurrir la homologación o confirmación de los planes de reestructuración. Únicamente se refiere a la posibilidad de que los diferentes

[1099] Fundamento Jurídico Décimo Segundo de la sentencia.

Estados habiliten tales recursos en cuyo caso meramente puntualiza la competencia para resolver en función del órgano que encargado de la resolución, así como que han de basarse en una tramitación rápida y eficiente[1100].

Se ha evidenciado, no obstante lo anterior, que un acomodamiento a las exigencias constitucionales del procedimiento español de reestructuración temprana que prevea el arrastre forzoso de los socios en las sociedades de capital requiere de dos cosas. El diseño de un adecuado procedimiento de recurso y un sistema compensatorio o indemnizatorio que asegure la tutela judicial efectiva.

Hasta ahora, el procedimiento de impugnación de los instrumentos preconcursales que el Texto Refundido de la Ley Concursal de 2020 regulaba consistía en una revisión no devolutiva y contradictoria posterior a la homologación. Aunque no permitía una fase contradictoria previa, presentaba ciertas ventajas. La escasa extensión temporal del procedimiento reducía la incertidumbre que pesa sobre las partes afectadas aportando firmeza a los resultados de la homologación con prontitud[1101]. Las principales desventajas del anterior sistema, no obstante, eran una legitimación restringida y el probable sesgo en la opinión del juez competente para resolver la acción de impugnación derivada de la ausencia de una instancia superior[1102].

Los datos referidos permiten hacerse una idea sobre el nuevo sistema de impugnación previsto. Junto a lo anteriormente expuesto en relación con la oposición previa el legislador español diseña una vía

1100 Considerando 65 y art. 16 de la Directiva (UE) 2019/1023. También el art. 14.3. de la Directiva de reestructuraciones se pronuncia al respecto. Del mismo se infiere que los ordenamientos deben garantizar que una parte afectada por la reestructuración y disidente pueda impugnar ante la autoridad competente para la homologación un incumplimiento del interés superior de los acreedores o de las mayorías de votación necesarias. En tales supuestos, el juez deberá revisar la valoración realizada sobre la empresa del deudor. Al permitir que esta decisión se encuadre en un recurso contra una decisión de homologar es posible deducir que ello no debe ser necesariamente así, sino que podrá acontecer en una oposición previa a la decisión de homologar. Es decir, que la habilitación de una vía de recurso *ex post* no es necesaria.

1101 SANCHO GARGALLO, I., "Revisión de la homologación de acuerdos..." ..., *op. cit.*, p. 2 de 6.

1102 SANCHO GARGALLO, I., "Revisión de la homologación de acuerdos..." ..., *op. cit.*, p. 2 de 6.

de impugnación preconcursal del auto de homologación. Se caracteriza por ser un proceso devolutivo, contradictorio y voluntario. La acumulación de las acciones de impugnación del acuerdo social y del auto de homologación por el trámite del incidente concursal permite la práctica de prueba en la celebración de una vista para las alegaciones que en su defensa cada una de las partes consideren oportunas. La competencia, corresponde a la Audiencia Provincial[1103]. Ello es coherente con el artículo 16 de la Directiva de reestructuraciones, por el que se impone que los recursos contra una homologación dictada por una autoridad judicial sean resueltos ante una autoridad judicial superior.

2. *Legitimación activa*

Para cumplir con el requisito del sistema de recursos eficiente y rápido que exige la directiva, el legislador ha limitado extremadamente la legitimación para impugnar los acuerdos. Primero por lo que respecta a las causas de impugnación que ha clasificado en tres dependiendo de si el plan es consensual o no y de si cuenta con la aprobación de los socios.

En relación con esto último, el artículo 656 del Texto Refundido de la Ley Concursal establece que sólo están legitimados los socios que hubieran votado en contra del plan. Abarca los supuestos en los que la junta no se hubiese convocado o no se hubiese llegado a celebrar. En ellos cualquier socio estará legitimado para impugnar la homologación. Asimismo, dicho precepto establece que "*cuando los socios de la sociedad deudora no hayan aprobado el plan, podrán impugnar el auto de homologación*". El legislador limita la legitimación no sólo al voto expresamente en contra del socio, sino a que el acuerdo adoptado por la junta tuviese signo negativo o que esta última no hubiese llegado a tener lugar. Hechos estos últimos que suprimen la legitimación de los socios minoritarios y con ello las posibilidades de defensa mediante la impugnación de la homologación. Salvo, que la causa de impugnación social hubiese tenido éxito, en cuyo caso se entiende

---

[1103] Art. 653 TRLC.

rechazado por todos y los socios minoritarios podrán impugnar el auto de homologación por los motivos previstos en la ley preconcursal.

3. Motivos de impugnación

3.1. Los acuerdos consensuales y no consensuales

Por lo que respecta a los motivos de impugnación, el legislador enumera en el artículo 654 del Texto refundido de la Ley Concursal distintos motivos dependiendo, por un lado, de si el plan ha sido aprobado por todas las clases de acreedores, produciéndose con la homologación un arrastre horizontal. Esto es, de los acreedores disidentes dentro de cada clase. Por otro lado, detalla otros motivos, cuando el plan no ha sido aprobado por todas las clases de acreedores. Aquí se produce un arrastre vertical de clases que exigirá un mayor cuidado de los intereses de las clases disidentes. Por último, se distingue también aquel acuerdo que no haya sido aprobado por los socios reunidos en junta general. Dado que los socios únicamente quedan legitimados para impugnar en este último caso y por los motivos recogidos en el artículo 656 del Texto Refundido de la Ley Concursal, será en estos en los que se centrará el estudio.

En primer lugar, los socios podrán alegar en su defensa o para oponerse a un arrastre forzoso por la homologación del plan el incumplimiento de los requisitos de contenido y forma de los artículos 633 y 634 del Texto Refundido de la Ley Concursal. En cuanto al contenido, las referencias expresas a los socios en la ley se refieren a la necesidad de que el contenido del plan detalle qué socios no se verán afectados por este. Deberán ser mencionados individualmente junto con las razones de su no afectación, así como el valor nominal de las acciones y participaciones que sí quedasen afectadas. Esta exigencia resulta de utilidad a la hora de evaluar la igualdad de trato de los socios. No parece que se incluya aquí ningún defecto en las obligaciones de información como, por ejemplo, en relación con el proyecto de fusión cuando este formase parte del contenido del plan. En aras de evitar problemas, habría sido conveniente una aclaración en relación con imperativa inclusión de los informes y proyectos de modificaciones estructurales toda vez que estos pueden formar parte del contenido del plan de reestructuración. Al fin y al cabo, los detalles de dicha operación son necesarios para que los socios puedan adoptar una decisión informada que afecta directamente a sus derechos. No obstante, sí que se hace mención a las medidas concretas de reestructuración operativa o financiera, la necesidad de las mismas y las razones por las que ofrece una perspectiva de viabilidad. Por otro lado, los requisitos de forma parecen limitarse a la formalización del plan en instrumento público y la certificación del experto en la reestructuración o del auditor. Es por ello que para impugnar aspectos relacionados con la información relativa al contenido exacto del plan o lo más aproximado posible el socio únicamente tiene a su disposición la impugnación del acuerdo social de acuerdo con el artículo 204 de la Ley de Sociedades de Capital[1104].

En segundo lugar, podrá impugnarse el auto de homologación cuando no el plan no hubiera sido aprobado conforme al Capítulo IV del Título III, en el Libro Segundo. Surge la duda en este punto en relación con el alcance y eficacia de una impugnación por el incumplimiento de lo dispuesto en el artículo 631 del mismo texto. Una impugnación por la vulneración de los requisitos de convocatoria de la junta resulta poco probable cuando el acuerdo social se adopta en sentido negativo. Por el contrario, tiene más sentido que los socios contrarios a un acuerdo positivo recurran con base en un error en las mayorías o razones similares. Pero entonces carecerán de legitimación activa para su impugnación. La escasa aplicación práctica permite concluir en relación con lo anterior que la causa de impugnación se refiere únicamente a las mayorías exigidas para los acreedores y su clasificación[1105]. En particular, surge la duda de si podrá trasla-

---

1104 Resulta ejemplificativa de los problemas prácticos que esta imprecisión legal genera la sentencia del *caso Celsa*. En ella el juez aclara que debido a las asimetrías informativas y, en concreto, a la alta conflictividad del supuesto de hecho, los defectos de forma no pueden siempre suponer el fracaso del plan ni tendrán la misma efectividad en socios que en acreedores. Por el contrario, deberá estarse al caso concreto (Fundamento Jurídico 5.1.). Sí que deja claro, no obstante lo anterior, que la observancia del precepto ha de servir a los efectos de garantizar que todas las partes del plan puedan conocer el conjunto de datos e informaciones relevantes que les permitan conocer el alcance y consecuencias del plan.

1105 SANCHO GARGALLO, I., "La impugnación u oposición previa a la homologación del plan de reestructuración y la protección frente a la rescisión concursal", en Cohen Benchetrit, A., (dir.), *Nuevo marco jurídico de la reestructuración de empresas en España*, Aranzadi, Navarra, 2022, p. 1164.

darse aquí la idea de la porosidad de causas de impugnación que se ha mencionado anteriormente. El carácter genérico con el que se pronuncia la ley no parece un argumento a favor, como tampoco lo es el hecho de que prevé causas y vías distintas para la impugnación del acuerdo social y del auto de homologación. Sin embargo, ante la ausencia de un precepto que a nivel preconcursal proteja el respeto a la igualdad de trato de los socios, como sí se hace con los acreedores, podría llegar a homologarse un acuerdo en insolvencia inminente o actual que vulnerase este principio general del Derecho de sociedades expresamente recogido en la Ley de Sociedades de Capital. Esto deja cierta laguna en la tutela de los socios en favor del éxito de la reestructuración temprana.

En tercer lugar, los socios podrán alegar el incumplimiento de los presupuestos objetivos de la reestructuración. A saber, que la sociedad no se encuentra insolvencia inminente o actual y por ello no podrá homologarse el plan en contra de su consentimiento. También, cuando consideren que el plan propuesto no asegura la viabilidad de la sociedad, evitando el concurso de acreedores. Esta causa de impugnación es esencial cuando los socios no hubiesen aprobado el plan de reestructuración ya que determina su arrastre vertical por los acreedores o el fracaso del plan. No es hasta el momento de la impugnación cuando el juez realiza un examen de fondo sobre estos aspectos de vital importancia para la reestructuración. Es imprescindible destacar que, sin llevar a cabo un examen de fondo, el juez homologa el acuerdo y extiende sus efectos con carácter inmediato desde dicho momento. Por supuesto incluyendo a los socios aun habiéndose manifestado en contra e incluso pudiendo no haberse convocado y/o celebrado la junta general. La gravedad de estas afirmaciones alcanza el grado más alto con los efectos que la ley recoge en el supuesto de que una impugnación exitosa por esta razón. La reestructuración sigue adelante, quedando para el socio meramente el derecho a una indemnización cuando los efectos no pudieran revertirse individualmente. Nuevamente aquí se ha de destacar la ausencia de un informe por experto independiente obligatorio o facultativo a instancia de las partes que se pronuncie sobre el cumplimiento de los presupuestos objetivos y que arrojaría mayor claridad sobre un aspecto tan esencial.

Por último, el plan podrá impugnarse cuando no se cumpla la regla de prioridad absoluta. Un adecuado estudio de esta causa de impugnación y de su idoneidad para la protección del socio en las reestructuraciones tempranas requiere su tratamiento con más detalle en los apartados siguientes.

Todo lo anterior es trasladable a los motivos de oposición previa.

3.2. La tutela específica de la regla de prioridad absoluta y las reglas conexas

La norma española permite que los acreedores disidentes en los planes no consensuales impugnen el auto de homologación de un plan de reestructuración cuando este incumple la denominada "prueba de equidad o justicia", en la terminología anglosajona conocida como "*fairness test*"[1106]. Por su intermedio se procura que con el plan de reestructuración objeto de homologación cada clase reciba la cuota del valor de reestructuración que le corresponde de acuerdo con el orden de prelación aplicable en caso de liquidación. Para lograr esto, el test o prueba de equidad se subdivide en tres reglas adicionales, a saber, la regla de prioridad o "*priority rule*", la denominada "regla inversa" o "*reverse rule*" y, por último, el principio de no discriminación o "*no unfair discrimination*"[1107]. En el presente apartado se da tratamiento a las dos primeras desde la perspectiva de la tutela de los socios. Ahora bien, la regla de prioridad se divide en la regla de prioridad absoluta y la regla de prioridad relativa. En los párrafos siguientes se estudia la primera de ellas de manera diferenciada, dejando para más adelante la regla de prioridad relativa.

La regla de prioridad absoluta o "*absolute priority rule*" constituye una herramienta de tutela de los intereses de las clases de acreedores en los procesos de reestructuración con origen en el sistema norteamericano, donde ha sido aplicado durante más de cien años[1108]. Se

---

1106 GALLEGO SÁNCHEZ, E. y FERNÁNDEZ PÉREZ, N., *Derecho Mercantil... op. cit.*, p. 647.

1107 *Vid. supra.*

1108 De entre la literatura clásica que se ha encargado del estudio de esta regla puede destacarse a BOOTH, C.D., "The Carmdown on Secured..." ..., *op. cit.*, pp. 69 a 108; MARKELL, B.A., "Owners Auctions and Absolute Priority..." ..., *op. cit.*, pp.

encuentra contenida en el §1129(b)(2) *Chapter 11* del *Bankruptcy Code* estadounidense bajo la terminología de "*fair and equitable treatment*" y es de aplicación a la confirmación de los planes no consensuales o aquellos que serán afectados por un "*cramdown*" o arrastre forzoso de las partes disidentes afectadas por el plan[1109].

Se trata de una norma de distribución específica del valor resultante en una reestructuración entre el deudor y sus acreedores. Su funcionamiento prohíbe aquel reparto que permita que alguna categoría o clase de acreedores junior reciba algún valor con la reestructuración si las categorías senior no han sido pagadas íntegramente por medios idénticos o equivalentes, salvo que estas clases privilegiadas lo consientan[1110]. De esta manera, previene un riesgo de extorsión por acreedores subordinados que no recibirían nada en la hipotética liquidación conforme al orden de prelación y que, por tanto, forzarán con su voto una expropiación del valor del resto de clases de acreedores superiores, como son las clases senior. Es decir, evita que los acreedores de rango inferior se apropien del valor que les corresponde a los acreedores de rango superior.

Al mismo tiempo, se asienta sobre la idea de la prioridad de los derechos de los acreedores sobre los derechos de los socios como acreedores residuales. La regla de la prioridad absoluta estrictamente considerada es una medida de prevención frente al obstruccionismo

---

70 a 128. Con carácter más actual. En la doctrina española más reciente, entre otros, GARCIMARTÍN ALFÉREZ, F.J., "La Propuesta de Directiva europea..." ..., *op. cit.*; el mismo autor en GARCIMARTÍN ALFÉREZ, F. J., "La Propuesta de Directiva europea sobre reestructuraciones..." ..., *op. cit.*, pp. 12 de 22.

1109 En consonancia, será posible que un plan prevea un reparto distinto siempre que cuente con el consenso de todas las clases de acreedores y socios. Las mayorías de aceptación se regulan en §1126(c) y §1129(a)(8). Esto es consecuencia de una de las reformas introducidas en el *Bankruptcy Code* en 1978. BAIRD, D. G. y BERNSTEIN, D. S., "Absolute Priority..." ..., *op. cit.*, p. 1968.

1110 MARKELL, B. A., "Fair Equivalents and Market Prices..." ..., *op. cit.*, p. 99, opina que la regla de prioridad absoluta no implica que deban recibir dinero, sino que los créditos deberán ser valorados en su conjunto. En Derecho norteamericano esto está permitido por el §1129(b)(2)(A) *Chapter 11*. En su apartado tercero permite que un crédito garantizado pueda ser sustituido por otro. Una sustitución de garantía siempre que tenga el mismo valor que el negociado previamente. Ver GARCIMARTÍN ALFÉREZ, F. J., "La Propuesta de Directiva europea sobre reestructuraciones..." ..., *op. cit.*, p. 16 de 22.

de los socios. No distingue entre aquel que pretende sacar provecho de la incertidumbre sobre la valoración de la sociedad tras la reestructuración, de aquel otro que busca negociar legítimamente una participación en la sociedad *ex post* colaborando en su refinanciación (*new value exception rule to the absolute priority rule*)[1111]. Su aplicación impide que los socios retengan valor alguno en la sociedad deudora de manera injusta o por encima del valor de su participación en detrimento de los derechos de crédito de los acreedores, es decir, si estos no han sido satisfechos.

La regla de prioridad absoluta plasmada en la legislación estadounidense establece que los acreedores tienen derecho a ser satisfechos por el valor total de sus créditos *ex ante*[1112] y que, cuando no exista valor suficiente, serán satisfechas las clases privilegiadas o senior en su totalidad con carácter preferente a las clases junior o subordinadas, donde quedan incluidos los socios.

De forma similar, el legislador europeo la recoge en el artículo 11.2. de la Directiva (UE) 2019/1023 como una regla de protección de los acreedores disidentes al asegurar el pago íntegro de sus créditos cuando clases junior o de menor rango reciben algún pago o mantienen cualquier interés en el plan. Además de hacer frente al riesgo de extorsión por las categorías inferiores como se ha expuesto, la regla de prioridad absoluta constituye un importante incentivo negativo para alcanzar planes consensuales entre los acreedores privilegiados, por un lado, y los acreedores de rango inferior y los socios, por otro lado. Es más probable que se logre alcanzar un acuerdo entre dichos sujetos, sin que los rangos inferiores o los socios se opongan a la reestructuración y aceptando percibir determinadas cantidades, debido a que la alternativa legalmente prevista es que de no existir cantidad suficiente para la satisfacción íntegra de los acreedores de rango superior consiste en que los de rango inferior y los socios no recibirán nada. Tal y como se regula el precepto de la

---

1111 MARKELL, B.A., "Owners Auctions and Absolute Priority in Bankruptcy Reorganizations", *Standford Law Review*, N° 44, 1991, p. , 72.

1112 BAIRD, D. G., "Priority matters: absolute priority, relative priority, and the costs of banckrupcy", *University of Pensilvania Law Review*, Vol. 165, 2017, p. 788.

Directiva de reestructuraciones, los Estados miembros no están obligados a incorporarla[1113].

En el sistema español esta regla ha quedado recogida en el artículo 655.2.4º. del Texto Refundido de la Ley Concursal. Establece que cuando el acuerdo no sea consensual, podrá impugnarse el auto de homologación por el acreedor perteneciente a una clase que vaya a percibir o a mantener derechos, acciones o participaciones por un valor inferior al importe de sus créditos si los socios o acreedores de rango inferior conservan o reciben cualquier pago, derecho, acción o participación. Asimismo, contiene una excepción, permitiendo que se homologue el plan en cualquier caso si es imprescindible para asegurar la viabilidad de la empresa y los créditos de los acreedores afectados no se ven perjudicados. Así lo dispone el artículo 655.3. del Texto Refundido de la Ley Concursal.

En el ámbito de las reestructuraciones, sin embargo, una aplicación demasiado estricta presenta desventajas o dificultades[1114] en su función protectora del socio. Efectivamente, no tiene en cuenta la variación de valor que se produce con la reestructuración y que en un escenario exitoso consistirá en un aumento del mismo. Por el contrario, la regla de prioridad absoluta genera una cristalización de los derechos de opción (tanto de los acreedores, como de los socios), fijando el valor de la sociedad en el momento anterior a la reestructuración. Por este motivo, los acreedores o clases de acreedores podrán cobrar como máximo el valor *ex ante* de sus créditos vencidos y exigibles[1115]. Pero al mismo tiempo implica que aquellos socios que en dicho momento no fuesen a recibir valor alguno, es decir, se encontrasen fuera del valor del dinero, no tendrán derecho a participar en el excedente generado con la reestructuración. Por el contrario, el exceso de valor o "*going concern value*" corresponde exclusivamente a aquellos que tengan algún derecho al momento de la cristali-

---

1113 Queda recogida como una excepción a la regla contenida en el art. 11.1.c) de la Directiva (UE) 2019/1023, la cual es de tratamiento más adelante en el apartado referido a la regla de prioridad relativa.

1114 BERMEJO GUTIÉRREZ, N., "Los socios y el reparto del excedente..." ..., *op. cit.*, pp. 220 y 221.

1115 BAIRD, D. G., "Priority matters..." ..., *op. cit.*, p. 788; y BERMEJO GUTIÉRREZ, N., "Los socios y el reparto del excedente..." ..., *op. cit.*, p. 219.

zación de opciones o que contribuyese a reestructurar mediante la aportación de nuevos valores (refinanciación) o cubriendo la deuda insatisfecha. Dicho de otro modo, comprando su participación en la reestructuración[1116].

Las consecuencias de su aplicación difieren cuando los socios se encuentren dentro del valor del dinero. Siendo así, conservarán entonces derechos sobre el excedente en la reestructuración. Sin embargo, estos son susceptibles de ser fácilmente falseados mediante una infravaloración de la sociedad resultante de la reestructuración habida cuenta de la incertidumbre que rodea la determinación de dicho valor. Por ejemplo, cuando se produzca un aumento de capital con emisión de nuevas acciones o participaciones, el tipo de emisión podrá calcularse sobre una errónea valoración a la baja de la sociedad resultante de la reestructuración. En dicho supuesto los acreedores estarían expropiando los derechos económicos de los socios. Máxime ante la supresión de un derecho de suscripción o asunción preferente de acciones o participaciones.

Bien es cierto que la regla de prioridad absoluta, como se ha mencionado, representa un fuerte incentivo para llegar a un acuerdo por parte de las clases subordinadas de acreedores con las clases de mayor rango pero en el sentido expuesto en los párrafos anteriores, también se ha considerado susceptible de generar el efecto opuesto. Una aplicación estricta puede desincentivar el consenso del socio favoreciendo que desarrolle actitudes oportunistas u obstruccionistas con el fin de conservar una participación en la sociedad *ex post* o apropiarse de aquella que no le corresponde.

Estos son los motivos que llevaron a los estados miembros a oponerse a una versión rígida de la regla de prioridad absoluta[1117]. Su

---

1116 BEBCHUCK, L. A., "A New Approach to Corporate Reorganizations", *Harvard Law and Economics Discussion Paper*, Nº 37, 1988, pp. 1 a 33. Disponible en SSRN: https://ssrn.com/abstract=415161, pp. 12 y 13.

1117 Así lo afirma el Consejo de la UE en su enfoque general sobre la propuesta de Directiva relativa a los marcos de reestructuración preventiva, documento 2016/0359(COD). Los reparos a la aplicación estricta de la regla de prioridad absoluta se deben al riesgo de fomentar las conductas obstruccionistas en lugar de una reestructuración temprana y a la dificultad de los socios de mantener algún tipo de valor.

transposición a los ordenamientos aconsejaba cautelas. Una opción propuesta y acorde con el artículo 11.2. de la Directiva de reestructuraciones, en su párrafo segundo, es la de introducir excepciones tasadas legalmente a la regla de prioridad absoluta[1118]. Además, nada impide combinar la regla de prioridad absoluta con la *new value exception* o doctrina del nuevo valor[1119]. Esta opción incentivaría la participación de los accionistas en la negociación al ofrecerles valor en la sociedad resultante a cambio de que realicen nuevas a portaciones, colaborando con la refinanciación de la sociedad.

Junto a lo anterior, la Ley 16/2022 ha incorporado también la denominada "regla inversa", "*reverse rule*" o "corolario" de la "prueba de equidad o justicia". Forma parte de la regla de prioridad absoluta y se encuentra formulada en el artículo 11.1.d) de la Directiva de reestructuraciones. Establece que "*ninguna categoría de las partes afectadas pueda recibir o mantener más del importe total de sus créditos o intereses*". Opuesto al riesgo de extorsión, obstruccionismo o *hold out* que pretende combatirse por medio de la regla de prioridad absoluta se erige la regla inversa, como la otra cara de la moneda[1120], puesto que por su configuración se constituye como una medida para evitar el riesgo de expropiación protegiendo el valor residual que le corresponde al socio. Es por esto que se denomina como el reverso de la regla de prioridad absoluta o *reverse* rule[1121]. En otras palabras, los acreedores de mayor rango no podrán percibir como resultado de la reestructuración ningún valor superior al de sus créditos y, por ende, no pueden apropiarse del valor residual o exceso del valor de la reestructuración. Este corresponderá a las clases de inferior rango. Por este motivo representa una regla de protección de los sujetos disidentes y, por las mismas razones, puede constituir una medida tuitiva de los socios.

1118 GALLEGO SÁNCHEZ, E., "La Directiva (UE) 2019/1023 para aumentar..." ..., *op. cit.*, pp. 569 a 648; y GALLEGO SÁNCHEZ, E. y FERNÁNDEZ PÉREZ, N., *Derecho Mercantil... op. cit.*, p. 394.

1119 Esta opción se asemeja a la "regla de prioridad relativa" que se formuló en Estados Unidos y que dista mucho de coincidir con la opción incorporada en la Directiva de reestructuraciones. *Vid. infra.*

1120 GALLEGO SÁNCHEZ, E., "La posición de los socios..." ..., *op. cit.*, p. 560.

1121 GALLEGO SÁNCHEZ, E. y FERNÁNDEZ PÉREZ, N., *Derecho Mercantil... op. cit.*, p. 395.

A la vista de las consideraciones precedentes, no puede calificarse de positivo un diseño que permita a los acreedores de sociedades apalancadas apropiarse de un valor superior al que les corresponde conforme al valor pactado de sus créditos con el deudor en un momento anterior a la reestructuración. Esto es, ignorando los derechos de los socios y el aumento de valor que se genera con la reestructuración[1122]. Resultaría claramente expropiatorio. Por añadidura, desincentivaría que los socios acometan una reestructuración en un momento temprano de las dificultades contrariamente al objetivo que la armonización europea persigue. De igual modo, esta actitud afectará a los administradores de la sociedad en función de la influencia que los socios ejerzan sobre ellos. Dado que poco o nada tendrá que perder, el deudor apostará por negocios con un riesgo mayor susceptibles, en caso de fracaso, de agravar la insolvencia en detrimento de sus acreedores y del interés general por la continuidad de la empresa. En el peor de los escenarios únicamente quedará la solución concursal.

Es por ello que el sistema español recoge el incumplimiento de la regla inversa como causa de impugnación del auto de homologación en los artículos 655.2.2º. y 656.1.5º. del Texto Refundido de la Ley Concursal. El primero permite a los acreedores la impugnación por este motivo en los planes no consensuales. Respecto del segundo, de verdadero interés aquí, autoriza la impugnación del auto de homologación por los socios que hubieran votado en contra en la junta de aprobación del plan de reestructuración, cuando el resultado de esta fuere negativo, y en caso de incumplimiento de la regla inversa. Es decir, cuando el plan autorice que una clase de créditos vaya a mantener o recibir derechos, acciones o participaciones con un valor superior al importe de sus créditos. Como puede observarse, la configuración de la regla de prioridad absoluta se realiza en su sentido inverso. De esta manera se constituye como una regla tuitiva, no sólo los intereses de las clases de acreedores disidentes sino, también, de

---

[1122] En palabras de GARCIMARTÍN ALFÉREZ, F. J., "La Propuesta de Directiva europea sobre reestructuraciones..." ..., *op. cit.*, p 21 de 22: "*presenta dos inconvenientes: (i) por un lado, se aparta de los derechos negociados ex ante por todos los acreedores; (ii) Y por otro lado, como genera nuevas opciones dentro del propio procedimiento concursal, incentiva las estrategias dilatorias*".

los socios[1123]. La regla de prioridad absoluta en su sentido inverso evita que los acreedores de mayor rango se apropien del excedente generado con la reestructuración y que corresponde, una vez satisfecha el total de la deuda, a los socios en su calidad de acreedores residuales por cuanto evita que se apropien de más valor una vez son satisfechos sus derechos. Protege por ende el valor residual que le corresponde y el derecho a participar en la prima de reestructuración, al legitimar al socio para impugnar el arrastre forzoso por este motivo.

En resumen, de acuerdo con la reforma operada en el ordenamiento español, una aplicación rígida de la regla de prioridad absoluta no contribuye a evitar el riesgo expropiatorio al cristalizar los derechos de opción del socio y procurar únicamente el cumplimiento estricto de los rangos de prelación. Para combatir esto, la regla inversa o *reverse rule* pone a disposición de los socios la posibilidad de impugnar el auto de homologación o de oponerse previamente por los motivos expuestos. Ello sólo será posible cuando los socios no hubiesen aprobado el acuerdo social por el que se hubiese sometido a aprobación el plan de reestructuración. Esto es, cuando el acuerdo hubiera sido negativo. Así lo establecen los artículos 656.1. y 656.2. del Texto Refundido de la Ley Concursal. Con este diseño, quedan excluidos los socios minoritarios arrastrados por la decisión de la mayoría en el proceso de adopción del acuerdo. No ocurre lo mismo en el supuesto de que este hubiese sido rechazado por los socios por no haberse llegado a convocar la junta. Por el contrario, conforme al artículo 6.3.1.2.2º. del Texto Refundido de la Ley Concursal, en su párrafo último, el plan se entenderá rechazado. Es admisible en tal caso atribuir legitimación para la impugnación a todos los socios. De otro lado, la alternativa para los minoritarios arrastrados será la impugnación del acuerdo por la vía y los motivos societarios tratados en el presente estudio. De estimarse la causa de impugnación social el plan de reestructuración se transforma en no consensual por lo que

1123 A favor de la idoneidad de la regla de prioridad absoluta para tutelar a los socios, GARCIMARTÍN ALFÉREZ, F.J., "La Propuesta de Directiva europea…" …, *op. cit.*; IRIBARREN BLANCO, M., "Los socios en los planes de reestructuración…" …, *op. cit.*, p. 130; FERNÁNDEZ DEL POZO, L., "Socios y planes de reestructuración" …, *op. cit.*;

respecta a los socios, quedando entonces legitimados para impugnar u oponerse a su aplicación forzosa por los motivos contenidos en el artículo 656 del Texto Refundido de la Ley Concursal.

3.3. Alternativas a una aplicación estricta de la regla de prioridad absoluta

3.3.1. La regla de prioridad relativa estadounidense

La propuesta de una solución apartada de una regla de prioridad absoluta estrictamente considerada se remonta a 1928 con el trabajo de James Bonbright y Milton Bergerman[1124]. Su estudio pone de manifiesto cómo, en la práctica, un sistema de reorganización afectado por la incertidumbre en la valoración en muchas ocasiones conduce a resultados negociados en los que clases de acreedores privilegiados, senior o "*senior investors*", comparten el valor que les corresponde con aquellos otros que no recibirían ningún valor. Los autores plantean una suerte de regla de prioridad relativa que permita apartarse de los rígidos postulados de la prioridad absoluta. Esta opción es incorporada al sistema estadounidense en los planes consensuales donde una mayoría suficiente justificaría esta excepción[1125].

La regla de prioridad relativa que permite la participación de los socios en la sociedad reestructurada se asienta sobre la desconfianza que las asimetrías informativas generan en los acreedores[1126]. Una reestructuración donde se plantea la venta de una sociedad o de unidades funcionales haría a los acreedores sospechar que los socios están dispuestos a vender únicamente porque saben que la sociedad va a fracasar[1127]. Lo anterior llevaría a los acreedores a forzar una liquidación en lugar de una reestructuración que permita la continuidad de

---

1124 BONBRIGHT, J. C., y MILTON M. B., "Two Rival Theories of Priority Rights of Security Holders in a Corporate Reorganization", *Columbia Law Review*, Vol. 28, Nº 2, 1928, pp. 127 a 165.

1125 BAIRD, D. G. y BERNSTEIN, D. S., "Absolute Priority, Valuation Uncertainty, and the Reorganization Bargain", *Yale Law Journal*, Vol. 115, 2006, pp. 1966 y ss.

1126 Sobre esta idea, por todos, AKERLOF, G. A., "The Market for "Lemons": Quality Uncertainty and the Market Mechanism", *The Quaterly Journal of Economics*, Vol. 84, Nº 3, 1970, pp. 488 a 500.

1127 BAIRD, D. G., "Priority matters..." ..., *op. cit.*, p. 790.

la actividad de empresa. Es por ello que se ha valorado positivamente por algún sector de la doctrina estadounidense la incorporación de una regla de prioridad absoluta que permita lo que la realidad ha manifestado ya. A saber, que los acreedores prefieren en ocasiones permitir que los socios mantengan algún valor en la sociedad resultante.

Para reducir el riesgo de fracaso de la reestructuración por estos motivos se propone una suerte de regla de prioridad relativa consistente en regular un derecho de opción o *contingente* atribuible a los socios o *junior investors*[1128]. Esta recoge la teoría de los derechos de opción o *new value exception* que permite a los socios recomprar su posición en la nueva sociedad toda vez que resta excedente tras la satisfacción completa de la deuda. De esta manera, la participación de los socios en la reestructuración y la sociedad ya "saneada" no se realiza a costa de los acreedores.

Habida cuenta de los inconvenientes que presenta la regla de prioridad relativa prevista en la Directiva de reestructuraciones y que son objeto de tratamiento en los siguientes epígrafes, habría sido conveniente y es deseable *de lege ferenda*, que el Texto Refundido de la Ley Concursal se decantase por la regla de prioridad relativa con determinadas excepciones debidamente tasadas, junto con un derecho contingente atribuible a los socios como plantea la versión americana[1129].

3.3.2. El diseño de un "retention plan" para las pymes

Posteriormente, como alternativa a una rígida aplicación de la prioridad absoluta en favor de la posición de los socios en la socie-

---

1128 BAIRD, D. G., "Priority matters..." ..., *op. cit.*, pp. 813 a 821; y BAIRD, D. G. y BERNSTEIN, D. S., "Absolute Priority..." ..., *op. cit.*, pp. 1960 a 1965; o WEIJS, R.J., JONKERS, A. L., y MALAKOTIPOUR, M., "The imminent distortion of European insolvency law: How the European Union erodes the basic fabric of private law by allowing "Relative Priority" (RPR)", *Centre for the Study of European Contract Law*, Working Paper Series, N° 5, 2019, p. 21. En la doctrina española, BERMEJO GUTIÉRREZ, N., "Los socios y el reparto del excedente..." ..., *op. cit.*, p. 221 a 224.

1129 Esta es también la opción que propone GALLEGO SÁNCHEZ, E. y FERNÁNDEZ PÉREZ, N., Derecho Mercantil... *op. cit.*, p. 394. *Vid. supra*.

dad, la doctrina ha destacado la propuesta que formuló el *Final Report* del *American Bankruptcy Institute*[1130]. Con base en el sistema de reestructuración del *Chapter 11* norteamericano el diseño de la opción planteada iba dirigida a pequeñas y medianas empresas y se proponía la conservación de los socios en las sociedades, conforme al siguiente reparto.

El punto de partida es la creación de una clase privilegiada de acciones en la sociedad reestructurada atribuibles a los acreedores no garantizados. Estos recibirán el ochenta y cinco por ciento de los valores distribuibles. En cuanto a los socios *ex ante*, tienen reservado el quince por ciento de los dividendos distribuibles pero, a cambio, conservan los derechos de control en materias distintas al reparto de dividendos, venta de activos, disolución de la sociedad, y otros relacionados. Las competencias en relación con las materias enumeradas se comparten con los nuevos socios o accionistas privilegiados otorgándoles derecho de voto para ello.

Como corolario, transcurridos cuatro años desde la atribución de las acciones se concede a los accionistas ordinarios (antiguos socios) un derecho de preferencia para la compra de las acciones privilegiadas por el valor nominal de sus créditos. Del pago de esa cantidad se descontarán las cantidades ya recibidas por los titulares de las acciones privilegiadas durante ese tiempo. Por su parte, los antiguos acreedores o accionistas privilegiados podrán convertirse en ordinarios cuando el derecho de preferencia no hubiese sido ejercitado por los antiguos socios.

3.3.3. La regla de prioridad relativa de la Directiva (UE) 2019/1023 y su transposición española

Teniendo a la vista el objetivo de incentivar una reestructuración temprana que equilibre los intereses contrapuestos el legislador europeo se plantea también la introducción de ciertas distorsiones que

1130 *«Final Report and Recommendations (2012-2014)», Commission to Study the Reformo f Chapter 11, ABI, 2014*, pp. 296 a 302. Ver, BERMEJO GUTIÉRREZ, N., "Los socios y el reparto del excedente…" …, *op. cit.*, p. 223.

excepcionen la regla de la prioridad absoluta estadounidense[1131]. Sin embargo, se aleja de la propuesta norteamericana[1132]. A pesar de las críticas el artículo 11.1.c) de la Directiva (UE) 2019/1023 establece que el plan de reestructuración ha de asegurar que las categorías o clases de acreedores disidentes reciben un trato al menos igual que el de otra clase de acreedores del mismo rango y más favorable que las clases de acreedores de categorías inferiores[1133]. Alejándose de la estricta regla de prioridad absoluta, este artículo permite que las clases no tengan necesariamente que ser satisfechas de forma íntegra a pesar de que una clase de rango inferior vaya a conservar algún valor tras la reestructuración. Ello abre la puerta a que el socio pueda mantener algún valor en la sociedad *ex post* como categoría de acreedor residual[1134]. Con esto, la Directiva de reestructuraciones no sólo excepciona la regla de prioridad absoluta, sino que establece la regla de prioridad relativa con preferencia a esta[1135].

Por lo que respecta a la transposición española, recoge también la regla anterior en el artículo 655.2.3º. del Texto Refundido de la Ley Concursal. Este recoge como motivo de impugnación de los planes no consensuales que un acreedor (impugnante) "*vaya a recibir un trato menos favorable que cualquier otra case del mismo rango*". Si bien busca mantener en cierta manera los rangos de prelación ordinarios,

---

1131 Es reconocida por todos la recomendación que se realiza al legislador europeo sobre la introducción de una regla de prioridad relativa en STANGHELLINI, L., MOKAL, R., PAULUS, C. G., y TIRADO, I., *Best Practices in European Restructuring. Contractualised Distress Resolution in the Shadow of the Law,* Wolters Kluwer, CEDAM, Milano, 2018, p. 268.

1132 En palabras de WEIJS, R.J., JONKERS, A. L., y MALAKOTIPOUR, M., "The imminent distortion…" …, *op. cit.*, p. 1: "*US RPR only differs from APR in the time at which the rights are assessed. EU RPR however disrespects priority rights alltoghether*"

1133 La incorporación de este artículo, que no se encontraba en la versión de 2016 de la Propuesta de Directiva de reestructuraciones, es fruto de las reservas formuladas por los Estados miembros de la Unión Europea que veían problemática su incorporación a los ordenamientos nacionales. Sobre el funcionamiento de la regla de prioridad relativa contenida en la Directiva de reestructuraciones puede consultarse MADAUS, S., "Is the Relative Priority Rule…" …, *op. cit.*, pp. 1 a 8.

1134 BALLERINI, G., "The Priorities Dilemma…" …, *op. cit.*, p. 3.

1135 Ver conjuntamente los arts. 11.1.c) y 11.2. de la Directiva (UE) 2019/1023, relativos a la aplicación preferente de la regla de prioridad relativa y a la opción de aplicar la regla de prioridad absoluta, respectivamente.

autoriza que rangos inferiores mantengan algún derecho en la sociedad resultante. Ello siempre que las clases de acreedores superiores tengan un trato más favorable, por ejemplo, mediante la concesión de esperas más reducidas para los acreedores senior.

Asimismo, el artículo 655.3. del Texto Refundido de la Ley Concursal, siguiendo lo dispuesto por el artículo 11.2. de la Directiva (UE) 2019/1023 excepciona también la regla de prioridad absoluta al permitir la homologación de un acuerdo aun cuando una clase de acreedores va a recibir valores inferiores al importe de sus créditos al tiempo que alguna clase inferior conserva algún valor. Circunstancia que únicamente podrá darse cuando sea imprescindible para asegurar la viabilidad de la empresa y no se perjudique injustificadamente el valor de los acreedores afectados.

Una flexibilización de la regla de prioridad absoluta en los términos presentados es respetuosa con los derechos de opción de los acreedores subordinados[1136]. En el caso particular del socio le permite cuando se encuentra fuera del valor del dinero negociar con los acreedores o, al menos, un acreedor garantizado su participación en el valor resultante de la reestructuración[1137]. Esto es, incluso cuando el acuerdo no cuenta con la aprobación de todas las categorías de acreedores (no consensual). A condición claro está de que las clases que no sean reintegradas en su totalidad no reciban un trato menos favorable que otras clases de acreedores del mismo rango o rangos inferiores. También deberá respetarse el test del interés superior del acreedor.

1136 GARCIMARTÍN ALFÉREZ, F. J., "La Propuesta de Directiva europea sobre reestructuraciones..." ..., *op. cit.*, p. 19 de 22. Expresamente en contra de esta afirmación, SEYMOUR, J., M., y SCHWARCZ, S. L., "Corporate Restructuring under Relative..." ..., *op. cit.*, p. 49, quien se muestra contrario a cualquier equidad que pudiese revestir y argumenta que el peso de la reestructuración recaerá sobre los acreedores ordinarios que se verán exprimidos al forzar en las negociaciones el reparto de valor entre la clase privilegiada o acreedores senior y los socios. En relación con esto, se han de tener presentes las consideraciones realizadas sobre la forma de satisfacción de los créditos y que no necesariamente ha de ser en dinero.

1137 En contra, también se ha argumentado el incremento de los costes que ello genera en la reestructuración. Ver entre otros, SEYMOUR, J., M., y SCHWARCZ, S. L., "Corporate Restructuring under Relative..." ..., *op. cit.*, p. 49.

De un lado, la posibilidad de negociar puede valorarse positivamente en especial cuando los socios pueden contribuir con sus conocimientos específicos o expertos y su buen saber hacer. Máxime si su participación en la sociedad es un elemento esencial para la viabilidad de la empresa tras la reestructuración. Esto incentiva al mismo tiempo la implicación del socio en la reestructuración.

De otro lado, sin embargo, presenta una serie de inconvenientes que han fundamentado las numerosas críticas realizadas sobre la opción escogida por el legislador europeo[1138].

En primer lugar, a diferencia de la opción que presenta una combinación de la regla de prioridad absoluta con la *new value exception*, aquí la participación del socio en la reestructuración toma como referencia los valores *ex ante* del socio, sin que sea necesario que aporte un nuevo valor a la sociedad. En la comparativa y teniendo en cuenta los conflictos de intereses implicados, resulta más equilibrada la opción de combinar la regla de prioridad absoluta conjuntamente con la previsión de unos derechos legales de opción de los socios.

En segundo lugar, la regla de prioridad relativa configurada de esta manera puede generar un efecto lesivo para la concesión de cré-

---

1138 Crítica con la incorporación de esta regla a la Directiva se pronuncia BALLERINI, G., "The Priorities Dilemma…" …, *op. cit.*, pp. 10 y ss., y p. 3. Argumenta que ello reduce los incentivos para negociar un plan de reestructuración por parte de los acreedores y hace menos atractivas las inversiones en Europa. Tambien WEIJS, R.J., JONKERS, A. L., y MALAKOTIPOUR, M., "The imminent distortion…" …, *op. cit.*, pp. 1 a 23; o SEYMOUR, J., M., y SCHWARCZ, S. L., "Corporate Restructuring under Relative and Absolute Priority Default Rules: A Comparative Assessment", *University of Illinois Law Review*, Nº 1, 2021, pp. 1 a 53. Tampoco niega los problemas de financiación asociados a la idea de que las clases disidentes subordinadas participen del valor generado por la reestructuración que *ex ante* corresponde a los acreedores de rango o clases superiores, BERMEJO GUTIÉRREZ, N., "Los socios y el reparto del excedente…" …, *op. cit.*, p. 225. En sentido contrario y a favor de la incorporación de esta regla se posicionan MOKAL, R., y TIRADO, I., "Has Newton had his day? Relativity and realism in European restructuring", *Butterworths Journal of International Banking and Financial Law*, abril de 2019, pp. 33 a 35; WESSELS, B., "The full version of my reply to professor De Weijs et al", marzo, 2019, disponible en https://bobwessels.nl; y KROHN, A., "Rethinking Priority: The Dawn of the relative Priority Rule and a New 'Best Interest of Creditors' Test in the European Union", *SSRN*, junio de 2020. Disponible en SSRN: https://ssrn.com/abstract=3554349, pp. 1 a 19.

dito *ex ante*, debido a que distorsiona la clasificación de acreedores pactada y, con ello, desembocar en el fracaso de la reestructuración. En otras palabras, desincentivaría la participación de los acreedores de rango superior[1139].

En tercer lugar, si bien la regla de prioridad absoluta cuenta con un largo periodo de aplicación y numerosos estudios científicos, la principal crítica que se dirige a la regla de prioridad relativa es la ausencia de estudios o experiencias sobre su funcionamiento. Además, la vaguedad del concepto de "mejor trato" o "trato más favorable" incrementa la incertidumbre y la inseguridad jurídica que a esta se asocia en la aplicación de la regla de prioridad relativa. Se trata de una cuestión determinable por la autoridad judicial encargada de conocer en el caso concreto de que se trate. Como ejemplo de ello, tras la entrada en vigor de la Ley 16/2022, ya se empiezan a ver las primeras sentencias sobre planes de reestructuración, siendo de particular interés la Sentencia dictada el 10 de abril de 2023 por la Audiencia Provincial de Pontevedra[1140]. En ella, el se afirma que existen dos interpretaciones sobre este concepto, a saber, una literal y otra flexible. La interpretación literal no contempla excepciones al principio *pari passu*[1141] de manera que no pueda manipularse la formación de

---

1139 El informe Codire de 2018 sobre su impacto (Disponible aquí: file:///H:/Mi%20unidad/1.%20TESIS/MATERIALES/Prensa%20y%20otros/Inofrme%20Codire%202018.%20En%20cap%C3%ADtulo%202%20sobre%20la%20regla%20de%20prioridad%20relativa.pdf) no recogía este potencial efecto de la regla de prioridad relativa. A favor de esta crítica, BALLERINI, G., "The Priorities Dilemma..." ..., *op. cit.*, pp. 10 y ss., y p. 3; WEIJS, R.J., JONKERS, A. L., y MALAKOTIPOUR, M., "The imminent distortion..." ..., *op. cit.*, pp. 1 a 23; o SEYMOUR, J., M., y SCHWARCZ, S. L., "Corporate Restructuring under Relative and Absolute Priority Default Rules: A Comparative Assessment", *University of Illinois Law Review*, Nº 1, 2021, pp. 1 a 53; y en la doctrina Española, BERMEJO GUTIÉRREZ, N., "Los socios y el reparto del excedente..." ..., *op. cit.*, p. 225.

1140 Sobre la misma puede consultarse BLANCO SARALEGUI, J. M., DE CÁRDENAS SMITH, C., GARCÍA-VILLARUBIA, M., y ALONSO HERNÁNDEZ, Á., "Caso Xeldist: algunas conclusiones de urgencia sobre la sentencia de la Audiencia Provincial de Pontevedra de 10 de abril de 2023", en *Uría Menéndez*, 13 de abril de 2023. Disponible en https://media.licdn.com/dms/document/D4D1FA-QHf_gEQ-p-Hxg/feedshare-document-pdf-analyzed/0/1681404660971?e=1682553600&v=beta&t=S6Gyl38rGfv31ChuY9K0Oo9ZzWyOn6hNXDWN8GtmFqU

1141 A salvo de lo dispuesto por los arts. 655.2.3º., 655.2.4º. y 655.3. TRLC.

clases mediante una formación excesiva de las mismas. La interpretación flexible se basa en el argumento teleológico. Esta entiende que con miras a la protección de la viabilidad de la empresa se permite un trato diferente siempre que no estén injustificadas lo que, en relación con el estado de crisis del deudor, implica que no todo trato diferente y menos favorable entre clases estará justificado[1142]. En cualquier caso, habrá que estar al supuesto de hecho concreto.

Por último, se ha argumentado que esta regla ignora el fundamento básico sobre el que se asienta el éxito de los planes de reestructuración. Este es, la prelación de los pactos acordados entre los acreedores[1143].

Aun cuando esta regla favorece los intereses de los socios, no es posible afirmar que constituye una herramienta de protección *strictu sensu.* La regla de prioridad relativa no se reconoce de entre los motivos que legitiman al socio para la impugnación del auto de homologación. Esto tiene sentido puesto que los derechos de los socios únicamente pueden ser analizados en comparación con créditos de rango superior. En lugar de resultar una regla de supervisión por el juez en la homologación o motivo de revisión tras impugnación por el socio en la fase de control *ex post*, esta únicamente autoriza una negociación distinta a la que de otra forma tendría cabida con la aplicación de la regla de prioridad absoluta estrictamente considerada. Sin embargo, dado que permite al socio participar en la refinanciación de la sociedad conservando derechos en ella, resulta una medida altamente favorecedora de sus intereses a costa de los intereses de otros acreedores e incluso, como se ha visto, a riesgo de sacrificar el propio éxito de la reestructuración. Esto último impide que la valoración global sea positiva, habiendo otras alternativas posibles como aquí se ha expuesto.

1142 Concretamente, resuelve a favor de la impugnación y estima que la diferencia entre unos acreedores ordinarios (que soportaban una quita del 20 por ciento o del 50 por ciento, junto con unas esperas entre 4 y 6 años) y otros (con quitas del 85 porciento y esperas de 6 años), a pesar de ser del mismo rango, no estaba justificado y por lo tanto era injusto y desproporcionado. La sentencia determinó la no extensión de los efectos del plan a los acreedores impugnantes.

1143 GALLEGO SÁNCHEZ, E. y FERNÁNDEZ PÉREZ, N., Derecho Mercantil… *op. cit.*, p. 393.

4. Efectos de la sentencia estimatoria de la impugnación

De acuerdo con el artículo 661 del Texto Refundido de la Ley Concursal, La sentencia estimatoria de la impugnación únicamente produce efectos sobre el sujeto impugnante de manera que, cuando estos no se puedan revertir, tendrá derecho a una indemnización de los daños y perjuicios causados por parte del deudor. Es razonable pensar que en la mayoría de ocasiones, cuando el plan contenga operaciones de modificación estructural o aumentos de capital con capitalización de deuda, la eficacia de la estimación se reducirá a una indemnización de los daños a los socios impugnantes, debido a la dificultad de que pueda revertirse el daño provocado al socio.

Como excepción, el plan perderá eficacia cuando el motivo de impugnación estimado consistiese en la falta de concurrencia de las mayorías necesarias o en la formación defectuosa de las clases.

Estas circunstancias ponen de manifiesto la enorme importancia que tiene la participación del socio en un momento temprano, así como la previsión de un control preventivo por el juez en una fase anterior. No son comparable de cara a la satisfacción de los derechos del socio el rechazo de un plan de reestructuración por no cumplir los requisitos o presupuestos legales, que la mera concesión de una indemnización que, probablemente sacrificará sus derechos políticos y económicos futuros, dado que no combate la dilución.

Sin embargo, cabe recordar que, al margen de las dificultades para su cálculo, una indemnización adecuada unida a eficaces vías de recurso es coherente con las exigencias constitucionales en el caso de que se haya producido una expropiación de los derechos económicos del socio.

IV. LAS ACCIONES INDEMNIZATORIAS

La acción indemnizatoria es el remedio elegido por el legislador para solucionar las tensiones existentes entre la protección del socio y la validez del plan que cumple, por un lado, con las mayorías justificativas del arrastre forzoso de los socios y, por otro, con una adecuada formación de clases de acreedores. La dificultad para revertir los efectos del plan homologado atendiendo a su posible contenido está reconocida por la doctrina[1144] y por el legislador en el artículo 661.1. del Texto Refundido de la Ley Concursal, relativo a los efectos de la sentencia estimatoria de la impugnación. En consecuencia, cuando se estime la causa de impugnación del auto de homologación presentada por el socio y no sea posible la inaplicación particular de los efectos sobre el mismo, tendrá derecho a percibir una indemnización que cubra los daños y perjuicios por parte del deudor.

Este puede no ser el mejor remedio cuando el daño se ha producido sobre los derechos políticos de los socios[1145], como puede ocurrir en caso de aumentos de capital con emisión de nuevas acciones o en operaciones acordeón. La dilución política puede afectar, por ejemplo, a la legitimación para ejercer derechos de la minoría. A pesar de la dificultad del cálculo que compense la pérdida de influencia política del socio y el menoscabo económico asociado, el sacrificio debe ser resarcido en atención a su gravedad. Esta será mayor cuanto mayor sea también la diferencia entre el tipo de emisión de las nuevas acciones y el valor real.

Sin embargo, su utilidad mejora al reparar los daños causados por una expropiación de los derechos económicos del socio; v. gr., por el cálculo erróneo de su participación[1146] o la derivada de una emisión de nuevas acciones o participaciones cuyo tipo de emisión no haya tenido en cuenta el valor real, incluyendo la plusvalía generada por la reestructuración.

Aunque la ley preconcursal no lo recoge expresamente, el artículo 204.2. de la Ley de Sociedades de Capital permitiría también reclamar una indemnización por los daños causados incluso aunque la sentencia que resuelva sobre la impugnación del auto de homologación determine la ineficacia del plan. A este respecto el daño indem-

---

1144 SANCHO GARGALLO, I., "La impugnación u oposición previa..." ..., *op. cit.*, pp. 1174 y 1175; e IRIBARREN BLANCO, M., "La tutela de la integridad de la participación..." ..., *op. cit.*, p. 3 de 34.

1145 Así, por ejemplo, en relación con la privación injustificada del derecho de preferencia, IRIBARREN BLANCO, M., "Los socios en los planes de reestructuración..." ..., *op. cit.*, p. 136, propone alternativamente la emisión de nuevos títulos destinados a los socios impugnantes.

1146 Lo afirma IRIBARREN BLANCO, M., "Los socios en los planes de reestructuración..." ..., *op. cit.*, p. 136.

nizable, cuando el plan consista en una capitalización de créditos, operación acordeón o no mediante, dependerá de que se trate de una ineficacia *ex tunc*, como establece la doctrina societaria mayoritaria en Alemania[1147] o *ex nunc*[1148]. La segunda opción puede resultar muy onerosa para la sociedad. Mientras, en la segunda, la amortización de las acciones o participaciones de acuerdo con su valor real puede suponer el apoderamiento por los acreedores capitalizados de las ganancias generadas con la reestructuración[1149]. Ello genera un daño económico al socio aun cuando se hubiese descontado el precio pagado o el que debiera haberse pagado en el momento del aumento.

La cuantía de la indemnización, tanto si se declara la ineficacia del plan como si no, se calculará tomando como referencia el valor real de las participaciones tras la reestructuración. Sin embargo, un cálculo equitativo resultará complejo y deberá tomar en consideración la posición previa del socio, si se encontraba fuera del valor del dinero o no.

Además, del régimen preconcursal, siguen vigentes las acciones indemnizatorias que puedan corresponder siguiendo el régimen societario. En este orden de cosas, el socio que hubiere impugnado el acuerdo social podrá reclamar una indemnización que se corresponda con los daños ocasionados por dicho por dicho acuerdo por la convocatoria y celebración de la junta. Así, cabrá reclamar una compensación económica por el daño que el incumplimiento del derecho de información verbalmente ejercitado durante la junta (teniendo presentes las limitaciones ya referidas sobre el posible contenido del derecho de información) hubiese provocado[1150]. En concreto, la aplicación al ámbito del preconcurso de esta acción se ve afectada por el requisito de que la información fuera necesaria o adecuada

1147 Zöllner/Winter, "Folgen der Nichtigerklärung von durgeführter Kapitalerhöhungsbeschlüsse", ZHR, Nº 158 (1994), pp. 59 a 100.

1148 Sobre ambas, IRIBARREN BLANCO, M., "La tutela de la integridad de la participación..." ..., *op. cit.*, pp. 8 y 9 de 34.

1149 IRIBARREN BLANCO, M., "La tutela de la integridad de la participación..." ..., *op. cit.*, p. 9 de 34.

1150 Art. 197.4. LSC.

para condicionar su ejercicio o su derecho de voto[1151]. De acuerdo con ello, cabría plantearse si una situación de insolvencia inminente o actual podría determinar el rechazo de una indemnización dado que el acuerdo de la junta no es determinante.

Otra posible indemnización es la que corresponde al socio impugnante cuando no hubiera alcanzado el porcentaje de capital necesario para ostentar legitimación activa[1152] Incluso se ha mencionado en la doctrina la posibilidad, conforme a la doctrina alemana predominante, de poder reclamar responsabilidad personal a los socios de control en supuestos de acuerdos sociales con abuso de mayoría[1153].

La dificultad en la mayoría de supuestos radica en la prueba del daño y su cuantificación.

1151 Sobre el requisito ver con más detalle SANCHO GARGALLO, I., "Artículo 197. Derecho de información…" …, *op. cit.*, p. 2768.

1152 Art. 206.1. LSC, en su párrafo segundo.

1153 Con más detalle ver IRIBARREN BLANCO, M., "La tutela de la integridad de la participación…" …, *op. cit.*, pp. 11 y 12 de 34.

CONCLUSIONES

Los grandes cambios que la armonización europea genera en el Derecho preconcursal con la Directiva (UE) 2019/1023 son resultado de la incorporación de la idea de *estructura de capital*. Esta encuentra influencias o antecedentes en el sistema jurídico anglosajón. Especialmente en el *Chapter 11* estadounidense. Su consecuencia directa más relevante es la inevitable afectación de la posición jurídica del socio en la reestructuración. Con ella se desplaza la balanza desde un sistema que prioriza la tutela de los socios, hacia el sacrificio de estos a costa del salvamento de las sociedades de la insolvencia. Las teorías de corte económico subyacentes en la Directiva de reestructuraciones se alejan con ello de la consideración del socio como propietario de la sociedad desde la tradicional teoría del *shareholder ownership*. En su lugar el socio es tratado como un acreedor residual cristalizando sus derechos de opción en un momento temprano de la crisis. Idea, no obstante, igualmente alcanzable desde la visión concursal que entiende la reestructuración temprana como una suerte de venta virtual y que, al mismo tiempo, es coherente con el artículo 391.2. de la Ley de Sociedades de Capital. Así, con la asimilación de este punto de vista España equipara posturas con el *Chapter 11* norteamericano, la *Insolvenz Ordnung* alemana o la *WHOA* holandesa.

Con el planteamiento de la cristalización de los derechos del socio acontece que si con motivo de esta el valor de su cuota de liquidación se redujese a cero podría producirse una reasignación preconcursal de los derechos de control de la sociedad. En otras palabras, desde esta perspectiva se reconoce una correlación entre los derechos económicos y políticos del socio de manera que una valoración del sustrato económico (cuota de liquidación) igual a cero supone el vaciamiento de los derechos políticos y el cambio de titularidad material de la sociedad desde los socios hacia los acreedores al entender que son ellos quienes soportan el riesgo empresarial. La Directiva parte también de estos planteamientos subyacentes referidos al vaciamiento de los derechos del socio cuando permite que los Estados miembros limiten, excepcionen o supriman el derecho de voto de los socios, entre otros, en los nuevos planes de reestructuración como una de las vías válidas para cumplir con el mandato que el mismo texto recoge de evitar o contrarrestar las típicas conductas obstruccionistas de los socios en las reestructuraciones. Comportamientos que son responsables potenciales del fracaso de una reestructuración y, con ello, contrarias al propósito de la Directiva (UE) 2019/1023 de "*defender del conjunto de la economía y la eficiencia de los mercados a través de la conservación de sociedades viables*".

A pesar de todo, se ha de tener también presente que una limitación del riesgo de obstrucción por esta vía restrictiva o supresora de derechos fomenta a su vez el riesgo de expropiación de los derechos del socio y afecta al papel soberano de la junta. Sin embargo, es posible concluir que no toda afectación del derecho de voto supone una expropiación. Así pues, la supresión de la voluntad del socio o la aplicación de una reestructuración forzosa puede encontrar justificación suficiente cuando responde a intereses superiores, como es el que la Directiva se propone. Con todo, como se ha visto, existen argumentos en contra de una supresión total del derecho de voto de los socios en la adopción de planes de reestructuración.

En consecuencia, frente al riesgo de obstruccionismo y su contraposición al riesgo de expropiación se encuentran, de un lado, las opciones planteadas por la Directiva de suprimir o limitar los derechos de los socios, con una especial referencia al derecho de voto en los acuerdos sociales que sometan a aprobación un plan de reestructuración. Otra idea destacable es la opción propuesta por la jurisprudencia europea al optar por limitar el derecho de voto con base en el reconocimiento de un deber de lealtad de los socios para con la sociedad cuando el voto negativo a la aprobación de un plan de reestructuración fuera contrario al interés social. Con inspiración en el *Chapter 11* norteamericano y previa impugnación del resultado de la votación por la junta, la limitación de la voluntad del socio se produce mediante la integración de la voluntad social por una autoridad judicial. De otro lado, se encuentra el legislador español, quien opta por un sistema híbrido autorizado por el carácter de "Directiva de mínimos" del texto europeo. En primer lugar, mantiene el derecho de voto del socio en los acuerdos de adopción necesaria por la junta en la adopción de un plan de ejecución. Este se mantiene, aunque con especialidades preconcursales que requieren de coordinación entre ambos sectores normativos. En segundo lugar, aumenta el alcance de la flexibilización de los requisitos necesarios para la adopción de dichos acuerdos que ya se contemplaba en la disposición adicional 4ª y en el artículo 71 bis de la derogada Ley Concursal. En tercer lugar, incorpora un mecanismo de reestructuración forzosa de la deuda aplicable también a los socios, de manera que queden vinculados por el contenido del plan aun habiéndose manifestado en contra. Además, suprime el derecho de preferencia. Estas dos últimas medidas son confirmatorias de una intensificación del desplazamiento del Derecho societario por el Derecho preconcursal o de la preinsolvencia.

Ante la evidencia de la afectación de los derechos políticos y económicos que la Directiva de reestructuraciones provoca es necesario, por último, reflexionar sobre si los derechos afectados son merecedores de protección constitucional. Concretamente por vulneración de los derechos a la libre empresa y a la propiedad constitucionalmente recogidos. Un análisis en este sentido permite concluir en primer lugar que, a pesar de su reconocimiento en la Constitución Española, las intromisiones en ellos no siempre implican una expropiación de derechos y, en segundo lugar, que estarán justificadas cuando respondan a un interés general. En el caso de la reforma preconcursal las intrusiones se explican por el propósito de la Directiva de salvar sociedades económicamente viables aunque en dificultades financieras, la rápida salida del mercado de las empresas *zombies* para el interés del conjunto de la economía y la eficiencia de los mercados. Ello, tanto para los derechos políticos —como el derecho de voto—, como para la afectación que puede derivarse del componente patrimonial del socio. Las intromisiones a este último exigen además para su encaje constitucional la previsión legal de una indemnización o compensación y, con ello, de una adecuada vía de recursos que garantice la seguridad jurídica del socio y el recibimiento de la indemnización ante el potencial riesgo expropiatorio y/o de abuso.

Por lo que respecta a las novedades en el presupuesto objetivo de acceso a los marcos de reestructuración puede afirmarse que las teorías de corte económico ya mencionadas han adelantado el momento temporal en el que se produce el desplazamiento del Derecho societario por el de la reestructuración o el preconcursal. Dentro de las opciones que en relación con esto ofrece el texto armonizador europeo, el legislador español introduce el concepto de probabilidad de insolvencia con la Ley 16/2022. Una opción intermedia entre la entre la elegida por la norma alemana en el §18 InsO y el artículo 370 del *Bankruptcy Act (Faillissementswet)* holandés. Este se une a la ya conocida insolvencia actual y la redefinida insolvencia inminente, previendo consecuencias distintas para cada una de ellas. Al cumplimiento del presupuesto objetivo se adiciona la "viabilidad económica" como elemento esencial de una reestructuración cuyo plan aspire a ser homologado.

Ha de verse con ojos críticos la indeterminación de este nuevo estado de la insolvencia que requiere de garantías adicionales para asegurar su cumplimiento en favor de la protección del socio. El motivo radica en que los distintos niveles de insolvencia diseñados despliegan efectos diferentes. Su correcta delimitación y control de fondo por un juez es esencial puesto que, entre otras razones, mientras que la insolvencia sea meramente probable no estará justificada la homologación de un plan de reestructuración que no cuente con el consentimiento de los socios manifestado en junta. Sin embargo, el legislador español posterga dicho control al momento de la impugnación del auto de homologación. Hasta entonces, el control del estado de la insolvencia y de la viabilidad económica es meramente formal. Igualmente, al contrario de otras transposiciones europeas, como la italiana, prevé libertad de forma para la justificación del presupuesto objetivo. Para una mayor seguridad de los socios es conveniente de *lege ferenda*, si no el adelantamiento del control de fondo del presupuesto, al menos recuperar la exigencia de presentación con la solicitud de homologación de un informe por experto independiente que se pronuncie sobre la constatación del presupuesto objetivo y el requisito de la viabilidad. A este respecto, los mecanismos societarios de verificación a disposición de los socios se muestran insuficientes. Es por ello, que también de *lege ferenda* se recomienda la incorporación de una obligación concreta del auditor de cuentas para que realice un pronunciamiento expreso en relación con el presupuesto objetivo y las expectativas de viabilidad.

En otro orden de cosas, uno de los riesgos más importantes que se afrontan en la tutela del socio en la fase temprana o de negociación de un plan de reestructuración es la homologación de un plan que afecte gravemente sus derechos sin cumplir con el presupuesto objetivo, esto es, sin incurrir en insolvencia inminente o actual, o siendo la insolvencia meramente probable. A pesar de todo, el legislador excluye al socio de esta fase al no recoger ninguna obligación expresa del administrador de informarle sobre el inicio de las negociaciones o el estado de la insolvencia. Esta continúa siendo una facultad discrecional. Es por ello que, a pesar de la posible previsión de una reserva estatutaria para la convocatoria de la junta con carácter previo al inicio de las negociaciones son inspiradoras las medidas de alerta temprana incorporadas en Francia y en especial en Italia para la creación de un deber de información a los socios por parte del administrador sobre el inicio de las negociaciones, al tiempo que se blinda la posición de este en la sociedad frente a posibles acciones de separación injustificadas.

Asimismo, es indiscutible la relevancia que adquiere del derecho de información del socio en escenarios de reestructuración. La configuración de adecuadas herramientas de información, control y fomento de la participación de los socios permite la activación de los remedios societarios como, por ejemplo, el ejercicio del derecho de separación, la impugnación de los acuerdos sociales por lesión del interés social o la acción individual de responsabilidad. Todos ellos de utilidad para la defensa de sus derechos económicos cuando se acuerde no repartir beneficios con base en la declaración fraudulenta de un estado de insolvencia.

Junto a estas medidas pueden considerarse también el derecho al examen de libros contables y los derechos de información asociados a la convocatoria y celebración de la junta. Mediante su ejercicio los socios podrán solicitar a los administradores la elaboración de un informe sobre la viabilidad de la sociedad, la situación de insolvencia y las medidas que se consideren necesarias, siempre y cuando guarden relación con la insolvencia. En definitiva, un derecho de información que se ve reforzado por las facultades de gestión que el Derecho societario otorga al socio en relación con las competencias implícitas que les permiten informarse sobre la situación financiera de la sociedad y controlar la gestión del administrador. Incluso sería posible la constitución de una reserva estatutaria de competencias por la que se exija la convocatoria de la junta con carácter previo al inicio de las negociaciones con el fin de realizar una reestructuración que pueda desembocar en una reestructuración de capital. Todo ello, con la finalidad de actuar sancionando la conducta del administrador, separándole del cargo, exigiendo su responsabilidad, etc.; o también, ejercitando el derecho de separación que corresponde al propio socio cuando el administrador inicie negociaciones sin cumplirse el presupuesto objetivo o sin ser necesario que estas incluyan medidas de reestructuración susceptibles de diluir la posición de los socios, así como para actuar frente a su inactividad en caso de que la situación de crisis se precipite. No tendrán el mismo éxito, sin embargo, las acciones de responsabilidad social o individual ante la dificultad probatoria de sus requisitos.

Entrando ya en la fase de aprobación del plan de reestructuración, la medida sobre la que el legislador hace descansar toda la tutela del socio es el ya mencionado mantenimiento de su poder de decisión en la junta mediante el derecho de voto. Medida que, aunque ha de valorarse positivamente, no está libre de crítica por cuanto la configuración legal de los marcos de reestructuración supone en última instancia que la celebración de dicha junta no es preceptiva en el momento de solicitar la homologación, siempre que se justifique formalmente que la sociedad se encuentra en insolvencia inminente o actual. Este diseño es susceptible de disminuir las posibilidades de defensa del socio pues, en la práctica, una impugnación exitosa de la homologación por encontrarse la sociedad en realidad en una insolvencia probable y, por tanto, habiendo requerido previamente el consentimiento de los socios, no tendrá efectos impeditivos sobre la homologación. Si los efectos no se pudieran revertir de manera personalizada, algo probable en la capitalización de créditos o en las modificaciones estructurales por la complejidad de estas operaciones, únicamente se concederá una indemnización al socio impugnante afectado.

Por otro lado, la intromisión de la *lex specialis* en el Derecho de sociedades alcanza a los derechos y herramientas tuitivas de los socios provocando injerencias y debilitando su efectividad. Se produce una flexibilización de los requisitos societarios para la adopción de un acuerdo de la junta que apruebe un plan de reestructuración para favorecer su éxito afectando en particular a los siguientes derechos de los socios y por tanto a su tutela.

En primer lugar, la alteración de los plazos de convocatoria reduce proporcionalmente el tiempo del que el socio dispone para ejercitar su derecho de información.

En segundo lugar, es cuestionable la falta de claridad de la que adolece la norma al restringir el orden del día mediante la supresión del derecho a la solicitud de un complemento a la convocatoria por la minoría. Ello por la incertidumbre que genera en relación con la posibilidad de proponer por dicha vía una acción de separación del administrador o una acción social de responsabilidad en la celebración de la junta para la aprobación del plan de reestructuración. Una adecuada tutela del socio aconseja entenderlo, no obstante, posible. Además, para una mayor coherencia y mejor protección del socio, el silencio de las disposiciones preconcursales sobre el contenido del orden del día ha de completarse con las previstas en la Ley de Sociedades de Capital, de forma que en el mismo se detallarán las concretas operaciones que afectarán a los socios, debiendo aportar todos los documentos exigidos por la Ley de Modificaciones Estructurales cuando el acuerdo consista en alguna de las operaciones de modificación. A saber, los proyectos de modificaciones estructurales, informe del administrador o informes de expertos. De lo contrario, procedería la interposición de una acción de impugnación del artículo 204.3. de la Ley de Sociedades de Capital.

En tercer lugar, puede considerarse excesivo que la transposición reduzca el *quorum* de constitución de la junta y las mayorías de aprobación del acuerdo social por el que se aprueba un plan de reestructuración. Estas medidas son en detrimento de la minoría en conjunción con el resto de las novedades como la ausencia de control de fondo por una autoridad judicial hasta la homologación y las medidas de reestructuración forzosa incorporadas.

A pesar de lo anterior y en cuarto lugar, sí que se mantienen los preceptos legales o estatutarios tuitivos de los derechos de la minoría por los que se exige su consentimiento individual, como son los artículos 81, 291 y 292 de la Ley de Sociedades de Capital. Lo mismo ocurre con los que exigen el consentimiento de las clases de accionistas o de tenedores de participaciones, si bien, en este último caso no serán de aplicación las mayorías especiales del artículo 631 del Texto Refundido de la Ley Concursal. Además, el silencio de la norma permite mantener aplicable la regulación relativa a la sindicación de voto. De igual modo, el mantenimiento de los preceptos de la Ley de Modificaciones Estructurales relativos a la protección de la continuidad de la participación del socio en operaciones de transformación, fusión o escisión, impiden que las operaciones puedan utilizarse como mecanismo de expropiación de la participación de socios minoritarios, excluyéndoles de la sociedad (resultante de la reestructuración) mediante una compensación que no consista en la adjudicación de acciones o participaciones. En conclusión, la ausencia de consentimiento individual o de clase se traduce en un acuerdo social negativo.

En quinto lugar, una revisión del principio de igualdad de trato consagrado en el artículo 204 de la Ley de Sociedades de Capital obliga a cuestionar su capacidad protectora de los derechos de la minoría. Ciertamente, esta se ve limitada por tres circunstancias. De un lado, por su aplicación reducida a las relaciones socio-sociedad. De otro lado, por la posibilidad de que los socios sean arrastrados en una reestructuración forzosa aun cuando el acuerdo de la junta es negativo en situaciones de insolvencia inminente o actual. Además, debido a las dudas existentes en torno a la reclamación por la vía de la impugnación del auto de homologación por cuanto la ley no recoge un "test de la discriminación injustificada" similar al que prevé para los acreedores.

En sexto y último lugar, merece una valoración negativa la distancia que marca el legislador español de ordenamientos como el alemán, holandés, italiano o francés al suprimir el derecho de preferencia del socio en los marcos de reestructuración por la emisión de nuevas acciones o participaciones, en lugar de permitir sencillamente la posibilidad de pactar su exclusión. Esta decisión provoca una grave deficiencia en la tutela informativa del socio que redunda en potenciales efectos expropiatorios sobre sus derechos económicos derivados de una infravaloración de la sociedad. Los derechos afectados son el derecho a la cuota de liquidación y el derecho sobre el excedente del valor generado con la reestructuración. Daño que, por añadidura, será mayor para los minoritarios. Asimismo, con esto queda limitada la posibilidad de refinanciación de la sociedad por el socio. El Derecho preconcursal compensa la ausencia de un derecho de preferencia en esta fase con el imperativo consentimiento por los socios cuando la insolvencia sea meramente probable. Mientras, las alternativas societarias al derecho de preferencia no representan la firme salvaguarda legal del derecho de preferencia en relación con los derechos de opción del socio. A modo de ejemplo se hace referencia a la emisión de nuevas acciones con prima en una capitalización de créditos mediante una operación acordeón. Si bien con dicha emisión no se tutelan los derechos políticos, sí que puede ser eficaz para la protección del derecho a la participación generado por la reestructuración y, en global, permite un reparto más equilibrado de cargas entre socios y acreedores. Ahora bien, su aplicación práctica dependerá del grado de probabilidad de insolvencia en el que se encuentre la sociedad. Todo lo anterior, sin perjuicio de las opciones contractuales que puedan pactarse. El resto de alternativas se encuentran en las vías de impugnación previstas.

Novedosamente, el Texto Refundido de la Ley Concursal introduce la reestructuración forzosa de la deuda a todas las categorías, permitiendo mediante la homologación de un plan de reestructuración el arrastre de los socios por el que se les aplica forzosamente el contenido de un plan de reestructuración que afecte a sus derechos políticos y económicos directamente sin contar con su consentimiento. Para ello la sociedad deberá incurrir en insolvencia inminente o actual permitiendo la ejecución inmediata de la homologación por el administrador o un tercero nombrado judicialmente. Ahora bien, tanto la Directiva como la norma de transposición española establece otras dos excepciones al arrastre forzoso de los socios. No será posible homologar un plan que afecte directamente a sus derechos cuando el deudor se trate de una pyme y con independencia del estado de insolvencia en el que se halle debido a que el socio no es considerado un mero inversor. Lo mismo es predicable respecto de sociedades cuyos socios sean legalmente responsables de las deudas sociales.

Resulta cuestionable que, al contrario de como ocurre en el Derecho comparado, el procedimiento de homologación se ha diseñado sin un trámite contradictorio obligatorio donde las partes puedan defenderse previamente al arrastre, a salvo de las manifestaciones vertidas más adelante sobre las vías de impugnación preconcursal. Tampoco se encuentran entre los requisitos para la homologación instrumentos tuitivos específicos para la tutela de los derechos del socio, adoleciendo aquí también de carencias informativas. Asimismo, tampoco se produce un control de fondo sobre los requisitos necesarios para la homologación. Todo ello erosiona la tutela del socio y podría ser contrario a lo dispuesto por el considerando cuarenta y nueve de la Directiva (UE) 2019/1023 y a su objetivo de lograr una reducción proporcional de derechos y una tutela judicial efectiva.

De conformidad con lo anterior, para aligerar la carga comprobatoria de los jueces y reforzar la tutela informativa de manera similar a como acontece en los países vecinos, sería conveniente prever obligaciones formales más claras en relación con la acreditación de los requisitos de homologación, en concreto, el presupuesto objetivo y la viabilidad económica de la sociedad.

Otro aspecto reseñable de la homologación es que la norma española continúa sin abordar, al contrario de como ocurre en Derecho norteamericano o con la transposición de la Directiva de reestructuraciones en otros países europeos, una regulación específica para los planes competidores. Esta sería conveniente a efectos de permitir la participación de los socios en la reestructuración mediante la realización de propuestas pactadas menos gravosas para sus intereses.

Por lo que respecta al diseño de las vías de impugnación o instrumentos de tutela *ex post*, el Texto Refundido de la Ley Concursal establece dos vías de recurso que representan nuevamente una manifestación del desplazamiento que experimenta el Derecho societario. Una primera vía societaria para la impugnación del acuerdo social de aprobación del plan de reestructuración por las causas establecidas en la Ley de Sociedades de Capital para la tutela especial de los derechos de la minoría. En segundo lugar, una vía preconcursal para la impugnación del auto de homologación o de oposición previa por los motivos establecidos en la norma preconcursal que sirve de tutela a los socios frente al arrastre por los acreedores. Sin embargo, la primera es subsumida bajo las especialidades del derecho preconcursal al ser tramitada como incidente concursal y, en su caso, como cuestión incidental de previo pronunciamiento.

Las modificaciones introducidas en la vía societaria de impugnación la convierten en más restrictiva y perjudicial que la que se desprendería del régimen estrictamente societario por varios motivos. Primero, la reducción de plazos erosiona sus posibilidades de defensa y derechos de información. Segundo, la falta de efectos suspensivos de la acción de impugnación puede dificultar posteriormente la remoción de los efectos o inaplicación parcial sobre el socio en caso de estimación de los motivos alegados. En tercer lugar, debido a los limitados efectos que despliega una estimación de la causa de impugnación. A este respecto, el éxito de la causa de impugnación del acuerdo social es de vital importancia debido a que afecta a la legitimación de la minoría para impugnar el auto de homologación posteriormente por las causas previstas en el Texto Refundido de la Ley Concursal. Motivo este último por el que en favor de la minoría se debe permitir cierta porosidad entre las causas de impugnación societarias y las de impugnación del auto de homologación por los socios cuando resulten coincidentes cuando no hubiese sido posible presentar la acción de homologación debido al complejo diseño de los recursos y su correspondiente legitimación activa.

Además, un análisis de los motivos de impugnación societarios y sus posibilidades de éxito refuerzan la dificultad de defensa de los minoritarios, debido a la ausencia de previsión de un "interés superior de los socios", al contrario de como acontece con los acreedores, así como a qué ha de entenderse por interés social en situaciones cercanas a la insolvencia en relación con el concepto de necesidad razonable. Estos últimos restringen el éxito de la impugnación de un acuerdo por ser contrario al orden público, al interés social o por haber sido adoptado con abuso de la mayoría.

La segunda vía de impugnación es la preconcursal para el auto de homologación, incluyendo la reforma la posibilidad de iniciar un trámite de oposición facultativo. Una novedad para la que habría sido deseable una aclaración en relación con el carácter excluyente respecto de una impugnación posterior e incluso, como hicieran los legisladores holandés, alemán o estadounidense, la previsión únicamente de un trámite de oposición previo unida a una ampliación de la legitimación activa. Cuestión que en cualquier caso es objeto de aclaración por los tribunales con las primeras sentencias que dejan verse ya tras la reforma.

En cualquier caso, la tutela del socio en esta fase impugnatoria o post reestructuración la representa por excelencia la regla de prioridad absoluta en su sentido inverso como causa de impugnación u oposición a un auto de homologación. Esta representa una protección idónea frente al riesgo de expropiación. Su aplicación sobre la distribución específica del valor resultante en una reestructuración entre el deudor y sus acreedores impide que un acreedor pueda recibir más del importe total de sus créditos o intereses. De esta forma se protege el derecho del socio a participar en el valor residual generado con la reestructuración.

En último lugar, y recordando el estudio sobre la constitucionalidad de la reforma, se ha de apuntar que el plan únicamente pierde eficacia cuando se aprecie falta en la concurrencia de las mayorías de aprobación de las clases de acreedores o una formación defectuosa de las mismas. Por lo demás, procurarán revertirse los efectos individualmente sobre el socio impugnante y, cuando esto no sea posible, queda a su disposición una indemnización, además de las acciones indemnizatorias de la Ley de Sociedades de Capital.

En definitiva, se ha de valorar positivamente y por encima de todo la decisión del legislador español de mantener el derecho de voto del socio. También el encaje constitucional de las medidas adoptadas. Sin embargo, es innegable que el socio sufre una gran alteración de su posición en la sociedad y sus derechos que no siempre encuentra justificación suficiente. La merma de su poder en relación con su posición como propietario es susceptible de ser reforzada fomentando su implicación en la sociedad en un momento temprano de la fase de negociación de un plan de reestructuración, en relación con lo que se conoce como *insolvency governance*. Más adelante, en las fases de aprobación y homologación, la tutela ha de ir dirigida a potenciar el control del juez en un momento temprano al tiempo que se le dota de herramientas que rebajen la carga que este soporta, como puede ser la presentación imperativa de informes de expertos independientes sobre el presupuesto objetivo y la viabilidad que ofrece el plan de reestructuración. Por último, no hay razón para excluir legalmente herramientas que permiten al socio participar de la refinanciación de las sociedades en la reestructuración, como ocurre con el derecho de preferencia.

BIBLIOGRAFÍA

AKERLOF, G. A., "The Market for "Lemons": Quality Uncertainty and the Market Mechanism", *The Quaterly Journal of Economics*, Vol. 84, Nº 3, 1970, pp. 488 a 500.

ALCALÁ DÍAZ, Mª. A., "El conflicto de interés socio-sociedad en las sociedades de capital", *Revista de Derecho de sociedades*, Nº 9, 1997, pp. 89 a 142.

– *Las competencias de la junta general en asuntos de gestión*, Wolters Kluwer, Madrid, 2018.

– "El derecho al dividendo y sus institutos de protección", *Revista de Derecho de Sociedades*, Nº 57, 2019. Consultado en Proview.

– "Viejos y nuevos perfiles del derecho al dividendo", en González Fernández, Mª B. y Cohen Benchetrit, A., (dirs.), y Márquez Lobillo, P. y Otero Cobos-Zofía Bednarz, Mª T., *Derecho de sociedades. Los derechos del socio*, Tirant lo Blanch, Valencia, 2020, pp. 243 a 265.

ALEMÁN, LAÍN, P., *Función del valor nominal en las acciones. Una aproximación desde el Derecho norteamericano*, Aranzadi, Navarra, 2003.

ALEMANY EGUIDAZU, J., "Artículo 578. De las especialidades del concurso de entidades de crédito, de empresas de servicios de inversión, de entidades aseguradoras, de entidades que sean miembros de mercados regulados y de entidades participantes en los sistemas de compensación y liquidación de valores", en Veiga Copo, A. B., (dir.) y Martínez Muñoz, M. (coord.), *Comentario al Texto Refundido de la Ley Concursal*, Tomo II, Thomson Reuters, Navarra, 2021, pp. 1257 a 1387.

ALFARO ÁGUILA-REAL, J., "Artículo 159. La junta general", en Juste Mencía, J., y Recalde Castells, A. (coords.), *La junta general de las sociedades de capital. Comentario de los artículos 159 a 208 LSC*, Aranzadi, Navarra, 2022, pp. 17 a 42.

– "Artículo 204. Acuerdos impugnables", en Juste Mencía, J., y Recalde Castells, A. (coords.), *La junta general de las sociedades de capital. Comentario de los artículos 159 a 208 LSC*, Aranzadi, Navarra, 2022. pp. 727 a 205.

– "El deber de buena fe y el deber de lealtad del socio", *Almacén de Derecho, 23 de abril de 2019.*

– "La llamada acción individual de responsabilidad o responsabilidad "externa" de los administradores sociales", *InDret, Revista para el análisis del Derecho*, Nº 1, 2007, pp. 2 a 18.

– *Interés social y derecho de suscripción preferente. Una aproximación económica*, Civitas, Madrid, 1995.

ALONSO LEDESMA, C., "Aumento de capital. Derecho de asunción preferente de las nuevas participaciones", en García Villaverde, R., Rodríguez Artigas, F., Fernández de la Gándara, L., Alonso Ureba, A., Velasco San Pedro, L. A. y Esteban Velasco, G., (cords.), *Derecho de Sociedades de Responsabilidad Limitada. Estudio sistemático de la Ley 2/1995*, T. II, Madrid, 1996, pp. 789 a 823.

ALONSO UREBA, "Presupuestos de la responsabilidad social de los administradores de una sociedad anónima", *Revista de Derecho Mercantil*, Nº 198, 1990, pp. 639 a 728.

– "El capital como cuestión tipológica", en Paz-Ares, C., (coord.), *Tratando de la Sociedad Limitada*, Fundación Cultural del Notariado, Madrid, 1997, pp. 311 a 357.

ALTMAN, E. I., IWANIEZ-DROZDOWSKA, M., LAITINEN, E. K., y SUVAS, A., "Financial Distress Prediction in an International Context: A Review and Empirical Analysis of Altman's Z-Score Model", *Journal of International Financial Management & Accounting*, 28:2, 2017, pp. 1 a 41.

ÁLVAREZ ROYO-VILLANOVA, S., "El ejercicio abusivo del derecho de separación", en González Fernández, Mª B. y Cohen Benchetrit, A., (dirs.), y Márquez Lobillo, P. y Otero Cobos-Zofía Bednarz, Mª T., *Derecho de sociedades. Los derechos del socio*, Tirant lo Blanch, Valencia, 2020, pp. 811 a 840.

ARIAS VARONA, J., "Venta de unidades productivas en acuerdos de refinanciación e intervención de los socios", Gutiérrez Gilsanz, A., (dir.), *Derecho preconcursal y concursal de sociedades mercantiles de capital*, Wolters Kluwer, Madrid, 2018, p. 189 a 221.

ARRUÑADA, B., "Interpretación positiva del Derecho concursal español y propuestas para una reforma equilibrada", *Fedea Policy Papers*, 2021, pp. 1 a 33.

ARSUAGA CORTÁZAR, J., "Artículo 391. Cuestiones de previo pronunciamiento. Casos", en Marín Castar, F., *Comentarios a la Ley de Enjuiciamiento Civil*, Tirant lo Blanch, Valencia 2015, pp. 1663 a 1666.

AUNJUN, S., "Business bankruptcy prediction models: A significant study of the Altman's Z-score model", *Asian Journal of Management Research*, Nº 13, 2012, pp. 1 a 8.

ÁVILA DE LA TORRE, A., "Artículo 293. La tutela colectiva de los derechos de los titulares de clases de acciones en la sociedad anónima", en García-Cruces, J. A. y Sancho Gargallo, I., (dirs), *Comentario de la Ley de Sociedades de Capital, Tomo IV*, Tirant lo Blanch, Valencia, 2021, p. 4099 a 4115.

AZNAR GINER, E., *La homologación judicial de acuerdos de refinanciación en la disposición adicional cuarta de la Ley Concursal*, Tirant lo Blanch, Valencia, 2017.

– *Refinanciaciones de deuda, acuerdos extrajudiciales de pago y concurso de acreedores*, Tirant lo Blanch, Valencia, 2013.

AZOFRA VEGAS, F. y ÁNGEL ALONSO, A., "Artículo 583. Comunicación de la apertura de negociaciones", en Veiga Copo, A. B., (dir.) y Martínez Muñoz, M. (coord.), *Comentario al Texto Refundido de la Ley Concursal*, Tomo II, Thomson Reuters, Navarra, 2021, pp. 1407 a 1404.

BAIRD, D. G., "Priority matters: absolute priority, relative priority, and the costs of banckrupcy", *University of Pensilvania Law Review*, Vol. 165, 2017, pp. 785 a 829.

BAIRD, D. G. y BERNSTEIN, D. S., "Absolute Priority, Valuation Uncertainty, and the Reorganization Bargain", *Yale Law Journal*, Vol. 115, 2006, pp. 1930 a 1970.

BALP, G., "Early Warning Tools at the Crossroad of Insolvency Law and Company Law", *Bocconi Legal Studies Research,* Papper Nº 3010300, 2019, pp. 1 a 42.

BEBCHUCK, L. A., "A New Approach to Corporate Reorganizations", *Harvard Law and Economics Discussion Paper,* Nº 37, 1988, pp. 1 a 33. Disponible en SSRN: https://ssrn.com/abstract=415161

BELTRÁN SÁNCHEZ, E., "Artículo 391. División del patrimonio social", en Rojo, A. y Beltrán, E., (dirs.), *Comentario de la Ley de Sociedades de Capital,* Tomo II, Aranzadi, Thomson Reuters, Navarra, 2011, pp. 2681 a 2686.

– "Artículo 392. El derecho a la cuota de liquidación", en Rojo, A. y Beltrán, E., (dirs.), *Comentario de la Ley de Sociedades de Capital,* Tomo II, Aranzadi, Thomson Reuters, Navarra, 2011, pp. 2687 a 2694.

BERCOVITZ RODRÍGUEZ-CANO, A., "Los acuerdos impugnables en la Sociedad Anónima", en Broseta Pont, M., *Estudios de Derecho Mercantil en homenaje al profesor Manuel Broseta Pont,* Tirant lo Blanch, Valencia, 1995, pp. 373 a 396.

– "Luces y sobras en la Ley de Sociedades de Responsabilidad limitada de 1995", en Nieto Carol, U., (dir.), *La Sociedad de Responsabilidad Limitada,* Dykinson, Madrid, 1998, pp. 40 a 51.

BERGOMI, G., "Convocazione dell'assemblea di società per azioni: diritti della minoranza, doveri degli amministratori e provvedimenti d'urgenza", *Giurisprudenza commerciale,* II, 1989, pp. 991 a 1012.

BERLE, A., y MEANS, G. C., *The modern corporation and Private Property,* New York, Harcourt, Brace & World, 1967

BERMEJO GUTIÉRREZ, N., "Los socios y el reparto del excedente de la reestructuración", en Garnacho Cabanillas, L., y Arias Varona, F. J., *El Derecho Concursal y la transposición de la Directiva sobre Reestructuración preventiva,* Wolters Kluwer, Madrid, 2021, pp. 199 a 232.

BITTER, G. y LASPEYRES, A., "Rechtsträgerspezifische Berechtigungen als Hindernis übertragender Sanierung", *Zeitschrift für Wirtschaftsrecht (ZIP),* 2010, pp. 1157 a 1165.

BITTER, G., "Sanierung in der Insolvenz - Der Beitrag von Treue- und Aufopferungspflichten zum Sanierungserfolg", *Zeitschrift für Unternehmens- und Gesellschaftsrecht (ZGR),* Nº 39, 2-3, 2010, pp. 147 a 200.

BLACK FISCHER, B., y SCHOLES, M., "The pricing of options and corporate liabilities", *The Journal of Political Economy,* Vol. 81, Nº 3, 1973, pp. 637 a 654.

BLANCO SARALEGUI, J. M., DE CÁRDENAS SMITH, C., GARCÍA-VILLARUBIA, M., y ALONSO HERNÁNDEZ, Á., "Caso Xeldist: algunas conclusiones de urgencia sobre la sentencia de la Audiencia Provincial de Pontevedra de 10 de abril de 2023", en *Uría Menéndez,* 13 de abril de 2023. Disponible en https://media.licdn.com/dms/document/D4D1FAQHf_gEQ-p-Hxg/feedshare-document-pdf-analyzed/0/1681404660971?e=1682553600&v=beta&t=S6Gyl38rGfv31ChuY9K0Oo9ZzWyOn6hNXDWN8GtmFqU

BONBRIGHT, J. C., y MILTON M. B., "Two Rival Theories of Priority Rights of Security Holders in a Corporate Reorganization", *Columbia Law Review,* Vol. 28, Nº 2, 1928, pp. 127 a 165.

BOQUERA MATARREDONA, J., *La junta general de las sociedades capitalistas,* Thomson Aranzadi, Pamplona, 2008.

BOOTH, C.D., "The Carmdown on Secured Creditors: An Impetus Toward Settlement", *The American Bankruptcy Law Journal,* Vol. 60, Nº 1, 1986, pp. 69 a 108.

BORK, R., "Pflitchen des Gestchäftsführung in Krise und Sanierung", *Zeitschrift für Wirtschaftsrecht (ZIP),* 2011, pp. 106 a 107.

BRAUN, BRAUN y FRANK "InsO § 222 Bildung von Gruppen", en Braun, E. y Bauch, R., *Insolvenzordnung (InSO),* 9ª Edición, C. H. Beck, München, 2022, marginales 1 a 20.

- "InsO § 225ª Rechte der Anteilsinhaber", en Braun, E. y Bauch, R., *Insolvenzordnung (InSO),* 9ª Edición, C. H. Beck, München, 2022, marginales 9 a 13.
- "InsO § 245 Obstruktionsverbot", en Braun, E. y Bauch, R., *Insolvenzordnung (InSO),* 9ª Edición, C. H. Beck, München, 2022, marginales 1 a 51.
- "InsO § 240 Änderung des Plans", en Braun, E. y Bauch, R., *Insolvenzordnung (InSO),* 9ª Edición, C. H. Beck, München, 2022, marginales 1 a 8.

BUIL ALDANA, I., "La necesaria regulación de los planes de reestructuración competidores en el derecho español", *Revista General de Insolvencias y Reestructuraciones,* Nº 6, 2022, pp. 143 a 158.

CALAZA LÓPEZ, S., "El incidente concursal", en Gallego Sánchez, E., (dir.), *Derecho Concursal y Preconcursal. Texto refundido de la Ley Concursal tras la reforma por la Ley 16/2022, de 5 de septiembre,* Tomo I, Tirant lo Blanch, Valencia, 2022, pp. 2103 a 2121.

- "La cobertura actual de la cosa juzgada", *Revista Jurídica de la Universidad Autónoma de Madrid (RJUAM),* Nº 20 (II), 2009, pp. 67 a 93.

CAMPUZANO LAGUILLO, A. B., "Artículo 597. Acuerdos de refinanciación", en Peinado García, J. I. y Sanjuán Muñoz, E., (dirs.), *Comentarios al articulado del Texto Refundido de la Ley Concursal. Real Decreto Legislativo 1/2020, de 5 de mayo,* Tomo IV, Sepín, Madrid, 2020, pp. 137 a 144.

- "Artículo 598. Requisitos de los acuerdos colectivos de refinanciación", en Peinado García, J. I. y Sanjuán y Muñoz, E., (dirs.), *Comentarios al articulado del Texto Refundido de la Ley Concursal. Real Decreto Legislativo 1/2020, de 5 de mayo,* Tomo IV, Sepín, Madrid, 2020, pp. 145 a 155.
- "Artículo 600. Nombramiento de experto independiente para emitir informe sobre el plan de viabilidad", en Peinado García, J. I. y Sanjuán y Muñoz, E., (dirs.), *Comentarios al articulado del Texto Refundido de la Ley Concursal. Real Decreto Legislativo 1/2020, de 5 de mayo,* Tomo IV, Sepín, Madrid, 2020, pp. 163 a 166.
- "Artículo 601. Contenido del informe del experto", en Peinado García, J. I. y Sanjuán y Muñoz, E., (dirs.), *Comentarios al articulado del Texto Refundido de la Ley Concursal. Real Decreto Legislativo 1/2020,* de 5 de mayo, Tomo IV, Sepín, Madrid, 2020, pp. 167 a 169.

- "Artículo 93. Derechos del socio", en Rojo, A. y Beltrán, E., (dirs.), *Comentario de la Ley de Sociedades de Capital,* Tomo I, Aranzadi, Thomson Reuters, Navarra, 2011, pp. 789 a 799.
- "La auditoría de cuentas y los habilitados para su ejercicio", en Campuzano Laguillo, A. B. y Palomar Olmeda, A., *Comentario de la Ley de Auditoría de Cuentas,* 2ª Edición, Tirant lo Blanch, valencia, 2022, pp. 24 a 62.
- "Las clases de acciones. Tipología y limitaciones", en Veiga Copo, A., (dir), *Estudios jurídicos sobre la acción,* Thomson Reuters Aranzadi, Navarra, 2014, pp. 20 a 88.

CARAMALLI, D., "Droit des enterprises en difficulté: quelques suggestions d'amélioration", *Recueil Dalloz,* Nº 36, 2013, pp. 2417 a 2418.

CARIELLO, V., "Alcune questioni in tema di convocazione dell'assemblea su richiesta della minoranza", *Rivista della Società,* I, 1992, pp. 608 a 639.

CERDÁ ALBERO, F., "El plan de reestructuración: contenidos y aprobación (formación de clases de créditos, votación y mayorías)", en Cohen Benchetrit, A., (dir.), *Nuevo marco jurídico de la reestructuración de empresas en España,* Aranzadi, Navarra, 2022, pp. 889 a 1049.

CERVERA MARTÍNEZ, M., "Artículo 583. De la comunicación de apertura de negociaciones con los acreedores", en Peinado García, J. I. y Sanjuán Muñoz, E., en Peinado García, J. I. y Sanjuán y Muñoz, E., (dirs.), *Comentarios al articulado del Texto Refundido de la Ley Concursal. Real Decreto Legislativo 1/2020,* de 5 de mayo, Tomo IV, Sepín, Madrid, 2020, pp. 57 a 76.

- "Artículo 596. Clases de acuerdos de refinanciación", en Prendes Carril, P, y Fachal Noguer, N., (dirs)., *Comentario al Texto Refundido de la Ley Concursal,* Tomos II, Aranzadi, Navarra, 2021, pp. 1159 a 1172.

CHÁVARRI DICENTA, F., "Análisis de las posibilidades de decisión estratégica de la administración societaria ante la crisis económica de la empresa", en Gutiérrez Gilsanz, A., (dir.), *Derecho preconcursal y concursal de sociedades mercantiles de capital,* Wolters Kluwer, Madrid, 2018, pp. 29 a 75.

CHIAPPETTA, F., "Nuova disciplina del recesso di società di capitali: profili interpretativi e applicativi", *Rivista delle società,* Nº 50, 2005, Vol. 1, pp. 487 a 517.

CHIVERS Q.C., D., SHAW, B., BRYAN Q.C., C. y STAYNINGS, C., *The law of majority shareholder power. Use and abuse,* Second Edition, Oxford University Press, Oxford, 2017.

COHEN BENCHETRIT, A., "La posición del socio ante la reestructuración en el Anteproyecto de reforma concursal", *La Ley Mercantil,* Nº 86, 2021, pp. 1 a 17.

CONDE TEJÓN, A., "La capitalización quasi forzosa por compensación de créditos como contenido de acuerdos de refinanciación tras la Ley 17/2014", *Revista de Derecho de Sociedades,* Nº 43, 2014, pp. 389 a 416.

CURTO POLO, Mª M., "Artículo 172. Complemento de la convocatoria", en Rojo, A. y Beltrán, E., (dirs.), *Comentario de la Ley de Sociedades de Capital,* Tomo I, Aranzadi, Thomson Reuters, Navarra, 2011, pp. 1254 a 1260.

– "Artículo 174. Contenido de la convocatoria", en Rojo, A. y Beltrán, E., (dirs.), *Comentario de la Ley de Sociedades de Capital*, Tomo I, Aranzadi, Thomson Reuters, Navarra, 2011, pp. 1267 a 1272.

DANDENEAU, D. A., "European Union: Look familiar? Proposal to reform restructuring laws embraces the philosophy and approach of chapter 11", *Backer & McKenzie*, noviembre 2016, Disponible en https://restructuring.bakermckenzie.com/2016/11/30/european-union-look-familiar-proposal-to-reform-restructuring-laws-embraces-the-philosophy-and-approach-of-chapter-11/

DAVIS, R., MADAUS, S., MAZZONI, A., MEVORACH, R., MOKAL, I. J., ROMAINE, B., SARRA, J. y TIRADO, I., *Micro, Small and Medium Enterprise Insolvency*, Oxford University Press, Oxford (UK), 2018.

DE CÁRDENAS SMITH, C., "La propuesta de Directiva sobre reestructuración temprana y su transposición al Derecho español" *Revista de Derecho concursal y paraconcursal*, Nº 29, 2018. Consultado en Smarteca, Wolters Kluwer, pp. 1 a 16.

DELOITTE & ALTARES, *L'entreprise en dificulte en France en 2017. Une presence plus marquee des acteurs publics*, abril, 2018, pp. 1 a 116.

DÍAZ ECHEGARAY, J. L., *El derecho a participar en el reparto de las ganancias sociales: a la luz de la doctrina sentada por la STS de 26 de mayo de 2005*, Thomson Aranzadi, Navarra, 2006.

DÍAZ MORENO, A., "Artículo 91. Atribución de la condición de socio", en Rojo, A. y Beltrán, E., (dirs.), *Comentario de la Ley de Sociedades de Capital*, Tomo I, Aranzadi, Thomson Reuters, Navarra, 2011, pp. 770 a 777.

– "El papel de los socios de la sociedad de capital deudora en la aprobación y homologación de los planes de reestructuración", *Gómez-Acebo & Pombo*, abril de 2002, pp. 1 a 10. Disponible en https://www.ga-p.com/publicaciones/el-papel-de-los-socios-de-la-sociedad-de-capital-deudora-en-la-aprobacion-y-homologacion-de-los-planes-de-reestructuracion/

– "Sobre el aumento de capital por compensación de créditos (reflexiones al hilo de la disposición adicional 4ª de la Ley Concursal)", *Revista Aranzadi de derecho patrimonial*, Nº 38, 2015, pp. 75 a 100.

– "Socios, planes de reestructuración y capitalización de créditos en la Directiva (EU) 2019/1023, sobre reestructuración e insolvencia", *Anuario de Derecho Concursal*, Nº 49, 2020, pp. 7 a 64. Consultado en Proview.

DUQUE DOMÍNGUEZ, F. J., "Introducción a la protección de los derechos del accionista frente a los acuerdos de la mayoría", en Alonso Ureba, A., Duque Domínguez, J., Esteban Velasco, G., García Villaverde, R. y Sánchez Calero, F., (coords.), *Derecho de Sociedades Anónimas II. Capital y Acciones*, Vol. I., Civitas, Madrid, 1994, pp. 30 a 84.

– "La ampliación por la minoría de la convocatoria ya publicada", *Estudios de Derecho de sociedades y Derecho concursal. Libro homenaje al Profesor Rafael García Villaverde*. Tomo I, Marcial Pons, Madrid, 2007, pp. 375 a 388.

EASTERBROOK, F. H., y FISCHEL, D. R., *The economic Structure of Corporate Law*, Harvard University Press, United States of América, 1991.

EIDENMÜLLER, H., "Comparative corporate insolvency law", *European Corporate Institute*, working paper Nº 319, 2016.

– "Contracting for an european insolvency regime", ECGI *Working Papers*, Nº 341, 2017, pp. 21 a 22.

EIDENMÜLLER, H. y ENGERT, A., "Reformperspektiven einer Umwandlung von Fremd- in Eigenkapital (Debt-Equity Swap) im Insolvenzplanverfahren", *Zeitschrift für Wirtschaftsrecht (ZIP)*, 2009, 541 a 555.

EISENBERG, M.A., *The estructure of corporation. A legal analyses*, Little Brown & Co., Boston, Toronto, 1976.

EMBID IRUJO, J. M., "La responsabilidad social corporativa ante el Derecho mercantil", *Cuadernos de Derecho y Comercio*, Nº 42, 2004, pp. 11 a 44.

EMPARANZA SOBEJANO, A., "Artículo 347. Causas estatutarias de separación", en Rojo, A. y Beltrán, E., (dirs.), *Comentario de la Ley de Sociedades de Capital*, Tomo II, Aranzadi, Thomson Reuters, Navarra, 2011, pp. 2479 a 2483.

– "Capítulo 20. Acuerdos de refinanciación mediante la conversión de deudas en capital en la propuesta del texto refundido de la Ley Concursal", en *El concurso y la conservación de empresa. La armonización del Derecho regulador de la insolvencia*, Aranzadi, Navarra, 2017, pp. 323 a 333.

– "Deber de abstención del socio-administrador en la junta general: el conflicto de interés indirecto", en González Fernández, Mª B. y Cohen Benchetrit, A., *Derecho de sociedades. Cuestiones sobre órganos sociales*, Tirant lo Blanch, Valencia 2019, pp. 137 a 156.

EREDE, M., "Impugnazione di «delibera negativa» per conflitto d'interessi del socio di minoranza qualificata: un provvedimento cautelare del Tribunale di Milano", *Rivista delle società*, Nº 60, 2015, pp. 539 a 542.

ESTEBAN VELASCO, G., "Artículo 161. Intervención de la junta general en asuntos de gestión", en Rojo, A. y Beltrán, E., (dirs.), *Comentario de la Ley de Sociedades de Capital*, Tomo I, Aranzadi, Thomson Reuters, Navarra, 2011, pp. 1209 a 1217.

– "Artículo 241. Acción individual de responsabilidad", en Rojo, A. y Beltrán, E., (dirs.), *Comentario de la Ley de Sociedades de Capital*, Tomo I, Aranzadi, Thomson Reuters, Navarra, 2011, pp. 1728 a 1736.

– "Distribución de competencias entre la junta general y el órgano de administración, en particular las nuevas facultades de la junta sobre activos esenciales", en Rodríguez Artigas, F., Fernández de la Gándara, L, Quijano González, J., Alonso Ureba, A., Velasco San Pedro, L. A. y Esteban Velasco, G., (dirs)., *Junta General y Consejo de Administración en la sociedad*, Tomo I, Aranzadi, Navarra, 2016, pp. 29 a 89.

FACHAL NOGUER, N., "¿Qué debemos entender por probabilidad de insolvencia a los efectos de realizar la comunicación de apertura de negociaciones o solicitar la homologación de un plan de reestructuración?", *LA LEY Insolvencia*, Nº 9, 2022.

FALCONE, G., "Obblighi e responsabilita della banca e dell'intermediario finanziario nelle procedure di alerta e di composizione assistita della crisi", *Diritto della Banca e del Mercanto finanziario*, Nª2, 2019, pp. 43 a 59.

FERNÁNDEZ DE BUJÁN Y FERNÁNDEZ, A., "La cosa juzgada en la Ley 15/2015., de la Jurisdicción Voluntaria", *Revista Crítica de Derecho Inmobiliario,* Nº 749, 2015, pp. 1337 a 1354.

FERNÁNDEZ DEL POZO, L., "El derecho de preferencia en los aumentos de capital preconcursales", *Almacén de Derecho,* 21 de diciembre, 2021.

– "El envilecimiento de la posición del socio en la capitalización preconcursal de créditos bajo el Real Decreto-ley 4/2014", La Ley mercantil, Nº 1, 2014, pp. 56 a 73.
– "La tutela de los socios frente a los planes de reestructuración preventiva de su sociedad. Hacia un derecho societario preconcursal", *La Ley Mercantil,* Nº 88, 2022. Versión digital.
– "Propuestas de mejora de la transposición de la Directiva de reestructuración preventiva", *Almacén de Derecho,* 6 de octubre, 2021.
– "Saneamiento de pérdidas y reducción preconcursal del capital social en los planes de reestructuración preventiva", *Revista General de Insolvencias & Reestructuraciones (I&R),* Nº 5, 2022, pp. 71 a 103.
– "Socios y planes de reestructuración", *Almacén de Derecho,* abril, 2022.

FERNÁNDEZ PEÑAFLOR, E., "Artículo 597. Acuerdos de refinanciación", en Veiga Copo, A. B., (dir.) y Martínez Muñoz, M. (coord.), *Comentario al Texto Refundido de la Ley Concursal,* Tomo II, Thomson Reuters, Navarra, 2021, pp. 1512 a 1518.

FERNÁNDEZ PÉREZ, N., "La incidencia de la directiva (UE) 2019/1023, sobre marcos de reestructuración preventiva sobre los artículos 5 bis y 235 de la Ley Concursal", *Revista de Derecho concursal y paraconcursal: Anales de doctrina, praxis, jurisprudencia y legislación,* Nº 32, 2020, pp. 71 a 95.

FERNÁNDEZ TORRES, I., "Artículo 1. Presupuesto subjetivo", en Veiga Copo, A. B., (dir.) y Martínez Muñoz, M. (coord.), *Comentario al Texto Refundido de la Ley Concursal,* Tomo I, Thomson Reuters, Navarra, 2021, pp. 101 a 110.

FERRER, M. A., y TRESIERRA TANAKA, A., "Las pymes y las teorías modernas sobre estructura de capital", *Compendium: revista de investigación científica,* Nº 22, 2009, pp. 65 a 84.

FERRERO, C., "Conoce el proyecto *Early warning Europe* (alertas tempranas)", Diario La Ley, de 2 de enero de 2020.

FERRI Jr., G., "Il ruolo dei soci nella ristrutturazione finanziaria dell'impresa alla luce di una recente proposta di direttiva europea", en León Sanz, F. J. Y Rodríguez Sánchez, S., (dirs.), y Puy Fernández, G., (coord.), *Cuestiones actuales de Derecho Mercantil. La reforma europea del Derecho de sociedades y del Derecho concursal,* Marcial Pons, Madrid, 2018, pp. 131 a 143.

FONT GALÁN, I., MIRANDA SERRANO, L. Mª., PAGADOR LÓPEZ, J. y VELA TORRES, P. J., "Derecho Concursal y constitución económica", en *Estudios sobre la Ley Concursal. Libro homenaje a Manuel Olivencia,* Tomo I, Marcial Pons, Madrid, 2004, pp. 179 a 291.

FRENCH, D., *Mayson, French & Ryan on Company Law,* 36th Edition (2018-2019), Oxford University Press, Oxford, 2018.

FRIEDMAN, M., "The social Responsability of Business Is to Increase Its Profits", *New York Times Magazine,* Nº 13, 1970.

GALAI, D., y SCHNELLER, M. I., "Pricing warrants and the value of the firm", *The Journal of Finance,* Vol. 33, Nº 5, 1978, pp. 1333 a 1342.

GALLEGO CÓRCOLES, A., *La capitalización de créditos mediante aumento del capital social (debt-equity swap),* Aranzadi, Cizur Menor (Navarra), 2019.

GALLEGO SÁNCHEZ, E., "Artículo 224. Supuestos especiales de cese de administradores de la sociedad anónima", en Rojo, A. y Beltrán, E., (dirs.), *Comentario de la Ley de Sociedades de Capital,* Tomo I, Aranzadi, Thomson Reuters, Navarra, 2011, pp. 1589 a 1607.

- "El derecho de separación por reparto insuficiente de dividendos: la supresión o modificación del derecho por pacto estatutario", en González Fernández, Mª B. y Cohen Benchetrit, A., (dirs.), y Márquez Lobillo, P. y Otero Cobos-Zofía Bednarz, Mª T., *Derecho de sociedades. Los derechos del socio,* Tirant lo Blanch, Valencia, 2020, pp., 841 a 868.
- "El derecho estatutario de salida del inversor en las sociedades de capital cerradas", *Estudios de Derecho Mercantil: Liber amicorum profesor Dr. Francisco Vicent Chuliá,* Petit Lavall, M. V., (coord.), Tirant lo Blanch, Valencia, 2013, pp. 301 a 324.
- "La compraventa de empresa en el Anteproyecto de Código Mercantil", en Morillas Jarillo, M. J., Perales Viscasillas, Mª. P. y Porfirio Carpio, L.J. (dirs.), *Estudios sobre el futuro Código Mercantil: libro homenaje al profesor Rafael Illescas Ortiz,* Universidad Carlos III de Madrid, Getafe, 2015, pp. 436 a 454.
- "La Directiva (UE) 2019/1023 para aumentar la eficiencia de los procedimientos de reestructuración, insolvencia y exoneración de deudas", en Calvo Caravaca, A. L. y Carrascosa González, J., (coords.), *Litigación internacional en la Unión Europea V: Derecho concursal internacional: Reglamento (UE) 2015/848, Texto Refundido Ley Concursal (Libro Tercero) de 2020, Directiva (UE) 2019/1023,* Thomsons Reuters Aranzadi, Navarra, 2021, pp. 569 a 648.
- "La mediación concursal", *Anuario de Derecho concursal,* Nº 31, 2014, pp. 11 a 63.
- *Las participaciones sociales en la Sociedad de Responsabilidad Limitada,* Mc Graw-Hill Interamericana de España, Madrid, 1996.
- "La posición de los socios y administradores sociales en situación de preinsolvencia según el proyecto de reforma del Texto Refundido de la Ley Concursal", en Herbosa Martínez, I., (coord.), *El concurso y la conservación de la empresa: debates sobre nuestra inminente nueva Ley Concursal,* Thomson Reuters Aranzadi, Navarra, 2022, pp. 545 a 566.
- "Los presupuestos de la declaración del concurso", en Gallego Sánchez, E., (dir.), *Derecho Concursal y Preconcursal. Texto refundido de la Ley Concursal tras la reforma por la Ley 16/2022, de 5 de septiembre,* Tomos I y II, Tirant lo Blanch, Valencia, 2022, pp. 75 a 141.

– "Retos y propuestas sobre planes de reestructuración", en *Mesa jurídica 2 del First European Congres son Personal Insolvency*, Barcelona, Ilustre Colegio de Abogados de Barcelona, noviembre 2021.
– "Reestructuración, insolvencia y Derecho de sociedades en la Directiva (UE) 2019/1023 del Parlamento Europeo y del Consejo, de 20 de junio de 2019: nueva reforma del Derecho español", *conferencia organizada por el Ilustre Colegio de Abogados de Alicante (ICALI)*, el 23 de marzo de 2021.

GALLEGO SÁNCHEZ, E. y FERNÁNDEZ PÉREZ, N., *Derecho Mercantil. Parte Segunda*, 5ª Edición, Tirant lo Blanch, Valencia, 2023.

GANDÍA PÉREZ, E., "Aumento di capitale mediante compensazione di crediti nel diritto spagnolo", *Giurisprudenza commerciale*, Vol. 41, Nº 3, 2014, pp. 552 a 590.

GARCÍA GARCÍA, E., "Artículo 238. Acción social de responsabilidad", en García-Cruces, J. A. y Sancho Gargallo, I., (dirs), *Comentario de la Ley de Sociedades de Capital*, Tomo III, Tirant lo Blanch, Valencia, 2021, pp. 3305 a 3324.

GARCÍA-CRUCES, J. A., "Artículo 165. Junta extraordinaria", en García-Cruces, J. A. y Sancho Gargallo, I., (dirs), *Comentario de la Ley de Sociedades de Capital*, Tomo III, Tirant lo Blanch, Valencia, 2021, pp. 2335 a 2338.
– "Artículo 168. Solicitud de convocatoria por la minoría", en García-Cruces, J. A. y Sancho Gargallo, I., (dirs), *Comentario de la Ley de Sociedades de Capital*, Tomo III, Tirant lo Blanch, Valencia, 2021, pp. 2373 a 2386.
– "Artículo 172. Complemento de convocatoria", en García-Cruces, J. A. y Sancho Gargallo, I., (dirs), *Comentario de la Ley de Sociedades de Capital*, Tomo III, Tirant lo Blanch, Valencia, 2021, *op. cit.*, pp. 2437 a 2469.
– "Artículo 196. Derecho de información en la sociedad de responsabilidad limitada", en Rojo, A. y Beltrán, E., (dirs.), *Comentario de la Ley de Sociedades de Capital*, Tomo I, Aranzadi, Thomson Reuters, Navarra, 2011, pp. 1372 a 1385.
– "Artículo 197. Derecho de información en la sociedad anónima", en Rojo, A. y Beltrán, E., (dirs.), *Comentario de la Ley de Sociedades de Capital*, Tomo I, Aranzadi, Thomson Reuters, Navarra, 2011, pp. 1385 a 1389.

GARCÍA-VILLARRUBIA BERNABÉ, M., "El papel de los socios en la reestructuración", en Cohen Benchetrit, A., (dir.), *Nuevo marco jurídico de la reestructuración de empresas en España*, Aranzadi, Navarra, 2022, pp. 1207 a 1250.
– "Socios y reestructuración", *Actualidad Jurídica Uría Menéndez*, Nº 58, 2022, pp. 71 a 100.

GARCIMARTÍN ALFÉREZ, F. J., "De nuevo sobre los deberes fiduciarios y la proximidad del concurso", *Almacén de Derecho*, 7 de febrero de 2019.
– "Derecho de preferencia y planes de reestructuración", *Almacén de Derecho*, 20 de julio de 2022.
– "El conflicto socios-acreedores en la reestructuración preconcursal: 'recapitaliza o entrega'", *Almacén de Derecho*, 25 de noviembre de 2021.
– "La Propuesta de Directiva europea sobre reestructuración y segunda oportunidad II", *Almacén de Derecho*, 3 de agosto de 2017.

– "La Propuesta de Directiva europea sobre reestructuraciones y segunda oportunidad: el arrastre de acreedores disidentes y la llamada "regla de prioridad absoluta", *Anuario de Derecho concursal*, Nº 43, 2018, pp. 1 a 22. Consultado en Proview.
– "La probabilidad de insolvencia", *Almacén de Derecho*, 9 de junio de 2021.
– "La reforma de los procedimientos de reestructuración preventive en Europa. El dutch scheme", Almacén de Derecho, julio de 2019.
– "Sobre el nuevo régimen aplicable a los planes de reestructuración (y algunas novedades en el Libro IV)", *Revista General de Insolvencias & Reestructuraciones: Journal of Insolvency & Restructuring (I&R)*, Nº 7, 2022, pp. 51 a 91.

GARNACHO CABANILLAS, L., "Deber de lealtad: órganos de administración *versus* socios", en González Fernández, Mª B. y Cohen Benchetrit, A., *Derecho de sociedades. Cuestiones sobre órganos sociales*, Tirant lo Blanch, Valencia 2019, pp. 833 a 850.
– "El presupuesto objetivo del plan de reestructuración en el anteproyecto de ley de reforma concursal", *Revista General de Insolvencias & Reestructuraciones*, Nº 4, 2021, pp. 1 a 17.
– "La reestructuración pre-concursal de deudas desde una perspectiva interna y comunitaria", *Anuario de Derecho Concursal*, Nº 53, 2021, pp. 1 a 45. Versión digital.

GARRIGUES, *Comentario a la Ley de Sociedades Anónimas*. Tomo II, Madrid, 1953.

GIMENO BEVIÁ, V., "Las causas contractuales de separación y exclusión del socio en las *startups*. La "buena" y la "mala" salida", en Márquez Lobillo, P. y Otero Cobos, Mª T., (coords.), *El derecho de separación y la exclusión de socios en las sociedades de capital*, Tomo I, Tirant lo Blanch, Valencia, 2021, pp. 307 a 336.
– "Los pactos de organización en los acuerdos sociales de las startup", en prensa.

GIRÓN TENA, J., *Apuntes de Derecho Mercantil. La empresa I*, Universidad Complutense. Facultad de Derecho, Madrid, 1983-1984.
– *Derecho de Sociedades Anónimas. Según la Ley de 17 de julio de 1951*, Universidad de Valladolid. Seminarios de la Facultad de Derecho, Valladolid, 1952.

GLEIßNER, W., LIENHARD, F. y KÜHNE, M. "Implikationen des StaRUG. Neue gesetzliche Anforderungen an das Krisen- und Risikofrüherkennungssystem", *Zeitschrift für Risikomanagement* (ZfRM), Nº 2, 2021, pp. 32 a 40.

GÓMEZ ASENSIO, C., *Los acuerdos de reestructuración en la Directiva (UE) 2019/1023 sobre marcos de reestructuración preventiva*, Aranzadi, 2019.

GONZÁLEZ FERNÁNDEZ, Mª B., "Reglas de legitimación e impugnabilidad. El conflicto entre mayorías y minorías inmanente en la impugnación de acuerdos", *Revista de Derecho de Sociedades*, Nº 50, 2017, pp. 1 a 27. Consultado en Proview.

GONZÁLEZ GARCÍA, A., y SEGOVIA DE LA COLINA, J. M., "La integración judicial de la voluntad social como garantía del efecto útil del derecho de separación del socio por falta de reparto de dividendos (art. 348 bis de la Ley de Sociedades de Capital). Especial referencia a la denegación injustificada de los dividendos reales como manifestación del abuso de la mayoría en contextos de conflictividad societaria", en Márquez Lobillo, P. y Otero Cobos, Mª T., (coords.), *El derecho de separación y la exclusión de socios en las sociedades de capital*, Tomo I, Tirant lo Blanch, Valencia, 2021, pp. 1047 a 1074.

GONZÁLEZ VÁZQUEZ, J. C., "Aumento de capital por compensación de créditos", en Alonso Ledesma C., *Diccionario de Derecho de Sociedades*, Iustel, 2002, pp. 181 a 284.

GUERRA MARTÍN, G., "La posición jurídica de los administradores de sociedades de capital", en Guerra Martín, G., *La responsabilidad de los administradores de sociedades de capital*, La Ley, Madrid, 2011, pp. 39 a 84.

GUTIÉRREZ GILSANZ, A., "Cesión global de activo y pasivo y concurso de acreedores", *Revista de Derecho Concursal y Paraconcursal: Anales de doctrina, praxis, jurisprudencia y legislación*, Nº 14, 2011, pp. 151 a 170. Consultado en Proview.

HEATON, J. B., "Solvency test", *The Business Lawyer*, Vol. 62, Nº 3, 2007, pp. 983 a 1006.

HERNANDO CEBRIÁ, L., "Apuntes sobre el abuso del socio minoritario en las sociedades de responsabilidad limitada", *Revista de Derecho Mercantil*, Nº 283, 2012, pp. 271 a 324.

- "El aumento de capital como medida de recuperación de las entidades de crédito en crisis: tensiones entre el interés público y los derechos de los socios", *Revista de Derecho concursal y paraconcursal*, Nº 27, 2017, pp. 313 a 329. Versión digital.
- "La incidencia del concurso en los derechos económicos del socio: acciones de reintegración, dividendos y derecho de separación", en González Fernández, Mª B. y Cohen Benchetrit, A., (dirs.), y Márquez Lobillo, P. y Otero Cobos-Zofía Bednarz, Mª T., *Derecho de sociedades. Los derechos del socio*, Tirant lo Blanch, Valencia, 2020, pp. 309 a 332.

HERZEL, L., y DALE, E. C., "Establishing Procedural Fairness in Squeeze-Out Mergers after Weinberger v. VOP", *Business Lawyer (ABA)*, Nº 39, 1984, pp. 1525 a 1540.

HUECK, G., *Gesellschaftsrecht*, 19., CH Beck, München, 1991.

HÜPKES, E. H. G., "Insolvency - Why a Special Regime for Banks?", *Current Developments in Monetary and Financial Law*, Vol. 3, (*International Monetary Fund)*, 2002, pp. 471 a 514.

IOVENITTI, P. M., "Il nuevo diritto di recesso: aspetti valutativi", *Rivista delle* società, Nº 50, 2005, Vol. 1, pp. 459 a 486.

IRELAND, P., "Company Law and the Myth of Shareholder Ownership", *Modern Law Review*, Nº 62/1, 1999, pp. 32 a 57.

IRIBARREN BLANCO, M., "Acuerdos negativos y deber de fidelidad de los minoritarios", *Almacén de Derecho*, 16 de julio de 2015.

- "La impugnación de los acuerdos negativos de la junta general", *Revista de Derecho Mercantil*, Nº 304, 2017, pp. 1 a 40. Consultado en Proview.

– "La tutela de la integridad de la participación del socio de una sociedad de capital", *Revista de Derecho de Sociedades*, Nº 62, 2021, pp. 1 a 34. Consultado en Proview.
– "Los socios en los planes de reestructuración en la reforma del Texto Refundido de la Ley Concursal", *Revista General de Insolvencias & Reestructuraciones*, Nº 6, 2022, pp. 97 a 139.
– "Más sobre acuerdos negativos y deberes de fidelidad de los socios", *Almacén de Derecho,* 7 de septiembre de 2016.
– "Saneamiento financiero de las sociedades mercantiles y deberes de fidelidad de los socios", *Revista de Derecho concursal y paraconcursal: Anales de doctrina, praxis, jurisprudencia y legislación*, Nº 28, 2018, pp. 55 a 72. Versión digital.
– "Voto en la junta y deberes de lealtad de la minoría", *Almacén de Derecho*, 18 de junio de 2021.

JAEGER, P. G., *L'interesse sociale*, A. Giuffrè, Milano, 1964.

JUSTE MENCÍA, J., "Artículo 223. Cese de los administradores", en García-Cruces, J. A. y Sancho Gargallo, I., (dirs), *Comentario de la Ley de Sociedades de Capital*, Tomo III, Tirant lo Blanch, Valencia, 2021, pp. 3075 a 3086.
– "Artículo 224. Supuestos especiales de cese de administradores de la sociedad anónima", en García-Cruces, J. A. y Sancho Gargallo, I., (dirs), *Comentario de la Ley de Sociedades de Capital*, Tomo III, Tirant lo Blanch, Valencia, 2021, pp. 3087 a 3092.
– "La junta de socios y los planes de reestructuración en el Derecho proyectado", *Revista General de Insolvencias & Reestructuraciones (I&R)*, Nº 6, 2022, pp. 45 a 64.
– *Los derechos de minoría en la sociedad anónima,* Aranzadi, Navarra, 1995.

KERN, J. H., *Die Bedeuttung der gesellschaftsrechtlichen Treupflicht im Insolvenzplanverfahren. Retrospektive auf die Suhrkamp-Insolvenz,* Duncker &Humblot Berlín, 2017.

KILBORN, J. J., "Small business recovery in the United States under the small business reorganization act of 2019", *Revista General de Insolvencias y Reestructuraciones (I&R)*, Nº 1, 2021. Versión digital.
– "Corporate Restructuring and SMEs: The US Bankruptcy Code Model", *Conferencia impartida en el Congreso Internacional sobre Insolvencias y Reestructuraciones, organizado por la Revista General de Insolvencias & Reestructuraciones (I&R), Iustel y la Facultad de Derecho de la Universidad Complutense de Madrid*, octubre de 2021.

KLEE, K.N., "All You Ever Wanted to Know about Cram Down under the New Bankruptcy Code", *American Bankruptcy Law Journal*, vol. 53, Nº 2, 1979, pp. 133 a 172.

KRESSER, M., "Debt-equity-swaps im Insolvenzplanverfahren de *lege ferenda*", *Zeitschrift für das gesamte Insolvenz- und Sanierungsrecht (ZinsO)*, pp. 1409 a 1418.

KROHN, A., "Rethinking Priority: The Dawn of the relative Priority Rule and a New 'Best Interest of Creditors' Test in the European Union", *SSRN*, junio de 2020. Disponible en SSRN: https://ssrn.com/abstract=3554349

KÜHNE, M., LIENHARD, F., "Ausgestaltung eines Risikofrüherkennungssystems gemäss § 1 StaRUG und die Haftungsfolgen für di Geschäftsleitung", *Der SanierungsBerater*, Nº 4, 2020, pp. 144 a 149.

LARA, R., "Artículo 304. Derecho de preferencia", en Rojo, A. y Beltrán, E., (dirs.), *Comentario de la Ley de Sociedades de Capital*, Tomo II, Aranzadi, Thomson Reuters, Navarra, 2011, pp. 2247 a 2256.

– "Artículo 308. Exclusión del derecho de preferencia", en Rojo, A. y Beltrán, E., (dirs.), *Comentario de la Ley de Sociedades de Capital*, Tomo II, Aranzadi, Thomson Reuters, Navarra, 2011, pp. 2271 a 2281.

LARGO GIL, R., "El convenio concursal mediante la modificación estructural de la sociedad concursada. (Algunas consideraciones a los cuatro años de la entrada en vigor de la Ley Concursal)", *Revista de Derecho Concursal y Paraconcursal*, Nº 9, 2008, pp. 87 a 116. Consultado en Proview.

LARYEA, T., "Approaches to Corporate Debt Restructuring in the Wake of Financial Crises", *IMF Staff Position Notes*, Nº 2, 2010, pp. 3 a 30.

LLEBOT MAJÓ, J. O., *Los deberes de los administradores de la sociedad anónima*, Civitas, Madrid, 1996.

LLORET VILLOTA, J., CAICOYA, J., y LORENTE SIBINA, R., "Alertas tempranas, La aplicación a la situación en España (Herramientas e autodiagnóstico para la alerta temprana en situación es de *distress* empresarial)", *Diario La Ley*, Nº 9640, 2020. Versión digital.

LUTTER, M., "Theorie der Mitgliedschaft: — Prolegomena zu einem Allgemeinen Teil des Korporationsrechts", *Archiv für die civilistische Praxis (AcP)*, April 1980, 180. Bd., H. 1/2 (April 1980), pp. 84 a 159.

MACHADO, J., "Artículo 253. Formulación", en Rojo, A. y Beltrán, E., (dirs.), *Comentario de la Ley de Sociedades de Capital*, Tomo II, Aranzadi, Thomson Reuters, Navarra, 2011, pp. 1933 a 1937.

– "Artículo 254. Contenido de las cuentas anuales", en Rojo, A. y Beltrán, E., (dirs.), *Comentario de la Ley de Sociedades de Capital*, Tomo II, Aranzadi, Thomson Reuters, Navarra, 2011, pp. 1937 a 1943.

– "Artículo 259. Objeto de la memoria", en Rojo, A. y Beltrán, E., (dirs.), *Comentario de la Ley de Sociedades de Capital*, Tomo II, Aranzadi, Thomson Reuters, Navarra, 2011, pp. 1953 a 1955.

– "Artículo 260. Contenido de la memoria", en Rojo, A. y Beltrán, E., (dirs.), *Comentario de la Ley de Sociedades de Capital*, Tomo II, Aranzadi, Thomson Reuters, Navarra, 2011, pp. 1955 a 1967.

– "Artículo 262. Contenido del informe de gestión", en Rojo, A. y Beltrán, E., (dirs.), *Comentario de la Ley de Sociedades de Capital*, Tomo II, Aranzadi, Thomson Reuters, Navarra, 2011, pp. 1969 a 1973.

– "Artículo 263. Auditor de cuentas", en Rojo, A. y Beltrán, E., (dirs.), *Comentario de la Ley de Sociedades de Capital*, Tomo II, Aranzadi, Thomson Reuters, Navarra, 2011, pp. 1974 a 1980.

– "Artículo 268. Objeto de la auditoría", en Rojo, A. y Beltrán, E., (dirs.), *Comentario de la Ley de Sociedades de Capital*, Tomo II, Aranzadi, Thomson Reuters, Navarra, 2011, pp. 2000 a 2003.

MACORIG-VENIER, F., "Détection des difficultés des entreprises: un nouvel outil et une meilleure circulation de l'information, mais des interrogations, DGE, Communiqué de presse 3 avr. 2019; Loi Pacte n° 2019-486, 22 mai 2019, Art. 20 et 70", *Revue trimestrielle de droit commercial*, 2019, N°4, pp. 975 a 977.

MADAUS, S., "Is the Relative Priority Rule right for your jurisdiction? A simple Guide to RPR", *Papers SSRN*, 18 de enero de 2020, pp. 1 a 8.

– "Keine Reorganisation ohne die Gesellschafter", *Zeitschrift für Unternehmens-und Gesellschaftsrecht (ZGR)*, Vol. 40, Nº 6, 2011, pp. 749 a 775.

MAINBRIDGE, S. M., "Much ado about Little? Directors'. Fiduciary duties in the vicinity of insolvency", *University of California, Los Ángeles School of Law. Law & Economics Research Paper Series*, Research Paper Nº 05-26, 2005, pp. 1 a 44.

MARCOIG-VERNIER, F., "Détection des difficultés des entreprises", *Revue trimestrielle de droit comercial*, Nº 4, 2019, pp. 975 a 984.

MARÍN DE LA BÁRCENA, F., *La acción individual de responsabilidad frente a los administradores de sociedades de capital (art. 135 LSA)*, Marcial Pons, Madrid, 2005.

MARKELL, B. A., "Fair Equivalents and Market Prices: Bankruptcy Cramdown Interest Rates", *Emory Bankruptcy Developments Journal*, Vol. 33, Nº 1, 2016, pp. 91 a 140.

– "Owners Auctions and Absolute Priority in Bankruptcy Reorganizations", *Standford Law Review*, Nº 44, 1991, pp. 70 a 128.

MARTÍNEZ FLÓREZ, A., "Artículo 291. Nuevas obligaciones de los socios", en Rojo, A. y Beltrán, E., (dirs.), Comentario de la Ley de Sociedades de Capital, Tomo II, Aranzadi, Thomson Reuters, Navarra, 2011, pp. 2140 a 2151.

– "Artículo 292. La tutela individual de los derechos del socio en la sociedad de responsabilidad limitada", en Rojo, A. y Beltrán, E., (dirs.), *Comentario de la Ley de Sociedades de Capital*, Tomo II, Aranzadi, Thomson Reuters, Navarra, 2011, pp. 2152 a 2167.

MARTÍNEZ MARTÍNEZ, Mª T., "La fase decisoria: información sobre la fusión, desasrrollo de la junta, publicación del acuerdo de fusión", en Rodríguez Artigas, F., Fernández de la Gándara, L., Velasco San Pedro, L. A., Quijano González, J., Esteban Velasco, G. (dirs.), *Modificaciones estructurales de las sociedades mercantiles. Transformación, fusión, fusiones transfronterizas intracomunitarias*, Vol I, Aranzadi, Navarra, 2009, pp. 527 a 588.

– *El derecho de información del accionista en la sociedad anónima*, Mc Grau Hill, Madrid, 1999.

MASSAGUER FUENTES, J., "Artículo 206. Legitimación para impugnar", en Juste Mencía, J., (coord.), *Comentario de la reforma del Régimen de las Sociedades de Capital en materia de Gobierno Corporativo (Ley 31/2014). Sociedades no cotizadas*, Thomson Reuters, Navarra, 2015, pp. 248 a 269.

MAZZONI, A., "La tutela delle minoranze azionarie", en Rotondi, M., Jean-Louis, B. y Stajan, C., *Inchieste di Diritto Comparato. I grandi problema delle società per azioni nelle legislazioni vigente*, Volumen 5, Tomo II, CEDAM, Padova (Italia), 1976, pp. 1023 a 1230.

Mc CORMACK, G., *The European Restructuring Directive*, Edward Elgar Publishing, Northampton (USA), 2021.

MEGÍAS LÓPEZ, J., "Competencia orgánica y crisis económicas de sociedades de capital: disolución, preconcurso y concurso", *Revista de Derecho concursal y paraconcursal*, Nº 22, 2015, pp. 443 a 457. Versión digital.

- "Opresión y obstruccionismo en las sociedades de capital cerradas: abuso de mayoría y de minoría", *Anuario Jurídico y Económico Escurialense*, XLVII, 2014, pp. 13 a 56.
- *El consejero independiente. Estatuto y funciones*, La Ley, Madrid, 2012.

MEJÍA AMAYA, F., "La estructura de capital en la empresa: su estudio contemporáneo", *Finanzas y Política económica*, Nº 2, Vol. 5, 2013, pp. 141 a 160.

MENÉNDEZ ALONSO, E. J., "La influencia de la regulación sobre la estructura de capital de las empresas", Boletín económico de ICE, Nº 2632, 1999, pp. 31 a 38.

MENÉNDEZ, A. y ROJO FERNÁNDEZ-RÍO, A. J., *Lecciones de Derecho Mercantil*, Vol. I., Thompson Reuters Civitas, Navarra, 2016.

MILLER, W., "Bankruptcy's new value exception: no longer necessity", *Boston University Law Review*, 77(5), 1997, pp. 975 a 1024.

MOKAL, R., y TIRADO, I., "Has Newton had his day? Relativity and realism in European restructuring", *Butterworths Journal of International Banking and Financial Law*, abril de 2019, pp. 233 a 235.

MODIGLIANI, F. y MENTOR H., M., "The cost of capital corporation finance and the theory of investment", *The American Economic Review*, Vol. 68, Nº 3, pp. 261 a 275. Consultado en http://www.jstor.org

MORALEJO, I., "Artículo 168. Solicitud de convocatoria por la minoría", en Rojo, A. y Beltrán, E., (dirs.), *Comentario de la Ley de Sociedades de Capital*, Tomo I, Aranzadi, Thomson Reuters, Navarra, 2011, pp. 1234 a 1240.

- "Artículo 169. Convocatoria judicial", en Rojo, A. y Beltrán, E., (dirs.), *Comentario de la Ley de Sociedades de Capital*, Tomo I, Aranzadi, Thomson Reuters, Navarra, 2011, pp. 1240 a 1245.

MORALES CASTRO, A., AGUILAR ARGUETA, P. I., MONZÓN CITALÁN, R. E., "Salud financiera de las empresas socialmente responsables utilizando Z-Score de Altman", *Yachana, Revista científica*, Vol 8, Nº 1, 2019, pp. 41 a 59.

MOYA BALLESTER, J., *La responsabilidad de los administradores de sociedades en situaciones de crisis*, La Ley, Madrid, 2010.

- "Los planes de reestructuración", en Gallego Sánchez, E., (dir.), *Derecho Concursal y Preconcursal. Texto refundido de la Ley Concursal tras la reforma por la Ley 16/2022, de 5 de septiembre*, Tomo II, Tirant lo Blanch, Valencia, 2022, pp. 2281 a 2334.
- "Los solvency test y la decadencia del capital", *La Ley Digital*, Nº 670, 2010.
- *Mecanismos preventivos del concurso de acreedores, los acuerdos de refinanciación y el acuerdo extrajudicial de pagos*, Tirant lo Blanch, Valencia, 2017.

MÜLLER, H. F., "Reorganisation systemrelevanter Banken. Das Restrukturierungsgesetz für Kreditinstitute vor der Hintergrund der Diskussion über die Reform des allgemeinen Unternehmensinsolvenzrechts", *Zeitschrift für Insolvenzrecht (KTS)*, 2011, pp. 1 a 24.

MUÑOZ GARCÍA, A., "Situaciones próximas a la insolvencia y viabilidad de empresa", en Pulgar Ezquerra, J. (dir) y Recamán Graña, E. (coord.), *Reestructuración y Gobierno Corporativo en la proximidad de la insolvencia*, Wolters Kluwer, Madrid, 2020, pp. 170 a 202.

MUÑOZ MARTÍN, N., "El derecho al dividendo", en Alonso Ureba, A., Duque Domínguez, J., Esteban Velasco, G., García Villaverde, R. y Sánchez Calero, F., (coords.), *Derecho de Sociedades Anónimas II. Capital y Acciones*, Vol. I., Civitas, Madrid, 1994, pp. 303 a 337.

NAUMANN, P., "Pflichten der Unternehmensleitung", Neue Zeitschrift für das Recht der Insolvenz und Sanierung - NZI / Beilage, Nº 20, 2017, p. 35.

NICKERT, A. y NICKERT, C., "Früherkennungssystem als Instrument zur Krisenfrüherkennung nach dem StaRUG", *GmbH-Rundschau (GmbHR)*, Vol. 8, 2021, pp. 401 a 413.

ORTUÑO BAEZA, Mª T., "Artículo 272. Aprobación de las cuentas", en Rojo, A. y Beltrán, E., (dirs.), *Comentario de la Ley de Sociedades de Capital*, Tomo II, Aranzadi, Thomson Reuters, Navarra, 2011, pp. 2021 a 2030.

OTERO GONZÁLEZ, l. A., FERNÁNDEZ LÓPEZ, S. y VIVEL BÚA, M., "La estructura de capital de la pyme: un análisis empírico", en Ayala Calvo, J. C. (coord.), *Conocimiento, innovación y emprendedores: camino al futuro*, Universidad de la Rioja, 2007, pp. 407 a 420.

PAULUS, C. G., "En busca de un equilibrio entre el Derecho de la competencia y el Derecho concursal", *Revista de Derecho concursal y paraconcursal*, Nº 23, 2015, pp. 319 y 327.

PAZ-ARES RODRÍGUEZ, C., "Aproximación al estudio de los *squeeze-outs* en el Derecho español", *Revista de Derecho Bancario y Bursátil*, Nº 91, 2003, pp. 7 a 38.

– "Ensayo sobre la libertad de empresa", en Cabanillas Sánchez, A., (coord.), *Estudios jurídicos en homenaje al profesor Luis Díez-Picazo*, Vol. 4, Thomson Civitasl, Madird, 2002, pp. 5971 a 6040.

– "La anomalía de la retribución externa de los administradores", *InDret*, Nº 1, 2014, pp. 1 a 53.

– "La responsabilidad de los administradores como instrumento de gobierno corporativo", *Revista de Derecho de sociedades*, Nº 20, 2003, pp. 67 a 109.

PEÑAS MOYANO, B., "Artículo 293. La tutela colectiva de los derechos de titulares de clases de acciones en la sociedad anónima", en Rojo, A. y Beltrán, E., (dirs.), *Comentario de la Ley de Sociedades de Capital*, Tomo I, Aranzadi, Thomson Reuters, Navarra, 2011, pp. 2168 a 2179.

PÉREZ BENÍTEZ, J. J., "Artículo 263. Auditor de cuentas", en García-Cruces, J. A. y Sancho Gargallo, I., (dirs), *Comentario de la Ley de Sociedades de Capital*, Tomo IV, Tirant lo Blanch, Valencia, 2021, pp. 3691 a 3726.

PÉREZ CARRILLO, E. F., "Simplificación en la organización y funcionamiento de los órganos sociales: junta general de socios y consejo de administración", en Hierro Anibarro, S., *Simplificar el Derecho de sociedades*, Marcial Pons, Madrid, 2010, pp. Pp. 350 a 427.

PÉREZ MORIONES, A., "Acerca de la eficacia del derecho de separación en caso de falta de distribución de dividendos: consideraciones tras su reforma" en González Fernández, Mª B. y Cohen Benchetrit, A., (dirs.), y Márquez Lobillo, P. y Otero Cobos-Zofía Bednarz, Mª T., *Derecho de sociedades. Los derechos del socio*, Tirant lo Blanch, Valencia, 2020, pp. 889 a 910.

PÉREZ TROYA, A., "Las especialidades concursales de las entidades de crédito ante la crisis financiera", *Anuario Facultad de Derecho. Universidad de Alcalá III*, 2010, pp. 241 a 259.

PÉREZ TROYA, A., *La tutela del accionista en la fusión de sociedades*, Civitas, Madrid 1998.

PIÑEL LÓPEZ, E., "Los requisitos de las refinanciaciones para su protección frente a las acciones rescisorias concursales", *Revista de Derecho concursal y paraconcursal: Anales de doctrina, praxis, jurisprudencia y legislación*, Nº 11, 2009, pp. 35 a 44.

PISCITELLO, P., "Riflessioni sulla nuova disciplina del recesso nelle società di capitali", *Rivista delle* società, Nº 50, 2005, Vol. 1, pp. 518 a 533.

PULGAR EZQUERRA, J., "Artículo 597. Acuerdos de refinanciación", en Pulgar Ezquerra, J., (dir.), *Comentario a la Ley Concursal. Texto Refundido de la Ley Concursal*, Tomo I, Wolters Kluwer, 2ª edición, Madrid, 2020, pp. 141 a 146.

- "Artículo 598. Requisitos de los acuerdos colectivos de financiación", en Pulgar Ezquerra, J., (dir.), *Comentario a la Ley Concursal. Texto Refundido de la Ley Concursal*, Tomo I, Wolters Kluwer, 2ª edición, Madrid, 2020, pp. 146 a 164.
- "De la comunicación de apertura de negociaciones con los acreedores", en Pulgar Ezquerra, J., (dir.), *Comentario a la Ley Concursal. Texto Refundido de la Ley Concursal*, Tomo I, Wolters Kluwer, 2ª edición, Madrid, 2020, pp. 31 a 78.
- "El papel de los socios en reestructuraciones de empresas en crisis y la proyecta", *El notario del siglo XXI: revista del Colegio Notarial de Madrid*, Nº 102, 2022, pp. 1 a 7.
- "El sobreendeudamiento de la persona física", *Anales de la Academia Matritense del Notariado*, Nº 53, 2013, pp. 383 a 424.
- "Gobierno Corporativo y reestructuración preventiva: la Directiva 2019/1023", en Pulgar Ezquerra, J. (dir) y Recamán Graña, E. (coord.), *Reestructuración y Gobierno Corporativo en la proximidad de la insolvencia*, Wolters Kluwer, Madrid, 2020, pp. 55 a 128.
- "Gobierno corporativo, sociedades cotizadas y proximidad de la insolvencia: Administradores, accionistas y acreedores", *Revista de Derecho concursal y paraconcursal: Anales de doctrina, praxis, jurisprudencia y legislación*, Nº 30, 2019, pp. 35 a 70. Versión digital.
- "«Hold out accionarial», reestructuración forzosa y deber de fidelidad del socio", *Revista de Derecho concursal y paraconcursal: Anales de doctrina, praxis, jurisprudencia y legislación*, Nº 27, 2017, pp. 43 a 67.

- "La propuesta de Directiva sobre reestructuración temprana: Unión de los mercados de capitales, Unión bancaria y Derecho de la insolvencia (1)", *Diario La Ley,* Nº 54, 2017, pp. 1 a 20. Versión digital.
- "Modificaciones estructurales de sociedades en liquidación y en situación concursal", en Rodríguez Artigas, F., Alonso Ureba, A., Fernández de la Gándara, L., Velasco San Pedro, L., Quijano González, J. y Esteban Velasco, G., *Modificaciones estructurales de las sociedades mercantiles,* Thompson Reuters, Navarra, 2009, pp. 729 a 771.
- "Preconcursalidad y acuerdos de refinanciación", *Revista de Derecho concursal y paraconcursal: Anales de doctrina, praxis, jurisprudencia y legislación,* Nº 14, 2011, pp. 25 a 40.
- *Preconcursalidad y reestructuración empresarial. Acuerdos de refinanciación y acuerdos extrajudiciales de pago,* 3ª edición, Wolters Kluwer, Madrid, 2021.
- "Reestructuración de sociedades de capital y abuso de minorías", *Revista de Derecho bancario y bursátil,* Nº 129, 2013, pp. 7 a 34.
- "Reparto legal mínimo de dividendos: protección de socios y acreedores (solvency test)", en Fernández Torres, I., Arias Varona F. J., Martínez Rosado, J., (coords.), *Derecho de Sociedades y de los Mercados Financieros. Libro Homenaje a Carmen Alonso Ledesma,* Iustel, Madrid, 2018, pp. 673 a 711.

QUIJANO GONZÁLEZ, J. y MAMBRILLA RIVERA, V., "Los deberes fiduciarios de diligencia y lealtad: en particular, los conflictos de interes y las operaciones vinculadas", en Rodríguez Artigas, F. (coord.), *Derecho de sociedades anónimas cotizadas: (estructura de gobierno y mercados),* Vol. 2, Thomson Reuters Aranzadi, Navarra, 2006, pp. 915 a 990.

QUIJANO GONZÁLEZ, J., "Artículo 238. Acción social de responsabilidad", en Rojo, A. y Beltrán, E., (dirs.), *Comentario de la Ley de Sociedades de Capital,* Tomo I, Aranzadi, Thomson Reuters, Navarra, 2011, pp. 1708 a 1715.
- "Artículo 239. Legitimación subsidiaria de la minoría", en Rojo, A. y Beltrán, E., (dirs.), *Comentario de la Ley de Sociedades de Capital,* Tomo I, Aranzadi, Thomson Reuters, Navarra, 2011, pp. 1716 a 1721.
- *La responsabilidad civil de los administradores de la Sociedad Anónima. Aspectos sustantivos.* Universidad de Valladolid, Valladolid, 1985.
- "Artículo 236. Presupuestos de la responsabilidad", en Rojo, A. y Beltrán, E., (dirs.), *Comentario de la Ley de Sociedades de Capital,* Tomo I, Aranzadi, Thomson Reuters, Navarra, 2011, pp. 1691 a 1700.

RECALDE CASTELLS, A., "La reforma de las sociedades cotizadas", *Revista de Derecho de sociedades,* Nº 13, 1999, pp. 172 a 189.
- "Los acuerdos de refinanciación mediante la conversión de deudas en capital", *Anuario de Derecho Concursal,* Nº 33, 2014, pp. 85 a 110. Versión digital.
- "Protección del socio con ocasión en los cambios de control en la sociedad deudora realizados en ejecución de acuerdos de refinanciación mediante conversión de créditos en capital", en Díaz Moreno, A. y José León Sanz, F., (dirs.), *Acuerdos de Refinanciación, Convenio y Reestructuración,* Thomson Aranzadi, Navarra, 2015, pp. 291 a 326.

RECAMÁN GRAÑA, E., "Diligencia e interés social en la proximidad a la insolvencia", en Pulgar Ezquerra, J. (dir) y Recamán Graña, E. (coord.), *Reestructuración y Gobierno Corporativo en la proximidad de la insolvencia,* Wolters Kluwer, Madrid, 2020, pp. 203 a 234.

- "Hacia una determinación del comportamiento debido por los administradores en la reestructuración", *Revista de Derecho concursal y paraconcursal,* Nº 32, 2020, pp. 127 a 143. Versión digital.
- "Reflexiones en torno a los deberes de los administradores de sociedades en crisis (con motivo de la propuesta de directiva sobre marcos de reestructuración preventiva)", en Fernández Torres, I., Arias Varona F. J., Martínez Rosado, J., (coords.), *Derecho de Sociedades y de los Mercados Financieros. Libro Homenaje a Carmen Alonso Ledesma,* Iustel, Madrid, 2018, pp. 731 a 744.
- *Los Deberes y la Responsabilidad de los Administradores de Sociedades de Capital en Crisis,* Thomson Reuters Aranzadi, Navarra, 2016.

REY MARTÍNEZ, F., *La propiedad privada en la Constitución española,* Centro de Estudios Constitucionales, Madrid, 1994,

RIBAS, V., "Artículo 225. Deber de diligente administración", en Rojo, A. y Beltrán, E., (dirs.), *Comentario de la Ley de Sociedades de Capital,* Tomo I, Aranzadi, Thomson Reuters, Navarra, 2011, pp. 1608 a 1620.

RICHTER, T., "Reconciling the European Registered Capital Regime with a Modern Corporate Reorganization Law. Experience from the Czech Insolvency Law Reform", *Occasional Paper 1/2009. IES FSV., Charles University,* pp. 1 a 13.

RICHTER, T., y MARTÍ THERY, A., "The implementation of Preventive Restructuring Frameworks Under EU Directive 2019/1023: Claims, Classes, Voting, Confirmation and the Cross-class Cram-Down", *INSOL EUROPE Guidance Note 1,* 2020. Disponible en https://www.insol-europe.org/publications/guidance-notes

RODRÍGUEZ ARTIGAS, F., "El deber de diligencia", en Esteban Velasco, G., (coord.), *El gobierno de las sociedades cotizadas,* Marcial Pons, Madrid, 1999, pp. 419 a 446.

ROJO FERNÁNDEZ-RÍO, A. J., "Actividad económica pública y actividad económica privada en la Constitución Española", *Revista de Derecho* Mercantil, Nº 169-170, 1983, pp. 309 a 341.

- "Artículo 2. Presupuesto objetivo", en Rojo Fernández-Río, A., y Beltrán Sánchez, E. M., (Dirs), *Comentario de la Ley Concursal,* Thomson Reuters, Madrid, 2004, pp. 1 a 19. Versión digital.
- "Capítulo III. El empresario (I). Concepto, clases y responsabilidad", en Uría, R., y Menéndez A., *Curso de Derecho Mercantil I,* Aranzadi, 2006, pp. 69 a 91.
- "Capítulo 7. La contabilidad (I). Introducción. El deber de contabilidad. El secreto contable. La contabilidad como medio de prueba", en Uría, R., y Menéndez A., *Curso de Derecho Mercantil I,* Civitas, Madrid, 1999, pp. 137 a 149.

- "Capítulo 8. La contabilidad (II). Introducción. El deber de contabilidad. El secreto contable. La contabilidad como medio de prueba", en Uría, R., y Menéndez A., *Curso de Derecho Mercantil I,* Civitas, Madrid, 1999, pp. 151 a 164.
- "La conversión de créditos en acciones o participaciones en los planes de reestructuración", *Anuario de Derecho Concursal y Paraconcursal,* N° 58, 2023, pp. 4 a 32 del PDF. Consultado en Proview.
- "La propuesta de directiva sobre reestructuración preventiva", *Anuario de Derecho concursal,* N° 42, 2017, pp. 1 a 9. Versión digital.
- "La transposición de la Directiva UE 2019/1023 al Derecho Español", *Conferencia impartida en el Congreso Internacional sobre Insolvencias y Reestructuraciones, organizado por la Revista General de Insolvencias & Reestructuraciones (I&R), Iustel y la Facultad de Derecho de la Universidad Complutense de Madrid,* octubre de 2021

RONCERO SÁNCHEZ, A., "Artículo 1. Presupuesto subjetivo", en Peinado García, J. I. y Sanjuán Muñoz, E., en Peinado García, J. I. y Sanjuán y Muñoz, E., (dirs.), *Comentarios al articulado del Texto Refundido de la Ley Concursal. Real Decreto Legislativo 1/2020, de 5 de mayo,* Tomo I, Sepín, Madrid, 2020, pp. 75 a 84.
- "Distribución de competencias entre los órganos de las sociedades de capital en activo en situaciones de insolvencia actual e inminente", en Pulgar Ezquerra, J. (dir) y Recamán Graña, E. (coord.), *Reestructuración y Gobierno Corporativo en la proximidad de la insolvencia,* Wolters Kluwer, Madrid, 2020, pp. 281 a 324.
- "La acción individual de responsabilidad", en Guerra Martín, G., *La responsabilidad de los administradores de sociedades de capital,* La Ley, Madrid, 2011, pp. 197 a 222.
- "La compra y venta forzosa de acciones (*sell out* y *squeeze out*)", *Revista de Derecho de sociedades,* N° 33, 2009, pp. 45 a 72.

ROTARU, V., "The Restructuring Directive: a functional law and economics analysis from a French law perspective", *Droit et Croissance,* 2019, pp. 1 a 57.

RUBIO VICENTE, P. J., "Una aproximación al abuso de minoría en la sociedad anónima", en *Revista de Derecho de Sociedades,* N° 21, 2003, pp. 81 a 108.

RUSCH, L. J., "The new value exception to the absolute priority rule in chapter 11 reorganizations: what should the rule be", *Pepperdine Law Review,* 19(4), 1992, pp. 1311 a 1336.

SACRISTÁN REPRESA, M., "Transformación de sociedad anónima en otros tipos sociales", en Rodríguez Artigas, F., Alonso Ureba, A., Fernández de la Gándara, L., Velasco San Pedro, L., Quijano González, J. y Esteban Velasco, G., Modificaciones estructurales de las sociedades mercantiles, Tomo I, Aranzadi, Thomson Reuters, Navarra, 2009, pp. 135 a 190.

SÁNCHEZ ANDRÉS, A., *El derecho de suscripción preferente del accionista,* 1973, Civitas, Madrid.

SÁNCHEZ, A., "Artículo 47. La acción como parte del capital", en Uría, R., Menéndez, A. y Olivencia, M., *Comentario al régimen legal de las sociedades mercantiles. Las acciones. La acción y los derechos del accionista (Artículos 47 al 50 LSA),*

Las acciones sin voto (Artículos 90 a 92), Tomo IV, Vol. I, Civitas, Madrid, 1994, pp. 23 a 97.

SÁNCHEZ CALERO, F., *La junta general en las sociedades de capital,* Thompson Civitas, Navarra, 2007.

– *Los administradores en las sociedades de capital,* Thomson Civitas, Madrid, 2007.

SÁNCHEZ GONZÁLEZ, J. C., "La acción como fundamento de la condición de socio y como conjunto de derechos", en Garrido de Palma, V. M., Sánchez González, J. C., Aranguren Uriza, F. J., Martínez Fernández, T. A., y Gardeazabal del Río, F. J., *Las sociedades de capital conforme a la nueva legislación,* Trivium, Madrid, 1990, pp. 223 a 308.

– "La acción como objeto de derechos reales y otros gravámenes", en Garrido de Palma, V. M., Sánchez González, J. C., Aranguren Uriza, F. J., Martínez Fernández, T. A., y Gardeazabal del Río, F. J., *Las sociedades de capital conforme a la nueva legislación,* Trivium, Madrid, 1990, pp. 407 a 432.

SÁNCHEZ-CALERO GUILARTE, J., "La acción social de responsabilidad (algunos apuntes)", en Piloñeta Alonso, L. M., y Iribarren Blanco, M., *Estudios de Derecho Mercantil en homenaje al Profesor José María Muñoz Planas,* Thompson Reuters Civitas, Navarra, 2011, pp. 783 a 798.

– "La propuesta del Gobierno del Reino Unido para la reforma del gobierno corporativo", disponible en http://jsanchezcalero.com/la-propuesta-del-gobierno-del-reino-unido-la-reforma-del-gobierno-corporativo/

– "Refinanciación y reintegración concursal", *Anuario de Derecho concursal,* Nº 20, 2010, pp. 9 a 38.

– "Refinanciaciones y plan de viabilidad: conveniencia del informe de experto, autoría, contenido y responsabilidad", *Revista de Derecho concursal y paraconcursa*l, Nº 22, 2015, pp. 59 a 66. Versión digital.

– "El interés social y los varios intereses presentes en la sociedad anónima cotizada", *Revista de Derecho mercantil,* Nº 246, 2002, pp. 1653 a 1726.

SANCHO GARGALLO, I., "Artículo 196. Derecho de información en la sociedad de responsabilidad limitada", en García-Cruces, J. A. y Sancho Gargallo, I., (dirs), *Comentario de la Ley de Sociedades de Capital,* Tomo III, Tirant lo Blanch, Valencia, 2021, pp. 2739 a 2753.

– "Artículo 197. Derecho de información en la sociedad anónima", en García-Cruces, J. A. y Sancho Gargallo, I., (dirs), *Comentario de la Ley de Sociedades de Capital,* Tomo III, Tirant lo Blanch, Valencia, 2021, pp. 2755 a 2776.

– "Artículo 204. Acuerdos impugnables", en García-Cruces, J. A. y Sancho Gargallo, I., (dirs), *Comentario de la Ley de Sociedades de Capital,* Tomo III, Tirant lo Blanch, Valencia, 2021, *op. cit.*, pp. 2837 a 2873.

– "Artículo 206. Legitimación para impugnar", en García-Cruces, J. A. y Sancho Gargallo, I., (dirs), *Comentario de la Ley de Sociedades de Capital,* Tomo III, Tirant lo Blanch, Valencia, 2021, *op. cit.*, pp. 2887 a 2906.

– "Las acciones social e individual en la jurisprudencia reciente", en González Fernández, Mª B. y Cohen Benchetrit, A., *Derecho de sociedades. Cuestiones sobre órganos sociales,* Tirant lo Blanch, Valencia 2019, pp. 952 a 967.
– "La impugnación u oposición previa a la homologación del plan de reestructuración y la protección frente a la rescisión concursal", en Cohen Benchetrit, A., (dir.), *Nuevo marco jurídico de la reestructuración de empresas en España,* Aranzadi, Navarra, 2022, pp. 1137 a 1203.
– "Revisión de la homologación de acuerdos de refinanciación en el marco de la Directiva UE 2019/1023", *Revista de Derecho concursal y paraconcursal,* Nº 33, 2020, pp. 1 a 6. Consultado en Smarteca.

SANJUÁN Y MUÑOZ, E., "Artículo 622. Momento de eficacia de la sentencia", en Peinado García, J. I. y Sanjuán y Muñoz, E., (dirs.), *Comentarios al articulado del Texto Refundido de la Ley Concursal. Real Decreto Legislativo 1/2020, de 5 de mayo,* Tomo IV, Sepín, Madrid, 2020, pp., 275 a 289.
– "Los acuerdos societarios de los planes de reestructuración", *Anuario de Derecho Concursal y Paraconcursal,* Nº 58, 2023, pp. 327 a 384. Consultado en Proview (pp. 1 a 42 del PDF).

SANZ BAYÓN, P., "El concepto de interés social en el Derecho societario español: las teorías contractualistas e institucionalistas", en Lázaro González, I. E., y Serrano Molina, A. (dirs.), *Estudios jurídicos en homenaje al profesor Don José María Castán Vázquez,* Editorial Reus, Madrid, 2019, pp. 491a511

SAVATIER, J., "Le comité d'entreprise et la prevention des difficultés des entreprises", *Juris-classeur périodique (semaine juridique) édition entreprise et affaires,* 1987, Nº 2, 15066, p. 616.

SCHAER, S., "Signaux faibles": un outil prédictif au profit des entreprises fagilisées", *Bulletin Joly Entreprises en difficulté,* julio-agosto, 2019, pp. 13-15.

SCHMIDT, D., *Les droits de la minorité dans la société anonyme,* Sirey, París, 1970.

SCHMIDT, K. "¿Desbanca el derecho concursal al derecho de sociedades? Disputas societarias, debt-to-equity-swap y take over", *Revista de Derecho concursal y paraconcursal: Anales de doctrina, praxis, jurisprudencia y legislación,* Nº 22, 2015, pp. 303 a 313.
– "¿Desbanca el Derecho concursal al Derecho de sociedades? Disputas societarias, Debt-to-Equity-Swap y Take over", *Revista de Derecho concursal y paraconcursal,* Nº 22, 2015, pp. 5 a 19. Versión digital.
– "Gesellschaftsrecht und Insolvenzrecht im ESUG-Entwurf", *Betriebs-Berater (BB),* 2011, pp. 1603 a 1611.
– *Gesellschaftsrecht,* 2, Heymanns, Köln, Berlin, Bonn, Múnchen, 1991.
– "Schöne neue Sanierungswelt: Die Glaubiger okkupieren die Burg", *Zeitschrift für Wirtschaftsrecht (ZIP),* Nº 33/2, 2012, pp. 2085 a 2088.

SCHÖN, W., "Balance Sheet Tests or Solvency Tests - or Both?", *Europe Buiness Organization Law Review,* Nº 7 (181-198), 2006, pp. 181 a 198.

SEIBT, C.H., "Sanierungsgesellschaftsrecht: Mitgliedschaftliche Treuepflicht und Grenzen der Stimmrechtsausübung in der Aktiengesellschaft", *Zeitschrift für Wirtschaftsrecht (ZIP),* Nº 2, 2014, pp. 1909 a 1916.

SEQUEIRA MARTÍN, A., "La naturaleza del derecho de separación del socio en caso de falta de distribución de dividendos en el Texto Refundido de la Ley de Sociedades de Capital (art. 348 BIS LSC)", en Fernández Torres, I., Arias Varona F. J., Martínez Rosado, J., (coords.), *Derecho de Sociedades y de los Mercados Financieros. Libro Homenaje a Carmen Alonso Ledesma,* Iustel, Madrid, 2018, pp. 829 a 860.

SEYMOUR, J., M., y SCHWARCZ, S. L., "Corporate Restructuring under Relative and Absolute Priority Default Rules: A Comparative Assessment", *University of Illinois Law Review,* Nº 1, 2021, pp. 1 a 53.

SIERRA NOGUERO, E., "Análisis de Derecho comparado de la impugnación y separación del socio minoritario por falta de distribución de dividendos" en González Fernández, Mª B. y Cohen Benchetrit, A., (dirs.), y Márquez Lobillo, P. y Otero Cobos-Zofía Bednarz, Mª T., *Derecho de sociedades. Los derechos del socio,* Tirant lo Blanch, Valencia, 2020, pp. 933 a 955.

SKEEL, D. A., "Rediscovering Corporate Governance in Bankruptcy", *ECGI Working Paper Series in Law,* Nº 307, 2016, pp. 1021 a 1034.

SPINDLER, G., "Trading in the vicinity of insolvency", *European Business Organization Law Review (EBOR),* Volume 7, Issue 1, 2006, pp. 339 a 352.

– "Vorstandspflivhten zur Einrichtung eines Frühwarnsystems", en Fleischer, H. (dir.), *Handbuch des Vorstandsrecht,* Beck, München, 2006, pp. 703 a 741.

SQUIRE, R., *Corporate Bankruptcy and Financial Reorganization,* Aspen Publishing, United States, 2016.

STANGHELLINI, L., MOKAL, R., PAULUS, C. G., y TIRADO, I., *Best Practices in European Restructuring. Contractualised Distress Resolution in the Shadow of the Law,* Wolters Kluwer, CEDAM, Milano, 2018.

STEARN, R. J. y KANDESTIN, C. D., "Delaware's Solvency Test: What is it and Does it Make Sense? A Comparison of Solvency Tests Under the Bankruptcy Code and Delaware Law (2011)", *Delaware Journal of Corporate Law (DJCL),* Vol. 36, Nº 1, 2011, pp. 165 a 187.

STOUT, L. A., "Bad and Not-so-Bad Arguments for Shareholder Primacy", *Cornell Law Faculty Publications,* Paper 448, 2002, pp. 1189 a 1210.

THERY MARTÍ, A., "Directiva de reestructuraciones, capitalización de créditos y gobierno corporativo", *Revista de Derecho concursal y paraconcursal: Anales de doctrina, praxis, jurisprudencia y legislación,* Nº 31, 2019, pp. 55 a 96.

– "Encrucijada en la armonización de las reestructuraciones e insolvencias en la UE", en Gutiérrez Gilsanz, A., (coord.), *Derecho práctico de reestructuraciones e insolvencias empresariales,* Aranzadi, Navarra, 2017, pp. 27 a 52.

– "Los marcos de reestructuración en la propuesta de Directiva de la Comisión Europea de 22 de noviembre de 2016 (I)", *Revista de derecho concursal y paraconcursal: Anales de doctrina, praxis, jurisprudencia y legislación,* Nº 27, 2017, pp. 513 a 548.Versión digital.

– "Los marcos de reestructuración preventiva en la propuesta de Directiva de 22 de noviembre de 2016 (y II)", *Revista de Derecho concursal y paracon-*

cursal: Anales de doctrina, praxis, jurisprudencia y legislación, Nº 28, 2018, pp. 345 a 372. Versión digital.

– "Planes de reestructuración competidores", en Cohen Benchetrit, A., (dir.), *Nuevo marco jurídico de la reestructuración de empresas en España*, Aranzadi, Navarra, 2022, pp. 1379 a 1413.

THOLE, C., "Der Richtlinienvorschlag zum präventiven Restrukturierungsrahmen", *Zeitschrift für Wirtschaftsrecht*, Nº 3, Vol. 38, 2017, p. 102.

– «Treuepflicht-Torpedo? Die gesellschaftsrechtliche Treuepflicht im Insolvenzverfahren», *Zeitschrift für Wirtschaftsrecht (ZIP)*, Nº 41, 2013, pp. 1937 a 1945.

UHLENBRUCK, W., "Von der Notwendigkeit eines eigenständigen Sanierungsgesetzes", *Neue Zeitschrift für Insolvenz- und Sanierungsrecht (NZI)*, Nº 4, 2008, pp. 201 a 205.

URÍA, R., "Artículo 33. La acción como parte del capital", en Garrigues, G. y Uría, R., *Comentario a la Ley de Sociedades Anónimas*, Revisada, corregida y puesta al día por Aurelio Menéndez y Manuel Olivencia, Catedráticos de Derecho Mercantil, Tomo I, Vol. II, Madrid, 1976, pp. 378 a 390.

– "Artículo 36. Tipo de emisión", en Garrigues, G. y Uría, R., *Comentario a la Ley de Sociedades Anónimas*, Revisada, corregida y puesta al día por Aurelio Menéndez y Manuel Olivencia, Catedráticos de Derecho Mercantil, Tomo I, Vol. II, Madrid, 1976, pp. 418 a 423.

URÍA, R., MENÉNDEZ, A. y GARCÍA DE ENTERRÍA, J., "La sociedad anónima: órganos sociales. La junta general de accionistas", en Uría, R., y Menéndez A., *Curso de Derecho Mercantil I*, Civitas, Madrid, 1999, pp. 869 a 894.

– "La sociedad anónima: aportaciones sociales y desembolsos", en Uría, R., y Menéndez A., *Curso de Derecho Mercantil I*, Civitas, Madrid, 1999, pp. 803 a 814.

URÍA, R., y MENÉNDEZ, A., "Capítulo I. El Derecho Mercantil", en Uría, R., y Menéndez A., *Curso de Derecho Mercantil I*, Aranzadi, 2006, pp. 25 a 48.

VALLENDER, H., "Gefahren für den Insolvenzstandort Deutschland", *Neue Zeitschrift für Insolvenz- und Sanierungsrecht (NZI)*, Nº 3, 2007, pp. 129 a 136.

VALPUESTA GASTAMINZA, E. M., *Comentarios a la Ley de sociedades de capital*, J. M. Bosch Editor, Barcelona, 2014.

VAQUERIZO, A., "Artículo 1. Sociedades de capital", en Rojo, A. y Beltrán, E., (dirs.), *Comentario de la Ley de Sociedades de Capital*, Tomo I, Aranzadi, Thomson Reuters, Navarra, 2011, pp. 181 a 193.

VATERMOLLI, D., "La posizione dei soci nelle ristrutturazioni. Dal principio di neutralità organizzativa alla *residual owner doctrine*?", Revista delle Società, LXIII, Nº 4, 2018, pp. 858 a 890.

VAZQUEZ CUETO, J. C., "Artículo 253. Formulación", en García-Cruces, J. A. y Sancho Gargallo, I., (dirs), *Comentario de la Ley de Sociedades de Capital*, Tomo IV, Tirant lo Blanch, Valencia, 2021, pp. 3567 a 3588.

– "Artículo 254. Contenido de las cuentas anuales", en García-Cruces, J. A. y Sancho Gargallo, I., (dirs), *Comentario de la Ley de Sociedades de Capital*, Tomo IV, Tirant lo Blanch, Valencia, 2021, pp. 3591 a 3610.

– "Artículo 259. Objeto de la memoria", en García-Cruces, J. A. y Sancho Gargallo, I., (dirs), *Comentario de la Ley de Sociedades de Capital,* Tomo IV, Tirant lo Blanch, Valencia, 2021, pp. 3641 a 3666
– "Artículo 260. Contenido de la memoria", en García-Cruces, J. A. y Sancho Gargallo, I., (dirs), *Comentario de la Ley de Sociedades de Capital,* Tomo IV, Tirant lo Blanch, Valencia, 2021, pp. 3647 a 3666.
– "Artículo 262. Contenido del informe de gestión", en García-Cruces, J. A. y Sancho Gargallo, I., (dirs), *Comentario de la Ley de Sociedades de Capital,* Tomo IV, Tirant lo Blanch, Valencia, 2021, pp. 3667 a 3690.
– "Artículo 273. Aplicación del resultado", en García-Cruces, J. A. y Sancho Gargallo, I., (dirs), *Comentario de la Ley de Sociedades de Capital,* Tomo IV, Tirant lo Blanch, Valencia, 2021, pp. 3843 a 3866.
– "Artículo 275. Distribución de dividendos", en García-Cruces, J. A. y Sancho Gargallo, I., (dirs), *Comentario de la Ley de Sociedades de Capital,* Tomo IV, Tirant lo Blanch, Valencia, 2021, pp. 3885 a 3901.

VEIL, R., "Krisenbewältigung durch Gesellschaftsrecht", *Zeitschrift für Unternehmens- und Gesellschaftsrecht* (*ZGR),* 2006, pp. 378 a 380.

VELASCO, J., "Shareholder Ownership Primacy", *University of Illinois Law Review,* Nº 3, 2010, pp. 897 a 956.

VERMEILLE, S., "Perverse effects of the absolute rule of confidenciality aplicable to French amicable settlement procedures serving as preventive restructuring frameworks", *Droit et Croissance, Advocacy to legislators and Courts for more transparency,* 2018, pp. 1 a 23.

VERSE, D. A., "Anteilseigner im Insolvenzverfahren Überlegungen zur Reform des Insolvenzplanverfahrens aus gesellschaftsrechtlicher Sicht", *Zeitschrift für Unternehmens- und Gesellschaftsrecht (ZGR),* Nº 39, 2-3, 2010, pp. 299 a 324.

VICENT CHULIÁ, F., "La Ley 9/2012, de 14 de noviembre, de reestructuración y resolución de entidades de crédito, y la sociedad de gestión de activos procedentes de la reestructuración bancaria", *Revista de Derecho concursal y paraconcursal: Anales de doctrina, praxis, jurisprudencia y legislación,* Nº 18, 2013, pp. 23 a 49.

VIERA GONZÁLEZ, J., "Gobierno corporativo de sociedades no cotizadas en la proximidad de la insolvencia", en Pulgar Ezquerra, J. (dir) y Recamán Graña, E. (coord.), *Reestructuración y Gobierno Corporativo en la proximidad de la insolvencia,* Wolters Kluwer, Madrid, 2020, pp. 836 a 871.
– *Las sociedades de capital cerradas,* Aranzadi, Navarra, 2002.

VILLORIA RIVERA, Í., "Arrastre de acreedores disidentes", en Cohen Benchetrit, A., (dir.), *Nuevo marco jurídico de la reestructuración de empresas en España,* Aranzadi, Navarra, 2022, pp. 1049 a 190.

VIÑUELAS SANZ, M., "Los sistemas europeos consolidados de alerta temprana", *Anuario de Derecho concursal,* Nº 56, 2022, pp. 149 a 202. Versión digital.

VIVES RUIZ, F., "El alcance del deber de diligencia de los administradores sociales", en González Fernández, Mª B. y Cohen Benchetrit, A., *Derecho de sociedades. Cuestiones sobre órganos sociales,* Tirant lo Blanch, Valencia 2019, pp. 643 a 676.

WARREN, E., *Chapter 11: Reorganizing American Businesses*, Aspen Publishers, New York, EEUU, 2008.

WEIJS, R.J., JONKERS, A. L., y MALAKOTIPOUR, M., "The imminent distortion of European insolvency law: How the European Union erodes the basic fabric of private law by allowing "Relative Priority" (RPR)", *Centre for the Study of European Contract Law*, Working Paper Series, Nº 5, 2019, pp. 1 a 23.

WEINSTEIN, O., "Understanding the Roots of Shareholder Primacy: the meaning of agency theory, and the conditions of its contagion", Clarke, T., O'Brien, J., y O'Kelley, C. R. T., *The Oxford Handbook of the Corporation*, Oxford University Press, Oxford, 2019, pp. 139 a 167.

WEISS, E. J., "The Law of Take Out Mergers: A Historical Perspective", *New York University Law Review*, Vol. 56, 1981, pp. 624 a 693.

WESSELS, B., "The full version of my reply to professor De Weijs et al", marzo, 2019. Disponible en https://bobwessels.nl

WESTERMANN, H. P., "Der "Suhrkamp" - Gesellschafter unter dem Schutzschirm der Gesellschaftsinsolvenz", NZG, Nº 4, 2015, pp. 134 a 144.

WIRTH, G., y ARNOLD, M., "Anfechtungsklagen gegen Squeeze out-Hauptversammlungsbeschlüsse wegen angeblicher Verfassungswidrigkeit", *Die Aktiengesellschaf (AG)*, 2002, pp. 503 a 507.

WOLFRUM, M., KAMARÁS, E., MOECKE, P., "Umsetzung des StaRUG. Anforderungen zur Krisenprävention im Mittelstand", *RiskNET - The Risk Management Network*, mayo de 2021, pp. 1 a 6. Consultado en: https://www.risknet.de/themen/risknews/anforderungen-zur-krisenpraevention-im-mittelstand/

YAÑEZ EVANGELISTA, J. y NIETO DELGADO, C., "Refinanciaciones: rescisión y extensión de efectos", *Anuario de Derecho concursal*, Nº 32, 2014, pp. 155 a 193.

ZABALETA DÍAZ, M., "El acuerdo extrajudicial de pagos a la luz de la Propuesta de Directiva sobre marcos de reestructuración preventiva", en León Sanz, F. J. Y Rodríguez Sánchez, S., (dirs.), y Puy Fernández, G., (coord.), *Cuestiones actuales de Derecho Mercantil. La reforma europea del Derecho de sociedades y del Derecho concursal*, Marcial Pons, Madrid, 2018, pp. 188 a 205.

– "La propuesta de directiva sobre marcos de reestructuración preventiva: hacia un derecho comunitario", *Revista de Derecho concursal y paraconcursal: Anales de doctrina, praxis, jurisprudencia y legislación*, Nº 27, 2017, pp. 389 a 403.

ANEXO DE JURISPRUDENCIA

España

Tribunal Constitucional

STC Nº 218, de 22 de noviembre de 1988 [BOE-T-1988-29166]
STC Nº 23, de 23 de febrero de 1987 [ECLI:ES:TC:1987:23]

Tribunal Supremo

STS Nº 73, de 14 de febrero de 2018 [ECLI:ES:TS:2018:410]
STS Nº 58, de 30 de enero de 2017 [ECLI:ES:TS:2017:327]
STS Nº 159, de 3 de abril de 2014 [ECLI:ES:TS:2014:1619]
STS Nº 567, de 26 de septiembre de 2012 [ECLI:ES:TS:2012:5991]
STS Nº 770, de 10 de noviembre de 2011 [ECLI:ES:TS:2011:8283]
STS Nº 442, de 7 de junio de 2011 [ECLI:ES:TS:2011:4005]
STS Nº 569, de 6 de octubre de 2010 [ECLI:ES:TS:2010:5776]
STS Nº 1136, de 10 de diciembre de 2008 [EECLI:ES:TS:2008:6664]
STS Nº 403, de 23 de mayo de 2008 [ECLI:ES:TS:2008:3270]
STS Nº 400, de 12 de abril de 2007 [ECLI:ES:TS:2007:2260]
STS Nº 942, de 14 de septiembre de 2007 [ECLI:ES:TS:2007:6009]
STS Nº 5, de 14 de enero del 2002 [ECLI:ES:TS:2002:72]
STS Nº 193, de 4 de marzo del 2000 [ECLI:ES:TS:2000:1725]
STS Nº 941, de 18 de noviembre de 1996 [ECLI:ES:TS:1996:6447]

Audiencias Provinciales

SAP de Santa Cruz de Tenerife Nº 557, de 20 de junio de 2022 [ECLI:ES:APTF:2022:1127]
SAP de Salamanca Nº 370, de 31 de mayo de 2021 [ECLI:ES:APSA:2021:432]
SAP de Madrid Nº 492, de 13 de octubre de 2020 [ECLI:ES:APM:2020:12125]
SAP de Burgos Nº 212, de 4 de mayo de 2020 [ECLI:ES:APBU:2020:402]
SAP de Pontevedra Nº 169, de 27 de marzo de 2019 [ECLI:ES:APPO:2019:777]
SAP de Barcelona Nº 1990, de 6 de noviembre de 2019 [ECLI:ES:APB:2019:12955]
SAP de Madrid Nº 38, de 15 de enero de 2018 [ECLI:ES:APM:2018:78]
SAP de Santa Cruz de Tenerife Nº 405, de 16 de octubre de 2012 [ECLI:ES:APTF:2012:2543]]

Tribunales de Primera Instancia

SJM de Barcelona, de 4 de septiembre de 2023, [ECLI:ES:JMB:2023:1949]
SJM de Madrid Nº 189, de 23 de marzo de 2021 [ECLI:ES:JMM:2021:1408]
AJM Nº 10 de Barcelona, de 29 de julio de 2020 [ECLI:ES:JMB:2020:373A]

SJM de Barcelona Nº 382, de 3 de diciembre de 2019 [ECLI:ES:JMB:2019:1179]
SJM de Bilbao Nº 268, de 3 de octubre de 2018 [ECLI:ES:JMBI:2018:3958]
SJM de Barcelona Nº 20, de 6 de febrero de 2018 [ECLI:ES:JMB:2018:1951]
SJM de Madrid Nº 492, de 28 de noviembre de 2013 [ECLI:ES:JMM:2013:490]
SJM de Pontevedra Nº 124, de 16 de junio de 2011 [ECLI:ES:JMPO:2011:124]

RDGRN / RDGSJFP

RDGRN de 16 de junio de 2016
RDGRN de 30 de noviembre de 2012
RDGRN de 7 de junio de 2012
RDGRN de 17 de febrero de 2012
RDGRN de 5 de mayo de 2011
RDGRN 2 de marzo de 2011
RDGRN de 15 de noviembre de 1995
RDGRN de 22 de mayo de 1997
RDGRN de 15 de julio de 1992

Europa

STJUE de 8 de noviembre de 2016, Asunto C-41/15, [ECLI:EU:C:2016:836]
STJUE de 19 de julio de 2016, Asunto C-526/14, [ECLI:EU:C:2016:570]
STJUE de 18 de diciembre de 2018, Asunto C-338/06, [ECLI:EU:C:2008:740]
STJUE de 19 de noviembre de 1996, Asunto C-42/95, [ECLI:EU:C:1996:444]
STJUE de 12 de marzo de 1996, Asunto C-441/93, [ECLI:EU:C:1996:92]

Alemania

Tribunal Constitucional (Bundesverfassungsgerich o BVerfG)

BVerfG de 18 de diciembre de 2014
BVerfG de 23 de agosto del 2000 (BVerfGE, 200)
BVerfG de 27 de abril de 1999 (BVerfGE 100, 289)
BVerfG de 2 de marzo de 1999 (BVefG, 1 BvL 2/91)
BVerfG de 1 de marzo de 1979 (BVerfGE 50, 290, 353)
BVerfG de 7 de agosto de 1962 (BVerfGE 14, 263-288), (BvL 16/60)

Tribunal Supremo (Bundesgerichtshof o BGH)

BGH de 12 de abril de 2016
BGHZ de 9 de junio de 2015 (II ZR 420/13)
BGHZ 183,1, de 25 de enero de 2011 (II ZR 122/09)
BGZH 129, 136, 20 de marzo de 1995 (II ZR 240/08)
BGH de 25 de julio de 2005
BGZH 129, 136, de 20 de marzo de 1995, (II ZR 205/94)

Oberlandesgericht de Múnich (OBL)

OBL 16 de enero de 2014

Italia

Tribunalle delle Imprese de Milano

Ordinanza de 28 de noviembre de 2014

Francia

Decisión de 5 de agosto de 2015 del *Conseil constiututionnel*

Resolución de la *Cour de Cassation, Chambre commerciale,* de 9 de marzo de 1993 (91-14.685)